KB192642

조선의 악률론과 근대 음악론

조선의 악률론과 근대 음악론

김수현 지음

경인문화사

한국근대음악사에 대한 관심에서 음악학이란 영역에 발을 담그고 난 이후 오랜 세월이 흘렀다. 1993년 석사과정을 시작해서 1999년 처음으로 근대음악사를 주제로 정식 논문을 발표한 것과 2003년에 한 번 더 논문 게재 한 것을 제외하고 2004년 뒤늦게 박사과정에 들어가기 전까지 10여 년의 세월은 거의 기초공부와 자료수집으로 시간을 보냈다. 그리고 박사 과정에 들어가서 조차도 논문 발표보다는 자료집을 만드는 일에 많은 시 간을 보냈다. 그래서 방대한 분량의 『근대음악기사자료집-잡지편』 1권~ 10권을 엮어낼 수 있었다. 당시의 환경은 녹록치 않았지만 함께 했던 친 구가 있었기에 가능한 일이었다.

그런데도 막상 박사논문을 쓰고자 했을 때는 근대음악사를 주제로 삼 지 못했다. 1998년부터 시작한 강의의 주요 과목이었던 '한국음악사'를 잘 가르치고자 해서 집중적으로 열심히 공부하고자 했던 음악사의 영역 이 있었던 조선시대 음악사의 이론적 체계가 중국의 음악이론과 밀접한 연관성을 가지고 있었기 때문에 이를 이해해야만했다. 석·박사 과정을 전 후로 15년 정도 내내 참여했던 강독스터디 그룹에서 진양의 『악서』, 채원 정의 『율려신서』 등을 공부했다.

그러나 전문적 연구 영역으로 삼고자 했던 것은 아니었음에도 불구하 고 그 공부의 인연이 끝내 연구 주제를 악률론으로 옮겨가게 했다. 결국 악률론 주제로 박사학위를 받고 이어 학술연구교수로 있는 기간 동안 악 률관련 연구 발표에 집중하게 되었다. 물론 이전에 자료수집과 결과물로

낸 자료집에서 얻어낸 아이디어로 근대음악사 관련 논문도 함께 내게 되었다. 그렇게 두 가지 주제 영역에서 꾸준히 발표한 논문이 20여 편이 되게 되었다. 그 중 대부분은 등재지에 논문으로 게재되기도 하였으나 어떤 것은 학술 발표에 그친 것도 있다.

2016년 12월 학술연구교수를 마칠 즈음에 저자를 학문의 영역으로 이끌고 연구의 폭을 넓혀주셨던 노동은 선생님이 돌아가셨다. 선생님의 마지막 연구 작업이었던 '항일음악'이라는 주제를 이어받아 집단연구 프로젝트에 참여하게 되었다. 동시에 선생님이 남긴 근대음악사 자료들을 평택의 한국근현대음악관에 이관하고 기증하는 작업을 하는데 힘과 시간을 많이 썼고 그러다 보니 어느새 또 4년의 세월이 지나면서 '항일음악'과 관련된 연구는 이제야 시작하게 되었다. 다시 근현대음악사 연구영역으로 돌아온 것이라고 볼 수 있지만 전통음악 집단에 국한된 근대음악사가 아니라 확장된 영역이며 완전히 새로운 영역으로의 전환이라고 할 수 있다. 물론 이 연구가 새로운 주제에 도전이긴 하지만 근대음악사의 얽혀 있는 문제를 해결할 열쇠를 찾게 될 것 같은 느낌도 없지 않다.

이런 시점에서 새로운 연구를 본격적으로 시작하기 전에 그간 발표한 논문들을 정리할 필요성이 있다고 생각하여 이 책을 구상하게 되었다. 연구의 주제가 크게 두 가지라고 할 수 있으나 두 주제 모두 시대만 달리했지 음악을 학문적으로 음악론 연구라는 공통점을 가지고 있다. 그래서 이 두 가지 주제를 한 책으로 묶을 수 있었다.

1부는 조선시대의 악률론을 가지고 쓴 논문을 모았다. 조선시대 악률론은『악학궤범』의 악률론이 가장 큰 부분이기 때문에 가장 먼저 놓았으며 그 다음으로 조선시대 악률론 전반에 걸쳐 작용한 중국의 음악론 악률론이 어떻게 이해되고 수용되었는지를 살펴 본 후 조선후기 지식인의 악률인식을 분석하였다.

저자가 서명응의『시악화성』의 악률론을 가지고 박사학위를 받았으나 이와 직접 연관된 주제보다는 조선후기 전반적인 악률인식으로 확대했다고 할 수 있다. 악률학이 우리나라 독자적인 학문이 아니기에 항상 중국의 악률론, 특히『율려신서』에 기댔다는 것은 분명하지만 필자의 악률론 연구의 관심은 항상 조선에서 어떻게 주체적으로 수용했는가, 어떻게 실용화 하였는가에 있었다. 그리고 동아시아의 악기학을 포함한 악률학은 과학성과 합리성을 내세우는 서구의 음악학으로 대체하고 다 버려야 할 학문인가에 대한 의심으로 시작하였다고 할 수 있다.

2부는 근대의 음악론을 주제로 쓴 논문을 모았다. 첫 부분은 필자의 근대음악사 영역 중에 종합된 형태로 나타나는 용어의 문제를 다룬 연구이다. 필자의 석사학위 논문으로 '국악'이란 용어를 다루었기 때문에 이미 오래전부터 가졌던 '근대에 생성 변화된 용어에 대한 관심'의 결과라고 할 수 있다. 그 다음으로 근대 시기의 학술적 경향에 대해서 다룬 논문은『근대음악기사자료집』을 위해 자료를 수집하고 엮는 과정에서 얻어낸 결과물 중에 근대 시기의 전통음악을 학술적으로 다룬 연구들을 정리한 연구이다. 그 중 가장 큰 부분을 차지한 「안확의 음악론」은 자료집을 엮기 전부터 연구한 결과물이지만 다음으로 놓았다. 이어 최근 발굴한 강릉 선교장 소장의 1926년 악보『현금보 초』는 현대 정간보의 표기법과 근대적 변화의 단초를 알 수 있는 중요한 악보임을 밝힌 연구이다. 마지막으로 근대음악사의 큰 영향을 미쳤던 일본인 다나베히사오의 조선음악조사와 이시카와의 전통음악채보에 대한 연구를 놓았다.

　1부 조선시대 악률론은 책상에 오래 앉아서 연구하였던 결과들이지만 2부 근대의 음악론은 발품을 많이 팔았던 연구 결과이다. 그리고 근대음악 연구는 시대 순서상 2부로 뒤에 놓았지만 『현금보 초』에 대한 연구를 제외하고 1부에 엮인 논문들보다 더 먼저 연구 발표한 논문들이 대부분이다. 다나베 조선음악조사 연구를 위해 1990년대 말, 이시가와 연구를 위해 2000년대 중반에 장기간 체류하면서 일본에 직접 가서 자료를 찾기도 하였다. 이때를 돌아 보면, 비록 논문의 완성도에 있어서는 미숙하긴 하였으나 문제의식은 매우 신선하였으며 오랜 정성을 들여 연구를 했다는 점에서 초심으로 돌아가야 한다는 생각이 들게 한다.

　이 책을 엮는 것이 그동안의 연구 주제에 대한 끝자락이 아니라 시작이라고 생각한다. 비록 머리는 많이 세었으나 이전 보다 더 많은 것이 보이고 의욕은 더 넘치고 있는 시점이다. 연구와 강의에 30여 남짓 세월을 보내면서 잃은 것도 너무 많지만 잃은 것을 거름 삼아 단단하게 다져진 뿌리에 또 다시 새순을 내고 열매를 맺도록 노력하며 그 열매가 익어 떨어지더라도 슬퍼하기보다는 희망 띤 미소로 받아들이려 한다.

2021년 5월 1일 고기동에서
김수현이 쓰다.

| 목 차 |

1부 조선시대 악률론 연구

2부 근대시기 음악론 연구

1부

조선시대 악률론 연구

1장 『樂學軌範』권1에 나타난 중국 음악이론의 주체적 수용 양상에 대한 고찰*
- '時用'을 중심으로 -

I. 들어가는 글

『악학궤범(樂學軌範)』은 성현 등이 1493(성종24년)년 집필한 9권 3책의 악서(樂書)이다. 음악이론·악곡과 악현·악기제도, 무용·연주 복식 등을 다루고 있는데, 이 중 권1은 음악의 기초가 되는 악률·악조 등의 이론만으로 되어 있다. 여기에는 『악서(樂書)』·『율려신서(律呂新書)』·『주례(周禮)』·『한서(漢書)』·『문헌통고(文獻通考)』·『송사(宋史)』 등 중국문헌을 그 근거로 삼고 있다.

『악학궤범』에 대한 연구는 그동안 상당히 진척되었다. 그 중 권1의 악률이론과 관련하여서는 60조론·변율 이론·율관의 율산 문제·위조식 지조식 등에 대한 연구가 있다.[1] 주로 악학궤범의 이론이 무엇을 의미하는지에 대해 집중되어 왔다고 볼 수 있고 중국의 이론하고 다른 면을 조명

* 『유교사상문화연구』 47, 2012.03.
1 남상숙, 「『악학궤범』 소재의 율장 및 율산에 관한 연구」, 한양대 석사논문, 1986; 이보형, 「악학궤범 60조도의 구성원리와 오음약보의 의미」, 『한국음악사학보』 29, 한국음악사학회, 2002; 김형동, 「『악학궤범』 육십조이론 검토」, 『한국음악사학보』 3, 한국음악사학회, 1989; 송방송, 「『樂學軌範』의 문헌적 연구-인용기사를 중심으로-」, 『민족문화연구』 16, 고려대학교 민족문화연구원, 1982. 등을 들 수 있다.

하기도 하였다. 그러나 단순히 중국의 문헌을 제대로 인용했는가 아닌가의 여부, 또는 중국과는 다른 점이 있는가의 차원에서만 다루어졌다. 이제좀 더 적극적으로 『악학궤범』 편찬자들이 비록 악률이론이 중국에서 온것이지만 우리 음악에 맞게 우리식의 이론으로 틀을 세우기 위해 노력한부분이 무엇인가를 드러내 줄 단계가 왔다고 생각한다.

이 논문에서는 『악학궤범』이 중국 음악이론을 주체적으로 수용하였는지 논하기 위해 '시용(時用)'의 문제를 중심으로 논하고자 한다. '시용'이라함은 '현재(당시)에 사용된' 이란 의미를 가지고 있는데, 조선시대 『악학궤범』에서 사용되는 개념으로 '시용'은 시기성만을 의미하지 않는다. 중국의 이론을 지금 조선에서 어떻게 수용하고 있는지를 보여주는 의미가포함된 개념이며 용어이다. 『악학궤범』에서 전체적으로 '시용'이란 용어를 사용하고 있지만 음악원리, 즉 음악에 관한 이론적 측면만을 다룬 권1에서의 '시용'은 이론의 조선적 해석이나 수용을 의미한다고 볼 수 있다.이런 측면에서 『악학궤범』 권1에서 '시용'과 관련된 또는 '시용'적 차원에서 이루어진 이론에 대해서 살펴보고자 한다.

II. 『樂學軌範』권1의 원문 인용 양상

『악학궤범』에서 인용된 문헌은 한국문헌과 중국문헌으로 나눌 수 있다. 한국문헌으로는 『고려사』「악지」를 권3의 당악정재(唐樂呈才)와 속악정재(俗樂呈才) 부분에서, 『삼국사기』「악지」는 권7의 속부악기도설(俗部樂器圖說)에서 인용한 바가 있다. 그 나머지는 대부분 중국 문헌을 인용하고 있다. 중국 문헌은 『악서』, 『율려신서』, 『국어』, 『예기』, 『한서』, 『문헌통고』, 『주례』, 『송사』 등이다. 이들 중국 문헌을 가장 많이 인용한 부분은 권1의 악률 이론 부분과 권6의 아악기도설 권7의 당부악기에서이다. 이 중『악학궤범』권1은 음악의 원리에 대해 이론적으로 기술한 것으로 모두 중국 문헌을 그 근거로 삼아 설명하고 있다. 이 중에서도 진양의 『악서』와 채원정의『율려신서』를 주요 근거로 삼고 있는 것은 유가 악론의 정통성을 보여주는 것이다. 그러나 악률 이론을 실제적으로 적용하려고 할 때 한국음악의 특수성이나 한국의 현실성을 무시할 수는 없는 문제이다. 따라서 중국의 음악뿐만 아니라 중국의 음악 이론 역시 그대로 받아들이지 않고 한국음악에 맞게 수용할 수밖에 없다.

『악학궤범』의 구체적 항목은 60조, 12율관의 둘레와 길이, 변율, 격팔상생도설, 양률음려재위도설, 오성도설, 팔음도설, 강신악조, 악조총의 등으로 되어 있다. 주로 12율과 4청성, 변율 등과 5성, 그리고 그것을 조합한 60조와 강신악에서 쓰이는 악조 등을 다루고 있는데, 크게 보면 12율에 대한 논의와 그것이 5성과 결합한 조에 대한 논의로 나누어 볼 수 있다. 이러한 내용을 담고 있는『악학궤범』권1의 목차와 그 근거 문헌의 관계성을 표로 정리하면 다음과 같다.

〈표-1〉『樂學軌範』卷一 항목과 내용 및 문헌근거

항목이름	문헌근거
六十調	『律呂新書』
時用雅樂十二律七聲圖	
律呂隔八相生應氣圖說	『國語』, 『漢書』, 『樂書』
十二律圍長圖說	『律呂新書』, 『樂書』
變律	『律呂新書』
班志相生圖說	『漢書』, 『樂書』
陽律陰呂在位圖說	『律呂新書』
五聲圖說	『樂書』

八音圖說	『樂書』
五音律呂二十八調圖說	『樂書』
三宮	『周禮』, 『樂書』, 『禮記』
三大祀 降神樂調	『宋史』, 『周禮』, 『律呂新書』
祀天神	『周禮』, 『宋史』
樂調總義 -五音配俗呼 十二律配俗呼	

중국문헌을 인용한 항목들의 서술 방법을 보면, 이전에 편찬된 음악과 관련된 문헌들을 그대로 인용하고 그림을 그려 설명하되 편찬자의 생각을 첨부하지 않은 항목들과 문헌을 인용 기술하고 도표로 제시하고 그것을 설명하며 이에 대한 생각을 첨부하는 항목들로 나누어 볼 수 있다. 음양의 원리나 주역과 결부시킨 인용들, 예를 들어 <격팔상생도설> <반지상생도설> <양률음려재위도설> <오성도설> <팔음도설> 등이 전자의 경우고 <60조> <강신악조> 등은 후자의 경우인데, 후자의 경우는 새로운 설명을 부가한데 덧붙여 주체적 수용으로서의 '시용율(時用律)'과 '시용악조(時用樂調)'를 다시 항목으로 만들어 도설하고 있기도 하다. 위의 『악학궤범』권1의 15개의 항목에서 '時用아악십이율칠성도'와 악조총의 이후의 세 개 항목, 총 4개 항목을 제외하고 모두 중국문헌에 근거하고 있다. 위와 같이 『악학궤범』권1에서 인용한 많은 중국 문헌들 중에서도 가장 많이 인용하고 있는 문헌은 진양(陳暘, 1064~1128)의 『樂書』(1103)[2]와 채원정(蔡元定, 1135~1198)의 『律呂新書』(1187)이다. 그러나 그 인용의 양상은 크게 다르다는 것을 알 수 있다. 『악서』는 그 문장을 그대로 인용만 한 경우가 대부분인데 비해 『율려신서』는 그대로 인용을 하더라도 편찬자의 생각을 덧붙여 말하거나 직접 인용하지 않고 『율려신서』의 관점을 강력

---

2 북송대의 진양(陳暘)이 1103년에 저술한 200권의 악서이다.

하게 반영하는 방식을 취하는 경우도 있다. 그만큼 『율려신서』이론의 수용이 더 적극적이라는 것을 알 수 있다. 이러한 관점이 반영되어 있는 『악학궤범』의 서문을 보면, 진양의 저작 등은 근본을 모르고 말단만 갖춘 것이라고 폄하 하면서 『율려신서』는 율려의 본원을 갖춘 것이라고 하는 다음과 같은 문장에서 잘 드러난다.

> 진(陳)과 수(隋)의 정역(鄭譯) 우홍(牛弘)과 당(唐)의 조효손(祖孝孫) 송(宋)의 화현(和峴) 진양(陳暘) 등 적당한 사람이 그 음악을 제작하여 대를 잇지 않음이 없었다. 그러나 한갓 말단만을 취하고 그 근본을 알지 못하였으니 어찌 족히 악도의 묘미를 더불어 말할 수 있겠는가. <u>오직 채원정의 책(필자주: 율려신서)만이 깊이 율려의 근원을 체득하였을 뿐이다.</u> 그 역시 연주기술을 성률에 적용할 수 없었으니 이것은 호미와 쟁기를 안고서 밭가는 기술을 알지 못하는 것과 같다.[3]

이와 같이 중국 역대의 많은 주요 음악이론가들을 열거하여 그 이론적 맥을 말하면서도 가장 중요하게 취급한 사람은 채원정이라는 것을 알 수 있다. 이렇게 『악학궤범』의 편찬자들은 『율려신서』가 가장 율려의 본원을 갖춘 책이라고 칭찬하면서도 그조차 이론을 위한 이론이 되었다고 지적한 것을 보면 『율려신서』에 전적으로 의지하지 않으려는 입장도 엿볼 수 있다. 또한 『악학궤범』권1의 중국문헌 인용은 주로 직접적 인용으로 되어 있으나 편찬자들이 그림을 넣어 설명하거나 직접인용의 끝에 부연 설명을 추가함으로써 독자적 해석을 한 경우가 많다.

----

3 『樂學軌範』樂學軌範序, 1b7~1b11, "陳隋之鄭譯牛弘 唐之祖孝孫 宋之和峴 陳暘 莫不代有其人 以制其樂 然徒端其末而不知基本 奚足與語樂道之妙哉 唯蔡元定之書 深得律呂之源 然未能布爪指而該聲律 是猶抱鋤而未諳耕耘之術也"

Ⅲ. 『악학궤범』권1에 나타난 악률론의 주체적 수용 부분

1. 새로운 60조도

　60조도는 12개의 궁과 5가지 조가 조합되어 이루어지는 60조를 도표화 한 것이다. 『악학궤범』에는 이를 본문이 시작되는 맨 처음에 제시하고 있다. 그만큼 이 60조도를 악학궤범의 악률이론의 근간으로 삼고 있다는 것을 보여주는 것이다. 60조도는 반성(半聲, 즉 오타브 위의 음)과 변율(變律)을 함께 표시해 준 채원정의 『율려신서』 60조론을 반영한 도표이다. 그러나 『악학궤범』의 60조도는 그 기본 골격은 그대로 놓고 상하일이지법(上下一二之法)을 부기하여 차별화 시키고 있다. 그럼 『악학궤범』의 60조를 『율려신서』의 60조도와 비교해 보자.

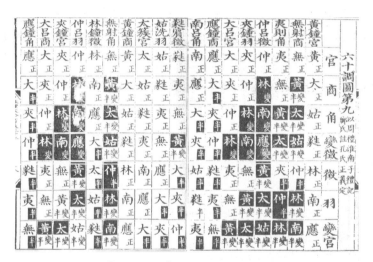

〈그림-1〉『律呂新書』「律呂本原」의 〈六十調〉의 일부

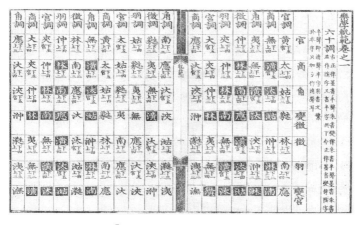

〈그림-2〉『樂學軌範』卷之一의 〈六十調〉의 일부

　12율이 모두 돌아가면서 궁이 된다는 선궁(旋宮)이론이 60조의 원리인데, 이 때 궁은 곧 조(key)를 의미하기도 하며 주음을 의미하기도 한다. 이 선궁이론은 이미 공영달이 소를 낸 『禮記』「禮運」편에 제시되어 있다.[4] 『율려신서』는 이러한 60조를 도표로 만들어 그 변율과 반성의 자리가 어디인지를 표시해주었다는데 의미가 있다. 또한 위쪽의 그림 『율려신서』의 60조도는 위쪽 단에 지조식(之調式)[5]으로 명명되어 있다. 이에 비해 아

---

4 孔穎達疏, 『禮記注疏』권22, 禮運. "五行之動迭相竭也 五行四時十二月 還相爲本也 五聲六律十二管 還相爲宮也 五味六和十二食 還相爲質也 五色六章十二衣 還相爲質也 注竭猶負戴也 言五行運轉更相始也 五聲宮商角徵羽也 其管 陽曰律 陰曰呂 布十二辰始於黃鍾管 長九寸 下生者三分去一 上生者三分益一 終於南事 更相爲宮 凡六十也"

5 지조식(之調式) 위조식(爲調式)은 어떤 조의 명명법이 之자로 해석할 경우와 爲자로 해석할 경우의 따라 달라지기 때문에 두 가지로 법칙을 세운 것이다. 예를 들어 선법이 같은 각조 중에서 黃鍾爲角과 黃鍾之角은 다른 스케일이 나오는 것인데 황종위각은 황종으로 기조필곡하는 곧 중심음이 되는 각조이기 때문에 황종(각) 태주(변치) 협종(치) 중려(우) 임종(변궁) 이칙(궁), 무역(상)의 스케일을 가진다. 이에 반해 황종지각은 고선이 중심음이 되는 고선(각) 유빈(변치) 임종

래쪽 그림『악학궤범』의 60조는 다음과 같이 다르게 그려져 있다.『악학궤범』60조가『율려신서』의 60조도와 다른 점은『율려신서』에서 처럼 '황종궁' '무역상' '이칙각' '중려치' '협종우'와 같은 지조식 표현을 쓰지 않고 다만 궁조 상조 각조 치조 우조라고만 되어 있다. 그리고 반성(청성)의 경우는 표 앞에 제시한 것처럼 글씨가 많아져 번거로움을 피하기 위해 삼수변 (氵)을 넣었고 변율의 경우에는 음각으로 표시했다.6 그리고 가장 중요한 것은 율명 아래에 '宮 上下 一二三四'를 표시한 것이다. 이 60조라는 것은 사실 아악을 위한 악조 이론, 즉 7성(7음음계)을 12율(12개의 음높이가 다른)을 궁으로 삼아 만든 12개의 조와 선법이 다른 5개 조(궁조 상조 각조 치조 우조)와의 결합을 도표화 한 것인데도 불구하고『악학궤범』편찬자들은 향악의 5음음계를 기보하는 기보법을 도입시켜 변치 변궁을 제외 한 곳에 표시를 해 주었다. 여기에서『율려신서』60조도 보다 더욱 확연히 드러나는 것은 주음이다. 궁조에는 궁자리에 상조에서는 상자리에 각조에서는 각자리에 치조에는 치자리에 우조에는 우자리에 궁(宮)을 배치하고 궁에서 한 음 위가 되는 다음 율명이 나오는 부분에 上一과 下四를 배치하는 방식으로 해서 악조에 대한 이해를 훨씬 쉽게 하였다. 그리고 이 60조에 대한『율려신서』의 채원정의 설명을 붙여 놓고서『악학궤범』만의 별도의 설명을 다음과 같이 하고 있다.

우리나라에서 율을 사용하는 것은 아악엔 7성만 사용하고 속악은

(치) 남려(우) 응종(변궁) 황종(궁) 태주(상)의 스케일을 가진다.『율려신서』두 번째 행에 해당되는 無射商은 황(상),태(각),고(변치),중(치),임(우),남(병궁),무(궁)의 스케일이기 때문에 지조식임을 알 수 있다. 이 스케일을 위조식 명명법으로 표현하면 황종위상이다.
6 현대의 기보법에서는 옥타브 위의 半聲 또는 淸聲은 삼수변(氵)을, 옥타브 아래의 陰聲 또는 濁聲은 인변(亻)을 율명에 붙인다.

2변성을 쓰지 않고 다만 5성만을 사용하며 5성에는 청탁의 구별이 있으니 下五 下四 下三 下二 下一은 탁한(낮은) 궁 상 각 치 우를 가리키고 宮 上一 上二 上三 上四는 청한(높은) 궁 상 각 치우를 가리키는 것이다. 이제 60조를 각 율의 아래에 따라 상하일이지법(上下一二之法)을 붙여 써서 보기 편하게 하였다.7

위와 같이 『악학궤범』에서 율명 아래 써 놓은 궁을 중심으로 상과 하로 나누어 음계를 표시하는 방식을 '상하일이지법'이라고 하였는데 이것은 우리나라 음악 음계의 특징을 잘 보여주는 것이며 동시에 우리나라 음계 기보법을 반영한 것이기도 하다.8

악학궤범에서 <60조>에서 표시된 上下一二之法은 뒤의 항목인 <오음배속호>에 더 자세히 설명이 나와 있다.

아악의 궁은 7음 궁, 상, 각, 변치, 치, 우 변궁을 사용하나 속악의 균은 2변을 사용하지 않고 다만 5음만을 사용하여 청 탁의 중간음 즉 중성으로 궁을 삼아 궁으로부터 청성으로 향하면 상, 각, 치, 우 소리가 점차로 높아가고 궁으로부터 탁성으로 향하면 우, 치, 각, 상이 점차로 낮아진다. 탁성, 청성을 분변하기 번거롭기 때문에 또 상하일이지법이 있다.9

....

7 『악학궤범』권1, <육십조>, 4a7~11, "本國用律雅樂 則用七聲 俗樂則不用二變 只使五聲 聲有淸濁 下五下四下三下二 濁宮商角徵羽宮也 宮商一上二上三上四 淸宮商角徵羽也 今於六十調 各律之下 別書上下一二之法 以便觀覽"

8 이러한 기보법은 『세조실록악보』에서부터 나타나는데 이를 다른 말로 '오음약보(五音略譜)'라고도 하는 일종의 한국식 숫자보이다.

9 『樂學軌範』卷之一, <五音配俗呼> 25a1~6, "雅樂之宮 用七音 宮商角變徵徵羽變宮 俗樂之均 不用二變 只用五音 而以淸濁之間 中聲爲宮 自宮向淸 則商角徵羽漸次而高 自宮向濁 則羽徵角商 漸次而下 濁聲淸聲分辨浩繁 故又有上下之法"

어떤 調(선법)나 宮(key)이나 상관없이 어떤 한 스케일의 주음이 되는 율을 宮으로 놓고 그 한 음 아래는 下一 두음 아래는 下二 세 음 아래는 下三 네 음 아래는 下四 다섯 음 아래이면서 옥타브 아래 음은 下五로 쓰고 그 중심음의 한 음 위는 上一 두 음 위는 上二, 上三 上四 上五 등으로 적는 것으로 下五와 上五는 宮과 옥타브 관계가 된다. 그래서 위의 60조도에서 보면 1행에서 5행까지의 황종율 아래에 궁과 하오가 6행에서 10행까지는 대려율 아래에, 그 다음 다섯 개의 행은 태주율 아래에 적혀 있다. 이는 궁조든 상조든 각조든 치조든 우조든 주음이 되는 율이 상하일이지법의 궁이 된다.

이 '상하일이지법'에서의 궁에 대해서는 『악학궤범』권1에서는 '시용' 이란 용어를 쓰지 않았으나 『악학궤범』권7의 <향부악기도설>에서 사용 된 '시용궁상각치우'와 같은 맥락의 '時用宮'을 의미한다.[10] 그러니까 다시 말하면 중국이론에서의 궁상각치우에 따른 궁과 의미를 달리한다고 할 수 있다.

2. 4淸聲과 시용아악 12율 7성

『악학궤범』에서 60조 자체에도 한국 음악에 맞는 독창적인 도표를 제 시하였지만 60조에 대한 해설에 있어서도 반성(즉, 淸聲)[11]의 문제를 거론

---

10 또 時用 宮商角徵羽라 하여 중심음을 궁이라고 하고 그 위 음을 상 각 치 우 아래음은 우 치 각 상 등으로 표현하는 방법이 『악학궤범』권7의 향부악기도설 에 제시되어 있다.

11 반성(半聲)의 개념은 율관의 제작에서 발생한 것으로 율관의 길이를 절반으로 줄이면 옥타브 위의 음이 나오는데서 半의 개념이 생겼던 것 같다. 후에 다시 청성(淸聲), 또는 자성(子聲)이라고 한다. 청성은 음의 높낮이를 청탁으로 구별 하였던 것과 관련이 있고 자성은 12율의 삼분손익이 上生 下生 등 낳는 과정이

할 때, 반성이 쓰이는 이유에 대해 더 상세한 설명을 하면서 동시에 12반성을 모두 쓰지 않고 4반성, 즉 黃, 大, 太, 夾 4청성에 국한해서 사용하는 문제를 논하였으며 실제 우리나라의 아악에서 사용하는 아악의 음계를 보여주는 時用12율7성도를 제시하고 있다.

반성, 즉 청성에서 4청성을 쓰는 문제에 대한 논의가 생기게 된 이유는 유가의 정통 악론이라고 할 수 있는 『예기(禮記)』「악기(樂記)」에서 5성이라는 음계에 각각의 상징성을 부여하고 그것의 질서를 무너뜨리지 말 것을 역설한 다음과 같은 문장에서 비롯되었다.

> 宮은 임금이 되고 商은 신하가 되고 角은 백성이 되고 徵가 일(事)이 되고 羽가 물(物)이 되니 5가지가 어지럽지 않으면 어그러지고 첨체 (怗滯)되는 음이 없다. 宮이 어지러워지면 황폐해지니 그 임금이 교만하기 때문이고 商이 어지러우면 기울어지니 그 신하가 무너졌기 때문이고 角이 어지러워지면 근심이 생기니 그 백성이 원망스러운 마음이 있어서이고 徵가 어지러우면 슬프니 그 일이 수고롭기 때문이고 羽가 어지러우면 위태로워지니 그 재산이 다 떨어졌기 때문이니 5가지가 모두 어지러워 서로 범능(犯陵)하는 것을 일러서 만(慢: 태만)이라고 하니 이와 같으면 나라의 멸망이 머지않게 될 것이다.[12]

위와 같은 「樂記」의 사상은 오래전부터 형성된 유가(儒家)의 관점을 보여주는 것인데, 5성(五聲)을 5상(五象)에 대비시키고 각각의 음이 가지는 질서가 있고 5성 중에서 宮은 가장 존귀하게 취급하고 있다. 이것을 오선보로 그려 배치해 보면 다음과 같다.

....

기 때문에 본래 율의 자식이란 의미로 보인다.

12 『禮記』, 「樂記」, <樂本>. "宮爲君象爲臣角爲民徵爲事羽爲物 五者不亂則不怗滯之音矣. 宮亂則荒其君驕 商亂則陂其臣壞 角亂則憂其民怨 徵亂則哀其事勤 羽亂則危其財匱 五者皆亂迭相陵謂之慢 如此則國之滅亡無日矣"

五音	宮	商	角	徵	羽
	宮	商	角	徵	羽
五象	君(임금)	臣(신하)	民(백성)	事(일)	物(물건)

여기에서 君臣民事物은 하나의 질서를 의미하기 때문에 임금을 상징하
는 존귀한 궁성(宮聲)보다 다른 소리가 더 낮을 수 없다. 만약 상성이 궁성
보다 낮으면 임금을 능만하는 것이라고 여기는 것이다. 그 뒤의 질서도
마찬가지이다. 『악학궤범』<60조> 설명부분에서는 이러한 '爲臣凌君'에 대
한 설명을 『율려신서』<60조>의 잔주 그대로를 인용하여 설명하고 있다.

만약 황종으로 그것을 말하면 나머지 율이 모두 순응하나 만약 다
른 율을 궁으로 삼는다면 서로 능만하는 곳이 있게 된다. 이제 좀 더
<u>황종을 가지고 논한다면 제 9궁부터 이후 4궁은 즉 혹은 角이 되고
혹은 羽가 되고 혹은 商이 되고 혹은 徵가 된다.</u> 만일 (황종이) 각이
되면 백성이 자기 임금을 능만하게 된다. 만일 상이 되면 이는 신하
가 자기 임금을 능만하게 된다. 치는 일에 해당 되고 우는 물에 해당
되니 미루어 생각하면 알 수 있기 때문에 황종을 4청성으로 만들어
쓴다. 청성은 그 율의 반으로 짧게 한 것이다. 이것이 황종청이니 길
이는 4촌 반이다. 만일 뒤 4궁에서 황종으로 각, 치, 상, 우를 삼을 경
우 이 청성으로 해야 할 것이며 황종 본율을 써서는 안 된다. 그것은
아래가 군상을 능만하는 혐의를 피하기 위함이다.[13]

....

13 『樂學軌範』卷之一, <六十調>, 4a12~4b3 "若以黃鍾爲宮 則餘律皆順 若以其他律
爲宮 便有相陵處 今且以黃鍾言之 自第九宮後四宮 則或爲角 或爲羽 或爲商 或爲
徵 若以爲角 則是民陵其君 若以爲商 則是臣陵其君 徵爲事羽爲物 皆可類推 故製
黃鍾四淸聲用之淸聲短其律之半是黃鍾淸 長四寸半夜 若陵四宮用黃鍾爲角 徵商羽

여기서 말하는 제 9궁은 삼분손익 차례로 순서를 매긴 것으로 이칙궁, 협종궁, 무역궁, 중려궁을 말한다. 이것을 도표로 정리해 보면 다음과 같다.

〈표-3〉 12궁에 따른 스케일에서 황종율이 상각치우가 되는 경우

		宮	商	角	變徵	徵	羽	變宮
		君	臣	民		事	物	
第1宮	黃鍾宮	黃	太	姑	蕤	林	南	應
第2宮	林鍾宮	林	南	應	大	太	姑	蕤
第3宮	太簇宮	太	姑	蕤	夷	南	應	大
第4宮	南呂宮	南	應	大	夾	姑	蕤	夷
第5宮	姑洗宮	姑	蕤	夷	無	應	大	夾
第6宮	應鍾宮	應	大	夾	仲	蕤	夷	無
第7宮	蕤賓宮	蕤	夷	無	黃	大	夾	仲
第8宮	大呂宮	大	夾	仲	林	夷	無	黃
第9宮	夷則宮	夷	無	黃	太	夾	仲	林
第10宮	夾鍾宮	夾	仲	林	南	無	黃	太
第11宮	無射宮	無	黃	太	姑	仲	林	南
第12宮	仲呂宮	仲	林	南	應	黃	太	姑

위와 같이 제 9궁 이하라는 것이 이칙궁 협종궁 무역궁 중려궁에서 황종율이 각, 치, 상, 우가 된다는 말과 일치한다. 제 9궁 이하의 예를 든 것은 제 1궁에서 제 8궁까지는 황종이 변치가 되는 것 이외에 율이 나오지 않기 때문이다. 위 표에서도 보이듯이 제 2궁에서부터는 청성사용이 불가피하고 대려부터 11율 모두 청성을 피할 수 없게 된다. 그러나 청성을 4청성에 국한하는 이유를 다음과 같이 설명한다.

지금 아악은 단지 황종 대려 태주 협종의 반성 즉 4청성을 둔다. 그 말미암은 바를 궁구하면 대개 군신민이 서로 능만 할 수 없음을

....

則以四淸聲代之 不可用黃鍾本律 以避陵慢"

취하나 사물은 즉 반드시 피할 필요는 없다는 뜻이다. 이칙궁 남려궁
무역궁 응종궁 4궁에 이르러서는 비로소 청성이 商이나 角이 된다. 이
칙궁의 각과 무역궁의 상은 청황종을 남려궁의 각과 응종궁의 상은
청대려를 무역궁의 각은 청태주를 응종궁의 각은 청협종을 사용함하
게 됨으로써 신민이 임금을 능만함을 피해야 한다. 임종궁 이하 응종
궁에 이르기까지 다시 전성을 취하여 徵와 羽를 삼는 즉 事와 物은 반
드시 피할 필요가 없기 때문이다.[14]

『율려신서』에서도 이 문제를 그대로 수용하고 있지만 다만 사와 물에
있어서는 반드시 피하지 않아도 된다고 주장한다. 사물은 계급관계가 아니
기 때문이다. 12율의 차례는 黃大太夾姑仲蕤林夷南無應인데, 대려를 궁으로
삼으면서부터 옥타브 위의 음이 필요하다. 위의 문장에서 말하는 4궁은 앞
의 삼분손익에 의한 차례가 음고의 차례로 나열하였을 때 이칙궁 이하의
4궁이다. 이러한 『악학궤범』의 자세한 설명을 도표로 보면 다음과 같다.

〈표-4〉 黃大太夾이 臣民(商角)이 되어 君(宮)보다 낮은(陵君)하는 경우

宮	宮	商	角	變徵	徵	羽	變宮
	君	臣	民		事	物	
黃鍾宮	黃	太	姑	蕤	林	南	應
大呂宮	大	夾	仲	林	夷	無	黃
太簇宮	太	姑	蕤	夷	南	應	大
夾鍾宮	夾	仲	林	南	無	黃	太
姑洗宮	姑	蕤	夷	無	應	大	夾
仲呂宮	仲	林	南	應	黃	太	姑

· ·

14 『樂學軌範』卷之一, 〈六十調〉, 5a1~7, "今雅樂 只置黃鍾大呂太簇夾鍾半聲 卽四淸
聲也 究其所由盖取君臣民不可相陵 而事物則不必避之義 至夷則南呂無射應鍾 四宮
始用淸聲爲商角 夷則宮之商 無射宮之角 用淸黃鍾 南呂宮之角 應鍾宮之商 用淸大
呂 無射宮之角 用淸太簇 應鍾宮之角 用淸夾鍾以避臣民陵君 林鍾以下至應鍾宮 則
復取全聲爲徵羽 卽事物則不必避也"

蕤賓宮	蕤	夷	無	黃	大	夾	仲
林鍾宮	林	南	應	大	太	姑	蕤
夷則宮	夷	無	黃	太	夾	仲	林
南呂宮	南	應	大	夾	姑	蕤	夷
無射宮	無	黃	太	姑	仲	林	南
應鍾宮	應	大	夾	仲	蕤	夷	無

위에서 알 수 있듯이 황종율을 제외하고 대려궁부터 모든 율을 궁으로 삼을 때 높은 음이어야 할 자리에 낮은음이 오기 때문에 옥타브 위의 음이 필요하다.[15] 이 점 때문에 12궁에서 君臣民의 질서에 문제가 되는 것은 결국 이칙궁 남려궁 무역궁 응종궁에서 黃大太夾 4개의 율에만 해당된다. 사물에 해당되는 치와 우는 상관없기 때문에 다시 정성을 쓴다는 것이다. 때문에 4궁 이외에서도 모두 4청성만을 쓴다. 이러한 점을 내세워 時用雅樂에서 12율 4청성만 쓰는 근거로 삼고 <시용아악 12율 7성도>를 다음과 같이 항목을 따로 두고 그려 놓았다.

〈그림-3〉『樂學軌範』卷之一 〈時用雅樂十二律七聲圖〉

- - - - - - - - - - - - - - - -

15 삼수변(氵)을 율명에 붙인 것들은 원래 음보다 옥타브 높아야 하기 때문에 붙인 것이다. 그 자리에 원래 율명을 써준다면 앞의 음보다 낮은 음이 된다.

이 도표에서는 모든 궁에서 황종 대려 태주 협종이 반성(半聲)으로 와야 할 때만 彳를 붙여 청성을 표시하고 다른 율에서는 반성의 자리에 오더라도 彳을 붙이지 않고 율명을 그대로 써서 전성(全聲)을 그대로 쓰는 것을 보여주었다. 다시 말하면 이는 時用, 즉 당시 사용하는 아악(雅樂)이자 조선에서 쓰는 아악에서는 4청성만을 사용한다는 것을 보여주는 것이다.

이 '시용12율7성도' 도표는 『악학궤범』이 편찬되기 이전시기에 편찬된 『세종실록』악보의 서문 끝에도 제시되어 있다.[16] 여기에는 두 개의 그림이 있는데 하나는 28성도이고 하나는 16성도이다. 이 16성도가 '시용12율7성'와 같은 그림이다. 앞의 28성도는 변율 변반율 등을 포함하는 것이고 16성도는 12율 4청성만을 말하는 것이다. 이는 『율려신서』의 변율을 이론상 받아들이면서도 실제적 적용으로는 12율4청성만을 쓴다는 것을 의미한다.[17]

위와 같이 시용 아악에서 최소한 군신민의 질서, 즉 궁상각의 질서를 지켜야 하기 때문에 『율려신서』<60조>에서 볼 수 있듯이 宮은 언제나 가장 낮은 음으로 있어야 한다. 그런데 60조에 대한 명칭이나 해석이 중국과 다르다는 점은 많은 문제를 야기시키고 있다. 계명상의 宮이라는 의미 외에도 상하일이지법의 궁, 즉 시용궁에서는 宮을 가운데 음으로 간주하고 있는 문제는 궁상각치우 오성이 각각 상징에서 보여주는 질서가 무너질 수 있음을 시사하고 있다. 이에 대해서 『악학궤범』<오음배속호>에서는 이것이 우리나라가 중국과 다른 점이라고 하면서도 결국 가장 낮은 음인 허현지성(虛絃之聲)[18]인 下五가 실질적 궁이라고 설명하고 있다.

---

16 『世宗實錄』 卷百三十六, 「雅樂譜序」, '十二宮七聲用十六聲圖' 2b4~3a6
17 김수현, 「『詩樂和聲』의 악률론 연구」, 한국학중앙연구원 박사논문, 2011, 45-47쪽.
18 거문고의 개방현에 해당하는 무현의 음을 말하는 것으로 가장 낮은음이며 중심

우리나라의 5성을 사용하는 법은 예와 같지 않다. 예전에는 이르기를 궁이 가장 길고 우가 가장 짧다고 하였고 또 상소리는 궁소리를 지나칠 수 없다고 하는 말이 있으나 지금은 중성으로 궁을 삼으면 궁 아래에 또한 탁성이 있어서 하오에 이르러서 궁소리와 맞게 되므로 옛날과 상반되는 것 같다. 중성으로 궁을 삼는 것은 대체 한 때 소리 사용의 편의를 위한 것이나 궁의 정성은 응당 下五 허현의 소리를 기준으로 해야 할 것이다.[19]

위와 같이 시용아악에서는 12율 4청성만 쓰는 모습을 보여주면서 동시에 다음과 같이 우리나라의 속악은 율을 어떻게 사용하고 있는지를 설명해주는 문구가 있다.

또 (악서에서) 말하길 「전하는 말에 "황종을 3배하면 크기가 우레와 같고 황종을 3분의 1로 하면 가늘기가 벌레소리 같다"하였다. 이것은 황종 뿐만 아니라 다른 높은 소리나 낮은 소리도 다 일반인 것이다. 이것이 즉 성음의 본질이다.」하였다. 생각건대 우리나라에서 사용하는 악성은 아악에서는 12율의 정성과 4청성을 쓰며 속악에서는 12율의 정성과 12청성을 쓰며 또 그 외에 청중청 탁중탁을 쓴다. 이것이 소위 '三倍三減法'이 아닌가 한다.[20]

위의 인용문에서 말하는 것은 12율 4청성은 아악에 국한되어 있는 것

의 주: footnotes section

음보다 한 옥타브가 낮다.

19 『樂學軌範』 卷之一, 25a10~25b2, 我國五聲之用 與古不同 古云宮最長 而羽最短 又有商聲不得過宮聲之語 今以中聲爲宮 而宮之下 亦有濁聲 至下五以應 宮聲似反 於古 以中聲爲宮 蓋一時用聲之便易耳 宮之正聲 當以下五 虛絃之聲從之

20 『樂學軌範』 卷之一, 9a4~8, 又云 傳曰 三倍黃鍾 大如雷霆 三減黃鍾 細如昆蟲 上下聲同 是其眞性 按我國用樂之聲 雅樂則用十二律正聲及四淸聲 俗樂則用十二律正聲及十二淸聲 又用淸中淸濁中濁 此所謂三倍三減之法

이고 속악에서는 위 아래로 3옥타브를 쓴다는 것을 의미한다. 아악만이 아니라 속악에서 쓰는 율의 변별성까지 더불어 설명하고 있는 부분이다.

3. 12율론과 율관의 현실적 적용

황종율관에 관한 논의는 악률론에서 가장 먼저 거론되는 문제이다. 황종율관의 長 空圍 積 容黍 등에 대한 『악학궤범』의 입장은 기존의 설에 대한 문제를 제기한 점이든 그렇지 않든 전혀 거론하지 않고 『율려신서』의 황종율관의 수치를 그대로 제시하고 있다. 황종율관은 12율의 산출에서 기준음이 되기 때문에 기준음이 나는 황종율관의 길이와 둘레 용적 등은 아주 중요한 문제가 된다. 이 문제에 대해서는 이미 연구된 바 있기 때문에 여기서는 다루지 않을 것이다.[21]

12율 둘레와 길이의 문제에 있어서는 채원정의 『율려신서』에 있는 중요한 율산출 계산법의 내용을 온전히 담고 있다. 다만 『악학궤범』 <十二律圍長圖說-附律管>에서 12율관도는 12율관의 길이를 그림으로 보여주고 12율 산출시 삼분손익의 결과를 숫자로 제시하여주었으며 손일(損一)과 익일(益一)을 통해 상생하는 차례를 기술한 것이다. 『악학궤범』의 <12율위장도설>에 그려진 12율관의 그림을 보면 다음과 같다.[22]

....

21 『律呂新書』 권1 「律呂本原」, <黃鐘 第一>, 長九寸 空圍九分 積八百一十分, 『악학궤범』에서는 위와 같이 단정적인 내용만 취할 뿐 이에 대한 아무런 설명이나 문제를 제기하고 있지 않지만 『율려신서』에서는 위의 문장과 관련하여 「율려본원」<황종>(제1)과 「율려증변」<造律>(제1)과 <律長短圍徑之數>(제2)에서 상당한 지면을 할애하여 논하고 있다. 「律呂證辨」, <造律> 九十黍之長 中容千二百黍之實 이 부분에 대한 연구는 이미 김수현의 위의 논문에서 밝혀진 바 있다.
22 『樂學軌範』 卷之一, 9a9. 十二律圍長圖說(附律管)의 그림을 그대로 다시 그린 것임.

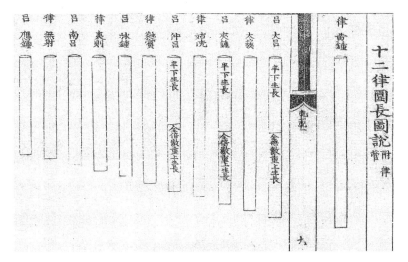

〈그림-4〉『악학궤범』의 12율 圍長 그림

  좀 더 자세히 살펴보면 이 12율관의 그림을 보면 대려 협종 중려 세 율관에 반성을 표시한 것은 실제 산출되는 길이에 두 배를 한 길이로 음 높이를 맞추었다는 것을 보여주는 것이다. 半일 때는 下生율이지만 그 길 이의 倍일때는 上生율이 되는 것이다. 또 이 율관의 길이는 높은 음으로 갈수록 짧아지지만 굵기는 모두 같다. 이 점은 『율려신서』에서 채원정이 12율관의 굵기는 모두 같다는 정현(鄭玄)의 설을 따르는 것이다. 『악학궤 범』에서도 역시 그에 따라 그림을 그렸으며 설명부분의 黃鍾長九寸圍九分 아래의 잔주에도 "이하 11율의 둘레는 모두 같다(以下十一律圍並同)"이라고 하여 12율관의 굵기가 모두 같음을 명시하였다.

  이 그림에서 세 개의 율관에 반성을 표시한 것, 12율의 수치에서 『율 려신서』의 채원정 계산법처럼 9분법을 이용한 점, 반성을 쓰는 곳과 쓰지 않는 곳을 기입한 점, 삼분손익의 마지막 율인 중려를 기술할 때 변율을 염두에 두고 實 729를 언급한 점 등 『율려신서』에서 소홀히 할 수 없는 중요한 문제이다.[23] 다만 『악학궤범』에서는 이를 도상화하고 설명했다는 점을 주목할 수 있다.

이 그림에 이어서 써 놓은 설명을 보면, 율관의 그림을 음높이 순서대로 그려 놓았듯이 이 그림에 대한 해설도 삼분손익의 차례로 설명하지 않고 음의 높이 순서대로 설명을 해서 좀 복잡해 보인다. 그래서 『율려신서』의 인용과는 다른 것처럼 보이지만 그 내용에 있어서는 『율려신서』의 12 律之實의 수치를 그대로 써 놓고 있다.[24]

그리고 각각의 율이 다른 율을 낳을 때, 즉 삼분손익과 상생 하생의 관계를 써 놓았는데 三分損一 하는 것은 下生하는 것으로 三分益一 하는 것은 上生하는 것으로 되어 있다. 그러나 대려 협종 중려는 삼분익일하고 상생한다고 하면서도 그 황종의 반보다 짧은 길이를 먼저 적어 놓고 배수의 길이를 적어 놓았다. 그리고 12율에서 마지막 삼분손익율인 중려에서는 그 율이 낳는 율을 변황종이라고 하면서 729승이라고 적어 놓았다. 이 『악학궤범』의 12율위장도설의 설명 부분을 표로 정리해 보면 다음과 같다.[25]

23 남상숙, 「『악학궤범』소재 율장의 문제점 및 율산에 관한 연구」, 『『악학궤범』 악론 연구』, 민속원, 2009, 17쪽. 적 810분은 9촌을 90분으로 삼는 것이다. 이 문제 역시 남상숙의 연구가 이미 있어 자세히 다루지 않겠다.
24 이는 『律呂新書』, 「律呂本原」, <十二律之實 第四>와 같은 12율관의 길이를 적어 놓았지만 『율려신서』에는 삼분손익의 차례대로 子黃鐘→丑林鐘→寅太簇→卯南呂의 차례로 놓은 것이 다르다.
25 『樂學軌範』 권1, 10a1~10b1의 내용을 도표화 한 것임.

율명		三分損益	上生下生律	長	倍數	
黃鐘	律	三分損一	下生 林鐘	9촌		
大呂	呂	三分益一	上生 夷則	4촌1분8리3호	8촌3분7리6호	
太簇	律	三分損一	下生 南呂	8촌		
夾鐘	呂	三分益一	上生 無射	3촌6분6리3호6사	7촌4분3리7호3사	
姑洗	律	三分損一	下生 應鐘	7촌1분		
仲呂	呂	三分益一	再生 變黃鐘	3촌2분8리6호2사3홀	6촌5분8리3호4사6홀	729乘
蕤賓	律	三分損一	下生 大呂	6촌2분8리		
林鐘	呂	三分益一	上生 太簇	6촌		
夷則	律	三分損一	下生 夾鐘	5촌5분5리1호		
南呂	呂	三分益一	上生 姑洗	5촌3분		
無射	律	三分損一	下生 仲呂	4촌8분8리4호8사		
應鐘	呂	三分益一	上生 蕤賓	4촌6분6리		

　　이렇게 『악학궤범』에서 12율에 대한 견해는 『율려신서』의 이론을 그
대로 수용하고 있다. 또한 『악학궤범』의 12율관의 그림은 『율려신서』의
12율에 대해 동의하는 견해를 보여주는 것이다. 그러나 『악학궤범』 편찬
자들이 부연해서 설명한 내용을 보면 12율관의 제작과 관련하여 다음과
같은 독자적 설명을 볼 수 있다.

　　　상고해보면 율관의 제작법은 여러 해 묵은 해죽(海竹)의 둘레와 직
　　경이 서로 알맞은 것을 취하여 두 마디 사이를 잘라서 황종으로부터
　　응종에 이르기까지 본율의 촌 푼수에 의하여 재단하여 만드는 것이
　　다. 그러나 대나무 구멍의 둘레가 아래는 넓고 위는 좁으므로 만일
　　넓은 구멍 쪽에서 불면 소리가 높고 좁은 구멍 쪽에서 불면 소리가
　　낮아지니 반드시 좁은 곳을 파서 위아래 구멍의 둘레가 똑같은 뒤에
　　야 성음을 바로 잡을 수 있는 것이나 혹 동이나 철을 가지고 부어 만
　　들면 비록 해가 오래 되어도 소리가 틀리지 않는다.[26]

----

26 『樂學軌範』 卷之一, <12율위장도설> 10b6~10 "按律管之制 取年久海竹圍徑相准

이것은 율관을 만드는 방법을 제시하고 있는 것인데, 현실적으로 대나무가 가지는 특성을 고려해서 관을 고르게 하는 방법을 제시하고 대나무가 가지는 뒤틀리는 재질을 감안하여 동이나 철로 만들면 소리를 유지할수 있음을 설명하고 있다. 이것이 독창적 이론은 아니지만 율관을 만드는 현실적 방법을 설명하려는 점에서 이론에서 그치지 않고 실천적 의지를 보여주는 것이라고 생각된다. 또한 장악원에 있는 율관이 어떤 것이었는지를 보여주는 글을 뒤에 다음과 같이 싣고 있다.

지금 장악원 안에 있는 동율관 2부가 있는데, 영조척(營造尺)으로 재면 황종길이는 1척에 알맞다. 그런데 도척의 제법이 영조척 길이를 황종척으로 재면 8촌 9분 9리이다. 만일 1리만 더하면 곧 9촌이 된다. 그러므로 위에 보인 12관의 둘레와 직경이 거의 터럭만큼의 차이가 있으나 이 율관이 옛 제도와 심히 멀지 않기 때문에 '時用'악기는 다 이 관으로 바로 잡은 것이다.[27]

위 인용문에서 알 수 있는 것은 악원(樂院)[28]의 율관은 동율관을 쓰고 있는 사실과 이 동율관을 영조척으로 재면 황종의 길이에 맞지만 이것이 황종척에 비해서는 1리가 모자란다는 것이다. 그러나 이는 큰 차이가 아니고 옛 제도에서 크게 벗어나지 않기 때문에 지금 쓰는 악기는 이 관으로 조율한다는 것을 알 수 있다. 여기에서도 '시용'이란 용어가 등장한다.

....

者 斷兩節間 自黃鍾至應鍾 依本律寸分之數而裁之 然竹孔之圍下闊而上俠 若從闊孔吹之則聲高 從俠孔吹之則聲下 必削去俠處 使上下孔圍相准 然後可正聲音 或用銅鐵鑄造 雖年久聲不差訛"

27 『樂學軌範』 卷之一, 10b12~15, "今元中有銅律管二部以管造 尺度之黃鍾長准一尺 度尺之制 營造尺長以黃鍾尺准之 則八寸九分九厘 若加一厘則便爲九寸矣 右十二律管圍徑微有纖毫之差 然此律管 如古制不甚相遠 時用樂器 皆以此管正之"

28 악원은 조선시대 국가음악기관인 장악원(掌樂院)을 말한다.

시용악기라고 한 것을 볼 때, 당시 조선 성종대 장악원에서 아악에 쓰는 악기를 가리키는 것이라고 하겠다. 그것은 다시 말하면 중국에서 들어온 악기가 아니라 한국에서 세종시대부터 제작했던 아악기를 가리키는 것으로 중국의 율관으로서가 아니라 한국에서 제작한 율관으로 한국의 악기를 조율하였음을 알 수 있다.

이렇게 12율에 관한 이론을 『율려신서』와 같은 중국의 이론을 토대로 하여 세우긴 하였으나 역시 12율관을 만들 때에는 나름대로의 방법을 모색하고 실천하였으며 한국의 악기의 조율에 썼음을 볼 때 이 역시 주체적 수용의 하나라고 볼 수 있다.

4. 강신악조(降神樂調)와 시용(時用)강신악조의 궁조

강신악(降神樂)이란 천신(天神), 지기(地祇), 인귀(人鬼)에 대한 제사 즉 삼대사(三大祀)에서 쓰는 음악이고 강신악조란 그 음악의 음계를 말한다. 『악학궤범』권1의 <삼대사 강신악조>의 '祀天神'부분에서는 『주례』와 『송사』의 강신악조를 소개하고 『율려신서』의 주를 인용하여 편찬자의 생각을 개진하고 있다. 『주례』「대사악」에는 다음과 같이 천신제 지기제 인귀제에 따른 악조명과 제사를 지내는 곳 쓰는 악기, 사용되는 춤 등을 자세히 적어 놓았는데 『악학궤범』에서 그대로 인용해 놓았다. 먼저 그 내용을 표로 보면 다음과 같다.[29]

. . . .
29 『樂學軌範』 卷之一, <三宮>, 17b3~11.

<표-6> 『주례』 「대사악」의 강신악의 제사 장소와 음악 무용

	음악	연주장소	변	악기	춤과 노래
天神祭	圜鍾爲宮 黃鍾爲角 太簇爲徵 姑洗爲羽	圜丘	6變	雷鼓 雷鼗 孤竹之管 雲和之琴瑟	雲門之舞
地祇祭	函鍾爲宮 太簇爲角 姑洗爲徵 南呂爲羽	澤中之方丘	8變	靈鼓 靈鼗 楙竹之管 空桑之琴瑟	咸池之舞
人鬼祭	黃鍾爲宮 大呂爲角 太簇爲徵 應鍾爲羽	宗廟之中	9變	路鼓 路鼗 陰竹之管 龍門之琴瑟	九德之歌 九磬之舞

위의 강신악조, 원종[30]위궁, 황종위각 등의 악조명에 대해 이것이 어떤 음계를 의미하는지에 대해서 논란이 있었던 것 같다. 이와 관련한『악학궤범』의 인용문을 보면 다음과 같다.

율려신서의 주에 어떤 사람이 묻기를 주례 대사악에서 말하는 궁 각치우와 더불어 7성이 맞지 않는데 어째서 입니까? 주자가 말하길 이것이 바로 강신지악인데 황종위궁 대려위각 태주위치 응종위우 이 4악조로부터 각각 하나씩 들어 말하면 대려위각은 즉 남려위궁이고 태주위치는 즉 임종위궁이고 응종위우는 즉 태주위궁이다. 그로써 7 성을 미루어 보면 이와 같이 맞는다.[31]

··················

30 원종위궁에서 원종은 협종과 같고 함종위궁에서 함종은 임종과 같다.
31 『樂學軌範』卷之一, 22b1~5, "律呂新書注 或問周禮大司樂說 宮角徵羽與七聲不合 如何 朱子曰 此是降神之樂 如黃鐘爲宮 大呂爲角 太簇爲徵 應鐘爲羽 自是四樂 各 擧其一者而言之 以大呂爲角則南呂爲宮 太簇爲徵則林鐘爲宮 應鐘爲羽則太簇爲宮 以七聲推之 合如此"

먼저 이 내용을 파악해 보면 주례 대사악에 적힌 궁각치우와 7성이 맞지 않다는 혹자의 질문에 대한 주자의 대답이다. 『악학궤범』에 인용된 이 문구는 채원정의 생각이 아닌 주자의 생각을 볼 수 있는 것이지만 『율려신서』에 실린 내용이기 때문에 인용한 것으로 보인다.

혹자가 질문한 이유는 강신지악의 인귀제사에서 쓰는 음악이 황종위궁 대려위각 태주위치 응종위우를 써야 한다고 되어 있지만 각각에 쓰는 율을 보면 (그 스케일을 보면) 다르다고 생각하고 있기 때문일 것이다. 대려위각만 보더라도 대려지각으로 해석하면 대려(궁) 협종(상) 중려(각) 임종(변치) 이칙(치) 무역(우) 황종(변궁)이지만 대려위각으로 해석하면 남려(궁) 응종(상) 대려(각) 협종(변치) 고선(치) 유빈(우) 이칙(변궁)이 되어야 한다. 대려지각은 중려가 중심음이 되는 각조이어서 궁의 자리 대려가 있을 뿐이고 대려위각은 대려가 중심음이 되는 각조이다. 따라서 궁의 자리엔 남려가 있다. 이렇게 해석의 차이로 다른 율로 해석할 수 있기 때문에 주를 달아 놓은 사람들이 여러 가지 혼란된 견해를 보였을 것이다. 이에 대해 혹자가 질문하기를 조명의 이름과 율이 맞지 않은 점을 지적한 것일 수도 있고 네 가지 조의 이름을 함께 연결시켜서 '황종이 궁이라면 대려가 각이 되고 태주가 치가 되고 응종이 우가 된다.'고 한 개의 스케일(악조)로 잘못 해석한 것일 수도 있다. 이에 대해 대답한 주자는 이것이 각각의 악조라는 것을 분명히 하고 이 악조명에 대해 위조식으로 해석하였다는 것을 알 수 있다.

<3대사강신악조>에서 『송사』의 인용문에 의해 강신악조를 해석해보면, "협종지균을 세 번 연주한 것을 일러서 협종위궁, 이칙지균을 1번 연주한 것을 황종지각 임종지균을 두 번 연주한 것을 태주위치와 고선위우라고 한다."라는 문구를 볼 때, 『주례』「대사악」의 강신악조명이 위조식이라는 것을 알 수 있고 이것이 왜 위조식 표현인지를 각각의 조명에 맞

추어 음계에 등장하는 율명을 필자가 다음과 같이 표로 정리해 보았다.[32]

〈표-7〉 강신악조의 위조식 지조식 관계와 그 음계

祭	降神樂		음계						
	위조식	지조식	宮	商	角	變徵	徵	羽	變宮
天神	圜鍾爲宮	夾鍾之宮	夾	仲	林	南	無	黃	太
	黃鍾爲角	夷則之角	夷	無	黃	太	夾	仲	林
	太簇爲徵	林鍾之徵	林	南	應	大	太	姑	蕤
	姑洗爲羽	林鍾之羽	林	南	應	大	太	姑	蕤
地祇	函鍾爲宮	林鍾之宮	林	南	應	汰	汰	㳞	㶒
	太簇爲角	無射之角	無	黃	太	姑	仲	林	南
	姑洗爲徵	南呂之徵	南	應	大	夾	姑	蕤	夷
	南呂爲羽	黃鍾之羽	黃	太	姑	蕤	林	南	應
人鬼	黃鍾爲宮	黃鍾之宮	黃	太	姑	蕤	林	南	應
	大呂爲角	南呂之角	南	應	大	夾	姑	蕤	夷
	太簇爲徵	林鍾之徵	林	南	應	大	太	姑	蕤
	應鍾爲羽	太簇之羽	太	姑	蕤	夷	南	應	大

그런데『송사』<대성악보>의 천신제 악조의 음계를 나열해 놓은 상태를 보면 앞의 위조식이 아닌 지조식으로 해석하였다는 것을 알 수 있다.[33]

〈표-8〉『송사』강신악조의 천신제의 지조식 명명과 그 음계

祭	지조식	음계							(實)
		宮	商	角	變徵	徵	羽	變宮	
天神	夾鍾之宮	夾	仲	林	南	無	黃	太	
	黃鍾之角	黃	太	姑	蕤	林	南	應	姑洗爲角
	太簇之徵	太	姑	蕤	夷	南	應	大	南呂爲徵
	姑洗之羽	姑	蕤	夷	無	應	大	夾	大呂爲羽

....

32 아래의 표를 만들 때 위조식 명칭을 지조식 명칭으로 바꾸어서 나열해 보았다.
   예를 들면 황종위각은 이칙지각과 명칭은 다르지만 음계는 같고, 태주위치는
   임종지치와 명칭은 다르지만 음계는 같다.
33 『樂學軌範』卷之一, 22b7~11, <祀天神> '宋史'(大成樂譜同)

그런데 『악학궤범』의 악조의 혼동을 더욱 가중시키고 있는 것은 사천신(祀天神)의 時用부분이다. 현재 쓰고 있는 '하늘제사음악'이라는 것인데 그러니까 그 당시인 성종 때 쓴 천신악(天神樂) 음악을 말하는 것이다. 時用에서는 위의 『송사』의 <대성악보>를 지조식으로 해석한 음계에서 주음, 즉 기조필곡하는 율을 時用에서는 다음과 같이 다시 궁으로 삼으면서 동시에 궁으로 기조필곡 하는 궁조로 바꾸어 놓았다.[34]

<표-9> 천신제사에 쓰는 악조가 궁조가 된 '時用雅樂'의 음계

宮調 전환	음계								(實)
	宮	商	角	變徵	徵	羽	變宮		
圜鍾宮	夾	仲	林	南	無	黃	太	圜鍾爲宮	
姑洗宮	姑	蕤	夷	無	應	大	夾	黃鍾爲角	姑洗爲宮
南呂宮	南	應	大	夾	姑	蕤	夷	太簇爲徵	南呂爲宮
大呂宮	大	夾	仲	林	夷	無	黃	姑洗爲羽	大呂爲宮

이것은 뒤의 설명하고 있지만 결국 위조식 이름의 천신악조를 지조식으로 바꾸면 궁조는 그대로이지만 고선이 중심음이 되는 각조인 고선위각, 남려위치 대려위우가 된다. 이것을 또 다시 모두 궁조로 바꾸어서 고선위궁 남려위궁 대려위궁으로 만들어 썼다는 것이다. 이것을 볼 때 결국 우리나라에서는 천신악에서 궁조만 썼다는 결론이 내려진다.

그런데 여기에서 역사적 관점에 비추어 살펴볼 때 『악학궤범』의 위 내용에 문제점이 발견된다. 『악학궤범』 <祀天神> 부분에 있는 이 '時用'은

---

34 『樂學軌範』 卷之一, 23a8~23b1, <祀天神> '時用'

夾仲林南無黃太	：	夾鍾爲宮
姑蕤夷無應大夾	：	黃鍾爲角　實　姑洗爲宮
南應大夾姑蕤夷	：	太簇爲徵　實　南呂爲宮
大夾仲林夷無黃	：	姑洗爲羽　實　大呂爲宮

일반적으로 당시 쓰고 있는 것이며 이것을 확대해서 해석하면 중국과는 구별되는 '한국에서 쓰고 있는' 으로 해석되기도 한다. 이 시용부분에서 원종(협종)위궁 등으로 시작되는 음악은 사실상 천신제를 지내는 음악으로 『악학궤범』 편찬 당시인 성종시대의 천신제에 사용된 음악으로 봐야 해석은 맞는다. 그러나 당시 조선사회에서 천신제는 천자만이 지내야 한다는 원칙으로 제후국인 조선에서 지낼 수 없었던 것이다. 물론 세종 세조 때만 하더라도 온갖 신하들의 간언에도 불구하고 천신제사가 있었다. 그러나 이 시기 이후부터 고종이 대한제국을 선포하고 원구단을 만들기 전까지는 공식적인 천신제는 없었다고 봐야 한다.

그런데 『악학궤범』 권2에서 그 해답을 찾을 수 있다. 권2의 <시용아부 제악>에서는 황종궁에서 응종궁까지와 송신협종궁, 송신임종궁, 송신황종궁을 합하여 13궁의 악보가 율자보로 기록되어 있고 바로 옆에 설명에는 다음과 같은 내용이 있다.

> 천신. 풍운뇌우(중사이다. 산천성황을 첨부, 중춘과 중추에 점쳐서 행한다) 협종위궁을 세 번 연주하고 황종위각은 황종균의 각음인 고성을 궁으로 한 고선궁을 한 번 연주하고 태주위치는 태주균의 치음인 남려를 궁으로 한 남려궁을 한 번 연주하고 고선위우는 고선균의 우음인 대려를 궁으로 한 대려궁을 한 번 연주하여 모두 6변이다.[35]

위의 인용문에서 당시 조선에서는 천신제를 대사(大祀)가 아닌 중사(中祀)로 하고 중국식으로 원구단에서의 지내는 제사가 아닌 풍운뇌우나 산천성황제사로 지냈던 것을 알 수 있다. 그래서 천신제는 제후국인 조선에

---

35 『樂學軌範』卷之二, <時用雅部祭樂>, 16b17~19, "天神. 風雲雷雨, (中祀山川城隍 附 仲春仲秋卜日行) 夾鍾爲宮 三酒 黃鍾爲角者 黃鍾之角 姑洗爲宮一奏 太簇爲徵 者 用太簇之徵 南呂爲宮 一奏 姑洗爲羽者 用姑洗之羽 大呂爲宮一奏 爲六變"

서 이러한 방법으로 지냈으며 이 때 지낸 제사의 악조가 결국『악학궤범』권1의 강신지악 시용(時用)의 악조와 같은 것임을 알 수 있다. 다시 말하면 아악을 쓰는 제사 음악에서는『주례』의 강신악조를 그대로 사용하되 그것을 궁조로 바꾼 전혀 다른 조의 악곡으로 만들어 썼다는 것을 보여준다. 이런 점에서 악조에서의 주체적 수용의 단면을 볼 수 있다고 하겠다.

IV. 맺음말

지금까지 중국의 악률이론이『악학궤범』에서 어떻게 주체적으로 수용되었는지에 대해서 살펴보았다.『악학궤범』에는 그 인용 빈도수만 보더라도 중국의 악률이론에 상당히 의존해 있다. 그러나 이 논문을 통해『악학궤범』권1에 나타난 중국악률론을 주체적으로 수용하고 있는 부분을 다음과 같이 찾을 수 있었다.

첫째는 60조 이론은 변율이론을 비롯하여『율려신서』의 이론을 상당히 적극적으로 수용하고 있지만『율려신서』의 지조식(之調式) 명명법을 위조식(爲調式)으로 바꾸고 '상하일이지법(上下一二之法)'을 부기하여 주음을 명확히 하고 한국에서 쓰는 5음 음계를 적용시켜 새로운 60조도를 만들었다는 점을 들 수 있다.

둘째는 상성(商聲)과 각성(角聲)은 궁성(宮聲)을 넘을 수 없다는 위신능군(爲臣陵君)의 문제에 대한 자세한 설명과 사물즉불필피(事物則不必避)의 문제와 결부된 4청성만 쓰는 문제를 적용하여 시용아악(時用雅樂) 12율4청성을 제시한 점 등을 들 수 있다.

셋째는 황종율관을 비롯한 12율관의 길이와 둘레 등에 대한 수치와 삼분손익(三分損益)에 대한 이론을『율려신서』에 의존하고 있지만 실제적인 율관 만들기와 당시 장악원의 율관에 따른 시용악기에 적용 문제를 부기하여 이론을 위한 이론만으로 그치지 않고 실천적 방법을 제시한 점을 들수 있다.

넷째는 강신악조(降神樂調)에서 기존의 『주례』, 『송사』 등과 주자(朱子)가 해석한 강신악조의 조명(調名)에 대한 정확한 의미전달 등과 더불어 시용아악(時用雅樂)에서 궁조(宮調)를 사용하였음을 보여주는 사례를 들 수 있다.

이렇게 『악학궤범』 권1에서 채원정의 이론이나 진양의 이론을 상당히 적극적으로 수용하고 있지만 여러 가지 한국식의 해석과 적용이 있었다는 것을 알 수 있었다.

2장 『樂學軌範』에 수용된 『律呂新書』의 율론 연구*

Ⅰ. 들어가는 말

『율려신서(律呂新書)』는 중국 宋代 학자 채원정(蔡元定1135~1198)[1]이 저술한 음악이론서인데, 조선 세종조인 1419년에 처음 들여온 이래 국가적으로 큰 주목을 받아 온 책이다.[2] 『율려신서』는 조선전기 세종이 경연에서 강독 받고 감화를 받아 여러 차례 신하들에게 질문을 했다는 조선왕조실록의 기록이 있고 이후 몇 번이나 음악 제도를 결정하는 임무를 맡을 사람들을 선발하는데 있어서 그 학습 여부나 이해를 중요한 기준으로 삼을 정도로 조선시대 음악론에 전반적으로 큰 영향력을 미쳤던 책이다.[3] 그 중에서도 조선전기에 『율려신서』의 이론의 핵심을 가장 잘 받아들인 악서가 『악학궤범』이다.

『악학궤범(樂學軌範)』은 성종 때 국가의 통치 틀을 구축하는 일환으로 만든 예전(禮典)인 『국조오례의』와 법전(法典)인 『경국대전』에 이어서 편찬한 악전(樂典)이다. 『악학궤범』은 국가 의식에서 사용되는 악(음악 무용

----

* 한중철학회 학술대회, 2009.10.23.

1 채원정은 南宋代 律學家이며 理學家이다. 자는 季通이고 建陽 사람이다. 중국예술연구원음악연구소, 『中國音樂詞典』, 인민음악출판사, 1985, 31쪽.

2 송방송·박정련, 『국역율려신서』, 민속원, 2005. 「채원정의 『율려신서』 해제」 13쪽.

3 세종 13권, 3년(1421 신축) 2번째 기사, 세종 49권, 12년(1430 경술) 8월 23일(신묘) 2번째 기사, 세종 49권, 12년(1430 경술) 등

문학을 포함)의 제도와 악률이론 등이 망라 되어 있는 조선 최대의 음악 이론서이며 음악 총서이다. 『악학궤범』의 음악이론이나 해설에는 많은 중국문헌들이 그 근거가 되고 있다. 그 중에서도 권1 부분인 악률관련 내용에서 가장 큰 이론적 뒷받침이 된 것이 『율려신서』이다.

『악학궤범』은 근대 국악학의 정립에 있어서도 이론적 토대를 갖게 하는 중요한 역할을 했고 현재까지도 계속해서 연구되고 있다. 그동안 『악학궤범』 관련 논문이 수없이 쏟아져 나왔으나 『악학궤범』의 악률론의 이론적 근간이 되고 있는 『율려신서』에 대한 연구는 비교적 부족하다. 몇몇 『율려신서』의 영향을 주제로 다룬 논문도 있지만 사실상 채원정의 『율려신서』의 이론이 무엇이고 채원정 이전의 악률론과 어떤 차이점이 있는지에 대한 연구와 『율려신서』의 악률 이론을 『악학궤범』에서 어떻게 수용하고 있는지에 대해서 보다 심층적인 연구가 아직은 미진하다고 하겠다.

『율려신서』는 기존의 율과 악조와 관련된 이론들을 체계적으로 정리하면서도 채원정 자신의 독특한 이론을 세운 악률서이다. 기준음으로서 황종율관, 12율관의 산출, 변율, 60조이론 등이 『율려신서』에서 다루고 있는 항목들이다. 이런 항목들이 『악학궤범』과도 겹치는 이론이다.

그러나 『악학궤범』에서는 『율려신서』의 율이론을 상당히 간단한 문장으로 응축하여 인용 소개하였기 때문에 그 이론의 원리나 원래의 뜻을 잘 헤아리기 어렵다. 또 『악학궤범』이 『율려신서』를 완전히 그대로 수용한 것이 아니라 선별 취사하였고 독자적인 해석을 가하기도 했다. 이러한 점을 볼 때 원사료인 『율려신서』에 대한 정확한 이해가 선행되어야만 『악학궤범』의 악률론을 제대로 이해할 수 있다 할 수 있다. 따라서 필자는 『악학궤범』에서 제기된 문제를 통해서 『율려신서』의 논의가 무엇이었는지 살펴보고 『율려신서』에서 채원정이 제기하고 있는 본래의 뜻에 보다 가깝게 접근해 보고자 한다.

II. 『악학궤범』 악률론과 『율려신서』와의 관계

『악학궤범』은 1493년(성종24년)에 국가에서 편찬한 음악이론과 음악에 관한 제도나 규범 등을 다룬 의전(儀典)으로 당시의 악학제조였던 성현등이 집필한 9권 3책의 음악관계 책이다. 『악학궤범』은 세 부분으로 나눌수 있는데, 樂律論(음악이론에 관한 것), 用律論(음악 활용에 관한 것), 器物論(악기 의물에 관한 것)으로 분류할 수 있다.

『악학궤범』의 서술 방법을 보면 음악이론(樂律論) 부분에서는 대부분의 동양서가 그렇듯이 이전에 편찬된 책들을 인용하여 기술하고 편찬자자신의 의견을 개진하는 것처럼 『악학궤범』도 음악과 관련된 중국 문헌들을 직접 인용 기술하고 도표로 제시하고 그것을 설명하며 이에 대한 편찬자의 부가적 설명을 첨부하는 형식으로 되어 있다. 운용부분(用律論)에서는 고려 때의 음악제도와 조선 전기 또는 성종 당시의 음악제도의 다양한 내용이 들어 있는데 악현 등이나 절차 음악 등에 대해 도표 등을 제시하여 기록적인 면과 실용적인 면을 다 갖추고 있다. 악기와 의물도설 부분(器物論)에서는 궁중 음악연행에서 쓰이는 모든 악기, 의물, 관복 등의제도를 그림과 함께 자세히 설명하고 있다.

이러한 『악학궤범』은 많은 부분에서 그 근거가 될 수 있는 옛 문헌등을 직접 또는 간접적으로 인용하여 소개된 경우가 많다. 그 인용문헌을보자면 한국문헌으로는 『고려사』 「악지」를 권3의 당악정재와 속악정재부분에서 그대로 기록했고 『삼국사기』 「악지」는 권7의 속부악기도설에서 인용한 바가 있고 그 나머지는 대부분 중국 문헌이다. 『악서』4, 『율려신서』, 『문헌통고』5, 『주례』6, 『송사』7 등이 그 예이다. 이들 중국 문헌을

---

4 『악서樂書』는 1104년 중국 북송의 진양(陳暘)이 지은 200권의 악서이다.
5 『문헌통고文獻通考』는 1319년 간행된 348권 24항목의 백과사전적 책.

가장 많이 인용한 부분은 권1의 악율 이론 부분과 권6의 아악기도설 권7의 당부악기에서이다. 아악기와 당악기는 중국에서 들여온 악기이기 때문에 그 유래나 그 제도에 관한 내용을 중국 문헌을 근거로 하여 설명할 수밖에 없고 그래서 중국문헌을 많이 인용하고 있지만 어떤 이론적 관점이 들어가 있지는 않다. 그러나 권1의 경우에는 보편적 음악 이론이기 때문에 편찬자의 관점이 들어가 있다.

『악학궤범』 권1에서 가장 많이 인용하고 있는 문헌은 진양의 『악서』와 채원정의 『율려신서』이다. 『악학궤범』 권1의 주요 인용문헌인 『악서』는 1104년에 북송 때 학자 진양(陳暘)이 지은 것으로 단독적인 악률서는 아니지만 200권이라는 방대한 분량의 기존 음악론 악률론을 모두 모아 분류해 놓고 자신의 해석을 달아 놓은 책이지만 자신만의 독특한 이론 체계를 세워 놓은 것은 아니다. 물론 변치 변궁이나 청성을 사용하지 않아야 한다는 일관된 주장이 있긴 하나 그래야 하는 이유를 논리적으로 제기하고 있지는 않다. 다만 사상적으로 5음음계 이외의 음은 정상적인 음이 아닌 變聲을 쓰는 것, 正聲(옥타브내) 이외의 율을 쓰는 것 등이 음악이 음란해서 바른 음악이 될 수 없다는 관점에서 기인하는 것이다. 이러한 점 때문인지 『악학궤범』에서는 기존의 악률론을 『악서』를 통해 재인용하는데 그친 반면 『율려신서』 인용은 채원정 이론 자체를 수용하는 양상을 보인다.

『율려신서』는 1187년에 편찬된 것으로 중국의 중요한 음악이론서 중의 하나이다. 조선시대 성리학자들은 『율려신서』를 채원정(蔡元定)이 주자

---

6 『주례周禮』는 『주관(周官)』이라고도 하는 주나라의 예를 기록한 유교 경전으로 주공(周公:BC 12세기)이 찬(撰)한 것이고 6편(篇)으로 되어 있다.

7 『송사宋史』는 1345년에 토크토[脫脫] 등이 황제의 명으로 편찬한 본기(本紀) 47권, 지(志) 162권, 표(表) 32권, 열전(列傳) 255권 등 전 496권의 책이다.

(朱子1130~1198)와 함께 만든 책으로 보고 있다. 『율려신서』의 서문을 주자가 지었고 본문에는 간혹 주자의 주가 들어 있기도 하며 주자의 성리학을 집대성한 '성리대전'에 『율려신서』가 음악서로 유일하게 포함되어 있기 때문으로 보인다. 『율려신서』가 지어진 당시까지 율에 관한 논의는 수없이 많이 이루어져왔지만 율려의 이론만을 가지고 심도 있게 다룬 책으로는 가장 빠른 저작물이라는 데에서도 의미 있는 저작이다.

　『율려신서』는 13개의 항목으로 구성된 「율려본원」과 10항목으로 구성된 「율려증변」 두 편으로 나누어져 편찬되어 있는데 「율려본원」이 원론적인 문제를 논의한 것이라면 「율려증변」은 그 이론을 뒷받침하는 근거들을 내세우고 이에 대해 논증하는 방식으로 되어 있다.[8]

〈표-1〉『율려신서』의 구성

律呂新書(一) 律呂本原		律呂新書(二) 律呂證辨	
第一	黃鐘	第一	造律
		第二	律長短圍徑之數
第二	黃鐘之實	第三	黃鐘之實
第三	黃鐘生十一律	第四	三分損益上下相生
第四	十二律之實		
第五	變律	第五	和聲
第六	律生五聲圖	第六	五聲小大之次
第七	變聲	第七	變宮變徵
第八	八十四聲圖	第八	六十調
第九	六十調圖		
第十	候氣	第九	候氣
第十一	審度	第十	度量權衡

....

8 『악학궤범』 서문의 일부에는 다음과 같은 구절이 있다. "陳隋之鄭譯牛弘 唐之祖孝孫 宋之和峴 陳暘 莫不代有其人 以制其樂 然徒端其末而不知基本奚足與語樂道之妙哉 唯蔡元定之書深得律呂之源 然未能布爪指而該聲律是猶抱未而未暗耕耘之術也"

第十二	假量		
第十三	謹權衡		

　　이러한 체계로 편찬된『율려신서』내용을 직접 또는 간접적으로『악
학궤범』에서 어떻게 인용했는지 표로 비교 정리해 보면 다음과 같다.

〈표-2〉『악학궤범』권1과 『율려신서』의 악률론 공통된 내용 비교

『악학궤범』 권 1		『율려신서』	
목차 항목	내용	권차 항목	내용
<六十調>	표 : 宮調 ~ 羽調	「律呂本原」(第九) 「六十調」 「律呂證辨」(第五) <和聲>	표 : 黃種宮 ~太簇羽
	律呂新書云十二律旋相爲宮~調成而陰陽備也		按十二律旋相爲宮~調成而陰陽備也
	旋相爲宮若到應鐘爲弓~事物則不必避		旋相爲宮若到應鐘爲弓~事物則不必避
<十二律圍長圖說>	黃鐘長九寸圍九分~三分益一上生蕤賓	「律呂本原」(第四) <十二律之實> 「律呂本原」(第一) <黃鐘>,「律呂證辨」 (第二)<律長短圍徑之數>	子黃鐘 全九寸 ~ 仲呂 全六寸五分八釐三毫四絲六忽
<變律>	按律書仲呂之下~律呂之數往而不返~	「律呂本原」(第八) <八十四聲> 「律呂本原」(第五) <變律>	按十二律各自爲宮 ~ 按律呂之數往而不返
	然律書或用變聲或用變半之處~變半小高於本半	「律呂證辨」(第五) <和聲>	至於大呂之變宮夾鐘之羽 ~ 自用變律半聲非復黃鐘矣
<陽律陰呂在位圖說 >	律書云六陽辰當位自得 ~蓋陰之從陽自然之理也居其衝也他倣此	「律呂本原」(第三) <黃鐘生十一律>	六陽辰當位自得 ~ 蓋陰之從陽自然之理也 居其衝也他倣此
	子爲陽辰黃鐘當位 ~ 居其衝也他倣此		子爲陽辰黃鐘當位 ~ 居其衝也他倣此
<三大祀降神樂調-祀天神>	律呂新書注惑問周禮大司樂~ 以七聲推之合如此	「律呂證辨」(第五) <六十調>	或問周禮大司樂 ~ 以七聲推之合如此
<樂調總義>	按律書十二律各自爲宮又各有五調	「律呂本原」(第九) <六十調圖>	十二律各自爲宮 ~

위의 표에서 비교하여 보이듯이『율려신서』를 인용하고 있는『악학궤범』권1에서는『율려신서』에서 제기하고 있는 채원정론과 맥을 같이 하는 내용을 싣고 있다. 채원정은『율려신서』에서 송대 이전까지의 문헌들에서 제기된 중요한 악률론을 인용하고 그에 대한 자신의 생각을 피력하였는데,『율려신서』를 성리대전으로 포함시킬 때, 다시 여기에 잔주로 채원정에 대한 생각을 보충하는 주자의 주를 비롯하여 다른 사람들이 채원정의 생각을 평가하는 내용을 넣어 편찬했던 것으로 보인다.

『악학궤범』과『율려신서』의 악률론을 크게 보면 하나는 율에 관한 이론이고 또 하나는 조에 관한 이론이다. 그러나 양자가 별개의 것은 아니다. 악조도 결국 율에서 나온 것이고 '변율' 역시 율 산출과정에서 필연적으로 발생하는 것이다.『율려신서』에서는 '황종'과 황종으로부터 산출되는 12율관의 계산과 이후 발생되는 변율 변성 등을 먼저 서술하고 다음으로 악조이론을 서술한데 비해서『악학궤범』권1 가장 앞부분에 60조도를 먼저 보여 주고 있다.

『악학궤범』에서는 악조이론을 앞에 내세우고 다음으로 12율에 대해서 서술하는 체계를 가지고 있다.『율려신서』의 악률론을 수용한『악학궤범』의 관심은 율 자체의 이론 보다는 그 율로 구성된 악조 이론에 더 비중을 두고 있다는 것을 알 수 있다. 그러나『악학궤범』의 율론이 아무리 적은 분량이라 하더라도 채원정 이론의 핵심이 되는 정수만을 적어놓았기 때문에 중요하지 않다고 할 수 없다. 따라서『악학궤범』의 율론의 핵심을 이해하기 위해서는『율려신서』의 결론이 어떤 치밀한 논의 속에서 나온 것인지 먼저 이해할 필요가 있다.

III. 『악학궤범』에 인용한 『율려신서』 율론

1. 황종율관의 長과 空圍

『악학궤범』<12율 위장도설>의 잔주에는 황종율관의 위경에 대한 다음과 같은 간단한 문구가 있다.

> 황종율관의 길이는 9촌이고 空圍는 9푼이며 積은 810분이다. 기장 알갱이 1200개가 들어가는 것이어야 황종율에 맞다.(按黃鍾管長九寸空圍 九分積八百一十分 容黍千二百粒以中黃鍾之律)[9]

위와 같은 문구는 『율려신서』에서 인용한 것이다. 『율려신서』 역시 '황종관의 길이와 부피 단면적 등의 논의'를 위해 오랜 전적에 근거하여 이 문구를 제시한 것이다. 『율려신서』의 「율려본원」 <황종>과 「율려증변」 의 <율장단위경지수>에서 상당한 지면의 할애하여 논하고 있는 부분임에 도 불구하고 『악학궤범』에는 이런 논의를 전혀 거론하지 않고 단정적인 내용만을 취하였다. 물론 이 문장은 『한서』「율력지」에 이미 나와 있는 문장[10]이지만 『율려신서』에서 다음과 같은 문제를 제기하고 있다는 점이 중요하다. '공위(空圍)'에 대한 해석인데 글자를 그대로 해석하면 공위는 구멍 둘레 즉 율관의 원 둘레를 말하는 것처럼 보인다. 그런데 적(積) 810 을 부피로 간주하게 되면 원둘레가 9분으로는 모자라는 숫자이고 1200개

---

[9] 『樂學軌範』卷之一, 十二律圍長圖說, 10b 잔주
[10] 『율려신서』에는 「율려본원」 <黃鍾>(第一)의 첫 문장으로 이 문장을 제시하였는 데 "以漢志斛銘文定"라는 문장을 작은 글씨고 적어 놓아 이 근거가 『한서·율력 지』 곡의 명문임을 밝히고 있다.

의 기장을 넣는 구조로 보더라도 한 층에 13개 이상의 기장이 들어갈 수 없다는 것이 『율려신서』에서 제기하고 있는 문제이다.

다시 말하면 황종장의 길이가 9촌이고 부피가 810분이라면 원둘레 9분은 맞지 않고 그보다 커야 한다는 것이다. 게다가 채옹이 제기한 지름 3푼이라면 결국 원둘레가 9분이라는 것인데 그렇게 되면 관이 너무 좁아져서 기장 1200개가 들어갈 수 없다는 것이다. 『율려신서』에서는 이러한 논의를 「율려본원」<황종>(제1)과 「율려증변」<造律>(제1)과 <律長短圍徑之數>(제2)에서 자세히 논하고 있다.

먼저 '지름 3분설'을 주장한 채옹(蔡邕)과 그것을 그대로 신뢰한 맹강(孟康)과 위소(韋昭) 등의 설로 문제를 제기하면 空圍는 원둘레 해석이 된다. 왜냐하면 원둘레는 반지름×2×π(원주율은 3으로 적용 했을 때)가 되기 때문에 1.5×2×3=9가 되고 9라는 숫자는 원둘레를 가리키게 된다. 반대로 원둘레가 9이기 때문에 지름은 3이 된다. 그런데 지름을 3으로 했을 경우 면적을 구할 때 문제가 되는 것이다. 원면적을 구하는 공식은 반지름×반지름×π(원주율 3)이다. 때문에 이것을 계산하자면, 1.5×1.5×3=6.75이기 때문에 9라는 숫자보다 훨씬 적은 숫자가 나온다.[11]

위와 같이 지름이 3분이 될 경우에 문제가 되는 것은 단면적이 6.75가 된다는 것이고 그렇게 되면 부피를 구하는 공식에서 단면적×통의 길이로 계산하기 때문에 부피는 810이 아니라 607.5(6.75×90)밖에 되지 않는다. 따라서 적이 부피를 가리키는 해석에도 문제가 생긴다. 단면적이 9방분이라면 길이 90分[12] 곱하여 부피는 810으로 積을 부피로 해석하는데 문제가 없다. 게다가 단면적 6.75의 원통에 기장 1200개가 들어가기에 너무 좁다

---

11 김수현, 『조선시대 악률론과 시악화성』, 민속원, 2012, 179쪽에 도상을 참조.
12 길이 90分은 황종율관이 길이 9寸을 분으로 계산했을 때, 1寸이 10分이니까 90분이 되는 즉, 10분척으로 계산한 길이를 말한다.

는 문제로 이어진다.

이 때문에 채원정은 부피(積)가 810分이 되려면 공위(空圍) 9分이 가리키는 것이 원둘레가 아니라 단면적이어야 한다고 주장하는 것이다. 그리고 만약 면적이 9分이라고 하더라도 지름은 3이 될 수 없다는 것을 주장하였고 그 지름을 알아내는 방법을 원전술(圓田術)과 개방법(開方法)을 사용하여 계산하였다.[13] 그는 원을 둘러싼 정사각형을 만들면 정사각형의 면적은 원면적의 4/3가 되기 때문에 정사각형의 면적은 12가 된다. 정사각형 면적 12의 한 변의 길이는 $\sqrt{12}$ 이다. 이것을 계산하면 3.461016...의 숫자가 나오지만 소수점 세 자리 수 이하를 버리면 3.46이 된다. 이것은 호안정(胡安定)의 주장과 같은 것인데 空圍를 단면적으로 해석하여 9분(9方分)이라고 했을 때 지름은 3.46이 되니 3.4×π(원주율은 3으로)=10.38이므로 둘레는 10.38이 된다. 또 지름이 3,46이니 반지름이 1.73이고 반지름 1.73으로 다시 단면적을 계산하면 1.73×1.73×3=8.9787가 되는 모순이 발생한다.

또한 채원정은 9를 원둘레로 보느냐 밑면으로 보느냐에 따라서 기장 알갱이 1200개를 쌓을 수 있는 구조가 성립되는지 안 되는지를 설명하고 있는데 황종 율관의 길이가 90分이고 기장 1알갱이가 1分이기 때문에 90분의 높이가 만들어지려면 90층이 되게 쌓아야 한다. 그렇다면 1200개의 기장알을 넣기 위해서 1200÷90을 하게 되면, 13.33333이다. 이를 분수로 바꾸면 한 층에는 $13\frac{1}{3}$ 의 기장알이 들어가야 1200개 ($13\frac{1}{3}$ ×90=1200)를 채울 수 있다고 한다. 그러려면 밑면이 9방분이었을 때 가능하고 둘레가 9분이라면 지름이 3분밖에 되지 않기 때문에 9개정도 밖에 들어가지 못

---

13 圓田術은 원면적을 구할 때 사각형 면적을 이용하는 방법이고 開方法은 제곱근을 말한다.

한다는 것이다. 물론 논리적인 것일 뿐 둥그런 기장을 채우는 것은 불가능하다.

그러나 『율려신서』의 잔주를 보면 채원정이 제기한 지름 3.46설도 비판의 대상이 되는데 그것은 채옹의 설에서처럼 호안정 채원정의 계산법에서 모두 원주율을 3으로 했다는 점 때문이다. 이미 조충지(祖冲之)[14]라는 사람이 밀율(원주율)을 계산해 낸 바가 있는데 이것을 적용하여 계산하지 않았기 때문에 이것도 정확치 않다는 것이다.

2. 12율의 산출과 길이

『악학궤범』 <十二律圍長圖說-附律管>에서 12율관의 길이를 눈으로 볼 수 있게 그림으로 보여주고 12율을 산출시 삼분손익의 결과를 숫자로 제시하여주었으며 손일과 익일을 통해 상생하는 차례를 기술한 것이다. 12개 율관의 길이를 제시한 것은 『율려신서』의 수치를 그대로 적어 준 것에 불과하다. 상당히 간단해 보이는 부분이지만 채원정의 『율려신서』에 있는 중요한 율산출 계산법의 내용을 온전히 담고 있다. 좀 더 자세히 살펴보면 그림에서 단 세 개의 율관에만 반성을 표시한 것, 12율의 수치에서 『율려신서』의 채원정 계산법처럼 9진법을 이용한 점, 반성을 쓰는 곳과 쓰지 않는 곳이 있다는 점, 삼분손익의 마지막 율인 중려를 기술할 때 실729를 언급한 점 등 채원정 이론에서 소홀히 할 수 없는 중요한 문제를 포함하고 있다. 『악학궤범』의 <12율위장도설>에는 아래와 같이 12율관의 그림이 그려져 있다.

----

14 조충지는 중국 남북조 시대 과학자로서 원주율(π)을 분수(355/113=3.1415929204)로 알아낸 사람이다. 밀율이라고 하는 것이 바로 원주율을 말하는 것이다.

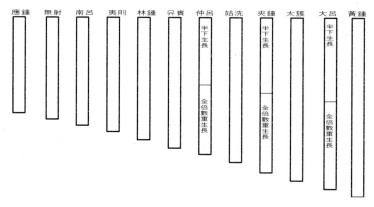
〈그림-1〉『악학궤범』의 12율위장도

먼저 율관의 그림을 보면 대려 협종 중려 세 율관에 반성을 표시한 것은 실제 산출되는 길이에 두 배를 한 길이로 음높이를 맞추었다는 것을 보여주는 것이다. 이 그림에 이어서 써 놓은 설명을 보면, 율관의 그림을 음높이 순서대로 되어 그려 놓았듯이 이 그림에 대한 해설도 삼분손익의 차례로 설명하지 않고 음의 높이 순서대로 설명을 해서 좀 복잡해 보인다. 그래서 『율려신서』의 인용과는 다른 것처럼 보이지만 그 내용에 있어서는 『율려신서』의 12律之實의 수치를 그대로 써 놓고 있다.

그리고 각각의 율이 다른 율을 낳을 때, 즉 삼분손익과 상생 하생의 관계를 써 놓았는데 삼분손일(三分損一) 하는 것은 下生하는 것으로 삼분익일(三分益一) 하는 것은 上生하는 것으로 되어 있다. 그러나 대려 협종 중려는 삼분익일하고 상생한다고 하면서도 그 황종의 반보다 짧은 길이를 먼저 적어 놓고 배수의 길이를 적어 놓았다.[15] 그리고 12율에서 마지막

---

15 이 세 율관이 길이가 짧은 길이가 되는 이유는 원래의 삼분손의 차례로 보면 하생의 차례여서 길이가 짧아서 황종의 절반에도 미치지 못하게 된다. 그러므

삼분손익율인 중려에서는 그 율이 낳는 율을 변황종이라고 하면서 729
승[16]이라고 적어 놓았다. 『악학궤범』의 <12율 위장도설>의 설명 부분을
표로 정리해 보면 다음과 같다.[17]

<표-3> 『악학궤범』의 12율위장도설

율명		三分損益	上生 下生	長	倍數	寸	
黃鐘	律	三分損一	下生 林鍾	9촌		9	
大呂	呂	三分益一	上生 夷則	4촌1푼8리3호	8촌3푼7리6호	8.376	
太簇	律	三分損一	下生 南呂	8촌		8	
夾鐘	呂	三分益一	上生 無射	3촌6푼6리3호6사	7촌4푼3리7호3사	7.4373	
姑洗	律	三分損一	下生 應鍾	7촌1푼		7.1	
仲呂	呂	三分益一	再生 變黃鍾	3촌2푼8리6호2사3홀	6촌5푼8리3호4사6홀	6.58346	729乘
蕤賓	律	三分損一	下生 大呂	6촌2푼8리		6.28	
林鐘	呂	三分益一	上生 太簇	6촌		6	
夷則	律	三分損一	下生 夾鍾	5촌5푼5리1호		5.551	
南呂	呂	三分益一	上生 姑洗	5촌3푼		5.3	
無射	律	三分損一	下生 仲呂	4촌8푼8리4호8사		4.8848	
應鐘	呂	三分益一	上生 蕤賓	4촌6푼6리		4.66	

『율려신서』에서 12율 산출과 관련한 계산에 관해서만 보면 채원정이

. . . .

로 하생에서 나온 길이에 두 배를 해 주어서 상생하는 것처럼 삼는 것이다. 黃
→(下)林→(上)太→(下)南→(上)姑→(下)應→(上)蕤→(下)(上)大→(上)夷→(下)
(上)夾→(上)無→(下)(上)仲 이렇게 大, 夾, 仲 세 율관에서 하생의 차례지만 하
생해서 삼분손일하게 되면 길이가 너무 짧아 배를 해주어야 한다. 그래서 이를
상생으로 간주한다.

16 729라는 숫자는 뒤에 변율에서 보겠지만 앞으로 6번을 더 계산하기 위한 숫자
이다. 즉 3의 6승인 것이다.

17 『악학궤범』의 위장 도설에서 율관의 차례는 삼분손익의 차례대로 쓴 『율려신서』
와 달리 길이(음높이)의 순서대로 적어 놓아서 마치 수치가 다른 것처럼 보이지
만 실제는 같다. 『율려신서』에서는 율 산출의 순서대로 썼다면 『악학궤범』에서
는 율 산출의 결과 순서대로 쓴 것이다.

기존의 설에서 진척시킨 점은 두 가지인데 하나는 황종지실 177147을 가지고 나머지 11율의 실을 계산한 점이고 또 하나는 십진법 계산에서 태주 이상은 나누어떨어지지 않는 점을 해결하기 위해 구진법 계산으로 정확히 떨어질 수 있게 한 점이다. 그렇게 보면『악학궤범』에서 중려에 표시한 729는 쉽게 이해할 수 있다. 729는 채원정의 6변율과 관계가 있다. 729는 앞으로 진행될 6변율을 염두해 둔 것이다. 6변율을 계산하기 위해서 필요한 것이 36 즉 729라는 통분 숫자를 제시한 것이다. 12율 산출의 마지막 율인 중려에서 시작해서 다시 삼분손익으로 계산해 내야 할 변율은 6개이다. 따라서 중려의 수치에서 다시 36으로 통분을 해줘야 한다.

『율려신서』에는 <황종지실>(제2) <황종생십일율>(제3) <십이율지실>(제4) 등 여러 장에 걸쳐서 12율 산출에 대해 기술하고 있는데 그것을 종합적으로 정리해 보면 다음과 같다.

<표-4>『율려신서』의 12율 산출관련 표[18]

율명	辰	黃鍾之實	法과 數		黃鍾生十二律	十二律之實	9진법촌	半
黃鐘	子	1	黃鍾之律	陽	1	177147	9寸	無
林鐘	丑	3^1=3	絲法	陰	2/3	177147×2/3=118098	6寸	3寸(不用)
太簇	寅	3^2=9	寸數	陽	8/9	118098×4/3=157464	8寸	4寸
南呂	卯	3^3=27	毫法	陰	16/27	157464×2/3=104976	5.3寸	2.6寸(不用)
姑洗	辰	3^4=81	分數	陽	64/81	104976×4/3=139968	7.1寸	3.5寸
應鐘	巳	3^5=243	釐法	陰	128/243	139968×2/3=93312	4.66寸	2.33寸(不用)
蕤賓	午	3^6=729	釐數	陽	512/729	93312×4/3=124416	6.28寸	3.14寸
大呂	未	3^7=2187	分法	陰	1084/2187	124416×4/3=165888 (×2/3=82944)	8.376寸 4.183寸	4.183寸
夷則	申	3^8=6561	毫數	陽	1096/6561	165888×2/3=110592	5.551寸	2.725寸
夾鐘	酉	3^9=19683	寸法	陰	8192/19683	110592×4/3=147456	7.4373寸 3.6636寸	3.6636寸
無射	戌	3^{10}=59049	絲數	陽	32768/59049	147456×2/3=98304	4.8848寸	2.4424寸
仲呂	亥	3^{11}=177147	黃鍾之實	陰	65536/177147	98304×4/3=131072	6.58346寸 3.28623寸	3.28623寸
變半黃鐘						131072×2/3=87382	4.38531寸	

<표 4>와 같이 9진법에 의한 계산은 처음부터 하는 것이지만 실제로는 태주에서 남려를 계산할 때부터 드러난다. 태주의 길이 8촌을 10진법에 의해 3으로 나누면 나누어 떨어지지 않는 무리수가 나오는데 비해 9진법으로 계산하면 2.6씩으로 3등분할 수 있다. 그 중에서 둘을 취할 때 또다시 9진법으로 계산 하면 2.6+2.6=5.3이 된다. 이런 방식으로 끝까지 계산해 낼 수 있는 것이다.[19] 그리고 177147로 통분을 한다는 의미는 기준음인 황종을 177147조각으로 나누었을 때 황종 이외의 율이 차지하는 조각 수를 찾을 수 있어서 역시 무리수가 아닌 실수로 율의 수를 찾을 수 있다. 그 황종의 177147조각에서 2/3는 118098이라는 임종의 조각이 나오는 것이고 다시 임종 118098의 4/3이 157464가 태주가 되는 것이다.

이렇게 9진법으로 계산한 12율 각각의 길이와 311=177147로 통분하여 각 율의 실을 산출한 것 이외에도 半聲까지 적어 주고 있는데 반성은 그 율의 절반의 길이를 말하는 옥타브 위의 음이다. 이것은 12율 산출 이후에 조를 만들 때 대려궁부터 쓰이는 율이기 때문에 적어 준 것으로 보인다. 여기서 황종만 無라고 한 이유는 황종은 다른 궁에서 항상 변율이 나오기 때문에 변반율은 있지만 정반성은 나오지 않는다. 따라서 황종은 正半聲이 없다고 표현한 것이다.

3. 양률과 음려의 자리

『악학궤범』의 <陽律陰呂在位圖說>에는 12율 중의 양율인 6율과 음율인

---

18 『律呂新書』, 「律呂本原」 十二之實 第四
19 9진법으로 계산하기 위해서는 구구단이 아니라 팔판단 셈법이 필요하다. 예를 들면 3단 계산은 3×1=3 3×2=6 3×3=10 3×4=13 3×5=16 3×6=20 3×7=23 3×8=26 3×9=30으로 한다.

6려의 자리에 대한 다음과 같은 문장이 있다.

　　율려신서에 이르기를 6양신은 마땅이 스스로 그 자리를 얻지만 6음
신은 그 반대편에 있다. 6려 중의 임종 남려 응종 3려는 음의 자리에
있고 증손이 없지만 나머지 3려인 대려 협종 중려 3려는 양에 있으니
반성을 얻는데 그친다. 반드시 그 수를 배로 사용하여야 하여야 12월
의 기와 상응하게 된다. 대개 음이 양을 따르는 것은 자연의 이치이다.
(律書云　六陽辰當位自得六陰辰則居其衝　其林鐘南呂應鐘三呂在陰無所增損其大呂夾鐘
仲呂三呂在陽則止得半聲　必用倍數方與十二月之氣相應蓋陰之從陽自然之理也)

　여기에 인용된 부분은 『율려신서』의 「율려본원」 <황종생십이율(제3)>
에 있는 문장과 같은 문장이다. 이 내용을 보면 "6양신은 마땅히 스스로
얻은 자리에 있지만 6음신은 그 반대편에 자리해 있다." 이 말은 삼분손
익의 차례와 음고의 차례을 비교해 보면 잘 드러나는 내용이다.

　또 "그(6려 중) 임종 남려 응종 3려는 음의 자리에 있어서 증손된 바가
없지만 대려 협종 중려 3려는 양의 자리에 있는 즉 반성에 그치기 때문에
반드시 배수를 하여야 한다."는 말은 삼분손익의 차례로 상생과 하생을
계속해 나갈 때 응종에서 유빈으로 상생(4/3)한 다음 유빈에서 대려로 하
생(2/3)해야 하는데 그렇게 되면 대려의 음은 황종의 절반에도 미치지 못
하는 짧은 길이가 되기 때문에 다시 2배 해줘야 된다.[20] 이 문제는 다시
협종과 중려에서 또 겪어야 되는 문제로 된다. 따라서 대려 협종 중려를
두 배로 해주게 되면 결과적으로 4/3이면서도 하생하는 관계를 유지할 수

----

20 황종의 절반에도 미치지 못하는 짧은 길이가 된다는 것은 12율 산출에서 모순
　 이 된다. 왜냐하면 어떤 음의 절반이라는 수치를 가진 것은 옥타브 위의 음이
　 되기 때문에 기준음의 반보다 수치가 작으면 옥타브 위의 음을 산출한 결과가
　 되기 때문이다. 따라서 그 음이 기준 음 보다 짧게 되면 배수를 해주면 된다.
　 배수라는 것은 반대로 그 음의 옥타브 낮은 음이 나기 때문이다.

있어 거듭 삼분익일 하면서도 음의 자리에 그대로 있는 것이다.

〈표-5〉 양률 음려의 12辰 배치

음높이	黃鐘	大呂	太簇	夾鐘	姑洗	仲呂	蕤賓	林鐘	夷則	南呂	無射	應鐘
12辰	子	丑	寅	卯	辰	巳	午	未	申	酉	戌	亥
陰陽	陽律	陰呂	陽律	陰呂	陽律	陰呂	陽律	陰呂	陽律	陰呂	陽律	陰呂
삼분손익순	黃鐘	林鐘	太簇	南呂	姑洗	應鐘	蕤賓	大呂	夷則	夾鐘	無射	仲呂

陽律	黃鐘		太簇		姑洗		蕤賓		夷則		無射	
陰呂		大呂		夾鐘		仲呂		林鐘		南呂		應鐘

『악학궤범』의 <12율자리도설>와 『율려신서』「율려증변」<삼분손익상
하상생>(제4)의 설명에 나오는 부분을 보면 그림과 같이 상생 하생관계를
알 수 있다. 유빈에서 하생해야 되지만 대려율을 두배로 하기 때문에 상
생관계가 되는 것이다. 그런데도 양률에서 음려를 낳는 것이기 때문에 이
것을 하생의 관계로 여기는 모순이 발생한다. 협종과 중려율에서도 마찬
가지이다. 따라서 대려 협종 중려는 음중의 양인 것이다.

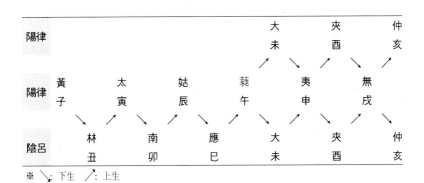

※ ＼: 下生　／: 上生

〈그림-2〉 12율의 상생 하생관계

『악학궤범』에서는『율려신서』의 내용을 그대로 전달하면서도 그림을 제시하여 더욱 의미 전달을 분명하게 하였다. 그러나『율려신서』「율려본원」<황종생11율>(제3)에서 채원정이 강조하고 싶었던 것은 12율이 6양률과 6음려로 어떻게 나누어지는가 하는 기존의 설을 확인 하는 것이 아니다. 음려인 林南應과 大夾仲이 삼분손익의 차례와 음고의 차례가 대각선을 이루는 자리에 있다는 것과 대려 협종 중려가 자연스럽게 하생의 자리에 있었던 것이 아니라 배수를 해 줌으로써 상생임에도 양이 음을 따르는 것이 자연에 이치이니 하생으로 삼는다는 점을 말해주는 것이다.

4. 변율론

『악학궤범』에는 '변율'부분을 항목으로 하여 변율에 대해 설명하는 부분이 있다. 이 '변율'론은『율려신서』에서 채원정이 내세운 이론 중에서 가장 핵심이 되는 이론이다. 물론 '변율'자체는 오래전부터 논의 되어 왔고 고민해 왔던 문제이다. 삼분손익에 의해 12율을 만들 때 마지막으로 만들어지는 중려율은 다시 순환적으로 황종율로 돌아가지 않는다. 중려가 낳은 율은 청황종의 음고보다 조금 높다. 그러니까 9촌 황종의 옥타브 위의 음은 정확이 절반인 4.5촌이어야 하지만 중려 다음의 율은 4.3촌 정도에 머무른다. 이것이 변율이 끊임없이 생기게 하는 원인인 것이다.

일찍이 경방(京房BC77~BC37)의 경우는 변율이 생기는 원리에 착안하여 단순한 기계적 연산으로 60율을 만들었다고 한다. 이 경방의 60율의 율명을 적어 놓은『후한서』「율력지」의 내용을『율려신서』의 「율려증변」<和聲편>(제5)에서 소개하고 있다. 전낙지(錢樂之)도 경방의 기초 위에서 다시 육십율 다음에 기계적 계산에 의해 360율을 삼분손익법으로 만들었다.[21] 하승천은 경방이나 전낙지와 같이 기계적 계산에 의해 만든 60율이나 360율을 비판하고 평균율에 가까운 신율을 제정하기도 했다.[22] 변율에 있어서 이전까지의 악률학자들의 이론과 채원정 이론이 다른 점은 변율을 6변율에 고정시키고 있다는 점이다. 채원정은 경방이 변율이 여섯 율에 그친다는 이치를 몰랐기 때문에 60율을 괘기학[23]에 맞추어 억지로 만든 것이라고 비판한다.[24] 그는 이 경방의 60율을 비판한 하승천과 유작이 왜 경방을 기롱했는지 말하면서도 하승천과 유작이 또 다른 오류를 범하고 있다고 다시 그 한계를 지적하고 있다.[25]

『악학궤범』에서 '변율'의 문제를 따로 다뤘다는 사실만을 보더라도 그렇고 그 내용에 있어서도 『율려신서』의 내용과 논조를 그래도 기술하고 있다는 점에서 『율려신서』의 강력한 영향을 알 수 있다. 『악학궤범』의 <변율>을 보면 다음과 같은 말이 있다.

> 율려신서를 상고하면 중려율 아래에 황종 임종 태주 남려 고선 응종 6변율을 두고 혹은 그 변율의 전성을 취하고 혹은 그 반성을 취하여 유빈궁 이하에서 상 각 치 우 변궁 변치로 쓴다. 대개 율려의 수는 가서는 돌아오지 않는다(按律書仲呂之下又置黃鍾林太簇南呂姑洗應鍾六變律 或取其全聲 或取其半聲 以爲㽔賓以下商角徵羽變宮變徵之用焉 蓋爲律呂之數往而不返)

21 김창숙 역, 양인리우, 『중국고대음악사』, 솔출판사, 1999.
22 李玫, 『中國傳統音樂叢書(叢書主編-王耀華) 中國傳統律學』, 福建教育出版社, 2008.
23 괘기학은 漢代 학설인데 12벽괘설이 그 중 하나이다. 64괘에서 4괘(감이진태)를 제외하고 60괘를 주장하는 설이다. 율려신서에서 채원정은 경방이 만든 60율은 우초씨의 60괘를 율에 적용한 것이라고 한다.
24 『율려신서』「율려증변」<和聲편>(제5)의 '漢後志京房六十律' 소개 후 채원정의 생각을 적은 부분
25 하승천은 중려에서 반황종까지의 남는 수, 즉 피타고리안 콤마 부분의 수치를 12로 똑 같이 나누어 12율에 나누어 주는 방식으로 중려의 往而不反을 해결하려고 했다. 李玫, 『中國傳統音樂叢書(叢書主編-王耀華) 中國傳統律學』, 福建教育出版社, 2008.

변율은 중려 다음에 발생되는 율이 원래는 12율의 손익이 끝나고 다시 황종으로 돌아가지 않는데서 발생한다. 이 중려에서 삼분손익하는 율은 변율 황종으로 나타나고 이 변황종을 손일하면 다시 변임종 또 익일하면 변태주 등으로 이어진다. 그래서 황종 임종 태주 남려 고선 응종이 변율이 생기는 차례이다. 변율은 본래의 율보다 조금 높다. 따라서 다른 이름을 붙이지 않고 앞에 변이라고만 한 것이다. 또 변율은 황종 기준음은 당연하고 태주 고선 임종 남려 응종이 궁일 때에는 나오지 않는다. 변율은 대려 협종 중려 유빈 이칙 무역이 궁이 될 때 생겨난다. 그리고 위에서 말한 변율의 전성 혹은 반성을 취한다는 것은 대려궁에서 임종궁은 높은 음이 아닌 전성의 변율로 나타나지만 황종은 반성이면서 변율이다.

율과 율 사이 음정은 일정하지 않고 114센트의 대율과 90센트의 소율로 구분되어 있다. 궁 상 각 변치 치 변궁의 음정 차이는 두 율을 건너 뛴 음정인데 이것 역시 고르지 않다. 따라서 궁(key)이 바뀌면 어떤 때는 음정에서 원래의 7성의 간격과는 차이가 생기기 마련이다. 그러니까 궁을 어느 높이에서 삼아서 시작했느냐에 따라 때론 음의 간격이 맞지 않는 경우가 생겨나는 것이다.

삼분손익의 순서대로 황종궁에서부터 중려궁까지 12궁에 적용해서 그 결과를 보면 황종궁, 임종궁, 태주궁, 남려궁, 응종궁까지는 변율이 발생하지 않지만 유빈궁, 대려궁, 이칙궁, 협종궁, 무역궁에서부터 차례로 하나씩 증가하면서 변율이 발생함을 알 수 있고 또 그 변율이 되는 율은 황종 임종 태주 남려 응종이 된다는 것도 알 수 있다. 그리고 변율이 생기는 차례도 變黃→變林→變太→變南→變姑→變應이라는 것도 알 수 있다.

이 때문에 채원정은 6변율을 주장한 것, 즉 변율은 6개만 생긴다고 한 것이다. 그래서 12율과 6변율을 합하여 18율을 쓰면 다 해결된다는 주장이다. 『율려신서』 「율려본원」 <84성도>의 설명에도 변율이 발생되는 궁

즉 유빈궁 대려궁 이칙궁 협종궁 무역궁 중려궁에 대해서 그 궁에서 변율이 몇 개 그리고 半聲이 몇 개씩 발생하는지를 일일이 적어 놓고 있다.

임종궁 이하부터 반성이 있게 되는데[26] 대려궁과 태주궁은 1개의 반성, 협종궁과 고선궁은 2개 반성 유빈궁과 임종궁 4개 반성 이칙궁 남려궁 5개 반성 무역 응종 6개 반성 중려는 12율의 마지막이 되는 데 3개 반성이 있다. 유빈궁 이하부터는 변율이 있는데 유빈 1개 대려 2개 이칙 3개 협종 4개 무역 5개 중려 6개의 변율이 있다.[27] 모두 완전이 채워지지 않은 부분이 있다.[28](自林鐘而下則有半聲 大呂太簇一半聲 夾鐘姑洗二半聲蕤賓林鐘四半聲夷則南呂五半聲無역應鐘六半聲仲呂爲十二律之窮三半聲 自蕤賓而下則有變律 蕤賓一變律大呂二變律夷則三變律夾鐘四變律無射五變律仲呂六變律 皆有空積忽微)

채원정은 변율이 생기는 이유를 「율려본원」 <변율>(제5)에서 보여주고 변율의 수치를 자세히 기록하고 있다. 그 변율이 반성으로 쓰느냐 쓰지 않고 변율로만 있느냐에 대해서 율에 따라 不用을 붙여 놓았다.[29]

---

26 삼분손익의 두 번째 율로써 임종이면서 임종이 궁이 되는 임종궁부터이니까 다음은 태주궁 다음은 남려궁 등 황종궁을 제외한 나머지 11궁에서 반성이 있게 된다.
27 결국 따져 보면 율의 삼분손익 차례인 황종 임종 태주 남려 고선 응종까지의 율이 궁이 될 때는 변율이 생기지 않지만 유빈이 궁이 될 때부터 생기며 그 변율의 개수는 차례로 한 개씩 증가하는 방향으로 된다.
28 空積忽微는 변율에서 율관에 기장을 채웠을 때 완전히 다 채워지지 않은 부분을 말하기도 하고 실을 놓고 보더라도 12율 정성처럼 완전하지 않고 그에 못 미치는 수치가 된다는 것이다.
29 변율은 황 임 태 남 고 응에서 생기지만 황 태 고는 반성으로 되기 때문에 정성을 쓰지 않는다고 표현한 것.

Ⅳ. 나오는 말

『악학궤범』에는 그 인용빈도수만 보더라도 악률론과 관련하여서는 양적으로는 진양의 『악서』를 많이 이용하였지만 악률론의 핵심적인 내용에서는 채원정의 『율려신서』에 상당히 의존해 있음을 알 수 있다.

이 논문에서는 『율려신서』의 악률론 중 율론을 『악학궤범』에서 어떻게 수용하였는지 보기 위해 『악학궤범』에서 제기된 율론이 『율려신서』에서 어떤 문제로 태생되었는지를 살펴보았다.

『율려신서』는 기존의 악률 이론에서 제기해 왔던 많은 문제 중에서 황종율관의 지름과 둘레에 관한 문제, 12율관의 길이를 9진법으로 계산하는 문제, 황종지실 177147을 내는 문제, 삼분손익의 상생 하생에서 대려 협종 중려의 거듭 상생 문제, 변율의 발생과 6변율 문제, 변율의 전성과 반성을 쓰는 문제를 심도 있게 다루고 있다는 점을 알았다. 『악학궤범』은 위와 같은 문제에 거의 접근하여 채원정의 이론, 즉 『율려신서』의 이론을 적극적으로 수용하고 있다는 것을 확인할 수 있었다.

악률론은 율론과 악조론으로 나눌 수 있는데, 『율려신서』의 핵심적인 율론은 '변율'에 있고 악조론으로는 60조 이론을 들 수 있다. 『악학궤범』에서는 이 두 가지 핵심되는 악률론을 모두 수용하고 있기 때문에 『율려신서』의 악률론을 크게 받아 들였다고 볼 수 있다. 그 중에서 음과 음의 구조와 관계를 밝힌 60조의 원리를 가장 중요하게 생각하여 맨 먼저 놓았지만 한국음악의 이론으로 적용시켜 새롭게 만들어 제시한 면이 있는데 반해 율론에 있어서는 별다른 설명이 없이 음의 높이의 문제이자 음의 산출법의 문제로서 가장 기본적인 문제에 대한 인식, 이론적 체계화라고 할 수 있는 핵심적인 이론을 그대로 받아들였다고 할 수 있다.

3장 『論語』의 악 관련 개념 재해석*
- 진양의 『樂書·論語訓義』를 중심으로 -

Ⅰ. 머리말

　『論語』에서 '樂'이라는 글자를 자주 발견하게 된다. 그 개념은 때론 음악이기도 하고 때론 즐거움이기도 하고 때론 좋아함이기도 하지만 그 경계가 뚜렷하지 않은 것이 『논어』에서 '악'의 개념적 특성이다. 또한 『논어』에는 '악'이라는 직접적인 용어 이외에 음악적인 범주에 속하는 개념들이 상당히 많이 들어 있다. 그것은 음악장르, 악곡, 악기, 춤 등을 지칭하는 용어들이다. 그런데 '악'이든 음악 관련 용어든 대부분은 음악론이 아니라 철학적 내용을 설파하기 위한 소재들인 경우가 많다. '禮樂'이란 용어도 많이 등장하지만 『논어』에서는 예악의 실천을 두고 하는 말은 있어도 '예악이란 어떤 것'이라는 설명은 없다. 그러니 '예악'이 무엇인지 찾으려면 『예기』 「악기」에서 찾아야지 『논어』에서 찾을 수 없다. <八佾> 편에서 '韶'와 '武'에 대한 '盡善盡美'를 논한 것을 제외한다면 『논어』에서는 뚜렷하게 '음악론'이라고 할 만한 구절을 찾기는 어렵다.

　그러나 『논어』에 쓰인 음악용어를 좀 더 분명하게 이해할 수 있다면 『논어』의 철학적 해석이 원활하게 될 것은 확실하다. 물론 지금까지 『논어』를 해석해 온 사람들이 음악 용어를 풀이한 적이 없었던 것은 아니다.

＊『동방학』 35, 2016.08.

특히 북송대의 유학자 陳暘이 1103년에 쓴『樂書』[1]의「論語訓義」만큼 적극적인 해석은 없었다.「논어훈의」가 담긴 진양의『악서』는 크게 經書 9권의 악론만을 추출하여 해석한 訓義 부분과 음악과 악기를 도설한 樂圖論 부분으로 구성되어 있는 200권의 책이다. '경서 훈의'는 일반 철학서와 달리 경서에 담긴 음악론만을 모아 보다 상세한 철학적 해석과 음악학적 해석을 동시에 한 점이 특징이다.「논어훈의」역시『논어』의 음악용어가 들어 있는 문장만을 꺼내서 음악학적으로 해석[2]한 것이다.「논어훈의」는『논어』에 음악용어가 있는 문장만을 중심으로 하여 풀이한 것으로 정주학의 관점에서 눈을 돌려 음악학적인 면을 바라볼 수 있다는 점에서 주목할 만하다.

지금까지 공자의 음악을 다룬 논문들은 상당히 많이 있었다. 그 주제는 공자의 음악사상, 공자의 음악교육 등이 있었고 주로 공자의 음악사상이 담겨 있다고 하는『예기』「악기」를 중심으로 하여『논어』의 악론과 결부시킨 연구가 대부분이다.[3] 물론『논어』의 음악론만을 대상으로 한 연구도 있었으나[4] 아무래도 음악미학 예술철학 등의 영역에 속한다고 할 수

---

1 『악서』의 해제는 송방송,「陳暘의『樂書』解題」,『민족문화논총』6집, 영남대학교 민족문화연구소, 1984, 241쪽; 김종수,「세종대 아악 정비와 진양의『악서』」,『온지논총』15집, 온지학회, 2006; 김종수,「진양『악서』의 해제」,『역주악서1』, 소명출판, 2013 등에 있다.

2 음악학적 해석이라는 것은 음악사·악기학·악곡분석·음악가론·음악미학 등의 해석을 말한다.

3 정화자,「공자와 음악」,『한국음악사학보』28집, 한국음악사학회, 2002, 29~42쪽; 박은옥,「공자의 음악사상에 대한 고찰-正樂의 提唱과 惡鄭聲을 중심으로」,『한국음악연구』30집, 한국국악학회, 2001, 191~207쪽; 남상호,「공자와 음악」,『중국철학』9집, 중국철학회, 2002, 5~42쪽; 이순연,「孔子의 音樂思想」,『인문과학』36집, 성균관대인문과학연구소, 2005, 333~365쪽.

4 조정은,「『논어』의 음악론」,『유교사상문화연구』2013. 등에『악서』2013, 33~58쪽.

있다. 한편 진양의 『악서』를 대상으로 유가의 악론을 다룬 연구도 더러 있었다. 예를 들어 「맹자훈의」를 다룬 논문, 「예기훈의」를 다룬 논문[5], 『악서』의 예악론에 있어서 역학적 요소를 가지고 다룬 논문[6] 등이 그것이다. 이렇게 지금까지 공자의 음악론에 대한 학문적 진전이 있었다고 할 수 있다. 그러나 아직까지 『논어』의 악론과 진양 『악서』의 「논어훈의」를 가지고 다룬 논문이 없다는 점에서 이 논문에 의미를 둘 수 있다.

이 논문은 『논어』에서 음악 관련 어휘가 등장하는 문장들만 꺼내어서 악곡·악기·악인·예악 이 네 가지 범주로 분류하고 이에 대해 「논어훈의」에서 진양이 어떻게 해석하였는지 해석해 보고자 한다. 이를 통해서 『논어』의 악 관련 개념의 재해석이란 목적에 접근해 보고자 한다.

II. 『악서』의 성격과 「논어훈의」의 내용

『악서』는 북송 말 복주 사람이며 휘종 때 태상박사 겸 비서성정자와 예부시랑을 지낸 진양[7]이 1103년에 휘종에게 헌정한 200권의 음악이론서 이다.[8] 진양의 형은 북송 철종 대에 태상박사를 지낸 진상도(陳祥道, 1053~ 1093)라는 사람으로 『禮書』 150권을 앞서 편찬하고 동생에게 악서 편찬을

---

5 정화자, 「陳暘 『樂書』의 樂論硏究-孟子訓義(一)-」, 『한국음악연구』 24집, 한국국악 학회, 1996, 31~64쪽; 정화자, 「陳暘 『樂書』의 樂論硏究(4)-「禮記訓義」 중 「樂記」 를 中心으로-」, 『온지논총』 18집, 온지학회, 2008, 41~74쪽.
6 조민환, 「『주역』의 제괘를 통해 본 진양 『악서』의 예악론」, 『동양예술』 22호, 한국동양예술학회, 2013, 5~31쪽.
7 김종수의 해제에 의하면 진양의 생몰년을 1040+30~1110+30이라고 하였던 것으로 보아 생몰년이 정확하지 않다. 다만 그 형 진상도가 1053년생이니 1054년 이후 태어난 것으로 생각하면 될듯하다.
8 김종수, 「세종대 아악 정비와 진양의 『악서』」, 『온지논총』 15집, 온지학회, 2006.

권유했다고 한다. 이로부터 40여년에 걸쳐 편찬하였는데, 실제『악서』가 완성된 지 100여년이 지나도록 간행되지 않다가 1200년에 목판본으로 간행하였다고 한다.9 이러한 사실에 비추어 보자면 주자가 진양보다 뒷시대에 태어났지만『악서』를 참고하지 않았을 가능성이 더 크다. 따라서 진양의 해석과 정자와 주자의 해석은 서로 영향을 주고받은 바가 없이 별도로 진행되었다는 것을 의미한다. 따라서 일반적으로 정주학의 해석에 의존하는 조선시대 이후의 경향을 벗어나『논어』의 새로운 해석이라는 논의가 될 수 있다는 데 또 하나의 의미를 가진다고 할 수 있다.

『악서』는 크게 두 가지로 분류할 수 있는데, 하나는 경서의 훈의이고 다른 하나는 악도론이다. 경서훈의는 10권의 경전에 대한 훈의이며 악도론은 일반이론과 八音악기 전반, 歌와 舞가 있고 그 안에서 雅部 胡部 俗部로 나누어 설명하고 그림을 제시하고 있다. 10권의 경서 훈의는『禮記』·『周禮』·『儀禮』·『詩經』·『尙書』·『春秋』·『周易』·『孝經』·『論語』·『孟子』인데 모두 악론만을 추출하여 훈의 한 것이다. 이 중「논어훈의」는『악서』의 권85에서 권90에 해당된다.10

진양『악서』는 蔡元定의『律呂新書』와 함께『樂學軌範』에서 근거로 삼은 중국문헌 중에 가장 비중이 큰 문헌이다.『율려신서』의 경우는『악학궤범』권1의 악률 부분, 즉 이론 부분에만 인용되었지만『악서』는 전반적

---

9 송방송,「陳暘의『樂書』解題」, 앞의 논문, 242쪽에 의하면 휘종에게 헌정된 이후 여러 차례 재판되었던 것으로 사료된다고 하였으나 김종수의「진양『악서』해제」, 앞의 책, 13쪽에 의하면 완성된 지 100여년이 지나도록 간행되지 않았다고 하였다.
10 현재『악서』원문은 국립국악원에서『韓國音樂學資料叢書』의 8권, 9권, 10권으로 영인된 것이 있다. 그리고 2013년부터 조남권·김종수·이후영 등에 의해 번역서가 나오기 시작하여 현재 4권까지 나왔는데, 다음과 같다. 조남권·김종수 역,『역주악서1』;『역주악서2』; 이후영 역,『역주악서3』; 이후영·김종수 역,『역주악서4』, 소명출판사, 2012~2014.

으로 인용되었다. 특히 악기설명에 해당하는 부분에는 의존도가 상당히 높다. 뿐만 아니라 조선후기 각종 의궤의 악기도설 부분에서 많이 인용되었다. 그만큼 『악학궤범』이나 의궤를 편찬하는 관변학자들이 음악이론에 있어서 『악서』를 신뢰 했다는 것을 의미한다. 물론 『악서』만큼 악기 그림이 있고 자세한 설명이 있으며 이 시대까지의 경서류에 있는 대부분의 악설을 모아 놓은 책도 없기 때문에 궤범이나 의궤에서 꼭 필요한 문헌이기도 했을 것이다. 이렇게 조선시대 관찬악서나 의궤에 『악서』를 많이 인용하였기 때문에 조선시대 학자들이 악론을 저술할 때 『악서』를 참조하거나 연구했을 가능성이 있다. 그럼에도 불구하고 조선후기 유학자들의 저술 속에서 『악서』에 대한 언급이 『율려신서』보다 월등히 낮거나 비판적인 부분에서만 인용되는 이유는 주자학으로 일색화된 학문적 풍토 때문이라고 생각한다.11 북송대의 학자이면서 노장사상을 함께 들어 말하는 진양의 악론에 대해 비판하는 일이 있을지언정 쉽게 받아들여지지 않았을 것이다. 예컨대 진양이 『악서』에서 주장한 변성과 4청성에 대한 배격사상이 있다.12 이러한 주장을 의식한 듯 『악학궤범』의 편찬자 成俔은 서문에서 '변성과 4청성을 써도 된다.'고 조심스럽게 의견을 피력13한데 비

----

11 그나마 성호 이익의 저술 속에 진양의 『악서』에 대한 언급이 가장 많이 남아 있다.

12 진양의 이러한 주장은 사실상 주자와 채원정이 함께 저술했다고 하여 '朱蔡新書'라고도 일컫는 채원정의 『律呂新書』의 이론과 배치되는 것이다. 『樂書』卷一百七, <樂圖論> 중 雅部 明二變 '五聲者 樂之指拇也 二變者 五聲之駢枝也 駢拇枝指出於形 而侈於德存之無益也 去之可也 二變出乎五聲 而濫於五聲存之 亦無益也 削之可也 盖五聲之於樂 猶五星之在天 五行之在地 五常之在人也 五聲可益爲七音 然則 五星五行五常 亦可益 而七之乎 其說必不行矣'

13 『樂學軌範』序, '二變得以耗其眞 四淸得以奪其本 而君民事物之分亂矣 然聲之有變淸 猶飮食之有醎淡 不可專用 大羹玄酒之味 使正聲 常爲之主 而能得以制變不悖中和之氣則可也'

해 徐命膺은 『詩樂和聲』에서 진양의 설을 강력하게 반박하는 점을 비교하면 확연히 알 수 있다.[14]

진양의 『악서·논어훈의』는 전부 『논어』에서 악과 관련된 문장만을 뽑아내어 훈의 한 것이다. 『논어』에서 악 관련 문장의 비중이 높은 편은 <八佾>과 <先進> <陽貨> 편이고 『논어』 20편 중 11편[15]에 있는 30여개의 구절이 넘는다. 『논어』의 악 관련 문장이라 함은 음악 자체나 장르를 말하기도 하고 춤을 말하는 것, 예악을 함께 말하는 것, 樂曲을 말하는 것, 樂器를 말하는 것, 樂人을 가리키는 것 등 다양하다. 이 중에서 서너 편을 제외하고 「논어훈의」에서는 27개의 문장을 다루었는데 이를 목록화하면 다음의 표와 같다.

순	편명	『악서·논어훈의』의 『논어』 원문
1	八佾	孔子謂季氏 八佾舞於庭 是可忍也 孰不可忍也 三家者以雍徹 子曰 相維辟公 天子穆穆 奚取於三家之堂
2		人而不仁 如禮何 人而不仁 如樂何
3		關雎 樂而不淫 哀而不傷
4		子語魯大師樂曰 樂其可知也 始作翕如也 從之純如也 皦如繹如也 以成
5		子謂韶 盡美矣 又盡善也 謂武 盡美矣 未盡善也
6	述而	子在齊聞韶 三月不知肉味曰 不圖爲樂之至於斯也
7		子與人歌而善 必使反之 而後和之
8	泰伯	興於詩 立於禮 成於樂
9		子曰 師摯之始 關雎之亂 洋洋乎盈耳哉

....

14 김수현, 『조선시대 악률론과 시악화성』, 민속원, 2012, 226~8쪽. 서명응은 이 논의에서 '진양은 망령된 학자로서 "五音을 더해서 七音으로 할 수 있다면 五星 五行 五常도 역시 7로 증가할 수 있겠는가"라고 하였는데 하늘에 五星이 있으면 日月이 필요 없고 땅에 五行이 있으니 剛柔가 필요 없고 사람에게 五常이 있으니 健順이 필요 없다는 것인가?' 하고 진양의 설을 반박하고 있다.

10	子罕	子曰 吾自衛反魯 然後樂正 雅頌 各得其所
11	先進	子曰 先進於禮樂 野人也 後進於禮樂 君子也 如用之則吾從先進
12		子曰 由之瑟 奚爲於丘之門
13		子曰 求爾何如 對曰 方六七十 如五六十 求也爲之 比及三年 可使足民 如其禮樂 以俟君子
14		子曰 點爾何如 鼓瑟希 鏗爾舍瑟而作 對曰 異乎三子者撰 旣成 冠者五六人 童子 六七人 浴乎沂 風乎舞雩 詠而歸 夫子喟然歎曰 吾與點也
15	子路	名不正則言不順 言不順則事不成 事不成則禮樂不興 禮樂不興則刑罰不中 刑罰不中則民無所措手足
16	憲問	子路問成人 子曰 若臧武仲之知 公綽之不欲 卞莊子之勇 冉求之藝 文之以禮樂 亦可以爲成人矣
17		子擊磬於衛 有荷蕢而過孔氏之門者 曰有心哉 擊磬乎 旣而曰 鄙哉 硜硜乎 莫己知也 斯己而已矣 深則厲 淺則揭 子曰 果哉 末之難矣
18	衛靈公	顔淵問爲邦 子曰 行夏之時 乘殷之輅 服周之冕 樂則韶舞 放鄭聲遠佞人 鄭聲淫 佞人殆
19		師冕見 及階 子曰 階也 及席 子曰 席也 皆坐 子告之曰 某在斯某在斯 師冕出 子張問曰 與師言之道與 子曰 然 固相師之道也
20	季氏	孔子曰 天下有道 則禮樂征伐 自天子出 天下無道 則禮樂征伐 自諸侯出 自諸侯出 蓋十世 希不失矣 自大夫出 五世 希不失矣 陪臣 執國命 三世 希不失矣
21	陽貨	子之武城 聞弦歌之聲 夫子莞爾而笑曰 割鷄 焉用牛刀 子游對曰 昔者偃也 聞諸夫子曰 君子學道 則愛人 小人學道 則易使也 子曰 二三子 偃之言是也 前言戲之耳
22		子曰 禮云禮云 玉帛云乎哉 樂云樂云 鐘鼓云乎哉
23		惡鄭聲之亂雅樂也
24		孺悲欲見孔子 孔子 辭以疾 將命者 出戶 取瑟而歌 使之聞之
25		宰我問三年之喪 期已久矣 君子 三年不爲禮 禮必壞 三年不爲樂 樂必崩
26	微子	齊人饋女樂 季桓子 受之 三日不朝 孔子行
27		太師摯適齊 亞飯干適楚 三飯繚適蔡 四飯缺適秦 鼓方叔入於河 播鼗武入於漢 少師陽 擊磬襄 入於海

. . . .

15 「10/子」'子曰吾自衛反魯然後樂正雅頌各得其所'은 「樂書」에서 「子罕」 편으로 따로 구분하지 않고 「泰伯」 편에 이어서 인용했다. 그러므로 『악서』 상의 분류로는 10편에 해당하지만 실제는 11편이다.

III. 『논어』의 악 관련 개념에 대한 진양의 해석

『악서·논어훈의』에서는 『논어』의 차례에 따라 한 문장씩 원문을 쓰고 자신의 해석과 견해를 서술하는 방식으로 쓰고 있지만 이 논문에서는 『악서·논어훈의』에서 다룬 내용을 대상으로 하여 이를 주제별로 분류하여 논의를 전개하고자 한다. 분류는 철학적 주제로 분류하지 않고 음악학적 주제로 분류하였다. 첫째 악곡 관련 용어가 들어있는 문장, 둘째 악기 관련 용어가 들어 있는 문장, 셋째 악인 관련 용어가 들어 있는 문장, 넷째 예악이란 용어가 들어 있는 문장이다. 이렇게 네 개의 영역으로 나누어서 관련 용어를 중심으로 그 문장을 진양이 어떻게 해석하였는지 살펴보겠다.16

1. 음악 및 악곡에 대한 해석
― 八佾·雍·關雎·韶·武·雅頌·鄭聲·雅樂

특정한 음악이나 악곡에 대한 언급은 <八佾> <述而> <子罕> <衛靈公> <陽貨> 편에 있다. 여기에 있는 음악 용어들은 八佾·雍·關雎·韶·武·雅頌·韶舞·鄭聲·雅樂 등 특정한 음악이나 악곡을 지칭하는 것인데, 어떤 것은 악곡이고 어떤 것은 장르이고 어떤 것은 노래인 다양한 형태의 개념이다. 『논어』에서 이 용어들을 언급할 때 이 음악이 어떤 음악인지 말하려는 것이 아니라 어떤 음악이 좋은 음악이고 어떤 음악이 나쁜 음악인지, 또는 어떤 음악이 얼마나 적절하게 쓰이고 있는지를 말하고자 한다. 『논어』

---

16 이 장부터 『악서』 「논어훈의」에서 『논어』를 인용한 구절의 번호는 다음과 같다. /의 앞의 숫자는 「논어훈의」에서 『논어』 원문을 실은 차례 번호이고 /의 뒷 글자는 『논어』의 편명의 앞 글자이다. 예를 들어 [22/陽]은 「논어훈의」에서 22 번째로 다룬 『논어』 <陽貨>편의 '子曰 禮云禮云 玉帛云乎哉 樂云樂云 鐘鼓云乎哉'를 말한다.

에서 음악이나 악곡 관련 용어가 있는 문장의 원문을 보면 다음과 같다.

> [1 /八] 孔子謂季氏 八佾舞於庭 是可忍也 孰不可忍也 三家者 以雍徹 子日 相維
> 辟公 天子穆穆 奚取於三家之堂
>
> [3 /八] 關雎 樂而不淫 哀而不傷
>
> [5 /八] 子謂韶 盡美矣 又盡善也 謂武 盡美矣 未盡善也
>
> [6 /述] 子在齊聞韶 三月不知肉味 日不圖爲樂之至於斯也
>
> [9 /泰] 子日 師摯之始 關雎之亂 洋洋乎盈耳哉
>
> [10/子] 子日 吾自衛反魯 然後樂正 雅頌各得其所
>
> [18/衛] 顔淵問爲邦 子日 行夏之時 乘殷之輅 服周之冕 樂則韶舞 放鄭聲 遠佞人
> 鄭聲淫 佞人殆
>
> [23/陽] 惡鄭聲之亂雅樂也

1) 八佾·雍

『논어』에서 악에 관한 이야기가 처음 나오는 편은 <八佾>편의 첫 구절이며 동시에 악곡명을 처음 언급하고 있는 부분이기도 하다. [1/八] 에서 八佾과 雍이라는 용어가 나온다. 이 구절에서 樂이니 歌니 하는 용어를 쓰지 않았지만 둘 다 음악의 한 부분을 가리키는 것이다. 그 용어를 그대로 보자면 팔일은 춤의 대열을 말하는 것이고 옹은 詩이다. 팔일이란 제사의식에서 열을 지어 추는 일무를 출 때 가로 세로 8줄로 된 대열을 말하지만 춤의 한 종류를 상징하는 말이기도 하다. 오늘날 춤은 음악 개념과 분리되어 있지만 『예기·악기』에서도 강조하는 바와 같이 춤은 악의 개념에 포함되어 있다.17 옹은 『시경』 편명 중의 하나인 옹장인데, 『시경』의 시

---

17 『예기』「악기」 '凡音之起 由人心生也 人心之動 物使之然也 感於物而動故 形於聲 聲相應 故生變 變成方 謂之音 比音而樂之 及干戚羽旄 謂之樂'라는 문장의 마지막 干戚羽旄는 일무를 출 때 드는 무구로서 간척우모라는 말로서 춤을 상징한

전부가 문학으로만 분류할 수 있는 시가 아니라 다 노래라는 면에서 당연히 악의 영역에 속한다. 더구나 이 문장에서는 옹이라는 노래를 했다고 했으니 이는 악곡 중 하나로 간주할 수 있다. 이 구절에서 제시하는 메시지는 기본적으로 노나라에서 권력을 휘두르고 있는 계씨나 삼가는 대부의 지위에 있는 사람들인데 제 위상에 맞지 않는 음악을 썼으니 이는 아랫사람의 지위에 있으면서 윗사람을 참람한 행동이라는 것이고 이런 일을 저지르면 이보다 더한 참람한 일을 저지르지 않겠느냐고 비난하는 내용이다. 이 구절을 진양은 『악서·논어훈의』의 첫 번째 논의의 대상으로 삼고서 사상적 해석과 음악학적 해석을 적절하게 논하고 있다.

사상적 해석을 보자면, 당시의 상황이 어떠했는지 『논어』의 다른 편과 악 관련 구절을 연결시켜 해석하고 있다. 그 하나는 [20/季] '천하의 도가 없으면 예악이 제후에게서 나온다.'는 구절이고 다른 하나는 [27/微] '주나라의 태사 지는 제나라로 가버리고'하는 구절이다. 季氏나 三家가 이런 참람한 행위를 하게 된 것은 바로 노나라의 도가 없어지고 예악이 망해가는 상황을 말해주는 것이라고 한다. 더구나 옹장은 천자가 제사를 지낼 때 제기를 거둘 때 쓰는 노래이지 제후 이하가 쓰는 노래가 아니라는 사실이다. 이는 천자가 쓰는 팔일을 제후가 해도 안 되는데 더 아래 지위인 대부가 팔일무로 제사를 치른 것은 陪臣이 천자에게 참람한 것이니 불인하고 지혜롭지 못한 것이 심하였다는 점을 강조한 것이다. 또한 팔일을 말할 때에는 계씨 혼자서 했으므로 계씨라고 했고, 철상할 때 옹을 노래한 것은 세 집안에서 모두 했으므로 삼가라고 했다는 것이다. 이 말은 삼가가 모두 팔일무를 추게 하거나 옹으로 철상을 한 것이 아니라 팔일은 계씨 혼자서 저지른 일이고 옹으로 철상한 것은 삼가가 모두 저지른 잘못이라

다. 따라서 악은 춤까지를 포함하는 개념으로 볼 수 있다.

는 해석이다.

　음악학적 해석을 보자면, 춤은 팔풍을 행하는 것이고 일무는 八音으로 반주하는 것이니 팔음의 악기가 능히 어울려 악이 완성되므로 춤은 반드시 여덟 사람으로 줄을 세우니 諸侯, 大夫, 士로 갈수록 두 줄씩 줄어든다고 하더라도 한 편으로만 줄어든다는 것일 뿐 행과 열이 모두 두 줄씩 줄어든다는 것이 아니라고 주장한다.[18] 이 점은 주희의 해석과는 차이를 보이고 있는 것이다.[19] 64명이 추는 것이 팔일무인데, 계씨는 배신이어서 육일무를 출 수도 없는데 팔일무를 추었으니 천자의 수를 참람하게 쓴 것이라는 것이다. 또한 팔일을 추는 것은 堂下에서 추는 것이므로 뜰(舞於庭)이라고 했고 옹을 노래한 것은 堂上에서 한 것이므로 당(三家之堂)이라는 말을 썼다는 것이다. 덧붙여 노래는 德을 표현한 것이니 당상에 있고 춤은 功을 표현한 것이니 당하에 있는 것이라는 점을 부연한다. 당상, 즉 登歌에서는 금슬과 노래가 위주인 것이 특징이고 춤은 당하에서 추기 때문에 이 점을 세세하게 간파한 것이다. 이는 당상과 당하에서의 노래와 춤의 용도에 대한 적극적인 해석이라고 할 수 있다.[20]

....

18 진양은 이어서 두예(杜預)가 '한 열에 두 명씩 감소하여 士는 네 사람에 이르러 그친다.'라고 하였는데 이는 선왕의 악무가 아니라고 하고 傳에 '천자는 八佾, 제후는 四佾을 쓰니 존비를 분별하는 법이다'라고 한 점에 대해서 천자 八佾은 맞고 제후 四佾은 틀렸다고 한다.

19 주자는 '每佾人數 如其佾數 或曰 每佾八人 未詳孰是'라 하였다. 이는 각 가로열의 인원수가 줄어드는 만큼 세로열의 수도 줄어든다는 말이다. 어떤 사람이 매 열은 8명이라고 한 것을 소개하고 옳은지 자세하지 않다고 했는데, 아마도 진양과 같은 사람의 주장을 말하는 것 같다.

20 천자 제사 때 철상 과정에서 부르는 이 雍이라는 음악을 제후의 나라였던 조선에서는 500년 동안 徹籩豆 음악으로 했다는 사실이 조금 의아스럽다. 『악학궤범』 권2 <時用雅部祭樂>의 모든 제사음악에서 철변두는 옹안지악으로 명명한 것이 그 예이다. 물론 이 노래가 『시경』의 옹장을 그대로 노래했다고 할 수도 없고 가사의 내용도 『시경』 「주송」의 <옹>장의 내용과는 다르다.

2) 關雎

『詩經』의 가장 첫 번째 시인 關雎[21]는 『논어』 두 곳에서 등장한다. [3/八] '關雎 樂而不淫哀而不傷'은 관저에 대한 공자의 평이고 [9/泰] '子曰師摯之始關雎之亂洋洋乎盈耳哉'은 태사 摯의 지휘로 연주된 관저 연주의 모습을 그린 것이다. [3/八]에 대해 진양은 '樂而不淫 哀而不傷'의 樂(락)을 禮로써 조절하는 樂(악)으로 哀(애)를 義로써 완성하는 仁함으로 해석하여 仁義禮樂이 관저 장에 함유되어 있음을 공자가 평한 것이라고 해석하였다.

> 은혜를 미루어 생각해도 도리가 아니면 仁이 이루어지지 않고 도리에 맞게 수행하더라도 용감하게 행하지 않으면 義가 이루어지지 않고 절도를 밝게 살펴도 화합하지 않으면 禮가 이루어지지 않고 和하여도 八音의 악기에 발하지 않으면 樂이 이루어지지 않으니, 仁 義 禮 樂이 덕 아님이 없다. <관저>는 후비의 덕을 찬미하였으니 또한 이런 내용에 벗어나지 않는 것이 당연하다. 후비(后妃)가 현재를 구하다 얻지 못하니 근심하여 슬픔에 이르고 구하여 얻게 되니 기뻐하여 즐거움에 이르렀다. 그래서 금슬로써 친히 하고 종고로써 즐겁게 하여 지극한 데 이르렀지만 정도가 지나치지 않았고...즐거운 것은 악이고 여색에 빠지지 않은 것은 예이며 슬퍼하는 것은 인이고 선을 상하게 하지 않는 것은 의이다. 악은 예로써 절도에 맞게 하고 인은 의로써 이루니 후비의 덕이다.[22]

---

21 『詩經』 「國風 - 周南」으로 분류되는 첫 번째 시이다. 『시경』의 시는 노래로 불려진 것이기 때문에도 악곡명이라고 할 수 있으며 『논어』에서 다루는 <關雎>는 모두 악곡을 지칭한다.

22 『樂書』卷八十五, 「論語訓義」, <八佾> '關雎 樂而不淫 哀而不傷에 대한 해설 推恩而不理不成仁 逐理而不敢不成義 審節而不和不成禮 和而不發不成樂 仁義禮樂無非德也 關雎美后妃之德亦宜不出於此 蓋后妃之於賢才求之未得 則思以致其哀求之旣得 則悅以致樂友之以琴瑟樂之 以鐘鼓樂之 非不至也 然且不淫焉...樂者樂也 不淫色禮也 哀者仁也 不傷善義也 樂而節之以禮 仁而成之以義 后妃之德也

이처럼 관저 시의 가사가 가지는 의미로 '후비의 덕을 찬미'한 것이기 때문에 공자가 칭찬했다는 설명에서나 관저 가사 중 '琴瑟友之' '鐘鼓樂之'를 인용[23]하여 그 즐거워함 설명하는데 주자와 크게 다르지 않은 해석을 한 것인데,[24] 다만 진양이 더 적극적으로 해석하였다고 할 수 있다. 또한 毛詩 序를 인용하여 시를 해설하는 사람은 그 마음을 헤아리고 시를 짓는 사람은 그 일을 차례로 서술하기 때문에 즐거움을 먼저 말한 것이라고 하였는데, 이 말은 시를 짓는 사람은 그 일을 차례로 서술해야하기 때문에 관저의 시인은 슬픔을 앞에 서술했지만 시를 해설하는 사람, 즉 즉 공자는 즐거움을 먼저 말한 것(樂而不淫)이라고 해석했다.[25]

[9/泰] '子曰 師摯之始 關雎之亂 洋洋乎盈耳哉' 문장에서 중요한 관심사는 關雎 곡을 연주한 태사 摯에 있지만 진양은 먼저 관저라는 곡이 가진 의미에 대해서 설명한다. 관저가 후비의 덕을 나타낸 시이기 때문에 천하를 교화하여 부부 사이를 바로 잡을 수 있으니, 그 시가 王化의 기본인 것이라고 평한 다음 관저는 노나라 태사 지가 악을 다스리고 바로잡아 현악기를 타면서 하던 노래이기에 귀에 선하였을 거라고 하였다. 여기에서 진양

----

23 『詩經』「周南」, <關雎> "關關雎鳩 在河之洲 窈窕淑女 君子好逑... 琴瑟友之...鍾鼓樂之."

24 필자가 크게 다르지 않다고 하였으나 사실 진양은 후비가 현재를 구했다고 해석하였다는 점에서 현재(문왕)가 후비를 구했다고 하는 주자를 비롯한 일반적 해석과 차이가 있다.

25 『삼국사기』「志」, <樂>에는 가야인 우륵이 신라에 투항하여 법지·계고·만덕이라는 악사 3명을 제자로 삼아 가르쳤으나 그가 작곡한 12곡의 가야금곡이 번거롭고 음란하다 하여 제자들이 5곡으로 편곡하였다. 우륵은 처음에는 화가 났지만 그 음악을 듣고 나니 눈물을 흘리면서 감탄해 하는 말이 바로 '樂而不流 哀而不悲'이다. 김부식은 유학자로서 『논어』의 구절을 우륵의 일화에 삽입하여 바른 음악이란 절제된 음악이라는 점을 은근히 피력해 놓고 있다. 여기에서 김부식은 淫을 流로 바꾸고 傷은 悲로 바꾸어 놓았다.

은 關雎之亂의 亂을 악장의 끝 장이라고 풀이한 주자와 달리 '다스리다'로 해석했다.[26] 그리고 관저가 다스려져 악의 소리도 아름다웠지만 춤도 양양하였을 것으로 해석했다.[27] 그런데 그것이 어찌 현악기를 타면서 노래하던 소리뿐이었겠는가 하면서 관저라는 곡은 간단한 노래가 아니라 관현반주와 춤이 함께 있는 대곡이었을 가능성을 시사했다.

3) 韶·武

『논어』에서 가장 많이 나오는 악곡명으로 '韶'가 있다. 『예기』「악기」에 순임금이 지었다고[28] 하는 악곡으로 『논어』에서 이를 韶, 韶舞 두 가지 용어로 썼다. 『논어』에서 소라는 용어가 등장하는 편은 <八佾>·<述而>·<衛靈公>이다. 공자의 소에 대한 평가는 한마디로 말하면 가장 이상적인 음악이다. 공자는 韶를 武와 비교하여 盡善盡美를 논하거나 鄭聲과 비교하여 권장해야 할 음악과 추방해야 할 음악으로 대비하기도 하였으며 자신이 제나라에서 들었던 소에 대한 감탄을 말하기도 하였다.

[5/八]'子謂韶 盡美矣 又盡善也 謂武 盡美矣 未盡善也'는 공자의 소와 무의 음악에 대한 평가가 盡善이냐 아니냐에 있다. 진양은 공자가 순임금의 韶

----

26 주희가 마지막 장으로 해석한 것은 四書章句集注 論語卷 第四에서 알 수 있다 (子曰 師摯之始關雎之亂洋洋乎盈耳哉 摯音志雎七余反〇師摯魯樂師名摯也 亂樂之卒章也 史記曰關雎之亂以爲風始洋洋美盛意孔子自衛反魯 而正樂適師摯在宮之初 故樂之美盛如此) 이에 비해 진양의 형 진상도 진양처럼 역시 '다스리다'로 해석했다.(陳祥道, 『論語全解』 卷四, 治汚謂之汚 治弊謂之弊 治荒謂之荒 治亂謂之亂 關雎 嘗亂矣 師摯之始 其亂而正之 故師摯之始 關雎之亂 洋洋乎盈耳哉)

27 이 춤을 진양은 만무(萬舞)라고 하고 그 근거를 『詩經』「魯頌」<閟宮>의 '萬舞洋洋'과 「商頌」<那>의 '萬舞有奕'에 두고 있다.

28 『禮記』「樂記」에 소에 대한 언급은 <樂施> '大章章之也 咸池備矣 韶繼也 夏大也 殷周之樂盡矣' 뿐 자세한 설명이 없지만 후대의 주석가들이 韶繼를 순임금의 도덕이 요임금을 계승했음을 뜻하는 것으로 소는 순임금의 음악이라고 해석한다.

음악은 진선까지 갖추었지만 무왕의 武음악은 진선하지 못하다고 차별적으로 평한 이유를 말하였는데, 그 이유는 천하의 도는 다름이 없으나 시대는 다름이 있고 성인의 마음은 다름이 없으나 행적은 다름이 있기 때문이라고 하였다.[29] 이는 요임금은 순임금에게 선양하고 주 무왕은 은주를 정벌한 것을 들고 소와 무는 충실하게 아름다움을 다하였지만 무만이 오직 하고자할 만한 선에는 미진하였다는 것이다. 음악에 선의 유무가 있다는 공자의 생각에 진양은 완전히 동의하는 것이라고 할 수 있다. 그럼에도 불구하고 무가 선하지 않다는 것을 의미하는 것은 아니라고 덧붙였다. 진양은 「악기」에 무왕의 악에 대하여 논한 것, 즉 "탐욕의 뜻이 상나라에 미쳤다는 것은 무의 성음이 아니다"[30]라고 한 점을 들어 무는 소에 비하여 진선하지 않을 뿐이라고 하였다.

또 [18/衛] '顔淵問爲邦 子曰行夏之時 乘殷之輅 服周之冕 樂則韶舞 放鄭聲遠佞人 鄭聲淫佞人殆'은 안연이 나라 다스림을 묻자 夏의 역법과 殷의 수레와 周의 면류관을 사용하고 樂은 韶舞를 해야 한다고 하며 鄭聲을 추방하고 佞人을 멀리해야 함으로 답해주는 내용이다. 이 말은 韶舞는 나라를 다스리는데 쓰여야 할 음악이고 鄭聲은 추방해야 할 음악으로 대비시켰으며 정성은 음란하다고까지 하는 것이다. 이 문장에 대해 주자는 음악과 관련

----

29 盡善盡美에 대한 음악적 평가는 우리나라 음악사에 있어서도 매우 중요한 문제였다. 『세종실록』(, 세종 12년에 " 我朝之樂, 雖未盡善, 必無愧於中原之樂, 亦豈得其正乎?" 라는 데에서 볼 때 중국음악에 비해 부끄러워 할 필요는 없다고 하였던 세종과 같은 주체적인 음악관을 가진 임금도 우리나라 음악을 盡善하지 못하다고 스스로를 낮추기 때문에 진선이라고 여기는 아악을 수용할 수밖에 없었음을 시사해주는 대목이다.

30 『禮記』「樂記」, <賓牟賈> 賓牟賈侍坐於孔子 孔子與之言及樂曰 夫武之備戒之已久 何也 對曰病不得其衆也 發陽蹈厲之已蚤何也 及時事也 武坐致右憲左何也 對曰非武坐也 聲淫及商何也 對曰非武音也 子曰若非武音則何音也 對曰有司失其傳也 若非有司失其傳 則武王之志荒矣 子曰唯丘之聞諸萇弘亦 若吾子之言是也

하여 정성은 정나라 음악이라는 정도의 간단한 주를 달았지만 진양은 매우 상세하게 해석하고 소무가 왜 바른 음악이고 공자가 왜 안연에게 그렇게 대답했는지 다음과 같이 설명하고 있다.

안연이 나라를 다스리는 것을 여쭤자 첫머리에 이것을 가지고 말하였으니 치도는 예악이 아니면 이루어지지 않기 때문이다. 그러나 예는 시대에 의탁하는 제도가 있고 수는 기물에 의탁하는 형식이 있으니 악에서 본보기는 소무일 뿐이다. 이는 악의 미와 선은 반드시 오래 시행된 뒤에 이루어지기 때문이다. 「악기」에 음을 배열하여 악기로 연주하고 干戚을 잡고 武舞를 추고 羽旄를 잡고 文舞를 추는 것을 악이라고 한다하고 하였다. 그렇다면 <소무>를 말하지 않고 어찌 악을 말할 수 있겠는가? 鄭聲은 바른 것 같으나 바르지 않으니 내치지 않으면 의지가 해이해져 음란해질 것이다.[31]

다음으로 [6/述]'子在齊聞韶 三月不知肉味曰 不圖爲樂之至於斯也'에서는 공자가 제나라에서 韶를 듣고 석 달 동안 고기 맛을 잊고 지내는데까지 이르렀는데 말하길 악이 이 정도일 줄은 몰랐다라고 하였다는 내용이다. 이 구절에 대해 진양은 두 가지 문제를 제기하는데 하나는 공자가 소 음악을 주나라가 아니라 제나라에서 들었던 이유를 다음과 같이 설명하였다. "제후가 악도를 잃으면 대부가 자기 영지에서 쓰고 천자가 악도를 잃으면 제후가 자기나라에서 쓰기 때문에 주나라가 쇠락한 말기에 소가 주나라에 있지 않고 제나라에 있게 된 것이다." 또 하나는 3개월 동안 고기 맛을 잊어버린다는 것에 대해 사마천은 소를 들으시고 3개월을 배웠다라고 하

----

31 『樂書』卷第八十九,「論語訓義」, <衛靈公>, 顏淵問爲邦 必首以是告之者 以治道非禮樂不成故也 然禮寓於時 而有度數 寓於器 而有文爲樂之所法者 韶舞而已 以樂之美善必待久而後成也 記曰比音而樂之 及干戚羽旄 謂之樂 然則 不言韶舞 豈足謂之樂乎 鄭聲似雅而非雅 不放之 則志易以淫

였다는 해석에 대한 비판이다. 이는 공자가 악을 한 의도를 알지 못한 것이고 주자 역시『史記』를 언급하면서 3월 위에 學之라는 두 글자가 있다고 하여 3개월을 고기 맛을 잊은 채 배웠다고 하였으니 사마천의 잘못을 이해하지 못한 것이라고 반박하였다. 진양은 달은 보름부터 3일이면 달의 그늘진 윤곽이 생기고 3개월이면 계절을 이루니 3개월은 천시의 작은 변화라고 하였다. 3개월이라는 천시의 변화 기간만큼 고기맛을 잊을 정도였다는 것일 뿐이지 배웠다는 기간으로 해석할 이유가 없다는 것이라 할 수 있다.

4) 鄭聲 · 雅樂(雅頌)

'정성'에 대해서는 앞서 말한 바와 같이 [18/衛]에서 소무와 비교하여 추방해야 할 음악, 음란한 음악으로 규정지은 구절도 있지만 [23/陽]'惡鄭聲之亂雅樂也'의 경우처럼 아악을 어지럽히기 때문에 싫어한다는 구절도 있다. 이 앞뒤의 문장에는 자색이 주색을 빼앗는 것과 말재주 있는 사람이 국가를 뒤엎는 것을 싫어한다는 구절이 있다. 진양은 中正한 것은 아악이고 음란한 것은 鄭聲이라고 하고 예악이 폐지되고 부정한 악이 일어난 것은 정성이 아악을 어지럽혔기 때문이라고 한다. 그리고 정나라 위나라 음악이 모두 마음을 음탕하게 하였지만[32] 공자가 위나라 음악은 말하지 않고 정나라 음악만을 말하였는지 그 이유를 설명한다. 진양은 그 음악 자체가 음란한 것 보다 나쁜 것은 아악을 어지럽히는 것이라고 봤기 때문이라고 해석한다. 뿐만 아니라 荀卿은 예악을 귀하게 여기고 악을 천하게 여겨 벌과 상을 주는 것을 살피고 음란한 음악을 금지시켜 이민족 풍속과

---

32 『禮記』「樂記」, <樂本>, 鄭衛之音 亂世之音也 比於慢矣 桑間濮上之音 亡國之音也 其政散 其民流 誣上行私而不可止也

부정한 악이 감히 아악을 어지럽히지 못하게 하는 것이 태사의 임무였다는 점을 들었는데, 지금 성인이 부정한 음악에 벌을 주지 못하고 다만 미워하는 대상으로만 삼은 이유는 성인이 지위를 얻지 못했기 때문이라는 해석을 덧붙였다.

또한 [10/子] '子曰 吾自衛反魯 然後樂正 雅頌各得其所'은 공자가 위나라에서 노나라로 돌아온 연후에 악이 바로잡히고 雅頌이 각각 제자리를 찾았다는 내용이다. 진양은 이 문장에서 이송은 아악과 같은 개념이라고 하며 '다만 이곳에서 이송으로 말한 것은 바른 악이 본래 雅와 頌이기 때문이다.'라는 수나라 유학자 王通의 말을 빌려 해석하였다. 또한 진양은 '各得其所'의 구체적인 내용을 해설하였는데, 소아 중 뜻만 있고 가사가 없었는데, 공자가 질서를 바로 잡아 놓았다고 했다.

2. 악기에 대한 해석
― 瑟·磬·弦·鐘·鼓·鼗

『논어』의 악론 중 악기와 관련된 용어는 瑟·磬·弦·鐘·鼓·鼗 뿐으로 악기의 가짓수가 언급횟수에 비해 비교적 적게 나온다. 그 중 瑟·磬·鼗와 같은 것은 악기 자체의 이름이고 弦·鐘鼓 등은 악기 묶음 명칭이다. 그런데 『논어』에 나오는 악기는 모두 현악기와 타악기로만 분류할 수 있는 악기이고 관악기는 나오지 않는다는 특징이 있다. 악기 용어는 <先進>·<憲問>·<陽貨>·<微子>편에서 나오는데 다음과 같은 문장에 있다.

[12/先] 子曰 由之瑟 奚爲於丘之門

[14/先] 子曰 點爾何如 鼓瑟希 鏗爾舍瑟而作 對曰 異乎三子者撰 旣成 冠者五六
人 童子 六七人 浴乎沂 風乎舞雩 詠而歸 夫子喟然歎曰 吾與點也

[17/憲] 擊磬於衛 有荷蕢而過孔氏之門者 曰有心哉 擊磬乎 旣而曰 鄙哉 硜硜乎

莫己知也 斯己而己矣 深則厲 淺則揭 子曰 果哉 末之難矣

[21/陽] 子之武城, 聞弦歌之聲, 夫子莞爾而笑曰 割雞 焉用牛刀 子游對曰 昔者偃
也 聞諸夫子曰 君子學道 則愛人 小人學道 則易使也 子曰 二三子 偃之
言是也 前言戱之耳

[22/陽] 子曰 禮云禮云 玉帛云乎哉 樂云樂云 鐘鼓云乎哉

[24/陽] 孺悲欲見孔子 孔子 辭以疾 將命者 出戶 取瑟而歌 使之聞之

[27/微] 太師摯適齊 亞飯干適楚 三飯繚適蔡 四飯缺適秦 鼓方叔入於河 播鼗武入
於漢 少師陽 擊磬襄 入於海

1) 현악기- 瑟·弦

『논어』에서 구체적인 악기명칭이며 가장 많이 등장하는 현악기는 琴
(금)과 瑟(슬)이다.[33] 중국 고대 현악기로서 금과 슬은 매우 오래된 악기
이고 고대 문헌에 자주 등장하는 악기이다. 공자가 琴을 연주한 사실은
다른 문헌에서 보이는데[34] 『논어』에서는 琴은 등장하지 않고 슬만 <先
進>·<憲問>·<陽貨> 편에 세 차례 등장한다.[35] 「논어훈의」를 살펴보기

----

33 일반적으로 琴을 거문고로, 瑟을 비파라고 잘못 번역하는 경우가 많다. 구체적
으로 보면 금, 거문고, 슬, 비파는 각각 다른 악기를 가리킨다. 물론 구체적인
악기 명칭이 중요하지 않은 경우도 있다. 그러나 금의 경우 한국문헌에서 한국
의 악기를 가리킬 때 쓰는 용어로 나오는 경우는 앞 뒤 맥락을 보고 그렇게 번
역해도 타당할 수 있으나 중국서에 나오는 경우에는 전혀 다른 악기를 가리키
게 된다.

34 『禮記』「檀弓上」, 孔子旣祥五日彈琴而不成聲 十日而成笙歌 ; 顏淵之喪饋祥肉 孔
子出受之入彈琴而后食之에도 彈琴으로 되어 있고 공자가 사양에게 배웠다는 악
기도 琴이다.

35 슬이라는 악기는 25현을 가지고 있고 줄 마다 움직여 음을 조절할 수 있는 이동
괘가 받혀 있으며 눕혀놓고 연주한다. 기원전의 슬의 모습은 알 수 없지만 꽤
오랫동안 이 형태를 오늘날까지 이어오고 있다. 그런데 여기서 말하는 슬은 특
정한 악기를 지칭하는 것이지만 다른 문헌에는 琴으로 되어 있기 때문에 꼭 瑟
을 지칭하기 보다는 금이나 슬과 같은 종류의 현악기를 가리키는 말일 가능성

전에 『樂書』의 「樂圖論」中 <雅部>(絲之屬)에서 슬에 대한 설명을 보면 다음과 같다.

　　슬이라는 악기는 옥으로 돌괘(줄 감개)를 만들고 쪄서 붉게 된 명주실로 현을 만들며, 현의 수가 많고 음색이 섬세하다. 연주를 통해 깨달음을 얻으니, 군자가 변고가 없으면 악기를 거두지 않음은 그 소리를 즐길 뿐만이 아니고 그 도를 깨달음을 즐거워하기 때문이다.36

　이렇게 슬이라는 악기가 어떤 악기인지 또 어떻게 제작하는지 구체적으로 언급하며 얼마나 중요한 악기인지에 대해서 논하였다는 것을 알 수 있다. 이러한 인식의 토대 위에 「논어훈의」에서 슬이 언급되는 『논어』의 [12/先] '子曰 由之瑟 奚爲於丘之門'구절을 어떻게 해석했는지 보자면, 이 문장은 子路가 왜 나의 집에서 슬을 타고 있는가하고 질책하는 내용이다. 그 뒤에 자로의 슬 연주를 가지고 아직 도에 들지 못한 그를 평가한 내용이 있지만37 『악서』에서는 여기까지의 구절만 대상으로 해석하였다. 이 구절에 대해 진양은 劉向의 『說苑』을 자세히 인용38하면서 자로가 슬을 탈 때 북방 변경의 악소리가 있으니 공자가 듣고 '선왕이 악을 제정할 때 중

　도 있다. 예컨대 『孔子家語』에는 자로의 악기 연주를 듣고 공자가 자로의 재주 없음을 탄식했다는 『논어』와 같은 내용이 있는데 여기서는 琴으로 쓰여 있는데에서 알 수 있다.

36 『樂書』卷一百二十, 「樂圖論」雅部 大瑟 中瑟 小瑟 次小瑟 煩瑟, 瑟之爲樂 其軫玉 其絃朱 其絲分 其音細 出乎器入乎覺 而君子無故不徹焉 非悅其聲音而已 樂得其道故也. 번역문은 김종수·이후영, 『역주악서4』, 소명출판, 384쪽.

37 전체 문장은 子曰 由之瑟 奚爲於丘門 門人 不敬子路 子曰 由也 昇堂矣 未入於實也이다.

38 『說苑』卷十九, <修文>, 子路鼓瑟 有北鄙之聲 孔子聞之曰 信矣由之不才也 冉有侍孔子曰 求來 爾奚不謂由 夫先王之制音也 奏中聲爲中節... .

성을 연주하여 절주에 맞게 하였으나 저 소인들은 그렇지 않아서 말엽적인 것을 잡은 것이니 그 악소리가 싸늘하고 잔학하면서 천박하여 살벌한 기를 본받으니 殺은 바로 난세의 기풍이다.'라고 하였는데 뒤에 과연 온당한 죽음을 얻지 못하였다고 하고 이런 관점에서 보면 자로가 공자의 문정에서 슬을 연주할 때 남을 이기려는 마음이 있고 도에 힘쓰려는 뜻이 없으므로 이런 말을 했다는 것이다. 진양은 슬이라는 악기는 군자가 변고가 없으면 거두지 않아야 하는 악기임에도 불구하고 자로에게는 억제를 시킨 것은 義 때문이고 [14/先]'子曰 點爾何如 鼓瑟希 鏗爾舍瑟而作 對曰 異乎三子者撰 旣成 冠者五六人 童子 六七人 浴乎沂 風乎舞雩 詠而歸 夫子喟然歎曰 吾與點也'의 문장에서처럼 點에게 허여한 것은 仁한 마음 때문이라고 했다. 이렇게 말했지만 정작 [14/先]을 해석하는데 있어서 슬 자체에 대한 언급이 없다. 이에 비해 [24/陽]'孺悲欲見孔子 孔子 辭以疾 將命者 出戶 取瑟而歌 使之聞之'에서는 진양은 다음과 같이 분명하게 언급하고 있다.

> 슬은 도를 즐기는 악기이고 노래는 도를 즐기는 소리인데, 유비가 공자를 뵙고자 하면서 도를 즐기는 마음이 있지 않았다. 공자가 질병을 핑계로 사절하고 도를 즐기는 악기를 잡아 도를 즐기는 노래를 보이니 그 의도가 비록 (유비를) 가르치려 한 것이지만 실상 부끄럽게 여기도록 한 것이다.[39]

『논어』에서 이 슬이라는 악기 이외의 현악기는 등장하지 않는데, 다만 특정 악기가 아닌 현악기에 대한 언급이 한 차례 나온다. 그것이 [21/陽] '子之武城, 聞弦歌之聲, 夫子莞爾而笑曰 割鷄 焉用牛刀' 문장이다. '공자가 무성

----

39 『樂書·論語訓義』, 卷90, 瑟者 樂道之器 歌者 樂道之聲 孺悲子欲見孔子 非有樂道之心也 孔子辭以疾 取樂道之器示之 以樂道之聲 其意雖教實以愧之也

에 가서 현악기로 반주하는 노래 소리를 들었다. 선생이 빙그레 웃으면서 말했다. 닭 잡는데 어찌 소 잡는 칼을 쓰는가?'하는 내용이다. 이 부분에 대해서 주자는 弦은 금슬이라고 언급하였을 뿐인데 진양은 다음과 같이 자유의 악기반주 노래를 깊이 있게 논하였다.

> 공자의 제자들 중에 악을 배운 사람들이 많았으니 어떤 이는 금을 끌어 당겨 노래하고 어떤 이는 방패를 잡고 춤을 추며 어떤 이는 노래를 읊조리며 돌아오고 어떤 이는 앉아서 현악기를 탔으니 도를 즐겨 자아를 이루지 않은 사람이 없었다. 자하가 위나라 문후에게 덕음의 악으로써 대답하고 수신이 집에까지 미쳐 천하를 고르게 하는 것이라고 하였다. 이는 자하가 다만 도를 즐겨 자아를 이루는 것을 안 것만이 아니라 또 그것을 미루어 생각하여 천하와 국가를 다스리는 것도 알았던 것이다. 그의 현명함이 자공이 악을 물은 것 보다 또한 심원하지 않은가?40

위의 문장에서 금을 당겨 노래했다고 하는 '어떤 이'는 『악서』의 다른 곳에서 '子夏'나 '伯牙'를 가리키는 것으로 설명된다. 또 '방패를 잡고 춤을 추었다'의 '어떤 이'는 『장자』 <양왕> '공자가 금을 당겨 노래할 때 자로는 신이 나서 방패를 잡고 춤을 추었다.'하는 것을 말하는 것이고 『논어』 <선진> '기수에서 목욕하고 무에서 바람 쐬고 노래를 읊조리며 돌아오겠습니다.' 등의 문장을 인용 종합하여 해석하고 있다.

....

40 『樂書·論語訓義』, 卷89, 孔子門人學樂者多矣 或授琴而歌 或執干而舞 或詠而歸 或坐而弦 無非樂道以成已者也 子夏對魏文以德音之樂而曰 修身及家平均天下 是子夏不特知樂道以成已 又知推之爲天下國家而已 其賢於子貢問樂不亦遠乎

2) 타악기 - 磬·鐘·鼓·鼗

『논어』에서 나오는 타악기는 磬·鐘·鼓·鼗 이렇게 네 가지에 불과한데, 磬과 鼗는 구체적인 악기 명칭이고 鐘鼓는 일반적인 악기를 말한다. 먼저 磬에 대해서 보자면, [17/憲] 擊磬於衛 有荷蕢而過孔氏之門者 曰有心哉 擊磬乎 旣而曰 鄙哉 硜硜乎 莫己知也 斯己而己矣 深則厲 淺則揭 子曰 果哉 末之難矣 "공자가 위나라에서 경을 치고 있는데 삼태기를 매고 공자의 문을 지나가던 자가 있었는데 말하기를, 마음이 있었네! 경을 치는 걸 보니 이윽고 비루하다 고집불통이여 자신을 알아주지 않으면 그만둘 일이지"라는 구절에서 위나라에서 경을 쳤다는 것은 무엇을 말하는가? 정위지음을 난세의 음악이라고 말한바 있으면서 위나라에서 경을 친 의미는 무엇인가? 생각해 볼 일이다. 어쨌든 주자는 경쇠 소리만 듣고 성인의 마음을 알았으니 보통 사람이 아니라고 해석한데 비해 진양은 식견이 비천한 사람이라고 했다. 진양은 먼저 경이라는 악기는 八音 중 石에서 나왔는데, 팔음은 팔괘에서 나왔으니 만물의 소리이며 경은 乾卦의 악기라고 설명을 한 뒤에 삼태기 맨 사람은 공자가 세상사에 관심 있는 것은 알았지만 그 무심은 알지 못했으니 식견이 비천하다고 했다. [22/陽] '子曰 禮云禮云 玉帛云乎哉 樂云樂云 鐘鼓云乎哉'에서 진양은 '악이라 악이라 이르지만 종고 자체를 이르겠는가'라고 말한 것은 악이 종고로 표현되긴 하지만 종고는 악의 그릇일 뿐 그릇 자체가 악은 아니라고 설명한다.[41] 이 말은 鐘鼓는 악기이지 악기 자체가 악은 아니라는 말이다. 따라서 악의 본질이 鐘鼓에 있는 것은 아니지만 종고가 울리지 않으면 사람들은 성인의 뜻을 접할 방법이 없다고 하였다. 다시 말하면 음악을 표현할 수 있는 도구, 그릇 또는 형식이 없으면

---

41 이 '樂之器而樂非器也'(악의 그릇일 뿐 악이 그릇은 아니다)라는 말은 『악서』에서 여러 차례 나오는 문구이다.「周禮訓義」春官 鐘師 ;「詩訓義」大雅 靈臺 ;「尙書訓義」虞書 益稷 ;「孟子訓義」盡心下 ;「樂圖論」雅部八音下 ; 樂圖論 雅部 鏞

어떻게 그 뜻을 표현할 수 있겠는가 하고 鐘鼓, 즉 악기가 본질이 아니더라도 그 자체로 중요함을 강조한 것이라고 힐 수 있다.

3. 악인에 대한 해석
一太師·師·少師·摯·冕·干·襄·繚·缺·方叔·武 女樂

『논어』에서 악인을 가리키는 용어로 太師·師·少師·女樂 등의 직분으로 나오는 경우가 있고 摯·冕·干·襄·繚·缺·方叔·武 등의 악인의 이름이 구체적으로 나오는 경우가 있다. 악인 관련 용어는 <팔일>·<태백>·<위령공>·<미자>편에서 나오는데 그 문장을 보면 다음과 같다.

  [4/八] 子語魯大師樂曰 樂其可知也 始作 翕如也 終之 純如也 皦如 繹如也 以成
  [9/泰] 子曰 師摯之始 關雎之亂 洋洋乎盈耳哉
  [19/衛] 師冕見 及階 子曰 階也 及席 子曰 席也 皆坐 子告之曰 某在斯某在斯
          師冕出 子張問曰 與師言之道與 子曰 然 固相師之道也
  [26/微] 齊人饋女樂 季桓子 受之 三日不朝 孔子行
  [27/微] 太師摯適齊 亞飯干適楚 三飯繚適蔡 四飯缺適秦 鼓方叔入於河 播鼗武入
          於漢 少師陽 擊磬襄 入於海

1) 악인 직분 – 太師·師·少師·女樂

[4/八]'子語魯大師樂曰 樂其可知也 始作 翕如也 終之 純如也 皦如 繹如也 以成'은 일반적으로 태사가 누구이고 공자가 태사에게 악에 대해 말해준 이유에 대한 설명이 없다. 이렇게 되면 뒤의 [9/泰]에 나오는 태사 지와 「미자」의 태사로 생각하기 쉽다. 그런데 이에 대해 진양은 [27/微]의 문장을 끌어들여서 이미 태사 지는 제나라로 떠나고 소사 양은 해도로 들어갔으니 떠나버려 조정에 있지 않는 사람이다. 그런데 남아 있는 자들이 악에 대

해서 알지 못하기 때문에 말해준 것이라고 한다.[42] 그렇다면 이미 떠난 지에게 말한 것이 아니라 남아 있는 노나라 태사에게 말한 것이라는 것을 알 수 있는 해석이다. 여기에 덧붙여 공자가 주나라 태사에게 말하지 않고 노나라에서 말한 것은 주나라의 예악이 모두 노나라에 있었기 때문이라고 하였다. 또한 [19/衛]'師冕見 及階 子曰 階也 及席 子曰 席也 皆坐 子告之曰 某在斯某在斯 師冕出 子張問曰 與師言之道與 子曰 然 固相師之道也' 는 악사 면(冕)에게 대하는 공자의 친절하고 자상한 태도와 그것이 소경(앞을 못 보는 사람)을 대하는 방법인지에 대해 묻는 자장의 대화이다.[43] 이 원문에서 악사라는 직업이나 면이라는 악사에 대한 관심이 있는 것이 아닌 것처럼 진양의 해석에 있어서도 음악인에 대한 해석을 두지 않았고 소경에 대한 예의 해석에 집중하였다. 다만 이 해석에서 '소경인 악공에게 길을 인도하는 상보를 따르게 하는'을 제시한 『예기』라든가 '시료가 고몽을 돕게 하는 것'으로 악사를 돕는 방법을 제시한 『주례』에 대한 내용을 인용하여 공자는 그러한 예에 참여하였다고 해석하였다.

또한 [27/微] '齊人饋女樂 季桓子 受之 三日不朝 孔子行'에서는 女樂이란 용어가 나오는데, 여악이란 용어는 음악을 지칭하기도 하고 음악인을 지칭하기도 한다.[44] 『논어』의 이 구절에서 여악은 사람을 가리키는 것이다. 진양은 여기에서 여악을 음악 자체로서 新樂과 비슷한 개념으로 사용 하거

---

42 『역주 악서』, 194 . 태사 지는 제나라로 가버리고 소사인 양은 해도로 들어갔으니 조정에 있지 않은 사람들이었다. 공자가 말한 것은 악이 있다 해도 악에 대하여 알지 못하는 자들 때문이었다.

43 중국의 문헌에서 師로 지칭되는 사람들이 대체로 소경 악사인 경우가 많은데, 師曠, 師涓 등이 그러한 예이다.

44 김종수, 「조선전·후기 여악의 비교 연구」, 서울대학교 박사논문, 1999, 7~12쪽에는 조선시대 여악에 대한 개념을 설명하고 있지만 중국 고대 여악의 개념과 크게 다르지 않을 것으로 본다.

나 사람으로서 倡優에 비견하여 설명하고 있다.

2) 악인 이름 - 摯·冕·干·襄·繚·缺·方叔·武

[27/微] '太師摯適齊 亞飯干適楚 三飯繚適蔡 四飯缺適秦 鼓方叔入於河 播鼗武入於漢 少師陽 擊磬襄 入於海'은 노나라 악사들이 각각 뿔뿔이 흩어진 상황을 말한 것인데, 이에 대해 진양은 당시 주나라가 쇠퇴한 말기 예악이 제후로부터 나와 제후가 천자와 동등해졌을 때 비록 천한 악공이라도 거취의 의리를 알았기 때문에 떠난 상황을 말해주는 것이라고 해석했다. 진양은 주나라의 음악 제도를 들어서 이 문장에서 말하는 각각의 악사가 어떤 악기를 맡은 어떤 직분의 악사인지에 대해서 다음과 같이 설명한다.

『주례』에 태사는 육률과 육동을 관장하여 음과 양의 소리를 합치고 여섯 가지 시의 형식을 가르친다라고 하고 소사는 고 도 축 어 훈 소 관 현과 노래를 가르치고 육악이 내는 성음의 절주와 그 화음을 관장한다라고 하였으니 곧 육률과 육동과 성음을 관장하여 여섯 가지 시의 형식을 가르치는 것 같은 종류는 태사의 직분이고 육악이 내는 성음의 절주와 그 화음을 관장하여 현과 노래를 가르치는 것 같은 종류는 소사의 직분이다. 고인은 육고와 사금의 성음을 가르쳐 성악을 조절하고 군사들을 화락하게 하고 농사 일을 바르게 하는 일을 관장한다. 라고 하였으니 곧 고를 맡은 방숙은 고인의 직분이고 고몽은 도를 연주하는 일을 관장한다라고 하고 시료는 모든 악가를 관장하여 송경과 생경을 친다라고 하였으니 곧 도를 흔드는 무는 고몽의 직분이었고 경을 치는 양은 시료의 직분이었다. 옛날 악으로 유식을 하였으니 모든 식사에 삼반하고 한 번 유식하며 큰 식사는 세 번 유식하였다. 종과 북을 연주하게 하였으니 모든 반에 악을 달리하고 매번 악에 악공을 달리하였다. 따라서 간은 아반에 유식하였던 악공이었고 결은 사반에 유식하였던 악공이었다.[45]

위와 같이 진양은『주례』의 내용을 인용하여 각각의 직책에 맞는 담당 음악분야가 무엇인지 구절의 내용을 음악학적으로 해석하였는데 이 해석은 옛 악공들과 그 전문 분야를 잘 알 수 있어 특히 다른 해석과 차별화되는 부분이라 할 수 있다.

4. 예악에 대한 해석

『논어』에서 많이 등장하는 용어 중의 하나로 '禮樂'을 들 수 있을 것이다. 『논어』에서 '예악'은『예기·악기』에서처럼 예와 악의 각각의 성격과 특징, 또 예와 악과의 관계 등을 논한 것은 어느 구절에도 없다. 단지 예와 악을 함께 거론하거나 예악이라고 쓸 뿐 예악을 따로 설명하고 있지 않다. 『논어』에서 '예악'은 예악의 형식과 본질 중 무엇을 중시할 것인가, 예악을 어떻게 실천할 것인지에 대한 주제만을 다룬 것이다. <팔일>·<태백>·<선진>·<자로>·<헌문>·<계씨>·<양화>에서 예악이란 용어가 등장하는데 그 문장은 다음과 같다.

[2 /八] 人而不仁 如禮何 人而不仁 如樂何
[8 /泰] 興於詩 立於禮 成於樂
[11/先] 子曰 先進 於禮樂 野人也 後進 於禮樂 君子也 如用之則吾從先進

---

45 『樂書·論語訓義』, 卷90, 周官太師 掌六律六同 以合陰陽之聲 而教六詩 少師掌教鼓鼗柷敔塤簫管弦歌 六樂聲音之節與其和則 掌律同聲音 以教六詩之類太師之職也 掌六樂聲音之節 與其和 以教弦歌之類 少師之職也 鼓人 掌六鼓四金之音聲 以節聲樂 以和軍旅 以正田役 則鼓方叔 鼓人之職也 瞽矇掌播鼗 眂瞭掌凡}樂事 擊頌磬笙磬 則播鼗武瞽矇之職也 擊磬襄眂瞭之職也 古者 以樂侑食凡食三飯 一侑大食三侑 令奏鐘鼓則凡}飯異樂每樂異工 故干則亞飯之工也 缺則四飯之工也 번역은 이후영,『역주악서3』, 소명출판, 2013, 257쪽.

[13/先] 子曰 求爾何如 對曰 方六七十 如五六十 求也爲之 比及三年 可使足民
　　　　如其禮樂 以俟君子

[15/子] 名不正則言不順 言不順則事不成 事不成則禮樂不興 禮樂不興則刑罰不中
　　　　刑罰不中則民無所措手足

[16/憲] 子路問成人 子曰 若臧武仲之知 公綽之不欲 卞莊子之勇 冉求之藝 文之
　　　　以禮樂 亦可以爲成人矣

[20/季] 孔子曰 天下有道 則禮樂征伐 自天子出 天下無道 則禮樂征伐 自諸侯出
　　　　自諸侯出 蓋十世 希不失矣 自大夫出 五世 希不失矣 陪臣 執國命 三世
　　　　希不失矣

[22/陽] 子曰 禮云禮云 玉帛云乎哉 樂云樂云 鐘鼓云乎哉

[25/陽] 宰我問 三年之喪 期已久矣 君子 三年 不爲禮 禮必壞 三年不爲樂 樂必崩

1) 예악의 본질

『논어』에서는 예악의 본질과 형식이 무엇인가를 논하지 않는 대신 예
악의 본질과 형식 중에 본질을 중시하라는 것을 핵심으로 하며 <팔일>에
서 가장 강조하는 내용이다. [2/八]'人而不仁 如禮何 人而不仁 如樂何'은 사람
이 어질지 못하면 예와 악은 어디에 쓸 것이고 무슨 소용이 있겠는가 하
는 것이다. [2/八]은 앞에서 다룬 [1/八] 孔子謂季氏 八佾舞於庭 是可忍也 孰不
可忍也과 유기적 연관성을 가지고 있다. [2/八]에서 예악의 본질이 仁인데
예와 악을 해서 무슨 소용이 있겠는가 하고 문제를 제기하였다면 그 다음
으로 [22/陽]에서는 예악을 한다고 하더라도 예악이라고 말하는 것이 말단
적이고 기술적인 형식을 의미하는 것이 아니라고 역설하였고 [1/八]에서
는 구체적인 형식으로서 음악을 쓴다 하더라도 음악을 제대로 쓰지 않는
예로서 三家가 음악을 참람하게 쓰는 것에 대해 질타를 하는 것이다. 이
중에서 [2/八]의 '예악'에 대해 진양은 노자와 장자의 예를 들어 다음과
같이 독특하게 설명하고 있다.

노자는 인의를 던져버리고 예악을 없앴는데, 장주는 그에 화답하기를 도덕을 버리지 않으면 어떻게 인의를 채택할 수 있으며 타고난 성정을 떠나지 않으면 어떻게 예악을 쓸 수 있겠는가라고 하고 또한 인을 좋아하는가? 이는 덕을 어지럽히는 것이다. 의를 좋아하는가? 이는 이치를 거스르는 것이다. 예를 좋아하는가? 이는 기교를 조장하는 것이다. 악을 좋아하는가? 이는 넘침을 조장하는 것이다. 라고 하였다. 어떻게 노자 장주와 공자 맹자가 의미가 다른가? 공자 맹자는 도덕을 드러내 인의를 삼고 성정을 나타나 예악을 삼았으니 세상을 다스리는 도구가 된 것이고 노자 장주는 그 반대로 하여 근본을 회복하려했을 뿐이다.[46]

이처럼 노장이 인의를 던지고 예악을 없애는 등 파격적인 주장을 한 것은 공맹과 다른 것 같지만 그 근본을 회복하려는 점에 있어서는 다르지 않다는 것이 진양의 주장이다. 진양은 다시『악서·맹자훈의』에서도 이와 같은 생각을 피력하였다.[47] 그는 "이루의 눈에다 아교 칠을 해야 천하 사람이 비로소 그 밝은 것을 가지게 되고 공수자의 재주 있는 손가락을 비틀어 버려야만 천하 사람들이 그 공교함을 가질 수 있고 사광의 귀를 막아 버려야 천하 사람들이 비로소 그 총명함을 가지게 되며 천하의 성인의 법도를 모두 다 없애 버려야만 백성들이 보로서 더불어 의를 논할 수 있다"[48]고 한 장주의 설을 도의 근본으로 회복시키려는 것이라고 강조하였

46 『樂書·論語訓義』, 卷85, 老氏挑提仁義絶減禮樂 而莊周和之曰 道德不廢 安取仁義 性情不離 安用禮樂 而且悅仁邪 是亂於德也 悅義邪 是悖於理也 悅禮邪是相於技也 悅樂邪 是相於淫也 豈老莊與孔孟異意哉 盖孔孟顯道德以爲仁義 發性情以爲禮樂 所以經世 老莊則反之以復本而已

47 정화자, 「陳暘『樂書』의 樂論研究-孟子訓義(一)」, 『한국음악연구』 24집, 한국국악학회, 1996, 51쪽.

48 『樂書』 卷九十三, 「孟子訓義」, 莊周反謂 膠離朱(離婁)之目 天下人始含其明 欐公倕之指 天下人始有其巧 塞瞽曠之耳 天下人始含其聰 殫殘天下之聖法 而民始可與論議

다. 또한 [11/先] 子曰 先進 於禮樂 野人也 後進 於禮樂 君子也 如用之則吾從先進의 구절은 후진이 예악을 하는 데에 있어서는 군자와 같지만 선진이 예악을 하는데 있어서 야인과 같은 점을 따르겠다는 내용인데 이는 [22/陽]에서 "禮云 樂云 하지만 옥백과 종고를 말하는 것이겠는가"하는 구절의 뜻과 매우 유사한 부분이다. 이에 대해서 진양은 예악의 文質 중에 후배는 文을 중시할 뿐이므로 군자라고 한 것이고 선배가 실속은 있지만 문이 부족하여서 야인이라고 했다는 것이다. 이것은 장주가 음악의 형식적인 면, 즉 竽나 瑟과 같은 악기를 부숴야 진정한 귀를 간직할 수 있다고 했다는 점에서 통한다고 주장한다. 관악기로 대표되는 우와 현악기로 대표되는 슬로 악기 전체를 가리키는 용어를 내세워서 해석하고 있는 진양은 위와 같이 예악에서 형식미는 중요하지 않다는 공자의 뜻에 동의하였다. 그런데 [22/陽]의 해석에서 진양은 반전의 말을 하고 있다. 예나 악이 옥백이나 종고에 있지 않지만 옥백이 아니면 의미를 이룰 수 없고 종고가 아니면 그 표상을 밝힐 수 없다는 것이다. 다만 표상을 얻고 나서는 그 표상을 염두에 두지 않아야 한다는 것이 진양의 주장이다.

2) 예악의 실천

[8/泰] 興於詩 立於禮 成於樂 '시에서 감흥을 일으키며 예로 입신하고 악으로 인격을 완성해야 한다.'는 문장에 대해 진양은 먼저 시는 어린이를 가르치는 도구이고 예와 악은 성인의 일이라고 규정하였다. 그런데 『예기·내칙』에서 밖에 있는 스승의 가름침은 '악을 학습하는 것'을 우선적으로 말한 점, 「학기」에 대학교육은 '현악기를 익혀 편안한 것'을 우선적으로 말한점, 기(夔)가 맏아들 가르치는 제도, 문왕의 세자 교육, 대사악의 자제 가르침에서 악을 우선적으로 하였다는 점 등을 들어 악은 교육의 처음과 끝이라고 주장한다. 순경(荀卿)에 '학문은 시를 읊는 것에서 시작하

고 예서를 읽는다는 것에서 마쳐진다.'고 한 점도 학문이 예서에서 그친다고 말한 것은 아니니 역시 악으로 완성한다는 점을 주장하였다.

[13/先] 子曰 求爾何如 對曰 方六七十 如五六十 求也爲之 比及三年 可使足民 如其禮樂 以俟君子에서 염유가 작은 나라를 다스리는데 백성을 풍족하게 할 수 있겠지만 예악은 군자를 기다리겠다고 한 부분에 대해 주자의 해석만으로 보면 염유의 매우 겸손한 태도를 표현한 것이라고 했으나 진양은 「중니연거」의 '군자가 예악에 밝으면 그것을 정사에 시행할 뿐'과 「공자한거」의 '화락한 군자여 반드시 예악의 근본에 통달해야 한다.'고 하면서 예악이 군자로부터 나오는데, '염구의 기예는 백성을 풍족하게 해 줄 수 있을 뿐'이니 한계가 있다는 것이다. 그렇기 때문에 공자가 안연이 나라 다스리는 것을 물었을 때 대답한 것처럼 염구에게 가르쳐 주지 않았다는 것이다. 또한 장주도 '예로써 행하고 악으로써 화하게 하는 것을 군자라고한다'고 한 말이 이와 통하는 뜻이라고 했다.

[15/子] 名不正則言不順 言不順則事不成 事不成則禮樂不興 禮樂不興則刑罰不中 刑罰不中則民無所措手足에서 명분을 강조하는 것과 [20/季] 孔子曰 天下有道 則禮樂征伐 自天子出 天下無道 則禮樂征伐 自諸侯出 自諸侯出 蓋十世 希不失矣 自大夫出 五世 希不失矣 陪臣 執國命 三世 希不失矣 '천하에 도가 있으면 예악과 정벌이 천자로부터 나오고 천하에 도가 없으면 예악 정벌이 제후로부터 나온다'는 구절에 대해 진양은 예악은 道이고 정벌은 法이니 이로써 중국을 편안케 하고 권위를 세웠다고 하였다. 그러니 『예기·왕제』편에서 제후가 천자에게 규찬이라는 그릇을 하사받은 뒤라야 울창주를 빚었다는 말이나 枕과 虡를 하사 받은 뒤에 악을 시행하였다는 이야기 등은 예악이 천자로부터 나온 근거라고 한다.

[25/陽] 宰我問 三年之喪 期已久矣 君子 三年 不爲禮 禮必壞 三年不爲樂 樂必崩에서 3년 상이 너무 길다고 불만스럽게 물어보는 재아의 물음과 관련한

문장인데 여기에 대해 진양은 3년 동안 예악을 하지 않는다는 것은 자식이 태어나 3년이 지난 뒤에야 부모의 품을 벗어나는 것과 같으니 그런다음에야 자식의 마음이 가뿐하다. 3년 예악을 하지 않는다고 해서 어찌 갑자기 붕괴하는 지경에 까지 이르겠는가 하고 반문하고 『예기』「단궁」의 '담제를 지내고 달을 넘겨 악을 연주한다'고 하였으니 성인의 합당한 제도라고 하였다. 또한 같은 문헌에 노나라 사람이 대상을 지내고 그날 저녁에 노래를 부르는 것을 공자가 "한달만 넘겼으면 좋았을 것이다"라고 한 것과 맹헌자가 담제에서 악기를 늘어놓기만 하고 연주하지 않은 점에 대해 남보다 한 등급 위라고 칭찬한 것 등과 공자 자신이 대상을 지내고 5일 만에 금을 탔으나 완전한 성음 내지 않은 점, 열흘이 되어서야 생황을 불고 노래하였던 점 등은 바로 군자가 예악에 대하여 본래 평생하려 했던 것이라고 하였다. 이렇듯 진양은 상례에 따라 음악을 시행하지 않는 점에 대해서 금, 성음, 생황, 노래 등 구체적인 음악이나 악기, 연주의 예를 들어 설명하고 있다.

IV. 맺음말

지금까지 진양의 『악서·논어훈의』에 기하여 『논어』의 음악관련 용어 개념의 해석에 대해서 樂曲·樂器·樂人·禮樂이라는 네 가지의 범주로 나누어 살펴보았다. 먼저 어떤 내용을 다루었는지 살펴보면, 첫째, 『논어』의 악곡 관련 범주로 <八佾> <述而> <子罕> <衛靈公> <陽貨> 편에 八佾·雍·關雎·韶·武·雅頌·韶舞·鄭聲·雅樂 등 특정한 음악이나 악곡을 지칭하는 용어가 있는 문장을 해석하였다. 둘째, 『논어』의 악기 용어로 <先進>·<憲問>·<陽貨>·<微子>편에서 나오는 瑟·磬·籔와 같이 개별악기 명칭과 弦·鐘鼓

등 통칭 악기 명칭이 나오는 문장을 다루었다. 셋째, 『논어』의 악인 관련 용어는 <팔일>·<태백>·<위령공>·<미자>편에서 나오는데, 太師·師·少師 음악인의 직분과 摯·冕·干·襄·繚·缺·方叔·武 등의 음악인의 이름이 등장하는 문장을 해석하였다. 넷째, 『논어』 <팔일>·<태백>·<선진>·<자로>·<헌문>·<계씨>·<양화>에서 예악이란 용어가 포함되어 있는 문장을 해석하였다. 진양은 『논어』에서 '예악'은 예와 악의 각각의 성격과 특징을 말한 것이 아니라 예악의 형식과 본질 중 무엇을 중시할 것인가, 예악을 어떻게 실천할 것인지에 대한 주제만을 다룬 것이다.

『논어』는 주로 정주학자들의 일반적인 해석처럼 儒家의 입장에서 철학적 해석을 하였다면 진양은 여기에 머무르지 않았다는 것을 알 수 있다. 진양의 『악서·논어훈의』의 특징을 보자면, 먼저 음악과 관련 용어가 포함된 문장을 모두 모아서 정리했다는 점을 들 수 있다. 또한 철학적 해석은 유가적 해석만이 아니라 老莊철학을 함께 해석한다는 점을 들 수 있다. 그리고 『논어』의 음악 관련 개념들의 역사적 또는 음악사적 맥락을 짚어주고 개별 용어의 각각의 특성에 대해서 설명하는 음악학적 해석을 함께 했다는 점을 들 수 있다. 따라서 기존의 해석에서 더 나아가 『논어』 이해의 폭을 넓힐 수 있는 해석이란 점에서 차별성을 가진다고 하겠다.

4장 동아시아 전통 악기구분법 팔음(八音)의 악기학적 연구*

I. 들어가는 말

팔음(八音)이란 중국을 비롯한 동아시아의 악기의 분류방식으로서 여덟 가지 악기의 재료를 가지고 분류하는 악기분류법이다. 악기학은 악기에 대한 학술적 연구와 악기 제작을 연구하는 학문으로 20세기에 서구에서 성립된 음악학 영역의 한 분야이다. 악기분류법은 악기의 특성을 잘 드러내 줄 수 있는 것이기 때문에 악기학에서 가장 중요한 바탕이 된다. 팔음(八音) 역시 2000년 전에 이미 발달한 음악관련 학문의 하나로 간주할 수 있다. 팔음은 천문이나 역법과 관련하여 사상적인 의미를 부여해 온 학문의 영역으로 볼 수 있다. 따라서 본 연구는 100년 정도의 전통을 가진 서구의 악기학이라는 학문의 방법으로 2000년이 넘는 동양의 전통적 학문체계의 하나를 분석해 보는 것이라고 할 수 있다.

악기학은 근대 서구에서 발달한 학문이지만 동아시아에서는 악기에 대한 학문적 연구가 없었는지에 대해서 생각해볼 필요가 있다. 동아시아에서의 악기에 대한 연구가 서구처럼 악기학이라는 단독적이고 전문적인 영역으로 되지는 않았지만 나름대로 학문성을 가지고 있었다는 생각이다. 서구에서의 악기학은 자연과학적 탐구의 비중이 높지만 동아시아에서는

* 제7회 동아시아 국제악률학회, 2012.12.

철학적 탐구의 비중이 더 크다고 하겠다.

동아시아에서의 악기에 대한 연구는 율관의 제작에서부터 출발하는 이론적 연구가 상당히 발달해 있었으며 팔풍(八風)·팔방(八方)·팔절(八節)·팔괘(八卦)라는 천문 역법과 결합된 팔음구분법, 역의 원리와 음양오행 사상을 악기와 악기배치법(악현)에 적용한 학문이 발달했다. 어떤 면에서는 유교적 사상이 강조되어 악기의 물리학적 연구가 아닌 이데올로기적 측면의 연구에 치우친 면이 있기도 하나 결코 비과학적으로 몰아붙일 수 없는 독특한 학문적 방향과 관점이 있음을 주목해야 한다.

그러나 20세기 서구 문물과 학문이 동아시아에 들어와 지배적인 위치를 차지하고 있는 상황에서 팔음구분법과 같은 것은 낡은 방식으로 치부되어 옛날에 그런 구분법이 있었다는 소개 정도에 그치고 그에 대한 심도 있는 연구를 하지 않는 경향을 보이고 있다. 예를 들면 중국의 전통음악 개론이나 중국음악 사전에서 팔음에 대해서 찾아보면, 팔음은 악기를 재료로 구분하는 구분법 중의 하나이며 그것은 금(金)·석(石)·사(絲)·죽(竹)·포(匏)·토(土)·혁(革)·목(木)으로 구분되고 각각에 어떤 악기가 속한다는 것 이상의 설명은 없다.

한국에서도 역시 한국악기를 설명하는 대부분의 책이나 사전에서 팔음을 소개하고 있긴 하지만 팔음은 악기의 주재료를 중심으로 나눈다는 구분법과 그에 배속되는 한국악기가 무엇인지만 구별해주는 것이 일반적이고 실제 구분은 근대에 서구에서 들어온 관·현·타(管絃打) 구분법으로 나누고 그 아래 연주법에 따른 구분법으로 세분화시켜서 악기설명을 한다.

팔음구분법을 소개하는 데 있어서도 그 기준을 자세히 제시한 경우는 없다. 다만 일반적으로 악기의 주재료가 무엇인가를 가지고 나눈다고 하고 있다. 그러나 좀 자세히 들여다보면 그것이 알맞게 적용되지는 않는다는 것을 알 수 있다. 대나무 이외의 다른 재료가 크게 차지하지 않는 악기인 대금, 소금 등의 경우는 죽(竹)으로 분류하는 데 무리가 없다. 그러나 나무가 가장 비중을 많이 차지하는 거문고나 가야금은 사(絲)에 속하고 대부분의 북은 혁(革)에 속한다. 팔음구분법이 재료에 의한 구분인 것은 분명하나 그것이 재료의 비중에 있는 것이 아니라는 것을 말해준다.

이렇게 모호한 구분법임에도 불구하고 2000년이 넘게 동아시아의 악기구분법에서 지배적인 위치를 차지해 왔다. 만약에 팔음 구분법이 맞지 않는 또는 설득력이 없는 구분법이었다면 과연 그 사상성만 가지고 억지로 2000년 동안 지배적인 위치를 점할 수 있었을까? 이러한 관점에서 필자는 팔음(八音) 구분법의 악기학적 특성을 밝히는 과정에서 동아시아의 악기학적 원리는 어디에 있는지 규명해 보고자 한다.

이를 위해서 서구의 악기학이 성립하게 된 주요 토대가 된 진동체에 의한 악기구분법을 살펴보려고 한다. 이 구분법은 서구에서 발달한 관·현·타의 악기구분법이 그 기준의 일관성 없음 때문에 비판받고 새로운 방법인 진동체에 의한 분류방식으로서 호른보스텔·작스가 정립한 것이다. 이에 아이디어를 얻어 팔음의 구분법은 무엇에 의한 분류방식이고 이것이 왜 오랫동안 지속되어 왔는지를 규명해 보고자 한다.

II. 동서양의 악기학의 역사와 한국의 악기분류법

1. 악기학적 연구와 악기분류법

악기학이 20세기 초 하나의 학문체계를 형성하고 어느 정도 독자적인 역사를 훑어 내릴 수 있는 여건을 만들어 준 것은 종족음악학이었다고 한다.[1] 그 이유는 종족음악학의 방법론적 특징인 '음악을 그 원래의 문맥에서 연구하는 것', '문화로서의 음악연구'를 악기연구에 적용시키면서 음악 종류에 차별이나 제한이 없는 관점으로 보다 폭넓게 되었기 때문이다. 악기학은 크게 형태학적 측면, 음악적 측면, 문화적 측면이라는 삼분법으로 나누기도 한다. 구체적으로 악기용어, 악기분류, 악기구조와 모양, 연주기법, 악기역사, 악기기원, 사라진 악기와 현존악기와의 관계 등이 그 연구대상이다. 이 중 악기분류법이 가장 중요한 자리를 차지한다. 그리고 악기학은 악기의 서술에 그치는 악기기술학(Organography)이 아니라 악기의 과학이 강조되는 학문으로 구별 짓고 있다.[2]

분류법에서 서구의 악기 분류법은 관·현·타(管絃打) 분류법이 대표적이었다. 그러나 서구의 관·현·타 분류법은 유럽에서도 이미 오래전부터 지양되어 온 분류법이다. 그 분류 원칙의 일관성 없음이 가장 관건이었다. 독일이나 영국의 용어로 보면 현악기(string instrument)는 진동을 일으키는 물체를 가리키 것이고 관악기(wind instrument)와 타악기(percussion instrument)는 소리 내는 방식에 의한 것이기 때문에 그 분류 기준의 일관성이 결여되어 있다.

그런데, 이것이 근대 동아시아로 들어와서는 조금 다른 양상을 보인다. 동아시아에서 이런 분류용어를 번역어로 보면 string instrument는 현악기(絃樂器)로 큰 차이가 없지만 wind instrument는 취악기(吹樂器)로 번역되지 않고 관악기(管樂器)로 번역되었다는 점이다. 그렇게 되면 현악기와 관악기는 진동체가 분류 기준이고 타악기(打樂器)만 연주방식이라는 점으로 약간 달라진다. 그러나 어떻게 번역을 하든지 분류기준에 일관성이 없는 점은 여전히 문제로 되고 있다. 그런데 언제부터 이렇게 번역되어 쓰이게 되었고 이런 분류법이 도입이 되었는지 모르지만 관현(管絃)이라고 하면

1 박미경, 「악기학의 이해」, 『음악과 민족』 제23호, 민족음악학회, 2000, 17~18쪽.
2 박미경 역, 「멘틀후드 악기학」, 『탈서양중심의 음악학』, 동아시아, 2000, 129~211쪽.

악기를 통칭하는 의미로 오래전에 사용해 왔기 때문에 이렇게 번역을 한 것으로 보이고 percussion instrument는 취타(吹打: 불고 친다)라는 전통적으로 쓰던 음악 용어에서 타(打)를 자연스럽게 가져 온 것으로 보인다.

동아시아의 악기분류법으로 대표적인 것은 八音에 의한 구분법이다. 이는 천문원리와 연관되어 팔풍에 팔음을 배속하여 구역을 나누고 각각의 방향에 해당되는 곳에서 나는 재료로 만든 악기로 나누어 왔다. 곧 金·石·絲·竹·匏·土·革·木의 여덟 가지로 구분한다. 관·현·타 분류법이 분류 기준의 일관성 없음이 비판받는 문제였다면 이 팔음 분류법이 비판받고 있는 문제는 한 가지 재료로만 되어 있지 않는다는 점이다. 당연히 악기의 특성상 악기는 여러 가지 재료가 결합되어 있는 것이다. 물론 주재료가 무엇이냐를 기준으로 할 수 있지만 재료의 비중으로만 보면 설명되지 않는 악기가 더 많다.

또한 팔음을 분류법으로 서양악기와 동양악기를 배속해 보자면 트럼펫, 운라, 하모니카가 같이 묶이고 박과 플롯이 같은 범주에 속해야 하는, 성격상 전혀 상이한 것들이 묶여 있다는 것을 문제로 삼고 있다. 그렇지만 이 팔음 구분법은 분류 기준의 일관성을 가진다는 면에서는 관·현·타 분류법보다 더 나은 분류법이면서 오랫동안 유지해 온 것임에도 불구하고 근대 서구음악이 유입된 이후로 현대 동아시아에서 대부분 이 팔음에 의한 분류법을 폐기했다.

한편 서구에서는 오히려 관·현·타 분류법에 대한 반성이 일기 시작해서 새로운 분류체계를 제시했다. 1914년 에릭 호른보스텔(Hornbostel, 1887~1935)과 쿠르트 작스(Curt Sachs, 1881~1959)는 독일 민속학 학술지에 「악기의 체계화」(Systematik der Musikinstruments)라는 논문으로 악기분류법을 발표했다. 사실상 이 분류법은 1888년 브뤼셀음악원의 박물관 카달로그를 위해 마히용(Victer Mahillon)3이 사용한 체계에 근거한다. 그러나 마히용의 세부 분류법에는 큰 문제가 있었기에 마히용의 큰 범주를 수용한 바탕에 호른보스텔과 작스는 자신들의 분류체계를 정립하였는데 이것이 바로 '발음체에 의한 분류법'이다.

소위 '호른보스텔·작스 구분법'은 발음체를 기준으로 한 기본 분류체계로서 ①Idiophones ②Membranophones ③Chordophones ④ Aerophones 로 구분하는 것이다. 이 4가지 분류 아래에는 다시 세부 기준을 가지고 갈래를 계속해 나간다. 그래서 이 분류를 통해서 보면 악기의 계통을 이해할 수 있게 되고 악기가 가지는 기본적인 성격과 그 악기의 특징을 명확하게 알 수 있게 한다. 호른보스텔 작스의 구분법을 한자식으로 ①體鳴樂器 ②皮鳴樂器 또는 膜鳴樂器 ③絃鳴樂器 ④ 鳴樂器고 번역하여 쓰고 있는데, 이것을 다시 순 한국어로 번역해서 ①몸울림악기 ②막울림악기 ③줄울림악기 ④공기울림악기로 부르기도 한다.4

그런데 이러한 새로운 방식의 분류방법이 원래는 고대 인도의 악기분류방식에서 출발한다는 점을 눈여겨 볼 필요가 있다. 인도에서는 BC200부터 자연적 재료에 의해서가 아니라 악기가 진동하도록 인위적으로 부여하는 요소로 구분한 네 가지 악기구분법이 있었다. 그 네 가지 구분법은 뻗은(타타tata)악기, 덮인(아바나드하avanaddha)악기, 속이 뚫린악기(수쉬라cushra), 고체(가나ghana)악기이다. 이는 바라타라는 승려가 저술한 나티야스라라에 의한 것이라고 한다.5 이것을 호른보스텔·작스 구분법에 적용시켜 보면, 뻗은(타타tata)악기는 줄울림 악기, 덮인(아바나드하avanaddha)악기는 가죽울림 악기, 속이 뚫린(수쉬라cushra)악기는 공기울림 악기, 고

----

3 마히용(1841~1924)은 벨기에 음악학자이며 고대와 현대 비서구의 1500여점의 악기를 수집하고 소리를 만들어 내는 재료에 기초한 분류법을 세운 사람이다.
4 홍정수·조선우, 『음악은이』, 세광음악출판사, 1990, 25쪽.
5 박미경, 「악기학의 이해」, 『음악과 민족』제23호, 민족음악학회, 2000, 26쪽.

체(가나ghana)는 막울림 악기에 해당한다. 이렇게 2000년 전에 이미 성립된 인도의 악기구분법은 현재의 진동체에 의한 악기구분법을 예고하는 것이었다고 할 수 있다.

이것은 인간이 오랫동안 악기를 구분하는 것의 기준은 악기의 악기다운 소리가 무엇에 의해 결정적으로 나는지가 사고의 중심이었다는 점을 말한다. 필자가 이렇게 인도의 전통적인 악기구분법을 설명하는 것도 앞으로 논의할 팔음에 의한 구분법에서도 일맥상통하는 면이 있다는 것을 상기시키기 위해서이다.

2. 한국에서 악기분류법 적용 실태

20세기 초 안확(安廓)이 『朝鮮』이라는 잡지에 게재한 학술 연구인 「조선음악연구」[6]에서 관·현·타 구분법에 의해 한국악기를 구분한 이후로 한국에서 한국악기와 관련된 책에서는 거의 대부분 관·현·타에 의한 분류법으로 소개하고 있다. 물론 20세기 초는 팔음 구분법은 함화진(咸和鎭)의 『조선악기편』[7]에서처럼 여전히 쓰고 있는 구분법이었지만[8] 20세기 후반부터 대부분의 개론서나 악기서는 팔음구분법을 앞에 소개하기만 하고 모두 관·현·타 구분법을 사용하고 있다.[9] 그것이 합리적이지 못한 기준에

---

6 安廓, 「朝鮮音樂硏究(1)」, 『朝鮮』 149호, 1930. 3. ; 「朝鮮音樂硏究(2)」, 『朝鮮』 150 호, 1930. 4.

7 咸和鎭, 『朝鮮樂器篇』, 1933. 안확과 동시대에 음악론을 썼던 함화진은 이 책에서 뿐만 아니라 잡지 『春秋』(1940년 5월~12월)에 연재한 「朝鮮樂器 이야기」(1)~(4) 에도 팔음 구분법으로 악기를 분류하여 설명하고 있다.

8 金琪洙, 『國樂入門』, 세광음악출판사, 1983. 이왕직아악부의 아악생 출신인 저자 김기수는 이 책의 152~208쪽에서 함화진과 같이 팔음 구분법에 따라서 악기를 분류하고 악기에 대해 설명을 하고 있다.

의한 것이라는 것을 인식하든 못하든 그만큼 그 구분이 명쾌하고 설명하기 쉽다는 것을 말한다. 일반적으로 학교 교육상 서양 악기를 더 많이 접해 보았다는 전제 하에 서양악기를 빗대어 보면 쉽게 연상되고 설명이 편하다는 것이다.

국악계에서 발음체에 의한 호른보스텔·작스의 분류법을 처음 소개해서 적용한 책은 장사훈 한만영 공저『國樂槪論』이다.[10] 이 책의 발행년도가 1975년이라는 점에서 볼 때 이 분류법으로 한국악기를 분류해 놓았다는 것 자체가 상당히 고무적인 것이다. 그러나 문제는 이 책의 설명에서 "유럽에서 최근 관·현·타 분류법을 폐지한 이유가 비유럽악기 중에 타악기가 대부분을 차지하기 때문 타악기를 둘로 나눈다."고 한 점이다. 이것은 결국 3분법들 중에 하나를 둘로 나누어 4분법으로 한다는 관점에서 이것을 채택했다는 말이 된다. 그렇다면 굳이 이 분류법을 택할 이유는 없게 된다. 그래서인지 장사훈은 바로 다음해에 발간한『국악총론』에서 발음체 구분법을 아예 소개하지 않았고 대신 관·현·타 분류법으로 대체한다.[11] 그 뒤에『최신국악총론』(1985),『한국악기대관』(1986),『우리 옛

....

9 한국에서도 동아시아의 흐름과 같이 전통적으로 악기분류는 팔음에 구분법이 강세였다고 할 수 있다. 다만『악학궤범』에서는 아악기·당악기·향악기 삼분법으로 구분하기도 하였으나 이 책에서도 권1에서는 팔음에 대해 그 사상적 맥락을 자세히 소개하고 있다.

10 장사훈·한만영,『국악개론』, 서울대학교출판부, 1975. 이 책의 3편이「악기」인데, 1.분류법에서 세 가지 분류법을 제시하고 국악기를 분류했는데, 첫째는 팔음(八音), 둘째는 아악기 당악기 향악기, 셋째는 현명·공명·체명·피명 구분법이다. 이 세 번째 구분법을 설명하면서 과거 유럽의 악기를 현악기·관악기·타악기로 구분하였는데 음악연구가 활발해지면서 비유럽 악기가 타악기로 되어 있음을 알고 타악기를 가죽과 그 외의 것의 재질로 나누었다고 하고 있다. 발음체에 의한 구분법이라는 점을 설명하지 않았지만 이런 이론을 받아들여 국악기를 분류한 시도는 선진적이라고 할 수 있다.

11 장사훈,『국악총론』, 정음사, 1976, 104~108쪽. 이 책의 4장 한국의 악기 중 제1

악기』(1990) 등을 저술하면서 모두 이 관·현·타 분류법을 사용한다.[12]

『국악개론』에 호른보스텔·작스구분법을 일찍이 소개했듯이 거의 같은 시기에 출판된 김용진의 『국악기 해설』(1986)에서도 여러 분류법의 소개 중에서 최근에 성행되는 분류법이라는 항목에서 이 분류법을 소개하고 이에 따라 국악기를 분류해 놓았는데 문제는 이 책에서도 이 분류법이 가지는 의미를 전혀 이해하지 못한 상태로 소개해 놓았다는 것이다. 현명악기는 현으로 된 악기라는 설명을, 공명악기는 취악기라는 설명을, 체명악기는 쇠·돌·흙·나무 등을 재료로 쓴 악기라는 설명을, 피명악기는 가죽 종류의 악기라는 설명을 달아서 이 분류법의 분류기준을 오히려 모호하게 했다.

이렇게 국악기 연구의 초기에는 서구의 학문 경향에 어느 정도 맞추려는 태도를 보이지만 정확한 이해가 없었던 한계를 가지고 있어서 그것이 지속적이고 발전적인 형태로 가지 않고 관·현·타 분류법에 머무르게 된 이유가 되었다고 할 것이다. 송혜진은 악기사진 등과 여러 도상자료를 첨부한 『한국악기』(2000)라는 방대한 분량의 책을 저술하였는데[13] 이 책에서 분류법과 관련하여 한국악기를 호른보스텔·작스의 악기분류법을 적용한 『국악개론』(장사훈 한만영), 『한민족음악론』(권오성)[14]과 같은 경우가 있으나 이 분류체계에서 소개되는 악기의 종류와 수는 관·현·타 분류법

절 한국악기의 분류를 1. 제작재료에 의한 분류법(곧 팔음 구분법), 2. 음악계통에 의한 분류법(『악학궤범』 분류법인 아·당·향악기 분류법), 3. 연주법에 의한 분류법(관·현·타 분류법)으로 세 가지를 소개하고 악기를 분류하였으며 2절부터 4절까지는 이 세 번 째 분류인 관·현·타 분류법에 의해 악기를 자세히 설명하고 있다.

12 장사훈, 『最新國樂總論』, 세광음악출판사, 1985; 『韓國樂器大觀』, 서울대학교출판부, 1986; 『우리 옛 악기』, 대원사, 1990. 등을 말한다.

13 송혜진, 『한국악기』, 열화당, 2000. 16쪽.

14 권오성, 『한민족음악론』, 학문사, 1999, 268쪽.

과 크게 다르지 않으니 자신은 관·현·타로 분류해서 서술하겠다는 입장을 보였다. 그러나 악기 종류와 수를 어떻게 분류하느냐의 문제를 악기의 수와 종류가 같기 때문에 의미 없다고 말하는 것은 분류를 왜 하는지에 대한 인식이 부족하기 때문이다.

사실 발음체에 의한 분류법의 대분류만 보면 사실상 타악기를 둘로 나눈 것 이외에는 크게 달라지지 않은 것처럼 보인다. 그러나 그 분류상에서 함께 묶이는 이유가 관·현·타 분류법과 전혀 다르다는 점은 근본적으로 분류법을 어떻게 보느냐, 또는 그 중요성을 어떻게 인식하느냐의 차이에 있다고 본다.

알맞은 악기분류법을 갖고 있어야 하는 이유는 악기박물관에서 관람객의 이해력을 높이고 효과적으로 관람하게 하기 위한 것만이 아니라 학술적으로도 악기의 성격과 특징을 파악해내는데 가장 중요한 역할을 하기 때문이다. 따라서 악기기술학이 아닌 악기학으로서 가장 우선에 두어야 할 점은 가장 합리적인 악기의 분류이기 때문에 무시할 수 없는 문제이다.

III. 팔음의 악기학적 특성

1. 문헌에서 나타나는 악기관련 용어와 八音

중국 고대 문헌에는 수없이 많은 악기를 지칭하는 다양한 단어, 용어 등이 있는데, 이를 살펴보면 주로 管絃을 제외하고는 현대에서는 잘 쓰이지 않는 단어가 많다. 또한 팔음 자체나 팔음의 영역, 즉 금(金)·석(石)·사(絲)·죽(竹)·포(匏)·토(土)·혁(革)·목(木)의 범주에서 크게 벗어나지 않는다.

이러한 예를 들어 보기 위해 『예기(禮記)』 「악기(樂記)」에서 나타나는 악기(樂器)를 통칭하는 경우를 보면 다음과 같다.[15]

> (樂本)-鐘鼓干戚 所以和安樂也
> (樂論)-鐘鼓管磬과 羽籥干戚은 樂之器也
> (樂論)-若夫禮樂之施於金石하고 越於聲音하야
> (樂象)-發以聲音하고 而文以琴瑟하고 動以干戚하며 飾以羽旄하며 從以簫管하야
> (樂象)-樂者는 德之華也요 金石絲竹은 樂之器也라
> (樂情)-樂者는 非黃鍾大呂絃歌干揚也라 樂之末節也니
> (魏文侯)-弦匏笙簧이 會守拊鼓하며
> (魏文侯)-正六律하며 和五聲하야 弦歌詩頌하시니

종고(鐘鼓), 관경(管磬), 금슬(琴瑟), 소관(簫管), 생황(笙簧) 등에서 말하는 것은 모두 개별적인 악기 이름이지만 모두 특정한 악기를 지칭하기보다 악기 중의 몇 가지를 들어 악기 전체, 또는 현악기나 관악기 전체를 대표하는 것으로 지칭되는 것이다. 또한 간척이나 우모와 같은 것은 악기로도 취급하기도 하지만 주로 일무(佾舞)에서 추는 춤의 도구를 말하는 것이고 이것 역시 특정한 무구(舞具)를 말하는 것이 아니라 춤을 가리키는 말이다.

현가(弦歌)는 악기 반주에 노래를 하는 것, 현포(弦匏)는 현악기와 관악기 전체를 말하는 것이다. 또한 金石, 金石絲竹, 絲竹처럼 팔음의 금(金)·석(石)·사(絲)·죽(竹)·포(匏)·토(土)·혁(革)·목(木)의 일부를 떼어서 전체 악기를 뜻하는 말로 쓰인 예도 있다. 금석이라는 말을 액면 그대로 보면 금석

---

15 조남권·김종수 역, 『역주 악기』, 민속원, 2000. 이 번역서에서 원문과 토를 가져왔다.

악기에 속하는 주로 종경만을 말하기 때문에 악기를 통칭한다고 할 수 없으나 금(金)·석(石)·사(絲)·죽(竹)·포(匏)·토(土)·혁(革)·목(木)의 줄임말이라고 보면 별로 의미가 통하지 않은 것도 없다.

사죽(絲竹)이라는 용어는 현대어로 관현악기를 통칭할 때 쓰는 말이라고 할 수 있다. 絲는 현악기를 말하고 竹은 관악기를 말하는 것이다. 동아시아의 관악기의 대부분은 대나무로 만들기 때문이다. 물론 대나무로 만들지 않은 나각이나 나발과 같은 관악기는 다른 항목으로 들어가야 하지만 관악기를 통칭해서 쓰는 말이 竹이었던 것이다. 서양 오케스트라를 번역하는 말로 관현악이라고 해도 관악기와 현악기만을 말하지 않듯이 이것 역시 악기를 통칭하는 것이다.

팔음의 개념이 문헌에서 가장 먼저 등장하는 것은 『尙書』「舜典」[16]에서부터이다. 육률과 오성과 함께 팔음을 언급하는 다음과 같은 문구가 있다.

> 내(순임금)가 육율(六律)과 오성(五聲)과 팔음(八音)을 들어서 잘 다스려졌는지 소홀한지를 살피고자 하니 오성에 합치한 시가(詩歌)를 내고 들이려 하거든 네가 듣고서 자세히 살펴라.[17]

> 순임금이 기에게 명령 왈 너에게 전악을 임명하니...시는 뜻을 표현한 것이요, 노래는 말을 길게 늘이는 것이며 (악기)소리는 노래에 의지한 것이며 율은 (악기)소리를 조화시키는 것이다. 八音이 조화를 이루어 서로 질서를 빼앗지 않으면 신과 사람도 이로써 조화를 이룰 것이다.[18]

....

16 상서(尙書)는 서경(書經)을 말하는데, 중국 상고시대의 정치를 기록한 책으로 원래는 書라고만 불렀다. 공자가 詩와 더불어 대단히 중히 여겼다.

17 『尙書』, 「益稷」. 予欲聞六律五聲八音在治忽以出納五言汝聽.

18 『尙書』, 帝曰 夔命 汝典樂 敎冑子 直而溫 寬而栗 剛而無虐 簡而無傲 詩言志 歌永言 聲依永 律和聲 八音克諧 無相奪倫 神人以和.

위의 『서경』 「순전」에 나오는 두 구절은 모두 팔음을 언급하고 있는데, 이는 이미 순임금 시절부터 12율과 5성과 8음에 대한 이해가 있었다고 말할 수는 없어도 적어도 『상서(尙書)』(『서경(書經)』)가 쓰였을 때에는 이런 개념이 성립했음을 말하는 것이다. 여기서 주목되는 것은 六律, 五聲과 함께 八音을 거론하고 있다는 것이다. 12율과 5성과 함께 말했다는 것은 팔음은 당연히 그 율과 음계를 악기로 연주하는 것을 말한 것이다. 또 그 악기를 팔음으로 말했다는 것은 이미 악기를 8개의 종류로 구분하였다는 것을 말한다.

또한 『주례』 「춘관」[19]에는 다음과 같이 팔음을 구체적으로 나열하고 그것이 오성의 음을 연주할 수 있게 하는 악기임을 보여주는 다음과 같은 구절이 있다.

> 대사大師는 음양의 소리를 합함으로써 육률과 육동을 장악해야 하는데, 양성은 황종·태주·고선·유빈·이칙·무역이고 음성은 대려·응종·남려·함종·소려·협종이니 모두 궁상각치우 오성으로써 문채내고 모두 금·석·토·혁·사·목·포·죽 팔음에 전파한다.[20]

이는 최초로 구체적으로 팔음이 무엇인지를 보여 준 문장으로 보인다. 또한 팔음에 전파한다(播之以八音)에서 파(播)는 얹힌다, 입힌다는 피(被)와 같은 뜻으로 악기로 연주한다는 뜻을 가지고 있다. 또한 이 문장에서 보면, 초기의 팔음을 나열하는 순서는 금·석·토·혁·사·목·포·죽으로 금·

---

19 주례(周禮)는 주관(周官)이라고도 하는데, 주나라 왕실이 관직제도와 전국시대 각 국의 제도를 기록한 유교경전이다.
20 『周禮』, 「春官」, 大師. 掌六律六同 以合陰陽之聲 陽聲 黃鍾·太蔟·姑洗·蕤賓·夷則·無射 陰聲 大呂·應鍾·南呂·函鍾·小呂·夾鍾 皆文之 以五聲 宮商角徵羽 皆播之以八音 金·石·土·革·絲·木·匏·竹.

석·사·죽·포·토·혁·목이 아니다. 이에 대해 진양은『주례』대사에서 팔음의 순서가 금·석·토를 먼저하고 혁·사를 그 다음으로 하고 포·죽을 나중에 한 것에 대해 그 이유를 일일이 설명하고 있다.[21] 현재 우리가 알고 있는 금·석·사·죽·포·토·혁·목의 순서는 언제부터 어떤 근거에서인지 모르지만 앞의『예기』「악기」에서처럼 '금석사죽'하는 말이 팔음과 같은 뜻으로 쓰는 것처럼 관습처럼 되었던 것 같다. 그렇지만 우리나라 문헌에서 보면, 적어도『악학궤범』에서는 금·석·사·죽은 그대로 쓰고 뒤는 토·혁·포·목의 순서로 다르게 배열하였다.[22]

2. 八音에서 八의 의미

팔음에 의한 악기 구분법은 중국의 오랜 전통이었다. 앞에서 살펴보았듯이『상서』에 이미 팔음의 개념이 나왔고『주례』에 그 분류 방법이 보인다.[23] 팔음구분법에서 먼저 생각해 봐야 할 것은 왜 하필 8개인가에 대한 것이다. 7개도 아니고 9개나 10개도 아닌 이유에 대해서 생각해 볼 필요가 있다. 그동안 문헌에는 그것이 왜 8개인지 그 이유를 구체적으로 설명하는 부분이 없다. 다만 8개로 되어 있는 여러 가지 바람, 방위, 괘 부분을 언급할 뿐이다. 특히 가장 크게는 8풍 사상과 관련이 있다.『春秋左傳』

---

21 陳暘,『樂書』大師之序八音 以金石土爲先 革絲次之 木匏竹爲後者 蓋西者 以秋時言之 聲之方也 虛者樂所自出聲之本也 故音始於西 而成於東 於西則金石 先於土者 以陰逆推 其所始故也 於東則匏竹 後於木者 以陽順序 其所生故也 革絲居南北之正 先革而後絲者 豈亦先虛之意歟 此言 樂之器 荀卿言所以道德者 德待器 而後達故也.

22 『樂學軌範』,「八音圖說」

23 『周禮』,「春官」, 大師. 掌六律六同 以合陰陽之聲 陽聲 黃鍾·大蔟·姑洗·蕤賓·夷則·無射 陰聲 大呂·應鍾·南呂·函鍾·小呂·夾鍾 皆文之 以五聲 宮商角徵羽 皆播之以八音 金·石·土·革·絲·木·匏·竹.

昭公二十年에는 '八風注八方之風音義' 이렇게 표현하고 있다. 팔방과 팔풍, 팔음과의 관계를 설명해 주는 말이다. 8개의 방위, 즉 동서남북 정방향과 그 사이방향이 8곳인데, 그 곳에서 나는 악기 재료가 금 석 사 죽 포 토 혁 목이다. 이 말은 여덟 가지 방향의 바람에서 어떤 재료로 만들어진 악기에서 나는 소리가 구별되는 소리라고 생각해 온 것이다.

　　『서경대전(書經大全)』의 '오성팔음도(五聲八音圖)'라는 5聲의 數, 易(卦), 方位 등을 八音에 결합시킨 다음과 같은 그림이 있다.

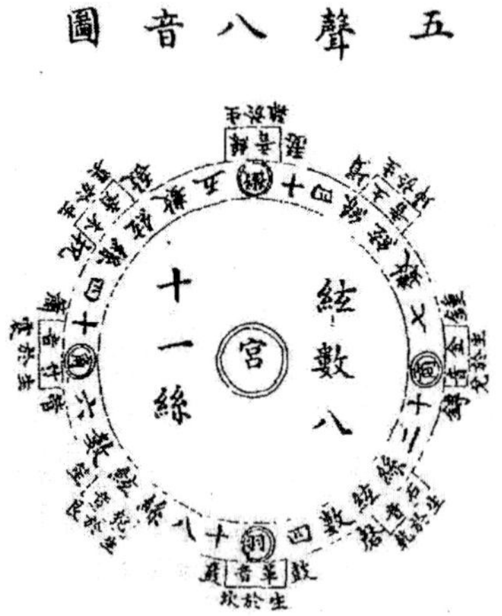

〈그림-1〉『서경대전(書經大全)』의
'오성팔음도(五聲八音圖)

〈그림-2〉 8음을 8방, 8절, 8괘에
배속한 도상

　　여기에서도 보이듯이 건태이진손감간곤의 8괘(八卦)[24]의 결합성을 보

---

24 여기에서 팔괘의 배치는 복희팔괘도라고 하는 선천도(先天圖)가 아니라 문왕팔
　　괘도라고 하는 후천도(後天圖)로 되어 있다.

여주는 것이다. 그런데 팔음은 이 뿐만 아니라 2분(춘분 추분) 2지(동지 하지), 4립(입춘 입하 입추 입동)의 8절기와 관련성이 있다. 여러 가지 팔음을 팔풍과 팔방과 팔절, 팔괘에 배속시킨 설을 조합하여 도상화하면 다음과 같다.

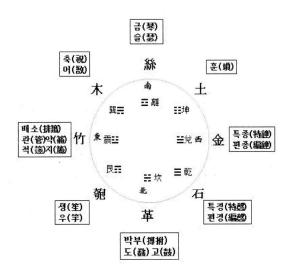

〈그림-3〉 팔음에 악기를 배속한 도상

이러한 괘, 절기에 바람을 더 추가 결합하여 팔음을 설명하는 내용은 『악학궤범』에 자세히 소개되고 있다. 『악학궤범』권1 <팔음도설>에는 『악서』를 인용하여 다음과 같이 설명하고 있다.

　　樂書云 八音配於八卦八風 金兌 閶闔風 石乾不周風 絲離景風 竹震明庶風 匏艮融風 土坤涼風 革坎廣莫風 木巽淸明風 ○又云 八音聲器 分於八節. (악서에 말하기를, 팔음은 팔괘와 팔풍에 배속되는데, 금은 태괘이고 창합풍, 석은

건괘 부주풍, 사는 이괘 경풍, 죽은 진괘 명서풍, 포는 간괘 융풍이고 토는 곤괘 량풍, 혁은 감괘 광막풍, 목은 손괘 청명풍이다.)

실제 위의 악학궤범의 樂書云 부분은 진양의 『악서』 문장을 그대로 인용한 것이 아니라 『악서』의 팔음종팔풍 그림을 가지고 문장을 만들어 넣은 것인데, 이 『악서』 권104 「樂圖論」 <八音從八風>의 그림과 『樂學軌範』 권1의 「八音圖說」의 그림 보면 다음과 같다.

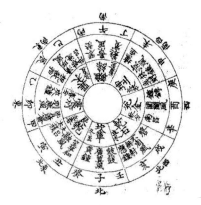

<그림-4> 『樂書』 권104 八音從八風   <그림-5> 『樂學軌範』 권1 八音圖

『악학궤범』에서는 진양의 '八風從八音' 그림을 바탕으로 진양이 주장하는 팔음이 八風, 八卦, 八節에 배속된다는 설에 12율까지 합해서 그림을 그린 것으로 보인다. 부주풍, 융풍, 청명풍 등은 『사기』 「율서」에 따른 명칭이다. 이를 표로 정리해 보면 다음과 같다.

八音	金	石	絲	竹	匏	土	革	木
八方	西	西北	南	東	東北	南西	北	南東
八風	閶闔風	不周風	景風	明庶風	融風	凉風	廣莫風	淸明風
八卦	兌	乾	離	震	艮	坤	坎	巽
八節	秋分	立冬	夏至	春分	立春	立秋	冬至	立夏

지금까지 말한 바와 같이 팔음에서의 8의 의미는 여러 가지 사상과의 결합을 의미하는데, 이것에 대해서 『시악화성』의 저자 서명응은 악기의 분류를 팔음(八音)으로 해야 하는 이유와 그 사상적 근거에서 절기를 결합시킨 진양의 설을 반박하는 내용을 다음과 같이 말하고 있다.

옛날 성인이 악을 지은 것은 본래 천지의 조화를 형용하고자 하는 것이었다. 따라서 무릇 천지간의 소리가 있는 사물을 모두 모으고 쌓아 청탁음을 분별하여 율려에 맞춰 악기를 만들었으니 천지간에 소리가 있는 물이 어찌 金 石 絲 竹 匏 土 革 木의 8음에서 벗어나랴.[25]

또 진양이 약(龠)은 춘분의 음이 되고 …하나도 이치에 통하지 않는다. 대개 팔음의 악기는 각각 12율을 갖추니 12율은 곧 12월의 음이다. 만약 한 악기가 한 때를 가각 모방하여 본떴다면 24절기를 상징하는 것은 그 수가 많을 것이니 그 악기가 어찌 8개(종류)에 그치겠는가.[26]

. . . .

25 『詩樂和聲』 卷之四, 「樂器度數」, 1행~4행, 古聖人之作樂也 本欲狀出天地之造化 故凡天地間有聲之物兼收並蓄製 其淸濁鎔入律呂以爲樂器則 天地間有聲之物 豈有 出於金石絲竹匏土革木八者乎 八者之外無其物也.『역주시악화성』, 183~184쪽. 원 문 187쪽.

26 『詩樂和聲』 卷之四, 「樂器度數」, 26~29행, 又陳暘以龠爲春分之音 笙爲立夏之音 壎爲立秋之音 其說終不通於理 盖八音之器各具十二律而十二律卽 十二月之音也 若以一器各象一時則 二十四氣所象者 多矣 其器豈止於八乎.『역주시악화성』, 184 쪽. 원문 189~190쪽.

여기에 진양처럼 절기를 결합시킨다면 맞지 않다는 주장이다. 진양의 설대로 한다면 24절기마다 다른 종류의 악기가 있어야 하느냐고 비판하는 것이다. 위와 같이 진양이 절기에 팔음을 배속시킨다면 24절기로 잘게 나누게 되면 어떻게 악기를 배치할 수 있겠는가 하고 비판한다. 이렇게 서명응은 八音에 의해 구분되지 못할 악기는 없다는 확고한 인식을 가지고 있다.[27]

"천지간에 물이 8에서 벗어나랴"라는 서명응의 생각에 비추어 8음을 생각해 보자면, 8풍이나 8괘에 억지로 맞춘 것이 아니라 8개라는 물질의 재료로 나누어서 속하지 못한 것은 없다고 보는 인식의 발로이다. 그러니까 악기를 만드는 자연적 재료 중에서 특히 그 악기의 소리를 결정하는 재료로 쓰이는 물질이 쇠, 돌, 명주실, 대나무, 바가지, 흙, 가죽, 나무에서 크게 벗어나지 않는다는 것을 말한다. 그렇기 때문에 이 팔음의 구분법으로 나누어서 배속되는 악기가 다 있고 배속되지 못할 악기는 없는 것이다.

필자는 팔음이 이렇게 8이라는 숫자를 가진 여러 부분과 관계를 가졌을 뿐 아니라 그 배열의 방향성이 어떤 다른 이유가 있지 않을까 하는 생각으로 팔음의 재료를 가지고 그 물질의 종류를 다음과 같이 구분해 봤다.

八音	金	石	土	絲	革	匏	竹	木
물질종류	광물	광물	광물	동물	동물	식물	식물	식물
八方	西北	西	南西	南	北	東北	東	南東

광물성이 세 종류, 동물성이 두 종류, 식물성이 세 종류로 나뉘어진다. 서명응의 말대로 자연에서 나는 재질에서 이 이외의 다른 물질로 구분할 수 있는 것은 없다. 그런데 방위와 물질의 성질별로 구분한 것을 도상화

27 김수현, 『조선시대 악률론과 시악화성』, 민속원, 2012, 278~279쪽.

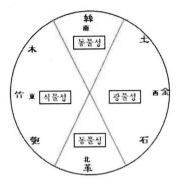

〈그림-6〉 방위에 따른 팔음 악기
재료의 성질 구분 도상

하여 배치해 보면 다음과 같이 거의
같은 영역에 모여 있음을 알 수 있다.

여기에서 보면 동쪽에는 주로 식
물이 서쪽에는 주로 광물이 그리고
남과 북은 동물이 재료이다. 동쪽은
따뜻한 느낌을 갖고 서쪽은 차가운
느낌을 갖는다. 그런 점에서 식물이
자라는 곳과 광물이 내장되어 있는
곳을 연결시켜 배속시킨 것으로 보인
다. 남쪽의 누에에서 나오는 실과 북
쪽의 동물 가죽은 어떻게 설명할 수 있을지 모르지만 동물성은 각각 두
가지가 남북으로 나뉘어져 있고 식물성 재료와 광물성 재료는 각각 한 영
역 안에 묶여 있다는 사실이다.[28]

3. 八音에서 音의 의미

팔음에서 음의 의미는 무엇인가? 音은 옥편에서 소리 음으로 해석되어
있다. 음은 소리를 말한다. 그러나 소리는 온갖 소리를 다 소리라고 할
수 있다. 그것이 聲하고는 어떻게 다른지 律하고 어떻게 다른지 잘 구분되
고 있지 않다. 그렇지만 문맥을 보면 그 의미를 찾을 수 있다. 12율이라고
할 때에 율은 하나의 옥타브 내에서 차지하는 일정한 높이의 음을 말하는
것이고, 五聲이라고 하면서 궁상각치우를 거론한다면 일정한 음계를 가진
음과 음과의 관계를 말하는 것이다. 마찬가지로 七聲이라면 7음음계를 말

---

28 이 점은 앞 서 살펴본 바와 같이 진양이 금석토·혁사·목포죽으로 배열한 이유
와 맥이 통한다.

한다. 여기에 宮 商 角 徵 羽, 또는 宮 商 角 變徵 徵 羽 變宮은 음계를 말하는 것이다. 五聲은 五音과 혼용해서 쓰여 왔지만 같은 의미인 경우가 많다. 어쨌든 오음이나 칠음에서 음은 절대적 또는 상대적 높이를 말하는 것으로 읽이다.

5음도 아니고 7음도 아닌 8음에서의 음은 이와는 별개의 의미로 쓰인다. 8음에서 음은 분명히 음의 높이와 상관없는 음색을 말한다. 이렇게 전혀 다른 의미를 가진 것을 같은 단어(용어)로 쓰고 있는 것은 동아시아의 음악 인식과 그 표현 방법과 관련이 있다고 본다. 그런 비슷한 류의 음색과 관련한 용어를 찾아보자.

문헌에서 등장하는 청탁(淸濁)의 경우를 현대에 번역할 때 음이 '높다· 낮다'로 쓰고 있다. 그러나 청탁의 실제 뜻은 '맑다·흐리다'이다. 그럼에도 불구하고 음악용어로 실제 뜻을 살리려면 높고 낮음으로 번역해야 하는 경우가 많다. 옛사람들이 왜 高底(高下)[29]라는 용어 대신 청탁(淸濁)을 썼는지 생각해 볼 필요가 있다. 더구나 지촉(遲促)의 경우에도 역시 박자 개념, 즉 음악의 시간적 개념이 아니라 음을 낮게 한다는 의미로도 쓰인다. 그 예를 『예기』「악기」를 인용한 『악학궤범』권 6의 「아부악기도설」 중 슬(瑟)항목[30]에서 찾아보면 다음과 같다.

문왕의 사당에서 연주하는 슬은 줄을 붉게 물들이고 악기의 구멍을 크게 한다. 대개 현을 불리지 않으면 뻣뻣해서 소리가 높고 불리면 익어서 소리가 낮다. 구멍이 작으면 소리가 급하고 크면 소리가 늦춰진다. 그러므로 구멍을 넓게 해서 그 소리를 늦춘 연후에 아주 급한 소리에 이르지 않게 한다. (淸廟之瑟 朱絃而疏越 盖絃不練 則勁而聲淸

----

29 高下의 경우는 문헌에서 가끔 표현하는 용어이기도 하지만 淸濁을 훨씬 더 많이 쓴다. 高低의 경우에는 근대의 청탁의 번역어이면서 신조용어이다.
30 『樂學軌範』卷6, 「雅部樂器圖說」, 瑟, 21a

練則熟而聲濁 孔小則聲急 大則聲遲 故疏越 以遲其聲 然後不至於大急)

여기에서 볼 수 있듯이 슬의 줄을 삶아 불리거나 구멍을 크게 하면
소리가 탁하게 되는 것, 즉 낮아지는 것을 '지(遲)'로 높아지는 것을 급(急)
이라고 표현했다. 이와 같이 (박자를) 늦춘다는 말과 (음을) 낮춘다는 말
은 분명 다르다. 그러나 같은 용어를 사용해서 이렇게도 쓰고 저렇게도
쓰는 것이다. 이것은 언어의 발달 정도에 기인한 것이 아니다. 인식의 방
식 차이일 뿐이다. 동아시아에서 소리를 인식하는 방식은 소리를 물질적
으로 뚜렷이 구분하고 있지 않다는 점이다. 낮은 소리는 탁하게 들리고
높은 소리는 맑게 들린다는 것이다.

이렇게 동아시아의 음악 인식에서 음의 높이, 음의 길이보다 관심을
갖고 중요하게 생각하는 것은 음색이다. 악기에서 음색을 내는 결정적 구
실을 하는 것은 재료이다. 그런데 앞의 들어가는 말에서도 언급한 바와
같이 팔음 구분법에 대해서 좀 더 자세히 들어가 보자면 악기의 주재료를
가지고 구분한 것이 아닌 것은 왜인가?

예를 들어 사(絲)에 속하는 금(琴)이나 슬(瑟), 우리나라 악기로는 거문
고, 가야금은 주재료가 나무이지만 木으로 분류하지 않는다. 북의 경우도
마찬가지이다. 북의 재료로 가장 많은 부분을 차지하는 것은 나무이다. 그
런데 나무(木)로 분류하지 않고 가죽(革)으로 분류한다. 주재료라는 것도
그 악기의 비중을 말하는 것이 아니다. 그러니까 그 악기의 주재료라기보
다는 그 악기의 소리를 만들어내는, 더 정확하게는 그 악기의 독특한 음
색을 만들어 내는 재료가 기준이라고 할 수 있다.

그런데 그 음색을 내게 하는 것은 무엇에 달려 있는 것인가? 그것은
손이나 채로 또는 김으로 불어 넣었을 때 그 음색을 결정짓는 요소이다.
같은 나무라 할지라도 그것에 줄을 얹어서 줄이 울리게 할 때 나는 소리

는 명주실의 소리가 나무라는 공명통을 통해서 나오는 것이고 가죽을 붙였을 때에는 역시 가죽을 쳤을 때 가죽의 소리가 공명통을 통해서 나오는 것이다. 공명통이 주요 음색이라고 한다면 絲 竹 木의 구분은 어렵다.

그러나 진동체가 결정적인 역할을 한다는 면에서 보면 공명통보다도 진동체의 재료가 음색에 더 영향을 준다고 본다면 그 구분은 분명해지는 것이다. 결국 같은 나무라는 재료의 공명통을 가졌다 할지라도 그것을 명주실을 달아 튕겨 울리게 하는 음색과 가죽을 달아 쳐서 울리게 하는 음색이 명쾌히 다르게 들린다는 것이다.

양금(洋琴)의 경우를 보면, 양금은 재료로 보면 나무통이 가장 큰 비중을 차지하고 있지만 발음체는 줄이다. 그런데 양금의 줄은 명주실이 아니라 철사줄이다. 따라서 양금은 금(金)에 속한다. 그런데, 요즘 중국의 쩡이나 일본의 고또와 같은 쟁류의 악기들의 실은 명주실이 아니라 나일론으로 쓴다고 한다. 그렇기 때문에 이들 악기는 팔음구분법으로 속하지 않게 된다. 팔음은 자연적 재료에 의한 구분법이기 때문에 인공적 재료는 포함되지 않는 것이다.

이와 같이 팔음은 어떤 악기의 음색을 특색 있게 하는데 결정적인 역할을 하는 재료, 즉 발음체의 재료로 구분한 여덟 가지 악기구분법이라고 말할 수 있다. 이런 점에서 볼 때 기존의 팔음 구분법은 재료에 의한 구분법이라고 설명하여 왔으나 필자는 재료에 의한 것이기 보다는 특정한 음색을 내는 발음 결정 재료에 의한 구분법이라고 하는 것이 더 낫다고 본다.

그러나 음색은 냄새와 같이 물리적으로 표현하기 어려운 점이 있다. 다시 말하면, 어떤 수치로 제시하거나 형체로 표현해 내지 못한다. 그래서 음색은 무엇인가를 경험하고 나서 그와 가깝다는 정도의 설명만 가능한 것이 한계이다.

Ⅳ. 나오는 말

팔음은 동아시아의 전통적인 악기구분법이었다. 그러나 근대 이후 서구에서 들어온 관·현·타 구분법이 그 기준의 모호성 때문에 비판받고 있음에도 불구하고 일반적으로 사용되고 있는 구분법이 되었다. 이러한 실정에서 2000년 동안 지배적 위치를 차지해 왔던 팔음의 원리는 무엇인지 규명해 보고자 이 글을 전개했다.

지금까지 살펴본 바와 같이 팔음의 팔은 팔풍, 팔방, 팔괘와 관련성이 있고 팔음의 음은 단순한 소리가 아니라 음색을 말하는 것임이 분명하며 그 음색은 재료의 비중에 의해서가 아니라 진동체에 의해서 결정된다는 것을 알았다. 팔음은 어떤 독특한 음색을 내는 것은 어떤 성질을 가진 물질로 이루어져 있기 때문에 그 물질에서 나는 음색, 거꾸로 말하면 그 음색을 내게 하는 물질이 무엇인가로 구분한 것이라고 보여진다. 그런데, 그 음색을 여덟 가지로 나누는 이유는 악기의 재료가 되는 자연적인 물질이 여덟 가지로 크게 구별할 수 있다는 생각 때문으로 보인다.

필자는 이 연구를 통해 팔음 구분법을 오늘날에 실용화하자는 주장을 하는 것은 아니다. 팔음에 의한 구분법은 가짓수가 너무 많으며 그 안에서 또 세분화하기 어렵다. 또한 이제 인공적 재료로도 악기를 만드는 추세를 봐서도 통하지 않는 면이 있다. 다만 이러한 연구를 통해 팔음의 구분이 가지는 타당성을 찾아보면 오늘날 악기학의 주요한 요소인 악기구분법의 바람직한 발전 방향을 찾는 데 실마리를 얻을 수 있으리라고 본다.

5장 『律呂新書摘解』를 통해서 본 柳僖의 악률론 연구*

I. 들어가는 글

『율려신서적해(律呂新書摘解)』의 저자 유희(柳僖: 1773~1837)는 천문 역산학과 율려에 조예가 깊었던 아버지 유한규(柳漢奎)로부터 받은 가학전통을 가지고 있었으며 정제두 이래의 양명학(강화학파)의 학문적 전통을 계승하고 있었고 어학과 문학 부분에 탁월한 업적을 남긴 19세기 유학자이다. 1802년에 지어진 『율려신서적해』는 유희의 호를 딴 문집 『방편자유고(方便子遺稿)』에 『악률관견변(樂律管見辨)』『관상지(觀象志)』『주비산경장구해(周髀算經章句解)』와 함께 남아 있는 글이다.

유희에 대한 연구는 1931년 동아일보에 이윤재(李允宰)의 『언문지(諺文誌)』 소개의 글[1]이 처음 보이고 김윤경에 의해 1932년 『동광』에 유희의 언문 관련 내용 소개[2]가 있었지만, 1936년 동아일보에 다시 『문통(文通)』이 소개[3]된 이후로 거의 연구가 보이지 않는다. 그런데 2000년대에 들어

---

* 『동방학』 22, 2016.08.

1 李允宰, 「朝鮮古典解題(一) 方便子柳僖의 諺文誌 朝鮮文字研究必讀古書」, ≪동아일보≫, 1931년 1월 5일자.

2 金允經, 「訓民正音의 性質과 價值, 朝鮮文字의 歷史的 考察(10)」 ≪동광≫ 32호, 1932년 4월. ; 金允經, 「訓民正音의 起源論, 朝鮮文字의 歷史的 考察(11)」 ≪동광≫ 제33호, 1932년 5월.

3 「窓戶紙 조각 裸에 「交通」 百餘卷, 柳僖의 闊貧과 巨作」, ≪동아일보≫, 1936년 1월 1일자.

와서 상당히 많은 연구가 쏟아져 나왔다. 유희의 저술 중『언문지(諺文誌)』는 국어학계에서, 『문통』은 국문학계에서 연구대상으로 삼아 상당한 연구의 진척이 있었으며『방편자유고』에 실려 있는『관상지(觀象志)』는 천문 역법 사상분야의 연구로까지 확장되는 자료가 되고 있다. 유희가 남긴 저술이 방대함에도 불구하고 100권에 달하는『文通』이 일실되어 있었는데 최근 2005년 한국학중앙연구원에서『문통』을 그 문중을 통해 찾아4 더욱 깊이 있고 활발한 연구의 토대가 마련되었다.

유희의 저술은 주로 시, 언문, 경학, 역사, 철학, 어학, 의학, 수학, 천문, 역법, 음악 등 주제도 다양하지만 양적으로도 방대하고 깊이도 있어 그 저술 중에『文通』은 다산 정약용의『與猶堂全書』에 비견된다고 한다.5 유희의 저술 중 음악에 관한 내용 역시 상당히 수준 높은 견해를 보여주고 있다. 뿐만 아니라 그가 남긴 많은 시들이 음악적 관련성을 가지고 있고 악률에 대한 심도 있는 변론을 펼쳤다. 그러나 음악에 관해서는 그동안 연구자들에게 크게 주목받지 못한 실정이다. 다만 악률론에 대한 연구는 권오성의 「유희의『악률관견변』에 관한 연구」가 있을 뿐이다.6 이 발표문은 악률관견에 대한 해석만 있을 뿐 아무런 분석도 되어 있지 않으나 유희가 전개한 악률론에 대한 소개는 조선후기 악률론의 범위를 넓게 해줬다고 하는데 큰 의의가 있다. 이 연구에서『악률관견변(樂律管見辨)』이『율려신서적해서(律呂新書摘解序)』와 함께 저술되어 있다고 한 점에 착안하여 필자는『율려신서적해』의 원문을 찾아 해석하고 유희의 악률론이 어떤 것인지 분석해 볼 수 있는 계기가 되었다.

---

4 장서각 고문서 연구실편,『안동김씨, 의령남씨, 진주유씨, 여주이씨 전적』, 한국학중앙연구원, 2005.
5 김근태, 「西陂 柳僖의 생애와 學詩 文路」,『온지논총』 14집, 221쪽.
6 권오성, 「유희와 그의 방편자유고 중 악률관견변에 관하여」,『제1회 동아시아악률학학술대회 자료집』, 2005, 7쪽.

조선후기에는 많은 학자들이『율려신서』를 번역하거나 해석하는 저술
을 했다. 예를 들어 이만부의『율려추보(律呂推步)』, 황윤석의『율려신서
해(律呂新書解)』, 박치원의『율려신서(律呂新書)』 등을 들 수 있다.「율려신
서적해」역시 같은 채원정의『율려신서』를 해석한 것이지만 단순한 번역
이나 해석만이 아니라『율려신서』의 내용 중에 그동안 논란이 되었던 부
분을 적출해 내고 유희만의 독특한 설명방식을 보였으며 부연한 설명이
나『율려신서』에서 잘못된 수치나 용어, 개념, 어구 해석 등을 적나라하
게 지적한 점, 잘못된 관점이나 견해를 비판한 점 등이 당시의 다른 저서
들과 비교되는 점이라고 할 수 있다.

이 논문은 유희의『율려신서적해』의 내용을 분석하여 채원정의『율려
신서』를 어떻게 요점 정리하고 자신의 생각을 피력하였는지 살펴보는 것
을 통해 조선후기 악률에 관한 견해를 피력하였던 유학자들 중의 한 사람
인 유희의 악률론은 무엇이고 그의 논의의 특징이 무엇인지 가늠해 보는
것을 목적으로 한다.

II. 조선후기 악률론의 흐름과 유희의 음악에
대한 관심

조선에서 악률에 관한 문제가 거론된 것이『세종실록악보(世宗實錄樂
譜)』에서 처음 보이고 본격적으로 악률에 대한 논의를 담고 있는 음악이
론서라고 할 수 있는 문헌 중에서 가장 오래 된 것은『악학궤범(樂學軌
範)』(1493)이다. 악률에 관한 연구 실천적 움직임을 보이는 것은 세종대의
악학별좌(樂學別座)를 역임했던 박연의 율관제작과 편경제작 등에서이다.
그러니까 중국에서는 기원전부터 논의되었던 악률에 대한 논의와 실험이

한국에서는 1400년대 조선 초기에서야 시작된 것이라고 할 수 있다. 그 이유는 음악에 관한 학문적 연구 자체가 늦었던 이유나 논의가 있었어도 그것을 문헌화하지 않은 문제가 있었을 것이다.

그러나 무엇보다 악률론에 대한 논의 자체가 유교 제례의식에 쓰이는 음악이나 악기와 관련된 제작과 배열 문제를 다루는 것이고 그 음악과 악기를 어떻게 쓰는 것이 성리학적 이념에 배치되지 않는지를 거론하는 것이기 때문에 성리학을 그 정치 이념으로 삼아 건국된 조선시대부터 시작된 것이 크게 이상한 현상은 아니라고 할 수 있다. 조선에서 시작된 악률론은 초기에는 국가적 차원에서 전개된 것이다. 따라서 그 논의의 결과물이 조선전기(15세기~16세기)의 관찬악서에 담겨 있다. 그렇다 하더라도 그 논의는 상당히 심도 있는 것이지만 이에 적극적으로 참여한 학자들은 적은 수이다.

이에 비해 조선후기의 악률론은 주로 개인적 차원에서 이루어진 것이며 이를 논하는 학자들도 훨씬 많고 그 논의의 내용도 훨씬 풍부하다. 조선후기(17세기~19세기)의 악률론은 이러한 학자들 중에서 특히, 실학자들의 악률론이 압도적이라고 할 수 있다. 그들 실학자들의 악률론은 대체적으로 기존의 논의, 즉 중국의 논의에 대해 비과학적인 면이나 한국의 실정에 맞지 않는 점을 비판하는 경향을 보이면서 고증을 해보이거나 새로운 이론을 내세우기도 한다. 조선후기 실학자들은 중국 역대의 『사기(史記)』『한서(漢書)』『여씨춘추(呂氏春秋)』『회남자(淮南子)』 등에서부터 악률에 대한 문제를 거론하기도 하지만 본격적인 것은 송대의 채원정(蔡元定)의 『율려신서(律呂新書)』에 대한 논란이 많다. 그런데 서명응의 『시악화성(詩樂和聲)』(1780)을 기점으로 해서 이전 시기에 전혀 언급되지 않은 『악률전서(樂律全書)』로 대표되는 명대(明代)의 주재육(朱載堉)의 이론에 대한 언급이 있거나 활발해진다고 할 수 있다.[7] 물론 그렇지 않은 경우도 있지만 확실하게는 『율려신서』에 대한 논의가 줄어들거나 비판적 입장이 확대되어 가고 있는 변화의 흐름을 볼 수 있다. 이런 중에도 19세기 사람 유희의 『율려신서적해』는 주재육을 비판하면서 채원정의 입장을 옹호했다는 데 그 의미가 있다.

조선후기 악률론을 전개한 인물을 보면 17세기 이형상에서부터 19세기 유중교까지 이어지는데, 악률론만을 다룬 저술로는 『율려추보(律呂推步)』, 『시악화성(詩樂和聲)』, 『악통(樂通)』, 『악서고존(樂書孤存)』 등을 들 수 있으며 그 외에는 자신의 대표적 문집 속에서 악률관련 항목을 마련하여 저술한 것이 많다. 이들 조전후기 악률론을 저술한 인물을 시기 순으로 나열하고 그에 따른 악률관계 저술이나 관계문헌의 항목 등을 목록화하면 다음과 같다.[8]

〈표-1〉 조선후기 악률 관계 저술 인물과 그 저술서 목록

이름(생몰년)	악률관계 저술
이형상(李衡祥) 1653~1733	『樂學便考』(1725) '聲氣源流'
이만부(李萬敷) 1664~1732	『律呂推步』(1697~1732)
박치원(朴致遠) 1680~1764	『雪溪隨錄』 권17 「律呂新書」
이익(李瀷) 1681~1763	『星湖僿說』의 「樂律」「朴堧律管」「尺」「簫管制管」「指南針」「大司樂」「俗樂」
서명응(徐命膺) 1716~1787	『詩樂和聲』(1780), 『元音鑰』, 『詩樂妙契』, 『鐘律全書』
황윤석(黃胤錫) 1729~1791	『頤齋亂藁』「律呂新書解」「五音審辨」「七絃論考」 등

....

7 김수현, 「『詩樂和聲』의 악률론 연구」, 한국학중앙연구원 박사논문(2011)
8 이 표는 김수현, 앞의 논문, 53쪽의 내용을 수정 보완한 것임.

홍대용(洪大容) 1731~1783	『湛軒書』의「律管解」「變律」「黃鍾古今異同之疑」
최좌해(崔左海) 1738-1799	『禮經考』의「樂考」중 唐書樂章, 律呂新書序, 古樂府詩類編序, 樂律管見, 樂律問答
정조(正祖) 재임 1776~1800	『樂通』(1791)
정약용(丁若鏞) 1762~1836	『樂書孤存』(1815)
유희(柳僖) 1773~1837	『方便子遺稿』「律呂新書摘解」「樂律管見辨」
이규경(李圭景) 1788~1856	『五洲衍文長箋散稿』「樂律候氣辨證說」「律準辨證說」
최한기(崔漢綺) 1803~1877	『氣測體義』(1836)「聲暈遠近」「推通萬聲」「聲律言語」「言語因聲音而發」 「心發於聲」「音律協均」「五聲十二律」
유중교(柳重敎) 1832~1893	『絃歌軌範』(1887)

조선후기 악률에 관한 저술이 위와 같이 상당히 많은데, 유희의 위치에서 보면 앞서 악률에 관한 많은 논의가 이루어졌을 것임을 짐작할 수 있다. 유희의 앞 시대에 악률에 관한 큰직한 저술들이 보이는데, 크게는 서명응의 『시악화성』과 정약용의 『악서고존』을 들 수 있다. 이 저서들은 상당한 분량의 저술로써 악률에 관한 많은 심도 있는 논의가 전개되어 있다. 그런데 조선후기 학자들이 거의 같은 경향을 보이듯이 유희 역시 앞선 조선후기의 악률서들에 대해서는 언급이 없고 다만 중국의 새로운 논의에 대해서만 논의를 전개하고 있다.

유희의 저술을 보면, 100권에 달하는 『文通』에 수록된 저서는 『詩物名攷』『物名類攷』『諺文誌』로 대표된다. 그 중 『詩物名攷』『物名類攷』는 주로 국어사 및 국어학사 자료에 해당하고 『언문지』는 국어학사적 자료로서 그동안 국어학계에 주목을 받아왔다. 유희는 『언문지』를 탄생시키면서 가깝게는 정동유(鄭東愈)의 영향을 받으며 멀리는 15-6세기의 연구 성과를 비판적으로 수용한 학자로 평가되고 있다.9

음악에 관한 저술을 보자면 『율려신서적해』와 『악률관견변』이 모두 『방편자유고(方便子遺稿)』10에 실려 있고 『律樂類』가 『文通』10권에 남아 있다. 『방편자유고』의 내용은 『文通』 가운데서 역상, 율려, 수학과 관련된 내용을 초록한 것으로 『주비산경장구해(周髀算經章句解)』(1796), 『관상지(觀象志)』가 함께 실려 있다. 『주비산경장구해』는 『주비산경(周髀算經)』11을 해설한 것이다. 유희는 주비산경을 주공이 천도에 의거해서 수학의 본원을 밝힌 저서로 높이 평가하였다. 또한 『관상지(觀象志)』(1802)는 時憲曆 채택 이후 실제 曆의 계산과 曆法의 원리에 대한 이해 사이의 괴리 다시 말해 역가와 유가 사이의 인식차를 해소하기 위한 목적으로 저술된 것이다.12

음악에 관한 저술을 할 수 있었던 것은 부친의 영향이 컸다고 할 수 있다. 부친 유한규(1718~1783)가 역산과 율려에 조예가 깊었다고 하는데 그가 비록 유희가 11살 되던 때에 세상을 떠났지만 어렸을 때 교육 받은 것을 『율려신서적해』를 쓸 당시에도 기억할 수 있을 정도로 그 영향은

9 이상혁, 「국어학사의 관점에서 바라본 유희의 언어관」, 『한국학논집』 36집, 2002, 97쪽.
10 규장각한국학 연구원 사이트에 한 方便子遺稿의 서지사항은 柳僖(朝鮮) 著, 筆寫本, 1冊 : 揷圖, 無界, 10行 20字 註雙行, 無魚尾 ; 31.1 x 20.5 cm 觀象志. 周髀算經章句釋. 律呂新書摘解. 樂律菅見辨 이다.
11 주비산경(周髀算經) : 중국의 천문 수학서로 저자는 미상이고 상하 2권. 저자 미상. 원주율을 3으로 하는 등 수학적인 내용도 포함하지만 구(句)·고(股)·현(弦)의 법(피타고라스 정리)을 기초로 하여 혼천설(渾天說)과 함께 중국의 대표적인 우주관이라고 하는 개천설(蓋天說)을 뒷받침한다.
12 구만옥, 「방편자 유희(1773~1837)의 天文曆法論 -朝鮮後期 少論系 陽明學派 自然學의 一端」, 『한국사연구』, 113집, 한국사연구회, 2001, 89~90쪽.

간과할 수 없다. 이와 같은 사실은 『율려신서적해』의 서문에 쓴 다음과 같은 글에서 알 수 있다.

옛날에 나의 선친은 이미 수학에 깊이가 있었고 또 율려에 다시 품을 들일 때 일찍이 채(원정)씨의 『율려신서』에서 수식한 바가 있었지만 지금은 이미 없어져 전하지 않는다. 다만, 내 기억으로 7세 때 아버지가 나를 옆에 끼고 가르쳤었는데 그 때는 어리석어서 잘 몰랐고 다만 12월의 차례와 더불어 손익상생의 비율에 분배할 수 있는 것을 깨달았을 뿐이었다. 자라서는 이원을 드나들었던 적이 있는데 속악에 단지 4청성이 있으나 그것이 두루 쓰이지 않음을 매번 괴이하게 여겼던 일이 생각난다.[13]

또한 그의 문집인 『문통』에 대략 80제 154수의 악부시(樂府詩)를 남겼다는 점에서 유희의 음악적 재능과 이론의 탄탄함을 엿볼 수 있다. 그가 단순히 시로써만이 아니라 악부시의 題만 보더라도 橫吹曲辭 相和歌辭 舞曲歌辭 雜歌謠辭 鼓吹曲辭 新樂府辭 등을 통해 음악과의 관련성을 충분히 알 수 있다. 실제로 그가 계면조로 지었다는 노래 <洞笛 界面調>는 지금의 국악학계의 '계면조'의 유래와 관련한 많은 학설 중의 하나로 연구될 수 있는 부분이다.[14] 계면조의 유래에 대한 새로운 설이라고 할 수 있는 설명이다. 통적(洞笛)은 퉁소라는 악기를 말하는 것으로 퉁소로 분 계면조 시라

13 『律呂新書摘解』「律呂新書摘解序昔」, 我先大人旣瀣數學 又復用工於律呂 嘗爲所修飾于蔡氏新書者 今已亡佚不傳. 但記憶七歲時嘗得於負劍之詔 而伊日蒙眎 只曉得分配十二月之序 與夫損益相生之率而已. 及長嘗游梨園考見俗樂之 只有四淸聲 每怪其不周爲用矣.

14 이 시의 제목에는 다음과 같은 설명이 달려 있다. "계면조는 본래 신라태자가 백제에 인질로 가게 되어 국경을 벗어날 때 군신과 이별노래를 지었는데 그 소리가 슬펐기에 드디어 계면조라고 불렀다. (界面調本出新羅太子往質百濟 將出境 與群臣別作歌 其聲哀怨 遂爲界面調)" 김근태, "앞의 논문" 147쪽에서 재인용.

는 것인데, 계면조는 어떤 악곡이 아니고 악조, 또는 음악 스타일을 말하는 것이다. 당시 가곡의 평조와 계면조가 있었다는 점을 상기하면 가사의 내용도 슬프고 퉁소의 소리도 처량한 소리를 내기 때문에 알맞은 의미를 가지고 있다. 그러나 유희가 작곡자가 아니었기 때문에 곡을 지어 불렀다고는 할 수 없다.

다만 이 글을 통해 유희가 언문에 큰 관심을 보이고 그런 저작을 냈듯이 아악 중심의 악률론에만 관심이 있지 않고 우리 음악에 대한 관심을 가지고 있다는 점을 살펴 볼 수 있다.

III. 『율려신서적해』의 저술 동기와 내용 구성

『율려신서적해』는 크게 세 부분, 즉 「율려신서적해서」, 「율려본원」과 「율려증변」으로 구성되어 있다. 이 『율려신서적해』는 채원정의 『율려신서』를 요점만 가려서 해설한 것이다. 그러나 구체적으로 살펴보면, 내용 전부를 요약한 것은 아니고 『율려신서』가 지어진 이래로 논란이 되었던 부분을 적출해서 당시의 언어나 개념을 도입하여 해석을 하거나 부연설명을 하였다. 또한 『율려신서』에서 잘못 명시한 점이나 각주 등에서 제기된 문제에서 잘못된 점 등을 비판하는 것 등으로 되어 있다.

『율려신서』의 저자 채원정(蔡元定, 1135~1198)은 송대의 대표적인 악률이론가이다. 채원정의 자는 계통(季通)이고 호는 서산(西山)이며 건양(建陽) 사람이다. 그의 아버지 채신여(神輿, 호는 發)와 『홍범황극』을 쓴 아들 채침(蔡沈, 호는 九峯) 등을 비롯하여 일가를 이룬 명성 있는 집안이었다.[15]

....

15 『宋史』 卷四百三十四, 「列傳」 第百九十三, <儒林> 四, 6a2~9a4. '蔡元定'

채원정의 대표적인 악률저서가 1187년에 지어진 『율려신서(律呂新書)』이다. 『율려신서』는 채원정이 주자(朱子, 1130~1198)와 함께 만든 것이라고 보기도 한다.[16] 이는 송대까지 수없이 이루어졌던 중요한 악률의 논의들을 심도 있고 집약적으로 다룬 책이다. 우리나라에도 조선 초기 『성리대전』[17]을 들여올 때 함께 들여 온 이후 세종의 강연에서도 중요한 교재로 사용되었고 박연의 율관제작과도 관련성을 가지고 있었다. 또한 성종조 『악학궤범』 악률론에 크게 반영되었고 율관제작이나 학자들의 악률론과 관련하여 조선시대에 전반적인 영향을 미친 책이다.

유희는 악률에 대한 당대의 인식이 어떤 상태인지 어떻게 진단하였고 채원정의 『율려신서』를 어떻게 평가하고 있는지, 또 『율려신서적해』를 쓰게 된 동기가 무엇인지 서문을 통해서 밝히고 있다.

그러므로 주자와 채원정 사제가 여러 해 강론한 바는 결국 제작에 있어서 한 번의 시도도 얻을 수 없었으니 이 악으로 하여금 다시 아송의 바름을 얻을 수 있었겠는가? 이는 역시 유술의 연액(운수)에 관련되어 있으니 홀로 어찌 한탄하겠는가? 다만 지금 세상에 사대부들이 항상 이러한 것들을 잡술로 여겨 배척하는 말을 하니 읽는 자가 번번이 하품하고 기지개를 펴며 심지어 이 책의 편목조차 평생 알지 못하는 자가 많다. 그러므로 세상에서 그것을 다루는 법을 모를 뿐 아니라 제격인(전문가) 사람도 없었다. 이는 실로 장과 구절을 보면 결국 주가의 문자가 산란하여 그 두서를 찾지 못하고 또 왕왕 하백재 (栢齋, 何瑭)와 정세자(朱載堉을 말함)와 같은 무리들이 있어 그 사이에

---

16 주자는 채원정과 나이 차이가 적으나 사제지간이었다. 주자는 채원정을 학문적 동지로 대우했다. 『율려신서』의 서문을 주자가 지었고 본문에는 간혹 주자의 주가 들어 있기도 하다.

17 『性理大全』: 1415년(영락 13)에 호광(胡廣) 등 42명의 학자가 왕명을 받고 송 (宋)의 성리학설을 분류 집대성하여 편찬한 책이다.

다른 설을 따르게 되었다.18

　　나는 항상 이것에 분개하였고 또 선친이 남긴 뜻을 마침내 계승할 수 없음을 두려워했다. 드디어『율려신서』중에 요점을 취하여 그 구절과 말을 해석하고 처음 배우는 사람들의 미혹하고 어두움을 일깨우고 겸하여 백제(하당)의 의견을 변론한 것을 그 뒤에 붙여 역시 대중들의 의심을 없애고 하나로 돌아가게 바로잡고자 하였다. 대개 많은 설이 율려가 역과 도량에서 본받았다고 한다. 그러나 율 려 역 도량의 네 가지는 모르고서 다만 피부(껍데기)만 알 뿐이다.19

　　율려가 본래 역법 도량형과 밀접한 관련이 있음을 알지만 껍데기만 알 뿐이라고 하였다. 유교의 핵심적인 가르침인 시·예·악과 연결된다는 점에서 유가의 공부에 필수적인 분야인데 사대부들이 이것을 잡술로 취급하여 배척하고 평생토록『율려신서』편목조차 알지 못하는 점을 비판하였다. 이는 율려의 본질을 제대로 파악하지 못한 데에서 연유한 것으로 당시 주가들의 해석이나 일부 유자들의 논의가 산란하여 두서를 찾을 수 없었기 때문이라고 본다. 또한 유희는 명나라 악률학자 하당(何瑭, 1474년~1543)의 설에 대해 비판적 견해를 가지고 있었다. 이 때문에 하당이 지은『악률관견』을 10개의 변으로 분류하여 비판한『악률관견변』을『율려신서적해』의 부록으로 붙여 놓았다. 유희는『율려신서적해』를 통해서도 여러 사람의 설을 지적했지만 특히 하당이『율려신서』와는 아주 다른

....

18 『律呂新書摘解』「律呂新書摘解序」: 故朱蔡師弟積年 所講者 終未得一試諸制作 使斯樂 復得雅頌之正. 此亦關於儒術之連厄 獨何所恨哉. 但以今世 士大夫恒言 排斥此等以爲雜術 讀之者輒復欠伸睡 甚至平生不識此書篇目者多之. 故不徒世無其治 亦並無其人 是實由章句之見 卒當籌家文字散亂 無以尋其頭緒 且往往 有何栢齋鄭世子之輩 從爲異議於其間

19 『律呂新書摘解』序, 僖常以是憤之 又懼先大人遺志 終不得繼也 遂就新書之中摘其句語解之 以醒初學之迷晦 兼以所辨栢齋者 附之其下 亦欲以祛 衆疑而歸一正也 蓋說者多 以律呂爲效於曆與度量 而殊不知四者 特其皮膚耳

견해를 제기한 것이 악률에 대한 이해를 저해했다고 보았기 때문에 따로 하당의 견해만을 변론해 놓은 것이다. 또한 악률에 힘써야 하는 이유를 다음과 같이 역설하고 있다.

> 옛날 성인이 가르침을 삼는 것이 세 가지가 있으니 시와 예와 악이다. 시로써 가르침을 삼기 때문에 거기에 감흥을 일으키는 바가 있고 예를 가르침 삼았기 때문에 거기에 입신함이 있는 것이고 악으로써 가르침을 삼았기 때문에 거기에서 완성됨이 있다. 천지의 화육 역시 여기에 이르러 도움을 다하는 것이리라. 율려가 상란(상실되고 어지러워진)된 이래 조화가 다시 장악되지 않았고 신통이 다시 몸에 붙지 않았으니 시는 일찍이 읽지 않은 적이 없으나 뜻을 감흥시키고 성품을 발현시키기 부족했고 예는 일찍이 거행되지 않은 적이 없으나 신을 이르게 하고 손님을 즐겁게 하기 부족했으며 악은 일찍이 연주되지 않은 적이 없으나 족히 이풍역속하지 못했다. 이에 세 가지의 가르침이 막연할 뿐이다. 그런 즉 뜻이 있는 후생이 있더라도 가히 율려에 두지 않고 어찌 힘쓰리오.[20]

이와 같이 유희는 『論語』의 '興於詩 立於禮 成於樂'[21]을 교육적으로 잘 활용하기 위해 율려에 바탕을 두어야 함을 강조하고 있다. 즉 詩, 禮, 樂 이 세 가지가 시행되고 있지 않은바 아니나 율려가 상란된 이래 이 가르침이 막연하기만 하기 때문에 실질적인 악률에 대한 인식을 가져야 한다는 것이다. 이것이 유희에게 있어서는 『律呂新書摘解』를 쓰는 근본적인 이

---

20 『律呂新書摘解』序, 古之聖人 所以爲敎者三 詩也 禮也 樂也 詩以爲敎 故人有所興焉 禮以爲敎 故人有所立焉 樂以爲敎 故人有所成焉. 天地之化育 亦至此盡贊矣. 一自律呂喪亂以來 造化不復在握 神通不復在身. 詩未嘗不讀 而無足以感志發性. 禮未嘗不擧 而無足以格神娛賓. 樂未嘗不奏 而無足以移風易俗 於是乎 三者之敎 漠然而已矣. 然則有志後生 可不於律呂 焉勉之哉.
21 『論語』,「泰伯」第八 子曰 興於詩立於禮成於樂

유가 되는 것이다.

유희의 『율려신서적해』는 채원정의 『율려신서』를 바탕으로 한 것이어서 「율려본원」, 「율려증변」 두 권으로 나누어 있는 것을 그대로 따랐으며 장도 『율려신서』 원래의 순서대로 서술했다. 『율려신서』는 「율려본원」이 13편, 「율려증변」이 10편으로 되어 있으나 유희의 『율려신서적해』는 「율려본원」에서 4장과 11장 12장을 뺀 10장만 있고 「율려증변」에서는 10편 모두 있다. 다음은 『律呂新書摘解』의 「律呂本原」과 「律呂證辨」의 내용 구성에 대해 채원정의 『율려신서』의 목차에 따라서 표로 살펴보면 다음과 같다.

〈표-2〉『律呂新書』와 『律呂新書摘解』의 「律呂本原」

蔡元定의 『律呂新書』 중 「律呂本原」		柳僖의 『律呂新書摘解』 중 「律呂本原」	
차례	제목	차례	摘解 부분
第一	黃鐘	第一章	空圍九分(空去聲)
第二	黃鐘之實	第二章	絲法 毫法 釐法 分法 寸法
第三	黃鐘生十一律	第三章	註: 六陽辰 止 居其衝 (衝如對衝之衝)
			其林鐘 止 其相應
第四	十二律之實	第四章	내용없음
第五	變律	第五章	小註: 小分 幾 數
第六	律生五聲圖	第六章	註: 置本律之實 止 羽亦四十八矣
第七	變聲	第七章	註: 宮與商 止 乃二律
第八	八十四聲圖	第八章	八十四聲圖
			註: 空積忽微 (十微爲忽)
			自林鐘以下有半聲 /自蕤賓以下有變聲
第九	六十調圖	第九章	六十調圖 黃鍾宮 貿易商 (橫看云云)
第十	候氣	第十章	內外卑高 從其方位
			按歷而候之 (按歷之按與以木爲按之按 不同)
第十一	審度	第十一章	秬黍
第十二	假量	第十二章	내용 없음
第十三	謹權衡	第十三章	내용 없음

〈표-3〉『律呂新書』와 『律呂新書摘解』의 「律呂證辨」

蔡元定의 『律呂新書』 중 「律呂證辨」		柳僖의 『律呂新書摘解』 중 「律呂證辨」	
차례	제목	차례	摘解 부분
第一	造律	第一章	漢前去 云云 取竹之解谷生 (漢書諸本或無之字 漢書文出自呂覽 曰 取竹於解谿之谷 斷兩節間 其長三寸九分 而吹之 以爲黃鐘之 管)
			漢後志 云云 吹以考聲
			國朝會要 云云 太祖患 止 高三律
第二	律長短圍徑之數	第二章	司馬遷律書 云云 註: 如歷家太少餘分强弱耳 (本文 太簇七寸七分 二商 下又有用者)
			小註: 其黃鐘下有宮 止 後人誤增也
			漢志曰 易曰 云云 又二十五分之六
第三	黃鐘之實	第三章	律書置一而九三之以爲法實 如法得長 一寸 凡得九寸 命曰 黃鐘之 律(籌家 謂乘曰之 謂除曰如法)
第四	三分損益上下相生	第四章	淮南子 云云 註 大呂夾鐘仲呂 倍數 則一
			漢後志 云云 上生 不得過黃鐘之淸濁 下生 不得及黃鐘之數實
第五	和聲	第五章	京房 六十律 止 多寡不例
			杜佑通典 云云 註: 不知依行 止 其韻乎
			通典曰 云云 十二律相生之法 止 梟氏爲鐘 以律計 自倍半 云云
			註: 其間 陽律 止 聲而已
			其實 又二十八聲而已
第六	五聲小大之次	第六章	註: 沈括不知此理 止 其亦誤矣
			俗樂之有淸聲 蓋亦略知此意
			黃鐘太簇二聲 止 本律之半
			晉荀勗之笛梁武帝之通
第七	變宮變徵	第七章	淮南子 云云 不比於正音 止 爲繆 (淮南子本文角生下有姑洗 姑洗 生五字 應鐘下 無不字繆 古通穆或作謬字誤)
第八	六十調	第八章	周禮 云云 註: 祭祀之樂不用商聲
			淮南子曰一律 止 天之道也
第九	候氣	第九章	第九章 隋志 云云 每其月氣 止 飛少許者
			逐以十二管 止 均鐘器合
第十	度量權衡	第十章	第十章 周禮典瑞 云云 註 周家十寸八寸皆爲尺矣
			漢前志 云云 註 古人蓋三五以存法也 /十東魏後尺 云云 以一黍之 廣度黍二縫以取一分 /阮逸胡瑗尺 云云 鄧保信尺 云云 大晟樂尺 云云 / 仁宗 景佑 止 詔悉罷之/ 周禮栗氏 小註 鄭氏 止 謂之 昬/ 魏陳留王 云云 當今大司農 止 尺短也 / 祖沖之 止 所致也 / 註每旁約 止 約二寸也 / 范蜀公 止 圓分也 / 圓其外 止 皆非也 / 大唐貞觀 云云 註 今以隋志 止 四分有奇

앞의 표에서 볼 수 있듯이 목차에서도 「율려본원」보다 「율려증변」이 더 많은 조목이 있고 실제 내용의 분량에 있어서도 「율려증변」이 훨씬 많다. 그리고 가장 많은 장은 「율려증변」의 10장 부분이다. 이 10장은 도량형에 관한 내용을 가지고 있어 척에 관한 문제가 율관에서 중요한 문제이긴 하지만 음악적 내용이 적기 때문에 이 논문에서는 다루지 않을 것이다.

유희는 채원정의 악률론에 대한 주를 단 사람들의 문제도 가끔 거론하고 있지만 주로 채원정이 말하고자 하는 요지만을 중심으로 문제를 요점화 하고 있다. 본래『율려신서』의 서술방식도 기존의 문헌들에서 제기되었던 문제를 큰 글씨로 쓰고 채원정이 설명하는 방식으로 되어 있다. 그렇게 보았을 때 유희는 바로 그런 방식 그대로 채원정의 악률론의 논점을 끄집어내고 그것에 대해 자신의 해석과 부연설명을 하고 있다는 점에서『율려신서적해』는『율려신서』방식의 서술 방식을 가지고 있다는데 특징이 있다.

IV. 『율려신서적해』의 악률론

1. 12律에서 제기되는 문제

1) 황종율관의 空圍와 積에 관한 문제

『율려신서적해』에서는『율려신서』「율려본원」의 첫 장인 제1장의 黃鐘[22]부분에서 명시된 '空圍九分'의 문제를 논하고 있다. 空圍의 문제는『漢書』「율력지」에서 제기된 이후 여러 가지 학설들이 혼재되어 왔기 때문에

----

22 율은 黃鍾으로 써야 하나『율려신서』의 원문에는 黃鐘으로 되어 있다.

『율려신서』에서도 첫 부분으로 다루면서 많은 지면을 할애하고 있다. 또한 기본음, 또는 표준음이 되어야 할 황종율관에 있어서 원둘레 원통의 단면적, 지름 등의 문제가 얼마나 중요한 문제인지를 보여주고 유희 역시 이 장에서 가장 중요한 해석의 여지가 있는 空圍를 거론했다고 할 수 있다. 유희는 먼저 다음과 같이 말하고 있다.

> 공위 두 글자는 채옹의 동약명(銅龠銘)에서 나왔다. 그 위(圍)는 가운데의 공간을 말한다. 단지 한 면을 계산한 것이지 그 두께와 부피를 논하지 않은 것은 면멱과 더불어 한 가지이다. 그러나 곡(斛)의 형태는 밑바닥이 있어 그 분 촌을 볼 수 있기 때문에 면멱으로 그것을 말한 것이고 율관의 형태는 비어서 통해 있으므로 다만 그 담을 수 있는 것에 근거해서 공위로 그것을 말한 것이다. (註중에 그 圍를 살핀다고 한 圍 역시 空圍이다. 圍三이나 圍長이라고 할 때의 위가 아니다)[23]

空圍의 문제는 그것이 둘레를 말하는 것인지 단면적을 말하는 것인지에 따라서 지름이나 원통의 부피 등이 모두 다 달라지는 것이기 때문에 그 개념을 정확하게 해 놓는 것은 중요한 문제이다. 이것 때문에 『율려신서』에도 꽤 긴 주가 달려 있다. 유희는 확실하게 공위는 원둘레가 아니라 원의 단면적임을 밝히면서 면멱(面冪)[24]과의 차이점도 설명하고 있다.

유희는 거기에서 한 발 더 나아가 다음으로는 원주율 문제를 거론한다. 원의 지름과 둘레, 단면적을 구하는 데 있어서 원주율은 중요한 문제이다. 유희는 채원정이 공위를 둘레가 아닌 단면적인 9방분이어야 한다고

---

23 『律呂新書摘解』「律呂本原」, 第一章, 空圍二字出蔡邕銅龠銘. 言其圍中之空也 只計其一面 而不論 其厚積者 與面冪一也 而斛形有底可睹其分寸 故以面冪言之 律形虛通 但憑其容受 故以空圍言之 (註中審其圍之圍亦空圍也 非圍三圍長之圍)
24 면멱(面冪)은 원통을 보자기로 덮었을 때 원통 안쪽까지의 면적을 말한다.

만 했지 원주율은 고율(古率)인 3으로 적용한 한계를 지적한다. 그래서 유
희는 조충지(祖沖之)의 밀율(密率)과 유휘(劉徽)의 휘율(徽律)에 대한 부분도
함께 거론하고 다음과 같이 원주율을 내는 방식까지 다음과 같이 설명하
고 있다.

원을 구하는 주법에서, 지름이 1척일 때 둘레가 3척인 것은 고율이
다. 지름이 50일 때 둘레가 157인 것은 유휘(劉徽)[25]의 율이다. 지름
7에 둘레 22는 조충지(祖沖之)[26]의 밀율이다. 고율을 계산하는 법은
지름의 자승에 3을 곱하고 그 중 4분의 1을 취하면(결국 지름×지름
×3/4)면적을 얻는다.[27] 면적과 12를 곱하여 수를 취하고 개방법으로
둘레를 얻을 수 있다.[28] 휘율이나 밀율을 계산하는 법은 반지름과 반

. . . .

25 유휘劉徽 : 중국 삼국시대 위나라의 수학자. 한대(漢代)에 완성된『구장산술(九
章算術)』에 주석을 가하였으며,『해도산경(海島算經)』을 저작하였다.『구장산술
주(九章算術註)』는 단순한 주석서에 그치지 않고 수학자로서의 진가를 발휘한
귀중한 자료서였다. 그는 여기서 원주율(圓周率)을 산출함에 있어 무한등비급수
의 극한치를 구하는 방법과 유사한 추리방법을 적용하여 근사치를 구하는 데
성공하였다. 또 여러 가지 모양[形]의 부피를 구하는 데도 뛰어난 기하학적 직
관과 극한을 구하는 방법을 이용하여 성공을 거두었다.
26 조충지(祖沖之, 429~500) : 중국 남북조(南北朝)시대 송(宋)의 과학자. 자 문원(文
遠). 범양(范陽) 출생. 유송(劉宋)의 효무제(孝武帝) 밑에서 벼슬하여 462년『대
명력(大明曆)』을 만들었는데, 중신 대법흥(戴法興)의 반대로 시행이 늦어지던
중 시행을 앞두고 황제가 죽자 중지되었다. 후에 이 역서는 양(梁)·진(陳) 두 나
라에서 80년 동안 행해졌다. 종래의 역법(曆法)에 비하여 여러 가지로 개량이
되었으며, 391년 사이에 144개의 윤달을 넣고 또 세차(歲差)를 채용한 것 등이
특히 주목된다. 수학자로서는『구장산술(九章算術)』의 주(註),『철술(綴術)』10
편이 있고, 원지름 113일 때 원주 355로 잡은 정밀한 원주율은 저명하며, 그의
산법 연구의 깊이를 알 수 있다.
27 지름^2 × $\frac{3}{4}$ = 면적
28 $\sqrt{면적 \times 12}$ = 둘레, $\sqrt{\left(지름^2 \times \frac{3}{4}\right) \times 12}$ = 둘레   둘레=지름×원주율

둘레를 서로 곱하여 면적을 얻는다.[29] 또 지름법의 반과 둘레법의 반을 서로 곱하여 면적을 얻는다. 또 지름법의 반(휘율 즉 25, 밀율 즉 3.5)과 더불어 둘레법의 반(휘율 즉 78.5, 밀율 즉 11을 서로 곱하면 멱이 되는 법이 된다.[30] 그것으로써 면적을 나누어 수를 취하고 개방한 연후에 지름 구하는 법을 사용하여 (원주율을) 곱하면 다시 지름을 얻을 수 있고 둘레 구하는 법을 사용하여 (원주율을)곱하면 다시 둘레를 얻을 수 있다.[31]

원을 12조각으로 나누어서 절반씩을 앞뒤로 맞추어 보면 대강의 직사각형이 된다. 그 한쪽 짧은 변이 반지름이고 한 쪽 긴 변이 반둘레이다. 가로와 세로를 곱하면 원면적이 나온다.[32] 그리고 원면적이 나오면 원주율을 구할 수 있게 된다. 그래서 면적을 나누어 수를 취하고 개방한 연후에[33] 이것에 (원주율을) 곱하면 다시 지름을 얻을 수 있다고 한 것이다.

----

29 0.5(반지름) × 1.5(반둘레) = 0.75의 결과와 같다.

30 휘율법:25(반지름)× 78.5(반둘레) = 1962.5 1962,5÷25^2= 3.14(원주율) -> 25×2×3.14 = 157(둘레)

밀율법:3.5(반지름)×11(반둘레) = 38.5, 38.8÷3.5^2 =<u>3.142857142857(원주율)</u> -> 3.5×2×3.142857142857 = 22(둘레)

31 『律呂新書摘解』「律呂本原」, 第一章, 求圓之籌 徑一尺周三尺者 古率也. 徑五十周百五十七者 劉徽率也. 徑七周二十二者 祖沖之密率也. 古率籌法 以徑自乘三之四而一得積 積以十二乘之取數 開方得周焉 徽密籌法 以半徑半周相乘得積 又以徑法之半(徽則 二十五 密則三五) 與周法之半 (徽則七十八五 密則一十一) 相乘爲羃法 以之除積取數 開方然後 用徑法乘起得徑 用周法乘起得周焉

32 여기에서 유희가 설명한 고율을 구하는 방법을 설명한 것을 그림으로 보면 다음과 같다.

 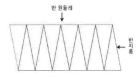

유희는 채원정이 고율을 사용하여 계산한 것은 대강의 계산법이어서 노재팽씨[34]에게 나무람이 되었다고 했다. 이렇게 세세한 설명이 필요한 것은 채원정이 고율을 사용하여 계산한 한계도 지적하는 것과 동시에 채원정의 한계를 지적하고 조충지의 밀율을 거론한 노재팽의 견해 역시 어떤 수치상의 어떤 잘못을 하고 있는지를 설명하기 위해서이다.

부주에 노재팽씨가 논한 계산법은 자못 상세하면서도 간단하나 그것을 기록한 수는 많은 차이와 오류가 있다. 지금 밀율로 그것을 추론하면 만약 지름이 3분이면 둘레는 9분 4리 2모 8사강을 얻는다.[35] 그러므로 반주와 반경을 서로 곱하면 707리강을 얻어서[36] 그것을 9분과 비교하면 1분 92리기가 부족하다.[37] 그런 즉 일초라고 말한 것은 잘못이다.[38]

만약 둘레가 9분이면 지름은 2분8리 6모 3초 6홀강을 얻는데[39] 그 2초라고 말한 것은 잘못이다. 만약 지름 3분4리6모라고 하면 즉 둘레

----

33 개방한다는 말은 현대 수학 용어로는 제곱근을 구한다는 말이다. 면적은 정사각형의 가로와 세로를 곱하여 나온 것이니까 $\sqrt{면적}$ =한 변이 되니 지름이 나올 수 있다.

34 노재팽이란 인물에 대해서는 알 수 없으나 『율려신서』「율려본원」 황종제일에서 채원정이 제기한 공위(空圍) 문제에 대해 논한 소주를 달아서 지금까지 역대로 황종의 길이, 단면적, 둘레, 부피 등을 논했던 사례들과 채원정의 논이 무엇이고 어떤 한계가 있는지 지적한 바 있다.

35 3(지름)×22/7(밀율)=9.42857142...(지름)

36 1.5(반지름)×4.714(반둘레)=7.071(면적)

37 9-7.071=1.929

38 『律呂新書摘解』「律呂本原」, 第一章, 附註彭氏論籌頗爲詳簡 而所記之數多有差誤. 今以密率推之 若徑三分 則周得九分四里二毛八絲强 故半周半徑相乘得七百零七里强 以之較九分而不足一分九十二里奇也 然則其云一秒者誤也

39 9=22/7×지름   9÷22/7=2.86363..(지름)   3-2.86363 =0.313637

는 10분 8리7모 4초2홀강을 얻는다.[40] 그 6초라고 말한 것은 잘못이다. 만약 9개의 방분이 원면적이 되면 그 형태는 마땅히 ○(그림1)이어야 하는데 ▦(그림2)라고 지은 것은 잘못이다. 만약 12방분으로써 방적을 삼는다면 그 형태는 마땅히 ▦(그림3)여야 하나 그 ▦(그림2)라고 한 것 역시 잘못이다.[41] 만약 지금이 3분4리6모라고 한다면 멱은 9방분 40리 62모 47초 14홀강을 얻는다. 그 단지 60모라고 한 것은 궐문이다.[42]

위와 같이 그림3의 형태가 되어야 원의 지름과 사각형의 한 변의 길이가 같아서 지름을 구할 수 있다. 그런데 『율려신서』에서는 그림2를 제시함으로써 그 설명과 그림의 괴리가 있었다. 그러나 이 점에 대해서 그동안 지적해서 고쳐 설명한 적이 없었던 점을 볼 때 유희의 날카로움을 엿볼 수 있다.

한편 『율려신서』에서나 『율려신서적해』에서나 공위를 원통의 단면적이라고 인식한 것은 공통점이다. 그런데 그렇게 하고 나면 원통의 부피의 문제가 거론되지 않을 수 없다.

....

40 3.46×22/7=10.874285...

41 안에 그려진 본문의 그림은 편집상 그려 넣기 어려워서 필자가 따로 그렸는데 이 모양은 다음과 같다.

　　　　　　　　<그림1>　　　　　　　　<그림2>　　　　　　　　<그림3>

42 『律呂新書摘解』,「律呂本原」, 第一章, 若周九分 則徑得二分八里六毛三秒六忽強 其云二秒誤也. 若徑三分四里六毛 則周得十分八里七毛四秒二忽強 其云六秒誤也. 若九個方分 爲圓積 則其形當爲○其作▦誤也. 若以十二方分 爲方積 則其形當爲▦ 其又作▦亦誤也. 若徑三分四里六毛 則冪得九方分四十里六十二毛五十七秒十四忽強 其但云六十毛闕文也.

여기에서 『한서』 「율력지」에 근거해서 『율려신서』 「율려본원」 제1장, '黃鐘'의 첫 문장에 인용한 "黃鐘 長九寸 空圍九分 積八百十分 以起積一千二百 黍"라는 명제를 다시 한 번 보자. 이미 공위를 9방분인 단면적으로 보았다 면 積은 면적이 아니고 부피이다. 부피 810푼이 되려면 황종율관의 길이 가 90분일 때 성립한다. 그 말은 1촌은 9분이 아닌 1촌을 10분으로 삼아 야 하는 조건 아래서이다. 그러니까 9분법이 아니라 10분법을 사용하는 것이다. 여기에다 1200개의 기장을 넣을 수 있는 구조가 되려면 역시 애 초에 제기한 바와 같이 지름 3분으로는 도저히 들어갈 수 없음을 채원정 은 『율려신서』에서 다음과 같은 논리로 설명한다.

무릇 (황종율관)은 90개 기장의 길이인데 1200개의 기장을 넣어야 한다면 공위(空圍)는 마땅히 9방분(方分)이어야 한다. 곧 둘레가 10분 3 리 8호이고 지름이 3분 4리 6호이다. 매 1분에 13개의 기장과 또 3분 의 1의 기장이 들어가야 한다. 이로써 90을 곱하면 1200개가 된다.[43]

매 1분이라는 것은 90개의 기장을 늘어놓았을 때를 상정하면 1개의 기장, 즉 1개의 기장을 1분으로 삼았으니 1분으로 표현되는 1겹(층)을 말 하는 것이다. 황종율관의 길이가 90분이고 기장 알 1알이 1분이면 한 층 에는 13과 1/3의 기장 알이 들어가야 1200개를 채울 수 있다.(13⅓ ×90=1200) 그러니 둘레가 9분이라면 지름이 3분밖에 되지 않기 때문에 7개 정도 밖에 들어가지 못한다는 점을 지적하고 공위 9분이 둘레일 수 없다는 점을 강조하고 있다. 그러나 채원정이 설명한 내용을 실험하려고 한다면 실질적으로 원통에 담을 수 없다. 왜냐하면 기장의 3분의 1은 추

---

43 『律呂新書』, 「律呂證辨」第二章, 律長短圍徑之數 : 夫長九十黍 容千二百黍 則空圍 當有九方分 乃是圍十分三釐八毫 徑三分四釐六毫也 每一分容十三黍 又三分黍之 一 以九十因之 則一千二百也.

상적 숫자이지 실제 3분의 1로 쪼개서 넣을 수도 없다. 이 점 때문에 유희는 이것을 다음과 같이 실제 늘어놓고 쌓는 문제가 아니라고 말한다.

　　‘每一分容十三黍又三分黍之一’이라는 말은 1분을 기장을 늘어놓은 설이나 세워 놓은 설이 아니다. 넓이로써 구방분이고 두께로써 1분인 즉 들어가는 수를 이와 같이 얻을 수 있다는 것이다.
　　‘十一其長之分以爲廣’이라는 것은 길이의 10분의 1을 취하여 방분의 수로 삼는다는 말이다.[44]

　유희는 매 1분이 13개와 3분의 1의 기장 알을 담을 수 있다는 『율려신서』의 해석에서 과연 1분이 무엇을 말하느냐에 대해서 1분은 기장을 늘어놓거나 세워 놓는 설이 아니라고 밝힌다. 그 수치로서의 개념일 뿐이라는 것이다. 또한 ‘十一其長’을 넓이로 삼는다는 말이 무엇을 말하는지 쉽게 생각되지 않으나 이것이 ‘11의 길이’ 또는 그 ‘길이를 11’ 등으로 해석하지 않고 ‘길이의 10분의 1’이라고 하여 이치가 통하도록 명쾌하게 해석하였다.

2) 實과 法, 約之, 小分 등 개념에 대한 문제

　『율려신서』「율려본원」제2장 ‘黃鐘之實’에 대한 내용 중에서 絲法 毫法 釐法 分法 寸法의 즉, 법과 황종지실 할 때의 實, 法, 約之 등의 개념에 대해서 유희는 다음과 같이 설명하고 있다.

　　주가가 이른바 다른(어떤) 수를 곱하거나 나누는 수를 일러서 法이라고 하고 그 어떤(다른) 수를 일러서 實이라고 한다.[45] 지금 황종지

....

44 『律呂新書摘解』「律呂證辨」第二章, 每一分容十三黍又三分黍之一 : 此所謂一分非橫說及竪說也 以廣而九方分 以厚而一分則所容之數得如是也. 十一其長之分以爲廣 : 謂取長十分之一爲方分之數

실 177147은 3으로써 그것을 나누면 59049를 얻어 황종의 絲數가 된다. 또 3으로써 사수를 다시 곱하면 실을 얻는다. 그러므로 3을 명명하기를 絲法이라고 한다. 호리분촌의 법도 모두 마찬가지이다. 주가가 단수로 그것을 나눈 것을 일러서 約之라고 하였다.[46]

나누는 수나 곱하는 수는 法이고 나뉘거나 곱해서 나온 수가 實이라는 설명이다. 그리고 사법이 된다고 한 것은 이것이 絲단위로 되는 法이라는 말이다. 그리고 約之는 '그것을 묶는다.'라고 할 수 있는데 그렇기 때문에 이것을 나눈다는 개념으로 바꾸어 쉽게 설명하고 있다.

또한 「율려본원」 제5장 변율, 제7장 변성 등에서 나오는 小分의 개념에 대해서도 다음과 같이 설명하고 있다.

중려의 원래 실은 이미 3으로써 나눌 수 없으므로 729로 곱하여 그 수를 가상으로 늘린다. 연후에 3분손익하여 황종이하의 율을 얻을 수 있고 다시 729로 나누어 그 가상의 수를 줄인다. 그러나 당초의 나머지가 어찌 이렇게 한다고 해서 다 나누어질 수 있겠는가? 그러므로 본래 729를 채우지 못하는 수가 없을 수 없어서 우선 남겨두고 버리지 않는 것을 소분이라고 한다. 제7장의 소분도 같다.[47]

위와 같이 유희는 소분에 대해서 정확히 인식하고 있었던 것으로 보인

---

45 『律呂新書摘解』「律呂本原」, 第二章, 實 × 法, 實 ÷ 法 예) 177147(黃鐘之實) ÷ 3(法) = 95049 × 2(法) = 118098(林鐘之實)

46 籌家謂所以乘除他數之數 曰法 謂其他數 曰實 / 今黃鐘之實 一十七萬七千一百四十七 而以三除之 則得五萬九千零四十九 爲黃鐘之絲數 又以三乘絲數 復得其實 故命三曰絲法也 毫釐分寸之法 皆倣此 / 註 以幾數約之 籌家謂以單數除之曰約之

47 仲呂原實旣不可分之以三 故以七百二十九乘之虛演其數 然後 三分益損以得黃鐘以下之律 更以七百二十九除之 以殺其虛數 然當初之所不能盡者 豈容至是而盡分乎 故自不能無不滿 七百二十九之數 姑留不棄 名之曰小分 第七章小分倣此

다. 이 소분에 대해서 남상숙의 연구 결과[48]에 의하면 소분은 소수점 이하의 무리수를 분수로 나타낸 수를 공통분모로 만들어 대비시켜 나온 숫자이다. 6변율의 소분 산출에서 공통분모가 729인 이유는 6번의 삼분손익을 거쳐서 만들어 내는 것을 상정하면, 3^6인 729로 통분해야 남는 수가 없게 만들 수 있기 때문이다.[49] 예를 들어 변황종율의 소분은 486이라고 하였다. 이것을 산출하는 방법은 변황종 174762.666...의 소수점 이하의 무리수 0.666...은 분수 2/3으로 바꾸고 분수를 3^6인 729를 공통분모로 하여 계산하면 된다.(2/3=X/729, X=486) 『율려신서』「율려본원」 제5장 變律부분에서 6변율의 수치 아래 쓰인 소분의 예를 들어 보면 다음과 같이 소분이 산출되었음을 알 수 있다.

〈표-4〉 변율에서 소분 계산법

變律	變律 계산법	小分 산출법	小分
黃鐘	131072×4/3=174762.666...= 174762 2/3	2:3=X:729	486
林鐘	174762 2/3 ×2/3 = 16508.444.. =116508 4/9	4:9=X:729	324
太簇	116508 4/9 ×4/3 = 155344.5925...= 155344 16/27	16:27=X:729	432
南呂	155344 16/27 ×2/3 = 103563.0617...=103563 5/81	5:81=X:729	45
姑洗	103563 5/81 ×4/3 = 138084.0823...=138084 20/243	20:243=X:729	60
應鐘	138084 20/243 ×2/3 = 92056.0548...=92056 40/729	40:729=X:729	40

---

48 남상숙, 「『율려신서』의 60조와 6변율 연구」, 『한국음악사학보』 40호, 2008, 113~115쪽.
49 소분의 문제에서 729를 제기한 것은 6변율 생산에만 해당하지만 변성의 생성 때의 소분은, 즉 변치 변궁에서는 두 번을 삼분손익하는 것이기 때문에 3^2, 즉 9를 가지고 통분하는 것이다.

3) 上生과 下生, 6양률 6음려의 자리, 3呂의 倍數 문제

『율려신서』「율려본원」제3장 '黃鐘生十一律'의 주에는 채원정이 상생과 하생으로 발생하는 6율과 6려의 문제와 삼분손익 과정에서 대려 협종 중려의 차례가 올 때 이 3려가 옥타브 위의 음이 되기 때문에 배수를 해 줘야 하는 문제에 대해 다음과 같이 설명하고 있다.

> "생각건대 황종이 11율을 낳을 때 자 인 진 오 신 술의 6양진은 모두 하생하고 축 묘 사 미 유 해 6음진은 모두 상생하는 데 그 6양진은 마땅히 스스로 그 자리를 얻지만 6음진은 그 반대편에 있다. 6려 중의 임종 남려 응종 3려는 음의 자리에 있고 증손(增損)이 없지만 나머지 3려인 대려 협종 중려 3려는 양에 있으니 반성을 얻는데 그친다. 반드시 그 수를 배로 사용하여야 하여야 12월의 기와 상응하게 된다. 대개 음이 양을 따르는 것은 자연의 이치이다."[50]

이 문제에 대해서는 상생과 하생과의 관계와 옥타브 내에서의 상하생의 문제를 동시에 알아야 하는 복잡한 문제이다. 이 때문에『율려신서』의 번역서에서도 3려의 자리에서 양과 음의 위치를 바꾸어 놓고 번역을 하기도 했으며[51] 이에 대해 학계에서도 논란이 있었다.[52] 이 점에 대해서 유희는 「律呂證辨」제4장의 註에 대한 해석으로 먼저 상생과 하생이 어떻게 이루어지는지를 다음과 같이 설명하였다.

. . . .

50 『律呂新書』, 「律呂本原」, <黃鐘生十一律>, 9b9~10a2. 六陽辰當位自得六陰辰則居其衝 其林鐘南呂應鐘三呂在陰無所增損其大呂夾鐘仲呂三呂在陽則止得半聲 必用倍數方與十二月之氣相應蓋陰之從陽自然之理也. 『性理大全』卷之二十二, 1480~1481쪽.
51 이후영, 『國譯 律呂新書』(도서출판 문진, 2011), 90쪽.
52 김병애, 「『율려신서』의 번역·교감·주석 고찰」, 동양사상연구소 창립 기념 학술대회-성리학의 의의와 번역 문제, 성신여대 동양사상연구소·한중철학회, 2011. 11. 11, 99~105쪽.

무릇 上生하는 것은 3분의 4이고 下生하는 것은 3분의 2이다. 上生의 수는 매번 下生의 倍數이다. 그러므로 대려 협종 중려 3려는 즉 상생하면 全數를 사용하고 하생하면 倍數를 사용하는데 기실은 하나이다. 상생하는 것은 매 번 하생하고 하생하는 것은 매 번 상생하는바 같은 수이다. 그러므로 이칙 무역 2율은 즉 全數를 하생하는 것이지만 半數를 상생하는 것과 더불어 기실은 역시 하나이다.[53]

여기에서 삼분익일을 3분의 4로 표현하고 삼분손일을 3분의 2로 표현했으며 상생은 삼분익일이고 하생은 삼분손일이라고 설명하였다. 동시에 삼분손익 과정에서 상생하는 수는 全數로 해결 가능하지만 유빈율 이하부터 대려 협종 중려의 3려는 全數 안에 해결되지 않기 때문에 倍數를 해주어야 함을 설명하고 있는 것이다. 그러나 그것은 옥타브 차이일 뿐 같은 음이라는 것이다. 이 문제를 유희는 「율려본원」 3장에서 삼분손익의 차례와 음고의 차례 사이의 자리 변화가 일어나는데 이것을 다음과 같이 설명하고 있다.

율려를 12진에 분배하는 것은 두 가지 방법이 있다. 그 한 가지는 손익으로 상생하는 것이니 子로부터 亥에 이르기 까지 12자리를 거쳐 황종 임종 태주 남려 고선 응종 유빈 대려 이칙 협종 무역 중려가 된다. 그 나머지는 길이의 장단으로 차례를 지우는 것이니 동지로부터 소설에 이르기까지 12개월을 지나서 황종 대려 태주 협종 고선 중려 유빈 임종 이칙 남려 무역 응종이 된다. 6율인 경우에는 子의 자리에서 생겨나는 것은 子月에 속하고 寅의 자리에서 생겨나는 것은 寅月에

53 『律呂新書摘解』「律呂證辨」, 第四章, 淮南子 云云 註 大呂夾鐘仲呂 倍數 則一 :
凡上生者 三分之四也 下生者 三分之二也 上生之數 每爲下生之倍數 故大夾仲 三
呂則上生而用全 與下生而用倍 其實一也 上生者所下生每 與下生者 所上生同數 故
夷無二律 則下生於全數 與上生於半數 其實亦一也

속한다. 그러므로 해당하는 자리를 스스로 얻는다. 6呂인 경우는 丑의
자리에서 생겨나는 것은 未月에 속하고 卯의 자리에서 생겨나는 것은
酉月에 속한다. 그러므로 그 반대편에 자리한다고 말한 것이다.54

위와 같이 12율의 자리와 삼분손익의 차례의 자리에 대해서, 또 3呂에
서 衝이 일어나는 이유에 대해서 설명하고 있는 것이다. 이러한 유희의
설명을 그림으로 삼분손익의 차례대로 배열할 때와 음고의 차례로 배열
했을 때를 비교하면 다음과 같이 양율(陽律), 즉 黃, 太, 姑, 蕤, 夷, 無는 같
은 위치이지만 음려(陰呂), 즉 林, 南, 應, 大, 夾, 仲의 6율은 서로 자리바꿈
이 일어난다.

〈그림-4〉 陰呂의 위치와 衝

54 『律呂新書摘解』「律呂本原」, 第三章 註 六陽辰 止 居其衝 (衝如對衝之衝) : 律呂
之分配十二辰者 有二術 其始 之 以損益相生也 自子至亥歷十二位 而爲黃鐘林鐘太
簇南呂姑洗應鍾蕤賓大呂夷則夾鐘無射仲呂 其終之 以長短相次也 自冬至小雪歷十
二月 而爲黃鐘大呂太簇夾鐘姑洗仲呂蕤賓林鐘夷則南呂無射應鐘 是六律 生於子位
者 屬於子月 生於寅位者 屬於寅月 故曰當位自得也 六呂 則生於丑位者 屬於未月
生於卯位者 屬於酉月 故曰居其衝也

앞의 그림에서는 점선 안쪽의 순서 黃→林~無→仲은 삼분손익의 순서이고 바깥쪽 순서 黃→大~無→應은 음 높이 순서이다. 그런데 12辰으로 보면 丑↔未, 卯↔酉, 巳↔亥가 마주하고 있기 때문에 林鍾↔大呂, 應鍾↔仲呂, 夾鍾↔南呂가 된다. 여기에서 음려의 율인 대, 협, 중, 임, 남, 응 중에 鍾의 이름을 가진 3율, 즉 임종, 협종, 응종율과 呂의 이름을 가진 율, 즉 대려, 남려, 중려가 서로 자리바꿈이 일어나는 것이다. 또한 대려 협종 중려의 율을 왜 배(倍)로 해야 하는지에 대해서 다음과 같이 설명한다.

> 6려는 下生을 하여 나왔으므로 그 율관이 모두 양율보다 짧다. 그러나 임종 남려 응종 세 가지는 즉 午의 뒤에 속해 있어서 陰이 생겨날 때에 당하여 양율 또한 이미 매우 줄어드니 3呂가 족히 서로 어울릴 수 있기 때문에 더 보탤 것이 없다. 대려 협종 중려 세 가지는 子의 뒤에 속하는 것으로 陽이 쉴 때에 당하여 율관은 오히려 길어 3呂가 짧아서 낄 수가 없으므로 그 수를 배(倍)로 하여 관을 만든다. 그런 뒤에 그것을 사용하여 기를 살필 수 있다. 만약 악곡으로 쓸 경우에는 배(倍)로 하지 않는 것이 유용하다.[55]

위의 설명을 풀어보자면, 음려 중에 대려 협종 중려는 子의 뒤에 있고 午의 앞에 있는 陽에 속하는데 삼분손익을 할 경우 하생율에 해당되기 때문에 관이 황종보다 짧다. 그러므로 배수를 해줘야 한다는 것이다. 이러한 유희의 설명을 다음 그림으로 표현해 보면 다음과 같다.

---

55 『律呂新書摘解』「律呂本原」, 第三章 : 此謂六呂出於下生 故其管 皆短於陽律 然林南應三者 則屬在午後 陰生之時 陽律亦已甚殺 呂足與之相稱 故無庸更增也 大夾仲三者 則屬在子後陽息之時 律管猶長呂不可以短間之 故倍其數 爲管 然後可用以候氣也 若其入調 則有用不倍者矣

〈그림-5〉 陽과 陰에서 3呂 위치

위의 유희의 설명에서 주목되는 점은 "만약 조에 들어가면 배수는 쓰임이 있다."고 한 점이다. 이는 실제 악곡에서 사용되는 악조에서는 제한적인 율관의 문제보다 훨씬 자유롭기 때문이다.

2. 調에서 제기되는 문제

1) 84성도(八十四聲圖)와 60조도(六十調圖)를 읽는 방식

「율려본원」 8장에 제시된 84성도는 어떻게 읽는 것인지 아무런 설명이 없기 때문에 이해하기 어려운 부분이다. 유희는 이런 점을 생각하여 도해를 한 것이다. 84성이 만들어지는 원리는 12개의 율을 기준음으로 삼분손익하여 7성을 쌓는 것인데 그 결과 84개의 율이 나오게 되기 때문에 84성이면서 동시에 12율의 궁이 각각 7개의 조와 결합하면 84조가 되는 것이다. 먼저 『율려신서』의 84성도를 보면 다음과 같다.[56]

....

56 『律呂新書』, 律呂本原」, 第八, <84聲圖>

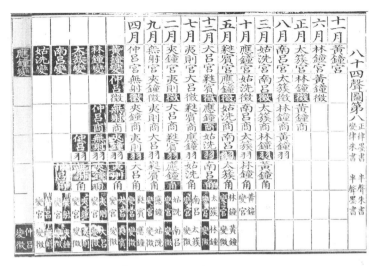

〈그림-6〉『律呂新書』「律呂本原」〈84聲圖〉

앞의 표를 읽는 방법은 오른쪽에서 왼쪽으로 맨 위쪽부터 한 칸씩 보면 황종궁에서 시작하여 임종궁 태주궁으로 이어지는 삼분손익의 차례이고 12율 손익의 마지막 율인 중려가 끝나면 변황종에서 응종까지가 계속된다. 그 다음 아래 칸에도 역시 황종치에서부터 임종치 태주치로 이어지는 순서이다. 위에서 아래로 읽으면 궁→치→상→우→각→변궁→변치의 삼분손익의 순서대로 되어 있다. 각각의 율명+궁 율명+치 등을 읽는 방법을 예를 들면 황종치는 황종지치면서 임종위치이다.(황종이 궁자리에 있는 임종치조) 임종치는 임종지치이면서 태주위치이다.(임종이 궁자리에 있는 태주상조) 또 남려각은 대려위각이다.(남려가 궁자리에 있는 대려각조)57 이를 사선(비스듬히)으로 읽으면 황종이 궁의 자리에 있는 황종궁조

---

57 위조식(주음이 되는 율명+爲+선법이름)은 예를 들면, 太簇爲商은 태주가 (주음) 상이 되는 상조이고 姑洗爲角은 고선이 (주음)각이 되는 각조이다. 지조식(궁음의 율명+之+선법이름)은 예를 들면, 仲呂之徵는 중려가 궁음이 되는 치조이고

임종치조 태주상조 남려우조 고선각조가 나타난다. 두 번째 임종궁에서부터 읽으면 임종이 궁의 자리에 있는 임종궁조 태주치조 남려상조 고선우조 응종각조 이것은 12율과 7성이 만나서 조합되는 것을 말해주는 것인데, 다시 말하면 12율이 각각의 key가 되어서 궁치상우각변궁변치의 손익의 순서대로 7성과 결합하는 것이며 그 속에서 발생되는 청성과 변율의 지점을 표시해 준 것이다. 이런 그림을 보는 방식을 유희는 다음과 같이 설명하고 있다.

여기에서 말하는 임종궁 황종치 등은 6월의 율이 임종조를 사용하면 즉 궁이 되고 황종조를 사용하면 치가 된다는 말이지 임종이 궁이 되고 황종이 오히려 치가 된다는 말이 아니다. 그러므로 그 그림은 바르게 보면 황종이 한 곳에서 사용됨에 그치고 임종은 두 곳에서 사용됨에 그친다. 비스듬히 보면 황종의 궁이 황종에 있지만 그 치는 임종에 있다. 나머지도 모두 마찬가지이다.[58]

유희가 설명하는 "임종조를 사용하면 궁이 되고 황종조를 사용하면 치가 된다"는 말은 임종궁(key)[59]을 사용하면 궁이 되고 황종궁(key)을 사용하면 임종은 치의 위치에 있다는 것을 말한다. 이것을 다음 칸의 正月율인 태주궁 임종치 황종상에 적용하면, 태주궁(key)을 사용하면 태주가 궁, 임

....

夾鐘之羽는 협종이 궁음이 되는 우조이다.

58 「律呂本原」, 第八章 八十四聲圖 : 此云林鐘宮 黃鐘徵 等者 謂六月之律 用之於林鐘之調 則爲宮 用之於黃鐘之調 則爲徵 非謂林鐘爲宮 而以却黃鐘爲徵也 故其圖正看則 黃鐘止用於一處 林鐘止用於二處 斜看 則黃鐘之宮 在於黃鐘 而其徵 在於林鐘 餘皆倣此

59 조(調)라고 표현한 것은 적절하나 선법으로 쓰이는 조(상조 각조 등)의 개념과 혼동을 피하기 위해 필자는 궁이라고 표현했다. 여기서의 궁은 주음의 개념이 아니고 key의 개념이다. 그러니까 어떤 조(상조, 각조)가 되었든지 궁의 위치에 있는 것을 궁이라고 한 것이다.

종궁(key)을 사용하면 태주가 치, 황종궁(key)을 사용하면 태주가 상이 된다는 것이다. 그래서 유희는 임종이 궁이면 황종은 치가 된다는 말이 아니라고 하는 것이다. 마지막에 표현한 "비스듬히 보면 황종의 궁이 황종에 있지만 그 치는 임종에 있다"고 말한 것을 더 확대하면 그 상은 태주에 있고 그 우는 남려에 있으며 그 각은 고선에 있다고 할 수 있다. 유희의 설명을 적용하고 지조식 위조식 개념을 도입하여 84성도를 해석해 보자.

〈표-5〉 유희의 84성도 해석과 필자의 해석 결합 도표

用律	宮調	徵調		商調		羽調		角調	
十一月律(11)	黃鍾之宮								
六月律(6)	林鍾之宮	黃鍾之徵	林鍾爲徵						
一月律(1)	太簇之宮	林鍾之徵	太簇爲徵	黃鍾之商	太簇爲商				
八月律(8)	南呂之宮	太簇之徵	南呂爲徵	林鍾之商	南呂爲商	黃鍾之羽	南呂爲羽		
三月律(3)	姑洗之宮	南呂之徵	姑洗爲徵	太簇之商	姑洗爲商	林鍾之羽	姑洗爲羽	黃鍾之角	姑洗爲羽
十月律(10)	應鍾之宮	姑洗之徵	應鍾爲徵	南呂之商	應鍾爲商	太簇之羽	應鍾爲羽	林鍾之角	應鍾爲羽
五月律(5)	蕤賓之宮	應鍾之徵	蕤賓爲徵	姑洗之商	蕤賓爲商	南呂之羽	蕤賓爲羽	太簇之角	蕤賓爲羽
十二月律(12)	大呂之宮	蕤賓之徵	大呂爲徵	應鍾之商	大呂爲商	姑洗之羽	大呂爲羽	南呂之角	大呂爲羽
七月律(7)	夷則之宮	大呂之徵	夷則爲徵	蕤賓之商	夷則爲商	應鍾之羽	夷則爲羽	姑洗之角	夷則爲羽
二月律(2)	夾鍾之宮	夷則之徵	夾鍾爲徵	大呂之商	夾鍾爲商	蕤賓之羽	夾鍾爲羽	應鍾之角	夾鍾爲羽
九月律(9)	無射之宮	夾鍾之徵	無射爲徵	夷則之商	無射爲商	大呂之羽	無射爲羽	蕤賓之角	無射爲羽
四月律(4)	仲呂之宮	無射之徵	仲呂爲徵	夾鍾之商	仲呂爲商	夷則之羽	仲呂爲羽	大呂之角	仲呂爲羽

또한 「율려본원」 제9장의 60조도의 경우에도 이 그림을 어떻게 읽어야 하는지 전혀 설명이 없이 그림만 제시해 놓고 있다. 60조는 84성과 맥락이 통하는 것이긴 하지만 84성은 삼분손익의 연속 속에서 생성되는 조와 율의 결합 과정을 보여주는 것이고 60조는 12개의 율을 key로 궁조 상조 각조 치조 우조의 5개의 조가 결합된 완결된 형태를 보여주는 것이다. 『율려신서』의 60조도의 일부를 그림으로 보면 다음과 같다.

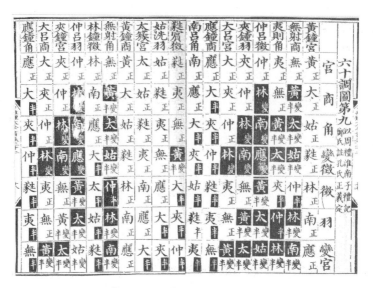

<그림-6> 『律呂新書』「律呂本原」〈60調圖〉의 일부

가장 윗 단에 적힌 황종궁 무역상 이칙각 등이 그 조의 이름이고 그 아래의 율명이 그 조에 출현하는 율이다. 위에 적힌 명칭은 액면 그대로 읽으면 이해하기 혼란스럽다. 이것은 소위 지조식 명칭이다. 따라서 60조도를 인용한 『악학궤범』에서는 위조식으로 읽을 수 있도록 바꿔썼다. 이렇게 혼란의 여지가 많은 이 그림을 유희는 다음과 같이 읽는 법을 설명하고 있다.

한 곡 5조를 예로 든다면 황종곡은 황종이 궁이 되면 궁조를 이루고, 무역이 궁이 되면 즉 상조를 이루고, 이칙이 궁이 되면 각조가 이루어지고, 중려가 궁이 되면 치조가 이루어지고, 협종이 궁이 되면 우조가 이루어진다. 황종의 다음 것도 일어나는 조로 마치게 된다. 대려 이하 매 5조 1곡이 모두 이와 마찬가지이다.[60]

....

60 『律呂新書摘解』「律呂本原」, 第九章 六十調圖 黃鍾宮 貿易商 (橫看云云) : 此以一

유희는 60조도가 설명 없이 그림만 제시한 점을 보완하여 이것을 어떻게 읽어야 하는지를 황종곡 하나만을 가지고 설명해 보인 것이다. 황종곡이라고 표현한 것은 곡명을 말하는 것이 아니라 황종이 주음이 되는 조를 말한다. 즉 주음이 될 수 있는 율은 12개이다. 그 하나를 예로 들고 그 황종조의 다섯 가지 선법을 설명한 것이다. 그림으로 본다면 황종궁에서 협종우까지 되어 있는 다섯 행을 설명한 것인데 이것은 황종이 주음으로 된 다섯 가지 조가 한 묶음으로 되어 있기 때문에 이 부분만 설명해도 나머지는 쉽게 추리할 수 있다. 무역상이라고 하였지만 이것은 無射之商, 즉 무역이 궁의 위치에 있는 황종상조이다. 황종상조는 황종을 주음으로 한 상조이다. 즉, 상-각-변치-치-우-변궁-궁 이라는 구조로 된 商調에서 주음인 상에 해당하는 것이 황종이다. 그러니 무역은 궁의 위치에 있다. 이 칙각의 경우도 역시 이칙지각, 즉 이칙이 궁의 위치에 있는 황종각조이다. 황종각조는 황종을 주음으로 한 각조이다. 즉, 각-변치-치-우-변궁-궁-상 이라는 구조로 된 角調에서 주음인 황종이 角에서 시작한다. 그러니 이칙이 궁의 위치에 있다.

2) 변율(變律)과 用28성

변율의 문제는 채원정 이론의 핵심이라고 할 수 있다. 유희는 변율이 어떻게 해서 발생하는지에 대한 기본적인 설명을 하지 않는다. 그러나 변율의 사용이 어디에서 이루어지고 그 쓰임이 무엇인지 등을 말하는 차원으로 볼 때 변율에 대한 충분한 이해가 있는 것을 바탕으로 한다. 변율은 「율려본원」 제5장에서 다루고 있는데 유희의 다음과 같은 변율에 대한

曲五調 爲例也 爲黃鐘之曲 黃鍾爲宮則成宮調 無射爲宮則成商調 夷則爲宮則成角調 仲呂爲宮則成徵調 夾鐘爲宮則成羽調 並以黃鐘所次者 起調而畢之也 大呂以下 每五調 一曲 皆倣此

해석이 있다.

　　이는 유빈 등 6율이 궁이 되면 반드시 변성이 그 조에 참여함이 있
다는 것을 말한다. 예컨대 유빈조에는 하나의 변율이 있는데 황종치
가 되는 것이 이것이다. 대려조에는 2개의 변율이 있는데 황종이 변
궁이 되고 임종이 변치가 되는 것이 이것이다.61

　　유희가 쓴 '유빈 등 6율이 궁이 되면'이라는 표현은 아주 적절한 표현
이다. 유빈궁에서부터 변율이 되는 율이 무엇이고 그 개수는 몇 개인지
표로써 확인해 보면 다음과 같다.

〈표-6〉 12調에 따른 변율과 발생 개수

12宮	宮	商	角	變徵	徵	羽	變宮	변율의 개수
黃鍾調	黃	太	姑	蕤	林	南	應	
林鍾調	林	南	應	汏	汰	㳞	㳫	
太簇調	太	姑	蕤	夷	南	應	汏	
南呂調	南	應	汏	浹	㳞	㳫	潢	
姑洗調	姑	蕤	夷	無	應	汏	浹	
應鍾調	應	汏	浹	㳘	㳫	潢	㶔	
蕤賓調	蕤	夷	無	潢	汰	浹	㳘	1개
大呂調	大	夾	仲	林	夷	無	潢	2개
夷則調	夷	無	潢	汏	浹	㳘	淋	3개
夾鍾調	夾	仲	林	南	無	潢	汏	4개
無射調	無	潢	汏	㳞	㳘	淋	㴢	5개
仲呂調	仲	林	南	應	潢	汰	㳞	6개

　61 『律呂新書摘解』,「律呂本原」, 此謂蕤賓等六律爲宮 則必有變聲參其調 如蕤賓之調有
　　　一變律 黃鍾爲徵是也 大呂之調有二變律 黃鍾爲變宮 林鍾爲變徵是也

유희는 이 변율의 문제를 다시 「율려증변」의 제5장에서 거론하고 있는데 이는 『율려신서』「율려증변」5장의 주에서 채원정이 12율과 오성이 만나 이루어지는 84성에는 반성이 생기기도 하고 변율이 생기기도 하나 이것을 종합적으로 보면 28성을 사용하는 것이라고 한 것에 대해 자기식의 해석을 달고 있다. 먼저 채원정이 변율과 28성 사용에 대해 어떻게 설명하는지 보자.

　　　살펴보니 이 설은 황종 9촌이 11율을 낳고 12자성이 있게 된 것이니, 소위 정율과 정반율이다. 또 중려로부터 황종을 상생하는데, 황종은 8촌과 59049분의 51896이다. 또 11율을 생산하면 12개의 자성이 있게 되는데 즉 소위 변율 변반이다. 정성 변율 및 정성의 반성과 변율의 반성은 모두 48성(12+12+12+12)이니 상생과 하생한 것이다. 모두 『한서』「율력지」의 이른바 '황종이 다시 다른 율의 역할을 대신하지 않는다.'는 뜻과 『사기』「율서」의 '오성의 대소 차례법'에서 얻어진 것이다. 다만 변율은 응종에 그치므로 비록 설치하나 쓸 데가 없으니 기실은 36성(12+12+6+6)이다. 그 사이에 양율이 변성을 사용하지 않고 황종이 또 정율의 반성을 쓰지 않으며 음율의 정성이 반성을 쓰지 않고 응종이 또한 변반성을 쓰지 않으니 그 실상은 다만 28성 뿐이다.[62]

유희는 「율려증변」 제5장에서 채원정의 위와 같은 내용에서 '그 사이'라는 부분과 '다만 28성 뿐이다'고 한 부분을 잘 설명하였는데 여기서 사

----

62 『律呂新書』,「律呂證辨」第五, 和聲 : 按此說 黃鐘九寸生十一律 有十二子聲 所謂正律正半律也. 又自仲呂上生黃鐘 黃鐘八寸五萬九千00四十九分寸之五萬一千八百九十六 又生十一律 亦有十二子聲 卽所謂變律變半律也. 正變及半 凡四十八聲 上下相生 最得 漢志所謂黃鐘不復爲他律役之意 與律書五聲大小次第之法. 但變律止於應鐘 雖設而無所用 則其實三十六聲而已 其間陽律不用變聲 而黃鐘又不用正半聲 陰呂不用正半聲 而應鐘不用變半聲 其實又二十八聲而已

용되는 율이 무엇인지 말하면서 동시에 역으로 사용되지 않는 율은 무엇
인가를 다음과 같이 설명하였다.

> 12율이 각각 정성과 변율 전성과 반성이 있는 즉 이치는 마땅히
> 48성이 있다. 그러나 그 쓰지 않는 것(유빈 이하 변율 및 변율의 반성
> 12개)[63]을 제거하면 36에 그친다. 또 사용하지 않는 것을 두고 (황종
> 의 정반 및 정변, 태주 고선의 정변, 임종 남려의 정반, 응종의 정반
> 성 및 반성 모두 8성) 관을 만들 때에 28에 그친다. 그러므로 편종
> 편경류는 모두 마땅히 28로써 수를 삼는다.[64]

유희는 이와 같은 설명에 그치지 않고 쓰는 율과 쓰지 않는 율이 어째
서 그런지를 덧붙여 설명하고 있다. 이러한 설명은 어디에서도 찾을 수
없는 유희만의 독특한 설명이라고 할 수 있다.

> 그 사이라는 것은 변율 및 반성 12성의 사이이다. 황종 태주 고선
> 3율은 본래 너무 길어서 정율을 사용할 때 반을 사용할 수 있으며 변
> 율을 사용할 때는 전성을 사용할 수 없다. 그 전성 임종 남려 응종
> 3려는 본래 너무 짧기 때문에 변율을 사용할 때에는 전성을 사용할
> 수 있지만 정율을 사용할 때에는 반드시 반율을 사용한다.[65]

....

63 유빈 대려 이칙 협종 무역 중려 6개는 변율로 쓰지 않는다. 그리고 그것의 半聲
   6개 합하여 12개를 말함.
64 『律呂新書摘解』「律呂證辨」, 第五章 : 十二律各有 正變全半 則理當爲四十八聲 然
   去其無用者 (蕤賓以下 變律及半十二聲) 而所取爲數止於三十六也 又置其不用者
   (黃鐘之正半及變 太簇姑洗之變 林鐘南呂之正半 應鐘之正半及變半 凡八聲) 而所
   制爲管止於二十八也 故編鐘編磬之類 皆當以二十八爲數矣
65 『律呂新書摘解』「律呂證辨」, 第五章 : 其間謂變律及半十二聲之間也 黃太姑三律
   本自過長 故用正之時 可以用半 而用變之時 不得用其全 林南應三呂 本自過短 故
   用變之時 可以用全 而用正之時 不必用其半

이렇게 지금까지 用28聲에 대해서 설명한 채원정과 유희의 글을 종합한 것을 필자가 표로 用律과 不用律의 내용과 개수를 다음과 같이 만들어 보았다.

〈표-7〉 正聲, 變律, 半聲, 變半聲 등 用28성

	正律		變律	
	正	正半	變全	變半
黃鍾宮	黃,太,姑,蕤,林,南,應			
林鍾宮	林,南,應	汏,汰,㳃,㶒		
太簇宮	太,姑,蕤,夷,南,應	汏		
南呂宮	南,應	汏,浃,㳃,㶒,涞		
姑洗宮	姑,蕤,夷,無,應	汏,浃		
應鍾宮	應	汏,浃,沖,㶒,涞,潕		
蕤賓宮	蕤,夷,無	汏,浃,沖	林	潢
大呂宮	大,夾,仲,夷,無	潢	林	潢
夷則宮	夷,無	浃,沖	林,南	潢,汏
夾鍾宮	夾,仲,無			潢,汏
無射宮	無	沖		潢,汏,㳃,淋,㵗
仲呂宮	仲		林,南,應	潢,汏,㳃
28用律	黃,大,太,夾,姑,仲,蕤,林,夷,南,無,應	汏,汰,浃,㳃,沖,㶒,涞,潕	林,南,應	潢,汏,㳃,淋,㵗
	12개	8개	3개	5개
8不用律		潢,淋,㵗,㶍	黃,太,姑	㶍
		4개	3개	1개

위의 표에서와 같이 用二十八聲이란 正 12개(黃,大,太,夾,姑,仲,蕤,林,夷,南,無,應) 正半 8개(汏,汰,浃,㳃,沖,㶒,涞,潕) 變全 3개(林,南,應) 變半 5개(潢,汏,㳃,淋,㵗) 모두 28성을 쓰는 것이다. 위의 사실을 반대로 말하면 正律半聲의 不用은 潢,淋,㵗,㶍 이고 變律全聲의 不用은 黃,太,姑이다.66 黃은 정반성도 없고 변반율만 있고 太,姑는 정반성과 변반성이 있는 것이며 林,南은 정반성은

66 黃 太 姑는 正變은 없고 變半만 있다.

없고 정변성과 변반성이 있으며 應은 정변성만 있고 정반성도 없고 변반성도 없다.

V. 나가는 글

유희는 『율려신서적해』에서 채원정의 『율려신서』의 주요한 논란 대상인 것을 적출해 자기 방식으로 설명하고 어떤 부분을 중요하게 생각해야 하는지를 논의했다. 필자는 이 『율려신서적해』에서 논의된 부분을 크게 두 부분으로 나누어서 그 중에서도 핵심이 되는 문제를 분석하고 유희의 설명을 표나 그림으로 필자가 부연하여 유희의 악률론을 이해할 수 있게 하였다. 이를 통해서 유희의 논의가 어떤 특징을 가지고 있는지를 다음과 같이 알 수 있었다.

유희의 『율려신서적해』는 새로운 목차를 구성하여 체계를 잡고 서술하는 방식은 아니지만 『율려신서』의 각 장마다 문제나 논란이 될 만한 주제를 아주 적절하게 꺼내서 핵심적인 문제만을 천착해서 해석하고 있다. 유희는 황종율관의 공위(空圍) 문제, 실(實), 소분(小分)에 대한 개념, 양률 음려의 자리문제, 음려 중 대려 협종 중려의 수에 배수(倍數)를 쓰는 문제, 84성과 60조 도표를 읽는 방법, 用28성 문제 등을 명쾌하게 해석하여 『율려신서』를 보다 정확히 이해할 수 있도록 하고 있다.

유희의 악률론은 18세기부터 이어져 왔던 실학자들의 악률론이 중국 중심의 견해나 거서지법 후기지법을 부정하거나 삼분손익의 한계를 지적하거나 평균율을 주창한 주재육의 이론을 수용하는 방향으로 가는데 반해 어떻게 보면 19세기라는 후대의 사람이지만 오히려 흐름을 거스르는 것처럼 보인다. 그러나 유희의 설명방식이나 비판을 통해서 보면 그가 추구하는 과학성이나 합리성 등을 볼 때에는 실학자와 같은 경향을 보이고 있는 것도 사실이다. 그러나 그의 저술의 목적은 유교적 관점에서 심성의 순화를 위한 것이기 때문에 채원정 이론을 옹호하는 입장을 가지고 있다. 다만 유희의 악률론을 통해 우리는 조선후기 악률인식의 수준이 어느 정도였는지를 알 수 있다는데 의의를 가질 수 있다.

6장 黃胤錫의 일기 『頤齋亂藁』에 언급된 樂律에 대한 고찰*

I. 머리말

조선시대 지식인들은 유교적 음악이론이라고 할 수 있는 樂律에 대한 관심이 많았다. 지식인들이 악률에 대한 관심은 가지게 된 이유는 소리가 발생하는 원리라든가 악곡의 본질적인 요소나 짜임새와 같은 음악 이론에 대한 궁금증 때문이 아니었다. 조선시대 성리학을 주 대상으로 연구하였던 유교적 지식인들이 악률에 대해 관심을 가진 이유는 두 가지 면에서 찾을 수 있다. 첫째는 악률이 하나의 분야를 차지하고 있는 易學에 대한 관심 때문이다. 역학 중에서도 악률은 義理易보다는 象數易에 가까웠던 관계로 역학자들 중에 數에 밝은 사람들이 악률에 훨씬 더 많은 관심을 보였다. 둘째는 유교적 이상적 질서 확립을 위한 예악에 대한 관심 때문이다. 특히 18세기 영·정조 시기에는 예악에 대한 관심이 고조되어 있었던 때여서 악론이 풍성하게 전개하였다.

이 악론 중에 필수적으로 논의된 것이 악률에 관한 것이었다.[1] 그러나 악률에 대한 이해는 수학적, 음악적, 철학적 이해를 동시에 해야 하는 어려운 분야였다. 그래서 당시 지식인들은 중국의 악률서를 공부하거나 악

* 『유교사상문화연구』 58, 2014.12.

1 김문식 외, 『영·정조대 문예중흥기의 학술과 사상』, 한중연 출판부, 2014; 송지원, 『정조의 음악정책』, 태학사, 2007, 27쪽.

률에 대해 묻거나 토론하기도 하였던 기록들을 자신의 문집 등에 상당량 남겼다. 星湖 李瀷, 湛軒 洪大容, 五洲 李圭景 등은 그들이 남긴 백과전서에 많은 악률에 관한 논의를 남겼다. 이 뿐만 아니라 더 나아간 지식인들은 악률에 관한 번역서와 저서를 내기도 하여 보다 적극적인 악률인식을 보여주고 있다.

이들의 경향은 두 가지로 나타나는데, 하나는 당시 지식인들이 악률서로서 가장 많이 탐독했던 蔡元定의『律呂新書』를 번역 또는 해석하는 예이고 다른 하나는 독자적인 이론체계를 갖춘 중요한 악률 이론서들을 발간하는 예이다.[2] 전자는 李滿敷의『律呂推步』, 朴致遠의『律呂新書』, 柳僖의『律呂新書摘解』등이 그것인데, 이는 주로 성리학적 음악 이론의 이상이라고 할 수 있는『율려신서』를 매우 신뢰했던 사람들에 의해서 이루어진 것이다. 후자는 保晩齋 徐命膺의『詩樂和聲』, 正祖의『樂通』, 茶山 丁若鏞의『樂書孤存』등의 악률서 발간을 말한다. 이 악률서들은 저자가 기존 악률에 대해 비판적으로 검토하여 새로운 체계를 세워 저술한 것으로서 조선시대 악률학사에서 매우 큰 의미를 가진다. 이 두 가지 경향은 당시 지식인들 사이에서 생겨난 악률에 대한 열풍이라고 일컬어질 만 한 하나의 시대적 양상이라고 할 수 있다.

이러한 맥락 하에서 18세기 호남의 유학자 頤齋 黃胤錫(1729~1791) 역시 이러한 점에 부응하는 학자라고 할 수 있다. 그가 비록 체계적으로 서술한 악률서를 내지는 않았지만 기존의 설, 특히 명대의 설까지 포함한 많은 악률에 관한 설을 자신의 견해를 덧붙여『資知錄』에 상당량 남겼고 그의 일기『頤齋亂藁』를 통해서 볼 때 그가 악률에 대해 많은 토론과 공부를 했다는 것을 확인할 수 있다. 이는 당시 지식인들의 악률의 관한 대단

2 김수현, 「『율려신서적해』를 통해서 본 유희의 악률론」, 『동방학』 22집, 한서대학교 동양고전연구소, 2012. 77~78쪽.

한 관심의 경향처럼 그가 象數學과 天文, 曆法에 지대한 관심을 가졌던 것에서 연유한다고 할 수 있다.

그런데 이 시기, 특히 황윤석이 활동한 18세기는 조선 성리학의 해체와 실학의 등장이라는 사상적 변혁의 시대였다.[3] 황윤석은 名物度數之學者로 실학의 석학이면서 평생에 걸쳐 조선판 성리대전인『理藪新編』을 완성해 理學 연구에 정진한 박학자로 실학풍과 성리학풍을 겸비한 사람으로 평가된다.[4] 그러나 황윤석의 박학성이 단순한 학문적 호기심이나 지적 유희를 위한 것이 아니라 세금을 산정, 토목공사의 비용, 물자수송의 비용, 이런 것들에 독창적인 업적을 남겼다는 점을 상기해 보면 실용적 학문에 대한 지향성이라고 한다.[5]

그는 우주의 이치는 수를 통해 드러나고 수를 꿰뚫어야 세상을 다스릴 수 있다는 관점에서 수는 음운 악률 역법 역수 도량형을 아우르는 것으로서 악률문제를 접근했던 것으로 보인다. 또한 황윤석이『성리대전』중『皇極經世』『易學啓蒙』과 함께『律呂新書』를 남달리 중시했던 것은 세종시대의 문화를 일구어낸 사상적 학문적 원천임을 자각한데서 비롯된다고 한다.[6] 따라서 황윤석은 당시 지식인이 가지고 있었던 악률에 대한 폭발적인 관심은 물론 당시 성리학자나 실학자들이 악률에 대해 가지고 있었던 인식 경향을 두루 갖추고 있었다고 할 수 있다.

『이재난고』는 황윤석의 나이 10살 때인 1738년부터 시작하여 그가 죽

---

3 허남진,「이재 황윤석의 서양과학 수용과 전통 학문의 변용」,『철학사상』16집, 서울대철학사상연구소, 2012. 101쪽.

4 황의동,「이재 황윤석의 성리학 연구」,『이재 황윤석의 학문과 사상』, 경인문화사, 2009, 45쪽.

5 하우봉,「이재 황윤석의 사회사상」,『이재 황윤석』, 민음사, 1994, 34쪽.

6 최영성,「황윤석 실학의 특성과 상수학적 기반」,『이재 황윤석의 학문과 사상』(서울: 경인문화사, 2009), 103쪽.

기 이틀 전인 1791년(63세)까지의 일기를 그의 후손이 묶어서 편찬한 무려 60여 권의 분량의 책이다. 이 일기의 내용은 그 날의 일상만을 적은 것이 아니라 누구를 만나 어떤 대화를 나누었는지 상세한 대화 내용도 적었으며 그 대담 상대에 대한 신상, 가계, 학맥 등까지도 적어 놓았고 자신이 방문한 곳에 관한 지명, 역사, 규모 등에서부터 그 곳에서 일어난 행사 등에 대해서도 자세히 적어 놓았다. 또 자신이 지은 시를 수없이 적기도 했고 자신이 공부하고 있는 내용을 그대로 베끼거나 해제하여 쓴 글들이 망라되어 있다.

따라서 『이재난고』는 한 사람의 일생을 살펴보는 것만이 아니라 그의 학문적 경향, 사상, 문학까지도 알 수 있다. 이를 통해 그가 공부하고 토론하고 서술했던 분야가 경학, 역사, 천문, 역상, 수리, 언문, 음악, 도량 등 실로 다양하고 방대한 관심을 엿볼 수 있다. 이 중 음악에 관한 언급은 매우 큰 비중을 차지하고 있으며 그 음악에 관한 언급에서도 악률에 관한 비중이 가장 높다는 점이 주목할 만하다.

그동안 조선후기 지식인의 악률에 관련된 연구 성과를 보면, 우선 정약용의 『樂書孤存』에 대한 연구가 많고 息山 李萬敷의 『律呂推步』에 대한 연구, 성호 이익의 악률론 과 서명응의 『詩樂和聲』, 정조의 『樂通』 등에 대한 연구가 있다.[7] 또 황윤석의 음악론과 관련된 연구를 보면, 임미선의 「음악학적 측면에서 본 『이재난고』의 사료적 가치」와 성영애의 박사논문 「黃胤錫의 音樂觀」 등이 있다.[8] 그러나 지금까지 조선후기 지식인들 중에

----

7 김남형, 「조선후기 악률론의 일국면」, 『한국음악사학보』 2집, 한국음악사학회, 1989; 권대욱, 「『樂書孤存』 권1의 율론에 관한 연구」, 영남대 석사논문 ; 이숙희, 「茶山 丁若鏞의 악률학 및 중국고대악률학의 비교연구」, 경북대석사논문, 1992 ; 문주석, 「『律呂推步』의 악률에 관한 연구」, 경북대 석사논문, 2001 ; 김수현, 「『詩樂和聲』의 악률론 연구」, 한중연 박사논문, 2011 ; 이선수, 「樂通에 구현된 정조의 악론」, 『동양예학』 21집, 동양예학회, 2009.

악률에 대한 연구는 악률관련 지식인이 쓴 악률론이 무엇이었는지에 대해 집중하였던 것에 그쳤고 그들의 관심이 왜 어떻게 나타나 있는지에 대해서는 아직 고찰한 바가 없다.

이런 맥락에서 황윤석의 악률론에 대한 보다 심층적인 논의는 황윤석의 또 다른 저술서인 『자지록』과 『이수신편』의 악률관련 부분만을 분석하는 논문으로 집중적으로 연구되어야 할 문제이다.

이 논문에서는 황윤석의 악률론을 분석하고자 하는 것이 아니라 일기 『이재난고』를 대상으로 그가 왜 악률에 대해 관심을 가지게 되었는지, 관심을 가지고 봤던 악률관계 분야나 인물, 문헌들은 무엇인지 살펴보고자 한다. 또 기존의 악률론에서 제기된 논제들 중에서 어떤 부분에 관심을 집중적으로 보였으며 그가 악률에 대해 어떻게 인식했는지 그가 다른 사람과 나눈 대화 등을 통해 살펴볼 것이다.[9] 따라서 이 논문은 18세기 활약한 호남의 유학자 황윤석의 일기 『이재난고』의 악률 관련 언급의 분석을 통해 조선후기 지식인의 악률[10]에 대한 관심이 어떻게 나타났는지를 살펴보려는데 목적이 있다.

. . . .

8 임미선, 「음악학적 측면에서 본 『이재난고』의 사료적 가치」, 『頤齋 黃胤錫의 학문과 사상』, 경인문화사, 2009 ; 성영애, 「황윤석의 음악관」(한국학중앙연구원, 박사논문, 2012 ; 성영애, 「『律呂新書』에 대한 黃胤錫의 見解」, 『온지논총』 26집, 온지학회, 2010.

9 필자가 연구대상으로 삼고 있는 『이재난고』는 황윤석이 직접 쓴 필사본 원문이 아니라 한국학중앙연구원에서 필사본을 탈초해서 편찬한 열 권의 정서본 『이재난고』로서, 『韓國學資料叢書 三 頤齋亂藁』(第一冊~第十冊)이다.

10 악률은 곧 악률학 또는 악률론과 같은 개념인 유가의 음악이론이다. 악률의 구체적인 내용은 황종율관, 삼분손익의 12율 산출, 변율, 5음, 7성 등의 악조, 악현 등을 가리키는데, 이는 수학적 이론과 음양원리와 같은 철학적 배경과 항상 연계되어 있고 중국에서는 기원전부터 이에 대한 논의가 있어 왔다. 김수현, 『朝鮮時代 樂律論과 詩樂和聲』, 민속원, 2012, 14~16쪽.

II. 용어를 통해 본 악률에 대한 관심

1. 『이재난고』에 언급된 악률관련 용어와 문헌 및 인물

『이재난고』는 원래 황윤석이 대부분 초서로 쓴 필사본이었다. 그의 사후 40여년 뒤인 1829(순조 29)년에 손자 황수경(黃秀瓊)이 일기에서 번잡한 것은 빼고 요긴한 것만을 골라 13책을 만들어 『이재유고(頤齋遺稿)』로 인쇄하였는데, 당시 전라도 관찰사였던 조인영(趙寅永)이 경비를 마련하고 그 서문을 지었다고 한다. 그리고 114이 지난 1942년 후손 황서구(黃瑞九)와 향유(鄕儒)들에 의해서 『이재유고』에 없는 내용만으로 『이재난고』에서 다시 추려 14권 7책으로 『이재속고(頤齋續稿)』를 편집 인쇄하여 조선춘추사(朝鮮春秋社)에서 발간하였고 동시에 『이수신편(理藪新編)』 23권 10책도 석판으로 되었으며 「자지록(資知錄)」과 「양금신보(梁琴新譜)」는 수필 그대로 발간되었다. 1976년 이 모두를 합하여 경인문화사에서 『이재전서(頤齋全書)』로 발간하였다. 그리고 다시 1994년부터 2004년까지 10년에 걸쳐 한국정신문화연구원(현 한국학중앙연구원)에서 『이재난고』의 원문을 탈초하여 편찬한 것이 정서본 『이재난고』 10권의 책이다.

『이재난고』는 평생에 걸쳐 쓴 일기이기 때문에 여기에 언급된 용어들만들 가지고도 황윤석의 평소 관심 분야와 그 관심의 정도를 알 수 있다. 『이재난고』에는 수많은 음악 용어가 언급되어 있다. 그 음악용어 중 악률과 관련된 용어가 상당한 분량을 차지한다. 따라서 『이재난고』에 언급된 악률 관련 용어만을 통해서도 황윤석의 악률에 대한 관심을 대략 짐작해 볼 수 있다. 먼저 『이재난고』에 악률에 관한 언급이 어떤 것이고 어떻게 분포되어 있는지 살펴보기 위해 책의 구성과 함께 황윤석의 나이를 표로 보면 다음과 같다.

〈표-1〉 정서본 『이재난고』 1책~8책까지의 차례와 해당 시기

책차례	권 차례	왕 년대	간지	년 월	나이
1책	권01~권08	영조13~영조43	戊午~丁亥	1738.00~1767.09	10세~39세
2책	권09~권13	영조43~영조45	丁亥~己丑	1767.09~1769.12	39세~41세
3책	권14~권18	영조46~영조47	庚寅~辛卯	1770.01~1771.10	42세~43세
4책	권19~권24	영조47~정조02	辛卯~戊戌	1771.10~1778.04	43세~50세
5책	권25~권29	정조02~정조03	戊戌~己亥	1778.04~1779.06	50세~51세
6책	권30~권35	정조03~정조08	己亥~甲辰	1779.06~1784.12	51세~56세
7책	권36~권40	정조09~정조11	乙巳~丁未	1785.01~1787.05	57세~59세
8책	권41~권46	정조11~정조15	丁未~辛亥	1787.06~1791.04	59세~63세

위와 같이 그의 나이 39세 이후부터 일기의 내용이 상당한 분량 된다는 것을 알 수 있고 생을 마감할 때까지도 많은 내용을 채우고 있다는 것을 알 수 있다. 여기에서 8책 중에서 음악에 관련된 검색어[11]는 색인으로 산출해 본 결과 380여개 정도의 용어로 검출된다. 필자는 『이재난고』 10책인 『이재난고 색인집』에서 음악관련 검색어를 뽑고 그것이 음악에 관한 것인지 아닌지를 내용에서 확인하여 찾아냈다. 또한 내용을 찾는 과정에서 색인이 안 된 것도 포함시켰다. 이 중 200여개 정도가 악률관련 검색어로 산출되는 용어라는 것을 볼 때 음악 중에 악률에 관한 내용이 그 절반을 넘는다. 이 검색어만 가지고도 악률에 대한 언급의 윤곽을 볼 수 있는데, 이를 가나다순으로 나열해 보면 다음과 같다.[12]

. . . .

11 이 용어들은 1책에서 9책까지 전부 보이지만 4책과 8책에는 상대적으로 적게 검색된다. 1책의 경우도 『율려신서』를 해석하였던 부분이 있기 때문에 골고루 분포되어 있는 것은 아니고 9책은 연보가 위주로 되어 있어 앞에 있었던 내용을 다시 정리한 것이기 때문에 반복되는 내용이 많다. 그렇기 때문에 주로 2책, 3책, 5책, 6책에 악률에 관한 기사가 집중되어 있다고 봐야 한다.
12 이 용어들 중에는 같은 용어를 다르게 표현한 것도 있다. 『율려신서』를 주채신서, 또는 신서라고 하고 율려정의를 정의라고 하기도 한다. 여기 밑줄 친 부분은 악률관계 문헌들이다.

角音・角徵宮商羽・隔八相生・京房・磬石・經世聲音・啓蒙律呂・古譜・姑洗・古磬・鼓宮音・古人律呂之法・古調・古尺・管子・官尺・九成之樂・宮音・琴瑟・今樂猶古樂之論・琴有十四不宜彈・琴有五變・琴有七要・琴律・琴制・琴調・琴調論・琴學正聲・樂仙琴譜・樂仙琴譜總目・樂仙集譜・南呂・冷謙・唐琴・唐琴之法・堂上堂下樂・唐俗樂譜・唐樂譜・大琴絃制近傳・大呂・大樂元音・大樂元音琴操論・大樂元音附瑟譜・大和元音・銅管銅尺之制・銅尺・登歌・慢調・慢數之調・孟思誠・文武舞班列・無射・文獻備考禮樂考・朴堧・泮宮禮樂全書・頖宮禮樂全書・半律正律・潘氏琴調圖譜總論・潘氏元音・潘氏之法論・潘子琴書・潘子元音・方響・本宮・史記樂書五聲之說・社稷樂器・四淸・三呂・三分損益・三音匀通考・相生之法・商音・笙簧・笙簧法・聲律源流・聲律之本原・聲音節奏・聲調不協・成俔・小琴絃法近傳・松風閣琴譜・詩聲・詩樂・詩樂十二篇・詩樂樂譜・詩樂要訣・詩律・詩律聲韻・詩律小序・詩律遺稿・新定雅樂・十二律・十二律名・雅頌・雅樂・雅樂譜・雅樂儀軌・雅音十二律・樂磬・樂經內篇・樂經源流・樂考・樂律・樂律管見・樂理・樂音琴圖・樂律銅管銅尺之制・樂二三絃・樂制・樂學・樂學軌範・樂學軌範方響卷・樂學都監・陽律・營造尺・呂氏春秋・五聲二變・五音・五音論考・五音圖式之說・五音審辨・五音會・五絃彈・羽調・羽調平調・蕤賓・六十調圖・律管・律管圍徑・律度量・律呂・律呂圖・律呂理數・律呂文字・律呂兵禮・律呂本原・律呂選擧之說・律呂說・律呂聲・律呂新書・律呂心性・律呂樂器・律呂音樂・律呂正義・律呂精義・律呂製樂器之人・律呂之制・律曆志・律曆源流・律尺・陰呂・晋律・應鐘・李之藻・夷則・林鐘・正樂・正律倍律・朝鮮黃鐘尺・調絃入弄・鐘鼓・縱黍古尺・鐘律・周禮大司樂・朱載堉・朱蔡新書・朱蔡律呂・周尺制度・中琴絃制近傳・仲呂・徵音・蔡邕・蔡元定・天地之元聲・尺寸之法・淸宮・七聲相生之序・七音・七音經緯・彈琴・太簇・八十四調・編磬・編鐘・平羽調・平調・布帛尺・何瑭・河臨嫩竹調・何承天・韓邦奇・函鐘・軒架・軒架鼓吹・玄琴古制・夾鐘・和聲定樂・皇壇器・黃鐘・黃鐘管・黃鐘宮・黃鐘變律・黃鐘一管・黃鐘長・黃鐘全律瑟身・黃鐘之律・黃鐘尺・黃鍾含少三寸九分之說・橫黍古尺・候氣之法・羲琴舜譜

위의 용어들만 보아도 황윤석이 얼마나 다양하게 악률에 대해 관심을 가졌는지 알 수 있다. 악률관계 용어로서 가장 많이 언급된 것은 律呂이고 가장 많이 언급 된 악률관계 문헌은 『律呂新書』와 『樂學軌範』이며 가장 많이 언급 된 악률관련 인물은 蔡元定이다.

『이재난고』에 자주 언급되는 악률관련 용어로는 聲, 律, 音, 調 등이 결합된 용어가 가장 많은데 즉, 五聲·詩聲·聲音·律呂·陽律·十二律·詩律·律管·雅音·七音·八音·五音·六十調·八十四調·宮調·商調·角調·徵調·羽調·慢調·平羽調 등이 그것이다. 또 尺과 관련된 용어도 매우 많이 등장하는데, 黍尺·黃鐘尺·周尺·營造尺·古尺·橫黍尺·縱黍尺 등은 도량형으로서 뿐만 아니라 악률을 논할 때도 거론되는 것이다. 琴·磬·鐘 등의 악기와 관련 된, 琴制·琴譜·琴學·編磬·編鐘·鐘律 등도 자주 언급된 악률 관련 용어이다. 그리고 12律名, 즉 黃鐘·大呂·太簇·夾鐘·姑洗·仲呂·蕤賓·林鐘·夷則·無射·應鐘 등은 당연히 빈번하게 출현하는 용어이다.

한편 『이재난고』에 자주 언급되는 악률관련 문헌으로는 『樂學軌範』·『文獻備考』「樂考」 등의 한국문헌과 『律呂新書』·『律呂正義』·『律呂精義』·『頓宮禮樂全書』·『樂仙琴譜』·『大樂元音』·『松風閣琴譜』 등의 중국문헌이 그것이다. 『악학궤범』(1493)에 대한 언급이 시작된 것은 그의 나이 40세이고 그 때는 의영고 봉사직을 수행했던 시기이다. 제사나 음악과는 크게 상관없는 관청에서 일을 하면서도 궁중에서 일하기 시작한 기회에 음악에 대한 이론과 실질을 다 공부할 수 있는 『악학궤범』을 빌려보고 계속해서 자주 언급을 했던 것으로 보인다. 이 책과 관련해서는 주로 척이나 아악기 제작 등에 관련된 것이 많다. 『문헌비고』(1770)는 즉 『동국문헌비고』[13]를 말하는 것인데 이것이 완성된 시기 전해에는 사포서와 종부시의 직장이

13 『동국문헌비고』는 1770년(영조 46) 홍봉한 등이 왕명을 받아 처음 100권으로 편찬한 조선의 정치·경제·문화 등 각종 제도와 문물을 분류, 정리한 책으로 輿地·禮·兵·刑·學校 등 13考로 분류해 연대순으로 정리했다. 이어 정조 6년에 이만운이 명을 받고 1782년 補編하였고 다시 1790년에 정정 보수하여 초고를 완성하였으나 출간되지 못하고 광무 7년(1903)년에 박용대 등 30여명의 문사들에게 명하여 보수하게 했는데 이것이 바로 250권의 『증보문헌비고』이다.

었고 당해에는 순릉제관, 헌릉제관 등으로 임명을 받았으며 다음해에는 익릉제관으로 임명받았고 종묘대제에 참여하여 종묘대제에 참여하고 봉조관으로 입시하여 영조와 대화를 나누기도 하였던 시기에 자주 등장하는 문헌이다. 워낙 종사하는 일과 관계하는 모든 것을 살피고 꼼꼼하게 기록하는 그로서는 『문헌비고』에 대한 관심을 가질 수밖에 없는 일에 종사하게 된 것과 관련이 있다. 『율려신서』(1187)는 황윤석이 가장 중점을 두고 연구하고 신뢰도가 가장 높은 악률 서적이다. 10대에 이미 그 '律呂新書解'를 썼던 것에서부터 얼마나 관심이 컸는지 잘 알 수 있다. 또 자신의 악률에 대한 입장에서 말하거나 다른 문헌과 비교할 때도 항상 그 근거를 『율려신서』에 두고 말하고 있는 경우가 많다. 이 외에도 악공 취재 시 『율려신서』를 시험 본다는 내용을 황윤석의 글을 통해 확인 할 수 있다. 『律呂正義』(1713)[14]는 역시 자주 거론되는 책인데, 주로 『율려신서』와의 비교 대상으로 거론할 때가 많다. 또한 이 책에 대한 관심은 높은데 비해 비판적 시각으로 볼 때가 많다. "『율려신서』에 비해 출입이 있다"라고 하는 것에서 볼 때 부정적인 것으로 보이나 『율려정의』가 워낙 방대한 기록물이어서 전대의 악률론을 다 포함하고 있기 때문에 자주 공부했던 것으로 보인다. 이 『律呂正義』와 발음은 같고 한자가 다른 『律呂精義』(1596)[15]의 경우는 주재육의 저서로서 『樂律全書』에 포함된 책인데, 『문헌비고』를 베껴 쓰는 과정에서 주재육의 저술이라고 한 언급에 그쳤다. 다만 주재육에 대해서는 어떤 사람인지에 대해서 자세히 설명하는 내용이 있다.[16] 이지조의 『반궁예악소』를 토대로 저술한 장안무의 『頖宮禮樂全書』

---

14 中國藝術研究院音樂研究所 編, 『中國音樂詞典』, 北京 人民音樂出版社, 1985, 255쪽. 1713년 청대 강희재가 편찬한 것으로 상편은 正律審音과 旋宮起調 하편은 和聲定樂, 均協度曲 각 두 권씩 있다.

15 이창숙역, 양음류, 『중국고대음악사고 하(2) 명·청대』, 소명출판, 2007, 277~286쪽.

16 『이재난고』, 5책 25권, 35쪽(戊戌. 50세. 1778. 5. 26) 朱載堉 鄭恭王厚烷長子也

를 탐독했던 것으로 보인다. 황윤석이 41세 때 이미 김용겸에게 빌려 보았던 책이라고 하였던 『樂仙琴譜』·『大樂元音』·『松風閣琴譜』 등은 10년 뒤 51세의 일기에는 이들 책의 상세목차를 필사한 것이 많은 분량으로 쓰여져 있다. 이 외에도 何瑭의 『樂律管見』 등은 『淸一統志』를 빌어 설명하기도 하였다. 그런데 일반적으로 악률론에서 자주 거론이 되는 문헌인 『여씨춘추』와 『회남자』에 대한 언급이 거의 없다. 『여씨춘추』는 함소 3촌 9분설에 대해 거론한 유학자들을 비판하기 위해서 인용하였을 뿐이고 『회남자』는 악률론 상 많은 것을 담고 있음에도 불구하고 전혀 언급하지 않았다.

또 한편 『이재난고』에 자주 언급되는 악률관련 인물로는 蔡元定·朱載堉·蔡邕·京房·何承天·陳暘·何瑭·李之藻·冷謙·韓邦奇 등을 들 수 있다. 가장 많이 언급된 채원정은 채씨·채서산·서산채씨 등으로도 쓰기도 했고 주자와 채원정을 동시에 일컫는 朱蔡로도 썼다. 채옹·경방·하승천·진양 등은 채원정 악률론이 나오기 이전의 악률관계 중요한 인물들인데, 경방은 60율을 하승천은 360율을 주장한 사람이다. 따라서 18율을 주장한 채원정론이 나오기 이전의 비판 대상으로 언급된다. 주재육은 명대의 악률론자이고 평균율을 계산해 낸 사람으로 송대까지의 악률론에 대해 비판적인 사람이어서인지 그가 차지하는 악률사의 비중에 비해 적게 언급되었다. 이에 반해 오히려 해그림자로 율관을 실험하는 測景之法과 관련하여 이지조와 候氣之法과 관련한 한방기에 대한 언급은 많은 비중을 차지한다. 조선 사람으로 악률론과 관련하여 거론한 사람은 세종 때 律管제정에 기여한

篤學有至性 恭王 以非累見繫 載堉築土室宮門外 席藁獨處 十九年 王還國 始入宮 王薨 載堉以國讓盟津王曾孫載璽 疏七上乃得報 晚節益務著書 幅巾策杖 雜處農樵間 卒謚端淸世子 詔建讓國高風坊 有曆書樂書 行於世

朴墺이 가장 많다. 그 외에는 『악학궤범』의 주 편찬자로서 成俔이 거론되지만 악률론과 직접적 관련성이 있는 언급은 거의 없다.

『이재난고』에는 황윤석이 만나 자주 토론했던 사람들 중에 음악과 관련된 저술을 남긴 사람들과의 대화 내용이 있다. 서명응과 그의 아들 徐浩修·洪大容 등이 그들이다. 서명응·서호수와는 천문 역상 등에 대해서 토론했고 홍대용과는 서양과학에 대해서 토론한 것이 보인다. 그러나 이들과는 음악에 대한 토론이 없다는 점이 아이러니하다. 황윤석의 지적호기심으로 본다면 그들에게 악률에 관해 묻거나 음악에 관한 문제가 화제로 떠올랐음직하다. 왜냐하면 황윤석이 관직에 있었던 시기 서명응은 자신이 초고에 관여한 바 있는 『東國文獻備考』의 「樂考」를 완성한 바 있고 『시악화성』(1780)을 편찬했고 서호수는 掌樂提調를 맡았으며 홍대용은 악률에 관한 저술을 보였다. 그럼에도 불구하고 결코 이들과의 대화에서는 음악에 관해 논한 바가 보이지 않는다. 오히려 악률에 관해 가장 많은 대화를 나눈 사람은 악률과 관련한 저술이 없는 金用謙이다. 황윤석은 이익의 『성호사설』에 대해서 여러 차례 언급을 하고 있지만 악률론에 대한 언급이 없고 朴趾源 朴齊家 등과도 만났던 사실이 있지만 악률에 관한 한 실학자들에게 어떤 영향을 받았던 것 같지 않다.

이러한 점은 다른 지식인들 사이에도 나타나는 경향이다. 개별적인 문답이나 편지를 주고받는 속에서 악률에 대해 묻고 대답하는 바가 있지만 굵은 궤적을 남긴 악률서들에 대해서는 언급이 없다. 예를 들어 서명응도 이익과 같은 선대의 학자들이 논한 악률에 대한 언급이 없으며 정약용의 경우에도 선대의 악률서라고 할 수 있는 『시악화성』을 언급하지 않고 『악서고존』을 썼으며 후대인 李圭景도 악률에 대해 굵직하게 논한 글을 쓰면서도 정약용의 『악서고존』을 언급하지 않았다.

2. 『이재난고』에 언급된 악률에 대한 논의의 사례

『이재난고』 권1의 丙寅(1746)에는 '律呂新書解'가 있다. 그는 수리에 밝아서인지 18세라는 어린 나이에 성인 학자들에게도 어려운 악률서인『율려신서』를 이해했다. 그의 간단한 해석만 보아도 채원정이 말하고자 하는 핵심적인 내용을 이해했다는 것을 알 수 있다. 黃鍾之實인 177147이 통분의 의미라는 것과 황종으로부터 11율을 三分損益으로 산출할 때 9진법으로 계산하여 그 수치가 나온 것에 대한 이해·變律의 계산 등을 잘 알고 있었다. 특히 '60調'와 '변율'에 대해서는 더욱 그의 높은 인식을 볼 수 있다. 그는 채원정의 60조 이론에서 무엇이 변율이고 무엇이 半聲, 즉 淸聲[17]이어야 하는지를 잘 알기 때문에『율려신서』의 오류를 정확하게 집어내고 있음을 알 수 있다. 그러나『율려신서』<黃鐘>의 각주에 많이 논의된 바, 황종의 단면적을 계산할 때 호안정과 채원정이 채옹의 지름 3분설을 비판하고 조충지의 密率을 적용하여 단면적에 대해 논한 부분에 대한 언급이 없다.[18] 또한 이후에 주재육이 황종장이 90분인 것의 오류를 지적한 것에 대해서도 전혀 인식하고 있지 않은 듯하다. 황윤석은 변율이 발생하는 율에 대해서는 아주 잘 알고 있었지만 변율이 왜 발생하는가의 문제, 즉 往而不返의 문제에 대한 언급이 없다.[19] 뿐만 아니라 주재육에 대해

---

17 반성이란 절반의 길이에서 나오는 음이란 뜻으로 옥타브 높은 음을 가리킨다. 이를 다른 말로 청성이라고도 하였다.
18 조충지의 밀율이란 원주율(파이값)을 22/7(3.14..)로 계산해 낸 것을 말한다. 이렇게 원주율을 3이 아닌 22/7로 적용하면 황종율관의 공위 9분에는 지름 3분이 나올 수 없다.
19 왕이불반이란 가서는 다시 돌아오지 않는다는 뜻인데, 삼분손익에서 마지막으로 손익하는 중려율에서 다시 손익하면 옥타브 높은 황종이 나와야 하는데 나오지 않고 그 보다 조금 높은 음의 수치가 나온다.

서 수리가 정밀하다고 하면서도 옳은 방법은 아니라고 하였다. 이는 삼분 손익의 미해결문제는 채원정이 변율로 완성했다고 믿었던 것이며 주재육 의 평균율 이론은 수용하지 않았던 것으로 보인다. 다시 말하면 주재육의 신법밀율, 즉 평균율 계산법을 황윤석이 이해 못해서가 아니라 그 신법밀 율을 발명해 낸 이유에 대해 공감하지 못한 것이다. 이에 따라서 正律·倍 律법에 대해서도 이해가 부족한 부분이 있다.[20] 이는 주재육의 정율 배율 법이 옛 설과 다르다는 지적인 것으로 보인다. 정율 배율의 문제를 『管子』 의 5성 산출법에서 손익을 먼저 해서 나오는 치가 54가 아니라 108인 것 과 연결시켜 생각하는 것이다. 더불어 왕이불반에 대한 이해가 부족하기 때문에 다음과 같이 경방이나 하승천의 설에 대해서부정적인 견해를 보 이고 있는 것이다.

> (이속이 말하기를) "고인의 율려지법이 비록 문자에 보이나 지금 역시 가히 복고할 수 있겠습니까?" (황윤석이) 답하여 말하기를 "주자 와 채원정의 정론 이후에 원 명 시대에 이르기까지 또 다시 어지러움 이 있었습니다. 예컨대 경방이나 하승천과 같은 무리의 설이 한 둘이 아니었습니다. 대개 삼분손익 상하상생지법을 벗어나고자 하고 혹은 『여씨춘추』의 황종 함소 3촌 9분설에 미혹되기도 하였습니다"[21]

경방이나 하승천 설이란 왕이불반의 문제를 해결하기 위해 일찍이 시

---

20 『이재난고』, 2책 12권, 401쪽(己丑. 41세. 1769. 5. 13.)에서 "정율 배율지법은 역 시 구설과는 크게 다름을 종종 보이는데 어찌 놀라지 않겠는가. 단지 하치 소상 의 설의 실본은 관자일 뿐이다"라고 하였다.
21 『이재난고』, 2책 11권, 322쪽(戊子. 40세. 1768. 12. 16.) 古人律呂之法 雖見於文 字 而今亦可以復古否 余曰自有 朱蔡定論以後 至元明之際 又復淆亂 如京房 何承 天輩者 不一 蓋欲脫去三分損益上下 相生之法 或惑於呂氏春秋 黃鍾含少三寸九分 之說

도했던 경방의 60율과 하승천의 360율 설에 관한 문제이다. 이들이 관념적이긴 하지만 채원정이 변율론, 즉 18율설을 내기 전부까지 악률학 상에서는 하나의 대안이었기 때문에 가볍게 취급할 수 있는 문제는 아니다. 황윤석의 이런 인식은 채원정론에 대한 확고한 믿음 때문에 생기는 것이다. 따라서 삼분손익법에 의한 율관산출인데, 황윤석의 삼분손익에 의한 12율 산출 방법은 바꿀 수 없는 정론이라고 생각하여 전혀 문제제기가 없다. 또 12율의 지름을 모두 같게 한다는 채원정의 同徑說에 대해 주재육은 12율관의 지름이 같으면 그 음이 나지 않는다 하여 12율관 異徑說를 주장했다. 그런데 황윤석의 채원정의 설에 믿음이 확고했기 때문에 이에 동의하는 의견을 피력했다. 황윤석은『율려신서』이 외에도 새로운 이론을 접하여 공부하였어도 더 이상 한 발자국도 나가지 않다. 이는 채원정의『율려신서』를 정론이라고 보았기 때문이다.

명물도수지학자였던 황윤석은 도량형에 관심이 많았기 때문에 黍尺의 문제에도 관심이 높았던 것으로 짐작된다. 악률론에서 제기되는 橫黍尺 縱黍尺을 보면, 기장 1알을 1눈금으로 하는 황종 9촌을 한 자로 하여 기장을 세로로 쌓아 9번씩 9번 쌓는 즉 9분척에 의하면 81개의 기장 알이 되는 종서척이 되고, 기장을 10번씩 10번 가로로 쌓은 즉, 10분척으로 하면 100개의 기장 알이 길이가 되는 횡서척이 된다. 기장의 길이가 종으로 쌓느냐 횡으로 쌓느냐의 차이로 나누어지는 것일 뿐 길이는 종서척이든 횡서척이든 같다는 것이 명대의 악률학자인 주재육의 주장이다.[22] 황윤석은 이에 대해서 반론을 제기한다. 그는 종서척 횡서척에 대한 인식에 대해

----

22 9분척과 10분척의 문제가 중요시 되는 이유는 황종율관의 문제에서 그치는 게 아니라 황종율을 기준으로 하여 나머지 11율관을 삼분손익으로 산출할 때 발생하는 문제 때문이다.

다음과 같이 『율려정의』를 비판하고 있다.

　　(김용겸이) 또 말하길 "『율려정의』의 설은 『율려신서』와 더불어 어떠한가?" 내가 말했다. "『律呂正義』는 정밀하지만 『律呂新書』에 비하면 간혹 출입이 있습니다. 원래 황종의 근본이라면 횡서를 고척으로 삼고 종서를 금척으로 삼는데 기장의 대소가 없다고 여기니 이 설은 아마 그렇지 않은 듯합니다. 만약 그렇다면 옛 사람이 어찌 기장의 대소를 말했겠습니까? (기장의 대소는) 해마다 풍년과 흉년과 땅의 비옥하고 메마름에 연유하지 않습니까?[23]

　『율려정의』에서 古尺·今尺의 문제는 횡서척 100분척과 종서척 81분척의 길이가 같다는 주장인데 황윤석은 그 길이는 같다고 한 것을 오해하여 기장의 대소가 같다고 한 것으로 여겼던 것으로 보인다. 기장 자체의 크고 작음이 있는 것과 종서와 횡서의 차이는 관계가 없는데도 불구하고 이 문제에 대해 잘못 인식하고 있음으로 보여주는 것이다. 그런데 그는 그 뒤에 이 부분에 대해서 다시 언급하면서 장안무의 『반궁예악전서』의 종서척 횡서척 관련한 내용을 다음과 같이 실었다. 앞 장에서 인용한 부분에서 보았듯이 "…율척은 즉 황종 1관을 횡서는 백분지척으로, 종서는 81분척으로 여긴다. 橫과 縱이 비록 다르나 관체의 본래 길이는 같다."라고 하였다. 이렇게 보면 종서척과 횡서척은 기장의 대소가 같다는 것이 아니라 管體의 길이가 같다는 것을 잘 이해한 것을 알 수 있다. 그렇게 말하면서도 앞에서 말한 바의 오류에 대해서 전혀 언급이 없다.

----

23 『이재난고』, 2책 12권, 401쪽(己丑. 41세. 1769. 5. 13.) 又曰 正義之說 與新書如何 余曰正義因精密 而比新書 或有出入 原其黃鍾之本 則橫黍爲古尺 縱黍爲今尺 而以爲黍無大小 此說恐未然 若然則古人 豈云黍之大小 由於歲之豐歉 地之饒瘠乎

율관의 문제는 12율관의 수치가 정해져 그 수치에 따라서 관의 내경이 고른 대나무의 길이를 자르고 율관을 만든 것에서 그치지 않는다. 이것이 맞게 만들어졌는지 실험하는 과정이 필요한데, 그 중에 가장 중요하게 삼는 것이 候氣法이다. 후기법은 율관에 갈대청의 재를 담아서 덮어 땅에 묻고 동지가 되면 氣가 응하는지 살펴보는 방법이다. 이 방법에 대해서『문헌비고』의 「악고」에는 韓邦奇(1506~1521)의 말을 빌어 후기법은 오직 중국의 낙양 지역에서 할 수 있다고 하였고 이것은 위도 상 북극의 36도 되는 지역이어서 우리나라 서울에서 250리 떨어진 경기 충청지역에 해당한다고 하였다.[24] 황윤석은 이것에 대해 소극적이긴 하지만 후기에 대한 인식에 있어서 자신의 의견을 피력하였다. 서양역법을 신뢰하였던 황윤석은 율관을 시험하는 후기법에서『문헌비고』의 「악고」 부분을 간략하게 옮겨 적은 대목 중에 중종 4년에 후기를 실험하였던 부분을 언급하는 말미에 간단하게 낙양의 위치가 서울 아래, 전라 충청지역쯤에 해당하니 북위 36도 지점이라고 한 것이 틀렸고 34도쯤이어야 한다 했다. 자신이 서양력으로 고증하니 낙양이 36도가 아니고 34도이고 서울에서 500리 떨어진 충청 전라지역으로 수정되어야 한다고 하였다.[25] 그는 율관 측정법에서 채원정이 크게 중점을 둔 '候氣之說'을 지지하였기 때문에 후기법 자체를 비판하지 않고 후기법을 실험하는 장소에 관해서만 기존론을 비판했던 것이다. 또한 측영법은 또 다른 율관 측정법으로서 해 그림자를 이용하여 재는 법이다. 황윤석은 李之藻[26]의 측영설을 반대하는 내용을 피력하

---

24 김종수 역,『譯註增補文獻備考-樂考-上』, 국립국악원, 1994, 72쪽.
25 『이재난고』, 33책 권18, 632쪽(辛卯. 43세. 1771. 4. 7) 京畿忠淸 當云忠淸全羅 又以西曆攷之 洛陽長安北極當高三十四度許 則三十六 當作 三十四 而二百五十里 當作五百里. 이 점에 대해서는 성영애의 박사논문 49쪽에서도 지적 한 바 있다.
26 이지조(1564~1630)는 명나라 절강 항주사람이고 자는 振之이고 호는 淳菴居士다. 徐光啓와 함께 이탈리아 선교사 마테오 리치에게 서양과학을 배웠고 천주교

고 하였다. "청인은 또한 하지 동지 전후의 해그림자로 장단의 척촌을 삼고 그로써 12율을 삼고자 하였으니 그 혼란 역시 너무 심합니다."라고 한 것에서 알 수 있다.[27] 서명응은 이 측영법 역시 후기법과 함께 실험하면 천지의 참된 수를 얻을 수 있다고 주장하였다. 이에 반해 황윤석은 측영법에 대해 불신하고 있다.

이처럼 황윤석은 악률에 대한 언급은 중국 고대에서 청대까지 악률사에 굵직한 논제들을 다루고 주요한 악률관계 문헌과 악률론자에 대한 언급을 하였지만 철저히 채원정의 악률론에 의존하고 있음을 알 수 있다.

III. 시기적 흐름에 따라 본 악률에 대한 관심

『이재난고』는 일기를 날짜별로 편집해 놓은 책이기 때문에 이 책의 흐름을 따라가면 황윤석의 생애를 알 수 있고 그의 삶의 행적을 쫓아 『이재난고』를 차례로 살펴보면 그가 시기적 흐름에 따라 악률에 대해 어떤 관심을 보였는지 알 수 있다. 『이재난고』에서 드러나는 황윤석의 주요한 행적에 따라서 그가 악률에 어떤 관심을 보였는지 이해하기 위해 먼저 다음과 같은 표를 만들어 보았다.

....

도가 되었다. 崇禎 초에 천거를 받아 曆書 수정에 참여해 마테오리치와 『坤輿萬國全圖』를 수정했다. 龍華民, 湯若望 등과 서양의 과학서적과 논리학을 번역 소개했다. 중국의 전통 문화와 선진 과학을 융화시키는 데 주력했으며, 예를 깊이 연구하여 『頖宮禮樂疏』를 지었다.

27 『이재난고』, 2책 - 11권. 322쪽(戊子. 40세. 1768. 12. 16.) 淸人則又欲依二至 前後日景 長短尺寸 以爲十二律 長短 其亂亦己甚矣 雖然只据 三分損益 次次排定 恐是不易之數 蓋古人因聲以生器 後人因器而失聲 今若以古人已定之法 細之繹之 亦何不可復古之有

<표-2> 『이재난고』책 차례와 황윤석 생애의 주요 행적

책	년도	간지	나이	내용
1책	1729	己酉	1세	4.28. 黃璨의 아들로 흥덕현 귀수동에서 태어남.
	1733	癸丑	5세	할머니에게 글자를 배우기 시작. 『소학』 배움. 小詩 작시
	1738	戊午	10세	일기 쓰기 시작(『이재난고』 시작)
	1744	甲子	16세	『理藪新編』 집필시작.
	1748	戊辰	20세	昌原 丁氏와 결혼.
	1759	己卯	31세	進士覆試에 합격. 김원행과 스승과 제자의 의를 정함.
	1766	丙戌	38세	莊陵參奉을 제수받음.
2책	1768	戊子	40세	義盈庫 奉事 제수.
	1769	己丑	41세	司圃署 직장으로 승진. 宗簿寺 直長. 왕명을 받들어 입시(영조와 대화)
3책	1770	庚寅	42세	崇陵祭官, 獻陵祭官임명
	1771	辛卯	43세	翼陵제관, 봉조관으로 입시(영조와 대화). 司圃署 別提. 아버지 상을 당함.
4책	1772	壬辰	44세	미호 김원행 선생의 부고를 받음
	1776	丙申	48세	翊衛司翊贊제수받았으나 파직. 부인 정씨의 상을 당함.
5책	1778	戊戌	50세	司僕寺 主簿 제수. 大報壇제관. 健元陵제관. 長陵令으로 옮김.
	1779	己亥	51세	木川縣監으로 제수받음. 다음해 6월 파직
6책	1781	辛丑	53세	어머니 김씨의 상을 당함.
	1784	甲辰	56세	掌樂院 主簿로 제수 받고 바로 昌陵令을 제수 받음(부임하지 않음.)
7책	1786	丙午	58세	典牲署 主簿를 제수 받음. 全義縣監에 제수.
8책	1787	丁未	59세	암행어사의 아룀에 의해 파직당하고 고향으로 돌아옴.
	1791	辛亥	63세	4.17.임종

『이재난고』 1책을 보면, 황윤석이 악률에 대한 관심을 가진 것은 아주 어려서부터라는 것을 알 수 있다. 앞 서 언급한 바와 같이 일찍이 중국의 중요한 악률서인 채원정의 『율려신서』를 18살에 읽고 그에 대한 해석을 일기에 남겼다.[28] 어렸을 때부터 性理大全을 공부했던 그는 『율려신서』가

- -

28 『이재난고』, 1책, 1권, 22~23쪽.(1746, 18세), 42~43쪽(1747, 19세)

성리대전에 포함된 책이었기 때문에 대단히 관심을 가졌던 것으로 보인다. 그 해설서는 주요 요점만을 정리한 것인데, 어린 나이임에도 불구하고 그 해석은 상당히 정확한 것이다. 이렇게 일찍부터 악률에 대한 관심을 가지고 있었고 이해가 높았지만 그의 20대와 30대의 대부분은 과거시험을 보기 위한 시간으로 보내 버렸는지 이 시기에 해당하는 『이재난고』 1책에는 '율려신서해' 이후 악률에 대한 언급이 거의 보이지 않는다.

처음 『이재난고』에 율려에 관한 토론이 있었다는 것을 알 수 있는 것은 스승인 金元行과의 대화에서 찾을 수 있다. 1766년 황윤석의 나이 38세에 김원행이 자신이 율려에 대해 쓰고 있는 것이 있는데 도와줄 수 있는지 물었던 적이 있다. 그런데 몇 달 뒤 그가 장릉참봉이 되어 부임하기 전에 스승인 김원행을 찾아뵙고 떠나려 하자 부임해서 할 일에 대해서 당부하면서 황윤석에게 두 달 전에 토론했던 율려, 홍범, 심성설 등에 관해서 점검하고 교정하게 하라는 기사가 있다. 이런 정황으로 볼 때, 그 구체적 토론 내용을 적지 않았지만 율려에 대한 토론이 있었던 것으로 보인다. 그 이전에 楊應秀에게 올리는 편지에서 주자와 채원정이 함께 琴律을 논한 내용을 쓰기도 했는데[29] 이것은 자신의 논은 아니지만 『율려신서』의 이론을 신뢰하는 의미를 담고 있다.

황윤석은 과거에 여러 번 응시해서 초시에는 장원도 여러 차례 했지만 문과에는 끝내 급제는 하지 못하였다. 따라서 그의 학문적인 명성이 아무리 뛰어났어도 높은 직책을 맡기 어려웠다. 그의 나이 38세가 되어서야 겨우 시작된 관직은 낮은 직책이었지만 가장 많이 배당되었던 일은 예에

---

29 『이재난고』, 1책 4권, 430쪽(甲申. 36세. 1764. 12. 9) 朱子與蔡西山 論琴律而曰 大抵世間萬事 其間義理精妙無窮 皆未易以一言斷其始終 須看得玲瓏透脫 不相妨碍 方是物格之驗也 胤錫亦知斯言之有味 而所見麤陋 本無足道 今此所列 必有沿謬 而執迷者矣

대한 지식을 필요로 하는 왕릉이나 제사와 관계되는 것이었다. 제사와 관련된 일을 하게 되면 자연스럽게 음악에 관한 일이 따라오게 마련이라서 그는 이 부분에 상당한 지식을 얻을 수 있었던 것으로 보인다. 특히 종묘대제의 제관으로 여러 번 참여하였기 때문에 종묘대제에 쓰인 종묘악에 대한 이해를 높였을 것이다. 그는 이런 제사를 그저 따라 행하기만 한 것이 아니라 그것을 잘 이해하려고 노력했다. 이것은 그가 공부했던 악률론이 실천되는 현장이었기 때문이었다. 그는 이를 확인하고 그 인식을 확대시켜 나갔다. 다음은 사직 제사에 참여했던 일기의 일부이다.

> 17일 신미 3경(11시) 4점에 사직대향을 행하였다. 나는 재랑으로써 직장 김치성과 함께 의식을 마치고 서문으로 나갔다. 대개 사직 두 단의 신위가 모두 동쪽으로 향한 고로 서문은 즉 남쪽 방향이다. 대략적으로 악원의 악기를 본 즉 등가는 재단의 중문 내에 있는데 편종 편경이 각 각 한 틀이 있고 금 슬이 각 각 두 대, 또 생황이 있었다(금은 즉 7현금). 아울러 오례의 제도와 같이 그 밖에는 즉 헌가에 축어가 있고 문무 무무로 나뉘어 열 지어 있었다.[30]

『이재난고』 2책을 보면, 이 시기는 1768년(40세)에 의영고 봉사로 있을 때이다. 이렇게 그가 제사 의식에 참여하면서 의식에서 연주되는 악기 배치 상태까지도 하나도 놓치지 않고 세심하게 살펴보고 있는 점을 알 수 있다. 이후 여러 능의 제관으로 임명되었고 종묘대제에도 여러 번 참여했다. 이 때 이미 악률에 대해 통달한 사람으로 소문이 난 모양이다. 이는

---

30 『이재난고』, 2책 11권. 322쪽(戊子. 40세. 1768. 12. 17.) 十七日 辛未 三更四點 行社稷大享 余以齋郎與金直長致誠同事禮畢 出自西門 蓋社稷二壇 神位幷東向故 西門卽南方也 略見樂院樂器 則 登歌在壇之中門之內 有編鍾篇磬 各一架 琴瑟各二 又有笙簧(琴則七絃) 並如五禮儀制度 其外卽 軒架柷敔 文武舞班列也

당시 장흥고 직장 李涑과의 대화에서 이러한 점이 잘 나타나고 있다. 이는 사실상 그가 처음 악률에 대해 자신의 견해를 피력한 것을 알 수 있는 대화이다.

> 잠시 의빈부 직방(대기실)에서 장흥고[31] 직장 이속을 만났다. 이속이 말하기를 "명성을 익히 들은 지 오래되었습니다. 경학이나 사학에서부터 그 이외에 남김없이 꿰뚫고 있다고 들었습니다. 예컨대 율려 음악 역시 명철하게 이해하신다고 하여 일견을 듣고 싶었는데 지금 얼마나 행운인지요. 옛 사람의 율려지법이 비록 문자에게 보이나 역시 옛 음악을 회복할 수 있을까요?"[32]

이속은 고악을 회복할 수 있겠는가라는 질문에 대해 황윤석은 주자와 채원정의 정론이 있은 이후로 원나라 명나라 시기에 이르기까지 또 다시 악률에 관한 논란이 뒤섞여 혼란해졌으나 고인이 이미 정한 법을 가지고서 연역하여 올라간다면 역시 어찌 고악을 회복할 수 없겠는가 하고 반문하는 대답을 했다.

1769년(41세) 황윤석이 사포서 직장으로 승진하기 직전인 시기에 드디어 金用謙을 만났다. 『이재난고』에서 악률과 관련하여 가장 많이 등장하는 인물이기도 한 김용겸은 당시 장악원 正으로도 있었고 나중에는 장악원 제조까지 올랐던 사람이다.[33] 이러한 사실만 보아도 그가 악률에 관한

----

31 고려와 조선 때 돗자리, 종이, 油紙 따위를 대고, 관리하던 관아.
32 『이재난고』, 2책 11권, 322쪽(戊子. 40세. 1768. 12. 16.) 乍入儀賓府直房 偶逢長興庫 李直長涑 曾於金主簿履信座上 相面而不言者也 因言今雖始與奉話 而飽聞盛名久矣 聞自經史以外 貫穿無遺 如律呂音樂 亦得洞解 甚欲一見 今何幸也 且古人律呂之法 雖見於文字 而今亦可以復古否
33 嘐嘐齋 김용겸에 대해서 음악학계에서는 홍대용의 '유춘오악회'와 관련하여 알

토론을 할 만한 가장 적절한 대상이었음을 짐작할 수 있다. 김용겸의 입
장에서도 장악원의 일을 책임지고 있는 사람으로서 악률에 해박한 황윤
석을 만난 것을 행운으로 생각하고 대단히 신뢰했던 것으로 보인다. 김용
겸에 대한 언급은 『이재난고』 전 부분에서 나타나는데, 그가 중앙에서 관
직생활을 할 때에는 항상 김용겸이 곁에 있었던 듯하다.[34] 아래에 인용한
내용은 김용겸과의 대화이다.

> 오후에 김용겸 어른이 와서 대화를 했다... 김 어른이 고금사변을
> 늘어놓았다. 이어서 역범, 율력, 전병, 관직, 산수 등 여러 종류의 이
> 야기를 했다. 내가 이미 술을 따랐을 때 김 어른이 말하기를, 평생 이
> 런 것들에 대한 이야기를 할 만 한 곳이 없었다. 유일하게 홍순보(홍
> 대용)가 있었지만 서로 어긋나 있었다. 뜻밖에 오늘 황봉사(황윤석)를
> 만나 한 자리에서 문답을 할 수 있었으니 제가 너무 기쁩니다. 이는
> 진실로 금세의 악에 관한 일을 고인도 역시 이런 즐거움이 있었는지
> 알지 못했겠지요? 또 말하길 당신은 먼 고향에서 생장했는데 어찌 이
> 렇게 박식하고 흡족하고 정밀합니까? 매우 기쁩니다.[35]

. . . .

려진 것이 전부이지만 『이재난고』를 통해서 김용겸이 장악원에 오랫동안 근무
했음을 알 수 있다. 바로 1769년에도 황윤석이 김악정이라고 불렸고 1779년에
는 장악원제조라고 칭하는 것을 볼 때 적어도 10여 년 간은 장악원에 근무한
행정가였던 것이다. 전통예술원편, 『조선후기 문집의 음악사료』, 민속원, 2002,
80쪽.

34 김용겸은 1702년 생으로 스승 김원행과는 나이가 똑 같지만 김원행의 아저씨뻘
   이 된다. 김원행의 할아버지인 金昌集의 동생인 金昌緝이 김용겸의 아버지이다.
   황윤석이 관계했던 사람들은 이 스승인 김원행 집안사람인 경우가 많았는데,
   특히 음악과 관련하여 많은 토론을 벌였던 사람은 김용겸이 유일하다 하겠다.

35 『이재난고』, 9책 50권, 354쪽 己丑(1769. 3. 23. 41세) ○午間金丈來話移時 金丈援
   說古今事變 因及易範律曆田兵官職算數種種說話 余旣酬酌 則金丈曰 平生 此等說
   話 無可開口處 惟一洪純甫 差可相話耳 不意今日 得逢黃奉事 一席答問 令人濾然
   此誠今世樂事 未知古人 亦有此樂否 且尊生長遐鄉 安得博洽精密如此 甚可喜

이렇게 김용겸은 자신의 악률에 대한 궁금증을 황윤석을 통해 풀어 보려고 했다. 그 뒤에도 두 사람이 여러 차례 만나서 악률에 대해 질문하고 대답하는 대화가 나온다. 김용겸은 자신이 장악원에서 녹을 먹고 그 부서를 책임지고 있는 사람으로서 악률에 대해 잘 알지 못함을 매우 부끄럽게 여겼던 진솔한 풍모를 가진 사람이다. 그래서 황윤석에게 악률에 대한 깊이 있는 질문을 자주 했던 것이다. 뿐만 아니라 명문가에서 소장하고 있는 고금이나 거문고를 빌려와서 황윤석에게 보여주기도 하고 연주도 하면서 실컷 음악에 대해 토론을 하였던 것이다. 또 김용겸이 소장하고 있는 것이든 남에게 빌린 것이든 많은 악률관계서적을 황윤석에게 빌려 주었다. 황윤석이 읽은 대부분의 악률서는 김용겸을 통해서 빌려 읽었다고 해도 과언이 아니다. 황윤석은 김용겸에게 주로 질문을 받고 대답하는 입장인 경우가 많았지만 김용겸과의 교유는 악률에 대한 인식의 폭을 넓히는 계기가 되었을 것이다. 이런 일이 있은 직후인 1769년 6월 황윤석은 사포서 직장과 종부시 직장으로 승진하게 되었고 7월에는 七夕製에 장원을 하여 영조와도 대면하게 되었다. 그가 이 시기에 김용겸에게 빌려 읽은 책으로 『반궁예악전서』가 있다. 그는 일기에서 "요사이 조용히 청나라 사람 장안무가 편찬한 『頖宮禮樂全書』[36]를 읽고 있다."라고 쓰고 있다.

『이재난고』 3책을 보면, 1770년(42세) 8월에는 순릉제관, 11월 헌릉제관으로 임명되었고 43세였던 1771년(43세) 1월에는 익릉제관 으로 임명되었다. 이즈음에 『문헌비고』 즉, 『동국문헌비고』의 편찬이 한 참 진행되고 있던 시점이었음을 알 수 있는 내용이 자주 등장한다. 1771년의 일기에는 『문헌비고』「악고」의 요약을 많은 쪽을 할애하여 적어 놓았다.[37]

---

36 『반궁예악전서』는 청대의 장안무가 편찬한 것으로 명대의 李之藻가 지은 『頖宮禮樂疏』와 王煥如가 지은 『文廟禮樂書』를 조금 증보하고 덜어낸 것이다.

37 『이재난고』, 3책 권18, 629쪽~635쪽(辛卯. 43세. 1771. 4. 7)

『문헌비고』의 「악고」는 악률론이 상당한 비중을 차지하는 악서인데, 이 요약문을 통해 그의 관심이 무엇인지 잘 알 수 있다.[38]

　　『文獻備考』의 「禮考」와 「樂考」를 열람하려하니 의논할 게 많다. 애석하다. 「예고」는 김종수가 편집했고 「악고」의 초분은 鄭存謙의 소관이었으나 서명응이 이어 정본을 완성하였다. (악고를 요약해서 베낀다)[39]

이렇게 요약하기 이와 같은 언급을 한 것을 볼 때 『문헌비고』가 1770년에 완성되었다는 정확한 사실과 「악고」를 편찬한 사람들이 누구이고 서명응의 단독적인 저술이 아니라는 것을 알 수 있다.[40] 그런데 이 『문헌비고』「악고」 초고를 집필한 정존겸은 악률에 대한 인식이 부족했던 것으로 보인다. 황윤석은 정존겸이 초고를 쓰면서 황윤석에게 억지로 교정을 보게 한 경위를 기록해 놓았다. 정존겸은 황윤석에게 의지하여 악률에 관해 귀찮을 정도로 질문을 하였던 모양이다.

그런데 그 질문에 일일이 답을 해주었는데도 깨닫지 못함에 대해 불편한 기색을 드러냈다. 심지어는 황윤석의 집에서 율려에 대한 저술서를 가지고 오라는 무리한 요구는 사양했다고 적었다. 그러나 무엇을 물었는지

38　김종수역, 『增補文獻備考-樂考』, 국립국악원, 1994. 『동국문헌비고』와는 약간의 차이가 있겠지만 『증보문헌비고』의 「악고」의 체제를 보면 율려제조·도량형·역대악제·악기·악가·악무·악복·악인·습악·속부악 등 여러분야가 있음에도 불구하고 황윤석은 이 중에서 율려제조 도량형, 역대악제 등을 위주로 기록했다.

39　『이재난고』, 3책 권18, 629쪽(辛卯. 43세. 1771. 4. 7) 直中無聊 試閱文獻備考之禮考樂考 可議者多 惜哉 禮考卽金鍾秀所輯 樂考初本 卽鄭存謙所管 而徐命膺代成定本者也(樂考略鈔)

40　이 「악고」가 서명응에 의해서 편집된 사실은 『정조실록』을 통해서 알려져 있다. 실록에 의하면 정조가 서명응에게 "「악고」는 경이 저술하지 않았는가?" 하고 묻는 말이 있다.

자세한 내용을 적지 않은 것으로 보아서 상식적인 내용을 질문한 것으로 보인다.[41] 이런 일이 있은 지 두 달 뒤에 또 다시 정존겸에게 편집 교정을 부탁받은 내용이 다음과 같이 보인다.

(21일)정존겸이 또 『문헌비고』의 중간 교정본 「악고」 수삼 축을 보내왔다. 고민되고 견딜 수 없다. 어찌해서 지금 세상의 조신(벼슬 높은 관리)이 모두 편하고자 하여 사람을 들볶는지 높은 관직에 있으면 스스로 할 것이지 인생의 괴로움과 시름이다. 책임 맡은 사람이 이때를 당하여 일념 해야 하건만 비웃음거리를 깨닫지 못한다.[42]
(22일)중간 교정본 「樂考」의 樂歌와 아울러 일어난 사실들을 雅와 俗 2부로 나누어 교정을 마치고 정존겸이 있는 편집청에 보냈다.[43]

위와 같은 정황을 비추어 보았을 때 『문헌비고』 「악고」는 정존겸이 초본을 썼다고는 하지만 어쩌면 실질적으로는 황윤석이 대신 썼거나 적어도 황윤석의 도움을 크게 받아 작성했을지도 모른다는 생각을 갖게 한다. 그렇기 때문에 애착을 가지고 그런 기록을 남겼을지도 모른다.

『이재난고』 4책에 의하면, 그의 나이 44세였던 1772년 3월에는 아버지가, 7월에는 그의 스승 김원행까지 세상을 떠나자 정신적으로 힘든 시기를 보냈다. 아버지의 3년 상을 치렀으므로 그 사이에는 관직생활을 하지 못하였고 48세 때는 1776년에는 익위사 익찬의 자리를 제수 받았으나

---

41 『이재난고』, 3책 14권. 63쪽(庚寅. 42세. 1770. 2. 24)
42 『이재난고』, 3책 14권. 156쪽(庚寅. 42세. 1770. 4. 21) 鄭令 又送文獻備考 中草 樂考 數三軸 苦悶不堪 奈何 今世 朝紳 皆欲取便而炒人 高官美爵 自己爲之 苦海 愁陣 任人當之時一念及不覺發 一笑也
43 『이재난고』, 3책 14권, 156쪽(庚寅. 42세. 1770. 4. 22) 中草樂考之樂歌幷事實 爲 分雅俗二部 厘次訖送于鄭令編輯廳直中

시간 맞춰 오지 못해 파직되기도 했다. 그런 사정이어서인지 1772년에서 1777년 사이의 일기에 해당하는『이재난고』4책에는 악률에 관한 별다른 내용이 없다.

『이재난고』5책을 보면, 1778년에서 1779(51세)가 되던 해에는 유난히 중국의 악률관계 문헌들을 베낀 내용이 많이 나타난다.『낙선금보』,『송풍각금보』,『대악원음』등이 그것이다. 이 책들은 황윤석이 41세 때 이미 김용겸에게 빌려 보았던 책으로『낙선금보』에 대해서는 "명나라 때 신안 휴읍 사람 汪俊慶(善吾)이 스스로 호를 '낙선'이라고 한 것에 연유한다."라고 소개했다.[44] 그 때는 어떤 책인지만 소개하고 있지만 10년 뒤인 51세 때에는 이 내용을 일일이 필사했다.[45]

그렇게 하게 된 데에는 사연이 있었다. 당시 그가 사복시 주부로 승진했다가 호조정랑의 후보까지 올라가 수령으로 낙점되길 기대했는데 장릉 령으로 좌천되어 실망하고 관직을 포기하려고 했던 시기이다. 그러나 주변의 권유로 다시 6월에 있을 都目政[46]을 기다리기로 하면서 이런 책들을 필사했던 것이다. 이 세 가지 책을 필사하기 전에 책에 관한 정보를 다음과 같이 소개하고 있다.

　　명나라 신안 출신 왕준경(선오)이 음을 잘 아는 사람이었고 저서 『낙선금보 정음』6권 2책은 천계년간 계해년(1623)에 주지번이 서문을 썼다. 또 청나라 신안 영암 출신 정운의 저서『송풍각금보』와「서

----

44 『이재난고』, 2책 13권. 652쪽(己丑. 41세. 1769. 12. 5) 昨日 金丈答書來 並送樂仙
　　琴譜正音二冊 松風閣琴譜附抒懷操二冊 共四冊 樂仙琴譜正音者 皇明新安休邑 汪
　　俊慶善吾 自號樂仙者
45 『이재난고』, 5책 29권, 537쪽~569쪽(己亥. 51세. 1779. 5. 20)
46 도목정이란 6월과 12월에 인사고과를 받은 후 인사발령을 받는 것을 말함.

회조」는 모두 2권 2책으로 강희제 정사년(1677)에 지었고 자서가 있다. 또 검양 용암 출신 반사권이 지은 『대악원음』 6권 5책은 모두 4종 16책이다.[47]

이 세 가지 책은 문연각사고전서에 없는 항목이어서 이에 대한 정보를 얻을 수 없는데, 이렇게 황윤석의 설명에 의해 이 책에 대한 대체적인 정보를 알 수 있다. '五音論考' '五音審辨' '七絃論考' '十三徽論考'등은 『낙선금보』의 항목들이다. 그런데 그가 왜 하필 이것을 베꼈는지 좀 더 면밀하게 살펴봐야겠지만 그가 琴에 대한 관심을 보였던 것은 사실이다. 그리고 10년 전 부터 알고 있었던 책으로 오랜 연구과제로 안고 있었다가 마침 기다림의 시간에 공부를 했던 것으로 보인다.

또 『義琴舜譜』라는 책은 자신이 이를 윤색한다고 하면서 금과 거문고를 비교하여 해석하기도 하였다. 처음엔 중국의 7현금인 금의 제도를 玄琴, 즉 거문고를 통해 실현해 보려고 했었던 것을 아예 중국의 칠현금을 가지고 구체적으로 연구해 보려는 뜻은 아니었나 싶다.[48]

『이재난고』 6책~7책에 의하면, 1779년(51세)에 열망했던 목천현감이 되었으나 다음해 6월에 파직당했고 1781년(53세)에는 어머니상을 당해 또 3년 상을 치렀다. 황윤석의 관직생활상에서 보면, 두 번의 부모상으로 6년 간 공백이 있었고 여러 번의 파직으로 서울과 고향을 드나들게 되었다. 이런 불안정한 관직생활 중에서도 익위사익찬이나 호조정랑 등과 같

---

47 『이재난고』, 5책 29권, 509쪽(己亥. 51세. 1779. 4. 22)皇明新安 汪俊慶 善音所著 樂仙琴譜 正音 六卷 二冊 卽天啓癸亥朱之蕃l所序 及淸人新安頴庵程雄子雲所著 松風閣琴譜 及抒懷操 共二卷二冊 康熙 丁巳自序 及黔陽龍庵潘士權l所著 大樂元 音 六卷五冊 凡四種十六冊
48 『이재난고』, 5책 29권, 562쪽(己亥. 51세. 1779. 5. 23)

은 관직의 물망에 오르기도 했다. 또 장악원과 관련해서도 그가 악률에 정통하다는 명성도 있었지만 실제로 그를 천거하려는 움직임도 여러 차례 있었던 것으로 보인다. 1779년(51세)에 김용겸이 장악원 주부로 천거하려 했었던 사실도 『이재난고』에 나타나 있다. 이러한 일이 사실이었음을 뒷받침하는 왕조실록의 내용이 있다.

『정조실록』에 의하면 바로 전 해인 1778년 정조는 장악원 제조 李重祜와 김용겸, 판중추 서명응을 소견하는 자리에서 악공들에게 일일이 악기를 연주해보도록 하면서 종묘제향에 쓸 음악을 점검하였다. 그러면서 또 "악제에 밝은 사람을 어찌 쉽게 얻을 수 있겠는가마는, 만일 음률을 조금 아는 사람에게 오래 맡겨서 고악을 수복할 수 있다면, 이 얼마나 훌륭한 다스림이 되겠는가?"라고 물으니 서명응은 악제에 밝은 사람이 없다 하였고 김용겸은 대답하지 않았다. 이중호는 "근래에는 李衍德, 李彙晉만한 사람이 없습니다."라고 대답하였다.[49] 이연덕과 이휘진은 영조 때인 1742년에 장악원 정과 악기조성청 낭청으로 활동한 사람이었다는 점을 생각할 때 지금 마땅한 사람이 없다는 것을 말한다. 김용겸은 그 자리에서 바로 대답하지는 않았지만 이렇게 고악회복을 위해 정조가 찾는 사람으로 황윤석을 천거하려했던 것으로 보인다. 그래서 김용겸은 다음과 같이 권유했으나 황윤석은 사양했던 내용이 있다.

> (김용겸이) "주상께서 율려를 해석하고 악기를 제조할 사람을 나에게 구하고자 하여 나는 당신을 천거하고자 하는데 당신의 뜻이 어떠하냐"고 하였다 내가 말하길 "한 마을을 기르기를 구했는데 지원을 여기에서 그치고자 합니다. 무슨 틈에 박연을 만들겠습니까?" 김어른이(김용겸)이 말하길 "이 말은 매우 진실하다."[50]

----

49 『정조실록』 권6, 정조 2년 戊戌(1778) 11월 29일(을묘)

위와 같이 악률에 대한 그의 인식이 높았던 점은 궁중에 잘 알려져 있고 영조나 정조에게도 인정받고 있었으며 그가 말년에 장악원주부로 천거되었던 것도 우연한 기회가 아니라 그를 천거하려는 움직임이 오래 전부터 시도되었음을 보여주는 것이다. 그리고 실제로 1784년 그의 나이 56세가 되어 장악원 주부를 제수 받기에 이르렀다. 그것도 제2후보였는데도 낙점을 받았으니 특별한 신임을 받은 것이다. 그러나 그는 어머니 3년 상을 치르고 담제 전이라는 이유로 올라가지 못해 결국 부임하지 못했다. 장악원에 직책을 얻는다는 것은 다만 궁정의 음악에 관한 행정적인 일만을 하는 것이 아니라 악률에 대한 연구를 수반해야 하는 것이다. 그러니 그는 이 점을 매우 아쉬워했던지『이재난고』6책에 몇 번에 걸쳐 일기에 남기고 있다.

『이재난고』8책에 의하면, 1786년(58세) 4월엔 전생서 주부를 제수 받았고 6월에 다시 전의현감을 제수 받았으나 다음해에 또 파직을 당하고 고향으로 돌아와 60세 이후 말년에는 집에서 지냈다. 그는 병이 생겨 거동이 힘들 정도가 되었는데도 끊임없이 독서하고 토론했으며 1891년(63세) 생을 마감하기 3일전까지도 일기를 썼다. 생을 다하지 전까지 공부를 놓지 않았다는 점은 58~59세가 될 때까지도 악률에 관련된 글이 검색이 된다는 점에서도 알 수 있다.

50『이재난고』, 5책 28권, 475쪽(己亥. 51세. 1779. 4. 2) 上方求解律呂製樂器之人於
  我 我意欲薦尊 尊意如何 余曰 一邑求養 志願止此 何暇作朴塽耶 金丈曰 此言甚誠

IV. 맺음말

지금까지 살펴보았듯이『이재난고』에 나타나는 악률관계 용어는 음악
용어의 절반 이상을 차지할 만큼 큰 위치를 점하고 있었고 악률관계 문헌
도 상당히 많이 언급되었음을 알 수 있었다. 조선후기 악률론을 전개한
학자들 중에서 황윤석만큼 악률에 대해 많이 거론한 사람은 서명응과 정
약용을 제외하고는 없을 정도로 방대하다.『이재난고』에 나타난 악률에
대한 언급을 통해서 볼 때 황윤석이 얼마나 많은 관심을 가지고 있었는지
를 알 수 있고 그의 악률에 대한 인식은 매우 뛰어나 사람들에게 인정을
받았다는 것을 알 수 있다.

『이재난고』에 언급된 악률 대한 수많은 종류의 악률 용어, 악률서 등
은 조선 지식인 사회에서 악률에 대한 논의들이 무엇이었는지를 잘 대변
해 주는 것이기도 하다. 그리고 당시 많은 학자들이 악률에 관한 성리학
적 교과서로 여기는『율려신서』를 읽고 번역하거나 해석하는 작업을 했
고 가장 신뢰하는 악률서로서 삼았다는 것을 알 수 있었다.

그러나『율려신서』를 단순히 해석하는데 그치지 않고 새로운 이론과
대비하여 적극적으로 옹호하였다. 황윤석은 명대와 청대의 악률론에 대해
끊임없이 관심을 가졌다. 명대의 주재육이나 이지조의 이론도 관심을 가
졌고 청대의 악률이론 종합서인『律呂正義』나 장안무의『반궁예악전서』
의 악률이론에 대해서도 관심을 가졌다. 또한『낙선금보』니『송풍각금보』
와 같은 琴律에 대한 이론에도 관심을 가졌다. 이러한 것은 새로운 이론들
을 섭렵해 보려는 그의 박학정신과 맥을 같이한다. 그러나 그렇게 인식의
폭이 매우 넓었음에도 불구하고 채원정의『율려신서』이론에서 크게 벗
어나지 않았다. 이것은 주자학 존숭자였던 황윤석의 악률에 관한 인식의
한 면을 보여주는 것이라고 하겠다.

황윤석의 생애 중 30대 이후 대부분은 말직의 관직생활로 보냈고 20여 년을 그가 거쳐 간 관직은 주로 유교적 제사의식과 관련된 것들이 많았다. 따라서 음악에 대한 관심도 역시 유교적 음악이론에 더 많은 관심을 가졌고 열심히 공부했던 것으로 보인다. 순탄하지 못한 관직 생활을 20년 속에 고향과 서울을 왕래 하면서도 그는 악률에 대해 토론하고 악률서를 베끼고 해설을 하는 일을 멈추지 않았다. 그는 단순한 관심을 넘어서 중국 악률서를 열심히 탐구했고 악률 이론이 궁중 의식 음악에서 어떻게 쓰이고 있는지에 대해 무척 관심을 가지고 있었다. 그래서 주변 사람들은 물론이고 임금까지도 그가 악률에 대해 해박하다고 평가했으며 장악원에서 이론과 관련된 일을 할 수 있도록 몇 차례 천거가 거론되고 실제 제수받기도 하였다.

　그러나 그는 사실상 장악원에 근무하지도 못해 자기가 알고 있는 악률에 대한 지식을 실천적으로 펼쳐 볼 수 있는 여건을 마련하지 못하였다. 그러한 상황에서 그가 최소한 할 수 있는 것은 저술이었던 것 같다.

　그러나 이것도 체계를 세운 단독 저술로서 악률서를 쓰는 단계까지 못하고 『자지록』에 일부 기존 악률에 대한 중요한 논의와 자신의 해석을 남겼을 뿐이다. 이것이 얼마만큼 자신의 독특한 해석과 독자적 이론을 가지고 있는지는 후일 이것에 대한 치밀한 분석을 통해서 가능할 것으로 본다.

7장 金謹行의 「律呂新書箚疑」에 대한 연구*

Ⅰ. 머리말

『율려신서』는 중국 남송시대의 채원정(蔡元定)이 1187년 저술한 음악 이론서이다. 채원정은 성리학자로서 역학, 특히 상수학에 높은 학식을 가졌으며 악률에 대해서도 중국의 최고 학자라고 할 만 한 사람이다. 이 책은 지어진지 230여년 뒤인 1419년 『성리대전』에 포함되어 우리나라에 들어왔다. 『성리대전』(1415년 완성)은 송대의 성리학의 정수라고 할 만 한 저서와 주제를 다룬 것을 가지고 편찬한 것인데, 그 중 『율려신서』가 포함되었다는 점은 『율려신서』가 성리학에서 매우 중요한 저서라는 것을 의미한다.

조선 초 『율려신서』가 우리나라에 들어와 곧바로 왕의 경연에서 강독되었으며 세종조에는 표준 음고 제정·악기 제작·악보 발간 등의 이론적 근거가 되었고 성종조에 편찬된 『악학궤범』의 이론으로 정리되어 음악이론의 규범이 되기도 하였다. 조선왕조실록의 기록만 보더라도 조선전기에 『율려선서』에 대한 국가적 관심은 대단했다고 할 수 있겠다. 그런데 이에 비해 조선후기에 『율려신서』에 대한 기록은 정조실록을 제외하고 왕조실록에서는 그 기록을 찾기 어렵다. 그만큼 국가적 관심이 적어졌다는 것으로 볼 수 있다. 물론 『악학궤범』은 조선후기에도 국가 음악제도의 규범으

* 『한국음악사학보』 54, 2015.06.

로 여겨져 효종 때와 영조 때 다시 복간하는 사업을 벌였으니 그 이론적 토대가 된『율려신서』는 여전히 그 위엄을 가지고 있다고는 할 수 있다.

그러나 조선후기『율려신서』의 영향력 양상은 조선전기와는 다르게 국가적 관심보다는 필독서가 된 지식인들의 폭발적인 관심으로 나타났다. 그것은 아마도 조선후기 성리학에 대한 연구가 지식인들에 의해 크게 확대되었고『성리대전』이 궁중 전유물이 아니라 일반 지식인들에게 확대 보급되었기 때문인 것으로 보인다. 또한『율려신서』를 접하게 되면서 성리학적 철학이 담긴 악률의 체계적인 이론에 경도되었을 가능성이 있다. 성리학에서 추구하는 理적인 요소와 氣적인 요소가 동시에 구현되어 있는 것이『율려신서』의 음악이론이었기 때문이다.

『율려신서』는 역학에 기초하면서도 음향학적 원리와 음악이론 등을 함께 이해해야 하는 어려운 책이기 때문에 부단히 연구했던 것으로 보인다. 이러한 양상은 당시 지식인들이『율려신서』를 번역하거나 논쟁이 되는 부분, 의문이 나는 부분만을 골라서 '箚疑' '摘解' 등으로 저술을 상당량 남겼던 점을 통해 잘 알 수 있다. 이만부의「律呂推步」, 박치원의「律呂新書」, 김근행의「律呂新書箚疑」, 최좌해의「律呂新書序」, 황윤석의「律呂新書解」, 유휘문의「律呂新書」, 유희의「律呂新書摘解」등이 그것이다.

이 중에서 이렇게『율려신서』를 연구하여 저술로 남긴 조선후기 지식인 중에서 김근행(1712~1782)[1]은『율려신서』의 의심나는 부분, 즉 논쟁거리가 되는 부분을 그림으로 제시하고 해석한 사람이다. 그가 저술한『율려신서』에 대한 해설서는『용재문집(庸齋文集)』에「율려신서차의」로 남아

....
1 김근행(金謹行)에 대한 연구는 학술논문이나 단행본으로 한 건도 검색이 되지 않을 정도로 연구가 없으며『용재문집』영인본을 전자파일로 제공하고 있는 한국학중앙연구원의 장서각 사이트 해설에서 김근행에 대한 간략한 정보가 있을 뿐이다. 또한『용재문집』은 번역된 바 없다.

있다.『율려신서』는 오늘날에도 조선후기만큼이나『율려신서』에 대한 명쾌한 이해를 필요로 하고 잘된 번역서가 절실히 요구된다. 현대에 들어서서『국역 율려신서』가 두 권 출판되었지만,[2] 번역서만으로도 난해한 문제는 여전히 남아있으며 해석상에 논쟁이 되는 부분도 많이 눈에 띈다. 그래서 번역 중에 더러 오자로 여겨 바꾸기도 하였다. 그러나 김근행의 「율려신서차의」에 의하면 난해한 문제를 도상으로 제시하여 매우 쉽게 이해할 수 있게 되어 있다. 또한『율려신서』에서 채원정의 원 뜻이 무엇인지 확실히 이해할 수 없는 논란거리를 야기하는 구절들이 있는데, 이러한 부분에 대한 김근행의 해석은 매우 명쾌하게 되어 원문을 고치지 않고도 논리에 정확하게 들어맞는 것들이 많이 있음을 알 수 있다.

이렇게 「율려신서차의」는『율려신서』를 이해하기에 꽤 좋은 참고서라고 할 수 있다. 따라서 이 연구의 목적은 김근행의 「율려신서차의」를 통해 조선후기 지식인들이『율려신서』에 대한 인식의 단면을 봄과 동시에 난해한『율려신서』이론을 좀 더 쉽게 접근할 수 있는 계기를 마련하고자 함이다.[3]

---

2 이후영,『國譯律呂新書』(대전 : 間津, 2011) ; 송방송·박정련 외,『國譯律呂新書』(서울 : 민속원, 2005)

3 이 논문에서는 좀 더 쉬운 이해를 위해서 조선후기『율려신서』를 해석한 이만부 (李滿敷, 1664~1733)의『율려추보(律呂推步)』와 유희(柳僖, 1773~1837)의 「율려신서적해(律呂新書摘解)」 등에서『율려신서』를 해석한 것을 비교하여 고찰한다.

II. 김근행과 「율려신서차의」

1. 김근행의 생애와 학문

김근행(金謹行)은 그 이름의 항렬자에서 짐작할 수 있듯이 조선후기 문인으로 김생해(金生海)-김극효(克孝)-김상헌(尙憲)-김광찬(光燦)-김수항(壽恒)-김창집(昌集)-김제겸(濟謙)-김원행(元行) 등으로 내려오는 안동김씨 가문에서 태어났다. 김대효(大孝)·김극효(克孝)·김원효(元孝)는 형제인데 김극효의 증손자가 김수항이다. 김근행의 6대조인 김원효가 김수항의 증조부와 형제 관계이다.[4] 김근행의 아버지는 성균관 진사였던 김시서(金時敍)이고, 어머니는 은진 송씨로 비안현감(比安縣監)을 지낸 송이석(宋彝錫)의 딸이다. 김근행은 1712년 둘째 아들로 태어났지만 10살 터울의 형인 김면행이 양자로 갔기 때문에 실제적인 장남이 되었다. 할아버지 김성대 역시 김수일의 자식이었으나 큰아버지 김수익의 양자로 입적했고 김수일 역시 김광욱의 친아들이었기 때문에 결국 친할아버지 집으로 되돌아오게 된 것이다. 그의 선조 김생해에서 시작하여 김원효(元孝)-김상준(尙寯)-김광욱(光煜)-김수일(壽一)-김성대(盛大)-김시서(時敍)-김근행(謹行)으로 이어져 행(行)자 항렬자를 가지게 되었다. 영조 때 대사헌까지 지낸 김선행(善行, 1716~1768)이 동생이고 아들은 다섯을 두었는데 이온(履溫)·이량(履良)·이공(履恭)·이검(履儉)·이양(履讓)이다. 아들에 대한 행적은 큰 아들 이온은 양자로 갔고 실질적 장남인 둘째 김이량이 손자인 김정순과 함께 증손인 김용근의 3대조부가 추증된 것 정도가 그 흔적이다.[5]

---

4 이 안동김씨의 가계보는 한국학중앙연구원에서 제공하는 한국학자료센터의 인물관계정보 족보 검색으로 찾아 그 관계를 알아본 것이다.
5 『승정원일기』 고종 18년 신사(1881) 5월 23일(甲申)일에 "고 통덕랑 김정순(金鼎

김근행의 자는 중보(仲甫)이고 호는 용재(庸齋)이다. 1740년(숙종 28)에 증광시에 합격하여 세자익위사(世子翊衛司)의 세마(洗馬)가 되었다. 세자익위사 세마로 있을 때 경연(經筵)에서 『상서(尙書)』의 태갑(太甲) 상·하를 강의하였고, 사어(司禦)로 있을 때는 『성학집요(聖學輯要)』를 강의하였다. 그가 서연(書筵)에서 강의하기 시작한 것이 1764년이고 1775년까지 동궁전에서 세손이었던 정조와 대화를 했던 기록6으로 보아 이때까지도 궁중의 계방직7으로 있었고 10여 년 간 세자(세손)의 교육을 담당하는 일을 하고 있었던 것으로 보인다. 궁중 밖에서는 두 번의 관직을 가지고 있었던 것 같다. 한 번은 1759년을 전후로 한 시기에 김포군수로 또 한 번은 말년인 1776~1781까지 인천부사로 재직한 것이다. 그가 1759년(영조 35) 김포(金浦) 군수로 재직하던 시기에 학교를 설치하여 지성으로 학문을 권장하였다는 암행어사의 보고에 따라 임금으로부터 『소학』한 질을 하사 받았다고 한다.8 1776년(정조 즉위년) 12월에 인천 부사로 부임하여 4년 만에 파직되어 1780년(정조 4) 11월에 교체되었다. 1781년 파직된 이후 1782년에 죽었기 때문에 시기가 짧아서 교육이나 연구에 힘쓸 시간이 없

....

淳)에게 이조 참판과 그에 따른 예겸을 추증하고, 고 참봉 김이량(金履良)에게 이조 참의를 추증하고, 고 부사 김근행(金謹行)에게 사복시 정을 추증하였는데, 이상은 동지 김용근(金容根)의 3대이다."라고 기록되어 있다.

6 홍대용, 『담헌서』, 내집 2권, 계방일기, 을미년(1775), 4월 8일.

7 『영조실록』, 영조 49년, 계사(1773), 5월 25일 기사에 의하면, 계방이 된 것은 1773년 김상복의 추천에 의한 것을 알 수 있다. "영의정 김상복(金相福)이 춘방(春坊)에 합당한 사람으로 민종렬(閔鍾烈)·홍상간(洪相簡)·박상갑(朴相甲)·서유신(徐有臣)·이상준(李商駿)·홍낙임(洪樂任) 등과 계방(桂坊)에 합당한 사람으로 박사형(朴師亨)·김근행(金謹行) 등을 천거하였다."

8 『영조실록』, 영조 35년, 기묘(1759), 12월 21일 기사에 의하면, 어사 김응순(金應淳)이 김포 군수(金浦郡守) 김근행(金謹行)이 지성(至誠)으로 학문을 권장(勸奬)하였다고 아뢰어 『소학(小學)』 1부를 특별히 본군(本郡)에 하사하였다고 한다.

었을 것으로 보인다. 따라서 그의 저술은 주로 세자 교육기간 중이나 그 이전이었을 것으로 보인다. 『일성록』에 의하면 김근행과 관련하여 영조 40년인 1764년부터 정조 13년인 1789년까지 99건이 검색이 되는데, 그 중 90건이 1764년 9월부터 1775년 9월까지가 모두 숭문각과 존현각에서 소대(召對)나 주강(晝講)을 행하였을 때 주로 사어(司馭)의 자격으로 강하였다는 기록이다. 강의한 내용을 보자면, 『서전』·『논어』·『성학집요』·『중용』·『자치통감강목』·『시전』·『대학연의』·『당감』·『속자치통감강복』·『예기』·『어제조훈』·『주자서절요』 등이다. 그가 도설(圖說)을 많이 쓴 것은 간결하고 쉽게 가르치기 위한 그만의 교습법이었을 것이 아닌가 한다. 특히 역리학(易理學)을 깊이 연구하여 『주역』·『역학계몽』·『기삼백』·『태극도』·『율려신서』 등의 의문 나는 부분을 이해하기 쉽도록 도표로 그리고 설명을 첨가하여 주해하였다. 그 중 『율려신서』에 관한 주해가 「율려신서차의」이다.

김근행의 학문적 경향에 대해서는 잘 알려져 있지 않지만 『용재문집』에 의하면, 그는 한원진(韓元震)의 학문에 영향을 받은 것으로 보인다. 한원진은 이율곡(李栗谷)-송시열(宋時烈)-권상하(權尙夏)의 맥을 이은 인물성이론(人物性異論)을 주창한 사람이다. 김근행은 한원진의 문집인 『남당문집(南塘文集)』을 한원진의 아들 한후은(韓後殷)이 편차한 영본(嶺本)을 바탕으로 초간본 형태로 1765년 금산(金山)에서 간행한 것으로 추정된다. 남당연보에 김근행 간행으로 기록되어 있으며 이것이 고종 때 편찬된 『남당집』의 저본이 되었던 것이다.[9] 이 점으로 볼 때 한원진을 스승으로 모셨던 것으로 보인다. 김근행은 앞에서도 살펴보았듯이 한원진과 반대파였던

---

9 『용재집』권6, 권7. 김근행이 주고받은 편지에 의하면, 당시 한원진의 문집을 간행하는데 있어서 아들 한후은(韓後殷) 등 후손과 문인들 사이에서 갈등이 심하여 매우 어려운 상황에서 간행된 것으로 보인다.

'인물성동론'을 주창한 이간이 맥을 이었다고 하는 김창집 가문에 속하는 사람으로 아버지 김시서는 김창집 김창흡 문하에서 학문을 익혔다고 알려져 있다. 김근행의 어머니가 송시열(宋時烈) 가문인 은진 송씨 송이석의 딸이라는 점에서 볼 때 외가의 영향도 있을 것으로 보인다.

김근행의 시문집 『용재문집』의 제목은 김근행의 호인 용재에서 따온 것으로 15권 15책으로 된 필사본이다.[10] 이 문집에는 서문과 발문이 없어 간행 여부는 알 수 없다. 권1·2는 시 480수, 소(疏) 3편, 권3·4는 연설(筵說) 2편(書筵講說上 書筵講說下), 권5~9는 서(書) 138편, 잡저 5편, 권10~13은 잡저 65편, 문(文) 2편, 전(傳) 1편, 기(記) 2편, 발(跋) 3편, 제(題) 5편, 잠(箴) 1편, 명(銘) 1편, 축사(祝辭) 1편, 권14·15는 제문 34편, 고문(告文) 7편, 축문 2편, 애사 1편, 유사 1편, 행장 7편 등으로 구성되어 있다. 이 중 연설은 세마·사어로 있을 때 서연(書筵)에 서 강의한 것인데,『시전』(詩傳),『서전』(書傳),『성학집유』(聖學輯遺) 등을 내용으로 하고 있다. 9권에서 10권 사이의 잡저는 「주역차의」·「역학계몽차의」·「기삼백차의」·「논어차의」·「대학차의」·「중용차의」·「맹자차의」·「예기차의」·「태극도차의」·「율려신서차의」로 구성되어 있다.

2. 『율려신서』와 「율려신서차의」의 구성 비교

「율려신서차의」는『용재문집』15권 중 10권에 실려 있다.『용재문집』의 간행연대는 알 수 없으나 「율려신서차의」를 저술한 때가 1745년으로 그의 나이 33세였다는 것은 알 수 있다. 이것은 「율려신서차의」의 마지막에 쓴 간단한 발문에서 알 수 있다. 그는 「율려신서차의」를 짓게 된 동기

----

10 장서각 서지정보에 의하면 金謹行 撰,『庸齋先生文集』, 15卷15冊, 19.4 × 14.2cm, 10行20字, 註雙行, MF35-955~956으로 되어 있다.

를 다음과 같이 적고 있다.

　　을축년(1745) 여름에 내가 해상에서 함장(스승)11을 알현하였는데,
그 때 (스승이) 정계에 물러나 있었던 중에 정현 시백(韓時伯)12보와
더불어 채씨의 신서(『율려신서』)를 강독하고 이로써 편찬하였다고
하는 「연의」 1책을 내게 보여주며 말하기를 "내가 할 업인데 그대가
이것을 증익해주길 바란다."고 하셨다. 나는 마침내 이 책을 가지고
호숫가의 오두막으로 돌아왔다. 반복해서 자세히 읽어보니, 대개 열
에 칠 팔은 옛사람의 정통한 뜻이 명쾌히 발하여 있었지만 간혹 잘잘
못이 없을 수 없어 따로 조목을 만들어 붙여 두어서 오른 쪽과 같이
의혹을 제기하는 사람들의 질문에 대비하고자 한다. 이 해 가을 8월
하순 서호의 오동나무 아래 오두막에서 씀.13

이와 같이 그가 「율려신서차의」를 쓰게 된 동기는 스승의 권유에 의
한 것이지만 『용재문집』의 잡저 목록상으로 보면 성리학의 주요 도서이
며 『성리대전』에 실린 저술서를 대부분 '차의'로 쓴 것을 보면, 「율려신
서차의」는 자연스러운 저술이었다고 할 수 있다.

　「율려신서차의」라는 제목에서 알 수 있듯이 의문 나는 부분만을 골라

----

11 스승이란 누구를 말하는 것인지 알 수 없지만 아마도 인물성이론(人物性異論)을
　　주창한 남당(南唐) 한원진(韓元震, 1682~1751)이 아닐까 싶다. 김근행은 1765년
　　한원집의 문집인 『남당집』을 간행하였다.
12 한원진의 아들 한후은(韓後殷, 1702~1768)으로 추정된다. 『용재집』 권6 書(편지)
　　중에는 韓時伯(後殷)이라고 적힌 4통이 있다.
13 『용재집』, 권10, 「율려신서차의」, "乙丑夏 余謁函丈于海上 退與庭賢時伯甫 講蔡
　　氏新書 以其所編演義一冊示余曰 吾所業也 子其益之 余遂携歸湖廬 反覆詳玩 盖發
　　明古人精義者 十七八矣 然其間或不無得失處 隨條籤錄 以備叩門如右 是年秋八月
　　下澣 書于西湖之梧下茅廬"

서 해설하였기 때문에 이 저술은 번역서에 속하지 않을 뿐만 아니라 이를 통해 『율려신서』의 전반적인 내용을 이해할 수 있지 못한다. 그러나 당시의 경향으로 보아 조선후기 지식인들은 『성리대전』을 웬만하면 통독했을 것이기 때문에 이 글은 『율려신서』를 이해하는데 큰 도움이 될 것이었을 것이다. 왜냐하면 「율려신서차의」에서 다루고 있는 문제는 『율려신서』를 읽는 사람들이 일반적으로 갖게 되는 핵심적인 의문들인데 이런 문제를 글로만이 아니라 도상으로 제시함으로써 명쾌해질 수 있도록 했기 때문이다.

「율려신서차의」는 『율려신서』에 있는 「율려본원」과 「율려증변」 중에서 「율려본원」 부분만 다루었다. 「율려본원」의 목차에 따라 같은 내용을 순서대로 편수를 만들었는데, 『율려신서』 본래 있는 제10 候氣 부분부터 이하 마지막 장인 13장의 謹權衡까지의 내용은 다루지 않았다. 각 편마다 6편을 제외하고 1개 또는 2개의 도상을 그렸는데, 모두 10개의 도상이다. 이 도상은 각 장의 내용 중에서 이해하기 어려운 부분을 도상으로 쉽게 이해할 수 있도록 한 것이며 해설까지 덧붙여 있다. 이런 구성을 다음의 표로 비교 정리해 보았다.

〈표-1〉 채원정의 『율려신서』와 김근행의 「율려신서차의」의 구성

『律呂新書』「律呂本原」		「律呂新書箚疑」		
차례	제목	차례	해석 대상 문구	해당 도판
第一	黃鐘	一篇	小註 筭法 開方	①圓田開方得宗徑圖
第二	黃鐘之實	二篇	三歷十二辰 / 數 法	②黃鍾數法用九圖
第三	黃鐘生十一律	三篇	子一分 丑三分二 / 一爲九寸 一爲三寸 / 陽辰當爲得 陰辰居其冲	③十二律損益得寸圖 ④陰陽律當位居冲圖
第四	十二律之實	四篇	全 半 / 黃鍾無半 不用	없음14
第五	變律	五篇	變六律 / 當有以通之	⑤置一六三圖
第六	律生五聲圖	六篇	本律之實	없음

第七	變聲	七篇	變聲 / 隔一律 隔二律	⑥五音隔一隔二圖 ⑦五音二變成七圖
第八	八十四聲圖	八篇	八十四聲圖	⑧十二律七聲循環成曲圖 ⑨十二律半聲變律圖
第九	六十調圖	九篇	六十調圖 / 半聲 變律	⑩五絃琴黃鍾一曲圖

위와 같이『율려신서』「율려본원」의 차례에 따라 1장에서 9장까지 1
편에서 9편으로 순서를 붙이고 그에 따른 의문되는 문구를 중심으로 10
개의 도상을 제시하고 해석하였다.[15]

III.『율려신서』의 도상화「율려신서차의」분석

1. 황종율과 12율산출 문제

1) 황종율관의 지름 계산 원전술과 개방법

황종율관의 지름에 대한 문제는 채옹과 맹강 등이 둘레 9분에 지름 3분
설이 주창되기 시작한 데에서 출발한다. 이에 대해 채원정은『율려신서』에
서 황종율관의 둘레가 9분이면 積 810분이 성립되지 못함을 비판하여 위
9분이 단면적 9방분임을 주장하고 이에 따라서 지름은 3분이 아니라 3분
4리 6호라는 주장을 했다. 채원정은 이것을 구하는 방법으로 小註에서 원

---

14 이 4편의 글 내용 중에는 '下調聲圖 自可見矣'라는 글로 볼 때 4편 아래에 그림
  하나가 그려져 있어야 하지만 그에 해당하는 그림이『용재집』영인본과 마이크
  로필름에도 없다.
15 위에 보이는 10개의 도상을 앞으로 다른 그림과 혼동되지 않도록 번호를 임의
  로 붙였다. 예컨데「律筍」①圓田開方得冪徑圖,「律筍」⑥五音隔一隔二圖라고 말
  하면 김근행의「율려신서차의」의 도상을 가리킨다.

전술과 개방법을 쓴다고 했다.

원전술은 원을 평평하게 놓고 그것을 둘러싼 네모를 3 : 4로 하여 구하는 방식이다. 개방법은 정사각형의 한 변을 구하는 방법으로 제곱근을 구하는 방법이다. 이러한 계산 방식을 그림으로 제시하면서 부연 설명한 것이 노재팽의 주이다. 그런데 이 그림은 <그림-1>과 같이 오히려 채원정의 설명과는 다르게 네모와 원이 거꾸로 그려져 있어서 이 부분을 이해하는데 매우 어려움을 주고 있다. 이만부(李滿敷)도『율려추보』에서 <그림-2>와 같이 그대로 그려 놓았다.

<그림-1>『율려신서』의　　　　　　<그림-2> 이만부「율려추보」의
노재팽 원전술 그림　　　　　　　　원전술 그림

위의『율려신서』의 <그림-1>에서 보이는 원전술 그림은 중국 판본의『율려신서』에서는 찾아보기 어려운 그림이다. 사고전서 전자본『율려신서』의 경우는 아예 빈칸이거나 의미 없이 用이라는 글자를 넣기도 하였다. 그에 비해 김근행은 「율려신서차의」 제1편에서 맨 먼저 설명에 앞서 <그림4>와 같은 그림부터 제시하였다. 그리고 그 제목으로는 원전개방으로 숨겨진 지름을 얻는 그림(圓田開方得案徑)이라고 달아 놓고 있다. 김근행 보다 뒷사람인 유희(柳僖)의 경우에도 「율려신서적해」에서『율려신서』의 그림이 틀렸다고 지적하고 <그림-4>와 같이 김근행의 「율려신서차의」와 같은 구도로 원을 안에 바깥에 네모 그림을 그려 놓았다.[16] 이 그림을 김근행의 그림과 비교하여 보면 다음과 같다.

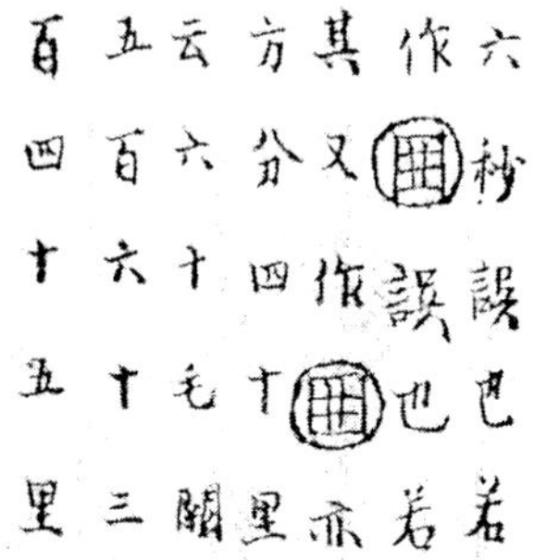

〈그림-3〉 유희의
「율려신서적해」의 원전술 그림

〈그림-4〉「律箚」
①圓田開方得案徑圖

　　김근행의 그림과 유희의 원전술 그림이 다른 점은 유희의 그림은 원과 네모와의 관계만 그려 놓았을 뿐 그 안에는 수치를 적어 놓고 있지는 않다는 점이다. 김근행의 '圓田開方得案徑圖'는 그 그림의 제목에서 알 수 있듯이 숨겨진 지름을 어떻게 찾는 것인지를 보여주는 그림이어서 더욱 구체적이다. 물론 정 가운데의 네모가 1분인데 바깥쪽 네모의 수치가 더 큰 것은 모순이 있지만 원 안의 수치를 다 합치면 9이고 원 바깥을 모두 합치면 3이어서 전체가 12이니 삼분익일(三分益一), 즉 3분의 4를 취하여 네모 면적을 구하고 제곱근으로 지름을 구하는 방식($\sqrt{12}$)을 구체적으로 보여주면서 결국 원지름이 채원정이 제시한 3분 4리 6호가 됨을 증명한

16 김수현, "律呂新書摘解를 통해 본 柳僖의 악률론 연구", 『동방학』(서울 : 한서대학교 동양고전연구소, 2912), 제22집, 379쪽.

것이다.

김근행은『율려신서』의 제1편 황종에서 가장 논란이 되고 의문이 되는 점이 이점이라고 생각했던 것 같다. 그래서 채원정이 소주에서 밝힌 원전 술과 개방법으로 황종율관의 지름을 구하는 방법을 그림으로 먼저 제시하고 설명을 함으로써 이 외에 제1편에서 더 이상 거론하는 문제가 없다.

2) 三分損益으로 12율을 생성할 때 계산법과 관련

『율려신서』제 2의 황종지실(黃鐘之實), 제 3의 황종생십일율(黃鐘生十一律) 제 4의 12율지실(十二律之實)은 모두 황종으로부터 삼분손익하여 11개의 율을 더 생성해낼 때의 계산법과 관련되어 있다. 여기에서 쓰이는 것은 實을 계산하는데 있는 3의 제곱승과 9진법 등에서 사용되는 數와 法과 관련된 문제가 가장 어려운 문제인데, 「율려신서차의」에서 이를 중심으로 수와 법이 어떤 차이가 있는지 용수로서의 9에 대해 해석을 하였다. 먼저『율려신서』의 제2에서 제3까지 제시한 12율의 상생법, 즉 삼분손익으로 율을 생산해 내는 과정과 관련하여 제시한 수치들과 용어들을 종합해서 정리해 보면 다음과 같은 표로 정리할 수 있다.

〈표-2〉『율려신서』十二律之實에 관한 수치[17]

黃鐘之實 第二			黃鍾生十一律 第三			十二律之實 第四		
辰	3歷	法, 數	體數分用數		法	實	全	半
子	1	黃鍾之律	陽	1	1爲9寸	177147	9寸		無
丑	3	爲絲法	陰	$\frac{2}{3}$	1爲3寸	118098	6寸	3寸	不用

. . . .

17 『율려신서』에 제시된 수치와 용어를 최대한 살리면서도 보기 편하게 한자로 된 숫자는 아라비아숫자로 바꾸고 全과 半의 촌분리호사홀의 단위 대신 촌 이하를 소수점 아래로 써서 바꾸어 놓았다.

寅	9	爲寸數	陽	$\frac{8}{9}$	1爲1寸	157464	8寸	4寸	
卯	27	爲毫法	陰	$\frac{16}{27}$	3爲1寸 1爲1分	104976	5.3寸	2.6寸	不用
辰	81	爲分數	陽	$\frac{64}{81}$	9爲1寸 1爲1分	139968	7.1寸	3.5寸	
巳	243	爲釐法	陰	$\frac{128}{243}$	27爲1寸 3爲1分 1爲3釐	93312	4.66寸	2.33寸	不用
午	729	爲釐數	陽	$\frac{512}{729}$	81爲1寸 9爲1分 1爲1釐	124416	6.28寸	3.14寸	
未	2187	爲分法	陰	$\frac{1024}{2187}$	243爲1寸 27爲1分 3爲1釐 1爲3毫	165888	8.376寸	4.183寸	
申	6561	爲毫數	陽	$\frac{4096}{6561}$	729爲1寸 81爲1分 9爲1釐 1爲1毫	110592	5.551寸	2.725寸	
酉	19683	爲寸法	陰	$\frac{8192}{19683}$	2187爲1寸 243爲1分 27爲1釐 3爲1毫 1爲3絲	147456	7.4373寸	3.6636寸	
戌	59049	爲絲數	陽	$\frac{32768}{59049}$	6561爲1寸 729爲1分 81爲1釐 9爲1毫 1爲1絲	98304	4.8848寸	2.4424寸	
亥	177147	黃鍾之實	陰	$\frac{65536}{177147}$	19683爲1寸 2187爲1分 243爲1釐 27爲1毫 3爲1絲 1爲1忽	131072	6.58346寸	3.28623寸	

위의 표에서 보여주는 용어와 해설과 관련하여 「율려신서차의」에서 분석 대상이 되는 문구는 '三歷十二辰' '數', '法', '子一分, 丑三分二...'(分上字 分下字) '一爲九寸, 一爲三寸'등이다. 먼저 2편에서 '三歷十二辰'에 대해 설명하는데 三歷이라는 것은 3수로써 거쳐 지나가는 것이라고 하고 1이 수의 시작이라고 하면서 子 1이 3으로써 지나면 축이 3이 되고 축3이 3으로써 지나면 인이 9가 된다는 방식으로 설명한다. 삼분손익을 한 번씩 할 때마다 3이 곱해지게 되는 제곱승에 대한 해석이다. 그리고 양수는 1에서 시작하고 9에서 마치며 황종은 양성의 시작이고 양기의 움직임이니 그 수는 9를 사용하고 3으로써 곱하고 나누므로 12진이 모두 3배로 지나가는 수가 된다는 것이다.

또한 『율려신서』에서 爲數 爲法이라고 한 수와 법에 관련하여 수라는 것은 법의 완성이니 진에 있어서 양이 되고 법이라는 것은 수의 시작이니 진에 있어서 음이 된다고 설명한다. 3으로 12진을 거치면 얻어지는 수는 177147인데 황종의 촌분은 9수를 사용하고 이로써 19683이 촌법이 되니 9촌의 수(177147÷19683=9)를 얻으며 2187로 분법을 삼은 연후에 9분의 수(19683÷2187=9)를 얻을 수 있다고 수와 법의 관계를 설명하고 있다. 그리고 '子一分, 丑三分二...'에 대해서는 分의 위에 있는 숫자, 즉 분모는 3으로 지나는 體數이고 分 아래에 있는 숫자, 즉 분자는 3의 用數로 설명하여 분모는 나누는 숫자 분자는 그 나눈 수 중에 얻은 수, 즉 사용되는 수로 설명한다. 또 '一爲九寸, 一爲三寸'에 대해서는 1이 9촌이 되는 것이고 1이 9촌을 얻은 것이고 1위 3촌이라는 것은 1이 3촌이 된다는 것이다.

다시 말하면 축(임종)의 3분의 2를 1위 3촌이라고 한 것은 1이 3촌이니 3촌이 3개 즉 9촌이 되는 것인데 그 중 2개를 얻는 것이니 6촌이 된다는 설명이다. 인(태주)에 있어서 9분의 8을 1위 1촌이라고 한 것은 1이 1촌이니 1촌 9개 중에 8개를 얻는 것이니 8촌이 되는 것이다. 그 뒤에 대한 설명을 하지 않았지만 묘(남려) 27분의 16을 3이 1촌이 되고 1이 3분이 된다는 말은 1촌이 3개로 나누어져 있으니 9촌을 27개로 나눈 것이고 그 중에 16개를 얻는다는 말이다. 이런 관계를 다음 <그림-5> <그림-6>과 같이 그림으로 제시하여 놓았다.

<그림-5>의 아래에는 그림을 어떻게 봐야 하는지 설명해 놓았는데, 가장 안 쪽 동그라미에 있는 1은 황종지율이고 그 다음 두 번 째 동그라미는 황종지실이며 세 번째 동그라미는 촌 분 리 호 사의 법이고 네 번째 동그라미는 촌 분 리 호 사의 수라고 적었다. <그림-6>에서도 안의 첫 번째는 12진이고 두 번째는 3의 배수로 거쳐 가는 체수, 즉 분모의 숫자이고 세 번째는 용수, 즉 분자의 숫자이며, 네 번째는 12율의 촌법, 즉 어떻

게 조각을 낸 것인지에 대한 법이고 다섯 번째는 12율의 촌수, 즉 9진법으로 계산한 全數이다. 이 간단한 설명을 가지고 그림을 보면 상생관계, 12율의 실과 촌과 법과의 관계가 쉽게 이해된다.

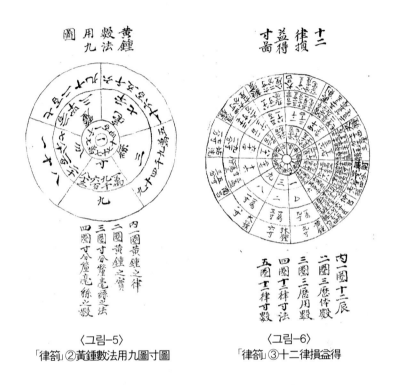

〈그림-5〉
「律箾」②黃鍾數法用九圖寸圖

〈그림-6〉
「律箾」③十二律損益得

3) 陽律陰呂在位, 沖

　『율려신서』에서 12율의 생성에 있어서 부딪치게 되는 문제로 대려 협종 중려가 하생에서 얻어져야 함에도 불구하고 옥타브 내에서 상생해야 하는 관계로 2배를 해주는 것에 대한 이유를 양과 음의 문제로 해석한 부분이 있다. 이 문제가 되는 『율려신서』의 구절을 보면 다음과 같다.

"육양신은 마땅히 자득함이 있지만 육음신은 즉 그 상충되는 자리에 있다. 그 임종 남려 응종 3려는 음에 있어서 증손할 바가 없지만 그 대려 협종 중려 3려는 양에 있으므로 그 배수를 사용하여야 바야흐로 12월의 기에 상응하게 된다. 대개 음이 양을 따르는 것이 자연의 이치이다."[18]

위의 말은 삼분손익을 해서 12율을 얻을 때, 하생해서 5도 위의 음을 얻고 상생해서 4도 아래음을 얻는 것을 반복하는데, 이 때 하생해서 얻은 음이 음려가 된다. 결과적으로 임종, 남려, 응종, 대려, 협종 중려가 음려가 된다. 그러나 임종 남려 응종을 얻을 때에는 옥타브 내의 음이 나오지만 대려는 옥타브 위의 음이 나오기 때문에 배수를 해줄 수밖에 없다. 하생하는 자리를 두 배를 하면 상생하는 관계가 되기 때문에 이 점을 합리화하기 위한 논리가 충에 대한 개념을 세우는 것이다.

이 말은 삼분손익의 차례의 배열과 음고의 순으로 배열하여 같이 12진에 맞추어 방위대로 짝을 맞추어 늘어 놓으면 양률은 같은 자리에 있지만 음려는 마주보는 자리에 있기 마련이다. 그래서 음려는 충이 되는데, 왜 배수를 해야 하는지는 음려가 음의 자리에 있는 것을 괜찮지만 음려가 양의 자리에 있는 경우는 음이 양을 따르는 원칙에 따라 양으로 바꿔줘야 한다는 논리이다. 이것을 「율려신서차의」에서는 <그림-8>과 같이 그려서 쉽게 이해할 수 있게 한 것인데, 이것은 충의 개념만 제시한 것이지 실제 대려 협종 중려를 두 배로 해야 하는 것을 그림으로 제시하고 있지는 못하다. 그러나 오히려 김근행은 설명에서 문제가 되는 '음이 양을 따르는 것이 자연의 이치'라는 부분에 잘 맞춰 논리적으로 증명하고 있다.

---

18 『律呂新書』, 「律呂本原」, 黃鐘生十一律 第三, "六陽辰當位自得 六陰辰則居其衝 其林鐘南呂應鐘 三呂在陰無所增損 其大呂夾鐘仲呂 三呂在陽 則用倍數 方與十二月之氣相應 盖陰之從陽 自然之理也"

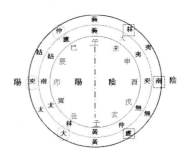

〈그림-7〉
「律箭」④陰陽律當位居沖圖상화[19]

〈그림-8〉『율려신서』在陽과
在陰의 도

이 문제에 대해 「율려신서차의」에서 두 개의 문구에 대해 해석하였는데, 첫째는 '陽辰當位得 陰辰居其沖'이고 둘째는 '在陰無所增損 在陽則用倍數'이다. 첫째의 문제는 그림에 제시한 것처럼 12율의 寸分의 순서, 즉 음고의 순서와 生出의 순서, 즉 삼분손익의 차례를 짝을 지우면 양률은 그 자리이지만 음려는 충의 자리에 있다고 했다. 두 번째 문제인 在陰과 在陽의 문제를 이렇게 풀고 있다. 양은 양을 따르는지라 양률이 양의 방향에 있거나 양률이 음의 방향에 있더라도 상관없지만 음은 양을 따르기 때문에 음려가 음의 방향에 있으면 증손할 바가 없는 것이지만 음려가 양의 방향에 있으면 양을 따라서 두 배를 해주는 것이라고 그 배수의 이유를 설명하고 있다.

여기서 음의 자리 양의 자리는 〈그림-8〉과 같이 주역에서 말하는 왼쪽을 양 오른쪽을 음으로 놓는 것을 말하는 것으로 보인다. 다시 말하면 대

---

19 김수현, 「律呂新書摘解를 통해 본 柳僖의 악률론 연구」, 위의 논문, 386쪽 그림 인용.

려 협종 중려는 음려이면서 양의 자리에 있는 것이 되고 음이 양을 따라야 하니 두 배를 해줘야 한다는 것이다. 이 논리가 실제로는 논리를 위한 논리에 불과한 것이지만 채원정이 마지막으로 한 말 '음이 양을 따르는 것이 자연의 이치'에 딱 들어맞게 설명한 것이다.

이 문제는 학계에서 골치 아픈 문제가 되었었다. 『신역악학궤범』에서 대려 협종 중려가 양의 자리에 있다는 말에 주를 달면서 두 배를 해줘야 하니 양의 자리에 있게 된다고 궁색하게 설명을 하였는데,[20] 양의 자리에 있으니 두 배를 해줘야 한다는 말과 선후가 바뀐 해석이다. 정화순은 이 문제를 그동안 삼분손익의 상생과 하생에서 유빈에서의 상생이냐 하생이냐를 가지고 '上六下五'와 '上五下六'의 두 가지 방법을 가졌던 것을 채원정이 절충 병합한 것으로 해석하였다.[21]

『율려신서』를 번역한 이후영의 경우에는 아예 음과 양을 바꾸어서 고치고 번역하였다. 그 이유는 여기서 말하는 음이라는 것은 주자가 말한 바 陰이라는 것은 절반에도 미치지 못하여 기가 닿지 못하는, 즉 옥타브 위의 음을 말한 것이라고 하여 임종 남려 응종은 옥타브 안에 있어서 양이지만 대려 협종 중려는 옥타브 넘는 음에 있다고 해석해 버렸다.[22] 이후용의 이러한 교감과 해석에 대해 김병애는 원본을 훼손한 것은 지나치지만 그 해석의 경우에는 탁견이라고 했다.[23] 그러나 위와 같이 김근행의 논리로 보자면 원문에 아무런 하자가 없는 것이며 원문을 고치지 말아야 하는 것이다.

....

20 이혜구 역, 『신역악학궤범』(서울 : 국립국악원, 2000), 61~62쪽의 각주 171.
21 정화순, "律呂 산출법의 두 가지 견해" 『仙華金靜子教授華甲紀念 音樂學論文集』(서울: 仙華金靜子教授華甲紀念論文集 刊行委員會, 2002), 734쪽.
22 이후영, 『國譯律呂新書』, 위의 책, 90쪽.
23 김병애, "『율려신서』의 번역·교감·주석 고찰", 『동양철학연구』(서울 : 동양철학연구회, 2012), 제72집, 329쪽.

2. 12율의 쓰임과 변율

1) 全, 半, 不用

4편에서는 『율려신서』 「율려본원」 4장의 十二律之實과 5장 變律에서의 全, 半, 無, 不用의 용어를 다루고 있다. 「율려신서차의」에서 주목하는 것은 全과 半의 의미와 동시에 전성과 변율 아래에 적힌 不用의 의미, 그리고 無와 不用의 차이다. 『율려신서』에는 생성하는 12율 중에서 황종에 있는 半無와 임종 남려 응종율의 半 아래 不用, 변율에서 황종 태주 고선의 全 아래 不用 그리고 응종의 半 아래에 不用을 적어 놓고 있다. 이렇게 不用이라고 쓴 것은 12궁이 돌아가며 서로 궁이 될 때 쓸 수 있는 율과 쓰지 않는 율이 있기 때문에 이 점을 밝힌 것이다. 다만 이 4편에서는 그림을 제시하지 않고 설명만으로 이 문제를 풀이하였다.

12궁은 처음 황종궁에서는 모두 정성의 율을 쓰지만 임종궁 이하 중려궁까지 때로는 옥타브 위의 음인 半聲을 쓰는 경우가 생기기 마련이다. 게다가 유빈궁에서부터는 변율을 써야 하기도 하고 변율의 반성을 써야 하는 경우도 생긴다. 12율이 돌아가며 궁이 되어 하나씩의 음계를 형성할 때 황종의 경우는 나머지 6성이 모두 정성을 쓰지만 임종율을 궁으로 하였을 때는 이미 나머지 6성 중의 4개는 반성을 써야 한다. 그런데, 유빈율을 궁으로 쓸 때부터는 3개의 반성도 써야 하지만 1개의 변율도 쓰게 된다. 그런데 이는 변율이면서도 반성인 것이다. 이처럼 12율이 각자 궁이 되었을 때 쓰이는 율과 쓰이지 않는 율을 알 수 있다. 12율을 궁으로 하여 각각 7성의 음계로 만들기 위해서 도식적으로 보면 84성이 산출되지만 그 쓰이는 율과 쓰이지 않는 율 등을 제외하면 결국 28성만 쓰게 되는 것이다. 그것이 소위 用28성이다. 이러한 관계를 표로 정리해 보면 다음과 같다.[24]

〈표-3〉 12궁에 따른 정성, 변율, 반성, 변반성의 用律과 不用律

12宮	正	正半	變全	變半	
黃鍾宮	黃, 太, 姑, 蕤, 林, 南, 應				
林鍾宮	林, 南, 應	浹, 汰, 溔, 㴻			
太簇宮	太, 姑, 蕤, 夷, 南, 應	汰			
南呂宮	南, 應	汰, 浹, 溔, 㴻, 淟			
姑洗宮	姑, 蕤, 夷, 無, 應	汰, 浹			
應鍾宮	應	汰, 浹, 㳞, 㴻, 淟, 潕			
蕤賓宮	蕤, 夷, 無	汰, 浹, 㳞		潢	변1개
大呂宮	大, 夾, 仲, 夷, 無		林	潢	변2개
夷則宮	夷, 無	浹, 㳞		潢, 汰, 淋	변3개
夾鍾宮	夾, 仲, 無		林, 南	潢, 汰	변4개
無射宮	無	㳞		潢, 汰, 溔, 淋, 淟	변5개
仲呂宮	仲		林, 南, 應	潢, 汰, 溔	변6개
用律	黃,大,太,夾,姑,仲,蕤, 林,夷,南,無,應	汰,汰,浹,溔, 㳞,㴻,淟,潕	林,南,應	潢,汰,溔,淋,淟	
不用律		潢(無), 淋, 淟, 潕	黃, 太, 姑	潕	

「율려신서차의」에서 주목한 것은 위의 표에서와 같이 산출 된 用28성이 아니라 不用이다. 『율려신서』에서 어떤 율은 不用이라고 쓰고 어떤 율은 不用이라고 쓰지 않은 이유와 어떤 율은 全聲 아래 不用을 어떤 율은 半聲 아래 不用을 쓴 것, 그리고 황종 半聲에는 不用 대신 無를 쓴 이유에 대해서 설명하는 것이다. 먼저 전이라는 것은 전촌을 반이라는 것은 반촌을 말한다고 하고 황종은 반이 없고 임종 이하에서 비로소 있다고 하였는데, 황종은 다른 율의 부림을 받지 않지만 임종 이하는 다른 부림을 받기 때문이라고 하고 있다. 임종 이하는 부득불 그 촌분을 감하게 되는 것이라고 반성을 쓰게 되는 이유를 말한다. 그러나 반이라는 것은 대체적인 것이고 일체의 절반이 아니라고 하여 3려에 반성을 쓰지 않음을 설명한다. 그런데 황종에서는 無라고 쓰고 3려 즉, 임종·남려·응종에서는 不用이

---

24 이 不用에 대한 명쾌한 해석은 유희의 「율려신서적해」에도 잘 나타나 있다. 김수현, 「율려신서적해를 통해서 본 유희의 악률론 연구」, 위의 논문, 392~395쪽.

라고 쓴 이유는 황종의 율의 머리여서 어떤 역할로 대신할 수 없기 때문이라고 하였다. 또한 6변율, 황종·임종·태주·남려·고선·임종 중에서 황종·태주·고선은 변율의 전성을 불용이라고 한 것은 역시 임종·남려·응종과 반대로 쓰이지 않기 때문이라고 한 것이다.[25]

2) 변율

『율려신서』에서 변율은 가장 중요한 채원정의 이론이다. 변율은 왕이 불반(往而不返)에서 출발하는 것이고 채원정의 변율론은 이것에 대한 대안이며 6변율을 말하는 것이다. 채원정은 變黃鍾 變林鐘, 變太簇, 變南呂, 變姑洗, 變應鐘 이 6변율을 합하여 18율설을 주장한 것이다. 이것을 그림으로 설명하면 다음과 같다.

〈표-4〉 변율 발생의 원인이 되는 삼분손익의 왕이불반(往而不返)

18율 산출 순서	1	2	3	4	5	6	7	8	9	10	11	12	13	14	15	16	17	18
													變聲					
	黃		太		姑		蕤		夷		無		變黃		變太		變姑	
		林		南		應		大		夾		仲		變林		變南		變應
황종궁	궁	치	상	우	각	변궁	변치											
임종궁		궁	치	상	우	각	변궁	변치										
태주궁			궁	치	상	우	각	변궁	변치									
남려궁				궁	치	상	우	각	변궁	변치								
고선궁					궁	치	상	우	각	변궁	변치							
응종궁						궁	치	상	우	각	변궁	변치						
유빈궁							궁	치	상	우	각	변궁	변치					
대려궁								궁	치	상	우	각	변궁	변치				
이칙궁									궁	치	상	우	각	변궁	변치			
협종궁										궁	치	상	우	각	변궁	변치		
무역궁											궁	치	상	우	각	변궁	변치	
중려궁												궁	치	상	우	각	변궁	변치

....

25 이렇게 「율려신서차의」에서 설명하는 바는 위의 표에서 확인할 수 있듯이 12율 중에 황은 이미 머리이기 때문에 다시 나오지 않는 율이고 반성으로 나오더라도 변황종으로만 쓰이며 정반성으로 쓰이지 않는 율은 임, 남, 응이다. 또 황, 임, 태, 남, 고, 응의 6변율 중에서 변전성을 사용하지 않고 변반성으로만 사용하는 것은 황, 태, 고이다.

18율의 생성은 위와 같이 황종에서 시작하여 11번째 중려까지의 삼분손익이후 다시 재생되는 황종부터 시작하여 6번째까지 생겨나는 응종 변율까지를 합하는 것이다. 12율 이후 6개 다시 생성되는 황종 임종 태주 남려 고선 응종이 모두 변율인 것이다. 왜냐하면 12율의 마지막 생성율인 중려에서 다시 황종과 같은 음으로 되지 않고 황종보다 더 짧은 율관의 길이를 갖는 음으로 약간 높은 음이 나오기 때문이다. 그렇기 때문에 이어서 생성되는 음도 임종과 가깝긴 하지만 임종보다 조금 높고 태주 고선 남려 응종이 모두 그렇게 나온다. 그러나 응종까지만 산출한 이유는 12율을 모두 궁으로 삼아서 음계를 배열했을 때 필요한 율은 그 여섯 개에 그치기 때문이다.

이 변율의 계산은 중려의 실로부터 출발하여 6개의 율을 삼분손익으로 산출하는 계산법을 사용한다. 따라서 만약 변반율로 쓰이는 율일 경우는 그 절반의 수치로 계산된 율관을 쓰면 되는 것이다. 이러한 『율려신서』의 계산법을 표로 정리해 보면 다음과 같다.

<표-5> 『律呂新書』「律呂本原」 第五 變律

변율	6變律의 實	小分	소분계산법	9진법변율 全		半
黃	174762	486	2:3=χ:729	8.7816200寸	不用	4.3853100寸
林	$116508\frac{4}{9}$	324	4:9=χ:729	5.8241130寸		2.8565060寸
太	$155344\frac{16}{27}$	432	16;27=χ:729	7.8244700寸	不用	3.8456680寸
南	$103563\frac{5}{81}$	45	5:81=χ:729	5.2316016寸		2.5607453寸
姑	$138084\frac{20}{243}$	60	20/243=χ:729	7.0122012寸	不用	3.4511011寸
應	$92056\frac{40}{729}$	40	40/729=χ:729	4,6074314寸		2.3036606寸

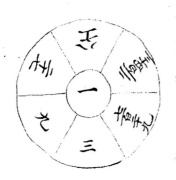

〈그림-9〉「律箚」⑤置一三六圖

위와 같이 『율려신서』의 6변율의 계산법을 「율려신서차의」는 다시 12율과 같이 수와 법을 이용하여 변율의 계산법도 똑같이 적용됨을 변황종의 예를 들어 설명하고 나서 다음과 같은 도상을 제시하고 있다.

이 도상에서 말해주는 것은 12율에서와 마찬가지로 1은 12율의 마지막율인 중려율이며 이로부터 삼분손익을 해가기 위해 3^1인 3은 변황종율관을 위한 계산법이고 3^2인 9는 변임종, 27은 3^3인 변태주, 3^4인 81은 변남려, 3^5인 243은 변고선, 3^6인 729는 마지막 변응종을 계산하기 위한 계산법이다. 결국 삼분손익을 6번 하기 때문에 3^6인 729까지 필요한 것이다. 그래서 이 그림의 제목을 '置一六三之圖'라고 한 것이다. 이는 3을 여섯 번 곱한다는 뜻을 가지고 있다.

3. 악조의 구성

1) 오성과 변성

「율려신서차의」에서 5성에 대해서는 그림의 제시도 없이 '本律之實'이라고 한 문구에 대해서만 아주 간단하게 다루었다. 12율이 각각 5음을 발생할 수 있으며 여기에서 말하는 本律이라는 것이 바로 12율을 통칭한다는 간단한 설명이다. 이 말은 결국 본율이란 12율이 각각 궁이 되었을 때의 본율 값을 말하는 것이고 본율의 실로 다시 나누어 주면 결국 궁이 81, 치는 54, 상은 72, 우는 48, 각은 64가 된다는 것을 설명한 것이다.

5성을 간단하게 설명한데 반해 변성에서는 도표를 두 개나 제시하면서 조금 자세하게 해석하였다. 『율려신서』에서 변성은 5성, 즉 5음음계의 두 음을 더하여 7음음계로 만드는 것을 변성이라고 하는데, 바로 변궁 변치를 말하는 것이고 이것이 생성되어야 하는 이유에 대해서도 다음과 같이 설명하고 있다.

按五聲 與商 商與角 徵與羽 相去各一律 至角與徵 羽與宮 相去乃二律 相去一律 則音節和 相去二律 則音節遠 故謂徵之間近徵收一聲 比徵少下 故謂之變徵 羽宮之間 近宮收一聲 少高於宮 故謂之變宮也[26]

「율려신서차의」에서는 『율려신서』 변성에서 문제가 되는 "궁과 상 사이, 상과 각 사이, 치와 우 사이에 1율의 거리라고 하고 각과 치 사이, 우와 궁 사이에 2율"이라고 하였던 문제를 다루었다.[27] 이 부분에서 '相去'라고 하는 것은 분명 서로 간의 거리이기 때문에 1율이라고 말하면 틀린 것이다. 궁이 만약 황종이라고 하면 상은 대려를 지나 태주의 위치에 있기 때문에 거리는 2율이다. 각과 치 사이도 2율의 거리가 아니라 3율의 거리이다.[28] 이것을 오선보를 가지고 율명과 오성, 변성간의 음정거리를 비교해보면 다음과 같다.

---

26 『律呂新書』, 「律呂本原」, 變聲 第七
27 사실상 궁보다 조금 높은 곳에 변궁을 둔다라는 것도 악조 상 맞지 않는 문구이다. 그러나 「율려신서차의」에서는 이 문제를 다루지 않았다.
28 김수현, 『朝鮮後期 樂律論과 詩樂和聲』, 앞의 책, 226쪽의 해석처럼 이것을 서로 간의 거리로 해석하지 않고 "각각 1율이 있다. 2율이 있다"라고 해석하면 크게 문제가 되지 않는다. 그러나 '有一各律相去'라고 하지 않고 '相去各一律'이라고 했기 때문에 해석이 조금 주저된다.

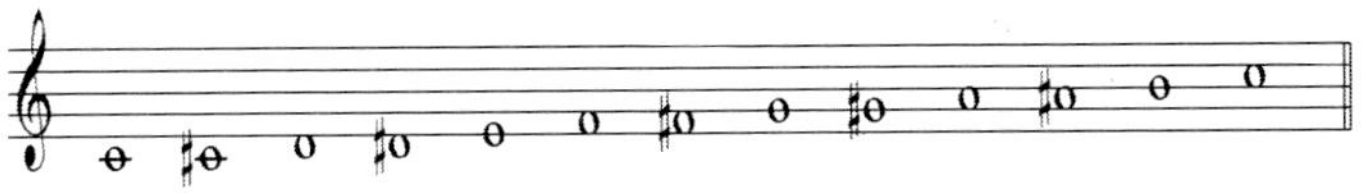

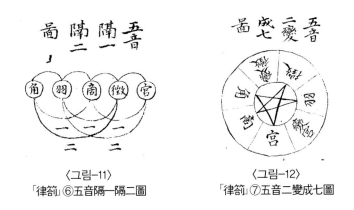

律名	黃	大	太	夾	姑	仲	蕤	林	夷	南	無	應	潢
五聲 相去	宮	2	商	2	角	3		徵	2	羽	3		宮
律呂新書	宮	1	商	1	角	2		徵	1	羽	2		宮
變聲	宮		商		角	變徵		徵		羽	變宮		宮

〈그림-10〉 황종(C)을 宮으로 한 율에 대한 오성의 위치와 음정

위에서 문제가 되는 相去 1율의 문제를 김근행은 〈그림-11〉와 같이 기발한 그림으로 제시하는데, 오성을 삼분손익 차례, 즉 궁-치-상-우-각으로 배열을 하여 음고의 차이를 해석하였다.

〈그림-11〉
「律箚」⑥五音隔一隔二圖

〈그림-12〉
「律箚」⑦五音二變成七圖

「율려신서차의」에서 변성에는 두 개의 그림을 위 아래에 동시에 제시하였는데, 〈그림-11〉이 변성 발생의 원인이고 〈그림-12〉가 변성 발생의 결과이다 〈그림-11〉은 5성 산출 순서를 오른쪽에서 왼쪽으로 늘어놓고 궁과 상 사이에 치가 1율 있고 상과 각 사이에 우가 1율 치와 우 사이에도 1율이 있다고 설명하고 각과 치 사이에는 우와 상 2율이 궁과 우 사이에는 상과 치 2율이 있다고 증명하는 것이다. 그래서 2율이 사이에 있는 부분에 변치와 변궁을 놓는다는 것이다. 그 결과 <그림-12>처럼 각과 치 사이에 변치가 우와 궁 사이에 변궁이 있는 7성의 그림을 보여 주었고 가운데 별표는 궁-치-상-우-각의 삼분손익에 의해 형성되는 5성 산출 표시 이다.

이 부분에 대해서도 학계에서는 논란거리의 하나였다. 이 때문에 이후 영은 또다시 음악상 이치에 맞지 않으니 원문의 오류라고 여겨 아예 원문 을 1율에서 2율로 2율에서 3율로 고쳐버리고 "궁성과 상성, 상성과 각성, 치성과 우성 사이는 간격이 2율이고, 각성과 치성, 우성과 궁성 사이는 간격이 3율이다"라는 식으로 해석했다.[29]

음악상식적으로는 『율려신서』에서 궁과 상과의 거리라는 것은 음정을 말하는 것이고 음 간격이 먼 곳에 변치와 변궁을 둔다는 점에 있어서 「율 려신서차의」의 해석은 맞지 않을 수 있다. 그러나 1율과 2율이라는 것을 해명하기 위해 원문을 틀렸다고 여기지 않고 상생의 그림을 제시하여 해 명해 보인 것은 기발하다고 할 수 있다.

2) 84성도

『율려신서』「율려본원」의 8장은 84성도가 먼저 제시 되어 있다. 그런 데 이 그림을 어떻게 이해해야 하는지 아무런 설명이 없기 때문에 이 해 석은 매우 어려운 것으로서 『율려신서』를 번역 해석한 사람들이 일반적 으로 이 부분을 다루지 않는 경우가 많다. 김근행은 84성도를 평면도가 아니라 원형도로 제시하고 있다는 점에서 독특성이 있다. 84성이 만들어 지는 원리는 먼저 황종에서 시작하여 12개의 율을 삼분손익으로 산출하

29 이후영, 『國譯律呂新書』, 앞의 책, 118쪽.

고 나서 다시 삼분손익의 다음율인 임종율에서 다시 삼분손익하여 12율을 산출하고 궁-치-상-우-각-변궁-변치의 순으로 다시 태주율에서 다시 반복하여 84성을 얻는 것이다. 결국 84성은 12개의 율을 key로 하여 7성의 순서대로 삼분손익을 반복하는 것이기 때문에 결국 성이라고 하였지만 84조와 다름이 없다. 그럼 먼저『율려신서』의 84성도가 어떤 그림인지 살펴보자.

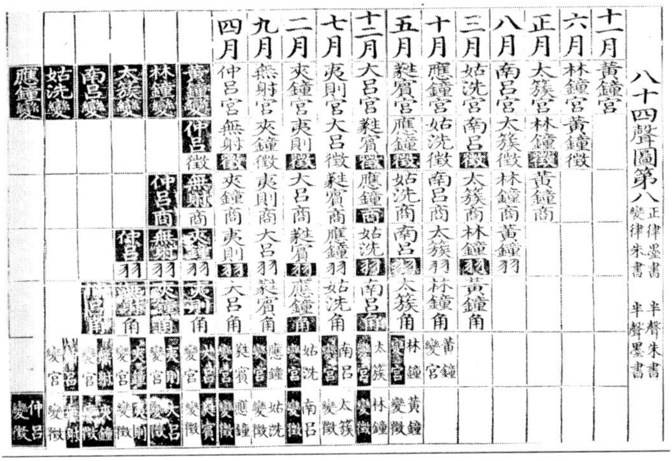

〈그림-13〉『律呂新書』「律呂本原」八十四聲圖 第八

위의 표를 어떻게 봐야 하는지는 유희의 설명을 통해서 세 번째 행을 예를 들면, 8월의 율 남려궁 태주치 임종상 황종우는 남려가 궁일 때 태주가 치고 임종이 상이 되고 황종이 우가 된다는 말이 아니다. 남려궁(key)을 사용하면 남려가 궁이 되고 태주궁(key)를 사용하면 남려가 치가 되고 임종궁(key)을 사용하면 남려가 상이 되고 황종궁(key)를 사용하면 남려가 우가 된다는 말이다.[30]

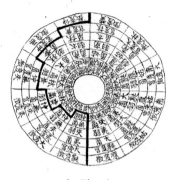

〈그림-14〉
「律箭」⑧十二律七聲循環成曲圖

〈그림-15〉
「律箭」⑨十二律半聲變律圖

『율려신서』「율려본원」제8의 84성도의 그림은 네모진 도표로 그려
놓은 것이기 때문에 앞의 칸에는 비어 있는 것이 많다. 그러나 「율려신서
차의」에서의 84성은 둥글게 순환이 되는 그림으로 만들어서 뒷부분이 다
시 앞으로 올 수 있게 하여 채우는 방식으로 다음과 같이 독창적인 그림
으로 제시하여 보인다.

3) 60조도

「율려신서차의」9편의 60조도는 그림을 먼저 제시하지 않고 설명을
먼저 해 놓았는데, 60조에 대해 다음과 같이 정의하고 있다.

　　60조도, 12율이 가로로 5음을 갖춘 것은 1곡이 각각 5장을 갖춘다는
　　것이다. 세로로 7율을 갖춘 것은 1장이 각각 7성을 갖춘다는 것이다. 그
　　러나 5장은 역시 2여음이 있다. 전편 그림 중 변궁 변치가 이것이다.31

----

30 김수현, "'律呂新書摘解를 통해 본 柳僖의 악률론 연구", 위의 논문, 389쪽.

『율려신서』「율려본원」第九 역시 60조도이다. 60조는 12개의 율로 된 5조, 즉 궁과 궁조 상조 각조 치조 우조의 결합인데, 이것은 채원정의 새로 만든 이론이 아니다. 이미 『주례』「대사악」, 『회남자』, 『예기』「예운」편에 전거가 있고 정현이 주를 내고 공영달이 소를 낸 「예기주소」에서 '5성 6율 12관 還相爲宮'이라고 시작되는 문장에서 60조를 일일이 풀어서 서술한 바 있다.32 채원정의 이론에서 60조도의 의미는 7성을 가진 음계 12개가 각각 5개의 조와 어떻게 결합되는지를 도표로 보여주고 자신이 독창적으로 제시한 변율이론을 적용하여 변율의 지점과 반성을 표시해준 것이어서 훨씬 체계적으로 된 것에 있다.

『율려신서』는 도표로 체계화시킨 60조이지만 위와 같이 매우 복잡하고 어렵게 느껴지는 것은 조의 배열을 지조식으로 해놓았기 때문이다. 따라서 황종궁, 무역상, 이칙각, 중려치, 협종우가 황종을 궁으로 하는 궁조 상조 각조 치조 우조로 파악되기 어렵다.33 이런 위와 같은 60조도를 이해시키기 위해 김근행은 가상의 18괘가 있는 5현금에 현과 괘가 교차하는 지점에 율을 그려 넣는 방식으로 새로운 그림을 <그림-18>과 같이 제시하였다.

---

31 김근행, 「律呂新書箚疑」, "六十調圖 十二律橫具五音者 一曲各具五章也 竪七律者 一章各具七聲也 然五章亦有二餘音 前篇圖中變宮變徵是也"

32 김수현, 『朝鮮後期 樂律論과 詩樂和聲』, 앞의 책, 245~248쪽.

33 김수현, "「『樂學軌範』 권1에 나타난 중국음악이론의 주체적 수용-時用을 중심으로", 『유교사상연구』(서울 : 한국유교학회, 2012), 제47집, 10~14쪽.

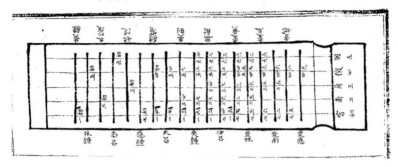

〈그림-16〉「律笘」⑩十二律七聲循環成曲圖

　이 그림을 보는 방식은 먼저 줄 5개를 보면 줄 이름이 적혀 있다. 궁, 상, 각, 치, 우를 각각의 줄의 이름이고 번호도 初, 二, 三, 四, 五라고 그 차례를 적어 놓았다. 그 다음 여러 개의 괘를 교차해서 그려 놓았는데, 마치 거문고의 괘처럼 그려 놓았다.[34] 그런데 거문고처럼 16개의 괘가 아닌 18개의 괘를 그려 놓은 이유는 채원정의 변율 이론을 적용하여 12율에 6변율을 합친 18율을 괘로 표현한 것이다.

　그리고 괘의 이름을 적어 놓았는데, 괘의 차례는 삼분손익의 차례대로 배열하여 마지막 변응종까지 교차해서 표시해 놓았다. 그렇게 해서 7성으로 괘를 짚는 순서를 적어 놓았다. 첫 번째 황종궁을 보면 1初 황종궁-2初태주상- 3初 고선각- 4初 유빈치 -5初 임종치- 6초 남려우- 7初 응종궁으로 순서대로 짚는 방식을 취했다. 60조를 실제 악기로 연주할 때 나올 수 있는 음을 5현금으로 실험해보고자 한 것 같으나 음정 상 맞지 않게 그림을 그렸다. 만약 괘를 음고의 순으로 하고 변율을 임종변율부터 간격을 매우 좁게 하여 배열했더라면 60조를 명쾌하게 해석한 탁월한 그림이

34　실제 거문고의 괘는 16개로 고정괘이다. 거문고의 괘를 오른쪽으로 짚을수록 음이 높아진다.

되고 실제 악기로 만들어 실험해도 실현이 되었을지 모른다.

　김근행은 이 그림의 설명에서 '이 5현금 황종1곡도는 편중에는 비록 이런 설은 없지만 뜻으로 미루면 이에 해당한다'라고[35] 라고 했다. 따라서 위의 그림은 실제 연주할 수 있는 악기를 가지고 한 것이 아니라 거문고 와 비슷한 모양을 빌어 와서 가상으로 인위적으로 그린 것이기 때문에 본인 스스로도 60조의 곡의 연주를 염두해 둔 그림은 아니라는 것은 확실하다.

IV. 맺음말

　지금까지 김근행의 생애와 더불어 「율려신서차의」를 통해서 김근행의 『율려신서』에 대한 인식을 살펴보았다. 김근행은 성리학자들이 많이 배출된 안동김씨 가문에서 자랐으며 '인물성이론'을 주창했던 한원진의 문도에서 학문을 했으며 정조가 세손시절에 서연에서 강의를 하면서 그의 학문적 성장이 이루어졌던 것으로 파악된다.

　「율려신서차의」는 김근행의 시문집 『용재집』 중 잡저편에 남아 있는데, 이는 다른 「주역차의」·「예기차의」·「태극도차의」 등과 같은 맥락에서 저술된 것으로 성리학의 기본 교재들을 중심으로 의문나는 부분들을 뽑아서 해석하고 그 내용을 이해하기 쉽게 도상화하여 그만의 독특한 저술 방식을 보여주고 있다. 그가 『율려신서』의 해석서를 남긴 것은 당시 조선 지식인들의 경향에서 알 수 있듯이 『성리대전』의 한 편명이었던 『율려신서』이며 성리학의 한 분야인 악률에 대한 자연스런 관심에서 비롯된 것으로 보인다.

---

35 김근행, 「律呂新書箚疑」, "右五絃琴 黃鐘一曲圖 篇中雖無此說 而以意推之 當如是矣"

「율려신서차의」는 『율려신서』의 「율려본원」13편 중에서 9편을 다루었고 10개의 도상을 제시하여 설명하였다. 이는 당시 조선후기 지식인들 사이에서 유행처럼 『율려신서』를 번역했던 분위기와 맥을 같이 하면서도 독특한 저술방식으로 『율려신서』를 이해하는데 매우 유용하게 쓸 수 있게 하였다는 장점을 가지고 있다. 이 점은 김근행이 『율려신서』를 비판적으로 논하지 않았고 오히려 채원정의 의도를 간파하여 분명하게 드러내주었다는 것을 의미한다.

이 『율려신서차의』의 분석을 통해서 알 수 있는 사실은 『율려신서』에 대한 이해와 악률에 대한 인식은 매우 높았다는 점이다. 그러나 김근행은 채원정이 『율려신서』에서 제기한 철학적 의미 등에 대해서는 전혀 언급하고 있지 않았고 음악의 원리라든가 조의 형성과 관련된 음악이론적 문제만을 다루었다는 한계가 있다.

8장 『열하일기』의 음악대담 「망양록」 연구*

Ⅰ. 머리말

「망양록(忘羊錄)」은 연암(燕巖) 박지원(朴趾源, 1737~1805)이 1780년 연행 도중 열하에서 만난 학자 곡정(鵠汀) 왕민호(王民皡, 1727~ ?)와 형산(亨山) 윤가전(尹嘉銓, 1711~1781)과 나눈 음악에 대한 토론을 기록해 놓은 글이다. 『열하일기』의 한 편명으로 '忘羊錄'이란 제목이 붙은 이유를 연암은 스스로 밝히고 있다. 그는 서두에 형산이 자신에게 대접하고자 양고기를 통째로 쪄 놓았으나 악률의 古今同異를 논하느라 까맣게 잊어버렸기 때문이라고 썼다.[1] 그만큼 그 대담은 진지했으며 그 내용은 음악에 관한 이론, 미학, 철학 등의 주제로 매우 심오했다. 이 대담을 기록한 「망양록」은 당시의 한·중 학자들의 음악학적 문제의식과 인식의 수준까지 보여준다.

조선시대 연행록에 기록된 많은 음악 관련 언급들이 있다. 18세기 연행록에서만 하더라도 연행기간에 중국의 악기나 악서를 대하거나, 연주나 공연을 보거나, 의식에 수반되는 음악에 대한 것 또는 천주당에서 서양악기를 묘사하고 느꼈던 장면을 기록해 놓은 부분을 더러 발견할 수 있다. 특히 1724년 북경의 천주당을 방문하여 파이프 오르간을 묘사해 놓은 홍

---

* 『온지논총』 58, 2019.01.

1 『熱河日記』 「忘羊錄」 序 "方論設樂律古今同異 陳設頗久 而未見勸酬" (이하 원문은 한국고전 종합 DB에서 제공하는 1932년 간행한 박영철 편, 『燕巖集』 卷之十一~十五 別集 熱河日記 중 渡江錄, 忘羊錄, 鵠汀筆談, 傾蓋錄, 銅蘭涉筆 등에서 가져옴.)

대용의『연기』가 가장 잘 알려진 이야기이고[2] 1790년 역시 연암처럼 열하를 다녀와 연회에 대해 생생한 기록을 남긴 서호수의『열하기유』(熱河紀遊)를 통해서 당시 중국의 음악문화를 그려 볼 수 있다.[3] 그런데 연암의 『열하일기』「망양록」의 경우는 음악현상만을 기록한 것이 아니다. 중국학자들과 정치·역사·철학을 주제로 논한 것도 아니라 악률과 음악이라는 주제만을 가지고 장시간에 걸쳐 토론하고 그것을 기록에 남긴 경우이다. 이것이 가능한 이유는 연암이 첫째로는 음악에 대한 관심이 높고 음악에 대한 지식이 풍부했기 때문이고 둘째로는 그가 만난 중국학자들이 다행스럽게 음악과 악률에 밝았던 사람이기 때문이며 마지막으로 그가 대담가로서의 기질을 크게 발휘했기 때문으로 생각된다.

전문적인 지식이 필요한 음악이론에 관해 구체적이고 진지하게 질문하고 그에 대한 중국 학자들의 밀도 있는 대답을 모두 기록으로 남겼다는 것은 조선후기 음악사에서도 하나의 사건으로 여겨도 될 만큼 큰 의미를 가지고 있다. 이는 기록으로 남은 최초의 국제 음악토론이라고 할 수 있다. 이를 통해서 중국 악률서를 교과서로 공부해 온 조선 지식인들이 악률에 대해 무엇을 궁금해 하고 있는지 알 수 있으며 조선후기 지식인의 악률에 대한 인식과 음악관을 알 수 있다. 동시에 청대의 학자들이 당시 음악에 관한 이념과 음악현상에 대해 어떤 입장을 가지고 대답을 하고 있는지도 알 수 있다는 점에 큰 의미가 있다.

지금까지『열하일기』에 대한 연구는 많이 있었지만『열하일기』중에 포함된「망양록」에 대한 본격적인 연구는 음악학계에서는 물론 아직 이

---

2 송지원,「담헌의 음악지식과 유통」,『담헌 홍대용연구』, 성균관대출판부, 2012. 295~299쪽.
3 김은자,「朝鮮時代 使行을 통해 본 韓·中·日 음악문화」, 한국학중앙연구원 박사논문, 2011.

루어지지 않았다. 다만 『열하일기』를 통해서 본 청조의 학문적 경향을 다룬 논문에서 「망양록」에 등장하는 대담자들, 즉 왕민호와 윤가전을 다룬 연구가 있다. 김명호는 중국 역대에 대한 윤가전의 해박한 논의와 『악경』의 유무에 관한 왕민호의 유창한 변증 등은 당시 조선에서 보기 힘든 참신한 음악론이라고 평가하였다.[4] 그러나 이러한 언급에 그칠 뿐 그 음악론을 면밀히 분석하는 데로 가지는 않았다.

또 박향란은 『열하일기』의 필담을 연구하는 논문에서도 「망양록」만을 연구대상에서 포함하지 않았다.[5] 또 음악학계에서도 양금과 관련한 연구에서 「망양록」에서 연암이 언급한 양금의 유래와 관련된 내용을 인용하는 정도의 연구가 있었으나 아직까지는 음악담론의 의미라는 주제로 「망양록」이 단독적으로 연구된 적이 없다.[6] 따라서 이 논문에서 전통시대에 유일했던 '한·중 음악 대토론의 기록' 연구로서 「망양록」의 음악대담의 내용이 어떤 것인지 주제별로 나누어서 분석해 보고 그 의미가 무엇인지 찾아보고자 한다.[7]

....

4 김명호, 「『열하일기』와 청조 학예」, 한국학보 14권 4호, 1988, 100쪽.
5 박향란, 「『열하일기』 필담에 포착된 청조 지식인의 형상과 의미」, 『동방한문학』 39, 2009, 233쪽.
6 이 「망양록」에 대한 음악학계의 언급이라면 '양금'에 관련된 정도가 전부라고 해도 과언이 아니다. 예를 들면 조유회, 『조선후기 실학자의 자주적 음악사상』 (보고사), 67~68쪽과 같은 경우에 해당한다.
7 「망양록」 연구는 1차적으로 잘 된 번역을 바탕으로 해야 하지만 「망양록」은 일찍부터 수없이 번역된 『열하일기』에서 빠져 있는 경우가 허다하다. 번역된 「망양록」의 경우에도 음악적으로 해석이 미진한 한계를 가지고 있다. 어떻게 보면 잘 된 번역을 위해서는 먼저 연구가 활발하게 되어야 할 것이다. 따라서 이 논문은 「망양록」이 번역된 『열하일기』 세 종류의 번역서를 가지고 서로 대조해 보면서 가장 잘 번역된 부분을 가지고 연구하였다. 리상호 역, 『열하일기 中』, 이가원 역, 『열하일기 I』 김혈조 역 『열하일기 2』가 그것이다. 또한 음악적 내용이나 음악용어 번역에 문제가 있어 보이는 경우 원문을 대조하여 확인하고 오류

II. 「망양록」의 서술 배경과 인물

1. 「망양록」의 서술 배경

『열하일기』는 연암 연행 이전까지는 연경, 즉 북경이 종착지였던 연행과 달리 최초로 청나라 별궁이 있던 열하(熱河)까지 다녀왔던 연행을 기록한 것이어서 붙여진 명칭이다.[8] 연암은 1780년 연행 총책임자인 삼종형(팔촌) 박명원(朴明源)[9]의 자제군관(子弟軍官) 자격으로 나이 44세에 연행길에 올랐다. 연행의 목적은 청나라 건륭제의 70수 축하 업무였다. 그런데 북경에 도착하자마자 예정된 일정에 없는 일이 발생하였다. 건륭제가당시 여름에 집무를 보던 별궁 피서산장, 즉 열하 행궁에 머물렀는데, 즉그 곳에서 70잔치를 치르게 되었으니 조선 연행사들에게도 급히 이 행궁으로 오도록 했기 때문이다.

연암 일행의 연행은 1780년 5월 25일에 임금(정조)에게 하직 인사를올린 한양에서 시작되어 8월에 북경을 거쳐 열하에 머물렀다가 북경으로다시 돌아와서 10월 27일에 한양에 도착한 여정이었다. 『열하일기』는 6월 24일 압록강을 건널 때부터 열하를 거쳐 북경으로 돌아온 8월 20일까지의 여정을 쓴 것이다.[10] 따라서 연암의 연행록은 그 이전의 연행록과달리 열하에서의 기록이 추가되어 있다. 이 중 「망양록」도 이 '열하'에서

가 있는 것은 바로잡았다.
8 연행사들이 열하에 다녀온 예는 세 번에 불과하여 연암의 열하 방문이 처음이된다. 연암이 다녀간 꼭 10년 뒤인 1790년에 서호수가 건륭제 80순 기념 만수절행사 참가로 열하를 다녀온다.
9 박명원(1725~1790)은 영조의 3녀인 화평옹주의 남편으로 금성위(錦城尉)에 봉해졌으며 1776년, 1780년, 1784년 세 차례 사은사 正使로 중국에 파견되었다.
10 리상호, 『열하일기 上』, 앞의 책, 482쪽.

대담한 기록 중의 하나이다. 그런데 『열하일기』를 전체적으로 보면 시간 「망양록」에 기록된 음악대담이 이루어졌던 날이 특정한 날이 아님을 알 수 있다.

연행 일정 중에 열하에 도착한 것이 8월 9일이었으며 8월 13일이 건륭 제 70세 잔칫날인 만수절이었고 8월 14일에 시습재(時習齋)를 방문하였으며 15일에 열하를 떠나 북경으로 향했다고 되어 있다. 약 7일 정도 머물렀던 것인데, 「망양록」에 기록된 대담이 이루어진 것은 8월 9일에서 15일 중 한 날이었을 것이다. 「망양록」의 서문에는 수업재(修業齋)[11]에서 악기를 구경하고 돌아오는 길에 형산의 처소에 들러서 이야기를 나누었던 것으로 되어있기 때문에 가장 유력한 날은 8월 14일이다.

그리고 「곡정필담」의 서문에 '어제 날이 저무는지도 몰랐고 윤공이 때때로 졸면서 머리를 병풍에 박았다'고 하는 내용으로 보면, 전날 음악 대담이란 「망양록」의 토론 내용일 것이고 당일 우주와 천체에 대한 대담이 「곡정필담」[12]에 기록된 곡정과 나눈 열여섯 시간 동안의 대담일 것으로 보인다. 그런데 14일 수업재를 다녀온 날 음악 대담을 했다면 15일은 열하를 떠나 북경으로 가는 날이었기 때문에 열여섯 시간의 곡정필담이 불가능한 날이다. 그렇다면 적어도 심도 있는 대담을 장시간 연이틀 동안 할 수 있었던 날은 열하 체류 기간인 7일 사이에 잡히지 않는다.

그리고 「망양록」 대담에서 '어제 담장 밖에서 들었던 음악'을 질문한 것을 보면, 12일에 연희를 들은 것으로 잡는다고 해도 13일 아침에 시습재를 방문하고 그 날 오후에 대담을 나눈 것이어야 한다. 그런데 만수절

---

11 일기체 기록에서는 시습재(時習齋)로 「망양록」에서는 수업재(修業齋)라고 다른 명칭을 썼으나 아침에 악기를 구경했다는 것으로 보아 같은 장소의 같은 사건으로 보인다.

12 연암은 「곡정필담」이 왕민호와 인시(새벽 3~5시)에서 시작하여 유시(오후 5~7시)까지 무려 열여섯 시간 동안 나눈 필담이라고 했다.

에는 형산의 경우도 그렇게 여가가 없었을 것이다. 또한 「곡정필담」에서 모기령에 대해 처음 이야기를 하였던 것으로 보아서 「망양록」의 모기령에 대한 말은 뒤에 한 것으로 보여서 「곡정필담」이 먼저 이루어진 것이 된다. 따라서 「망양록」과 「곡정필담」은 이틀에 걸쳐 장시간 동안 연속적으로 이루어졌던 대담이 아니고 열하에서 머물렀던 일주일 사이에 틈틈이 만나서 한 이야기를 주제별로 음악에 관한 것과 우주 천체에 관한 것으로 분류하여 새로 편집한 것으로 보인다.[13] 그는 「곡정필담」의 뒷부분에서 곡정과 나누었던 이야기에 덧붙이는 말을 썼는데 다음과 같다.

나는 곡정과 필담을 가장 많이 하였는데, 엿새 동안 창문을 마주하고 밤을 새워 가면서 이야기를 하였기 때문에 특별히 신경쓰지 않고 잘 지낼 수 있었다. 곡정은 정말 굉장한 선비로 우뚝하게 뛰어났으며 이야기가 종횡무진 엎치락뒤치락 자유자재였다.[14]

위와 같은 이유에서 보면 「망양록」과 「곡정필담」, 그리고 그 두 글의 서문이라 할 수 있는 「심세편」이 『열하일기』에서 앞에도 있고 뒤에도 있지만 이 세 글이 한 틀라 할 수 있다.

연암은 다른 연행 때와 달리 특별히 열하를 다녀왔던 행운을 누린 대신 북경에 머문 날이 짧았다. 대신에 다른 때의 연행사들과 달리 중국학

---

13 이가원 역, 『열하일기 I』, 민족문화추진회, 1968, 4쪽의 해제에 의하면 '망양록은 연암이 이 편을 곡정필담의 다음에 두었으나 심세편의 말단에 망양록과 곡정필담을 이어 편집하였다는 구절이 있음으로 보아서 이것이 연암 최후의 수정임을 인정하겠다'고 하였다. 이렇게 볼 때 대체적으로 「망양록」이 「곡정필담」의 다음에 있었던 대담이었으나 본인이 순서를 바꾸어 놓았음을 알 수 있다.

14 김혈조 옮김, 『열하일기 2』, 돌베개, 2009초판, 2013 7쇄판, 471쪽. 원문은 余與鵠汀談最多 蓋六日對牀通宵會話 故能從容 彼固宏儒魁傑 然多縱橫反覆 (한국고전종합DB, 燕巖集 卷之十四 別集 熱河日記 忘羊錄, a252-259c)

자들과의 학문적 교류가 열하에서 이루어졌다고 할 수 있다. 그렇게 보면 열하에서 이례적인 음악분야 대토론이 이루어질 수 있었던 것도 열하를 갔기 때문에 함께 얻은 행운이다. 이런 상황적 우연에 더하여 상당한 전문지식이 필요한 악률론을 토론으로 이끌어낼 수 있었던 것은 전적으로 연암 자신의 역량에 있었다. 연암 아들 박종채의 기억에 의하면, 연암은 현학적이면서도 예술에 대해 조예가 깊었으며 평소 음악을 즐겼을 뿐 아니라 음률을 잘 분별하였다고 한다.

연암의 집에는 생황과 거문고 등이 있었고 홍대용과 어울려 악기에 대해 토론도 하고 김억과 같은 사람들이 찾아오면 연주를 하였다는 것이나[15] 「夏夜讌記」에 기록된 음악회 풍경에서도 그의 음악 생활을 엿볼 수 있다.[16] 그의 둘째 아들 박규채가 아버지에 대해서 쓴 『과정록』에는 연암의 생애에서 예술이 떠나지 않았음을 알 수 있는데, 그 중 음악과 관련한 그의 한 회고에는 아버지가 음률을 잘 분별하였다고 하며 홍대용의 양금에 맞추어 가야금을 연주하게 된 이야기와, 홍대용의 집에서 교교재 김용겸이 지켜보는 가운데 김억과 함께 생황과 양금을 연주했던 풍경이 그려져 있다.[17] 이런 연암의 삶의 배경이 있었기에 음악 대담이 필담만으로도 가능했을 것이며 이를 잘 기억하여 기록을 남길 수 있었다고 본다.

---

15 이지양, 「연암 박지원의 생활 특징과 문화예술사상」, 『한국한문학연구』, 36, 한국한문학학회, 2005, 71~72쪽; 정민, 「18세기 지식인의 완물취미와 지적 경향」, 『고전문학연구』23, 한국고전문학회, 2003.
16 정민, 『조선 지식인의 내면 읽기- 미쳐야 미친다』, 푸른역사, 2004, 198~201쪽.
17 김윤조 역주, 박종채, 『과정록』, 태학사, 1997, 49~51쪽. 『과정록』은 1826년에 탈고되었다. 이 내용은 『조선후기 문집의 음악사료』(한국예술종합학교 전통예술원 편, 민속원, 2002) 169~172쪽에도 소개 되어 있다.

2. 「망양록」의 중국측 대담자들

「망양록」의 대담자 중 조선측은 연암 박지원이고 중국측은 곡정(鵠汀) 왕민호(王民皞)와 형산(亨山) 윤가전(尹嘉銓) 두 사람이다. 이들은 연암이 열하에 도착해서 숙소인 태학관에 들어서서 처음으로 대했던 사람들이다. 이 두 사람을 제외하고도 만난 사람으로 자신의 선조가 조선인이라고 한 기풍액(奇豊額)이 있고 곡정과 같은 방을 사용했던 사람으로 도사(都司)[18] 학성(郝成) 등이 있었지만 가장 많은 토론을 벌인 사람은 「망양록」의 대담자들이다. 특히 곡정과 천체에 관련된 내용으로 했던 대담은 「곡정필담」에 따로 기재되어 있다. 이들에 대해서는 연암이 직접 『열하일기』 「경개록(傾蓋錄)」에서 자세히 소개하고 있다. 이들의 면모와 연암이 가졌던 인상 및 평가를 구체적으로 차례로 살펴보겠다.

곡정 왕민호는 그리 유명한 학자가 아니지만 연암에게 청나라 정부 아래 있었던 당시 한족 출신의 선비의 전형적인 모습을 보여주었다고 할 수 있다. 곡정 역시 태학관에서 처음 만나 첫 인사를 나눌 때부터 조선 땅이 어느 정도 되는지 물어 짙은 인상을 남기게 하였고 상대방 나라에 대한 존중의 표현을 자주 하여 연암의 신뢰를 쌓았다.

연암의 소개에 의하면, 왕민호는 강소사람, 호는 곡정(鵠汀)이고 나이는 54세이며 거인(擧人)[19] 자격으로 태학에서 학문을 닦고 있었다고 하며 4월 회시에 가지 않고 8월 회시에도 응시하지 않았다고 한다. 연암이 그 이유를 묻자, 자신은 나이 많고 늙은이가 과거장에 가는 것은 선비의 수치이기 때문이라고 대답했다고 한다.[20] 연암이 본 곡정의 인상은 키가 7

---

18 도지휘사사(都指揮使司)의 약칭. 중국 명나라 省의 군사문제를 담당하던 관직.
19 과거시험 응시 자격자, 또는 응시자 및 합격자를 말함. 곡정은 과거시험 응시 자격자로 보인다.

척이 넘으며 사람됨이 순진하고 질박하며 꾸밈이 적으며 점잖은 사람이다. 연암이 가끔 그를 보면 수심에 찬 태도를 보이며 앉아 있을 때 간혹 탄식하기도 하였던 모양이며 비복 하나를 데리고 의지하며 지냈다고 한다. 연암이 오기 전 해인 1779년부터 열하, 즉 승덕부(承德府)에 북경과 꼭 같은 모양으로 태학(太學)을 만들고 그 해 황제가 친히 거동하여 석전과 채전으로 과거시험을 치렀던 것인데, 곡정은 그 때문에 태학에 왔던 것이다. 그러나 그는 시험을 치르지는 않았다고 하니 그가 머물러 있는 이유는 무엇인지 반문이 든다.

연암의 눈으로 볼 때 그는 '宏博好辯之士'라고 표현되는 매우 자유분방한 학자였다. 연암은 그를 박학다식하면서도 주자학도 거침없이 비판하는 모습으로 묘사하고 있다. 연암은 곡정을 만주족 지배하에 있던 불우한 지식인이라고 인식했다. 연암과 만남을 가진 이후 곡정의 행적에 대해서는 알려지지 않고 있다.

이에 반해 형산 윤가전은 한인 출신이지만 출세한 사대부의 전형적인 모습을 가지고 있었다. 그러나 성공한 관리이면서도 품위 있는 모습을 보여주었고 매우 박식하였으며 연암의 선대에 대한 잘못된 기록을 고치려고 노력하는 모습을 보였고 매우 친절하게 대해주었던 사람으로 연암의 신뢰를 크게 받았던 것으로 보인다.

연암의 소개에 의하면, 윤가전은 직예(直隸, 하북성) 박야(朴野, 옛날 조나라 땅) 사람으로 호는 형산(亨山)이며 통봉대부(通奉大夫), 대리시경(大理寺卿)을 지내다가 그 해(1780년) 봄에 은퇴했다고 한다. 당시 나이는 70세

----

20 王民皥 江蘇人也 時年五十四 爲人淳質少文 去年枷承德府太學 一如皇京 今年春功
    告訖 皇帝親釋菜 王君以擧人 方藏修此中 今年四月 不赴會試 八月中皇帝以七旬大
    慶 特命重會 而亦不赴 余問緣何廢擧 曰 年老矣 白頭莉圍 士之恥也 (한국고전종
    합DB, 燕巖集 卷之十三 別集, 熱河日記, 傾蓋錄, a252-229b)

로 연암보다 26세나 많은 사람이었다. 형산은 시를 짓고 그림과 글씨에
도 능하여서 『정성시산』(正聲詩刪)에 그의 시가 많이 실렸다고 한다. 또
한 『대청회전』(大淸會典)을 편찬할 때 한림 편수관을 지냈다고 한다. 그가
그 때 그곳에 온 이유는 형산은 황제와 평생 시를 주고받는 친구로서 나
이가 같고 황제가 특별히 이품관의 모자와 의복을 하사할 정도로 총애했
기에 특별히 열하에 부름을 받았다고 한다. 형산은 황제가 자신이 지어
바친 <구여송>(九如頌)을 81개의 극본 중에서 제일 먼저 연희하게 했다고
자랑하며 연암에게 자비로 간행한 <구여송> 한 본을 보내 주었다. 「망양
록」에서 보면 대담 도중에 상자 속에서 부채 하나를 꺼내어 즉석에서 괴
이하게 생긴 바위와 대나무 떨기를 그리고 그 옆에 오언 절구를 써서 연
암에게 주는 모습이 그려져 있다.

　연암은 형산이 기상이 화락하고 단아한 사람이며 신장이 7척이 넘고
자태가 우아하고 고결하며 두 눈동자가 빛이 났다고 묘사하고 있다. 형산
은 안경을 쓰지 않고도 잔글씨를 쓰고 그림을 그릴 수 있을 정도로 굳세
고 강건하여 나이 오십여 세쯤으로 보이지만 머리와 수염은 하얗게 셌다
고 묘사하고 있다. 연암은 그를 대범하고 소탈하며 성품이 까다롭지 않고
화락한 인물로 평가한다. 열하에서 헤어질 때 북경에서 다시 만날 것을
약속했으나 형산이 황제를 모시고 역주로 가서 오랫동안 돌아오지 못해
만나지 못했다. 다만 연암이 북경에서 그의 평판을 들어보니 당나라 시인
백거이에 견주었다고 한다. 당시 황제의 총애를 받았던 윤가전이지만 연
암과 작별한 다음해인 1781년 부친의 시호와 공묘 종사를 황제에게 탄원
한 것이 화근이 되어 문자옥에 걸려 교수형을 당했다고 『청사고』에 기록
되었다.[21] 형산에 대한 후인들의 평가는 부정적이다.[22]

....

21 박향란, 「『열하일기』 필담에 포착된 청조 지식인의 형상과 의미」, 『동방한문학』
　　39, 2009, 246쪽.

연암도 연행 당시 연행사들 중에서 꽤 나이가 많은 44세였지만 곡정은 10살이 많은 54세였고 형산은 70세 노인이었다. 그럼에도 불구하고 이 중국학자들과 심도 있는 토론이 가능했던 것은 그들이 연암의 학식을 높이 샀기 때문일 것이다.[23] 「망양록」에서 연암은 주로 질문을 하는 쪽이었지만 그 질문의 깊이가 대답의 질을 결정해 준 것이 아닐까 한다. 연암이 태학관에서 처음 만난 이들과 가장 먼저 대화를 나눈 주제는 우리나라의 과거제도, 문자, 혼인제도 등이었다. 곡정이 조선의 아름다움에 대해 질문하자 연암은 유교를 숭상하는 풍속을 첫 번째로 꼽았다. 이는 조선 중화주의에 대한 자부심을 전제로 한 대답이었다.[24] 그러면서도 조·청 관계에서 껄끄럽고 조심스러운 기운이 오가고 가끔은 서로 떠보는 질문을 하거나 때로는 말을 삼가거나 하는 심리전이 일어나기도 했다.

또한, 이들 대담자 모두가 음악가나 음악학자들이 아님에도 불구하고 음악의 원라나 운용에 매우 밝은 사람들이라는 것은 그들의 대화 속에 드러나 있다. 연암은 이미 청대의 학술과 문예에 매우 높은 식견을 가지고 있었기 때문에 그들과 풍부한 필담을 나눌 수 있었다.

---

22 박향란, 앞의 논문, 247~248쪽.
23 「망양록」은 중국학자들과의 필담이라는 면에서는 홍대용의 1776년 연행기인 『燕記』에서 엄성, 반정균 등과 필담을 나눈 것을 기록한 「건정동필담」과 성격이 비슷하다. 차이점이라고 한다면 홍대용은 대담자인 중국학자들 보다 나이가 같거나 위였기 때문에 그들에게 들려주는 입장이었다면 연암은 중국학자들보다 나이가 아래여서 주로 듣는 쪽의 입장이었던 점이 다르다고 할 수 있다.
24 윤승준, 「조선후기 지식인의 대청인식-담헌과 연암을 중심으로」, 『한국학보』 24, 2011, 365쪽.

3. 「망양록」 대담 속에 언급되는 인물

망양록에는 중국의 역대 음악가를 비롯한 수십 명의 인물이 언급되어 있다. 전설적인 인물인 오제(五帝)의 시기에 음악 장관을 맡았던 후기(后夔)나 오나라 성인인 계찰(季札)에서부터 형산의 친구 비불(費黻) 도규장(陶逵章)이나 연암의 친구 홍대용(洪大容)까지 역사적으로 중요한 인물이 등장한다. 또 대담에서 악률과 관련한 내용이 많기도 하지만 경서를 읽는 유학자들의 음악에 대한 대담이어서인지 주요하게 언급되는 인물은 악률가들이다. 이렇게 곡정과 형산 그리고 연암의 대화속에서 언급되는 인물들이 중국음악사에서 중요한 위치를 차지하고 있다는 점에서 볼 때, 「망양록」은 중국 음악사를 꿰어놓은 것으로서의 의미도 가진다.

가장 먼저 언급되는 사람은 음악과 도덕, 정치와의 관계를 설명하는 이야기 속에 등장하는 왕령언과 왕망, 만보상, 그리고 왕승건 등이다. 이는 연암이 오음에 선악이 있느냐는 질문에 대한 곡정의 대답에서 언급된 인물들이다. 곡정은 음 하나하나에는 선악이 없다고 하면서도 왕이불반(往而不反)[25]을 들어서 바른 음과 그렇지 못한 음을 정치에 빗대어 설명한다. 왕령언(王令言)이 비파의 신성을 듣고 수양제가 무리하게 정치를 하다가 홀로 궁으로 돌아오지 못하고 강도에서 죽을 것을 미리 예견했다는 이야기나 왕망(王莽, BC45~AD23)이 명당에 신악을 바칠 때 그 음악이 음탕

---

25 김수현, 『조선후기 악률론과 시악화성』, 민속원, 2012, 182~183쪽. '往而不返'은 악률론에서 가장 핵심적인 용어 중의 하나라고 할 수 있다. 가서는 돌아오지 않는다는 뜻은 삼분손익으로 율을 정할 때 몇 번을 삼분손일과 익일을 하여도 처음 시작한 기준음으로 다시 돌아오지 않음을 뜻한다. 처음으로 돌아가지 않는다는 것은 율의 간격이 일정치 않다는 것이고 이 때문에 전조나 이조를 할 경우 음이 맞지 않게 된다. 따라서 이를 억지로 일정한 간격으로 맞추는 것이 평균율이다.

하고 거칠고 슬프니 세상을 오래 부지하지 못할 것이라고 말한 만보상(萬寶常, 556~595)에 대한 이야기가 등장한다. 왕승건(王僧虔, 426-485)은 청상곡(淸商曲)이 <동작삼조(銅爵三祖)>에서 유래했고 번잡하고 음란하기 짝이 없으니 바로잡아야 한다고 황제에게 건의했다는 이야기 속에 언급되었다.

양금에 관한 질문과 함께 언급되는 사람으로 풍시가(馮時可, 미상) 있다. 이는 연암이 중국에는 양금이 언제 들어왔느냐는 질문에서 나온 이야기로, 형산은 풍시가가 서양사람 리마두(利瑪竇, 마테오 리치, 1562~1610)를 북경에서 만났을 때 양금소리를 들었다는 기록을 남겼다고 했다. 이에 대해 연암은 조선의 자기 친구 홍대용(洪大容, 1731~1783)이 음률을 잘 알아서 양금을 가야금에 맞춰 조율했다고 자랑하기도 했다.

또 연암이 중국에 소호(韶濩)의 곡조가 남아 있느냐고 질문하자 곡정이 대답하기를 소호의 시대가 어떤 세상이냐고 반문하면서 황우(1049~1054)·원풍(1078~1085)년간 북송(北宋) 때의 학자인 범중엄(范仲淹, 989~1052)과 사마광(司馬光, 1019~1086)을 언급했다. 곡정은 이들이 음악을 잘 알지도 못하면서 소소구성(簫韶九成)과 같은 옛날 음악을 부흥시키려 했다고 비판하고, 더 나아가 이를 본 떠 원성을 찾아낼 수 있다고 주장하는 채원정(蔡元定, 1135~1198)의『율려신서』를 더욱 우스운 일이라면서 명목없는 수고로 몰아붙였다. 이후 채원정은 '蔡氏', '蔡氏新書', '西山蔡氏', '蔡氏之說', '建陽蔡元定'라는 이름으로 자주 언급된다. 형산이나 곡정은 주자의 생각이 담겨있고 주자가 칭찬하였던 악률서로서의『율려신서』를 매우 못마땅하게 생각한다는 점을 알 수 있다.

또한 연암이 조선악에 대한 질문을 받을 때 언급되는 인물이 있다. 형산은 귀국에도 악률이 있느냐고 하면서 조선에서는 율관을 어떻게 만드느냐, 중국 것을 모방하느냐, 몇 일무[26]를 쓰느냐는 곤란한 질문을 하는

데, 연암이 우리나라의 음악사, 즉 악률사에 대한 대강의 흐름을 대답하면서 양재사를 언급한다. 연암은 당나라 측천무후 시대에 양재사(楊再思, 634~709)가 자주빛 옷을 입고 고려춤을 추었다는 기록을 언급하면서 고상하지는 못했을 것이라고 스스로 폄하하는 말을 하면서 송나라 때 고려에 대성악(大晟樂)을 하사했으나 상고할 수 없다고 하고 오히려 명나라 홍무 때 하사받은 것을 본떠서 세종이 아악을 제정하였다고 말했다. 연암은 이렇게 당시의 대성악이 송나라가 아닌 명나라 때 하사받은 것으로 설명하였는데, 이 문제는 이후 여러 번 언급이 되고 곡정과 형산의 의견이 엇갈리기도 할 정도로 큰 논란을 불러일으켰다.

이 대성악에 관한 논쟁 속에 함께 언급되는 인물이 송나라 휘종의 손가락을 기준 삼아 악률을 제정했다고 하는 방사 위한진(魏漢津)이다. 이 물음은 연암에서 시작된 것이다. 황제의 손가락 길이로 율을 삼는 것을 어떻게 생각하는가는 위한진을 염두에 두고 비난의 공감을 얻고자 하는 질문이다. 곡정은 위한진이 이로써 대성악을 만든 것이라고 했고 형산은 주자가 악률을 명백히 이해하지 못하고 오직 채원정만 믿고 선입견으로 위한진을 배척했다고 하면서 주자와 채원정 모두를 비판했다.[27] 이로 인하여 율척과 아악 제정에 대한 이야기로 옮겨지자 수많은 악률가들이 등장하게 된다. 형산은 명나라 태조 고황제가 상서 도개와 협률랑 냉겸에게 분부하여 아악을 제정하게 하고 또 학사 송렴을 시켜 악장을 만들게 했다고 하는 이야기 속에서 도개(陶凱, 1304~1373)와 냉겸(冷謙), 그리고 송염

---

26 佾舞는 제사의식 때 열을 지어 추는 의식 춤으로써 천자의 8일무, 제후의 6일무, 대부의 4일무, 선비의 2일무가 있다. 몇 일무를 추느냐고 질문한 것은 제후국 조선에서 어떻게 쓰는지 떠보는 말이다.

27 형산은 채씨의 음악지식은 주자보다 낫지만 너무 집요하게 파고들었다고 비판하고, 위한진도 채원정 보다 음률 지식이 정미하지만 권력에 아첨하는 데서 나왔다고 하여, 세 사람을 모두 비판하였다.

(宋濂, 송주렴, 1310-1380)을 언급하였다. 이후 냉겸에 대해서는 더욱 많은 이야기를 하는데, 형산은 냉겸이 홍무 6년(1373)에 정한 율은 송의 대성악과 같지 않다고 하여, 곡정이 주장한 것과는 달리 조선의 지금 아악이 송나라 때의 대성악이 아니라고 주장하면서 곡정과 의견 대립을 보였다. 이와 더불어 명나라 때의 악률가 한 사람이 언급되는데 그가 바로 주재육이다. 명태조(明太祖) 주원장(朱元璋)의 8세손 정공왕의 세자인 정세자, 곧 주재육(朱載堉, 1536~1611)은 『율려정의(律呂精義)』를 저술하였는데, 그가 음악에 밝았음에도 등용되지 못함을 청나라 강희제가 안타깝게 여겼다고 하며, 그로 인하여 청조에 들어와 비로소 음악이 훌륭하게 바로잡혔다고 한다.

이어서 형산이 『수서』에 실린 고대의 15개의 율척을 모두 아무 소용 없는 것으로 평가하면서[28] 언급한 악률가들은 한나라 때 유흠(劉歆, BC53?~25), 서진 시대의 순욱(荀勗, ?~ 289) 宋·齊 시대의 수학자로서 원주율을 계산한 조충지(祖冲之, 430~501) 등이다. 이어서 수나라 시대에 구자 사람 소지파의 음악을 연구하여 12균 84조를 정한 패국공(沛國公) 정역(鄭譯, 540~591)은 오랑캐 음악을 유행시키게 하였다고 비판하고, 앞서 언급했던 만보상(萬寶常, 556~595) 역시 정역의 그것보다 두 율을 낮게 만들었고 동시에 수나라 학자들이었던 하타(何妥), 소기(蘇夔), 우홍(牛弘) 등이 제각기 패를 꾸려서 황제에게 아첨하여 황종음만 쓰거나 선궁음을 쓰지 않고 금석악기들을 부수고 녹여 이들 때문에 중원의 악기를 수나라에서 망하게 되었다고 평가하였다. 당나라 초기에 다시 조효손(祖孝孫, ?~624)이 장문수와 같은 자들과 의논해서 대당아악(大唐雅樂)을 제정하였는데, 당태종

---

28 亨山曰 春秋之世 ... 隋書所載歷代銅尺十有五 周尺 漢之劉歆銅斛尺 東漢建武時銅尺 晉荀勗律尺 祖冲之銅尺 莫適所用... (한국고전종합DB, 燕巖集 卷之十三 別集, 熱河日記, 忘羊錄, a252-245c)

이 음악을 좋아하지 않고 장문수(張文收)29도 세속에 아첨하면서 아악이
수나 채우는 형식에 그쳤다고 했다. 이후 당 현종은 음률을 잘 알아서 악
공과 궁녀를 '이원제자'라고 부르면서 직접 가르쳤지만, 하서절도사 양경
술(楊敬述)과 같은 사람이 후세 잡극의 시작인 <예상우의곡> 12편을 지어
바치고 현종이 윤색을 하는 등의 행위로 인하여 정통음악이 흔적도 없어
지고 이어 안록산의 난을 맞이했다고 하였다.

송나라의 아악과 관련하여서는 화현과 왕박을 언급하였는데, 형산은
송나라 화현(和峴, 933-988)이 정했다는 아악은 송 태조 때 주나라 왕박(王
朴, ~959)이 정한 율척이라고 하였다. 그리고 형산은 화현이 정한 아악에
대해 역사에서 음조가 화창하다고 평가했지만 이것도 시대에 아첨한 말
이라고 하며 또 화현이 만든 춤인 현덕승문(玄德升聞)오 8일을 곱절을 만
들었으니 얼마나 우습냐고 했고 곡정이 함께 농담을 하며 비웃었다는 데
서 볼 때 화현에 대한 의견을 같이 하는 것이었다고 할 수 있다.

이렇게 율척이나 아악 제정과 관계하는 인물을 거론한 후에는 주로 역
사적 인물들이 언급되는데, 숙손통(叔孫通), 사마상여(司馬相如), 사마광(司
馬光, 1019~1086), 백이와 숙제, 태백과 중옹, 관숙과 채숙 등에서 소동파,
고려의 김부식까지 언급되었다.

그리고 마지막으로 언급되는 인물이 모기령이다. 사실상 모기령(毛奇
齡, 1623~1716)은 『경산악록(竟山樂錄)』을 지은 악률가이기도 한데, 여기
에서는 악률가로서 모기령을 논하지는 않았다.

이렇게 망양록에서 언급되는 인물들은 역대 기존 악률서에서 거론되

....

29 장문수는 『삼국사기』에 등장하는 당나라 사신이다. 삼국사기 제5권 신라본기
   진덕왕 죽다. "당나라 고종이 영광문에서 애도를 표하고 대상승 장문수를 사신
   으로 삼아 부절을 가지고 조문케 하였으며 진덕왕에게 개부의동삼사를 추증하
   고 비단 3백단을 내려주었다."

는 인물들이다. 고대의 악률가에서부터 당시의 악률가들까지 두루 언급되는 것을 보면 이 대담자들이 악률에 관한 지식과 관심이 얼마나 많았는지 알 수 있다. 이는 역설적으로 여기에서 언급될 정도라면 중국과 조선의 지식인들에게 공통적으로 잘 알려진 인물이면서 악률론에서 주요하게 다루는 인물이라는 점을 알 수 있게 해준다.

III. 주제별로 본 「망양록」의 음악대담

「망양록」의 음악대담은 주로 연암이 묻고 곡정과 형산이 차례로 대답하는 것으로 되어있다. 대체적으로 연암의 질문은 매우 짧고 곡정과 형산의 대답은 상대적으로 매우 길다. 물론 그들이 연암에게 질문한 것도 있다. 그것은 몇 가지 안 되는데, 조선의 음악 실정 몇 가지와 『악경』에 관한 것이고 이에 대한 대답 역시 그들의 논설이 더 많았다. 이제 그 대담 내용을 주제별로 첫째, 율과 조에 대한 대담, 둘째, 악기와 악곡에 대한 대담, 셋째, 고악과 악경에 대한 대담으로 나누어 살펴보겠다. 물론 이 큰 세 가지 주제는 마구 섞여서 나오는 것이지만 어느 정도 소주제를 나누어 보아야 훨씬 더 어떤 성격의 대담인지가 드러나기 때문에 나누어 살펴보는 것이다.

1. 악률과 악조에 대한 대담

1) 五音과 六律에 대해

「망양록」의 첫 대목은 오음과 육률에 대한 연암의 질문에서부터 시작된다. 이 점은 이 대담의 주제와 깊이를 머리에서 제시한다는 의미가 있다.[30] 연암의 질문은 다음과 같다.

내가 물었다. 오음은 정해진 명분이고 육률은 허상의 자리를 말하는 것인데, 소리를 내서 그것을 재어서 맞는 것은 율이라 하고, 맞지 않는 것은 율이 아니라고 한다면, 마땅히 고금의 다름과 아속의 구별이 없어야 하는데, 시대에 따라 각각 다른 음악이 있고 풍과 아의 변천이 있는 것은 무엇 때문인가요? 혹시 악기를 제작하는데 고금의 다름이 있어서 소리와 율이 이에 따라 변화한 것인가요?[31]

오음은 음계를 말하는 것이고 육률은 12개의 음, 12율의 다른 말이다. 연암은 오음과 육률의 차이와 악기와 소리와의 관계에 대해 잘 이해를 한 것으로 보인다. 다만 정성(正聲)과 음성(淫聲)의 구별이 생기고 사람들이 고금과 아속의 음악이 다른 이유에 대해서 질문한 것이다.

이에 대해 곡정은 자신이 전문가는 아니지만 평소 악률에 대해 토론해보고 싶었다고 하면서 매우 흥미를 가지고 토론을 시작한다. 그러자 연암이 다시 다음과 같이 질문한다.

내가 말했다. 악기는 비유컨대 골짜기이고 소리는 비유컨대 바람입

----

30 앞에서 번역문 세 가지의 원문 판본은 모두 이렇게 오음과 육률에 대한 질문으로 시작한다. 그런데 단국대학교 동양학연구원 편의 『연민문고 소장 연암 박지원작품필사본총서』에 수록된 원문은 양금에 대한 질문에서부터 시작한다는 점에서 사실상 이 주제에 관한 토론이 가장 먼저 시작된 것인지는 알 수 없어 판본 검토가 필요하다.

31 余曰 五音爲正名 六律爲虛位 聲出而度之 其中者爲律 不中者非律 則宜無古今之異 雅俗之別 而代各殊樂 風雅變遷者何也 抑製器有古今之異 而聲律隨變歟 (한국고전종합DB, 燕巖集 卷之十三 別集, 熱河日記, 忘羊錄 1932, a252-245c)

니다. 골짜기를 고칠 수 없음을 안다면 바람이 나오는 것은 변화가 없어야 합니다. 다만 거친 바람과 화풍, 간풍, 냉풍의 다름이 있을 뿐이다. 이것으로 논한다면 (그럼에도 불구하고) 율이 고금의 다름이 있는 것은 악기가 고쳐진 게 아니라 소리가 변한 것입니까?[32]

다시 말하면 궁·상·각·치·우라는 오음 음계는 각각의 오음의 율이 무엇인가에 따라 나머지 4음이 달라진다. 그것은 옛날이나 오늘날 달라질 수 없고, 궁중음악이든 민속악이든 다를 수 없는 음악 원리이다. 그렇기 때문에 언제나 불변이다. 그래서 연암은 이 다름이 생기는 것이 혹시 옛날과 오늘날의 악기 제작이 다르기 때문은 아닌지 자신의 의견을 덧붙인 것이다. 연암은 악기는 불변으로 여긴 것 같다. 물론 그 불변의 악기라는 것은 편종이나 편경을 말하는 것인데 이들 악기는 음고가 고정되어 있어서 연주 중에 소리를 변화시킬 수 없기 때문이다.[33]

이에 대한 대답으로 곡정은 먼저 기본적으로 소리가 어떻게 나는지 오음과 육률과의 관계가 무엇인지 조와 강과 곡의 관계성에 대해서 설명한다. 율을 연결하면 조가 되고 조가 어울리면 강이 되고 강이 합해서 곡이 된다고 하며 율은 간성이 없지만 조는 편벽된 음이 있다고 강변한다. 하나하나의 음은 곡의 성격과 무관하고 그것이 곡조를 이룰 때 어떤 성격이 나온다는 것이다. 그리고 나서 음악은 인심과 풍속에 따라 달라질 수 있다고 역설한다. 그러한 예로서 잡극 <서상기>(13~4세기)를 볼 때는 졸면서도 <모란정>(17세기)을 볼 때는 정신이 번쩍 났던 예를 들어 설명한다.[34] 따라서 풍속이 시대에 따라 변하고 있는데 음악의 곡조를 변화시킬

---

32 余曰 器譬則谷也 聲譬則風也 知谷之不可改 則風之出也無變 特有厲風和風猋風泠風之異耳 由是論之 律之有古今之殊者 無其器改而聲變歟 (한국고전종합DB, 燕巖集 卷之十三 別集, 熱河日記, 忘羊錄, a252-245c)
33 또한 뒤의 언급에서 보면, 연암은 관악(管篙)의 경우도 개량하지 않는다고 본다.

생각은 하지 않고 본음을 찾는다고 악기부터 고치려고 하는 태도를 비판하였다.

다시 말하면 악기 자체의 변화가 아니라 그 악기로 연주하는 악곡이 시대의 흐름에 따라 변한다고 본 것이다. 곡정은 이 대답 중간에 자신은 종(鍾)이 무엇이고 려(呂)가 무엇인지[35] 모르지만 기장 낟알로 치수를 맞추고 갈대 속청을 태운 재로 야단스럽게 후기법 같은 것을 하는 노릇을 한심하게 생각하는 속내를 비췄다. 이 점은 뒤에서도 자주 보이는 것이다. 먼저 곡정이 종과 려를 말한 것은 12율려에서 종과 려로 끝나는 율명을 말하기도 하고 양률과 음률(려)를 통칭했을 때 쓰는 말이기도 하다. 결국 어떤 음인지 귀로 맞힐 수 있을 정도의 전문가는 아니라고 겸손하게 말하면서도 악률에서 흔히 논하는 문제인 누서법과 후기법에 관하여 나름 견해가 있음을 비춘 것이다. 누서법(累黍法)은 기장으로 관을 채워서 척도로 삼아 황종율관을 삼는 것을 말하고 그 율관에 갈대 속청을 태운 재로 채우고 땅에 묻어 지기(地氣)로 시험하는 것이 후기법(候氣法)이다. 이 누서법과 후기법에 대해서 조선후기 실학자들도 비과학성을 들어 더러 비판해 왔던 경우가 많았기 때문에 연암 또한 이 말에 크게 공감했을 것으로 보인다.

이렇게 말하니 연암이 오음의 소리를 들을 수 있겠느냐고 주문한다. 곡정은 입으로 소리는 못 내지만 형상화할 수 있다고 하면서 예부터 내려온 오성의 소리를 묘사한 말로 대답한다.[36] 그러자 연암이 바로 매우 예리

....

34 서상기(西廂記)는 중국의 13~14세기 원대 왕실보(王實甫)가 지은 잡극이고 모란정(牡丹亭)은 명나라 탕현조(湯顯祖)가 지은 희곡으로 정식 명칭은 <모란정환혼기(牡丹亭還魂記)>이다.

35 鍾이니 呂니 하는 것은 12율명을 말하는 것으로 黃鍾·夾鍾·林鍾 등에서 쓰는 말이고 呂는 大呂·仲呂·南呂 등을 가리키는 것이다.

36 오성의 각 소리에 대한 묘사는 오래된 것이고 진양의 『樂書』에도 나오지만 곡

하게 질문하기를, 그렇다면 오음에도 선악이 있느냐고 질문한다. 이 말은 곡정의 말대로라면 宮音은 우람찬 소리라고 하니 선이고 商音이나 徵音처럼 급하고 빠른 소리는 선하지 못한 소리냐는 질문이다. 이에 대해 곡정은 오음은 모두 정성(正聲)이라고 답한다. 자신이 형상화한 것은 소리의 체세(體勢)가 그렇다는 것이지 그 작용은 바르지 않은 것이 없다고 한다. 오음이 모두 정성이고 오음 사이에 있는 소리가 간성일 뿐이라는 것이며 또 오음이 쪼개어져서 반의 반이 되더라도 본율을 잃지 않는다면 청탁이 서로 조화를 이루고 고저가 서로 응한다고 하였다. 그러므로 '連音起調' 이후에 선악을 논할 수 있다고 대답한 연후에 다음과 같이 '往而不返'에 대한 이야기를 꺼낸다.

> 하나 증명할 수 있는 것이 있는데. 궁음은 곧 머리에 나오는 정음이라서 임금의 형상입니다. 그러나 비파는 신성이니 궁성이 가서는 돌아오지 않습니다. 즉 왕령언이 홀로 수양제가 궁에 돌아오지 못하고 강도에서 죽을 것을 지레 알았으니 어찌 용한 일이 아니겠습니까? 왕이불반이라는 것은 연음과 기조의 잘못입니다.[37]

어떤 음악을 듣고 왕의 죽음이나 나라가 망하는 것을 용하게 예견할 수 있다는 것은 음 하나가 아니라 악조 전반에 있음을 말한다. 그런데 여기서 이를 '왕이불반'이라는 개념과 연결시켰다는 것은 곡정의 이해가 미

정이 말한 것은 명말 청초 陸世儀가 편찬한 『思辨錄輯要』卷二十二 太倉陸世儀 撰 治平類 '樂'에 의하면 "人聲可悟樂律喉律管也 其聲閎者 宮音也 高亮而噍殺者 商音也 確以止者 角音也 熛(疾而激揚)者 徵音也 沈細者 羽音也 然一人之喉 又各 自具宮商角徵羽所謂十二律旋相爲宮也"라고 하여 일치한다.

37 有一事可證 宮乃首出之正音 而爲君之像 然而琵琶新聲 宮聲往而不返 則王令言獨 知煬帝之不返宮 豈有不善哉 其往而不返者 連音起調之罪也 (한국고전종합DB, 燕 巖集 卷之十三 別集, 熱河日記, 忘羊錄, a252-245c)

치지 못하는 분야라서인지, 아니면 악률의 문제를 추상적인 개념으로 적용시킨 것인지 알 수 없다. 왕이불반은 앞서 (각주 25) 설명한 바와 같이 율 산출에서 기준음이 본래음으로 돌아오지 않아 율 사이의 불균등으로 인해 채원정과 같이 변율로 대신하거나 주재육과 같이 평균율로 만들지 않고는 해결되지 못하는 동서양이 공히 고민해 온 악률론의 핵심문제이다.[38] 이어 '연음(連音)과 기조(起調)'라는 말을 사용했는데, 연음은 음계를 말한 것 같고 기조는 주음 또는 음높이를 말한 것으로 보인다. 결국 곡정이 하고자 한 말은 한 곡조에서 사용되는 음의 기능 또는 역할의 문제이다. 그래서 宮음의 자리에서 조가 시작하는 바, 商음에서 시작할 때는 상음이 궁이 되고, 角음에서 시작할 때는 각음이 궁이 된다는 말은 시작하는 음이 궁음, 즉 주음이 된다는 말을 설명한 것이다.[39]

　　이렇게 오음에도 선악이 있느냐는 질문과 대답에서는 음악과 도덕 또는 정치와의 관계에 대한 논의가 매우 길게 전개된다. 연암은 우임금이 음률의 척도로 삼는 것에 대해서 질문을 한다. 곡정은 "우임금의 아들 계가 태어나며 고고하게 소리를 질러댔다고 하지만 반드시 음률에 맞았기 때문에 제후가 되고 왕이 되었겠습니까?"라고 답하였다. 이에 비해 형산은 "무릇 소리란 사람의 마음을 거쳐서 생긴다고 했으니 귀하고 장수하는 사람의 목소리는 마치 큰 종이 우렁차게 울리듯 소리를 낼 것이고 더러는 음악의 표준음에 맞는 사람도 있을 것이니 우임금의 언행이 털끝만큼의 과오나 차이가 없이 기준과 척도에 맞았다는 사실을 극찬한 말일 것입니

---

38 황종율을 기준음으로 삼으면 12율을 다 산출하고도 13번째에 율이 황종의 옥타브 율인 청황종이 되지 않는다. 청황종이 되려면 황종율관 길이의 완전히 절반의 길이가 되지 않고 조금 짧아 음이 높다.

39 기조의 경우에는 주로 '기조필곡'(起調畢曲)을 한 단어로 사용하는 경우가 대부분인데 곡정은 줄여서 말하고 있다. 기조필곡은 일어나는 조에서 곡을 마친다는 것으로 주음에서 시작하여 주음으로 마침을 말한다.

다. 실제 목소리의 청탁이 율려에 맞고 신장의 장단이 척도에 맞았다는 말이 아니라 몸이 천하 사람보다 앞서고 백성이 떳떳이 지켜야 할 도덕이나 사물의 법칙의 표준이 되어 저절로 사방의 억조창생이 본받아야겠죠" 라고 대답한다. 결국 곡정이 하고 싶었던 대답을 형산이 대신해 준 것이라고 할 수 있다.

이 이야기는 다시 위한진이 휘종의 손가락 치수로 율척을 삼아 지었다는 대성악 이야기로 번지게 되는데, 이는 연암이 먼저 이 문제를 건드려서 율척을 함부로 쓰는 것을 비판하고자 한 것이다. 이런 생각을 피력함으로써 중국 학자들에게 공감을 얻으려는 것이었다고 할 수 있다. 역시 위한진은 곡정이나 형산에게도 비난의 대상이 되었으며 이어서 고대에서부터 송대까지의 율척을 제정하고 이를 가지고 아악을 제정한 악률가에 대해 언급하는 등 중국의 역대 악률사를 죽 훑게 되었다.

요컨대 연암의 질문은 악기의 제도가 변하지 않았는데도 고금의 음악, 아속의 음악이 다른 이유와 음에는 선악이 있느냐는 두 가지로 요약된다. 이에 대한 곡정의 대답은 악기의 변화와 상관없이 악곡이 시대에 따라 변할 수 있고 기호에 따라 다를 수 있는 것인데, 그 변화를 바로잡기 위해 악률가들이 음의 본질을 찾고자 하는 행위나 표준을 다시 정하고자 하는 행위가 소용없는 것이라고 비판하는 것이다. 또한 음 하나하나로서는 선악을 논할 수 없으며 음과 음이 결합하여 악곡이 되어야만 그 여부를 알 수 있다는 것이다.

2) 旋宮起調와 羽調에 대해

망양록에 기록된 대담 중에는 악조와 관련해서 선궁기조라는 용어가 자주 등장한다. 선궁기조에서 선궁이란 돌아가며 궁이 된다는 것이니 선법을 말하는 것이고 기조는 일어나는 조, 시작되는 조, 즉 key를 말하는 것이다. 곡정은 왕망이 음악을 지어 명당에 바칠 때 그 소리가 슬프고 거칠었다는 이야기를 하면서 대개 음악의 완성은 선궁기조에 있다고 하면서 선궁기조를 다음과 같이 설명한다.

　　선궁기조라는 것은 마치 음이 상에서 일어나면 상이 궁음이 되고 각에서 일어나면 각이 궁음이 되는 것이고 치에서 일어나면 치가 궁음이 되는 것이고 우에서 일어나면 우가 궁음이 되는 것이 이것입니다.[40]

이것은 각 음이 돌아가며 궁이 된다는 선궁법에 대한 이해가 분명함을 말해준다. 그런데 앞서 위한진이 황제의 손가락으로 촌을 삼고 후기법을 실험했던 연암의 질문에 대해 곡정은 먼저 위한진의 잘못됨을 비판하고 나서 송나라에서 고려에 보내왔다는 대성악이라는 것이 결국 명나라 때 보내왔다는 대성악과 같은 음악이라고 주장하였다.[41] 이에 형산은 그에 대한 반박을 하면서 냉겸이 정한 악무에 대한 설명을 다음과 같이 한다.

　　형산이 말하였다. 그렇지 않습니다. 냉겸[42]이 정한 악무는 홍무 6

────────────

40 旋宮起調者 如音起於商則商爲宮音 起於角則角爲宮音 起於徵則徵爲宮音 起於羽則羽爲宮之類是也 (한국고전종합DB, 燕巖集 卷之十三 別集 熱河日記 忘羊錄, a252-245c)

41 『시악화성』 권10,(1780)에 의하면 "개국 초기의 악제(樂制)는 고려조에 사용하던 악제를 이어받아 송(宋)의 대성악(大晟樂)을 쓰다가 태종조(太宗朝)에 와서 비로소 명(明)의 대성악(大成樂)을 썼다. 그러나 대성악(大成樂)의 제도는 기실은 대성악(大晟樂)을 답습한 것이어서, 이름만 달랐지 내용은 같은 것이다."라고 되어 있다.

42 냉겸(冷謙) : 명나라 초기 도인. 홍무연간 초에 음률에 능하여 태상 협률랑을 지낸 그는 제사에 쓰이는 음악을 담당했다. 원나라 말기에 이미 100살이 되었고 명나라 성조 영락(永樂) 연간(1403-1424)에 죽었다고 전한다. 도사로서는 섭생,

년(1373)에 있었는데, 송나라의 대성악의 율과 서로 같지 않습니다. 대성악의 영신에는 처음 남려지각을 연주하는데 이것은 대려의 변조입니다. (필자주: 남려지각=대려위각) 홍무연간에 제작한 태주지우는 이것이 중려조입니다. (필자주: 태주위우=중려지우) 냉겸의 7균은 태주, 이칙, 협종, 무역, 중려가 모두 정율 일 때 오직 청황종·청임종이 변조가(필자주: 태주궁이 아니라 대려궁으로 보인다.) 됩니다.[43]

여기에서 형산은 지조식과 위조식 개념[44]을 섞어 쓰고 변조라고 대신 설명하고 변율을 설명하고 있으면서도 변율이란 용어를 쓰지 않고 대신 변조로 쓰고 있음을 알 수 있다.[45] 대성악의 영신에서 남려지각을 연주하는데 이것은 대려의 변조라고 하였다. 남려지각은 지조식 개념으로 남려가 궁이 되는 각조이다. 결국 위조식으로 말하면 대려위각이다. 대려가 주음이 되는 음계를 말한다. 그래서 대려의 변조라고 말한 것이다. 그리고 태주지우가 중려조라고 한 것은 거꾸로 설명한 것이고, 위조식으로 태주위우는 지조식으로 중려지우와 같은 것으로 중려가 주음이 되는 우조인 것이다. 그런데 뒤에 냉겸의 7균이라고 하여 태주 이칙 등의 스케일을 나열한 것은 맞지 않다. 태주궁일 때에는 변율이 나오지 않는다. 대려궁[46]일

양생(養生, 오래 살기 위해 몸과 마음을 관리함), 안마 등에 조예가 깊었다고 전해지며, 저서로는 『수령요지(修齡要旨)』가 있다.

43 亨山曰 不然 冷謙所定樂舞 在洪武六年 與大晟律大相不同 大晟迎神 初奏爲南呂之角 是大呂之變調也 洪武所製 爲太簇之羽 是中呂調也 冷謙七匀 自太簇, 夷則, 夾鍾, 無射, 中呂 皆正調 而惟淸黃鍾, 淸林鍾 爲變調 (한국고전종합DB, 燕巖集 卷之十三 別集, 熱河日記, 忘羊錄, a252-245c)

44 김수현, 『조선후기 악률론과 시악화성』, 앞의 책, 242쪽. 위조식과 지조식 개념은 爲또는 之로 악조의 명칭을 붙이는데 대해 근대의 하야시겐조(林兼三)에 의해 개념 정리된 이론이다.

45 앞서 말한 변조와 뒤에서 말한 변조가 다른 개념인데 같은 용어를 쓰는 것이다.

46 궁조에서는 지조식과 위조식이 같다. 따라서 대려궁은 대려위궁, 대려지웅 둘

때에는 大, 夾, 仲, 林, 夷, 無, 黃의 스케일이며 여기에서 林과 黃이 변율이다.

따라서 형산은 완벽하지는 않지만 비교적 악조 이론에 대해서도 이해가 있는 것으로 생각된다. 그런데 바로 이어지는 말에서는 위한진의 율이 옛 제도에서 두 율씩 낮추어 임종이 궁이 되는 것은 상각이 정율이고 나머지는 변조에 속하게 하고 남려위궁은 오직 상음만 정율이고 나머지는 변조에 속한다고[47] 설명하는 부분이 있다. 이때의 변조는 변율이 아니라 청성, 즉 옥타브 위의 음을 말한다.[48] 형산은 악률에 대한 어느 정도 이해가 있으나 악률가는 아닌지라 용어 사용이 자못 불안정하다는 것을 알 수 있다.

요컨대 연암이 위한진의 잘못된 악률제정을 비판하는데 공감을 얻고자 시작된 질문이지만 이는 그 위한진이 제정한 척도로 만든 대성악이 우리나라 고려조에 수입된 것이고 이는 명나라 때 새로 수입한 대성악과 같은 것인가 아닌가의 문제로 넘어간 것이다. 곡정은 고려시대 들어온 대성악(大晟樂)이 조선시대에 들어온 대성악(大成樂)이 같다는 주장이고 형산은 악조명을 근거로 들어 서로 다르다고 주장하는 하는 것이다. 필자는 대성악의 음계나 선율이 변한 것이 아니라 조의 변화, 즉 음높이의 변화만 있을 뿐 다르지 않다고 생각한다.

또 연암은 중국음악을 듣고 우리나라 음악과 비교하여 그 느낀 점을

다 설명될 수 있다.

47 漢津之律 每下古製二律 其林鍾爲宮者 商角爲正調 其餘皆屬變調 南呂爲宮者 惟商一音爲正調 其餘皆屬變調 (한국고전종합DB, 燕巖集 卷之十三 別集, 熱河日記, 忘羊錄, a252-245c)

48 임종궁이나 남려궁이나 변율이 나오지는 않지만 청성을 써야 하는데, 각각의 스케일을 보면 임종궁일 때 林(궁), 南(상), 應(각), 汏(변치), 汰(치), 㳰(우), 㶂(변궁), 남려궁일 때 南(궁), 應(상), 汏(각), 浹(변치), 㳰(치), 㶂(우), 㴌(변궁))이다.

말하고 우리나라에서 쓰는 음악의 스타일을 설명하면서 우조(羽調)에 대한 개념을 곡정에게 설명한다. 이 이야기의 발단은 연암이 처음 요동에 들어섰을 때 길가에서 반주에 맞추어 부르는 노래를 들었는데 그 소리가 매우 높았다는 이야기에서 시작한다. 연암은 그것이 소위 우조인데, 그것은 오음의 우조가 아니라 조명이고 우조(羽調)라고 부를 수 있는 우리나라 속악이라고 했다.[49] 이 말은 음계로서의 오음 중의 우조가 아니라는 말로서 궁조 상조 각조 치조 우조 이 다섯 조 중의 우조가 아니라는 말이다.

그가 조명(調名)이라고 한 것은 음계의 전체적인 음높이(key)의 의미를 말한다. 그가 너무 높았다는 말한 것은 전체적인 음높이가 높았음을 말한다. 당시 우리나라의 우조는 여러 가지 의미로 쓰이는 용어였다. 『악학궤범』상에서 낮은 조인 낙시조(樂時調)의 반대 개념으로서 높은 조로서 우조(羽調)를 가리킬 때 쓰는 말이기도 하고 7지(指) 중 다섯 번째 무역 응종율에 해당하는 우조를 가리킬 때 쓰는 말이기도 하다.[50] 연암은 우리나라에서 쓰고 있는 조명으로서 우조의 개념을 곡정에게 정확하게 가르쳐 준 것이다.

그는 이어서 "우리나라의 속악에는 계면조가 있는데, 우조를 번음(飜音)한 것이다"라고 하였다. 이것은 중국 5조 중에 우조에 해당되는 '라 도 레 미 솔'의 음계를 우리나라에서는 계면조라고 불러왔던 것을 말한다. 이 이론은 이미 『세조실록악보』의 서문에도 자세히 기록하고 있다.[51] 이

---

49 余曰 所謂羽調 非五音之羽 乃調名 故亦號雨調 敝邦俗樂 又有界面調 乃羽調之翻音也 倍淸者 凡言律皆稱淸 又非淸濁之淸 倍淸云者 如言倍高於本律也 (한국고전종합DB, 燕巖集 卷之十三 別集, 熱河日記, 忘羊錄, a252-245c)

50 『樂學軌範』卷之七,「鄕部樂器圖說」중 거문고, 가야금, 향비파, 대금 도설에 모두 이 용어에 대한 설명이 있다.

51 『세조실록』권48, 樂譜 序, "...所謂 林鍾尺子 界面調則 林鍾爲宮 無射爲上一 淸黃鐘爲上二 淸太簇爲上三 淸仲呂爲上四 淸林鍾爲上五..." 계면조가 '라 도 레 미

것이 연암의 시기에 오면 5음 음계가 아닌 4음 음계나 3음 음계로 변하지만 기본적으로 5음 음계를 기준으로 황종음을 시작음으로 한다면, '黃 夾 仲 林 無'(라 도 레 미 솔)의 음계로 되어 있는 것이고 이는 중국의 五調 중의 우조와 같은 음계인 것이다.

중국과 조선에서 모두 우조라는 용어를 쓰지만 중국에서 쓰는 우조의 개념은 음계와 관련이 있고 조선에서 쓰는 우조는 음높이와 관련이 있다. 연암은 우조라고 중국식 표현의 악조(음계)를 번역하여 부른 악조명이 우리나라의 계면조라는 것을 분명히 알고 있었다. 이 짧은 몇 마디의 설명을 통해서 연암이 중국식 악조의 개념도 알 뿐만 아니라 우리나라 속악에서 쓰는 악조의 개념까지 명확히 이해하고 있었다는 것을 의미한다.52

전반적으로 볼 때 중국측 학자들은 연암과는 달리 성리학적 배경을 가진 『율려신서』의 저자 채원정의 악률론을 폄하하는 느낌을 받을 수 있다. 그러나 왕이불반, 선궁기조, 변율 등을 논하는 것을 보면, 그들이 결코 채원정론에서 벗어나 말하기는 어렵다는 것을 이면으로 보여준다. 그렇다고 하여 이들이 주재육의 평균율에 대해 이해를 하거나 관심을 가졌다고도 볼 수 없다.

2. 악기와 악곡에 대한 대담

1) 악기에 대해

「망양록」에는 악기에 대한 이야기가 종종 나오는데, 국악학계에서 가

솔' 음계라는 것을 설명한 것이다.
52 송방송은 『한겨레음악대사전』 '羽音'항목에서 이 「망양록」의 우조 언급 내용을 인용하여 설명하고 있는데, 우조를 변음한 것이 '황 태 중 임 남'의 우조 음계라고 하여 잘못 해석하고 있다.

장 흥미를 끄는 대목은 양금에 대한 대화 부분이다. 양금이 조선에 언제 어떻게 들어오게 되었는지, 홍대용과의 관계를 논할 때 자주 인용되는 부분이다.

연암은 청조 지식인들의 서양문물에 대한 수용태도에 대해 아주 큰 관심을 가지고 있었다.[53] 그 서양문물에서 음악분야라면 서양금,[54] 즉 양금에 대한 관심을 들 수 있다. 연암이 소리의 본질에 관한 악률론에서 화제를 돌려 다시 악기, 즉 양금에 대해 질문하는 것으로 시작되는 부분에서 알 수 있다.[55] 이 질문을 시작으로 곡정도 연암에게 조선에도 양금이 있는지 물어보고 또 금과 슬이 있는지 질문한다. 연암의 질문에 먼저 형산이 대답하길 만력(萬曆) 연간 풍시가(馮時可)에 의하면 이마두(利瑪竇), 즉 마테오 리치가 들여 온 것으로 하늘이 내는 소리라고 해서 천금(天琴)이라고 부른다고 했다.[56]

....

53 박향란, 「『열하일기』 필담에 포착된 청조 지식인의 형상과 의미」, 앞의 논문, 239쪽.

54 서양금은 양금을 풀어 쓴 용어이기도 하고 피아노나 파이프오르간을 지칭하기도 하지만 여기에서는 사다리꼴 모양의 덜시머가 조선으로 들어와 국악기가 된 양금을 말한다.

55 물론 질문에는 양금이라는 용어를 쓰지 않고 유럽의 구리줄로 된 작은 금(歐邏銅絃小琴)이 언제부터 유행하게 되었는지 질문하는 내용이다. 이것은 다름 아닌 오늘날 우리나라에서도 국악기의 하나가 된 양금(洋琴)을 말한다. 조선에서도 이규경이 편찬한 『歐邏鐵絲琴字譜』라는 악보가 있는데 이것이 양금 악보다. 『열하일기』 다른 편명인 「동란섭필」에서도 연암은 구라파동현금을 소개하면서 "우리나라에서는 '서양금'이라 하고 서양들은 '天琴'이라 하고 중국인들은 '番琴'·'天琴'이라 한다."고 했다.

56 양금에 대한 용어로 중국 사람이 직접 天琴이라는 말로 대신해서 잘 설명을 해주었지만 여러 연행록에서는 이 천금이라는 용어가 다른 악기를 지칭할 때도 쓰인다. 그 예로 1727년 연행기인 강호부의 『상봉록』에 의하면 천주당을 방문하여 본 천금(天琴)을 설명하는데 "오시가 되면 누각의 문이 저절로 열리고 천금이 스스로 연주되었다. 음악 두어 곡조를 연주하면서 한참 후에 소리가 그치

또 양금에 써 있는 글씨가 무슨 표시인지를 질문한다. 곡정은 줄을 고르는 음악 부호라고 대답한다. 당시 대담자들 앞에 양금이 있었다고 말하지 않은 것으로 보았을 때에는 양금에 부호가 적혀 있는 것을 보고 말했다기보다는 양금도해 등의 서적에 있는 것을 가지고 말한 것이라고 추측된다. 당시에 강희제(康熙帝)의 명에 의한 『율려정의』(律呂正義)가 이미 편찬되었기 때문에 이 책에 수록된 이마두가 쓴 서양음악관련 내용일 것으로 보인다.

연암이 질문한 것을 조선시대 고악보에서 찾아보면 서유구가 편찬한 고악보 『유예지』의 양금도에서 그 실마리를 찾을 수 있을 듯하다. 『유예지』는 1800년대 초의 악보로 추정하고 있는데, 이 양금도에 보면 서양기보법인 오선보에서 사용하는 기호들이 그려져 있다. 여기에는 율명과 함께 높은음자리표, 음표, 올림표 등이 있다.[57] 연암이 율명의 의미를 몰라서 물었던 것이 아니라, 서양 부호가 궁금하여 질문한 것으로 보이는데, 곡정 역시 음악부호라는 것 외에는 자세히 알지 못한 것으로 보인다.

다음으로 이어진 대담에서는 반대로 조선에도 양금이 있는지 연암이 질문을 받는다. 이에 대해 연암은 중국에서 사가지고 왔는데 처음엔 율을 못 맞추어 아이들 울음 달래는데 썼다고 하여 함께 웃었다는 내용으로 마무리를 짓는다.

연암은 이어서 "귀국의 琴瑟은 어떻습니까?"라는 질문을 받는다.[58] 이

....

고 누각의 문이 스스로 닫히니"라고 한 것을 보면 이는 양금과는 전혀 다른 서양 악기 파이프 오르간을 설명한 것이다. 신익철 외, 『18세기 연행록 기사 집성 -서적 서화편』, 한국학중앙연구원, 2014, 165쪽.

57 높은음자리표는 위쪽이 상대적으로 높다는 표시로 보이지만 음표는 음의 길이와 관계되는 것이기 때문에 양금의 줄과는 관계가 없는 것이다.

58 원문에 적힌 금·슬을 번역자들 모두 잘못 번역하고 있다. 금과 슬은 그 자체로 악기를 말하는 것인데, 이가원은 거문고와 비파라고 번역했고 김혈조는 거문고

에 대해 연암은 조선에 금과 슬이 모두 있다고 하며 친구 홍대용이 이 모두를 잘 탄다고 자랑했다. 연암이 금으로는 거문고를, 슬로는 가야금이 있다고 한 답은 명확한 것이다. 이를 통해 연암의 악기에 대한 이해 수준이 꽤 높았음을 잘 알 수 있다. 왜냐하면 악기의 구조적 특징을 잘 분류하여 대답한 것이기 때문이다. 중국의 금과 슬은 같은 지터(zither)류 현악기라는 공통점을 가지고 있다. 금은 고정괘는 아니더라도 휘(徽)가 박혀 있으며[59] 거문고와 모양도 비슷한 악기 줄 수도 금 7현과 거문고 6현으로 비슷하다고 할 수 있다.

슬은 25현으로 된 이동괘인 안족이 있는 현악기이다. 가야금의 구조와 비슷할 뿐 아니라 가야금이 12현이기 때문에 슬을 반으로 쪼갠 폭이 된다는 말은 적절한 표현이다. 연암이 중국의 악기 슬과 조선의 가야금 모두 잘 알고 있음을 보여주는 대화이다. 게다가 홍대용의 예를 들어 양금과 함께 설명을 하고 있는데, 홍대용이 양금의 소리를 고르고 가야금을 맞추게 되는 바 요즘은 금슬(현악기) 악사들이 그것을 따라 현악기든 관악기든 맞춘다는 이야기로 당시 양금이 줄풍류 음악에 매우 유용하게 쓰이고 있음을 말해줌으로, 연암이 가진 음악적 지식수준까지 엿볼 수 있게 한다.

연암은 자신이 중국에 와서 접해 본 음악이나 악기에 대해 궁금해 하였다. 또 그는 만수절 때 궁궐 안에서 행해졌던 음악이 아악인지, 그 악기 편성은 무엇인지도 궁금해했던 것으로 보인다. 연암은 자신이 처음 요동에 들어와 길가에서 들었던 노래와 반주(覺策一 管一 橫吹一 琵琶一 月琴一 以和歌 鼓椀大鼓子 以應節 覺策聲類嗩吶 橫吹類 敵邦狋調倍淸)[60] 소리가 우리나

와 가야금이라고 했으며 리상호는 금만 거문고라고 하고 금슬은 그냥 금슬로 번역했다.

59 금은 휘(徽)가 박혀 있다고 해서 휘금(徽琴)이라고도 한다. 금은 원래 현의 개수가 여러 가지로 있었지만 후대로 내려오면서 일곱 줄이 보편화 되었다. 따라서 금을 7현금이라고 한다.

라 우조(羽調)와 닮았지만 배청이나 높았다는데 왜 그런지 하는 질문과 어제 황제께서 앞으로 나오실 때 음악이 연주되던 것도 요동에서 들었던 것과 닮았다고 하고 징과 바리를 가지고 박자를 맞추던데 어째서 그리 빠르고 음이 높은지 묻는 것이다.

또한 이것이 아악이냐는 질문을 했다. 그러면서 우리나라에서 쓰는 우조란 것은 무엇인지 설명을 하고 있다.[61] 형산은 연암이 들은 것은 아악이 아니라고 하며 아악에는 징과 바라(鈸鉢)를 쓰지 않는다고 했다. 이에 대해「산장잡기」에도 8월 13일 만수절에 연회에 대해서 묘사한 내용 일부가 겹친다. "연희의 노랫소리는 모두 맑고 씩씩한 우조의 음으로서, 보통 음률의 두 배나 높은 음을 낸다. 악기 소리는 모두 높고 맑아서 마치 하늘 위에서 나는 소리 같으며 청탁의 조절이 없는 소리이다. 모든 대본의 연희에는 생황, 젓대, 피리, 종, 경쇠, 금, 슬의 소리가 나고 다만 북소리는 나지 않고 간간이 징소리가 난다. 잠시 잠깐 사이에 산이 옮겨지고 바다가 움직이는데 물건 하나도 들쭉날쭉한 것이 없고 한 가지 일도 뒤집히고 거꾸로 되는 일이 없다. 황제, 요임금, 순임금 시대의 고대로부터 그 의상을 본뜨지 않는 것이 없으며 제목에 따라서 의상을 별도로 입고 연회를 놀았다."라고 적었다.

여러 가지 정황이나 묘사하는 내용 악기 등으로 보았을 때 연암이 본 것은 희극의 일종이었을 것인데, 아마도 1790년에 중국의 '경극'이 시작

....

60 번역서에서 악기 이름을 임의대로 명칭을 붙여 놓는 경우가 많아서 바로 원문을 썼다. 필율은 리드가 있는 피리를 관은 그대로 관, 횡취는 횡적 악기, 비파나월금은 류트류 현악기인데 비파는 물방울 모양 월금은 달처럼 동그란 모양의 울림통을 가졌고 쇄납은 태평소를 말한다. 완대고라는 것은 미상.

61 우리나라 계면조를 설명하기도 하고 청이 곱절 높다고 하는 등 음 높이로서 우조인지 음계로서 우조인지를 분명하지 않게 설명을 하고 있는데, 요지는 자신이 들었던 음이 매우 높았다는 것이다.

되었다고 하니, 이 전신의 단계에 해당하는 공연이 벌어졌을 것으로 보인다. 연행록에는 중국 공연예술에 대한 기록들을 더러 남기고 있는데, 그 종류는 희곡, 잡기, 환술, 수희, 음악 등 다양하다. 그리고 그 잡극의 반주 악대로는 笙簧, 弦子, 胡琴, 鼓, 鉦, 牙拍 등을 쓴다. 따라서 연암이 들었던 것은 아악이 아닐 것인데[62] 연암은 자신이 들었던 음악이 아악이라고 생각하니 이상해서 물었던 것이다.

이에 대해 형산이 '선생이 들었던 음악은 아악이 아닙니다'라고 대답하면서 청나라에서 아악은 대체로 명나라 제도를 따서 큰 조회를 할 때 악공 64인이 어떻게 구성되는지 설명했다.[63] 이 외에 연주하는 절차와 연주곡 등이라고 하며 지금 그 이름은 달라졌지만 악기나 곡조는 고치지 않고 있다고 대답했다. 형산의 이 설명에 의하면 조선에서 소위 아악기로 구분되는 순 아악기로 구성된 것은 아니다. 이것은 청나라의 아악기 구성이 전대와 이렇게 달라졌다는 점을 말해준다. 조선의 『악학궤범』의 아악기 분류상으로 볼 때 소나 생황은 아악기에 속하지만 비파, 공후 진, 방향 두관, 용적, 대고 판 등은 대부분 당악기에 속한다. 중국식 악기 분류로 보자면 속악기에 속하는 것이다.[64]

요컨대 악기에 대한 대담에서 여러 가지 악기가 등장하나 연암이 궁금해 하는 것은 중국에서 양금의 유래에 대한 것, 중국의 아악의 악기편성, 중국 악기의 소리가 대체적으로 높았다는 점 등이다. 또한 우리나라에 양금이 들어올 때의 일화, 우리나라의 거문고와 가야금에 대한 소개가 된

---

62 이창숙, 「연행록 중 중국회곡 관련 기사의 내용과 가치」, 『중국학보』 50집, 한국중국학회, 2004, 73~74쪽.
63 引樂2, 簫4, 笙簧4, 琵琶6, 箜篌4, 蓁6, 方響4, 頭管4, 龍笛4, 杖鼓24, 大鼓2, 板2
64 이 외에 생황에 대한 이야기가 있으나 생황에 대한 관심은 악기로서가 아니라 악률학적 측면에서 팔음 중 匏에 해당하는 생황이 오늘날 대뿌리를 사용하는 등 변했다는 것에 공감하는 내용이다.

대담이었다고 할 수 있다.

2) 악곡에 대해

「망양록」에는 수없이 많은 음악이 언급되는데, 때로는 특정 악곡이 아닌 한 장르를 지칭하는 용어도 있고 악곡 자체를 지칭할 때도 있다. 韶·濩(순임금의 소, 탕임금의 호), 淸商樂, 淸樂, 太和樂, 雅樂, 大晟樂, 銅爵三祖 등이나 잡극에 속하는 <西廂記>, <牡丹亭>, <霓裳羽衣曲> 등도 등장하고 청나라의 악곡 <玄德升聞> 춤 <安世房中> <飛龍引之曲> <風雲會之曲> <慶皇都喜昇平之樂> <禮成歌> <回鑾歌> 등이 나오는가 하면 연암이 조선의 <夢金尺> <龍飛御天歌>을 읊을지 말지 고민하느라고 꺼낸 이야기 속에도 등장한다. 또한 금교칙본(琴敎則本)의 악곡을 언급하는 <螳螂捕蟬> <平沙落雁> <一竿明月> <感君恩> 등도 거론된다. 그러나 어떤 음악이라고 하는 설명이 자세히 되어 있는 것은 아니며 당연히 서로 그 악곡을 안다는 전제하에서 토론을 하였다고 볼 수 있다. 이 중에서 아악, 즉 대성악에 관해서 보면 다음과 같다.

연암이 중국의 당시 아악에 대한 형산의 설명에 추가해서 악공의 복색을 묻는 부분이 있는데 연암은 이것이 한족과 비슷하다고 하고 형산은 아니라고 했다. 형산은 한족식의 전통을 지키지 못하고 들쑥날쑥 하고 있는 점에 대해서 한탄해 하며 말했다. 연암은 이에 대해서 계찰이 노나라에 가서 주나라의 성대한 음악을 보았다는 말을 꺼냈는데 이 말은 노나라에 가서 없어진 주나라의 음악을 알았다고 했던 季札처럼 음악에 대한 지식이 없다면 갑자기 연회의 음악을 듣고서 그 덕화와 정치를 논할 수는 없을 것이니, 자신이 현재 부끄럽다는 뜻이다. 자신이 아악에 대해서 무지하다는 사실을 토로하고 있는 것인데, 형산은 자신의 친구 도규장 이야기를 하면서 태상시 벼슬을 하면서도 음악에 소양이 없어서 매양 속임을 당하는지 모르는 것 같은 이야기로 연암을 위로하였다.

그러면서 형산은 이후 중국 음악사를 다 훑어주었다. 그 음악사 중에서 홍무연간의 이야기가 길어지게 되었다. 이 때 사이사이 곡정이 조선의 악기와 악공들은 숭녕연간(송나라 휘종 때)에 하사한 대성악일 것이라고 주장하고 연암은 홍무연간(명나라 때) 것이라고 주장했다. 그런데 곡정이 홍무 연간의 하사악도 역시 대성악의 자투리일 것이라고 다시 주장하자 형산은 곡정과 반대로 홍무 때 조선에서 받은 것은 옛날 송나라 때 대성악이 아닐 것이라고 하여 마무리를 지었다. 연암이 숭녕 연간의 대성악이 아니라고 주장하는 것은 다름이 아니라 위한진이 휘종의 손가락으로 율관을 만들고 땅에 묻어 기후를 점쳤다는 것 때문일 것이다.

송나라 대성악이 명나라 대성악과 같은지 다른지에 대한 논란은 매우 중요하다. 왜냐하면 송나라 말기 휘종 때 방사 위한진이 만든 음악에 대해서 주자는 맹렬히 비난했고 유교적 입장에서나 주자를 따르는 학자들의 입장에서 보면 송의 대성악이 이어지지 않았어야 마땅하다고 본다. 그런데, 형산이 위한진이 사용했다는 송의 휘종의 지척에 대해 이야기 할 때 주자와 채원정을 비판하고 오히려 위한진을 두둔하는 것처럼 보이이기까지 하는데 아마 그 이유는 주재육의 설을 받아들여서가 아닐까 싶다. 주재육은 『律呂精義』의 <審度>에서 위한진이 사용한 指尺이 주, 수, 당 때 사용하던 척과 같다고 했기 때문으로 보인다.[65] 이렇게 보면 곡정조차도 주자를 비판하는 입장에 있기 때문에 위한진을 맹렬히 비난하면서도 그 것이 음악적으로 크게 잘못된 것이 아니어서 이어져 올 수밖에 없었다고

---

65 朱載堉, 『樂律全書』 권11, 「律呂精義」, <審度>, "今取見有樂以唐初開元錢校其分寸亦同 則漢津所用指尺殆與周隋唐所用之尺同矣 漢津用李昭范鎭之說 而恥同之 故用時君指節爲尺 使衆人不敢輕議 其尺雖爲詭說 其制反與古同 而淸濁高下 皆適非出於法數之外"

주장하는 것이 아닐까 싶다.

3. 古樂과 樂經에 대한 대담

1) 古樂에 대해

연암은 대담의 시종일관 고악에 대해 궁금증을 덜어 버릴 수 없었던지 중국에는 고악이 남아 있지는 않을까 하는 바람에서 여러 번 같은 질문을 하였는데, 이번엔 아예 직접적으로 순임금의 소(韶)음악과 탕임금의 호(濩)음악이 남아 있느냐고 질문을 던진다. 형산은 '하나도 없다.'라고 간결하고 단정적으로 대답하지만 곡정은 연암의 질문에 대해 철학적으로 긴 대답을 한다. 곡

정은 '대체 소호란 시대는 어떤 세상이었던가요?'라는 것으로 말문을 열기 시작하였다. 곡정은 그 시대가 매우 성대한 시대였기 때문에 음악의 지대한 효과는 대단하였다는 것인데, 이 성대한 시대가 천백 년 지난 공자 시대에도 공자가 자신도 모르게 거기에 빠져 석 달이나 고기 맛을 잊었을 만큼 대단했던 시대였다는 것이다. 그런데 후대로 내려와 음악의 이치를 설명한다고 하는 사람들이 고악을 부흥시키려고 했지만 도덕과 정치가 자연과 인간에 합치되는지를 몰랐다는 것이다.

더구나 송대의 채원정이 『율려신서』에서 원성(元聲)을 반드시 찾아낸다고 했지만 원성이 그 본율을 버리고 어디 있겠느냐하고 비판한다. 곡정이 말하는 채원정의 원성은 '聲氣之元'이라고 하는 황종율을 찾는 것을 말한다. 곡정은 「망양록」에서 채원정을 매우 못마땅하게 여기는 듯 가소롭다는 표현까지 쓰고 있다. 곡정은 설사 채씨의 말대로 원성을 찾아낸들 임금의 덕망과 일치시킬 수 없는 것이니 명목 없는 수고요, 시체 없는 제물이라고 했다.

이런 대화가 오고 가던 중 이제 연암이 "조선의 악률은 어떻습니까?"라는 질문을 받았다. 지금까지는 중국의 악률사에 대한 설명을 자기네들이 하였으니 당신네 나라는 어떠냐는 것이다. 이 질문에 덧붙인 말에는 형산의 연암 떠보기 의도가 있어 보인다. 당신네 나라는 누가 음악을 만들었느냐 중국 것을 본떴느냐 종묘 때나 산천제 때 음악을 쓰는지 몇 일(佾)을 쓰는지의 질문은 결국 천자가 만들어야 할 아악을 제후국에서 만들었다고 주장하는지, 또 당연히 지낼 수 없어야 하는 원구제사 대신 산천제로 지내는 것 맞지 않느냐, 춤도 제후국의 규격에 맞는 춤을 쓰느냐 하고 떠보는 질문이다.

연암은 삼국시절 특유의 향악 고구려무에 대한 언급을 하였지만 그때까지는 아직 아악이 들어오지 못했기 때문에 악률이라고 말할 만한 것이 없었다고 하였다. 이어서 고려시대 휘종 때 대성부의 대성악을 하사받았으나 상고할 수 없다고 하면서 고려시대 아악수입을 매우 희미한 것으로 간주하게 하였다. 아마 앞에서 송나라 시대의 악률제정이나 악률론에 대한 비판 때문일 수도 있고 뒤에 또 언급하는 대성악이라는 것이 방사 위한진이 송의 휘종의 손가락으로 제정한 것을 의식해서 한 말로 보인다.[66]

그래서 연암은 오히려 명나라 홍무 때 팔음을 하사한 대성악을 더 강조하였다. 물론 6일무를 춘다고 덧붙였다. 그리고 세종대에 기장과 옥을 얻어서 아악을 정하게 되었다는 이야기를 하였다. 기장은 율관을 만드는 데 쓰는 것이고 옥은 편경을 만드는 데 쓰이는 것이다. 아악을 정하는데 기초적인 재료인 셈이다. 연암은 아악을 정했다고만 애매하게 이야기 했을 뿐 더 이상 악곡 <몽금척>이나 <용비어천가> 등을 꺼내지 못했다. 연

....

66 여기에서 곡정은 휘종의 손가락이 길었으므로 악률이 높았다고 하는데, 척이 길면 음이 낮아진다는 사실을 안다면 서적들에서 나오는 이런 말을 지적할 수 있어야 하는데, 그대로 사용했다.

암으로서는 이런 사실을 매우 자랑하고 싶기는 하나 이 자리가 기휘(忌諱)를 해야 하는 것 아닌지 하여 망설였던 것으로 보인다. 그러나 눈치 빠른 형산은 더 이상 묻지 않고 연암이 형상화한 음조를 듣고 정말 군자의 나라라고 칭찬하고 만다.

연암은 자신이 심양에서 생황을 부는 사람이 있어 얻어서 불어 보았더니 고향의 음률에 맞았고 음의 연계와 기조가 우리나라 음률에 맞았는데 황성에 도착해서 유리창에서 또 불어 보았을 때도 여전히 그랬다면서 이 생황의 제도가 태곳적 옛 법식과 맞느냐는 질문을 했다. 형산이 끼어들어서 당연히 변했다고 대답하면서 생황은 팔음 중 바가지에 해당되는데 요즘은 대나무 뿌리를 잘라서 쓴다고 했다. 곡정은 악기의 구조는 잘 모르겠다고 했지만 또다시 음악의 본질에 관련된 문제로 답을 하고 있다. 곡정이 답한 뜻을 한 마디로 말하면 율려가 변하는 것은 악기 탓이 아니라는 것이다. 그가 말하는 것은 어떤 악기에서 나오든지 한 개의 음과 한 개의 율을 듣고 이 음이 소호(韶濩)의 음악이니 복상(桑濮)의 음악이니 말할 수 없다는 것이다. 그러니까 연암이 악기가 옛 것이냐고 묻고 형산은 악기의 제도가 변했다고 했지만 곡정은 악기의 제도가 변한 것이 뭐가 문제가 되겠냐고 한다.

또한 "고악은 회복될 수 있을까요?"라는 연암의 질문에 대해 곡정은 "선생은 퍽이나 옛 것을 좋아 하십니다"라는 약간의 핀잔 섞인 말을 던진다. 그만큼 곡정은 연암이 고루하다고 생각했던 것 같다. 이는 연암만이 아니라 조선후기 지식인들이 음악에 대해 가진 기본적인 생각이기도 하다. 임금인 정조의 음악정책이 이미 '고악회복'을 표방하고 있었고 이를 실천하기 위한 악론을 펼치고 있었던 시기이니만큼 연암도 그런 범주에서 크게 벗어나지 않았던 것이다.

그렇지만 곡정은 성실하게 대답해 준다. "대체 세상에서 음악을 말하는 자가 율은 말하면서도 시는 말하지 않고 시는 말하면서도 덕은 말하지 않고 덕을 말하면서도 시대는 말하지 않으며 헛되이 양두산(羊頭山) 검정 기장을 찾는다 가회법(葭灰法)을 한다 하지만 옛날의 고아한 것은 얻지 못했습니다."라고 하며 진정한 고악회복이 무엇인가를 설파하였다. 연암의 고악의 회복에 깔린 생각은 소중화에서 나오는 것으로 보인다. 청이라는 나라가 주자를 떠받들고 그 학문을 숭상하는 것이 중원의 선비들을 문약하게 하고 누구도 감히 자기를 오랑캐라고 부르지 못하게 하기 위한 방편이었던 것으로 인식한[67] 연암이 음악에 대한 인식에 있어서도 주자를 대변하는 것과 같은 인상을 준다.

　요컨대 고악에 대한 3자의 생각을 정리해 보면, 연암은 고악은 반드시 회복하고 지켜 내야 할 것으로 인식하고 형산은 현재의 고악이 망실된 것을 통탄해 한다면 곡정은 진정한 고악회복이란 음악자체만으로는 안된다는 것 도덕이 회복되어야 가능하다는 각자 다른 생각을 가지고 있음을 알 수 있다.

2) 樂經에 대해

　형산은 조선에 『樂經』이 있습니까? 라고 묻는다. 이 말은 「태학유관록」의 8월 10일자에도 있는 말인데, 옆에 있던 기풍액이 "귀국에는 안부자(顔鬧)의 저술이 있습니까?"하고 거든다. 뿐만 아니라 연암조차도 자신이 심양에 들어왔을 때 수재들에게 『고문상서』가 있느냐는 질문을 여러 차례 받았다고 하였다. 이 『악경』이 조선에 있는지 질문 받는 것은 당시 연행 때 흔히 겪었던 일로 보인다. 그 예로 1721년 연행록인 유척기의

67　유승준, 「조선후기 지식인의 대청인식-담헌홍대용과 연암을 중심으로」, 『한국학보24』, 2011, 368쪽.

『지수재연행록』에도 팽씨가 육경 중 오경만 남았으니 조선에 『악경』이 있느냐고 물었고 유척기는 『예기』의 「악기」가 있는데 별도의 『악경』이 있겠느냐는 대답을 한다.[68]

이렇게 『악경』이 있느냐는 재차 질문에 대해서 연암은 그럴 리가 있겠느냐고 반문한다. 중국에도 없는 책이 어째서 외국에 남아 있겠냐고 한다. 이에 대해 곡정은 『악경』이란 애초부터 없었던 것이라고 주장한다. 이러한 점은 서명응이 『시악화성(詩樂和聲)』을 쓸 때 서문에서 주장한 내용과 같다.[69] 그가 '詩樂'이라고 이름을 붙인 이유도 여기에 있다. 물론 『악경』은 『시경』에 살아 있다고 주장하는 것이기 때문에 같은 주장이 되는 것이다. 곡정이 중국에서부터 『악경』은 없었다고 강력하게 주장하자 연암은 공자가 노나라로 돌아와 시를 정리하고 예를 바로 잡을 때 하필 음악에 대해서만은 어째서 아무것도 저술한 것이 없었을까 하고 반문한다. 이에 대해 곡정은 공자가 시를 정리하고 예를 바로 잡은 것이 곧 악학이라고 대답한다. 원래 음악의 본질은 시에 속하는 것이고 음악의 이용은 예에 속하는 것이니 따로 『악경』을 만들 리 없다는 것이다. 옛날에 대학에서 사람을 가르친다는 것 자체가 책을 사용하는 것이 아니라 노래 부르고 춤추는 것이 학문이었다는 것이다.

형산은 악경의 존재 여부에 대해서는 별 말이 없었으나 『樂記』에 대해

---

68 신익철 외, 『18세기 연행록 기사 집성-서적 서화편』, 한국학중앙연구원, 2014, 137쪽.

69 김수현, 『朝鮮後期 樂律論과 詩樂和聲』, 민속원, 2012, 151쪽. 곡정이 이런 주장을 한 시점이 1780년인데 공교롭게도 같은 주장을 한 서명응이 『시악화성』을 낸 것도 1780년이다. 서명응의 『시경』에 관한 주장 중에 하나로 주자가 없었다고 하는 「小序」에 대한 강조적 언급이다. 그는 『시악화성』 자체도 각 편마다 서문을 적고 시작하는데 이는 『시경』의 소서처럼 시악이 인습된 이유를 맨 먼저 밝히고시작한다고 그 이유를 밝히고 있다. 「망양록」에도 『시경』의 「소서」에 대한 언급이 있었다.

서 한나라 유학자들의 뜬구름 잡는 글이라고 폄하해버린다. 이러한 두 사람의 부정적인 견해를 듣고도 연암은 음악에 대한 책이 없었다는 것은 잘 알겠지만 악보는 없었는지 다시 물어본다. 이에 대해 형산은 다 타버렸다고 대답하니, 연암이 진나라 때 분서갱유를 말하는 것이냐고 묻자 그게 아니라 수나라 때 만보상이 만든 84조의 144율로 된 64권의 악보가 불에 탄 것을 말했다. 이어서 『대성악무도보』, 『고아심담』, 『사성도해』, 『악기보설』, 『율려신서보주』, 『홍악요론』, 『율려정의』, 『오음정의』, 『악학대성지결』 등의 악률서들을 열거했다. 또 금보 교칙본으로 당랑포선, 평사낙안, 일간명월, 감군은 등의 교칙본도 소개했다.

마지막으로 모기령에 대한 언급이 있었다. 「곡정필담」에도 연암은 "그 변덕쟁이 뇌공 말입니까?"라고 말했고, 곡정 역시 아주 망령된 인물이라고 맞장구치기도 했다. 곡정은 당시 식자들이 모기령이 천성적으로 남을 공박하기 좋아한 점을 조롱한다고 하였다. 명말청초의 경학자 모기령(毛奇齡)[70]은 악률론에 관련한 비중 있는 저술을 남겼는데 『성유악본해설(聖諭樂本解說)』 2권, 『황언정성록(皇言定聲錄)』 8권, 『경산악록(竟山樂錄)』 4권 등이 그것이다. 이 중 『경산악록』과 『성유악본』에 관한 내용이 1790년에 연행한 서호수의 연행기에 소개되기도 했는데 그는 모기령의 악론에 반박하는 「성유악본변」(聖諭樂本辨)을 써서 기록해 놓기도 했다.[71] 그러나

----

70 김문식, 「조선후기 모기령 경학의 수용 양상」, 『사학지』 38, 단국대사학회, 2006, 124~126쪽. 모기령(毛奇齡)은 명말청초의 경학자로 호는 서하(西河), 대가(大可), 등이다. 주자(朱子)를 비판한 『사서개착(四書改錯)』, 염약거(閻若璩)의 『고문상서소증(古文尚書疏證)』을 반박한 『고문상서원사(古文尚書冤詞)』 등이 있으며 그 저술을 모은 『서하합집(西河合集)』 493권이 있다.

71 徐浩修, 「熱河紀遊」, 『燕行記』, 正祖 14 乾隆 55 庚戌(1790年) 8월 29일자. 신익철 외, 『18세기 연행록 기사 집성-서적 서화편』, 한국학중앙연구원, 2014, 518~519쪽. 여기에서 서호수는 상서 기윤이 여러 번 모기령의 악론이 매우 해박함을 칭찬하기에 이 책들을 읽어 보니 모기령은 朱端淸(주재육)과 채원정을 헐뜯

「망양록」에서는 모기령의 악률론은 전혀 언급하고 있지 않다. 연암은 모기령이 청대 고증학의 시원을 열었던 사람이지만 강한 주자 비판론자이기 때문에 당시 중국 학자들이 모기령을 어떻게 평가하고 있는지 궁금했던 것 같다.

『열하일기』 중 다른 편인 「동란섭필」에는 중국사람들이, '주자는 자기 의사대로 함부로 소서를 모두 없앴는데, 그는 실상 소서를 많이 이용하면서, 유독 정(鄭)·위(衛)의 시만은 정성(鄭聲)을 버리라는 한 마디 말에 근거하여 모두 음탕한 시의 부류에 남겨 두었으니, 소리가 음란하다는 것이지 시가 음란한 것이 아니다는 주장이 바로 모기령의 설'[72]이라고 하면서 대체로 소서를 두둔하는 자의 학설은 모두 이와 같았다고 한다.[73] 「망양록」에서 모기령에 대한 이야기는 실상 연암이 먼저 현재 중국에서 주자와 육상산(육구연) 중에서 누구를 숭상하느냐는 질문에 대한 곡정의 대답에서 시작한다. 곡정은 모두가 주자를 숭상한다고 답하면서 모기령 같은 사람은 글자 하나하나 따지면서 주자를 반박하지만 그렇다고 해도 곡정은 모기령이 "나를 알아주는 것도 나를 죄줄 것도 주자를 반박한 데 있다"고 할 정도로 이중성이 있음을 평가하였다.[74]

....

었는데 그 망령되고 어그러짐이 싫어 급히 돌려주고 「성유악본변」을 지었다고 하였다.

72 『열하일기』 중 「銅蘭涉筆」, "...而朱子盡反之 斷以己意 盡廢小序 然其實多宗小序 獨于鄭衛之詩 據放鄭聲一語 幷置淫奔之科 聲淫非詩淫 此西河毛氏之說" (한국고전종합DB, 燕巖集 卷之十五 別集, 熱河日記, 銅蘭涉筆, a252-322c)

73 양계초는 『청대학술개론』에서 모기령을 평가하기를, 청학의 최초의 혁명자를 꼽자면 바로 모기령이다. 청대의 유학자가 연구한 여러 학문은 그가 단서를 연 것이 많다. 단 학자적 도덕성이 결여되어 있어서 뒷날의 유학자들이 그를 추종하지 않은 것은 당연하다고 했다. 심경호역, 廖名春 외, 『주역철학사』, 예문서원, 665~666쪽에서 재인용.

74 김명호, 「『열하일기』와 청조 학예」, 한국학보 14권 4호, 1988, 103쪽. 여기에서

연암은 모기령의 영향력이 매우 크다는 것을 알았고 청대 유학자들은
『시경』소서의 가치를 주자가 부정한데에 대한 반박설이 모기령의 설이
라는 것도 이를 통해 인식했을 것이다. 그러나 그는 주자 옹호의 입장이
다. 그런 입장에 있으면서도 중국의 학문경향을 그대로 충실하게 소개한
것은 자신감에서 나온 것이 아닐까 싶다. 또한 이 모기령 관련 대담은 당
시 신흥 학풍으로서 고증학이 유행했을 때의 학자들의 음악관이 무엇인
지 그 추세를 충실히 소개했다는데 의미가 있다. 이는『열하일기』이후
20~30년 뒤에 정약용이『악서고존』에서 청대 고증학자 모기령의 음악론
을 비판할 수 있었던 근거가 되었을지도 모른다.

IV. 맺음말

「망양록」은 연암 박지원의『열하일기』중에서 열하에서 곡정 왕민호
와 형산 윤가전과 나눈 음악 대담을 기록한 글이다. 악률에 대한 토론에
몰두해 있느라고 쪄 놓은 양고기가 식을 때까지 대담을 벌였던 데서 붙여
진 이름인 만큼 진지하고 열정적인 이 대담은 그야말로 조선시대 '국제음
악학술토론회'나 다름없었다고 하겠다. 「망양록」에는 오음과 육률과 같
은 음악 보편 이론에 대한 원리, 철학, 미학에서부터 중국의 역대 악률가
가 비판적으로 언급되고 역사적으로 중요한 음악 장르나 악곡 등과 현재
중국의 악기 등도 언급되었다. 그리고 생황, 양금, 거문고나 가야금과 같
은 악기에 대한 이야기도 있다. 또한 우리나라에 전해진 대성악의 문제,
고악회복의 문제나 악경의 존재여부 문제도 길게 토론하고 있다.

....

김명호는 중국 사대부들이 대학자이자 주자 비판론자인 모기령을 어떻게 평가
하는지에 관해 구체적으로 소개한 것이『열하일기』가 처음일 것이라고 한다.

논문에서는 「망양록」이 그것이 쓰여진 배경과 대담자들의 면모를 살펴보고 대담의 내용을 주제별로 살펴보았다. 주제별로는 첫째 악률과 악조, 둘째 악기와 악곡, 셋째 고악과 악경으로 나누어 살펴보았다. 「망양록」 분석을 통해 당대 한 중 지식인들이 어떤 내용의 음악론을 전개할 수 있는지도 알 수 있었으며 조선의 지식인을 대표하는 연암의 악률에 대한 생각도 읽을 수 있었고 청조 유학자들의 악률에 대한 지식과 견해도 읽을 수 있었다. 따라서 이 세 사람이 학자의 견해를 정리해 보면 다음과 같음을 알 수 있었다.

　　형산은 악률에 대해 매우 박식하여 고금의 악률과 관련한 사건을 다 꿰고 있어 읊을 수 있는 사람이지만 자기주장이 별로 크지 않고 현재의 음악이 변질된 것에 대해 안타까워하는 정도이다. 형산은 채원정의 악률론 보다는 주재육의 악률이론을 신뢰하는 듯 보인다. 더구나 주자는 음악을 잘 모르고 채원정만 맹신한다고 하면서 두 사람 다 비판하는 것에 비해 청조의 강희재가 악률에 밝은 주재육이 등용되지 못함을 안타까워했음에 동감하는 것을 보면 잘 알 수 있다.

　　곡정 역시 악률에 관한 역사 지식이 풍부하면서도 철학적 사고를 가지고 자신의 논리를 펴고 있는 매우 자기주장이 강한 사람이다. 특히 그는 송대의 채원정의 악률론을 가장 못마땅하게 여겼다. 이는 주자학자들이 숭상해마지 않는 성리학적 악률론에 대한 반발로 보인다. 곡정은 스스로 무엇이 좋인지 려인지 모르겠다고 했지만 실제로도 음악 지식을 외워서 아는 정도로 음률에 대한 이해력이 형산보다 좀 부족하고 음악을 항상 철학과 관련해서 보는 경향이 있다. 항상 음악과 도덕, 음악과 정치와의 상관성을 강조하는 경향을 보이는 사람이기도 하다. 음악은 눈으로 보는 것이 아니라 귀로 들어야 한다는 의미에서 공허한 이론보다는 실제적인 실천을 중요시했다고 볼 수 있다.

연암은 주로 질문을 위주로 하고 자신의 의견을 강하게 피력하지는 않았지만 그 질문 속에 담겨진 생각을 읽어보자면, 당시 지식인의 과제였던 '고악회복'의 문제에 사로잡혀 있었던 것으로 보인다. 그래서 자꾸만 옛음악, 즉 아악이 원조 국가인 중국에 남아 있는지, 중국에서는 아악의 원형은 유지되고 있는지 궁금해했던 것 같다. 그가 우주와 천제에 대해서 진보적인 실학자이긴 하지만 악률에 있어서는 당시 조선 시대 지식인이 가졌던 주자학적 범주를 벗어나지 못하고 있었던 것으로 보이며 채원정이 제시한 변율이나 주재육의 평균율 등 새로운 악률론에 대해 대한 관심을 가지지 못했던 것으로 보인다.

18세기 사상 예술 분야에서 연암을 떼어 놓고 말할 수 없다고 한다. 그의 『열하일기』는 세계적으로도 유례를 찾아 볼 수 없는 장편 기행문으로서 그 가치는 이미 높은 평가가 이루어졌다. 그 중 아직 이렇다 할 본격적인 분석과 평가가 이루어지지 못한 「망양록」 연구가 이 논문으로 첫 발을 내딛는 계기가 되길 바란다.

2부

근대시기 음악론 연구

1장 근대시기 전통음악 장르용어에 관한 연구*

Ⅰ. 들어가는 말

어떤 용어나 개념 등은 역사 속에서 수없이 신생, 성장, 사멸의 과정을 거치고 또 다른 용어가 마찬가지의 길을 걷는다. 음악관련 용어 역시 그러하다. 심지어 음악이라는 용어의 경우에 있어서도 지금과 같이 예술의 한 분야로 무용과는 구별되는 음악이라는 의미로 사용하게 된 것은 불과 100여 년 밖에 되지 않았다.[1] 또한 음악의 범주 안에서도 수없이 많은 용어들이 역사 속에서 생겨났다가 의미의 변화를 겪기도 하고 사라지기도 하였다.

일제강점기와 그 전후 시기의 언론 출판물을 살펴보면 음악관련 용어들의 생성과 변화가 폭발적으로 증가였음을 알 수 있다. 특히 장르관련 용어의 혼재 양상 때문에 당시 음악역사의 줄기를 잡기 어려운 문제에 봉착하기도 함을 알 수 있다. 예를 들어 원래 歌曲이란 명칭은 삭대엽 계통의 만년장환지곡을 의미하는 용어였는데 근대시기가 되면 판소리 계통의 음악을 말할 때 더 많이 쓰였다. 뿐만 아니라 온갖 경기소리·서도소리·남

---

* 『한국음악사학보』 49, 2012.12.

1 음악이란 용어는 일본에서 music의 번역어로 먼저 쓰인 것을 우리가 그대로 받아서 쓴 것이다. '음악'이란 용어는 일본의 메이지유신 때 학제를 반포하고 교과목의 하나로 초등과정에서는 창가를, 고등과정에서는 음악을 설치한 데서부터 시작한다. 그 이전에는 '악', '음' 이렇게 따로 쓰였고 소리, 풍류 등의 용어를 썼지 음악이라는 용어로 쓰인 예는 적다.

도소리에도 가곡이란 명칭을 사용하기도 했으며 서양에서 들여오거나 서양음악 양식으로 만든 성악의 경우도 가곡이라고 칭하였다. 그렇다고 해서 모든 성악곡을 가곡이라고 하지는 않았다. 민요나 신민요·가요·유행가 등의 명칭도 따로 있었다. 또한 하나의 장르에 여러 가지 명칭을 붙이기도 하였다. 판소리의 경우는 구연극·구극·판소리·가곡·고악·구악·창극·가극·창극조 등 다양한 명칭을 썼다. 위와 같이 근대시기에는 하나의 용어가 다양한 장르를 포괄하여 쓰이거나 어떤 하나의 장르에 다양한 용어가 사용되는, 용어와 명칭의 대혼란의 시기였다.[2]

따라서 근대시기의 용어가 어떻게 쓰였는지에 대한 정리가 있어야 근대시기의 음악사를 연구하는 데 혼란을 피할 수 있고 복잡했던 근대음악사의 줄기를 잡아나가는 데 도움이 되리라고 생각한다. 물론 전통음악 장르용어에 대해서 이강숙의 '가곡'에 대한 문제제기나 노동은의 '국악'에 관한 문제제기 및 이혜구의 '정악'의 개념 연구 등 심도 있는 선행 연구가 있었으나 근대시기 전반적인 장르용어에 대한 것이 아니고 개별적인 용어 문제에 대해서 논해 왔다는 점이 이 연구와는 다르다고 할 수 있다.[3]

----

2 그렇게 장르를 지칭하는 용어가 여러 장르를 넘나들었던 데 비해 오늘날에는 너무나 고정화되거나 이분법적으로 나뉘어져 있는 장르 명칭이 많다. 예를 들면 정악과 민속악이란 용어이다. 지금 대부분의 장르는 정악이란 범주 아니면 민속악이란 범주에 속해 있고 어떤 장르의 용어가 순수하게 같은 양식적 특징을 가진 곡들을 묶어 말하는 명칭이라기보다 어떤 집단의 지향성을 내세운 이데올로기가 내재된 명칭으로 되기도 한다.

3 이강숙, "한국음악, 그 眞과 準", 『열린음악의 세계』(서울: 민음사, 1980) ; 노동은, "노동은의 '알고 싶다'2-'국악'이란 용어, 일본용어인가? 한국용어인가?", 『음악과 민족』(부산: 민족음악연구소, 1993), 제6호, 110~117쪽 ; 노동은, "'음악', 한반도에서 그 갈등의 언어성 I ~Ⅲ", 『한국음악사학보』(경산: 한국음악사학회, 1990~1993), 제5집~제10집 ; 송방송, "한국의 민속음악 그 용어와 연구현황", 『비교민속학』, 12권, 1995 ; 김수현, "일본의 국악창성론과 한국의 국악이란 신조용어의 관계성 고찰"(서울: 중앙대학교 석사학위논문, 1997) ; 송상혁, "판소리 명칭

이 연구에서는 근대시기에도 쓰였으면서 오늘날에도 전통음악 관련 장르용어로 여전히 쓰이고 있는 용어, 즉 국악·아악·정악·가곡·판소리· 창극·민요·민속악을 중심으로 살펴보려고 한다. 이 용어들은 서로 상위 개념이 되기도 하고 하위개념이 되기도 하지만 따로 따로 살펴 볼 것이 다. 이 논문에서 대상으로 하고 있는 용어는 대부분 신문과 잡지상 또는 출판물에서 추출할 것이다.4 신문은 동아일보·조선일보·매일신보 등을 대상으로 한국역사정보통합시스템(이하 역통)5과 조선일보 아카이브의 색인을 이용하였다. 잡지는 일제 강점기에 발행된 각종 잡지의 음악관계 기사를 모은 『한국근대음악기사자료집-잡지편』6을 통해 살펴보았다. 또 한 『경성방송국 목록집』이나 『유성기음반 목록집』 등을 참고하였다. 이 러한 자료들을 바탕으로 어떤 장르용어가 일반화 되었던 증거로서 조직 이나 단체의 이름, 음악연주회의 이름, 레코드나 방송에서 쓰는 용어, 언 론에서 자주 거론하는 것, 책이나 글의 제목 등에서 어떻게 어떤 용어가 쓰였는지를 살펴보는 것이다.

이 연구는 '정악이란 무엇이냐'·'국악이란 무엇이냐'·'민속악의 범주 에는 무엇을 넣어야 하느냐' 등을 주제로 삼고 있지 않다. 어떤 장르에

문헌적검토", 『한국음악사학보』(서울:한국음악사학회, 2000.)25집 ; 전지영, "현 행 정악의 개념과 그 형성배경에 대한 재조명", 『음악과 문화』(서울:세계음악학 회, 2004)10집.

4 이 글에서 앞으로 서술되는 용어의 개념과 현재의 개념을 구분하기 위해서 다 음과 같은 방법을 택한다. 먼저 크게 전통음악과 외래음악으로 구분하고 전통음 악은 궁중음악·풍류방음악·판소리·민요 등으로 하고 외래음악은 서양음악·일 본음악·중국음악 등으로 편의상 구분하여 논의를 전개하겠다.

5 한국역사정보통합시스템은 역사정보화 관련 표준화 연구개발 및 사용자 중심의 포탈서비스를 하는 싸이트로서 국사편찬위원회, 한국학중앙연구원, 서울대학교 규장각, 독립기념관 등의 42개 기관이 참여하고 있다.

6 김수현·이수정, 『한국근대음악기사자료집-잡지편』(서울:민속원, 2008)1권~10권.

관한 논을 피력하려는 것이 아니라 근대시기의 언론 출판물을 근거로 하여 이 시기의 전통음악 장르용어가 어떤 의미로 쓰였으며 어떤 장르 용어와 혼용하여 쓰였는지 드러내 보려고 한다.

II. 근대시기 전통음악 장르용어의 발생과 변화

1. 역사적 흐름에 따른 전통음악 장르용어의 양상

여기에서 대상으로 삼고 있는 근대시기란 일제강점기를 중심으로 일제강점 바로 이전인 대한제국시절부터 해방직후까지를 말한다. 주로 1910년에서 1945년까지인 일제강점기가 검토 대상이지만 장르용어의 발생이나 일반적으로 통용된 시기를 찾는 과정에서 그 시대를 넘기도 한다.

1890년대부터 1950년까지의 신문·잡지 등에서 전통음악 장르용어가 드러나는 상황을 보면 다음과 같다.

1900년대를 전후로 한 시기의 한성순보나 대한매일신보와 같은 신문에서는 협률사 또는 원각사, 광무대, 연흥사 등의 공연 내용이 있다. 주로 연희, 또는 정재 공연 등이 보도되어 있다. 1910년대의 매일신보 기사를 보면 이전에 비해 폭발적으로 많은 공연기사가 있다. 광무대, 연흥사, 장안사, 단성사 등의 각종 극장에서 진행된 공연을 연일 보도하고 있다. 그 종목에 있어서는 각종 정재와 판소리·가야금병창·남도소리·서도소리·경기소리 등이다. 이 때 사용된 장르용어를 보면 음악·가곡·연극·가악·속요·정악·고악·구연극·구극·신구파극·구음악·가야금병창·판소리 등이다. 이 용어 중 아주 빈번하게 사용되는 용어는 가곡·구연극·구극이다. 정악이란 용어가 장르용어로 탄생하게 된 것은 1911년 전통음악 전문학습기관인 조선정악전습소 설립과 관계가 있다.

1920년에서 1940년까지 조선일보와 동아일보 등 신문에 보도된 각종 전통음악관련 음악기사를 보면, 공연과 관련된 소식이 가장 많다. 크고 작은 공연이 수없이 기사화되고 있는데 그 공연의 대부분은 '○○大會'라는 제목의 공연이나 어떤 단체를 조직했다는 기사가 많이 보인다. 名唱大會·古樂大會·正樂大會·舊樂大會 등이 그것이다. 이 시기에는 전국적으로 무수히 많은 조직이나 단체가 조직되었다는 보도를 볼 수 있는데 그 예를 보면 다음과 같다.

> 正樂俱樂部(1922)·漢陽俱樂部(1923)·音樂協會(1923)·朝鮮樂研究會(1925)·朝鮮音樂研究協會(1927)·南樂友會(1928)·朝鮮音樂協會(1928)·朝鮮歌謠協會(1929)·音樂俱樂部(1929)·公州正樂會(1929)·朝鮮音律協會(1930)·朝鮮樂正會(1932)·朝鮮樂協會(1932)·朝鮮舊樂同友會(1932)·朝鮮音樂研究會(1933)·朝鮮聲樂研究會(1934)[7]

위와 같은 단체의 이름만 보더라도 알 수 있듯이 정악·조선악·조선음악·조선음률·조선구악·조선성악·아악·가곡·고악·구악·가극·창극·창극조·민요 등 다양한 장르용어가 가장 혼재되어 있었던 시기이다. 이 당시는 방송용어나 유성기 음반에서 나타나는 용어까지 실로 다양한 양상을 보인다.

1940년대에는 국민개창이니 국민가요니 국민음악이니 하는 용어들이 쏟아져 나온다. 대체적으로는 대대적인 공연이 이루어지는데 대제전이라는 이름의 공연은 주로 음악분야의 최대 어용조직인 '조선음악협회'의 주

---

7 ( ) 안의 년도는 창립년도가 대부분이지만 창립년도를 알 수 없는 경우는 조직 이름이 처음 보이는 기사의 연도이다. 그리고 조선음악연구회는 조선성악연구회와 명칭만 다른 조직이다.

관으로 이루어진다. 조선음악협회에서 전통음악분야의 음악인들이 총망라된 조직이 '조선음악부'이다. 부장인 함화진을 총지휘자로 해서 조선음악부에서는 각종 음악대제전에 참여하는데 그 공연 종목을 대표하는 장르 명칭이 더욱 섞이게 되었다. 예를 들어 아악부 소속, 조선정악전습소 사람들의 음악을 한 데 묶어 정악이라고 하고 조선성악연구회에서 활동을 했던 사람들의 음악은 기악이든 성악이든 창악이라고 묶어 칭하는 기사가 『매일신보』에 자주 등장한다. 또한 이 시기에는 조선성악연구회 직속단체인 창극좌·창극단 화랑·동일창극단 등 창극을 전문으로 하는 집단이 생겨나 활발히 활동을 벌인다. 여기에서 '창극'이란 용어를 쓰는 이런 단체의 이름이 많이 생겨남으로 해서 창극이란 용어가 굳어져가고 있음을 알 수 있다.

1945년에서 1948년까지의 소위 해방공간의 시기에 가장 활발하게 쓰이는 용어는 '국악'이다. 국악건설본부·국악원·대한국악원·국립국악원 등의 전통음악계의 굵직한 조직 이름이 전부 '국악'이란 용어를 사용했다. 일제강점기에 이왕직아악부 활동의 영향으로 민속악을 제외하고 전통음악을 지칭하는 포괄적 의미의 '아악'이란 용어를 대신해서 이 시기에 '국악'이란 용어가 널리 유행하면서 궁정 전래음악과 판소리 민요 산조 등의 민속악까지 포괄하는 '국악'이란 용어로 대체해 가는 시점이었다.

2. 전통음악을 통칭하는 용어의 전개 양상

근대시기에 전통음악 전체를 통칭하는 용어로는 조선음악(朝鮮音樂)·조선악(朝鮮樂)·구악(舊樂)·고악(古樂)·국악(國樂) 등을 들 수 있겠다. 요즈음의 경우에도 한국음악(韓國音樂)이란 용어와 국악을 섞어 쓰고 있긴 하지만 당시는 외래음악과 구별되는 조선음악을 가리키는 용어가 상당히 혼재되어 있다. 일단 조선이전까지의 양상에 비해 유독 이런 다양한 용어가 혼재되어 있는 것은 그만큼 외래음악이 갑자기 물밀듯이 들어 왔기 때문에 본국의 음악을 외래음악과 구별하기 위해 쓰는 과정에서 용어의 통일을 보지 못한 것이다. 예를 들어 고구려 때 다른 나라 사람들이 고구려의 음악을 가리켜 '고구려악'이라고 했고 그 시기가 지나고 나서 그 시대의 역사를 쓸 때 고구려의 음악을 지칭하는 것이지만 당시 스스로 자기나라의 음악에 굳이 따로 명칭을 붙여서 쓸 필요는 없었을 것이다. 하지만 '당악(唐樂)'이 들어와서 유행하게 되었을 때는 사정이 좀 달라졌다. 당악과는 구별되는 우리 고유의 음악을 따로 지칭해야 할 필요에 의해 '향악(鄕樂)'이라는 용어가 사용된 것으로 보인다. 다시 말하면 당악이 들어 왔다고 해서 향악 대신에 신라악이니 고려악이니 하는 용어를 사용하지는 않았다는 뜻이다.

근대시기에는 외래음악인 서양음악이 신라나 고려 때 당악보다 더 강력한 세력으로 들어 왔다. 게다가 서양음악은 처음엔 '양악(洋樂)'이라고도 했지만 점점 '음악(音樂)'이란 보편적 용어를 독차지하게 되는 바람에 전통음악을 서양음악과 구별하는 명칭이 필요하게 되어 사용된 용어가 '조선악'이니 '조선음악'이니 하는 용어이다. 결국 다른 나라 사람이 우리 음악을 가리킬 때 쓰는 용어를 우리 스스로 일반적으로 썼다는 것이다.

또한 향악의 의미와 상통하지만 그 뉘앙스가 다른 구악(舊樂)이니 고악(古樂)이니 하는 말을 굳이 하게 된 것은 외래음악을 새로운 음악, 즉 신악(新樂)으로 여겼다는 것을 뜻한다. 판소리의 경우에도 신파극에 대칭하여 구파극을 지칭하듯이 구(舊)와 신(新)의 대결은 전통음악 용어의 곳곳에서 보인다. 1911년의 조선정악전습소에서도 구악은 전통음악, 신악은 서양음악으로 나누어 학과구분을 했다.[8] 조선정악전습소에서 구악교과에는 가곡·현금·가야금·양금·단소·휘금·생·우를, 신악교과에는 악리·성악·풍금·사현금 등으로 학과를 구분하였다. 결국 구악은 전통음악을 신악은 서양음악을 지칭한 것이다.

1) 조선음악(朝鮮音樂)

조선음악은 다른 나라 사람들이 우리나라 고유의 음악을 가리키는 용어여야 하지만 근대 시기에는 우리가 스스로 그렇게 칭했다. 우리나라에 들어온 서양음악 양식으로 작곡한 작품, 서양악기나 서양발성으로 하는 연주행위 등도 역시 '조선음악'이라고 표현했다. '조선음악가협회'니 '조선음악협회'니 하는 것이 조선에 있는 서양음악계를 말한다. 서양음악계에서는 초기 전통음악과 구별하기 위해 양악이란 용어를 쓰거나 서양음악이란 용어를 쓰기도 했지만 점점 양악이란 용어 대신 음악이란 용어로 대신하게 된다.

당시의 저작물 속에서 조선음악의 용례를 살펴보면, 안확의 "朝鮮의 音樂"(『신천지』,22.8)·"朝鮮樂과 龜玆國樂"(『불교』,29.10)·"朝鮮音樂과 佛敎"(『불교』,30.1~6)·"朝鮮音樂研究"(『조선』,30.3~12)·"朝鮮音樂史"(『조선』,31.12)등이나 함화진의 "朝鮮音樂論"(『朝光』,36.12) 등의 글에서 조선음악은 전통음악을 말하는 것이다. 그런데 현제명이 쓴 "朝鮮音樂의 普遍化"(『新東亞』,33.1)나 계정식의 "朝鮮音樂家紹介特輯 音樂과 家庭"(『新時代』,35.2)이라는 글은 같은 조선음악 또는 조선음악가라고 표현한 것이지만 서양음악 양식으로 작곡한 노래나 기악곡 또는 당시 조선에서 활약한 서양음악 연주가나 작곡가 등을 말한다. 이렇게 서양음악계에서 조선음악이란 용어를 사용하기도 하지만 그 보다는 음악이란 용어를 더 자주 사용한다.

---

8 강혜인, "한국개화기 음악교육활동의 역사적 의의-조선정악전습소를 중심으로"
（대구: 경북대교육대학원 석사논문, 1989), 30쪽.

홍난파의 "音樂이란 何오"(『三光』, 19.2)·박태원의 "音樂이야기"(『學生界』, 20.7)·박경호의 "音樂의 내려온 이야기"(『學生界』, 24.6)·최영순의 "옳은 音樂家 없음이 한탄"(『新女性』, 25.3)·金官의 "音樂批評과 演奏家"(『朝鮮文壇』, 35.4)·홍난파의 "音樂家로서 본 世人의 聽覺"(『東光』, 31.5)·현제명의 "音樂의 要素"(『新家庭』, 33.1)·R生의 "우리가 난 세계적 음악가 계정식"(『新東亞』, 35.5)·임동혁의 "音樂手帖"(『朝光』, 37.10)

위와 같이 전통음악을 제외하고 서양음악 또는 서양음악계에 국한된 음악을 말하면서도 넓은 의미의 음악이라는 용어를 사용하였을 뿐 아니라 점차 음악이란 용어를 아예 전용(全用)했던 것이 오늘날까지 이어지게 되었다.

2) 고악(古樂) 또는 구악(舊樂)

고악(古樂)의 경우는 1910년대에도 나타나긴 하지만 1920년대에 더욱 증가하는 용어이다. 이것이 전통음악 자체를 의미하기도 하고 특정장르의 음악을 지칭하기도 하는데 예를 들어 안확이 쓴 "朝鮮古樂의 變遷과 歷代名人物"의 경우에는 당시까지 전해져 내려온 전통음악 전반을 가리키는 것이다. 다만 새로운 경향의 음악은 포함하고 있지 않다.

또 궁중음악이나 아악을 가리키는 경우도 있는데, 1921년 다나베히사오의 방문과 관련하여 보도된 기사에서 쓴 용어에서 자주 보이며 아악부 연주회를 듣고 난 청중의 반응을 말하는 기사에서도 나타난다. 조선고악이란 명칭이 쓰였던 보도를 몇 가지 보면 다음과 같다.

朝鮮古樂實演/ 田邊尙雄씨는 李王職의 斡旋으로 朝鮮古樂 實演을...(朝鮮, 21.4.5)·朝鮮古樂研究/ 朝鮮古樂研究키 위하여 入京中인 理學士 田邊尙雄氏는...(동아, 21.4.5)·古樂復興協議(동아, 21.4.13)·朝鮮古樂復興協會/朝鮮古樂

을 硏究키 위하여 田邊理學士의 來城을...(朝鮮, 21.4.13)·古樂에 醉한 聽衆/盛況을 이룬 雅樂演奏會(동아, 21.11.10)

이렇게 조선고악(朝鮮古樂)이 궁중음악 전통의 음악을 가리키거나 이왕직아악부의 연주음악을 가리키는 기사가 있는가 하면 1920년대 중반 이후 주로 명창들의 공연기사에서 볼 수 있다.

朝鮮古樂大會 今夜 公會堂에서...朝鮮古樂에 이름이 있는 李東伯과 기생 여러명이 보수도 받지 않고 ...조선고악대회를 연다는데 더 재미있는 승무 가야금병창과 합창 독창 등 볼만한 것이 많다하여...(동아, 25. 10.7)

朝鮮魂을 喚起하는 고악연주의 밤 ...조선음악협회회원이 총출연할 터인 바 성악은 물론이요 특별히 조선 기악으로 가야금 양금 단소 거문고 해금 퉁소 장고 등 외 수종으로 독주 병주를 하여 극히 청아한 순조선의 유명한 고곡을 ...(조선, 27.11.9)

朝鮮古樂大會 / 斯界名唱總出演 우리 고악은 침체 상태에 있고 ..이 때 고악부활의 첫시험으로 조선정악대회를 ...영산회상을 주연으로 하고 산조병창과 가사(歌詞) 등을 조연으로 악사는 경성방송국...금번대회는 고악부흥의 효시로서 ...(동아, 29.10.17)

이렇게 古樂(고악)은 새로 창작된 것을 포함하지 않은, 예로부터 전해온 전통음악이다. 그 대칭적인 용어가 현대음악이 된다 할지라도 나름대로의 고전미를 갖는다는 긍정적인 의미를 가진다는 인상을 풍긴다. 그러나 구악의 경우는 신악이 그 대칭어로서 새롭고 신선한 신악에 대해서 퇴색되어 버린 음악, 구태의연한 음악, 버려야 할 음악처럼 느껴진다. 더구나 구악은 점점 그것을 지칭하는 의미가 축소되는 경향을 보인다. 애초에는 조선정악전습소에서 학과구분을 할 때 구악과(舊樂科)과 신악과(新樂科)를 나누었듯이 정악계통의 음악에서도 사용되었고 구파니 신파니, 구극이니 신극이니 하는 판소리계에서도 쓰였으며 명창들을 회고하면서 쓰기도 했다. 예를 들어 정정렬이 작고한 뒤 그의 일대기를 쓴 1938년의 조선일보 기사에는 '조선의 舊樂 원로 한사람을 잃었으니'·'舊樂을 후세에 남겨 놓을 인재를 구하고'·'舊樂의 가극화' (조선, 38.3.25)등 판소리를 지칭하는 구악이란 용어를 상당히 많이 사용한다. 이에 비해 1937년 하규일이 작고했을 때의 보도에는 '古樂과 正樂을 위하야 일생을 바치다시피 한 하규일 씨는 ' '古樂과 正樂의 체계를 세우려 하였고 '(조선, 37.5.25)라는 표현을 쓰는 등 궁중음악계나 정악계의 음악을 가리킬 때 사용하는 용어로는 현저히 줄어든다.

3) 국악(國樂)

국악이란 용어는 1907년 공식 직제 명칭으로 처음 등장한다. 『황성신문』에는 1907년과 1909년 사이에 궁내부관제개정에 관한 기사를 잡보 또는 관보로 싣는데 국악사장·국악사·악사장·악사에 대한 다음과 같은 기사를 싣고 있다.

> 雜報 宮內府官制改定頒布 宮內府에 左갓치 官廳을 置ᄒ니… 掌禮院에는 左 갓치 직원을 置ᄒ야 祭儀 典禮及樂事를 卿 一人은 勅任…國樂師長 一人이니 奏任이요 國樂師 二人이니 判任이오 …(황성신문, 1907.11.30.)

> 官報/ 敍任及辭令 …△任掌禮院國樂師長敍奏任官三等 從三品李南熙 △任掌禮 院樂師長敍奏任官四等 正三品白禹鏞…(황성신문, 1907.12.4.)

官報/ 宮內府任用令 第四條 左에 揭혼 宮內官은…銓衡을 經ㅎ야 此를 任用
홈을 得ㅎ니라 掌禮院 禮式官 掌典官 國樂師長 國樂師 樂師長 樂師 典祀 典祀
補…(황성신문, 1909.4.10)

통감부시대에 일본은 1905년 11월 17일 을사조약을 강요하여 대한제
국의 외교권을 완전히 박탈하고 한국을 이른바 보호국으로서 정치·경제
내정까지 지배하고자 한국통감부 체제를 구축하였다. 당시 재정고문이었
던 메가타 타네타로오(目賀田種太郞)에 의해 관제 개정을 하면서 이전에
거의 쓰지 않았던 '국악'이란 용어를 사용했다.[9] 이는 이미 일본에서 메가
타 타네타로오와 이자와 슈우지(伊澤修二)를 중심으로 일본국민음악을 세
우려는 운동이었던 '국악창성론'과 관련성이 있다.[10]

이렇게 국악이란 용어가 직제에 반영되어 쓰였지만 국악이란 용어는
공식적으로는 물론이요 개인이 언급한 경우도 별로 찾아 볼 수가 없다.
국악사장을 맡았던 함재운이나 국악사를 했던 명완벽의 과거 경력을 언
급할 때 사용되는 정도이다. 그만큼 일반 사람들이나 음악인들은 '국악'
이란 용어에 대한 인식이 없었다는 것이다. 그 용어가 공식적으로 직제에
사용되었다 하더라도 그 용어는 상당히 낯설고 받아들이기 어려웠던 것
같다. 그만큼 조선음악이나 조선악이란 용어를 대신할만한 용어로 통용되
지 않았다는 것이다. 그런데 이 용어를 적극적으로 사용한 유일한 사람이
있다. 바로 함화진이다. 함화진의 "朝鮮音樂論"이라는 글에는 다음과 같은

----

9 노동은, "한국음악의 제3전환기 선언Ⅰ- 한국음악사에서 新의 해석", 『월간 객
  석』(서울: 예음사, 1987), 11월호.
10 당시 1880-1900년대 사이에 일본에서 '국악창성'을 주창하는 대대적의 논의가
  일어나는데, 심지어 雅樂協會라는 곳에서는 1895년 "國樂制定意見槪案"을 문부
  성에 제출하기도 한다. 김수현, "일본의 국악창성론과 한국의 국악이란 신조용
  어와의 관계성 고찰"(서울: 중앙대, 1997)

문장이 있다.

> 대개 진리는 어느 나라 국민이든지 진리요 미는 어느 나라 국민이
> 든지 미라 합니다. 是故로 회화나 음악 등 예술품에 대하여는 어느 나
> 라 어느 민족이든지 보는 법에 있어서는 하등의 이단이 없으나 다만
> 그 작품에 대하여는 各國民族의 관습을 따라 그 특색은 다릅니다. 그러
> 므로 그 즐겨하는 취미를 따라서 발달되는 까닭에 그 나라의 國樂을
> 삼는 것이니 그 國樂은 국가적 인민 통솔상 최대문제가 됨으로 결코
> 오락의 도구로 삼을 수는 없다는 것입니다.[11]

이 글에서 사용된 국악이란 그 나라의 모든 음악을 가리키는 의미만이
아니라 전체 음악을 이끌어 가는 음악으로서의 국악이란 용어로 지금의
용어와는 조금은 다르지만 이런 용어가 함화진에 의해 거의 유일하게 사
용되었다는 점이 주목된다. 함화진은 자신의 아버지인 함재운이 국악사장
이었고 국악사장 직제가 있었던 당시 장례원에 소속되어 있던 사람이
다.[12] 그가 뒤를 이어서 자신도 5대 수장이 되지만 그 명칭은 아악사장이
었다. 국악사장·국악사·국악수 등의 직제가 아악사장·아악사·아악수로
바뀌었던 과정에서 그 조직에 속해서 거의 평생을 보냈던 함화진의 경우
는 그 용어가 쉽게 받아들여졌다고 본다. 그는 보통의 다른 사람과는 달
리 국악이란 용어가 조선음악을 대신해도 그 의미가 별로 다르지 않게 인
식되었을 것이다. 그렇기 때문에 자신이 쓴 글에서 유독 보이고 있을 뿐
이다.

----

11 咸和鎭, "朝鮮音樂論", 『朝光』 (14호), 1936년 12월호.
12 1901년 전악에 임명된 뒤 1939년 아악사장을 은퇴할 때까지 아악부와 아악부
   전신인 장악기관에서 근 40여년을 보냈다. 송혜진, "함화진론", 『한국민속학』
   (서울: 한국민속학회, 1996), 28호, 299~320쪽.

그런 용어가 해방 직후에 어떻게 바로 쓰였는지 알아보자. 해방 직후에 모든 문학인을 망라하여 문학건설본부를 건설한 것처럼 각 방면의 전통음악인들이 함께 조직한 국악건설본부아악부가 있다. 조선음악부를 지휘했던 함화진이 조선성악연구회 구성원이면서 조선음악부 구성원의 대다수를 차지하는 판소리계 명창과 산조·병창 등의 명인들이 함께 구성한 것이 국악원(이후 대한국악원)이었다. 함화진이 그 단체의 수장이었기 때문이라는 가능성을 추론할 수 있다.

이는 아악부가 국영화방안을 낼 때 사용한 용어가 '국악'이 아니었다는 사실에서도 비교가 된다. 이미 국악이란 용어가 사용된 적이 있는 이왕직 아악부의 후신인 구왕궁아악대에서 국영화방안을 냈을 때에도 국악이란 이름의 안을 내지 않고 국립아악원 안을 냈던 것이다. 그러나 국회에서는 국악이란 용어가 더 포괄적이라는 생각에 아악대 사람들에게 힘을 실어주면서도 음악장르를 포괄할 수 있는 명칭이면서 당시에 유행하여 쓰였던 국악을 그 명칭으로 삼았던 것이다.[13]

III. 근대시기 전통음악 장르용어의 개별적 양상

이제 근대시기 전통음악 장르용어의 개별적 양상은 주요한 것만을 대상으로 삼았고 논의의 편의상 넓은 장르와 부분 장르로 나누어서 살펴보았다. 이 글은 전통음악 장르관련 용어가 역사의 흐름 속에서 어떻게 역동적으로 변화되어 사용되었는지를 살피는 것이고 이 글의 관점 역시 용어의 고정화가 아닌 유동성을 주목 했다.[14]

....

13 이수정, "해방공간에서 전통음악계의 흐름", 『민족음악의 이해 4』(서울:민족음악연구회, 1995), 4집, 101~131쪽.

1. 넓은 장르를 가리키는 용어

1) 아악(雅樂)

아악은 일반적으로 알려져 있듯이 중국에서 발생한 용어이다. 중국의 시경에는 풍(風)·아(雅)·송(頌)이 있다. 풍은 민간의 음악을 말하고 아는 귀족의 음악이며 송은 궁중에서 쓰이는 의식음악을 지칭한다.[15] 주나라의 음악이 아악의 개념이 되다보니 후대의 음악에서 아악을 고악이란 용어와 같이 쓰게 되었다. 이것을 받아들인 조선조에서는 성리학적 정치이념에 따라 예를 제정함에 반드시 악을 수반한다는 제례작악(制禮作樂)의 원칙을 지키고 예에 맞는 속되지 않은 음악을 추구하는 미의식이 자리잡으면서 아악이라는 용어가 궁중 의식음악, 특히 제사의식에 사용되는 음악을 가리키는 용어가 되었고 점차 제사의식 뿐 아니라 궁중의식에서 사용하는 음악으로 그 영역을 넓혀가는 추세를 보인다.

그런데 근대시기에는 아악의 의미가 더욱더 확대되어 궁중에서 행해지는 모든 음악과 심지어는 민간의 줄풍류 음악까지 포괄하게 되는 개념으로 확대되었다. 그것은 이왕직아악부와의 관련성 때문이다.[16] 1911년

---

14 이글에서는 용어별로 검토하는 항목을 다룰 때 먼저 사전적 정의를 하지 않았다. 사전적 정의라는 것도 역시 한 개인의 손에 의해 쓰인 것이고 그 시대의 일반적인 개념을 풀이해 놓은 것이다. 특히 장르용어 역시 그 사전을 쓸 당시에 누군가의 의견을 가지고 썼을 가능성이 높다.

15 김해명, "중국아악형성과 시경과의 관계", 『중어중문학』(서울:중어중문학회, 2003), 33집, 311~235쪽.

16 이왕직아악부에서 아악이라는 명칭을 쓴 것과 관련하여 송방송은 『한국음악통사』(일조각, 1983.), 523쪽에서 이 용어가 일제가 국악이란 명칭을 쓴 것은 한민족의 음악문화를 말살하려는 숨은 의도가 있었고 일본의 아악(가가꾸)를 의도적으로 적용한 것으로 해석하였으나 이후 『증보한국음악통사』(민속원, 2000)에서는 그런 해석을 하지 않았다.

아악대, 1914년 아악부라는 명칭은 해방 후 3년 뒤까지 '아악'이라는 영역이 그 조직의 음악활동에 의해 이미 결정되게 되었다. 다시 말하면 조직의 명칭에서 사용하는 개념이 그 조직에서 하는 내용을 규정화하기 때문이다. 전에는 그렇게 사용하지 않았다 하더라도 당시 아악부에서 하는 것이 바로 아악이 된 것이다.

아악이란 말은 응당 아악부에서 가장 많이 쓴 용어이다. 자신들이 하는 음악을 가리키는 용어로서 스스로 쓰기도 하고 외부에서 아악부의 음악을 아악이라고 전부 말하고 있다. 이러한 예는 아악부의 소리를 녹음해서 빅타사에서 낸 '아악정수'라는 제목의 유성기 음반을 보면 확연히 알수 있다. 이 곡목을 보면 제례악·연례악·군례악·가곡까지 있다. 따라서 기존의 아악 당악 향악의 구도를 가진 좁은 의미의 개념이 아니라 궁중 전래 음악이 모두 아악이라는 넓은 개념이 된 것이다.[17] 또한 아악부에서 공개연주회를 하게 되면서 더욱더 '아악이란 이런 종류의 음악이다'라는 인식이 생겨나 아악의 범주를 결정해 버린 것이다. 이렇게 아악부의 활동 속에서 아악의 개념이 드러나는 예를 더 보면 다음과 같다.

> 雅樂의 밤 / 十一月 二日 午後 八時 이왕직아악부내에 있는 이습회의 만일주년 기념 연주회의 중계방송으로 인하여 가을밤에 典雅한 雅樂이 여러분의 귀에 들리게 되었습니다....其 곡목은 다음과 같습니다. 1. 보태평지악 2. 승평만세지악(여민락) 3. 수연장지곡 4. 기수영창지곡(낙양춘) 5. 만년장환지곡(가곡) 6. 장춘불로지곡(보허자) 7. 취태평지곡(평조회상) 8. 봉황음 9. 요천순일지곡(청성곡) 10. 천년만세 11. 죽지사 12. 수제천 (조선, 33.11.2)

---

17 아악정수 목록 : 정대업지곡-독경 탁정 보태평지악-희문 표정만방지곡·상령산·중광지곡·세령산·취태평지곡(평조회상)·요천순일지곡(청성곡)·수제천·장춘불로지곡(보허자)·서일화지곡(해령)·만파정식지곡(취타)·만년장환지곡

東洋音樂의 精華雅樂 / 宮中秘曲을 演奏 6일밤에 이왕직아악부 동원 기보한 바와 같이 이왕직아악부의 공개연주회는 오는 十月 六日밤 칠시부터 부민관에서 개최하기로 되었고 ...연주곡목: 국가(아악기에 依하야) 봉황음 오운개서조 수룡음 만년장환지곡 요천순일지곡 낙양춘 정상지곡 건곤가 만파정식지곡 유초신 장춘불로지곡 수제천 바다로 가면(아악기에 依하야) (동아, 38.10.1)[18]

이 곡목을 보면 좁은 의미의 아악·당악·향악은 물론이요 줄풍류와 가곡·가사까지 있다. 이렇게 아악부라는 조직과 관련하여 '아악'이라는 장르를 폭넓게 한 영향은 당시 아악부 촉탁들의 글에서도 잘 나타난다. 예를 들어 1926년부터 아악부에 촉탁으로 있었던 안확의 "朝鮮雅樂に就て"(『朝鮮史學』, 26.3)·"世界人이 欽歎하는 조선의 雅樂"(『별건곤』, 28.5)·"雅樂曲解制" 등을 비롯하여 역시 아악부 오선보 채보일로 초빙 받았던 서양음악가 이종태의 "朝鮮雅樂의 回顧"(『新世紀』, 41.6)·"朝鮮古來雅樂의 史的 小考"(동아, 38.10.7)·"朝鮮雅樂器의 構造와 그 性能"(동아, 1938.10.8)이란 글 등에서 보이듯이 아악이란 용어를 제목으로 달고 있다. 이 내용은 결코 좁은 의미의 아악이 아니라 궁중 전래음악을 모두 포함하여 서술한 글들이다. 결국 아악부에서 하는 음악은 아악이 되어 버린 것이고 아악부라는 조직 명칭으로 인해 아악의 범주도 정해져 버린 것이다.

2) 정악(正樂)

정악(正樂)이란 의미는 아악(雅樂)이란 의미와 전혀 다를 바 없으며 그 미적 느낌도 용어 자체로는 구별하기 어렵다. 그리고 궁중에서 근무했던

---

18 이 때 연주된 곡 중에서 첫 곡 국가와 마지막 곡 바다로가면이라는 곡은 아악기에 의하여 연주된 일본국가 기미가요와 일본 제2국가 우미유카바라는 곡이다.

양반 사대부들이나 민간에서 풍류를 했던 선비나 중인층의 입장에서도 정악과 아악에 차이를 두고 사용한 것은 아니다. 다만 음악을 굳이 따져서 말한다면 고려시대 받아들인 대성아악의 전통과 조선시대 세종 때 아악정비와 진흥으로 인해 아악이란 말은 궁중에서 쓰는 음악이면서 향악 및 당악과는 구별되는 음악이었다면 근대시기의 전개에서 아악이란 장르는 궁중음악의 전통을 함께 의미하면서 정악이나 다른 장르의 음악과 구별되는 더 포괄적인 음악용어가 된 것이다.

그러나 근대시기는 그렇게 간단하게 설명할 수 없다. 조선정악전습소와 교류를 하고 또 가곡이란 과목을 아악부양성소 양성생을 가르치기 위해 촉탁 하규일을 맞이하여 전수를 받게 함으로 인해 가곡류의 음악까지도 포함하는 음악으로 더욱 넓어졌다. 그래서 정악은 곧 아악이라는 등식이 다시 성립된 것이다. 정악이란 용어는 조선정악전습소에 의해서 그 개념이 생긴 것은 사실인 듯하다. 1910년대의 매일신보 기사에서 보이는 정악은 대부분 정악전습소와 관련된 것이다. 1920년대에는 정악대회라는 공연이 자주 보도되는데 그것이 꼭 지금의 줄풍류 계통의 음악만을 공연 종목으로 하지 않고 판소리나 산조·병창, 심지어는 서양음악까지 포괄된 경우가 많다.

> 명이십일로 임박한 조선정악대회 / 여자미술학교교우회주최 경성여자 미술학교 교우회 주최 본사 후원의 조선정악대회는 드디어 …출연순서 영산회상(합악) 가곡(반주 김형준) 시조(반주 김성환) 행악(독주 방용현) 산조(독주 지용구) 별곡(반주 심상건) 오랑캐꽃(피아노 반주 김활란 김은실) 소상팔경(반주 심상건) 공명가(독창 김한영) 청산반엽(독주 가야금 이재주) (조선, 27.5.28)

> 대구 김천방문 조선정악대회 / 금일부터 사흘동안 경성여자 미술

학교 주최와 대구 세 신문지국 후원으로 조선정악대회를 긍 이십일일
은 조선고악을 부활하려함이라 하여 이동백군, 가야금 산조로 심상건
군 이화여전의 정악강사도 출연할 터(동아, 27.12.21)

위에서처럼 줄풍류·시조·산조·도드리·단가·서양가곡·양악 등 다양한
종목을 가지고 있다. 여기서 가곡의 경우는 김형준이 반주했다면 양악의
가곡이다. 오랑캐꽃도 당연히 양악이다. 그러나 1930년대 후반으로 갈수
록 점점 정악은 가곡 가사 시조나 줄풍류 계통의 음악으로 굳어져 간다.
그리고 1940년대 이전까지는 아직 아악이란 의미와 혼재되지 않는다. 그
러던 것이 조선음악협회의 조선음악부에서의 활동과 더불어 그 개념이
통합되기 시작했다. 그러한 예를 다음의 공연 기사에서 찾아 볼 수 있다.

조선음악의 종합적 대향연 正樂 鄕曲 民謠의 밤 조선예흥사 주최 '朝
鮮音樂典' 六월 십구 이십일 府民館에서 조선음악을 체계있게 소개하고
자 1부 정악 2부 향곡 3부 민요로 나누어 현 아악부원 김계선 전아악
부원 이병성 ...조선정악전습소 조선성악연구회 조선무용연구소... (동
아, 40.6.18)

위의 기사에서 아악부원 조선정악전습소 조선성악연구회 조선무용연
구소가 참여하는 공연에서 장르 구분은 정악 향곡 민요라고 되어 있으니
줄풍류를 하는 정악계와 아악을 담당하는 아악부의 음악을 따로 구분하
고 있지 않다는 것을 알 수 있다. 이어 해방이후 아악부가 없어지고 아악
부의 건의로 국영화방안이 통과되어 기존 아악부에 있던 사람들의 조직
이 국립국악원으로 되자 정악과 아악을 혼용해서 쓰다가 아악이란 말을
점점 쓰지 않는 추세로 되었다.
송방송은 이혜구의 글[19]을 인용하여 국악이란 용어 이외에도 정악이란

개념도 왜곡된 채 사용한 조어나 차어에 불과하다고 하고 있다.[20] 액면 그대로 받아들이면 정악이란 용어도 근대의 사생아적 용어처럼 느껴진다. 그러나 이혜구의 "정악의 개념"을 통해 보면 정악이란 용어가 역사적으로 어떤 의미변화를 겪었는지 잘 드러난다. 정악이란 용어의 미적 개념은 아악과 다를 바 없었으나 그 음악 자체가 같은 것은 아니었다는 것이고 궁정에서 조회나 연향에 쓰는 아악에 비해 정악은 주로 중인계층에 의해 향유된 거문고 음악을 말한다는 것이다. 그렇기 때문에 거문고 중심의 음악과는 관계없는 궁중의 음악이나 가사나 시조가 왜 정악이 되었는지 의문을 품고 있다. 여기에서 근대시기의 정악의 변화 과정을 설명해 내야 한다. 이혜구는 여기에서 1911년 조선정악전습소가 개소되어 정악이란 용어가 사용되었지만 그 이전에는 음률(音律)이란 말이 사용되었으니 그 시대 정악전습소에서 음률이라고 했어야 정확한 명칭이었을 것이라고 했다. 그 예로 『朝鮮正樂譜』라는 악보집은 없지만 『朝鮮音律譜』는 있다는 것이다. 그것이 조선시대의 전통을 이어받는 의미에서 그래야만 맞겠다. 그 한 예를 들어 보자.

> 音律家의 대책임/ 고대음악을 회복하여 성례문명을 찬양케 함
> 음악이라 함은 성인이...사람의 성질을 화하게 할 목적으로 궁상각치우 다섯소리를 합하여 십이율을 지었으니...音律에 고매한 사람은 비록 개량할 마음이 간절할지라도 도저히 ..音律家제씨는 어디까지 고심연구하여 수백년 땅에 떨어졌던 고대음악을 회복하여 ....현금 音律家로 가장 저명한 인사의 씨명을 들건대 左와 같음. 휘금에 윤용구, 거문고에 김경남·이병문, 가야금에 명완벽·양금에 정경선, 단소에 조동

19 이혜구, "正樂의 개념", 『한국음악사학보』(서울:한국음악사학회, 1993)11집, 11~18쪽.
20 송방송, "한국의 민속음악 그 용어와 연구현황", 『비교민속학』(서울:비교민속학회, 1995)12권, 199~226쪽.

석·이춘호, 생황에 이중렬·조흥순, 장구에 윤경준, 가곡에 하규일제
씨 (매일신보, 1921.5.24)

　여기에 열거된 음률가로 저명하다고 한 사람들은 주로 이왕직아악부
출신이나 줄풍류계통의 음악가들이다. 그러나 이러한 음률의 쓰임은 작은
예일 뿐이고 일제강점기에 사용된 용어의 용례는 오히려 판소리계통의
음악가들이 결성한 조직의 이름에서 더욱 발현되었다. 잘 알려져 있다시
피 명창들을 중심으로 1934년 조직한 것이 조선성악연구회인데[21] 그 전
신이 바로 '조선음률협회'이다.[22] 판소리계의 조직과 관련된 용어임을 입
증하는 조선음률협회의 창립과 1회 공연에 관한 기사들을 보면 다음과
같다.

　　男女名唱網羅 音律協會 創立 조선의 歌曲과 音律을 개선하며 또 발달시
　키자는 목적으로 조선음률협회가 설립되었다. 주장한 이들은 조선가
　곡계의 유수한 명창 송만갑(宋萬甲) 이동백(李東伯) 등 남녀 수십명이며
　그 외 사계의 취미를 가지고 있는 이기세(李基世) 조학진(曹學珍) 제씨
　도 참가했다. 회장 金昌煥 부회장 宋萬甲 金昌龍 총무 강원삼 한성준 총
　리 이기세 이원배 사무소는 시내 종로 2정목 朝鮮蓄音機商會內 (동아일
　보, 1930.9.27)

　　朝鮮音律協會 第 一回 公演 -조선일류 국창만 모여 고전예술을 총연주
　조선 재래의 歌曲이 날로 짓밟힘을 당하여 겨우 잔명을 남기고 있는
　것을 울분히 여기고 있던 제씨가 모여 조선음률협회를 창설하고 비속
　하여진 악도(樂道)를 음악 본래의 숭고한 지경에 들어가게...(동아일보,

----

21 『조선일보』, 1934.5.13.
22 물론 이혜구의 말대로 음률협회라고 한 것은 미적 개념에서의 정악(正樂)을 의
　미한다. 음악을 정화(淨化)하고자 하는 의미에서 음률협회를 조직한 것이다.

1930.11.16)

朝鮮樂淨化運動 - 音律協會公演 십구일부터 이틀 동안 朝鮮劇場에서 연주
조선가곡의 향상 진흥을 목적으로 금년 여름에 창립된 조선음률협회
에서는 그동안 조선가곡의 수정과 보유(修正 補遺) 동서음악의 대비연
구 가풍개선과 정화(歌風改善과 淨化) 잡지 발간 등을 목적으로 ...난삽
한 '발림'과 음탕한 '아니리'는 전부 폐지하고 오직 조선음악의 정화
와 부흥을 위하여 첫시험을...(조선일보, 1930.11.17)

이렇게 음률을 장르용어로 사용한 것은 판소리계 사람들에 의해서였
다. 그럼 다시 이혜구론으로 들어가 보면 정악이란 명칭 대신 사용되었던
음률은 종묘나 조정에서 특별한 때 쓰이는 아악과 구별되고 장악원의 직
업음악인에 의해서 연주되는 아악과 구별된다고 하였다. 그리고 음률은
거문고 음악이라고 해도 과언이 아니며 현금보의 음악이 정악이라고 봐
도 무방하다는 것이다. 따라서 역사적으로 볼 때 정악은 근래의 조어(造
語)나 차어(借語)라는 것이다.

그러나 위의 용례에서 볼 수 있듯이 음률은 정악만을 가지고 쓴 것이
아니라 오히려 판소리에도 쓴 용어라는 점에서 볼 때, 이혜구의 논은 조
선정악전습소까지의 역사만 살피고 이후 일제강점기 정악의 용례를 전혀
거론하지 않았던 한계를 가진다고 할 수 있다.

3) 민속악(民俗樂)

민속악이란 용어에 대해 일반적으로 정악이란 용어가 민속악에 대칭되
는 용어로써 쓰였을 것으로 생각한다. 그렇지 않다 하더라도 민속악이란
용어는 꽤 오래 전부터 쓰였을 것으로 여기고 있다. 하지만 그 생각과는
전혀 다르게 앞에서 거론한 음악용어들보다 훨씬 늦게 발생했다. 용어가

오래 되었으리라고 생각하는 이유는 첫째 속악이란 용어와의 혼동 속에서 민속악이란 용어도 꽤 오래 전부터 쓰인 용어일 것이라는 짐작 때문이고 둘째는 근대시기에 쓰인 민속이란 용어나 민속학·민속무용 등에서 민속 악을 연상하면서 함께 쓰였을 것이라고 생각하기 때문이다. 그러나 민속 악이란 용어는 일제강점기와 해방직후조차도 거의 쓰이지 않았고 1950년 대 이후에서야 등장하는 용어이다. 다만 드문 예로 해방 전에도 사용된 적이 있는 기사가 있다. 『조광』이란 잡지에 청엽생(靑葉生)이라는 필명으로 작성된 "名唱李東伯傳"이라는 글이 있는데 다음과 같은 구절이 있다.

> 당대명창 이동백씨 칠십평생을 '판소리' 예술로 몸을 바친 그에게
> 우리는 창부이니 광대이니 하는 이상 좀 더 인식을 갖일 필요가 없을
> 까. '판소리' 그것은 험한 길을 걸어 온 유일한 <u>민속음악</u>이었다.... (『조
> 광』, 37.3)

위의 기사에서 판소리를 민속음악의 범주로 지칭했다는 것을 알 수 있다. 그런데 위와 같이 민속음악이라는 용어를 쓴 예는 해방 이전에는 아주 드문 예일 뿐이다.[23]

민속악이라는 용어와 비슷한 개념으로 창악(唱樂)이란 말이 있다. 조선 성악연구회 사람들이 단지 판소리 명창들만 활동한 조직이 아니었음을 떠올릴 때 기악을 한 사람과 함께 그들을 통칭하여 창악계라는 이름을 붙이곤 한다. 그러나 이 창악이란 말 역시 개념화된 것은 그리 오래 되지 않았다. 1942년 매일신보 기사에 의하면 창악이란 말이 처음 등장하는 다음과 같은 기사가 있다.

. . . .

23 다만 민속예술이니 민속무용이니 하는 용어가 가끔 나타난다.

正樂 唱樂 歌舞의 중진 백여명 총동원 조선음악단 조선가무단 제 1 차 종합공연 12일부터 부민관에서 정악 향악 가악 속곡 민요 무용 등 ...(매일신보, 1942.7.9)

이 기사를 통해서 정악과 창악은 그 경계선은 명확하지 않지만 정악은 오늘날 개념과 같은 정악 장르를 창악은 오늘날의 민속악을 가리키는 것을 짐작할 수 있다. 왜냐하면 조선음악단 소속의 사람들이 아악부 출신, 줄풍류계 음악인 판소리계 음악인 등이 망라되어 있기 때문이다.

민속이란 말은 일제강점기 민속학자들에 의해 끊임없이 거론되는 용어였기 때문에 그것에 음악이나 악을 붙인 용어로 생성되기는 쉬운 것이었다. 그러나 어찌된 것이지 민속음악이나 민속악은 일제강점기의 자료에서 찾아보기 어렵다. 민속음악 또는 민속악이라는 말이 눈에 띄게 등장하는 것은 해방직후도 아닌 1950년대 말이 되어서이다. 게다가 민속음악이라고 타이틀이 된 1956년의 기사에는 서양음악 작곡가 이홍렬의 독창회평에서 나타난다. 또한 민속악이란 타이틀로 된 1957년 기사에 의하면 정악이란 용어대신 아악이란 용어와 민속악을 다음과 같이 대별화하고 있다.

민속악의 악보화 - 고유민족예술을 살찌게 우리나라 음악은 아악과 민속악으로 大別할 수 있는데 그 중 민속악이 순수한 우리민족정서와 국민성을 나타내는 음악이라고 한다.(동아, 57.12.3)

이 기사는 문교부에서 주도하여 출판한 『민속악보』가 1960에 발간과 관련된 기사인데, 이때부터 민속악이란 말은 고정화되게 된 듯하다. 문교부에서 왜 민속악보라고 명칭을 붙였는지는 알 수 없으나 민속악이라는 용어를 써도 어색하지 않을 만큼 민속과 관련된 용어들이 많이 생겨났던 분위기를 반영한다고 하겠다.

2. 부분 장르를 가리키는 용어

근대시기에 쓰였던 부분 장르를 가리키는 용어는 가곡·가극·창극·판소리·잡가·단가·병창 등이 있다. 그런데 이 중에서 잡가나 단가 등의 경우에는 실제 음반의 명칭에는 자주 등장하는 용어이다. 음반의 곡목만으로 보면 잡가나 단가임을 알 수 있는 경우가 허다하다. 또한 가사집의 제목으로 잡가라는 용어도 등장한다. 예를 들어 『無雙新舊雜歌』와 같은 경우가 그러하다. 그러나 이들 잡가나 단가라는 장르용어가 그 용어 자체로 신문·잡지 등에서는 보이는 경우는 매우 드물다. 간혹 나타나는 경우에도 잡가(雜歌)는 오늘날 쓰고 있는 전통음악 장르로서 경기십이잡가나 선소리 산타령계열의 음악을 지칭하는 용어가 아니라 '잡스러운 노래'를 뜻하는 것으로 쓰인 경우가 많다. 단가(短歌)도 판소리 계열의 단가가 아니라 '짧은 노래'라는 뜻으로 쓰인 경우가 대부분이다. 따라서 이 논문에서는 신문·잡지 등에서 자주 검색되는 용어만을 가지고 다루어 보겠다.

1) 가곡(歌曲)

가곡이란 용어는 이미 조선시대부터 있었던 용어이다. 물론 삭대엽이란 용어가 더 일반적인 용어였을지라도 『가곡원류』라는 책의 예에서 볼 수 있듯이 새로 생성된 용어는 아니다. 그런데 근대시기에 이 용어는 세 가지 영역으로 확대되는 양상을 보인다. 첫째는 삭대엽, 즉 만년장환지곡을 의미하는 풍류음악 가곡을 말하고 둘째는 서양음악 중에서 리트(lied)와 같은 성악을 지칭하는 것이고 셋째는 판소리를 말하는 것이었다. 그에 반해 현대에는 앞의 두 가지 의미는 살아 있지만 세 번째의 경우인 판소리를 의미하는 용어로는 거의 쓰이지 않는다. 이렇게 용어의 변화 양상에서 주목되는 점은 일제강점기에는 이 세 가지 양상 중에 판소리를 가리키는 용어로 가장 많이 쓰였다는 사실이다. 가곡이란 말이 언론에 등장하는 것은 1915년 매일신보 기사에서인데, 대부분 명창 가곡이란 말을 쓰고 여러 분야의 음악가들의 음악을 가리켰다. 기생들의 소리나 박춘재의 소리나 김창환 이동백의 소리나 모두 통틀어 가곡이라고 했다. 1915년 10월에 『매일신보』에 가정박람회 소식과 관련한 다음과 같은 가곡용어 관련 여러 보도를 보면 잘 알 수 있다.

> 명창의 가곡을 들으시려거든 아무쪼록 일찌거니 오십시오(10.4)
> 래관하라! 래청하라! 불가불 한번 볼 것 가정박람회오 한 번 들을 것...명창가곡(10.6)
> 십전으로 가정박람회 입장자는 무료로 가곡을 들으십니다. (10.7)
> 실익과 환락아 가정박람회 낮에 대기술 밤에는 명창가곡 가정박람회 입장자는 무료(10.8)
> 명사의 강연... 명창의 요곡 ...명창의 가곡 ...박춘재 강진 일행의 가곡 (10.9)
> 금일밤까지...박춘재와 홍도 일행의 신기한 가곡을 무료로 들으시게...(10.15)
> 명창배우 김창환의 시기한 가곡 기타 채란 금선의 듣지 못한 가곡을 무료..(10.16)
> 명창 김창환 이동백의 절등한 판소리와 유명한 박춘재의 신기한 재담과 가곡이..(10.20).

위와 같이 1910년대에는 전통음악의 성악분야를 대부분 가곡이라고 했는데 1920년대 들어서서는 가곡이란 용어를 가장 많이 사용하는 것은 판소리 명창들의 소리에서이다. 명창들 자신의 자서전의 글이나 구술 등을 통해서도 그 자신이 가곡을 배웠다고 말하기도 하고 가사공부라고도 했다.

自敍傳 宋萬甲 二 八道에 歌曲巡禮 - 十歲左右로부터 朴선생의 문하에 들어가 여러 해를 歌詞공부를 하고 있을 때에 아마 내 나이 스물한살되는 해였지요...(『三千里』, 1931년 4월)

여기서 박 선생은 박만순(朴萬淳)을 말하는데 박만순에게 배운 가사라는 것은 결국 판소리였을 것이다. 여기서 송만갑은 자신과 같이 판소리하는 사람을 가객(歌客)이라고 칭하고 있다. 가객이란 일반적으로 가곡·시조를 하는 풍류객 중에서 성악가를 지칭하는 것이지만 송만갑은 이 자서전에서 대부분 가객이라고 지칭하고 있다. 끝으로 그는 "조선의 傳統歌劇壇! 이것은 열의를 띤 신진의 손으로 완성되어가야 할 것인 줄 믿는 자의 한 사람으로"라는 말을 쓰고 있다. 그가 이 글을 쓴 것이 1931년이기 때문에 아마 조선성악연구회의 전신격인 조선음률협회가 조직되었던 즈음이고 이 조선음률협회에서 하고자 했던 것이 가극, 즉 창극이었던 것으로 보인다. 판소리계의 음악으로 가곡을 사용한 예를 보면 다음과 같다.

콜럼비아 회사에서 새로 朝鮮歌曲 취입 콜럼비아 축음기회사에서 ... 복혜숙 김영환 김초향 박녹주 오태석 임방울 김옥엽 (동아.29.11.13)

音律協會公演 / 二十二日 公會堂 조선가곡의 정화와 쇄신에 힘써오는 조선음률협회에서 오는 ...곡목은 단가 춘향가 수심가 노래가락 토끼타령 적벽가 심청가 흥부가 등이오 출연자는 일류 명기 명창들이라 한다. (동아 32.6.22)

위와 같이 조선가곡의 곡목은 춘향가 수심가 등이고 연주자들은 김초향 박녹주 임방울 등의 판소리 명창들이다. 이러한 기사는 수없이 많이 찾아 볼 수 있다. 그만큼 이 시기에는 으레 가곡은 판소리를 지칭하는 것으로 여겨졌던 것 같다. 물론 판소리음악만 가곡을 전용해서 쓴 것은 아니다.

> **歌曲까지 연주/ 재작일 탑골공원 납량 연주회성황** ..팔시부터 탑골공원에서 경성악대에서 납량연주회를 하였는데...특별히 <u>조선가곡</u> 중에서 가장 고상하다는 <u>편</u> 곡조를 연주하여 일반 청중은 더욱 흥미있게 들었다하며...(동아, 1921.9.10)

경성악대의 연주로 편을 연주했다는 것은 기악으로 가곡을 연주했다는 것을 말하는 것인데, 어쨌거나 삭대엽 계통의 음악을 연주한 것은 사실인 것 같고 삭대엽을 지칭하는 가곡 용어가 아직 살아 있다는 것을 의미한다. 이렇게 삭대엽 계통을 말하는 가곡은 학술적 연구에서는 변함없이 사용하고 있지만 공연 장르로서는 그리 많이 사용하지 않는 경향을 보인다. 그렇다고 가곡 연주가 없었다는 것이 아니라 가곡의 명칭 대신 만년장환지곡을 사용하거나 정악이라는 범주 안에 곡목이름을 직접 써 놓는 예가 훨씬 많다.

이렇게 가곡은 근대 이후 삭대엽 계통의 음악만이 아닌 여러 의미의 과정을 거쳤으나 1940년대 이후부터 오늘날까지 판소리계통의 음악을 지칭할 때는 거의 쓰이지 않고 서양음악 양식의 가곡을 말하는 경우와 만년장환지곡을 의미하는 전통 가곡으로 양자화 된다. 이렇게 서양음악계와 공유해서 쓰기 때문에 이강숙은 진정한 의미의 한국가곡은 무엇이냐고 하며 서양음악계에 문제제기를 하기도 했다.[24] 이 때 이강숙의 주장은 한국가곡이어야 한다면 이태리가곡이나 독일가곡처럼 한국적 양식을 가진 어법으로 작곡된 가곡이어야 한다고 주장했다.

....

24 이강숙, "한국음악, 그 眞과 準", 『열린음악의 세계』(서울:현음사,1980), 171~176쪽.

2) 창극(唱劇)과 가극(歌劇)

창극이란 말과 함께 살펴 볼 용어는 가극(歌劇)이다. 오늘날 가극이란 용어는 전통음악용어로는 사용되지 않고 창극이란 용어가 정착되어 있지만 근대시기의 양상을 보면 반대로 가극이란 용어가 더 널리 쓰였다. 동시에 가극은 서양의 오페라를 지칭할 때도 쓰였다. 다시 말하면 오페라의 번역 용어로 가극을 쓴 것이다. 홍난파가 쓴 "가극이야기"(『개벽』, 1923.11)나 "가극의 기원과 그 발달"(『개벽』, 1923.2) 등은 모두 오페라의 역사에 관한 글이다.

판소리를 지칭하기도 하고 초기 분창식의 창극의 형태에 붙인 이름은 구연극이다. 이것은 응당 신연극과 구별하기 위해 사용한 용어이다. 구연극이란 용어가 계속 쓰이다가 점점 구극이라는 말로 줄여서 사용하는데 이것 역시 신극과 대칭적으로 쓰인 것이다. 1910년대 광무대·연흥사·장안사·단성사 등에서 하는 공연은 주로 연극과 활동이라는 주제로 거의 매일 공연이 있는데 이 공연은 대부분 구극과 신극을 함께 공연하는 것이었다.

창극이란 장르가 만들어지는 시점에서 사용된 용어가 가극이다. 신파니 구파니 신가극이니 구가극이니 이런 용어가 사용되었다. 그것을 단적으로 말해주는 것이 구파배우조합이다. 신파극에 대립적 용어로 구파극을 사용한 것이나 판소리계 음악인들의 결합체로서 구파(舊派)라는 명칭을 썼다는 것은 스스로 자신의 음악을 신악과 구별되는 구악으로 여긴 것이다. 구파배우조합은 1915년 3월 26일 설립되는데 그 상황을 알려주는 기사가 매일신보에 다음과 같이 보인다.

광대의 조합설립 경성부 훈정동 등지에 설립한 경성구파배우조합은 그동안 당국에 청원 승인된 후 지나간 26일 경성 광무대와 연흥사

두 곳에 있는 남녀 배우일동과 기타 배우 등이 많이 모여...김창환 이
동백은 선생으로 조합장은 장재욱...

일본의 경우에 신파에 대칭적인 구파는 가부끼(歌舞伎)를 말하는데 반
해 우리나라는 전통연희 연극을 모두 포함하는 넓은 의미가 되었다.

창극이란 용어를 쓰기 시작한 것은 1934년 조선성악연구회가 창립된
이후이다. 이때야말로 창극이란 용어도 탄생하지만 본격적인 의미의 창극
을 만들었다고 할 수 있다. 그렇다고 해서 그 이전에 원각사 시절부터 시
작된 창극을 창극이 아닌 다른 것이라고 할 수는 없다. 어쨌거나 본격적
인 창극이 만들어졌던 1930년대에도 창극이 대표 용어는 아니었다. 오히
려 가극이란 용어가 훨씬 더 많이 쓰였다. 예를 들어『삼천리』에 게재된
글 "명창과 명가극 심청가와 송만갑"(『삼천리』, 1936.12)에서 "심청가극
의 문예적 가치를 어떻게 보십니까?" 라는 질문이나, "'심청가극'을 할 때
에 어떤 대목에 가서 그 중 많이 힘을 드려서 부르십니까?" 등의 질문을
하지만 정작 대답하는 송만갑은 '심청가'라고만 대답한다. 또한 조선성악
연구회에서 주도적 사업을 벌였던 창극 춘향전·심청전·흥부전·배비장전
등의 공연 명칭에 붙인 용어는 가극이다.

歌劇 춘향전 公演/ 舊樂개척의 新形式 본사 학예부 후원 고유한 조선
의 舊樂을 보존하여 가는 동시 그것을 향상 발전시키고자 사계의 권
위자 李東伯 宋萬甲 양씨 이하 여러분들이 조선성악연구회를 조직하여
가지고 혹은 배비장전을 새로운 唱劇調로 꾸리고 혹은 유충렬전을 연
쇄창극으로 맨들어 꾸준한 노력을 하여 오는 것은 수많은 구악..(조
선, 36.9.12)

歌劇 春香傳 / ...八道名唱들을 總網羅 完成된 唱劇史上의 新機軸 조선성
악연구회에서 舊樂의 새로운 길을 개척하고자 단연 唱劇의 형식을 버
리고 창극의 새로운 형식을 취하여 위선 본사...창극 춘향전을 금월....
금번의 이 가극 춘향전이 실로 천추의 호기를 이루는 것이다.(조선,
36.9.15)

舊樂界에 또 喜消息/ 歌劇 沈淸傳 公演 조선성악연구회의 세 번째 선물
朝鮮舊樂을 어떻게 개척하여서 그 생맥을 보존하는 이 보다도 더 일층
향상시키려는 .....가극 춘향전을 상연하고 ...창극은 현대적 가극으로
변형케 되는 ...(조선, 36.12.6)

정노식의『조선창극사(朝鮮唱劇史)』는 창극의 역사가 아닌 판소리의 역
사를 서술한 책이다. 책의 제목과는 다르게 창극에 대한 언급은 없다.
판소리 전반에 관한 이론과 명창들을 통해서 바라본 판소리의 역사를 쓰
고 있지 창극에 관한 내용만을 담은 창극사는 아니다. 그럼에도 불구하고
대표적 용어로 창극이란 말을 넣어 제목화 하였다는 것은 이 책을 쓸 즈음
의 창극이나 창극조가 대표언어가 되었다는 말일지도 모른다. 창극조(唱劇
調)라는 말과 판소리와의 관계를 알 수 있는 기사를 보면 다음과 같다.

새로운 창극조 제작에 나아가기로 되어
조선방송협회의 새로운 시도 (조선, 40. 3. 22)

실제로 1934년 조선성악연구회가 발족되어 활동하면서 본격적인 창극
활동이 전개되었다. 물론 이때의 용어는 창극보다는 가극이란 용어를 더
많이 썼다. 그러나 1940년대를 전후하여 창극 전문 집단이 생겨나는데 여
기에서 창극이란 말이 고정화된 것이 아닌가 한다. 조선성악연구회의 직
속창극단이라는 唱劇座25를 비롯하여 동일唱劇단(1939)·대동唱劇단(1939)·

창극단 화랑(1939) 등이 생겨나 활동을 하게 되었다.[26]

> 唱劇으로 공연해 오던 춘향전을 새로이 9막 19장의 장편으로 각색
> (조선, 1939. 1. 29)
> 唱劇 춘향전 공연 (조선, 39.2.2)

종합적으로 살펴보면, 唱이란 글자가 들어간 용어는 唱詞라는 것을 제외하고 정악에는 사용되지 않는다. 또 소리라는 글자가 들어간 말을 정악이나 정가에 사용하지 않는다. 명창·국창·창극조·창극·창악 등의 창이라는 글자는 거의 판소리 용어로 굳어져간다.

3) 판소리

근대시기 가극이나 창극이 근대 시기 판소리라는 용어를 대신했다고 하지만 판소리가 전혀 쓰이지 않은 것은 아니다. 그렇다면 판소리는 언제부터 등장하였고 지금과 같이 일반적인 용어로 쓰였는지 살펴보자

이보형은 "판소리 학술용어"라는 글에서 전통사회에서 판소리란 용어를 쓰긴 했지만 지금의 용어와는 다르다고 하면서 정노식의 『조선창극사』의 용례를 들어 설명하면서 김동욱의 "판소리발생고" 이후 판소리란 용어가 오늘날의 판소리로 되었다고 했다.[27] 그러나 이에 대해 송상혁은 "판소

----

25 매일신보, 1942. 11. 4 "...조선성악연구회 직영의 '창극좌'와 창극단 화랑은 합동공연을..."
26 김성혜의 "조선성악연구회의 활동"의 글에는 1938년 이후 1940년까지를 창극의 쇠퇴기로 규정했지만 사실상 이 시기에서부터 시작하여 1940년대 전반과 해방 직후의 기간에는 창극의 전성기라고 할 정도로 활발한 활동을 하였다는 것은 신문기사를 통해서 잘 드러난다.
27 이보형, "판소리 학술용어", 『한국음악연구』(서울:한국국악학회, 1997), 제25집, 10쪽.

리 명칭의 문헌적 검토"에서 판소리 발생 이후부터 1945년까지의 문헌을 통해 판소리 용어가 나오는 경우를 『매일신보』 1913년 2월 21일자에서 찾아내고 그것이 첫 판소리 명칭이라고 하고 이 외에도 1913년과 1914년의 기사와 1920년대의 기사를 찾아 판소리가 더러 쓰인 용례를 보여주었다.[28] 그런데 필자가 살펴보니 1913년보다 이전에도 이미 판소리의 용례가 나타난다는 사실을 다음과 같은 매일신보 기사에서 알 수 있었다.

> **연예계 정황 - 각처 연극장이 정황** 서부 원각사에서 흥행하는 문수성 신연극은 조산부양성소의 경비가 군졸함을 애석히 ...사동 연흥사에서 흥행하는 혁신단 신연극은 날이 지날수록 더욱 연구하여 관람자의 ...남부 구리개 고등연예관에서는 근일에 사진 전부를 바꾸어서 활동을 하는데 ...중부 장대 장사골 장안수에는 각종 구일연역을 설행하는데 심정순의 가야금 병창과 리동백의 <u>판소리</u>로 관람자의 환영을 받는다고...(매일신보, 1912.4.2)

위의 기사를 보면 판소리가 이미 1912년에도 쓰였다는 점도 알 수 있으며 가야금병창이란 용어도 꽤 오래된 용어임을 알 수 있다. 또 1915년 매일신보 기사의 '연희(演戱)'라는 란에는 다음과 같은 기사가 발견된다.

> **연흥사의 죠흔 판소리** (연흥사) 수동 연흥사에ᄂᆞᆫ 요ᄉᆞ히 관객의 취미를 더ᄒᆞ기 위하야 명창배우로 이름이 있는 김창환 이동백 두 배우가 밤마다 번갈아 가며 무대에 나와서 <u>각종 판소리</u>를 하는데 김창환은 춘향가 일판을 하고 이동백은 심청가 일판을 하여 관객의 환영을 밧ᄂᆞᆫ다더라 (매일신보, 1915. 4.7)

....

28 송상혁, "판소리 명칭의 문헌적검토", 『한국음악사학보』(서울:한국음악사학회, 2000.), 25집, 149~196쪽.

이 기사에는 판소리라는 용어도 사용했을 뿐 아니라 춘향가·심청가를 독창으로 불렀다고 하니 분명 오늘날의 판소리이다. 게다가 '일판'이라는 말을 쓰는 것을 보면 '한 판'을 했다는 것인데 판소리 한 바탕을 했다는 의미인지 판소리 한 곡을 했다는 의미인지 잘 알 수는 없으나 최소한 판소리가 판과 소리가 결합한 의미라는 것을 알게 해준다. 같은 해 10월에 난 다음 기사를 더 보자.

此時가 來觀의 最好時期 가정박람회 며칠 남지 아니한 가정박람회 이번에 놓치면 유감 ..개최기일의 나머지가 겨우 열이틀에 지나지 못하게 되었습니다.....일반의 대환영을 받은 박춘재의 재담·노래·재주와 김창환 이동백의 판소리는 입장자 여러분의 흥을 돋우니...(매일신보 1915.10.17)

가정박람회에서 이십일 밤까지 명창 김창환·이동백의 절등한 판소리와 유명한 박춘재의 신기한 재담과 가곡 익살이 있습니다. (매일신보, 1915.10.20)

매일신보 기사 가곡은 여러 가지 소리를 의미하는 것이지만 그 중 판소리는 박춘재의 소리와도 구별되고 홍도나 금란의 소리와도 구별되는 그 어떤 것이다. 그러나 이동백(1866년生)이나 김창환(1854년生)을 거명한 판소리는 적어도 단가를 포함하는 판소리계통의 음악이었을 것으로 짐작된다. 이들이 판소리가 아닌 다른 소리를 했을 리 없다.

그러니까 위 매일신보 내용만 종합하여 보더라도 판소리란 용어는 일제강점기에도 그 용례가 적지 않았다는 것이고 이 당시의 용어가 오늘날의 판소리와 별로 다를 바 없다는 것이다. 이러한 판소리란 용어는 1910년대에도 나타나고 1920년대에도 나타나며 1930년대에도 나타난다. 1920

년대에부터는 유성기 음반 목록에 자주 나타난다. 1930년대의 예를 들면 1933년 조선음률협회에서 '판소리'개량운동을 벌였다는 기사도 있고 조선일보 1937년 1월 3일의 "妓生名唱의 始祖 高敞의 金彩仙"이란 기사를 보면 다음과 같은 내용이 있다.

> 問 : 옛날에는 기생이라면 가사나 시조를 하였지 잡가는 물론 판소리도 못하지 안하였습니까? 그런데 언제부터 기생들도 판소리를 시작하였습니까?
>
> 答 : 칠팔십년전 고창 기생 김채선이가 처음으로 판소리를 공부하였습니다. 그 이후 김초옥이니 강소춘이니 하는 기생들도 모다 판소리로 유명하였습니다.

위 내용에는 여류명창의 시조인 진채선 이후 여자들이 판소리를 하게 된 역사를 문답으로 하고 있다.[29] 판소리란 말을 여러 번 사용하고 있으며 정확히 오늘날의 판소리와 같은 개념의 판소리이다. 위와 같이 판소리란 용어는 가곡·정악·고악·구악 등에 비해 덜 쓰이긴 했으나 이미 오늘날 판소리와 거의 같은 개념으로 쓰였다는 것을 알 수 있다.

4) 민요(民謠)

민요라는 용어는 발생도 꽤 오래되었고 가장 오래 쓰였으면서도 그 의미가 거의 변함이 없는 용어라고 할 수 있다. 직역하자면 '백성의 노래'·'민중의 노래'이기 때문에 거시적인 측면에서 보면 오늘날에도 적용할 수 있다. 그러나 그 의미를 세부적으로 따지면 백성들, 민간에서의 노래라면 판소나 잡가는 물론이요 가곡·가사·시조조차도 민요라고 할 수 있다.

....

29 여기에는 판소리의 시조를 김채선이라고 했는데 진채선의 오기인 듯하다.

옛날의 의미로 보자면 그렇게 할 수 있으나 오늘날에는 좁은 의미가 되어 있다고 할 수 있다. 그렇다면 근대시기의 민요란 그 개념이 지금이나 근대시기에나 많이 변하지 않은 것 같다. 민요가 일반백성들의 노래이지만 전문인들에 의해 불려지는 판소리·잡가 등이나 가곡·가사·시조를 지칭하지는 않았다는 것은 오늘날과 변함이 없다.

　　외래음악에서 민요라고 사용하는 것도 외국의 노래 일반 중에서 일반민중들이 부르던 노래를 가리킨다는 면에서도 그렇다. 민요라는 용어가 들어간 제목의 글을 잡지에서 찾아보면 다음과 같은 것들이 있다.

　　“龍岡民謠 30수”(『開闢』, 23.4)·“多恨多淚의 慶北民謠”(『開闢』, 23.6)·“이땅의 民謠와 童謠”(『開闢』, 23.12)·“土耳其 民謠”(『開闢』, 23.12)·(『朝鮮之光』,29.1)·“朝鮮民謠의 특질과 其將來”(『朝鮮之光』, 29.1)·“民謠小考”(『朝鮮文壇』, 24.12)·“嶺南民謠”(『東光』, 27.2)·“民謠의 素材抄”(『新民』, 30.7)·“朝鮮民謠와 그 樂譜化”(『東光』, 31.5)·“朝鮮民謠漫談”(『新興』, 31.7)·“朝鮮民謠論”(『東光』, 32.5)·“晋州民謠”(『三千里』, 33.1)·“民謠와 新民謠의 中間의 것”(『三千里』, 33.1)·“民謠와 리얼리틱한 流行歌”(『三千里』, 33.1)·“民謠”(『月刊野談』, 35.3)·“民謠의 分類”(『春秋』, 41.4)

　　민요라는 용어가 아닌 민요라는 개념의 메나리라는 용어가 일제강점기 연속간행물의 문헌에서 자주 발견된다. 메나리라는 검색어로 연속간행물에서 찾아보면 20건이 발견된다. 연대도 20년대에서 30년대까지 고루 나타난다. 메나리는 오늘날 음악학계에서는 강원도·경상도 등 동부지역의 토리개념의 하나로 인식하고 있지만 근대시기의 메나리는 그런 좁은 의미는 아니었다. 『별건곤』이란 잡지에는 노작(露雀)이란 필명으로 쓰여진 “민요자랑 -둘도 없는 寶物, 특색있는 예술, 조선은 메나리나라”라는 글이 있다. 이 글에서 노작은 메나리에 대해 다음과 같이 해석하고 있다.

...그러니 그 보물은 과연 무엇이냐 무엇이 그리 자랑꺼리가 될만한 보물이더냐 그것은 우리로서는 아주 알기 쉬운 것이다. 싸고도 비싼 보물이다. '메나리'라는 보물! 한자로 쓰면 조선의 민요 그것이란다. 그 보물은 어느 때 어느 곳에서 생겨난 것이냐 메나리는 글이 아니다. 말도 아니요 시도 아니다. 이 백성이 생기고 이 나라가 이룩될 때 메나리도 저절로 생긴 것이니... 사람들마다 입만 벙긋하면 모다 노래다. 젊은이나 늙은이나 사내나 계집이나 ...그대로 그윽한 메나리가락이 아니면 무어냐 산에 올려 <산타령> 들에 내려 <양구양천> <아리랑>타령은 두마치장단 늘어지고 설은 것은 <류자박이> 산에나 들에나 메나리꽃이 휘드러져 널리었다...문경세재는 왠고개인고 구비야 구비야...도라지캐러 간다고 요핑게 조핑게하더니 총각낭군 무덤에 삼우제 지내러 간다 이것은 강원도 메나리 길주명천 가는배장사야 첫닭이 운다고 가지마소 닭이 울면 정닭이냐 맹상군의 인닭이라 이것은 함경도 메나리...우리의 메나리는 구박을 받어 왔다.(『별건곤』, 28.5)

또 잡지 『삼천리』에 실린 "메나리 메나리야"라는 제목의 한정동(韓晶東)의 글을 보면

내고장에서 듣는 民謠情調!. 메나리 메나리야 ...나는 내고장 민요에 대하야 무엇이고 한번 써 보았으면 하는 생각이 있는지라 이러한 기회에 내고장 민요가 (특히 龍岡江西에 限함) 가진 바 특이성과 그 아름다운 정성의 만분지일이라도 남에게 알릴 수가 있었으면 하는 욕심에서...(『삼천리』, 36.8)

이 글은 '내고장에서 듣는 民謠情調'라는 타이틀로 몇몇 사람들에게 자기 고향에서 듣던 민요를 소개하는 글을 청탁해서 기획기사로 만들었던 것 같다. 이 기사에서 필자 한정동(韓晶東)은 제목만 '메나리 메나리야'라고 했지 본문에는 메나리가 무엇인지 설명은 고사하고 메나리란 명칭 한

번도 사용하지 않고 시종일관 민요라고만 한다. 이 잡지의 기사의 필명과 똑같은 필명으로 된『동아일보』1933년 1월 10일자에는 '民謠/江西메나리 石扰怨'이라고 되어 있는 기사가 있는데 부제로는 '구슬픈 노래'라고 되어 있다. 이 노래는 정미소에서 일하는 여공의 고달픔을 노래한듯한데 이 곡의 가사로 보면 일종의 신민요이다. 정미소가 근대 이후에 생겨난 것을 상기하면 그렇다. 이전의 잡지에도 한정동은 몇 차례에 걸쳐 메나리곡을 발표하는데 다음과 같은 제목을 가지고 있다.

民謠 물방아색-江西의 메나리곡에 맞추어
西道民謠 五月女 탄식-江西의 메나리곡에 맞추어(『別乾坤』, 29.4)

이 노래들을 소개한 가사에는 마지막 후렴구에 '아이공 아이공 성화로 구나'라는 후렴구가 붙어 있다. 이는 서도민요 <자진아리>를 연상케 하는 후렴이다. 이와 같이 메나리는 민요 전체를 지칭하기도 하면서 거의 대부분 한(恨)이나 원망을 표현하는 슬픈 노래를 가리킬 때가 많다는 것이다. 물론 지금 말하는 메나리 역시 계면조로 된 슬픈 노래이다. 그렇다 하더라도 '강서의 메나리'라고 한 것을 보면 강서지역의 메나리, 즉 강서지역의 민요로 보인다.

이상의 기사들을 종합하면 메나리는 민요의 다른 말이었다고 할 수 있다. 그러니까 식자들이 쓴 글에는 주로 메나리라는 말 대신 민요라는 말을 사용했기 때문에 메나리의 용례는 신문과 잡지에 적게 나타나는 것일 뿐 일반적으로 민요라는 말 대신 많이 쓰였다는 것을 의미한다.

한편 새로 작곡된 민요풍의 노래인 신민요의 경우는 새로운 음악으로의 전환에도 불구하고 용어 자체를 바꾸지 않고 앞에 新이라는 글자 한 자만 달아서 구별 짓고 있다. 그러나 이 신민요는 요즘에 쓰이는 장르용

어는 아니다. 1920년대 이후 20년 정도의 기간 동안에 유행했던 용어이
다. 그러나 그 장르 자체가 없어진 것은 아니다. 1940년대 잠시 위축된
기간이 있었지만 이후 민요풍의 작곡은 계속되었고 현재에도 나오고 있
다. 그러나 같은 민요풍의 작곡이 있었음에도 해방이후 완전히 사라진 장
르용어가 되었다. 그 대신 유행가 안에 넣거나 국악가요라는 말이 그것을
대신하는 용어로 되었다. 신민요는 1930년대부터 그 용어가 등장하고
1940년까지만 발견되는데 그것은 동아일보 조선일보의 폐간 연대와 무관
하지 않지만 매일신보 40년대의 음악관계 기사를 찾아 봐도 신민요는 눈
에 띄지 않는다. 민요가 역통에서 색인하면 정기간행물로 찾았을 때 346
건인데 비해 신민요는 21건에 불과하다. 신민요의 민요 용어가 겹치는 21
건을 빼고서도 16배에 해당한다. 이는 아무리 신민요가 일제 강점기에 상
당히 유행했다고 하더라도 일반적으로는 민요라는 용어를 대신할만하지
않았다는 말이다.

IV. 나오는 말

이 연구는 근대시기, 즉 일제강점기를 전후로 하여 쓰였던 전통음악
장르용어로 오늘날 여전히 쓰이고 있는 용어가 당시 어떤 의미로 쓰였는
지를 당시의 신문·잡지의 기사를 토대로 전개한 논문이다.
이 논문에서 대상으로 하고 있는 용어, 즉 국악·아악·정악·가곡·판소
리·창극·민요·민속악이 일반화 되었던 증거로서 조직이나 단체의 이름,
음악연주회의 이름, 레코드나 방송에서 쓰는 용어, 언론에서 자주 거론하
는 것, 책이나 글의 제목 등에서 어떻게 어떤 용어가 쓰였는지를 살펴보
았다. 이 연구를 통해 각각의 전통음악장르용어가 어떤 의미로 쓰였으며

어떤 장르용어와 혼용하여 쓰였는지 드러내 보였다.

본론은 크게 두 가지로 나누었는데, 첫째는 근대시기 전통음악 장르용어의 발생과 변화에 대해서 살펴보았다. 그것을 또 다시 두 부분으로 나누어서 하나는 역사적 흐름에 따른 장르용어의 양상과 전통음악을 그 자체를 통칭하는 용어, 즉 조선음악·고악·구악·국악의 전개 양상을 보았다. 둘째는 근대시기 전통음악 장르용어의 개별적 양상을 살펴보았다. 이를 두 부분으로 나누어 넓은 의미의 장르용어로서 아악·정악·민속악 등과 좁은 의미의 장르용어로서 가곡·가극·창극·판소리·민요 등에 대해서 살펴보았다.

이 논문을 통해 장르용어 중에서 오늘날과 같은 의미로 그대로 사용되고 있는 용어는 거의 없었으며 50여년의 시기는 비교적 짧은 시기에 많은 용어의 생성·변화를 알 수 있었다. 또한 기존의 용어가 다른 의미로 변화하기도 하고 근대시기 새로 생성된 용어도 있고 사용이 중단되기도 하는 변화를 알 수 있었다. 다양한 용어들이 사용되었고 한 용어가 여러 장르에 걸쳐 사용되기도 했다. 그것은 새롭게 생겨난 근대 음악 공간과 공연형태, 근대식 음악교육의 교과목 등 격변하는 음악문화의 환경이 이유가 될 것이다. 또한 외래음악으로서 서양음악이 강력하게 들어와 정착해가는 시기에 용어의 혼란은 더욱 컸을 것이고 스스로 서양음악과 구분하기 위해서 지칭해야 할 필요성도 생겨났던 이유로 생각된다.

그러나 근대 시기의 용어는 고착화 경향은 없어 보인다. 다시 말하면 살아 움직이는 용어였다고 할 수 있다. 또한 적어도 용어에 이데올로기성은 크게 보이지 않았다. 조선시대 아악과 속악을 구별하는 것이나 오늘날처럼 정악과 민속악으로 크게 구분되는 용어는 없었다는 점이 근대시기 장르용어의 특징이라고 할 수 있다.

2장 일제강점기 국악 관련 학술적 연구 경향 고찰*
- 신문·잡지 게재 글에 기하여 -

Ⅰ. 머리말

일반적으로 국악학의 연구 성과 또는 국악학의 역사를 거론할 때 그
출발점으로 이혜구 장사훈의 국악 연구를 들고 있고 그들을 국악학 1세대
라고 일컫는다. 더 구체적으로 말하면 국악학의 시발점이 된 논문으로는
1943년 발표된 이혜구의 「梁琴新譜の四調子について」[1](이하「양금신보4
조」)를 드는 데는 특별한 이견을 보이지 않았다. 그동안 '국악사의 회고와
전망', '국악이론 연구 성과' 등을 주제로 다룬 글들이 여러 차례 발표된
바 있다. 1980년대 송방송의 글에서부터 최근인 2008년 임미선의 글까지
거의 여전히 이혜구 장사훈을 국악학 1세대로 간주한다.[2]

---

* 『한국음악사학보』 48, 2012.01.

1 이 논문은 『田邊先生還曆紀念 東亞音樂論叢』(東京 : 1943)이라는 일본어로 된 논
   문집이며, 1943년 다나베 히사오(田辺尙雄)의 환갑을 맞이하여 당시 동양음악을
   연구하던 학자들이 쓴 논문집이다. 일본어로 쓰여져 있으며 789~823쪽에 게재
   되어 있다. 이것을 1957년 발행한 『한국음악연구』에 다시 "梁琴新譜의 四調"라
   는 제목으로 한국어로 실어 놓았다.
2 송방송, "한국음악사 연구의 회고와 전망", 『예술과비평』(서울 : 서울신문사,
   1986), 가을호 통권 11호 ; 송방송, "한국음악사 50년의 회고와 전망"『한국학보』
   (서울 : 일지사, 1996), 22집, .2~28쪽 ; 신대철, "20세기 국악사 연구의 성과와
   전망", 『한국음악사학보』(서울 : 한국음악사학회, 2001) 26집, 54쪽 ; 송방송,
   "한국음악 이론 분야의 갈래별 점검", 『한국음악 이론연구의 성과와 전망』(서울

물론 이 이전에 국악학 관련 논문이 없었던 것은 아니다. 우리나라 사람으로 국악을 주제로 쓴 최초의 박사학위 논문은 1934년 계정식의 「조선음악」(DIE KOREANISCH MUSIC)이다. 계정식은 바이올리니스트이자 서양음악 평론가이지만 그가 쓴 박사 논문의 주제는 한국의 전통음악이었다. 그런데 이 논문에 대해서는 국악학계에서 거의 언급된 바가 없고 잘 알려져 있지도 않다. '최초'·'시발점'·'기점' 등이 어떤 분야에서든지 중요한 문제가 될 수 있는데도 불구하고 국악학계의 주목이 전혀 없는 이유는 계정식의 논문이 독일어 논문이고 한국에서 받은 학위 논문이 아니라는 점, 현재의 기준으로 보았을 때 심도 있는 논문이 아니라는 점 등을 들 수 있겠다. 그러나 이 논문 이후 국악을 주제로 하여 쓴 박사학위 논문은 30년이 지난 이후에서야 나왔다[3]는 것을 고려하면 이 논문을 초창기 국악학 연구 논문에서 그렇게 간단히 제외시킬 수는 없다. 게다가 「양금신보4조」의 글이 실린 『東亞音樂論叢』에는 두 편의 논문이 더 실려 있다.[4] 이들 역시 「양금신보4조」 논문에 가려져 잘 알려져 있지 않다.

뿐만 아니라 1943년 이전에도 수많은 국악 관련 논문들이 있다. 1930년대를 전후로 해서 양적으로나 질적으로 가장 많은 국악 관련 글을 쓴 안확의 국악 연구가 있고 이왕직아악부의 악사장을 지낸 함화진의 연구

....
　：한국예술종합학교, 2003) 4쪽 ; 임미선, "한국음악사 연구의 회고와 전망", 『한국음악연구』(서울 : 한국국악학회, 2008), 43집, 251쪽. 이 외에 2011년에 "『한국음악연구』의 회고와 전망"과 같은 글이 있지만 국악학 1세대, 국악학의 시발점 등을 거론하지는 않았다.

3　국악 관련 주제로 이혜구가 1959년과 1968년 서울대에서 문학박사학위를 받았고 송방송은 1975년 외국에서 학위를 받은 바 있지만 본격적으로 음악 전공 학과 출신으로 국내에서 국악 관련 주제로 박사학위를 받은 것은 1991년 황준연에서 시작한다.

4　『田邊先生還曆紀念 東亞音樂論叢』(東京: 1943)에는 송석하의 "現存朝鮮樂譜"와 기시베 시게오(岸辺成雄)의 "樂學軌範の開版に就つ"가 함께 실려 있다.

도 많다. 이 외에도 많은 연구들이 글로 발표되었다. 한국인의 음악 연구 뿐 아니라 외국인의 음악 연구도 있다. 이러한 글 중에 많은 글이 국악학 1세대들의 참고문헌이 되었음에도 불구하고 이에 대한 평가는 지금까지 소홀했던 것이 사실이다.

일제강점기 당시 국악 연구는 대학을 통해서는 물론이고 일반교육을 통해서도 이루어지지 않았고 학회도 없었기 때문에 연구는 개인적으로 이루어졌고 신문·잡지 등을 통해 발표했다. 학술지를 대신하는 잡지에 실린 전통음악과 관련한 학술적 기사는 250여 편 정도가 된다. 또한 신문에도 지면이 짧아 연재의 형태로 많은 학술적 기사가 실려 있는데, 신문에 실린 국악 관련 학술적인 글 역시 200여 편이 넘는다. 이렇게 많은 양의 연구가 있음에도 불구하고 아직 그에 대한 자료조차도 전면적으로 파악하지 못하고 있는 실정이다.

따라서 필자는 대개 1943년 국악학의 시발점이라고 여기는 「양금신보 4조」라는 논문이 나오기 이전까지의 시기가 국악학의 공백기로 간주될 수 있기 때문에 이 시기의 많은 연구와 발표물이 묻혀 버리지 않도록 이 당시의 국악 연구를 전면적으로 드러내 보이고자 한다.

이 논문에서 필자는 일제강점기 국악과 관련한 연구 저작물이 어느 정도 있는지 목록을 제시하여 보일 것이며, 이 저작물들의 검토를 통해 어떤 경향의 연구가 이루어졌으며, 어떤 사람들에 의해 연구되었는지 살펴보려고 한다. 이를 통해서 한국에서 근대적 의미의 한국음악학이 어떻게 형성되었는지, 조선후기까지 이어온 전통적인 악학(樂學)과 근대적 학문이라고 하는 국악학의 시발점으로 잡고 있는 국악학 1세대의 학문적 연결고리가 무엇이었는지를 알 수 있게 하는 단초를 마련하고자 한다.

II. 일제강점기 국악 연구에 대한 기존 연구 검토

그동안 근대 한국음악사에 대한 관심도 증가되었고 일제강점기에 대한 연구도 많아졌다. 그러나 아직 일제강점기 당시의 학문적 경향과 내용, 그리고 국악 연구자들에 대한 연구가 부족한 실정이다. 일제강점기의 국악 연구는 본격적인 논의의 대상이 되지 못할 만큼 미비한 것으로 간주하는 학계의 분위기 속에서도 이 시대의 연구에 주목하는 약간의 연구자들이 있다.

일제강점기 국악 관련 연구자 중에 가장 주목을 받은 사람은 안확이다. 안확의 국악 관련 글은 이미 이혜구의 『韓國音樂硏究』에 수록된 참고문헌에 소개된 바 있고[5] 장사훈이 『韓國藝術總集-音樂編』에 안확의 글의 원문을 활자로 게재하고 그 해제를 단 바가 있으나[6] 본격적인 연구로 보자면 권오성이 가장 앞선다고 할 수 있다.[7] 권오성은 안확의 국악 연구에 대해 논문을 썼을 뿐만 아니라 최원식·이태진과 함께 『自山安廓國學論著集』을 펴내기도 했다.[8] 권오성의 연구에 의해 알려지게 된 안확의 국악 연구가 송영국에 의해서 석사논문으로 쓰여지기도 했다.[9]

이후 한국음악사학회가 주최하는 국제 학술심포지움에서 노동은은 「한국음악사 회고와 전망」이라는 글[10]을 발표하는데 그는 음악사 연구에

----

5 이혜구, 『한국음악연구』(서울 : 국민음악연구회, 1957), 참고문헌 5쪽.
6 대한민국예술원, 『한국예술총집-음악편Ⅱ』(서울 : 대한민국예술원, 1988), 367~416쪽.
7 권오성, "안확(자산)의 국악 연구에 대한 고찰", 『韓國傳統音樂論究』(서울 : 고려대학교 민족문화연구소, 1990), 257~281쪽.
8 권오성·이태진·최원식 편, 『自山安廓國學論著集(1~6)』(서울 : 여강출판사, 1994)
9 송영국, "안확의 국악이론 연구", 중앙대석사논문, 1994.
10 노동은, "한국음악사 회고와 전망", 『제1회국제학술심포지움발표회요지』(대구 :

서 안확이 조선의 실학사상의 맥을 이으면서 근대적 학문으로 국악 연구를 한 사람으로 주목받아야 할 것을 주장했다. 그 후 10여 년 가까이 연구가 없다가 김수현이 「自山 安廓의 음악론」을 발표했으며[11] 최근 김세종은 조선총독부 기관지 『조선』에 연재한 안확의 「朝鮮音樂研究」를 묶어 현대어로 번역하고 주석을 달아 단행본으로 출판하기도 하였다.[12]

안확 다음으로 주목을 받은 사람은 함화진인데 송혜진과 정수진의 연구가 있다. 송혜진은 민속음악론을 중점적으로 다루었기 때문에 일제강점기 중에서도 말기의 함화진의 모습과 해방직후의 음악활동을 조명하는 차원에서 연구가 이루어졌고 민속음악론을 게재한 1947년 발행의 『조선음악통론』에 주목했다.[13] 정수진은 사회학적 방법론에 의해 음악가로서의 함화진을 주목했을 뿐 국악 연구의 내용에 대해서는 거론하지 않았다.[14] 안확과 함화진에 대한 연구가 조금씩 시작되면서 국악 연구 성과나 회고 등에서 이들을 조금씩 거론하는 경향도 보이고 있으며 특히 남상숙의 경우는 율학분야에서,[15] 최헌은 음고 조직분야에서[16] 안확이나 함화진의 이론에 대해 이전보다 훨씬 상세하게 소개하고 있다.

· · · · · · · · · · · · · · · ·

　한국음악사학회, 1994), 9~22쪽.
11 김수현, "자산 안확의 음악론에 대한 고찰", 『온지논총』(서울 : 온지학회, 2003), 9집, 275~325쪽.
12 김세종, 『조선음악 연구』(서울 : 보고사, 2008)
13 송혜진, "함화진론-생애와 민속음악론을 중심으로", 『한국민속학』(서울 : 민속학회, 1996), 28집, 229~320쪽.
14 정수진, "조선음악, 조선음악가의 관란-오당 함화진을 중심으로", 『한국민속학』(서울 : 한국민속학회, 2005), 41집, 387~418쪽.
15 남상숙, "율학의 연구성과와 연구방향", 『한국음악사학보』(서울 : 한국음악사학회, 2004), 32집, 115~154쪽.
16 최　헌, "한국 전통음악의 음고조직 연구의 쟁점", 『한국음악사학보』(서울 : 한국음악사학회, 2004), 32집, 271~320쪽.

그 외의 연구로는 민속학자로서 송석하 정도가 연구되고 있고[17] 국문학계에서 꾸준히 다루어 왔던 사람들로는 조윤제·이병기 등을 들 수 있다. 이들 문학자들의 연구 중에서 음악적인 측면만을 가지고 다룬 것은 아니지만 시조나 민요·향가와 같이 문학과 음악 장르가 함께 있는 분야에 대한 연구이기 때문에 이들의 연구도 놓칠 수 없는 것이다. 또 서양음악가이면서 국악 연구를 한 이종태·계정식 등에 대한 연구도 아직 없다. 또한 신문 잡지에 국악 관련 학술적 글을 발표한 바 없지만 『朝鮮俗曲』·『新編俗曲集』 등을 내고 국악 관련 연구를 한 이상준과 『靈山會上』을 펴낸 김인식 등 서양음악가의 국악 연구에 대한 연구도 필요하다.

또한 외국인에 의한 전통음악 연구도 빼놓을 수 없는데 이들에 대해서는 그 존재만을 밝혔을 뿐 그 연구가 무엇이었는지에 대해서 구체적으로 연구되고 있지 않다. 그 예로는 다나베 히사오(田辺尚雄)·이시가와 기이찌(石川義一)·다까하시 도루(高橋亨) 등의 일본인을 비롯하여 독일인 안드레아스 에카르트(Andreas Eckardt)와 프랑스인 모리스 쿠랑(Maurice Courant)[18] 등의 연구가 있다. 이 중에서 다까하시 도루의 경우는 국문학계의 연구는 많지만 음악계의 연구가 없고 다나베 히사오나 이시가와 기이찌에 대해서는 김수현에 의해 연구[19]가 이루어지기는 했으나 다나베 히사오가 일본의 학술지 등과 저서에 남긴 조선음악에 관한 많은 저술 등이 전면적으로 연구되어 있지는 못하다. 또한 조선음악을 저술했던 서양인 연구자들 중

---

17 황미연, "송석하의 생애와 음악관", 『음악학논총』(서울 : 권오성박사화갑기념논문집간행위원회, 2000), 859~881쪽.

18 모리스 쿠랑(Maurice Courant ; 1865년 ~ 1935년)은 프랑스의 동양학자로 서울·도쿄·톈진 등에서 공사관의 통역으로 근무하였는데 1890년 조선 주재 프랑스 공사관에 있으면서 조선의 도서를 연구하여 『조선 서지학』 3권을 펴낸 바 있다.

19 김수현, "다나베히사오의 조선음악조사에 대한 비판적 고찰", 『한국음악사학보』(서울 : 한국음악사학회, 1999), 22집, 115~146쪽.

한 명인 에카르트에 대해서는 그가 쓴 『조선음악』에 대해 이왕직아악부 소개 책자에서 조금 언급되는 정도에 그치고[20] 쿠랑에 대해서는 아직 연구가 없다.[21]

이와 같이 일제강점기 국악 연구는 활발하게 전개되어 있었음에도 불구하고 그에 대한 관심이 아직은 적고 그것이 얼마나 어떻게 이루어졌는지에 대한 본격적인 연구가 부족한 실정이다.

III. 일제강점기 국악 관련 학술 연구 양상

일제강점기 국악이란 용어는 당시 일반화되어 있지 않은 아주 특수한 경우에만 쓰였다. 따라서 대개 서양음악·일본음악 등 외국음악에 대한 연구가 아닌 조선음악·조선악·조선가요·조선성악·조선무용 등을 비롯하여 한국의 전통음악과 관련된 용어, 즉 삼국시대·신라시대·고려시대·이조시대 등 한국의 왕조 시대를 구체적으로 제시하거나 장르 명칭으로 아악·민요·향가·시가 등을 그 연구의 범주로 한다. 또한 연구를 무엇으로 한정할 수 있는지에 대해서는 애매한 경우가 많지만 '~연구'라고 제목에 쓰여 있거나 '~고찰'이라는 제목으로 글을 쓴 것을 비롯하여 어떤 장르나 부분 음악사에 대한 서술과 해설 등 연구적 성격의 글을 중심으로 다루었다.[22]

20 국립국악원, 『국립국악원개원마흔돌기념근대음악사전집-이왕직아악부와 음악인들』(서울 : 국립국악원, 1991), 147쪽.
21 에카르트와 쿠랑의 국악에 대한 연구의 양상을 살필 수 있는 서지정보는 본론 III장의 2.에서 다루고 있는 잡지 게재의 전통음악관련 학술 기사인 洪以燮의 「朝鮮音樂史의 몇個 文獻」(文章, 1941.3)에 실려 있다.
22 이 연구는 다음과 같은 자료를 토대로 하였다. 잡지의 경우, 김수현·이수정의 『한국근대음악기사자료집-잡지편』(권1~권10)(민속원, 2008)을, 신문의 경우, 조

1. 신문에 게재된 글

일제강점기 주요 신문은 매일신보·조선일보·동아일보·중외일보·경성 신문 등을 들 수 있다. 신문에 게재된 국악 관계 학술기사는 대부분 조선 일보와 동아일보에 있는데, 이 신문들은 1920년에 창간해서 중간에 정간 이 되었던 적이 있고 1940년에 폐간되었기 때문에 약 20년 정도의 기간에 걸쳐 있었던 글들로 범위가 약간 좁혀있다.

신문에 게재된 학술적 기사는 연재물이 대부분이다. 일반적인 소식 기 사나 평론 등의 기사는 1회에 가능한 것이지만 학술적인 내용은 연재를 통해서만 그 논술을 펼 수밖에 없는데, 신문은 잡지보다 그 지면이 훨씬 적기 때문에 연재물이 많고 그 연재 횟수도 상당히 긴 것들이 많다. 일제 강점기 신문에 게재된 국악 관련 학술기사는 200여 편인데 연재물을 한 건으로 쳐서 그것을 목록화하면 다음과 같이 60여 편으로 압축된다.[23]

〈표-1〉 일제강점기 신문에 게재된 국악 관련 학술기사

일자	신문	기사제목	연재상황	필자
1928.01.20	中外日報	鄕歌의 解(一)~(完,九)	9회~28.01.28	安自山
1928.02.11	中外日報	東洋의 音論과 諺文(1)~(7)	7회~28.02.17	安自山
1928.03.12	中外日報	音樂의 縱橫談(1)~(7)	7회~28.03.18	安自山
1928.04.18	中外日報	言語와 音樂(1)~(4)	4회~28.04.21	安自山
1929.10.02	朝鮮日報	硏究와 批評:東洋詩歌 原流		李昇圭
1929.11.22	朝鮮日報	藿里子高의 愛歌와 麗玉의 공후인 대동강 변의 곡비극		文一平
1929.11.23	朝鮮日報	일대의 풍류남아 처용의 歌舞	3회~29.11.27	文一平
1929.12.02	朝鮮日報	고구려의 희귀한 시가 없는 溟州歌		文一平

····················

선일보 아카이브, 한국역사통합시스템의 연속간행물을 이용하였다.
23 이 목록에서 앞 칸의 일자는 연재물일 경우에는 1회의 날짜이고 연재상황 부분 은 마지막회의 날짜이다.

일자	신문	기사제목	연재상황	필자
1929.12.06	朝鮮日報	선예술로는 예성강도, 음으로는 예성강곡		文一平
1929.12.29	朝鮮日報	才色이 雙絶한 千古名妓 黃眞	3회	文一平
1930.01.22	朝鮮日報	朝鮮古來歌曲의 來脈과 歌法(全4回)	4회~20.1.26	安自山
1930.07.11	朝鮮日報	民謠「아리랑」에 對하야(一)~(四)	4회~30.07.16	金在喆
1930.09.24	東亞日報	時調의 淵源-朝鮮歌詩의 條理(1)~(5)	5회~30.09.30	安自山
1930.10.01	東亞日報	歌詩와 民族性 朝鮮歌詩의 條理(1)~(2)	2회~30.10.02	安自山
1930.10.03	朝鮮日報	나의 硏究 新興民謠:그 斷片的고찰	3회	蘇瑢叟
1930.11.18	朝鮮日報	民謠에 대한 私見		金大鳳
1931.04.12	朝鮮日報	時調의 體格 風格 (1)~(4)	4회~31.04.19	安自山
1931.05.01	朝鮮日報	高句麗曲		安自山
1931.05.08	朝鮮日報	시조의 선율과 어투 (上)~(下)	2회~31.05.10	安自山
1931.05.08	朝鮮日報	時調의 旋律과 語套 (상)~(하)	2회~31.5.10	安自山
1931.05.21	朝鮮日報	時調의 詞姿 (1)~(4)	4회~31.05.30	安自山
1931.05.28	朝鮮日報	俗歌行		安自山
1931.08.01	朝鮮日報	處容考에 對하여. 요정(1)~(完,2)	2회~31.08.02	安自山
1933.10.20	朝鮮日報	조선가요개설-가요와 조선문학(1)~(13)	13회~33.11.07	金台俊
1933.11.15	朝鮮日報	조선가요개설(12)-근대가요론(1)~(3)	3회~33.11.17	金台俊
1933.11.18	朝鮮日報	시조가요개설(12)-시조론(1)~(2)	2회~33.11.19	金台俊
1933.12.16	東亞日報	鳳山의 舞術假面(1)~(4)	4회~33.12.20	宋錫夏
1933.12.16	東亞日報	조선가요개설(45)-별곡의 연구		金台俊
1934.03.07	朝鮮日報	조선가요개설(56). 민요편 (1)~(12)	12회~34.03.20	金台俊
1934.07.24	朝鮮日報	조선민요의 개념. 조선민요의 시대성과 장래(1)~(11)	11회~34.08.04	金台俊
1935.01.01	朝鮮日報	시조의 기원과 그 형태(1)~(5)	5회~35.01.13	李秉岐
1935.01.01	朝鮮日報	신라향가의 해설-민중예술로서 가요를말함(상)~(하)	3회~35.01.04	金台俊
1935.02.01	朝鮮日報	史上에 나타난 예술가의 군상-王山岳과 玉寶高		湖岩
1935.03.16	朝鮮日報	史上에 나타난 예술가의 군상-처용랑과 처용가		湖岩
1935.07.06	朝鮮日報	세계에 자랑할 조선아악		咸和鎭
1935.10.03	東亞日報	傳承音樂과 廣大史의 回顧와 將來의 用意(1)~(7)	7회~35.10.11	宋錫夏
1936.01.01	朝鮮日報	鄕歌해독에就하여-특히願往生歌를중심으로(1)~(13)	13회~36.01.23	梁柱東
1936.03.26	東亞日報	新羅의 狡猊와 北靑의 獅子 民俗硏究의 一新發見		宋錫夏

일자	신문	기사제목	연재상황	필자
1937.01.01	朝鮮日報	優長, 靈秀·古雅 아악의 묘미		咸和鎭
1937.03.21	朝鮮日報	역사 이야기-음악가 우륵		文一平
1937.05.15	朝鮮日報	봉산민속무용考-연극학상및무용계통상으로(1)~(3)	3회~37.05.18	宋錫夏
1938.01.11	朝鮮日報	율관의 해설 (1)~(4)	4회~38.01.14	咸和鎭
1938.04.22	朝鮮日報	조선의 향토예술 간단한 사적 경개(1)~(3)	3회~38.04.24	宋錫夏
1938.06.05	朝鮮日報	鄕歌解疑 (1)~(6)	6회~38.06.15	田蒙秀
1938.10.07	東亞日報	朝鮮古來雅樂의 史的小考		李鍾泰
1938.11.08	東亞日報	朝鮮雅樂器의 構造와 그 性能	13回~38.12.8	李鍾泰
1939.01.03	東亞日報	우리 舞踊의 再認識-朝鮮舞踊의 史的概觀肖		宋錫夏
1939.02.19	朝鮮日報	역사이야기-음악가 박연		文一平
1939.05.30	朝鮮日報	時調科(1)-韻律 ~(4)-형식 내용	4회~39.06.06	李秉岐
1939.06.14	朝鮮日報	고려가사시비-染柱東氏에게 一言함	3회~39.06.17	金台俊
1939.07.01	朝鮮日報	고대가요의형식-특히『고려가요』의 명칭에 대하여		趙潤濟
1939.07.11	朝鮮日報	정읍사 해득의 참고 (1)~(6)	6회~39.07.18	安自山
1939.07.30	朝鮮日報	全字 小辨-井邑詞 後腔의一問題(1)~(6)	6회~39.08.08	梁柱東
1939.09.03	朝鮮日報	향가의 신해석 (1)~(完,4)	4회~39.09.10	辛兌鉉
1939.10.05	朝鮮日報	시조시학 (1)~(6)	6회~39.10.12	安自山
1940.03.30	帝國大學新聞	朝鮮雅樂に就て-貴重な文化の光		田邊尙雄
1940.07.25	朝鮮日報	五音階의 小考		桂貞植

신문에 실린 국악 관련 학술기사는 1930년대 후반에 가장 많다. 주제를 보면, 전반적으로는 문학적인 시조·향가·민요 등에서 문학적인 내용과 함께 서술한 경우가 많다. 그러한 속에서도 음악적인 내용만을 단독적으로 다룬 글도 있는데, 함화진의 「율관의 해설」(4회 연재)이나 이종태의 「조선고래아악의 사적소고」와 「조선아악기의 구조와 그 성능」(13회 연재) 및 계정식의 「오음계의 소고」 등이 그러한 예이다. 이러한 것은 이후 연구에 중요한 토대가 되고 있다.

2. 잡지에 게재된 글

우리나라에서 잡지는 1898년 최초로 발간되지만 1920년대 말부터 국악 연구가 활발하게 진행되어서 1930년대 전반기까지 가장 많은 양의 글이 쏟아져 나온다. 그리고 1930년대 말에서 1940년까지의 글이 상당량 있고 1942년 이후에는 거의 찾아보기 어렵다.[24] 잡지 중에서 『朝鮮』에 국악 관련 학술기사가 가장 많이 실려 있다. 『조선』은 조선문판과 일본어판이 각각 따로 발행 되었는데, 양 쪽에 같은 제목의 같은 글을 싣는 경우가 많다. 국악 연구와 관련한 학술적인 글을 가장 많이 쓴 사람은 안확이다. 그는 주로 궁중 전래 음악을 연구해 발표했다.

이원규는 조선왕조실록을 바탕으로 악제의 변천에 대해서 썼다. 판소리는 정노식이, 시가에 관해서는 조윤제·이병기·김태준 등이, 민요에 관해서는 김지연이, 민속학에서는 송석하·이능화 등이 주요 필진이다. 일본인으로는 石川義一·高橋亨·田中德太郎·岩谷武市·田中初夫 등이 있다. 일제강점기 잡지에 실린 국악 관련 학술 기사는 250여 편이 되는데 이 중 연재된 글이나 조선어와 일본어판에 중복된 글을 한 편으로 해서 목록화하면, 대략 130여 편이 된다. 이를 연도순으로 정리하면 다음과 같다.[25]

---

24 이 시기 이후 연구가 없는 이유는 이 시기가 2차 세계 대전 시기이면서 일제의 총동원체제기로서 모든 학문·문화·언론 등의 활동이 통제 금지되는 시기였기 때문인 것으로 보인다.
25 위의 연재물은 다루는 내용은 다르지만 하나로 만들고 연재사항만을 써 주었고 일어문과 조선문에 같은 내용으로 중복 게재한 것이나 다른 잡지에 같은 제목의 같은 내용을 게재한 것도 하나만 넣었다.

〈표-2〉일제강점기 잡지에 실린 국악 관련 학술 기사

년.월	잡지명	제목	연재횟수	필자
1914.12	經學院雜誌	樂器圖說(祀典)-五禮儀軒架~(續) -鍾,磬	8회~16.12	
1915.03	佛教振興會月報	雜俎-靈山會上曲의 緣起		李能和尙玄
1915.07	佛教振興會月報	史傳-海東佛界의 梵唄 原流		尙玄居士
1916.04	朝鮮彙報	農社農樂に關する硏究		豊田重一
1917.04	朝鮮文藝	歌謠-古今歌謠의 沿革~古今의 歌謠	2회~18.10	太華山人
1918.10	朝鮮文藝	朝鮮新樂府		天籟子
1918.10	朝鮮文藝	文藝의 古樂과 古戲와 古物		
1921.06	靑年	朝鮮古來의 歌曲(一)		和樂生
1921.08	朝鮮	朝鮮の音樂		田中德太郎
1921.09	朝鮮	朝鮮俗曲 (악보)愁心歌 路軍樂		石川義一
1922.06	朝鮮	文廟に關する調査(兩廡を主とす)		小田省吾
1922.12	新天地	朝鮮의 音樂(上)~(下)		安廓
1923.01	朝鮮	朝鮮の樂曲竝樂器の沿革-雅樂隊の竝 樂師長		
1923.09	朝鮮	濟州島及鬱陵島民謠調査に就て		石川義一
1924.03	朝鮮	寧邊歌に就て (악보)寧邊歌		石川義一
1924.04	朝鮮	鎭南浦の民謠		石川義一
1926.03	朝鮮史學	朝鮮雅樂に就て		安自山
1927.05	現代評論	麗朝時代의 歌謠		安自山
1927.08	現代評論	時調作法		雲門生
1927.09	現代評論	鄕歌의 歌謠史的 地位		李殷相
1928.05	別乾坤	世界人의 欽歎하는 朝鮮의 雅樂		安自山
1928.05	別乾坤	朝鮮古樂의 變遷과 歷代樂壇의 名人物		風流郎
1928.05	朝鮮	朝鮮の巫俗(一)~(八)	8회~29.01	李能和
1928.12	朝鮮	朝鮮樂制の變遷(一)~(六)	6회~30.06	岩谷武市
1928.12	朝鮮	朝鮮歌謠의史的考察(一)~(三)	3회~29.12	李源圭
1929.01	朝鮮之光	朝鮮民謠의 特質과 其將來		金東煥
1929.02	新生	近代歌謠大方家 申五衛將		曹雲

년.월	잡지명	제목	연재획수	필자
1929.02	朝鮮	朝鮮歌謠史上으로 본 時調의 起源과 變遷 (一)~(二)	2회~29.03	李源圭
1929.07	新興	三國時代의 歌舞戲		趙潤濟
1929.07	朝鮮	朝鮮民謠에對하야		金志淵
1929.08	佛敎	鄕歌의 解明과 均如大師의 聖蹟		白陽桓民
1929.09	朝鮮	處容歌解讀		前間恭作
1929.09	朝鮮及滿洲	朝鮮の近代俗謠に對する考察		李光天
1929.10	佛敎	朝鮮樂과龜玆國樂~(續)	2회~29.11	安自山
1929.11	朝鮮	歌聖張竹軒逝去百二十年		安廓
1929.12	新興	古歌謠一章		陶南
1930.01	朝鮮研究	朝鮮雅樂隊の沿革-李王職雅樂部		
1930.01	學生	學生文藝講座・時調와그研究(1)~(10)	10회~30.11	李秉岐
1930.01	佛敎	朝鮮音樂과佛敎(1):史的考察 ~(6)結論	6회~30.06	安自山
1930.01	新生	朝鮮古代의 樂舞		安廓
1930.01	朝鮮	千年前의朝鮮軍樂(악보)皇風樂		安廓
1930.02	朝鮮及滿洲	朝鮮雅樂の樂律に關する解說(一)~(三)	2회~30.04	田中初夫
1930.03	新生	處容歌에 就하여		安自山
1930.03	朝鮮	朝鮮現存樂器考		安廓
1930.03	朝鮮	朝鮮音樂의 研究(一)樂器篇~(七,完)雜攷篇	7회~30.12	安廓
1930.04	新生	東京과處容歌에 대해-安自山께답함		孫泰晋
1930.04	朝鮮	朝鮮官妓의 起源(一)~(二)	2회~30.05	李能和
1930.05	朝鮮	朝鮮雅樂曲解題, (악보)文廟迎神曲/與民樂		安廓
1930.05	朝鮮	朝鮮民謠의 古今		安之覃
1930.05	朝鮮	朝鮮民謠의 研究(一)~(三)	3회~30.07	金志淵
1930.05	朝鮮研究	朝鮮雅樂の音譜		
1930.05	朝鮮及滿洲	民謠雜論~續民謠雜論	2회~30.07	田中初夫
1930.07	大衆公論	詩歌에 關하여		牛耳洞人
1930.08	朝鮮	古今農謠集(一)~(三,完)	3회~30.10	金志淵
1930.11	新民	朝鮮樂器와 그 沿革-李王職雅樂部調査		
1931.05	朝鮮	高麗時代의 歌詩		安廓
1931.07	東光	薯童謠와 井邑詞		文一平
1931.07	新興	朝鮮民謠漫談		金在喆

년.월	잡지명	제목	연재횟수	필자
1931.07	朝鮮語文學會報	民謠研究의 參考書		
1931.08	朝鮮及滿洲	朝鮮の舊劇を觀るの記		本誌記者
1931.10	朝鮮語文學會報	古圖書解題(1)靑丘永言解題~(6)南薰太平歌	6회~33.07	陶南
1931.10	朝鮮語文學會報	아리랑과 世態		K.C.C
1931.12	朝鮮	朝鮮音樂史(附處容)~(承前)	2회~32.01	安廓
1931.12	朝鮮語文學會報	歌謠의硏究와 整理는 如何히할가		李在郁
1932.02	朝鮮	朝鮮の民謠		高橋亨
1932.02	朝鮮	山臺戱と處容舞と儺		安廓
1932.02	朝鮮	朝鮮の音樂に就て		安廓
1932.04	朝鮮語文學會報	靑丘永言編者와海東歌謠編纂年代에對한再考		趙潤濟
1932.05	東光	朝鮮民謠論		崔榮翰
1932.05	朝鮮	忠北の二名勝彈琴臺と華陽洞		Y生
1933.01	文敎の朝鮮	海東歌謠を讀む		多田正知
1933.01	朝鮮	民謠に現はれた濟州の女		高橋亨
1933.01	朝鮮	三國時代의 文學		安廓
1933.01	朝鮮民俗	五廣大小考		宋錫夏
1933.01	朝鮮民俗	晋州五광대 -탈노름		鄭寅燮
1933.07	朝鮮語文學會報	朝鮮詩歌의 原始形		趙潤濟
1933.07	朝鮮語文學會報	알·아리·아지		TZ
1933.07	衆明	朝鮮歌謠의 女性觀		金台俊
1933.07	朝鮮	北鮮の民謠 ~嶺南大家內房歌辭	2회~33.11	高橋亨
1934.11	震檀學報	朝鮮詩歌의 胎生		趙潤濟
1934.11	震檀學報	詩調의 發生과 歌曲과의 區分		李秉岐
1935.01	新東亞	鄕歌와 朝鮮文學의 黎明期		崔文鎭
1935.04	震檀學報	處容舞·儺禮·山臺劇의 關係를 論함		宋錫夏
1935.09	三千里	우리 民謠와 文學		梁明
1935.09	震檀學報	論述—歷代歌集編纂意識에 對하야		趙潤濟
1935.11	朝光	新羅의 文字와 鄕歌		金九經

년.월	잡지명	제목	연재획수	필자
1935.11	朝光	新羅의 音樂舞踊		羅衣耕夫
1935.12	三千里	時調講座, 時調鑑賞과 作法~(續)	2회~36.06	李秉岐
1936.02	朝光	朝鮮文化問答室-廣大~假面이란 무슨뜻인가	2회~36.04	宋錫夏
1936.06	한글	世宗大王과八道歌謠蒐集事業		金台俊
1936.08	朝光	업서진 民俗-社堂牌~妓生의 特色	2회~36.10	白花郎
1936.09	朝鮮	朝鮮民謠の歌へる母子の愛情		高橋亭
1936.09	朝鮮	釋譜詳節と月印千江之曲と月印釋譜		江田俊雄
1936.10	朝光	玉山神社와 高麗歌		白陽桓
1936.12	朝光	朝鮮音樂論		咸和鎭
1937.01	新興	高麗詩歌 眞勺의 詩歌名稱性		趙潤濟
1937.02	朝鮮	民衆娛樂としての鳳山假面劇		村山智順
1937.02	朝鮮	山臺雜劇に就いて		高橋亭
1937.02	朝鮮	假面舞踊劇鳳山タ-ル脚本		吳晴
1937.07	野談	용재총화中 在來音樂의 善手~音樂의 原則		權泰義
1937.07	朝光	唯一 古歌의 權威 河圭一翁의 長逝		咸和鎭
1937.07	野談	狂處女 褒芳이의 굿의 由來		全世源
1937.10	朝鮮	朝鮮の部落祭		村山智順
1937.10	朝鮮	朝鮮の祭樂		咸和鎭
1938.01	三千里文學	朝鮮詩歌의 英譯		鄭寅燮
1938.01	正音	高麗歌詞 歷代轉理歌를 紹介함, 歷代轉理歌		崔益翰
1938.05	朝光	朝鮮廣大의 史的 發達과 및그 價値		魚鳥同室主人
1938.06	朝光	朝鮮風俗特輯 -傳承노래의 由來		宋錫夏
1938.08	四海公論	歌詞에서 본 古朝鮮人의 戀愛觀		金台俊
1938.09	朝鮮	朝鮮雅樂樂器(磬鐘)について		平賀良藏
1939.03	朝光	伯牙의 碎琴		咸和鎭
1939.05	朝光	李朝樂制原流		咸和鎭
1939.06	朝光	新羅의 聖徒 百結先生論		柳子厚
1939.06	朝鮮	高麗歌詞の解說		金台俊
1939.06	한글	高麗歌詞 이야기		金台俊
1939.08	月刊野談	靑手帖;朝鮮舞踊(1)春鶯舞,四鼎舞,僧舞~(3)	3회~39.10	
1939.11	文章	鄕歌와 武士		安自山
1939.12	朝鮮及滿洲	民謠とは		美島梨雨

년.월	잡지명	제목	연재횟수	필자
1940.01	朝鮮	鄕歌の新解讀		辛兌鉉
1940.02	한글	歌謠蒐集(一)~(二)	2회~40.05	權泰泓
1940.05	野談	舊歌轉載-嫡庶打令-三十年前作		作者未詳
1940.10	한글	아리랑과 스르스리의 語源一考		
1940.11	女性	伽倻琴		張寅湜
1941.03	文章	朝鮮音樂史의 몇個 文獻		洪以燮
1941.04	春秋	朝鮮民謠의 分類		高渭民
1941.05	春秋	朝鮮樂器 이야기(1)~(3) 竪箜篌	3회~41.07	咸和鎭
1941.06	春秋	名唱 石介傅-女流名唱의 始祖		南倉俗人
1941.12	春秋	輯安高句麗古墳과 樂器		宋錫夏
1942.10	朝鮮	民謠の硏究と社會學		秋葉隆
1943.05	現代評論	麗朝時代의 歌謠		安自山
1943.06	한글	世宗大王과八道歌謠蒐集事業		金台俊

위의 목록에서 알 수 있듯이 신문에서와 마찬가지로 잡지에도 1930년
대에 발표된 글이 가장 많다. 이는 음악에 관한 글뿐만 아니라 다른 분야
에서도 많은 글이 발표되었고 잡지가 가장 많이 발행되었던 시기와 관련
이 있다. 잡지가 학술지를 대신하긴 하였으나 다른 일반적 기사들에 비해
학술적 기사는 연재물이 상당히 많이 있다. 학술적 기사, 즉 연구 논문과
같은 형태의 글은 많은 분량을 필요로 하기 때문이다.

3. 주제별로 본 연구의 양상

1) 음악사적 연구

신문 잡지에 실린 전통음악 관련 글의 대부분에서 음악사적인 연구를
찾아 볼 수 있지만 그 중에서도 역사적 맥락을 주로 한 연구만을 가지고
논한다면, 아래와 같은 글을 주로 들 수 있다.

이 중에서 음악사에 대한 개괄적인 모습을 보인 연구로는 田中德太郎의 「朝鮮の音樂」(1921), 안확의 「朝鮮의 音樂(上)~(下)」(1922), 함화진의 「朝鮮音樂論」(1936) 등이 있다. 이 글들의 제목에서는 음악사라고 하고 있지는 않지만 실제 내용을 보면 음악사를 서술한 것이다.

또한 특정 시대의 음악사를 다룬 것으로는 삼국시대의 음악무용을 다룬 羅衣耕夫의 「新羅의 音樂舞踊」(1935)과 조윤제의 「三國時代의 歌舞戲」(1929)를 들 수 있다. 또 고려시대의 가요사를 다룬 安自山의 「麗朝時代의 歌謠」(1927)가 있다. 그리고 조선시대를 다룬 것으로 함화진이 『朝光』에 쓴 「李朝樂制原流」(1939)가 있다. 조선시대의 음악사는 주로 조선왕조실록에 근거한 내용으로 왕조별 음악사라고 볼 수 있는 것으로 궁중 음악을 중심으로 하고 있다.

음악사를 통사적으로 쓴 글은 연구의 성격과 글의 길이로 인해 주로 연재물이 많은데, 이원규가 3회 연재한 「朝鮮歌謠의史的考察(一)~(三)」(1928), 岩谷武市가 6회에 연재한 「朝鮮樂制의 變遷(一)~(六)」(1928), 안확이 2회 연재한 「朝鮮音樂史(附處容)」(1931)가 있는데, 이들은 모두 『조선』에 연재한 것들이다. 이 중에서 「조선음악사」는 안확이 자신의 여러 가지 글을 종합하여 다시 통사적으로 쓴 글로 근대적 의미의 한국음악사라고 할 수 있다. 이 글은 사실상 1922년에 쓴 「조선의 음악」이라는 글에서부터 시작된 여러 국악사 관련 글을 종합하여 체계적으로 쓴 글이다. 문헌에 근거가 있는 삼한시대부터 서술했고 시대구분은 『조선문명사』나 『조선문학사』와 같은 왕조별 시대구분을 했다. 또한 홍이섭이 『文章』에 쓴 「朝鮮音樂史의 몇個 文獻」(1941)의 경우는 음악사 연구의 기초 자료가 되는 문헌을 소개함으로써 이후 연구에 도움이 되는 글이라고 할 수 있다. 특히 당시 국악 연구를 했던 외국인 에카르트와 쿠랑의 조선음악 연구에 대한 소개[26] 역시 그 의미가 크다.

2) 음악가 연구

음악가에 대한 연구는 여러 음악가들을 열전형식으로 쓴 경우가 있고 음악가 한 사람을 심도 있게 다룬 글이 있는가 하면 주로 문헌에서 등장하는 유명한 음악가를 중심으로 그 일화를 적어 놓은 가벼운 글이 있다.

풍류랑(風流郎)이라는 필명으로 안확이 『별건곤』에 쓴 「朝鮮古樂의 變遷과 歷代樂壇의 名人物」(1928)은 음악가 열전이라고 할 수 있는데 『삼국사기』나 『삼국유사』에 기록된 물계자 백결선생 왕산악 우륵에서부터 1920년대 말 당시의 이왕직아악부의 악사와 민속 음악인들에 대해 상세하게 적어 놓았다. 이는 심도 있는 음악가론은 아니지만 역대로 어떤 음악가가 있었는지를 알 수 있는 중요한 글이라고 할 수 있다.

또한 魚鳥同室主人이란 필명으로 쓴 「朝鮮廣大의 史的 發達 및 그 價値」 (1938)가 있는데, 어주동실주인은 『朝鮮唱劇史』(1940)와 필명이 같고 내용이 비슷하다는 점에서 정노식(1899~1965)인 것을 알 수 있다. 이 글은 20쪽이나 되는 많은 분량의 글로 이 제목에서 말하는 광대란 명창들을 말한다. 여기에서 정노식은 초기 명창인 권삼득·염계달·고수관·송흥록·모흥갑·주덕기·송우룡·박만순·정창업·장자백·김세종·정춘풍·박기홍 등과 현대 명창 즉 당시의 명창인 김창한·이동백·정정렬·김창룡·유성준 등을 소개하고 여류 명창인 이화중선·김초향·박녹주 등까지 소개하고 있다. 이 글을 토대로 이론과 역사·유파 분류 등을 덧붙이고 더 많은 명창들을 넣어서 체계적으로 『조선창극사』를 저술한 것으로 보인다.27 『조선창극

---

26 에카르트의 『朝鮮音樂』에 대한 서지정보는 Koreanische Mujsik.(Mitteilungen der Deutschen Ge sellscha fur Natur und Volkerkun de Ostasines, Bond XXIV.Teil B, Tokyo, Verlao von "Asia Major" Leipzig.로 소개하였고, 쿠랑의 『조선의 문헌』이란 저서에서 조선음악의 지나음악과의 관계를 논한 내용을 소개하면서 다음과 같은 서지 정보를 제공하였다. Maurice Courant, Essai historique sur la musique des Chinois, avec un appendice relative a la musique Coreenne, 1921, Paris.

사』에서 중요한 내용인 판소리의 계면조·우조 등의 이론과 동편 서편 중 고제의 분류 등이 이미 이「조선광대의 사적 발달과 가치」에서 언급되었 다는 사실을 알 수 있다.

안확의「歌聖張竹軒逝去百二十年」(1929)은 죽헌 장우벽(張友壁)에 대한 음악가론이다. 이는 장우벽의 생애에 대한 전기를 쓴 것이 아니라 그의 가법(歌法)과 그가 창안한 매화점 장단이 무엇이었고 그의 가법이 어떻게 전해졌는지 계보를 그려 보였다는 점에서 근대적 의미의 음악가론이라고 할 수 있다. 이 글은 가성(歌聲) 장우벽의 일생을 알 수 있게 하기도 했지 만 가법에 대한 문제를 연구할 수 있고 가곡계의 계보를 그릴 수 있게 하였다는 데 큰 의의가 있다.

함화진의「唯一 古歌의 權威 河圭一翁의 長逝」(1937)는 당시 가곡계의 권 위였던 하규일이 죽은 직후 애도사나 추도사를 대신하여 쓴 것이다. 하규 일의 죽음에 대해 안타깝게 여기며 그의 생애와 자신과의 인연을 회고하 는 내용이다. 하규일은 1911년 조선정악전습소에서 학감으로 있으면서 후진을 양성했고 전습소에 다동조합을 만들어 기생들에게 가곡을 가르쳤 고 1930년에는 이왕직아악부에 촉탁으로 있으면서 후진을 양성했다. 그 가 아악생들에게 가곡을 가르친 것은 뒷날 가곡이 오늘날까지 이어지게 된 계기가 된 것이다. 그렇게 역사적으로 중요한 지위에 있었던 하규일의 가계와 가곡의 계보에 대해서 함화진이 짧게나마 서술한 것은 큰 의미가 있다. 이것은 안확이 쓴「가성 장죽헌 서거 백이십년」의 글과 연계하여 가곡의 계보를 밝힐 수 있게 하는 중요한 글이다.

---

27 이 정노식의 글에 대해 홍이섭은「朝鮮音樂史의 몇個 文獻」(1941)에서 다음과 같이 평가하고 있다. "조선성악 창극음악사에 관한 것은 전혀 결핍 상태로 정노 식씨의 조선창극사가 있기는 하나 사료적인 의미에서 한 개 문헌으로 취급한다 해도 서명 그대로 사적 연구로써는 그 가치를 인정치 못한 비과학적인 노트일 뿐이다."

음악가에 대해서 가볍게 다룬 글도 있는데, 문일평의 「史上에 나타난 예술가의 군상-王山岳과 玉寶高, 처용랑」(1935)·「역사기야기-음악가 우륵」(1937)·「역사이야기-음악가 박연」(1939) 등이 그것이다. 함화진이 쓴 「伯牙의 碎琴」(1939)과 유자후의 「新羅의 聖徒 百結先生論」(1939) 등 역시 그러한 예인데 함화진은 중국의 백아절현이라는 유명한 고사를 남긴 전설적 음악가인 백아를, 유자후는 신라시대 방아타령을 지었다는 백결을 다루고 있다. 또한 南倉俗人이 『춘추』에 게재한 「名唱 石介傳-女流名唱의 始祖」(1941)의 경우는 좀 독특한 음악가 즉 여류명창의 시조에 대한 글이다.

3) 악기 연구

악기에 대한 연구는 주로 이왕직아악부에 당시까지 내려오는 악기를 중심으로 쓴 것이 많다. 그래서 연구가 주로 아악기를 다루고 있지만 민간에서 쓰는 악기를 함께 설명하기도 한다.

「朝鮮の樂曲竝樂器の沿革- 雅樂隊の竝樂師長明完璧氏」(1923)·「朝鮮樂器와 그 沿革」(1930)은 이왕직아악부에서 조사한 악기에 대해서 그 유래를 밝히고 어떤 의식에 쓰이는 악기인지를 설명한 글이다. 안확의 「朝鮮音樂과 佛敎(2) : 三.樂器」(1930)·「朝鮮現存樂器考」(1930)·「조선음악 연구(1)-악기편」(1930)·「조선음악 연구(2)-타악기편」(1930) 등에서 몇 가지 특이한 점을 살펴보면 악기 분류는 곡조상으로 아악기 당악기 향악기 군악기로 분류하고 사용상으로는 관악기·현악기·타악기로 분류한다고 하여 조선 전통의 악기 분류법과 서양식 분류법을 다 소개하면서도 자신은 관현타의 분류방법을 택해서 악기를 해설하고 있다. 또 악곡에 따른 분류와 관현합주의 분류를 박자부와 선율부로 나누었는데 거문고를 박자부에 넣었다는 점이나 선율부에서 종 경 해금 아쟁을 주선율로 분류한 점이 독특하다.

또한 장인식의 「伽倻琴」(1940)의 경우에는 특정 악기에 대한 연구이다.

장인식의 글은『삼국사기』「악지」를 비롯한 문헌에 근거하여 가야금의 유래와 전래, 가야금의 명인 등에 대해 서술하고 있다. 송석하가『春秋』에 게재한「輯安高句麗古墳과 樂器」(1941)의 경우는 자신이 평북 일대의 고구려 고분을 답사·견학하고 나서 쓴 글로 고분에 그려진 악기 중에 완함·각·금·소·적에 대해 설명한 것이다.

악기에 관해 연재물로 발표한 글은 악기에 대한 종합적 고찰이라고 할 수 있다.『경학원잡지』에서 연재한「악기도설」(1915, 1916)은 鍾·磬·編鍾·編磬·瑟·琴·管·篪·簫·篴·箎·笙·竽·和·缶·塤·路鼓·路鼗·節鼓·晉鼓·祝·敔 등과 음악에 쓰는 器物인 麾·照燭·蠹·旌·錞·鐃 등을 다루고 있는데 모두 제례악에 쓰이는 아악기이다.『경학원잡지』는 유교 교육기관인 경학원에서 발행한 것이기 때문에 유교의식에서 쓰이는 악기에 대해 소개한 것이다. 한문으로 되어 있고『周禮圖』·『文獻通考』·『禮書』·『樂書』등의 중국문헌과『樂學軌範』등의 한국문헌에 근거한 유래와 역사 및 악기의 제도에 대해서 그림과 함께 해설해 놓은 것이다.

이 외에도 악기에 대해 연재한 글은 악기 하나하나에 대해 깊이 있게 다루고 있는데, 이종태가 동아일보에 13회 연재한「朝鮮雅樂器의 構造와 그 性能」(1938), 함화진이『춘추』에 3회 연재한「朝鮮樂器 이야기」(1941) 등을 들 수 있다. 함화진은 이미 아악생 학습용으로 만든『조선악기편』(1933)을 낸 바 있는데, 그 내용은 비슷하지만「조선악기 이야기」는 사진을 곁들여 실어서 더욱 대중적으로 이해하기 쉽게 쓴 글이다.

4) 악률 등 음악 이론 연구

악률 등 음악 이론에 관한 연구는 이근중의「新書筭法」(1909) 田中初夫의「朝鮮雅樂の樂律に關する解說(1)~(3)」(1930)·안확의「朝鮮音樂의研究(五) : 樂律篇」(1930)과「朝鮮音樂의研究(三) : 歌法篇」·平賀良藏의「朝鮮雅樂樂器

(磬鐘)について」(1938), 함화진의 「율관의 해설 (1)~(4)」(1938)·계정식의 「五音階의 小考」(1940) 등이 있다.

이근중이 『嶠南教育會雜誌』에 게재한 「新書筹法」은 태양력의 계산법을 12율에 적용시키고 干支와 괘와의 상관 관계를 논한 것인데, 여기서 말하는 新書라는 것은 채원정의 『율려신서』를 말한다. 이근중은 결론적으로 『율려신서』의 18율, 즉 12율과 6변율의 산법을 태양력 계산법에 적용시켜 보인 것이다. 田中初夫가 『朝鮮及滿洲』에 3회 연재한 「朝鮮雅樂の樂律に關する解說(1)~(3)」은 3회에 걸쳐 각각 20여 쪽이 넘는 분량으로 연구한 논문인데, 먼저 서양악과 중국·일본·인도 등의 음악 이론상 음계 등 일반적인 악률과 조선에서 그 문헌 근거로 삼고 있는 중국의 악률에 대해서 살펴보고 조선의 악률에 대해서 논했다. 조선악률론에 대해서는 『악학궤범』뿐만 아니라 『詩樂和聲』까지도 거론하고 조선이 중국 악률을 그대로 인용하고 있지만 그 독자성이 무엇인지 치밀한 논리전개를 했다는 점에서 연구사적 의의가 크다.

다나카 하츠오(田中初夫)의 글과 거의 같은 시기에 안확이 『朝鮮』에 실은 「朝鮮音樂의 研究(五) : 樂律篇」은 田中初夫의 글보다는 적은 지면으로 게재한 것이어서 다소 개괄적으로 서술되어 있다. 이 글에서는 전통 악률론을 다루면서도 음계(音階)나 선법(旋法) 등 근대 서양음악 이론 번역 용어를 써서 전통 악률에 대한 근대적 이해를 쉽게 설명하였다. 또 황종율의 실(實) 177147로부터 삼분손익하여 12율의 실을 일일이 계산해 보여주고 있다. 그리고 전통적인 용어인 균(均)이 각각의 선법에서 시작하는 음, 즉 key에 해당하는 궁(宮)이라는 설명을 명확하게 하였으며 12개의 율과 5조가 결합된 60조에 대한 설명과 5조에 대한 설명도 각각의 조에 따르는 음 간격이 어떻게 다른지 표로 보여주는 등 명쾌하고 간결한 설명을 보여준다. 또한 「朝鮮音樂의 研究(三) : 歌法篇」의 경우도 악률론은 아니지만 가법을 음악 이론적인 면에서 서술하고 있다.

平賀良藏의 「朝鮮雅樂樂器(磬鐘)について」(1938)의 경우는 제목만으로는 종과 경이라는 악기를 다루는 것으로 보이지만 내용은 주로 악률에 관한 것이다. 12율관의 철학적 의미에서부터 삼분손익법의 길이 계산을 기본으로 하면서 음의 전기적 연구라고 하여 편경의 파형과 진동수를 측정하는 현대 기계에 의한 음파 분석까지 곁들여 연구한 글이다.

함화진이 조선일보에 4회에 걸쳐 연재한 「율관의 해설(1)~(4)」은 율관을 만들어야 하는 이유, 박연의 율관 제작과 후기법에 대해서 자세히 서술하고 율의 산출과 그 계산법에 대해 거의 『악학궤범』의 내용에 의거하여 설명하였기 때문에 전통적 삼분손익법에서 크게 벗어나지 않는 차원에서 다루고 있다. 따라서 장(長) 9寸·공위(空圍) 9分·경(徑) 3分·적(積) 810分·용서(容黍) 1,200개 등의 기존설을 소개하는 데 그쳤다. 그러나 이를 토대로『조선음악통론』(1948)에서 더 많은 영역으로 확대하여 악률론을 전개하였다는 점에 연구사적 의의가 있다.[28]

계정식의 「오음계소고」는 궁·상·각·치·우 5조를 제1평조·제2평조·제1계면조·제3평조·제2계면조 등의 명칭을 붙여 설명하고 있다. 당시 우리나라 음계의 유형에 대해서 이러한 명칭을 붙이는 것이 더러 있는데[29] 그것이 누구에 의해서 시작된 것인지는 모르지만 이미 1931년『제4회아악생교과철』에 제2계면조가 표기되어 있고[30] 1933년에 경성 활문사에서 발행된『수연장지곡』에도 이런 용어가 나타나 있다.[31]

．．．．．．．．．．．．．．．．

28 김수현, "시악화성 악률론 연구", 한국학중앙연구원 박사논문, 2011, 8쪽.
29 김기수의 <황화만년지곡> 악보 첫 머리에는 '第三平調'라는 말이 적혀 있는데, 이 계정식의 글에 의하면 치선법을 가리킨다.
30 『제4회아악생교과철』(김성진 소장 복사본, 1931.4), 5쪽.
31 이지선, "이왕직아악부 오선악보 이본 비교", 『한국음악연구』(서울 : 한국국악학회, 2005), 277~188쪽.

5) 특정 장르 및 악곡에 관한 연구

이능화가 『佛教振興會月報』에 게재한 「雜俎-靈山會上曲의 緣起」(1915)와 「史傳-海東佛界의 梵唄 原流」는 영산회상곡의 기원과 범패의 원류에 대해서 알 수 있는 글이다. 또한 농악·농요에 관한 연구로는 豊田重一의 「農社農樂 に關する研究」(1916)와 이원규의 「農謠調査」(1929) 등이 있고 石川義一의 「朝鮮俗曲」(1921)이 있다. 아악에 대한 연구는 여러 부분에 보이는데, 앞의 악률 연구에서 언급한 田中初夫의 「朝鮮雅樂の樂律に關する解説(1)~(3)」 (1930)과 함화진의 「세계에 자랑할 조선아악」(1935)이 있다.

안확이 당시 드물게 발행된 『朝鮮史學』이라는 학술지에 게재한 「朝鮮雅 樂に就て」(1926)와 『별건곤』에 게재한 「世界人의 欽歎하는 朝鮮의 雅樂」 (1928) 등이 있다. 그리고 안확이 『佛教』에 게재한 「朝鮮樂과 龜玆國樂-2회 연재」(1929), 『朝鮮』에 게재한 「千年前의 朝鮮軍樂」(1930)는 각각 아악과 구자악, 군악 등에 대한 이해를 가능하게 해준다. 또한 안확의 「정읍사 해득의 참고 (1)~(6)」(1939)와 조윤제의 「高麗詩歌 眞勺의 詩歌名稱性」 (1937) 등은 정읍과 진작 등 특정 악곡에 대한 연구이다.

6) 시가 또는 가요 연구

일제강점기 신문 잡지에 게재된 가요는 지금의 대중가요의 개념과는 다른 시가 또는 가요 등으로 일컬어지는 민요·시조·향가 등에 대한 연구 를 말한다. 이 중에서 민요 연구가 가장 많이 있다. 여기에서는 제목 자체 가 민요·시조·향가 등의 주제로 되어 있는 것만을 살펴보면 다음과 같다.

민요 연구로는 김지연의 「朝鮮民謠의 研究(一)~(三)」(1930)·김대봉의 「朝鮮日報 民謠에 대한 私見」(1930)·安之覃(안확)의 「朝鮮民謠의 古今」(1930)· 김재철의 「朝鮮民謠漫談」(1931)·高渭民(고정옥)의 「朝鮮民謠의 分類」(1941)

등이 있다. 또한 특이한 글로는 『朝鮮語文學會報』에 게재된 「民謠硏究의 參考書」(1931)가 있다.

민요 연구는 특히 일본인에 의해 연구된 바가 많은데, 石川義一의 「濟州島及鬱陵島民謠調査に就て」(1923)·「寧邊歌に就て(악보)寧邊歌」(1924)·「鎭南浦の民謠」(1924)·田中初夫의 「民謠雜論~續民謠雜論」(1930)· 高橋亭의 「朝鮮の民謠」(1932)·美島梨雨의 「朝鮮及滿洲 民謠とは」(1939)·秋葉隆의 「民謠の硏究と社會學」(1942) 등이 그러하다. 민요 연구 중에 특히 아리랑 연구로는 K.C.C라는 필명의 「朝鮮語文學會報 아리랑과 世態」(1931)와 「한글 아리랑과 스리스리의 語源一考」(1940)·김재철의 「朝鮮日報 民謠 아리랑에 對하야 (一)~(四)」(1930) 등이 있다.

향가 연구는 이은상의 「鄕歌의 歌謠史的 地位」(1927)와 「鄕歌의 歌謠史的 地位」(1927)·白陽桓民의 「鄕歌의 解明과 均如大師의 聖蹟」(1929)·안확의 「鄕歌의 解(一)~(完,九)」(1928)·김윤경의 「新羅의 文字와 鄕歌」(1935)·양주동의 「鄕歌해독에就하여-특히願往生歌를중심으로(1)~(13)」(1936)·신태현의 「鄕歌の新解讀」(1940)·전몽수의 「鄕歌解疑 (1)~(6)」(1938) 등이 있다.

시조 연구는 안확과 이병기의 글이 많이 있다. 雲門生이란 필명으로 쓴 안확의 「時調作法」(1927)을 비롯하여 「時調의 體格 風格 (1)~(4)」(1931)·「時調의 旋律과 語套 (上·下)」(1931)·「時調의 詞姿 (1)~(4)」(1931) 「시조시학 (1)~(6)」(1939) 등이 있다. 이병기의 경우에는 주로 강좌의 형태로 시조의 연구라기보다는 해설에 가깝다고 하겠는데, 「文藝:時調와 漢詩」(1927)·「學生文藝講座·時調와그硏究(1)~(10)」(1930)·「時調講座, 時調鑑賞과 作法~(續)」(1935)·「시조의 기원과 그 형태(1)~(5)」(1935) 등이 있고 이외에 김태준의 「조선요개설(12)-시조론(1)~(2)」(1933)을 들 수 있다.

7) 종합적 연구

국악에 관한 종합적인 연구는 연재물로서 국악의 여러 부분을 체계적으로 다룬 글을 말한다. 이러한 연구는 안확의 「조선음악과 불교」(1930)와 「조선음악 연구」(1930~1931)만으로 집약할 수 있다.

「조선음악과 불교」는 「조선음악 연구」와 겹치는 내용이 있지만 「조선음악과 불교」는 조선음악이 역사적으로 불교와 어떻게 연관성을 가지는지를 중심으로 사적고찰·악어·악곡·시가로 나누어 불교 관련 문헌에 근거하여 살펴본 글이다. 이 글의 마지막 편에는 『사리영응기』라는 문헌을 근거로 해서 세종이 만든 규모가 상당히 큰 불교음악에 대해서 소개하고 있다. 세종 시대는 유교적 음악정비가 대대적으로 이루어진 시기로 알려져 있지만 다른 면이 있었다는 것을 보여준 것이다.

「조선음악 연구」는 전통음악을 전반적으로 다루었는데, 악어·가법·무용·악률·배우·잡고 등으로 나누어 분야별 역사와 그 분야에 대해 체계적으로 쓴 글이다. 그러나 역시 이 글도 문헌을 근거로 연구한 것이라서 궁중 전통의 음악이나 선비나 중인층 이상의 음악이 중심이 되고 민간전승의 판소리·민요·잡가 등 소위 민속악류의 음악에 대해서는 소홀이 다루고 있다.

이상에서 살펴본 바와 같이 일제강점기 신문·잡지에 게재된 국악 연구에 관한 글은 매우 다양하게 전개되었음을 알 수 있다. 기본적으로는 문헌에 근거한 것이 대부분이지만 당시까지 전통적으로 내려온 국악계의 모습까지도 서술하고 있다. 이러한 글을 통해 이 당시의 연구가 어떤 문헌자료를 토대로 하고 있는지도 알 수 있고 음악사의 시대구분이나 국악 장르의 구분, 국악기의 구분 등을 어떻게 하고 있는지도 알 수 있다. 또한 대부분의 글은 주로 음악이나 악곡 및 음악인에 대한 소개가 많고 문헌에 근거해서 역사적 사실을 서술 또는 나열한 경우가 많다.

그러나 이 당시의 연구는 그 이전의 관찬악서나 유학자들의 문집에서
흔히 볼 수 있는 전통적인 학문 방법과는 분명히 다른 점을 보이고 있다.
물론 악보를 분석하여 음악의 변천을 증명하거나 주제를 분명히 하고 이
에 대한 실증적 검증을 하거나 논리적으로 증명을 하는 현대의 국악학 방
법과는 차이점을 보여주고 있다.

IV. 일제강점기 국악 연구자의 양상

1. 신문에 게재된 국악 관련 학술 연구의 필자

일제강점기 신문에 게재한 국악 관련 학술 기사를 다음과 같이 필자별
로 목록화해 보면 다음과 같다.[32]

〈표-3〉 국악관련 학술기사(신문)의 필자별 목록

필자	편수	일자	기사제목
桂貞植	1	1940.07.25	五音階의 小考
金大鳳	1	1930.11.18	民謠에 대한 私見
金在喆	1	1930.07.11	民謠 「아리랑」에 對하야(一)~(四)
金台俊		1933.10.20	조선가요개설-가요와 조선문학(1)~(13)
金台俊		1933.11.15	조선가요개설(12)-근대가요론(1)~(3)
金台俊	8	1933.11.18	시조가요개설(12)-시조론(1)~(2)
金台俊		1933.12.16	조선가요개설(45)-별곡의 연구
金台俊		1934.03.07	조선가요개설(56)-민요편 (1)~(12)

32 신문에서는 주로 필명을 따로 쓰지 않고 본명을 쓰는 경향이 나타나는데 필명
으로 쓴 안확은 신문에서 필명 安自山을 그대로 놓아두고 湖巖은 문일평으로 바
꾸어서 통계를 냈다.

필자	편수	일자	기사제목
金台俊		1934.07.24	조선민요의 개념-조선민요의 시대성과 장래(1)~(11)
金台俊		1935.01.01	신라향가의 해설-민중예술로서 가요를 말함(상)~(하)
金台俊		1939.06.14	고려가사시비-染柱東氏에게 一言함
李鍾泰	2	1938.10.07	朝鮮古來雅樂의 史的小考
李鍾泰		1938.11.08	朝鮮雅樂器의 構造와 그 性能
文一平		1929.11.22	藿里子高의 愛歌와 麗玉의 공후인-대동강변의 곡비극
文一平		1929.11.23	일대의 풍류남아 처용의 歌舞
文一平		1929.12.02	고구려의 회귀한 시가없는 溟州歌
文一平		1929.12.29	才色이 雙絶한 千古名妓 黃眞
文一平	9	1935.02.01	史上에 나타난 예술가의 군상-王山岳과 玉寶高
文一平		1935.03.16	史上에 나타난 예술가의 군상-처용랑과 처용가
文一平		1937.03.21	역사 이야기-음악가 우륵
文一平		1939.02.19	역사이야기-음악가 박연
文一平		1929.12.06	선예술로는 예성강도-음으로는 예성강곡
蘇瑢叟	1	1930.10.03	나의 硏究 新興民謠:그 斷片的고찰
宋錫夏		1933.12.16	鳳山의 舞用假面(1)~(4)
宋錫夏		1935.10.03	傳承音樂과 廣大史의回顧와 將來의 用意(1)~(7)
宋錫夏	6	1936.03.26	新羅의 狻猊와 北靑의 獅子 民俗硏究의 一新發見
宋錫夏		1937.05.15	봉산민속무용考-연극학상및무용-계통상으로(1)~(3)
宋錫夏		1938.04.22	조선의 향토예술 간단한 사적 경개(1)~(3)
宋錫夏		1939.01.03	우리 舞踊의 再認識-朝鮮舞踊의 史的 槪觀[肖
辛兌鉉		1939.09.03	향가의 신해석(1)~(完,4)
安自山		1930.01.22	朝鮮古來歌曲의 來脈과 歌法(全4回)
安自山		1931.04.12	時調의 體格 風格(1)~(4)
安自山		1931.05.01	高句麗曲
安自山		1931.05.08	시조의 선율과 어투(상)~(하)
安自山	16	1931.05.21	時調의 詞姿(1)~(4)
安自山		1931.05.28	俗歌行
安自山		1931.08.01	處容考에 對하여. 요정(1)~(完,2)
安自山		1939.07.11	정읍사 해득의 참고(1)~(6)
安自山		1939.10.05	시조시학(1)~(6)

필자	편수	일자	기사제목
安自山		1928.01.20	鄕歌의 解(一)~(完,九)
安自山		1928.02.11	東洋의 音論과 諺文(1)~(7)
安自山		1928.03.12	音樂의 縱橫談(1)~(7)
安自山		1928.04.18	言語와 音樂(1)~(4)
安自山		1930.09.24	時調의 淵源-朝鮮歌詩의 條理(1)~(5)
安自山		1930.10.01	歌詩와 民族性 朝鮮歌詩의 條理(1)~(2)
安自山		1931.05.08	時調의 旋律과 語套(上)~(下)
梁柱東	2	1939.07.30	全字 小辨-井邑詞·後腔의一問題(1)~(6)
梁柱東		1936.01.01	鄕歌해독에就하여-특히願往生歌를중심으로(1)~(13)
李秉岐	2	1935.01.01	시조의 기원과 그 형태(1)~(5)
李秉岐		1939.05.30	時調科(1)-韻律~(4)-형식 내용
李昇圭	1	1929.10.02	研究와 批評: 東洋詩歌 原流
田蒙秀	1	1938.06.05	鄕歌解疑(1)~(6)
田邊尙雄	1	1940.03.30	朝鮮雅樂に就て-貴重な文化の光
趙潤濟	1	1939.07.01	고대가요의형식-특히『고려가요』의 명칭에 대하여
咸和鎭	3	1935.07.06	세계에 자랑할 조선아악
咸和鎭		1937.01.01	優長·靈秀·古雅 아악의 묘미
咸和鎭		1938.01.11	律管의 해설(1)~(4)

　　위와 같이 신문에 게재된 국악 관련 학술 기사의 필자로는 안확이 가장 많다. 그 다음으로 많은 글을 게재한 사람은 문일평인데, 호암(湖巖)이라는 필명과 본명을 같이 썼다. 문일평은 잡지보다 신문에 게재한 연구나 글이 많은데, 신문에 게재한 글들이 음악가 열전과 같이 음악가에 대한 내용을 위주로 하고 있다. 다른 사람의 경우는 잡지에서 쓰던 필명을 거의 쓰지 않고 대부분 본명을 필명으로 썼다. 김태준은 필명을 따로 쓰지 않고 수십 회의 연재물을 발표했다.

2. 잡지 게재 국악 관련 학술 연구 필자

일제강점기 잡지에 국악 관련 학술적 기사를 게재한 필자 중에서 연재 글은 1편으로 하여 3편 이상의 글이 있는 필자를 가나다순으로 정렬하여 목록화하면 다음과 같다.

〈표-4〉 국악관련 학술기사(잡지)의 필자별 목록

필자	편수	필명	연도	제목
高橋亨		高橋亨	1932	朝鮮の民謠
高橋亨		高橋亨	1933	民謠に現はれた濟州の女
高橋亨	5	高橋亨	1933	北鮮の民謠 ~嶺南大家內房歌辭
高橋亨		高橋亨	1936	朝鮮民謠の歌へる母子の愛情
高橋亨		高橋亨	1937	山臺雜劇に就いて
김지연		金志淵	1930	朝鮮民謠의 硏究(一)~(三)
김지연	3	金志淵	1929	朝鮮民謠에對하야
김지연		金志淵	1930	古今農謠集(一)~(三, 完)
김태준		金台俊	1933	朝鮮歌謠의 女性觀
김태준		金台俊	1936	世宗大王과八道歌謠蒐集事業
김태준	6	金台俊	1938	歌詞에서 본 古朝鮮人의 戀愛觀
김태준		金台俊	1939	高麗歌詞이야기
김태준		金台俊	1939	高麗歌詞の解說
김태준		金台俊	1943	世宗大王과八道歌謠蒐集事業
石川義一		石川義一	1921	朝鮮俗曲 (악보)愁心歌 路軍樂
石川義一	4	石川義一	1923	濟州島及鬱陵島民謠調査に就て
石川義一		石川義一	1924	鎭南浦の民謠
石川義一		石川義一	1924	寧邊歌に就て (악보)寧邊歌
송석하		宋錫夏	1933	五廣大小考
송석하		宋錫夏	1935	處容舞·儺禮·山臺劇의 關係를 論함
송석하	6	白花郎	1936	업서진 民俗-社堂牌~妓生의 特色
송석하		宋錫夏	1936	朝鮮文化問答室-廣大~假面이란 무슨뜻인가

필자	편수	필명	연도	제목
송석하		宋錫夏	1938	朝鮮風俗特輯 -傳承노래의 由來
송석하		宋錫夏	1941	輯安高句麗古墳과 樂器
안확	22	安廓	1922	朝鮮의 音樂(上)~(下)
안확		安自山	1927	朝鮮雅樂に就て
안확		雲門生	1927	時調作法
안확		安自山	1927	麗朝時代의 歌謠
안확		安自山	1928	世界人의 欽歎하는 朝鮮의 雅樂
안확		風流郎	1928	朝鮮古樂의 變遷과 歷代樂壇의 名人物
안확		安自山	1929	朝鮮樂과龜玆國樂~(續)
안확		安廓	1929	歌聖張竹軒逝去百二十年
안확		安之覃	1930	朝鮮民謠의 古今
안확		安自山	1930	朝鮮音樂과佛敎(1):史的考察 ~(6)結論
안확		安廓	1930	朝鮮現存樂器考
안확		安廓	1930	千年前의朝鮮軍樂(악보)皇風樂
안확		安廓	1930	朝鮮古代의 樂舞
안확		安廓	1930	朝鮮音樂의 研究(一)樂器篇~(七,完)雜攷篇
안확		安自山	1930	處容歌에 就하여
안확		安廓	1930	朝鮮雅樂曲解題,(악보)文廟迎神曲/與民樂
안확		安廓	1931	高麗時代의 歌詩
안확		安廓	1931	朝鮮音樂史(附處容)~(承前)
안확		安廓	1932	山臺戲と處容舞と儺
안확		安廓	1933	三國時代의 文學
안확		安自山	1939	鄕歌와 武士
안확		安自山	1943	麗朝時代의 歌謠
이능화	4	尙玄居士	1915	史傳-海東佛界의 梵唄 原流
이능화		尙玄	1915	雜俎-靈山會上曲의 緣起
이능화		李能和	1928	朝鮮의 巫俗(一)~(八)
이능화		李能和	1930	朝鮮官妓의 起源(一)~(二)
이병기	3	李秉岐	1934	詩調의 發生과 歌曲과의 區分
이병기		李秉岐	1930	學生文藝講座·時調와그研究(1)~(10)
이병기		李秉岐	1935	時調講座, 時調鑑賞과 作法~(續)

필자	편수	필명	연도	제목
조윤제		趙潤濟	1929	三國時代의 歌舞戲
조윤제		趙潤濟	1932	靑丘永言編者와 海東歌謠編纂年代에 對한 再考
조윤제		陶南	1929	古歌謠一章
조윤제	8	陶南	1931	古圖書解題(1)靑丘永言解題~(6)南薰太平歌
조윤제		趙潤濟	1933	朝鮮詩歌의 原始形
조윤제		趙潤濟	1934	朝鮮詩歌의 胎生
조윤제		趙潤濟	1935	論述—歷代歌集編纂意識에 對하야
조윤제		趙潤濟	1937	高麗詩歌 眞勺의 詩歌名稱性
함화진		咸和鎭	1939	伯牙의 碎琴
함화진		咸和鎭	1936	朝鮮音樂論
함화진	5	咸和鎭	1937	朝鮮の祭樂
함화진		咸和鎭	1939	李朝樂制原流
함화진		咸和鎭	1941	朝鮮樂器 이야기(1)~(3) 竪箜篌

위의 목록에서 확연하게 보이듯이 잡지에 국악 관련 학술적 기사를 가장 많이 쓴 사람은 역시 신문에서처럼 안확이다. 그 다음으로 조윤제·송석하·김태준·함화진의 순서이다. 이 중 일본인 다카하시 도루와 이시가와 기이찌 등도 민요에 한정된 주제이지만 글을 많이 쓴 필자에 든다. 그리고 안확·함화진·이시가와 기이찌는 주로 음악과 직접적 관련이 있는 내용의 글을 썼던 것에 비해 송석하·이능화처럼 민속이나 무속 부분을 다룬 필자 외에 김지연·김태준·이병기·조윤제는 대부분의 글이 문학적인 측면에서 접근한 경우이다.

3. 주요 필자의 국악 연구 경향

1) 음악 실기인들의 국악 연구
  - 함화진(咸和鎭)·계정식(桂貞植)·이종태(李鍾泰)

일제강점기 실기를 했던 음악인들 중에서 신문 잡지에 글을 게재한 사람들이 있는데, 이들 중에는 국악을 했던 함화진이나 장인식 등이 있고 서양음악을 한 계정식과 이종태 등이 있다. 이 중 연구를 가장 활발히 한 사람은 함화진이다.

함화진(1988~1949)은 오당이라는 호가 있지만 필명을 따로 쓰지 않았다. 그는 일제강점기 이왕직에 몸을 담고 가야금을 주 전공으로 하면서도 이론적 연구 활동 역시 활발하게 하였다. 함화진이 이론가로서 면모를 보인 것은 그의 저술에서 볼 수 있다. 『전악선생안』에 의하면 함화진은 세습적인 악사집안으로 증조부 윤옥은 순조 헌종 때의 악사였고 할아버지 제홍은 헌종 때 단소와 젓대의 명수였고 큰아버지 재홍은 젓대, 아버지 재운은 거문고의 대가였다. 아버지 함재운은 제2대 국악사장을 역임했고 함화진이 5대 아악사장을 역임했다.

그는 조선정악전습소에서 가야금 교사로 정악보급에 참여하였으며 1919년 이왕직아악부의 아악생 양성생을 모집하여 궁중음악의 후진 양성을 도모하는 데 힘썼으며 1930년 악서편찬위원으로 활동했고 이화여전 음악과에서도 학생들에게 거문고 가야금 양금 등의 실기를 가르쳤다. 이렇게 후진 양성에 힘써 왔기 때문에 그의 국악 연구는 필연적일 수밖에 없었다. 또한 아악사장으로 재임 중인 1935년 편경과 편종을 제작하였고 1936년에는 일본음악계를, 1937년에는 중국 고악을 시찰했던 것도 국악 연구와 관련성을 가진다고 하겠다.

그의 연구 활동의 결과물은 1930년대 중반이후에 나타나 주로 1940년

을 전후로 가장 활발하게 진행되었다. 안확에 비해서는 연구 활동의 편수
가 적지만 다수의 국악 관련 저서를 냈고 신문과 잡지에도 많은 국악 관
련 글들을 발표했다. 그의 연구 분야는 주로 악률과 악기에 관한 이론들
이었다. 그가 잡지에 게재한 글로는 「伯牙의 碎琴」(1939)·「朝鮮音樂論」
(1936)·「朝鮮の祭樂」(1937)·「李朝樂制原流」(1939)·「朝鮮樂器 이야기(1)~
(3) 竪筮筷」(1941) 등이 있으며, 신문에 게재한 글은 「세계에 자랑할 조선
아악」(1935)·「優長·靈秀·古雅 아악의 묘미」(1937)·「律管의 해설 (1)~(4)」
(1938) 등이 있다. 이러한 연구는 그가 펴낸 저서와 밀접한 관련성을 가진
다. 『조선악개요』(1917)·『조선악기편』(1933)·『이조악제원류』(1938)·『증
보가곡원류』(1938)·『조선음악통론』(1947) 등이 그것이다. 이 저술서 중에
서 해방 이전의 저술들은 정식으로 출판한 출판물은 아니고 필사본이거
나 등사물이다. 1918년『조선악개요』는 다행히 함화진 자신의 필체를 남
겼으나 나머지 저서는 이왕직아악부의 후진들, 즉 봉해룡과 같은 사람들
이 필사해서 내놓은 것만 남아 있다.

　계정식(1904~1974)은 바이올린 연주가이자 교향악단의 지휘자이다.
앞서 들어가는 말에서 언급했듯이 우리나라 최초로 국악으로 박사학위를
받은 사람이다. 1920년 평양의 숭실중학교를 졸업하였고, 1923년 동경(東
京)의 도요음악학교(東洋音樂學校)에서 바이올린을 전공하였다. 1929년 독
일의 뷔르츠부르크 바이에른 주립음악원에서 바이올린과를 졸업하고
1934년 스위스 바젤대학(Basel大學)에서 철학 박사학위를 받았다.[33] 같은
해 귀국하여 이화여자전문학교 교수로 약 2년간 재직하였다. 「철학적으
로 본 한국음악」 외 여러 편의 논문을 남기고 있다. 그가 조선일보에 게

....

[33] 계정식의 약력은 당시 신문이나 게재 날짜마다 학교의 이름이나 연도가 조금씩
　　다르게 되어 있기 때문에 확실치 않은 면이 있다. 이에 대한 철저한 연구가 필
　　요하다. 여기에서는 조선일보, 1935년 5월 7일자와 9일자를 근거로 한 것임.

재한 「오음계의 소고」는 1회만으로 남긴 짧은 글이지만 국악의 음계론을 파악하는데 중요한 시사점을 던져주었다.

작곡가이며 지휘자인 이종태는 평론적인 글도 많이 썼고 국악과 관련된 연구도 많이 한 사람이다. 일제강점기에 이화여자전문학교 교수를 지내기도 했고 1934년 발족한 경성교향악단을 지휘하기도 했다. 1937년 조선총독부의 후원으로 결성된 '조선문예회'에서 홍난파·현제명 등 음악계의 중진들과 활동했다. 매일신보 주최의 '애국 가요의 밤'에서 발표된 <총후(銃後)>를 작곡하거나 불교계에서 조직하여 전쟁 지원을 위해 파견한 북지황군위문단에 참가해 일본군 위문을 했으며 1941년 역시 총독부의 후원으로 결성된 조선음악협회의 평의원 등의 친일 경력을 가지고 있다. 그러나 그의 국악에 관한 연구는 그런 경력과는 무관한 내용을 가지고 있다. 그가 신문에 게재한 글로 「朝鮮古來雅樂의 史的小考」(1938)와 연재물 「朝鮮雅樂器의 構造와 그 性能」(1938)이 있다. 그가 한 때 백우용과 일본인 이가라시(五十嵐悌三郎)가 해 온 오선보 채보 작업을 위해 이왕직아악부에 초빙되었던 일[34]이 있었기 때문에 국악 관련 연구를 할 수 있었던 것으로 보인다.

2) 역사학자, 민속학자 등 국학자의 국악 연구
- 안확(安廓)·문일평(文一平)·이능화(李能和)·송석하(宋錫夏)

국학자의 연구 활동 범주에서 국학자는 기본적으로 역사학적 연구를 비롯하여 여러 분야, 즉 역사·철학·문학·예술 방면에서 두루 연구한 사람을 가리킨다.

----

34 국립국악원, 『국립국악원개원마흔돌기념 근대음악사전집-이왕직아악부와 음악인들』, 1991, 141쪽.

안확(1886~1946)은 일제강점기를 통틀어 전통음악 관련 글을 가장 많이 쓴 사람이다. 그는 안자산(安自山)·풍류랑(風流郎)·팔대수(八大叟)·운문생(雲門生)·안지담(安之覃) 등 여러 필명으로 글을 썼는데 安自山이란 필명을 가장 많이 썼다. 그는 당시 신채호·박은식과 같은 계통의 국학자로서 많은 분야를 두루 섭렵한 사람이다. 그의 가장 주요 연구 관심사는 역사와 문학이었지만 그 다음으로 관심을 가지고 연구한 것이 음악분야이다. 물론 국학자로서 전통음악과 그 역사에 대한 연구가 중심이 되었다.

1914년 전 일본 유학생 기관지 『학지광』에 최초로 글을 발표했으며 『조선문법』(1917)·『조선문학사』(1919)·『개조론』(1920)·『자각론』(1922)·『조선문명사』(1923) 등의 저서를 출판했다. 수없이 많은 글을 신문과 잡지에 게재했고 연구를 위한 자료를 구하기 위해 중국과 일본 및 미국까지 주유했다고 한다. 1926년에서 1930년까지는 이왕직아악부 촉탁으로 있으면서 많은 문헌과 악보 등을 통해 음악과 문학에 대한 많은 연구를 했다는 것도 「朝鮮音樂史」 서두에 써 놓은 글을 통해 알 수 있다.[35] 그가 촉탁으로 근무한 목적은 '악서'를 편찬하기 위함이었는데 아악부내의 마찰로 끝을 보지 못하고 아악부를 그만두게 되었다. 악서 편찬이 뜻대로 되지 않았지만 아악부를 그만 두고 곧바로 이렇게 많은 분량의 연재글을 잡지에 싣게 되어 이를 통해 그나마 그 연구의 결과물이 무엇이었을지 조금 짐작할 수 있게 된 것이다. 안확은 9권의 저서와 200여 편의 글을 썼는데 이 중에서 무려 40여 편의 국악관련 연구 결과를 신문과 잡지·학술지 등에 게재했다.[36]

....

35 安廓, "朝鮮音樂史", 『朝鮮』 170, 朝鮮總督府, 1931.12, "朝鮮音樂について", 『朝鮮』 202호, 朝鮮總督府, 1932.3(日文), 118쪽.
36 김수현, "자산 안확의 음악론에 대한 고찰", 『온지논총』(서울 : 온지학회, 2003), 9집, 275~325쪽.

이능화(1869~1943)의 호는 간정(侃亭)·상현(尙玄)·무능거사(無能居士) 등이 있는데 필명으로는 주로 상현거사를 많이 썼다. 그는 안확(安廓)과 더불어 계몽시대 사학자로 지칭되기도 한다. 전통적인 방법으로 자료를 수집하고 정리를 하여 분류사(分類史)를 중심으로 학문적인 세계를 개척했다. 그는 종교와 풍속에 관한 연구를 많이 했는데, 그의 저서로는 불교·도교·기독교·유교 등에 관한 저서가 모두 있다. 또한 풍속과 관련된 『조선상제예속사(朝鮮喪祭禮俗事)』·『조선여속고(朝鮮女俗考)』·『조선해어화사(朝鮮解語花史)』·『조선무속고(朝鮮巫俗考)』가 있다. 풍속에 관한 연구에서 국악 관련 연구를 알 수 있고 종교와 관련하여 범패나 영산회상곡과 같은 연구가 이루어진 것으로 보인다. 이능화가 잡지에 게재한 것은 불교관련 음악과 풍속에 관련된 글로서 「史傳-海東佛界의 梵唄 原流」(1915)·「雜俎-靈山會上曲의 緣起」(1915)·「朝鮮の巫俗(一)~(八)」(1928)·「朝鮮官妓の起源(一)~(二)」(1930) 등을 들 수 있다.

문일평(1888~1939)은 그의 호인 호암(湖巖)이란 필명을 자주 썼다. 그는 자연·사적(史蹟)·예술·풍속 등 많은 분야의 글을 남겼는데, 대개 역사에서 소재를 취한 역사소설·역사 이야기·역사 수필 등이 주류를 이룬다. 1928년부터 1939년까지 조선일보사에서 근무하는 동안 발표한 시·역사 논설·수필 등이 모두 100편을 넘는다. 문일평의 국악 관련 글은 주로 신문에 게재되었는데, 연재물은 없고 주로 단편적인 내용으로 되어 있다. 「藿里子高의 愛歌와 麗玉의 공후인. 대동강변의 곡비극」(1929)·「일대의 풍류남아 처용의 歌舞」(1929)·「고구려의 희귀한 시가 없는 溟州歌」(1929)·「才色이 雙絶한 千古名妓 黃眞」(1929)·「史上에 나타난 예술가의 군상-王山岳과 王寶高-처용랑과 처용가」(1935)·「역사 이야기-음악가 우륵」(1937)·「역사이야기-음악가 박연」(1939) 등이 있다.

송석하(1904~1948)는 그의 호인 석남(石南) 뿐만 아니라 백화랑(白花

郞)·석남사내 등으로 필명을 쓰기도 했다. 그는 민속학자이기 때문에 그의 연구는 국악 연구와 관련성이 있을 수밖에 없지만 민속 연구 중의 국악 연구 이외에도 순수하게 국악적인 연구도 적지 않다. 예를 들면 앞서 말했듯이 『東亞音樂論叢』에 실린 「現存朝鮮樂譜」(1943)나 「輯安高句麗古墳과 樂器」(1941) 등이 그 예이다. 그의 연구 중에서 민속 예술과 관련한 연구는 춤과 음악·연극 등에 대한 것이기 때문에 음악 부분의 연구가 필수적으로 동반되는 것이다. 이러한 송석하의 연구가 이후 국악학적 연구의 토대가 되었음은 물론이다.

그가 잡지에 게재한 글로는 「五廣大小考」(1933)·「處容舞·儺禮·山臺劇의 關係를 論함」(1935)·「업서진 民俗-社堂牌~妓生의 特色」(1936)·「朝鮮文化問答室-廣大란 무슨 뜻인가~假面이란 무슨 뜻인가」(1936)·「朝鮮風俗特輯 -傳承노래의 由來」(1938)·「輯安高句麗古墳과 樂器」(1941) 등을 들 수 있고 신문에 게재한 글로는 「鳳山의 舞用假面(1)~(4)」(1933)·「傳承音樂과 廣大史的 回顧와 將來의 用意(1)~(7)」(1935)·「新羅의 狻猊와 北靑의 獅子 民俗硏究의 新發見」(1936)·「봉산민속무용考-연극학상및무용계통상으로(1)~(3)」(1937)·「우리 舞踊의 再認識-朝鮮舞踊의 史的槪觀[肯]」(1939) 등을 들 수 있다. 송석하가 신문과 잡지에 게재한 글은 연재물로 실은 경우가 많다. 송석하의 국악 관련 학술적인 글을 보면 주로 민속학적 주제에 포함된 것이긴 하지만 그것이 국악학 연구에서, 특히 사적 연구에서나 문헌에서 고증하기 어려운 부분을 다루고 있기 때문에 중요한 연구 영역이라고 할 수 있다.

3) 국문학자들의 국악 연구
- 조윤제(趙潤濟)·이병기(李秉岐)·김태준(金台俊)

국문학자들의 시조·향가 등에 관한 연구는 곧 음악적 연구와 밀접하게 연관되어 있다. 그렇지 않더라도 국악만을 주제로 연구한 경우도 있다.

조윤제(1904~1976)는 그의 호 도남(陶南)을 필명으로 가끔 쓰기도 했지만 주로 본명을 많이 썼다. 그는 시가나 가요에 관한 연구를 많이 했는데, 주로 잡지에 많은 글이 실려 있다. 「三國時代의 歌舞戲」(1929)·「青丘永言編者와 海東歌謠編纂年代에 對한 再考」(1932)·「古歌謠一章」(1929)·「古圖書解題(1)青丘永言解題~(6)南薰太平歌」(1931)·「朝鮮詩歌의 原始形」(1933)·「朝鮮詩歌의 胎生」(1934)·「論述-歷代歌集編纂意識에 對하야」(1935)·「高麗詩歌 眞勺의 詩歌名稱性」(1937) 등이 잡지에 실려 있으며 신문에 연재한 「고대가요의형식-특히 고려가요의 명칭에 대하여」(1939)가 있다.

김태준(1905~1950)은 잡지와 신문에 많은 연재물을 실었는데, 「朝鮮歌謠의 女性觀」(1933)·「世宗大王과八道歌謠蒐集事業」(1936)·「歌詞에서 본 古朝鮮人의 戀愛觀」(1938)·「高麗歌詞 이야기」(1939)·「高麗歌詞の解說」(1939) 등이 있다. 동아일보에는 「조선가요 개설(45)-별곡의 연구」(1933)를 연재하기도 하였다. 문학적인 글이긴 하지만 조선일보에 연재한 논문 「춘향전의 현대 해석」은 문학에서 생산성을 언급한 획기적인 발상으로, 나중에 『춘향전』의 부록으로 실었는데 유물사관에 의한 <춘향전>의 해석이었다는 점이 독특하다. 그는 '조선소설사'와 '조선한문학사'의 체계화를 공로로 인정받고 있다. 학부 때 중국문학을 전공한 덕분에 비교문학적 관점으로 서술을 해서 그 뒤의 국문학사 집필자들에게 많은 영향을 주었다.

그의 저서로는 『조선소설사』(1934)·『조선한문학사』(1931)가 있으며, 편저로 『조선가요집성(朝鮮歌謠集成)』(1934)·『고려가사(高麗歌詞)』 등이 있다.

이병기(1891~1968)는 주로 시조에 관련된 글을 신문과 잡지에 게재했다는 데 특징이 있다. 그는 보통학교 교사를 지내면서 고문헌(古文獻) 수집과 시조 연구에 몰두, 1925년 『조선문단(朝鮮文壇)』에 데뷔하여 시조 시인으로 출발했다. 또한 한국고전(韓國古典)에 대한 주석 및 연구논문을 발표하였다. 또한 1940년 이왕직아악부의 촉탁으로 있으면서 아악생들에게 '조선가악사'를 강의하였던 경력도 있다. 그가 잡지에 게재한 것으로는 「詩調의 發生과 歌曲과의 區分」(1934)·「學生文藝講座-時調와그硏究(1)~(10)」(1930)·「時調講座, 時調鑑賞과 作法~(續)」(1935) 등이 있으며 신문에 게재한 글은 「文藝:時調와 漢詩」(1927)·「시조의 기원과 그 형태(1)~(5)」(1935)·「時調科(1)-韻律~(4)-형식 내용」(1939) 등이 있다.

4) 일본인들의 국악 연구
- 다나베 히사오·이시가와 기이찌·이와따니 다케시·다나까 하쯔후·다가하시 도루

일제강점기 국악 연구는 일본인들에 의해서도 상당히 많이 이루어졌는데, 신문에서는 다나베의 글 외에는 찾아 볼 수 없고 대부분 잡지에 글을 게재했다는 공통점이 있다. 여기에서 일본인 주요 필자를 보기 전에 Ⅲ장의 목록에 근거하여 일본인들의 국악 연구를 목록화하면 다음과 같다.

〈표-5〉 신문·잡지에 게재한 일본인 필자들의 국악관련 학술 기사

필자	제목	게재지	연도
豊田重一	農社農樂に關する研究	朝鮮彙報	1916.04
田中德太郎	朝鮮の音樂	朝鮮	1921.08
石川義一	朝鮮俗曲 (악보)愁心歌 路軍樂	朝鮮	1921.09
小田省吾	文廟に關する調査(兩廡を主とす)	朝鮮	1922.06
石川義一	濟州島及鬱陵島民謠調査に就て	朝鮮	1923.09
石川義一	鎭南浦の民謠	朝鮮	1924.03
石川義一	寧邊歌に就て (악보)寧邊歌	朝鮮	1924.04
岩谷武市	朝鮮樂制の變遷(一)~(六)	朝鮮	1928.12
前間恭作	處容歌解讀	朝鮮	1929.09
田中初夫	朝鮮雅樂の樂律に關する解說(一)~(三)	朝鮮及満洲	1930.02

필자	제목	게재지	연도
田中初夫	民謠雜論~續民謠雜論	朝鮮及滿洲	1930.05
高橋亨	朝鮮の民謠	朝鮮	1932.02
多田正知	海東歌謠を讀む	文敎の朝鮮	1933.01
高橋亨	民謠に現はれた濟州の女	朝鮮	1933.01
高橋亨	北鮮の民謠 ~嶺南大家內房歌辭	朝鮮	1933.07
羅衣耕夫	新羅の 音樂舞踊	朝光	1935.11
高橋亨	朝鮮民謠の歌へる母子の愛情	朝鮮	1936.09
江田俊雄	釋譜詳節と月印千江之曲と月印釋譜	朝鮮	1936.09
村山智順	民衆娛樂としての鳳山假面劇	朝鮮	1937.02
高橋亨	山臺雜劇に就いて	朝鮮	1937.02
村山智順	朝鮮の部落祭	朝鮮	1937.10
平賀良藏	朝鮮雅樂樂器(磬鐘)について	朝鮮	1938.09
美島梨雨	民謠とは	朝鮮及滿洲	1939.12
田邊尙雄	朝鮮雅樂に就て-貴重な文化の光	帝國大學新聞	1940.03.30
南倉俗人	名唱 石介傳-女流名唱의 始祖	春秋	1941.06

위의 일본인 필자 중에서 중요한 몇 사람을 살펴보자면 다음과 같다.

다나베 히사오(田辺尙雄:1883~1984)는 1921년 2주 정도의 일정으로 '朝鮮音樂調査'라는 명목으로 한국을 방문하여 이왕직아악부의 음악을 조사하고 이왕직아악부의 직제와 처우 개선을 도모하고 간 사람이다.[37] 그는 조선음악, 특히 궁정음악에 대한 조사를 하고 그에 대한 보고서를 일본의 음악잡지 『音樂と蓄音機』에 쓰기도 했고 자서전에도 남겼으며 동양음악 전반에 관한 저서들 중에 조선음악에 관한 내용을 포함시켜 쓰고 있지만 정작 당시 한국에서 발행된 신문·잡지에는 「朝鮮雅樂に就て-貴重な文化の光」외에는 발표된 글을 찾아볼 수 없다. 다만 홍이섭의 「朝鮮音樂史의 몇個

37 김수현. "다나베히사오(田辺尙雄)의 '조선음악조사'에 대한 비판적 검토", 『한국음악사학보』(서울: 한국음악사학회, 1999), 22집, 115~146쪽.

文獻」(1941)에 의하면「朝鮮雅樂考」·『日本地理風俗大系 - 朝鮮編 』上卷·「大百科辭典』 十七卷 중「朝鮮音樂」 등이 소개되어 있을 뿐이다.

이시가와 기이찌 (石川義一:1887~1962)는 피아니스트 겸 작곡가로 1921년에 한국에 들어와 총독부에 근무하면서 전국적으로 민요 조사를 하고 글을 발표하다가 1925년 귀국하였으며 1930년대 말까지 민요 조사와 궁중음악의 채보 및 연구를 목적으로 조선을 빈번하게 왕래한 사람이다.[38] 그가『조선』에 발표한 민요에 관한 글,「濟州島及鬱陵島民謠調査に就て」·「鎭南浦の民謠」·「寧邊歌に就て」 등은 자신이 지역마다 다니면서 조사한 민요에 대한 일종의 보고서로 쓰여진 것이다.

이와따니 다케시(岩谷武市)와 다나까 하쯔후(田中初夫)는 잘 알려져 있지 않지만『조선총독부및소속관서직원록』에 의하면 이와따니는 1911년에 경기도 과천군 소속에 군서기(郡書記)로 있었고 다나까는 1929년 경성상업학교의 교사로 있었다는 것을 알 수 있다. 이와따니가 쓴「朝鮮樂制の變遷(一)~(六)」은 조선문으로도 이중으로 게재 되어 있는데, 조선 문헌에 근거한 일종의 음악사이다. 다나까의「朝鮮雅樂の樂律に關する解說(一)~(三)」은 앞에서도 다룬 바 있지만 악률에 관한 심도 있는 글이다.

다까하시 도루(高橋亭)는 동경제국대학 한문과를 졸업한 후 구한국 정부의 초빙을 받아 1903년 관립 중학교 교사로서 한국에 왔고 이후 대구고등보통학교 교장으로 부임하였다.[39] 1926년 경성제대 교수로 부임하면서 문학을 다루는 중에 민요·향가 등을 연구하였다. 중요한 사실은 다카하시가 '조선문학'을 강좌했을 때 학생으로 있었던 조윤제·김제철과 같은 사

----

38 김수현, "石川義一의 1920년대 조선에서의 활동에 대한 연구- 궁중음악 채보와 민요조사를 중심으로",『문광부우수논문자료집』(서울: 문화관광부, 2007), 87~121쪽.
39 박광현, "경성제대 조선어학조선문학 강좌 연구 -다카하시 토오루(高橋亭)를 중심으로",『한국어문학연구』(서울 : 한국어문학회, 2003) 41집, 345쪽.

람들에게 미친 영향력을 생각해 볼 필요가 있다. 그들이 일본인 지도교수와의 관계 속에서 어떤 학문적 입장을 가졌을지에 대한 연구는 국문학계에서 이루어지고 있기 때문에 여기에서는 생략한다.

일제는 식민지 조선에 대한 '조사'를 경성제국대학 설립 이후 '학술'로 전환하였다. 이에 따라서 일본인들의 조선학에 대한 연구가 활발히 전개되었으며 경성제대 출신 조선인의 연구도 훨씬 더 많아진 것이 사실이다. 일본인의 국악 연구의 양상도 역시 이러한 변화를 극명하게 보여준다고 할 수 있다. 앞의 다나베나 이시가와의 경우에는 조선음악을 조사의 차원에서 연구하였다고 한다면 다나까나 다까하시의 경우는 학술로의 전환을 보여주는 것이다. 예를 들어 이시가와와 다카하시의 연구만을 들어 보아도 같은 민요를 주제로 하였지만 이시가와는 각 지역의 민요를 조사한 조사보고서와 같은 글이라면 다카하시의 경우에는 더 심도 있는 학술적 차원의 연구로 전환하였음을 알 수 있다. 그러나 이러한 전환이 연구의 질적 변화에서 결코 긍정적으로만 볼 수는 없다. 그들이 전개한 조선학 전체가 한국의 전통문화를 주체성의 결여라는 의도적 관점 등이 암암리에 노골적으로 제시되어 있기 때문이다.

이상에서 살펴본 바와 같이 일제강점기 신문·잡지에 국악 관련 연구를 글로 남긴 사람들의 면면은 다양하게 나타나고 있다. 전공별로는 음악 실기인을 비롯해서 국학자, 민속학자, 국문학자 등이 필자이다. 또한 국적으로는 한국인 뿐 아니라 일본인의 활동도 활발했음을 알 수 있다.

이러한 필자들은 이후 국악 연구자들의 연구에 많은 영향을 미쳤을 것으로 보이나, 필자들 자신이 국악에 관한 학문적 연구를 계속 이어서 후배들을 양성하고 자신의 학문을 계승하게 한 경우가 없다. 해방 직후 타계가 원인인 경우도 있지만 국악 연구에 대한 영역을 국악학 1세대에게 넘겨준 것이 아닌가 한다.

V. 맺음말

지금까지 일제강점기에 신문·잡지에 게재된 국악 관련 학술적 연구의 양상을 살펴보았다. 일제강점기에는 학문적 연구 결과를 발표하는 학술지가 극히 적었던 상황에서 많은 학술적 연구가 신문과 잡지에 발표되었다. 따라서 이 논문에서 학술지를 대신했던 신문과 잡지에 실린 국악 관련 학술적 기사를 중심으로 전체적으로 어떤 양상으로 전개되었는지 살펴보았다.

신문에 실린 글은 200여 편, 잡지에 실린 글은 250여 편이 국악 관련 학술기사로 정리되었다. 국악 관련 학술적 연구가 가장 많이 발표된 시기는 1920년대 중반부터 1930년대 말까지라고 할 수 있다. 이 글들의 주제는 음악사·악기·음악가·악률 등을 다룬 것도 있지만 다소 문학적인 연구가 포함되는 시가·시조·민요·향가 등이 있고 민속학 연구와 관련한 것도 많이 있다. 그 필자들의 양상을 보면, 안확·함화진·이종태·송석하·김태준·조윤제·이병기 등의 조선인과 이시가와 기이찌·다나까 쯔우후·다카하시 도루 등의 일본인 학자들을 들 수 있다. 이 연구를 통해서 일제강점기 국악 연구가 어떤 경향으로 이루어졌는지 다음과 같이 알 수 있었다.

첫째, 일제강점기에 있었던 국악 관련 학술적 연구가 양적으로 상당히 많았다는 것을 알 수 있었다. 필자의 통계로만 봐도 잡지와 신문에 450여 편의 연구가 있었다는 것에서 그 사실이 될 수 있다. 이 외에도 학술지·학회지·민속지 등에 발표된 글과 단독적인 국악 관련 저술을 합하면 얼마나 많은 연구가 있었는지 알 수 있을 것이다.

둘째, 일제강점기 국악 관련 학술적 연구는 음악만을 단독적으로 연구한 것 보다는 다른 분야와 함께 연구되었던 것이 많았다는 것을 알 수 있었다. 음악 관련 연구의 주제는 음악사·악기·음악가·악곡·악률 등을 주제로 한 것들이 있지만 이런 주제보다 더 많은 연구는 문학이나 민속학적 결합에 의한 것이었다는 것을 알 수 있었다. 이 점은 이혜구의 「양금신보 4조」의 논문 이전과 이후의 양상이 다름을 극명하게 보여주는 것이다.

셋째, 일제강점기 국악 관련 학술적 연구에서 필자의 경향은 국악만을 연구한 전문가가 적고 주로 다른 영역의 연구자들, 특히 문학·역사학·민속학을 연구한 학자들이 많다는 것을 알 수 있었다. 또한 실제 음악을 하고 있던 사람 중에 국악을 연구하는 사람도 적었다. 이 중 국악 전문가라고 할 만한 사람은 함화진 뿐이고 국악을 이론적으로 연구한 안확의 경우는 아주 특수한 경우라고 할 수 있다. 이는 당시의 상황을 반영하는 것이겠지만 대학에서 국악 이론가를 전문적으로 배출해 내고 있지 않은 상황이었고 다른 전문 기관도 없었기 때문에 국악 이론가라고 할 만한 사람은 거의 없었다고 할 수 있다.

일제강점기의 국악 관련 학술적 연구는 위와 같은 연구 경향을 보이고 있지만 그 연구 내용에 있어서는 비록 초기 연구이지만 이후 연구의 토대를 마련하는데 나름의 기여를 했다고 할 수 있다.

이 논문은 일제강점기 국악 연구가 어떤 양상이었는지를 드러내 주었다는데 의미가 있지만 일차적으로 당시 어떤 연구가 어떤 사람에 의해 얼마나 이루어졌는지 등을 살피는 데 그쳤다. 따라서 국악학의 기반을 마련했던 일제강점기의 국악 연구가 이후 소위 국악학 1세대에게 물리적으로, 즉 지식적으로 어떤 영향을 미쳤는지에 대한 연구에서 더 나아가 당시의 연구가 오늘날 음악사를 보는 관점과 학문적 방법에 어떤 영향을 미쳤는지에 대한 연구로 확대되어야 함을 과제로 남기고 있다.

3장 자산(自山) 안확(安廓)의 음악론에 관한 고찰*

I. 들어가는 글

自山 安廓(1886-1946)은 일제시대에 우리나라의 여러 분야를 두루 섭렵하여 방대한 저술활동을 했던 국학자이다. 안확은 역사분야를 비롯해 문학 분야, 한글연구나 문법 연구인 어문분야, 음악분야 등을 주요하게 연구했고, 미술·무용·체육·군사·화폐까지 광범위하게 한국의 역사와 문화를 연구했던 사람이다. 지금까지 발견된 바에 의하면 9권의 저서와 174편의 잡지나 신문에 게재한 글이 안확의 저술이다. 그러나 당대의 박학강기한 학자이면서 그만한 저술활동을 했음에도 불구하고 1980년대 이전까지는 안확이란 인물조차 생소하였다.

안확에 대한 연구는 1980년대에서야 조금씩 일기 시작하였고 1993년에 뒤늦게 건국훈장애족장을 받았으며, 1994년에는 안확의 저서를 한데 묶어 6권으로 영인한 『自山安廓國學論著集』[1]이 발간되어 어느 정도 세상에 알려지게 되었다. 또한 2001년 11월엔 KBS의 '역사스페셜'에도 안확이 조명된 바 있고, 2002년 1월에는 문화관광부에서 지정한 문화인물이 되기도 하여 일반인에게도 알려지게 되었다. 안확을 연구하는 사람들은 안확의 저술의 양이 많아서도 놀라워 하지만 그보다는 안확의 연구와 저

---

* 『온지논총』 9, 2003.12.

1 권오성·이태진·최원식 편, 『自山安廓國學論著集』(1-6권), 서울: 여강출판사, 1994.

술활동이 당시로서는 독립운동과 마찬가지로 중요하고 가치가 있었으며, 국학자인 안확이 국수적이지도 서양 추종적이지 않은 주체적이고 발전적인 민족사관을 세우는데 공헌한 사람이라고 높이 평가하고 있다.[2]

안확의 다양하고 방대한 연구와 저술 중에 비중을 많이 차지 하는 것은 국문 국어 등에 이어서 음악분야이다. 안확은 특이하게 1926년부터 1930년까지 만 4년간 자청하여 이왕직아악부 촉탁이 되었으며 이왕직에 남아 있는 궁중자료를 섭렵하고 음악연구에 몰두한 경력이 있다. 그의 음악연구는 이때부터 본격화되었으며 이때를 전후로 하여 음악관계 저술이 많이 나왔다.

안확의 170여편의 저술 중에서 음악관계 글은 40여개나 된다. 그리고 그 내용에 있어서도 80년이 지난 오늘날 한국음악학의 연구대상에서 다루는 주요한 음악적 대상의 많은 부분을 차지할 정도로 광범위하다. 그럼에도 불구하고 불과 몇 년 전까지만 해도 음악학계에는 안확이라는 인물 자체가 잘 알려지지 않았고 안확의 음악연구에 대한 연구는 희박했다. 아직까지 본격적인 연구는 물론 없었고 안확을 조금씩 언급한 경우에도 대부분 긍정성보다는 부정적인 평가가 대체적인 반응이었다.

최근에는 안확이 발표했던 글들에 대한 관심이 확대되고 있다는 것을 알 수 있다. 특히 몇 몇 음악학자들은 자신의 연구에서 안확의 음악연구 중에 어떤 특정한 분야를 자기 논리의 중요한 근거로 삼기도 하고 있다. 또한 그동안 안확의 한국의 근대적 음악학(소위 국악학이라고 하는)의 선구자 범주에 넣지 않았던 것에 비해 이제 각 분야별로 그를 거론하고 있는 실정이다. 다만 안확에 대한 전면적이고 본격적인 연구가 아직 시작되지 않았을 뿐이다.

---

2 이태진, 「安廓선생의 생애와 역사학」, 『자산안확선생기념강연회』, 한국국학진흥원, 2003.

안확은 전통적으로 내려 온 학문적 전통, 즉 악학의 전통을 이었던 음악 연구가이다. 특히 실학자들이 추구한 악론(樂論)의 주요한 맥을 잇고 있다. 그러면서도 연구나 저술의 방법론에서는 근대적 학문방법으로 음악계의 학문 풍토에 공헌을 한 사람으로 생각된다. 소위 국악 1세대라고 하는 장사훈·이혜구의 음악연구에 기초 역할을 했다고 생각한다. 그리고 현재의 안확의 음악론은 아직까지도 음악학 연구의 쟁점이 될만한 내용을 많이 가지고 있다. 아직까지는 안확의 음악론이 어느 정도이고 어떤 글이 어떤 내용으로 게재되어 있는지 조차 모르는 실정에서 필자는 우선 안확 음악론에 대한 소개와 개괄을 목적으로 두었다. 안확의 글을 깊이 있게 논의하려면 안확의 음악론을 상당히 잘게 쪼개어 구체적으로 살펴 봐야 마땅하지만 저술양으로만 보아도 그렇게 논의를 전개하기에도 상당히 방대한 양이므로 우선 전체적인 이해를 목적으로 한정시켜 서술하겠다.

II. 안확의 생애와 역사관 및 평가

1. 안확의 생애와 저술 활동

안확의 생애는 1980년대 최원식, 이태진, 유준필, 권오성 등의 연구가 시작되었을 때만 해도 밝혀지지 않은 것이 많았다. 그만큼 안확에 대해 주목하는 이가 없었고 그 후학이나 후배가 없었으며 가족조차 안확이 어떤 사람인지 몰랐다는 것이다. 안확의 생애에 대한 추적은 주로 안확이 자신의 글 속에 남긴 말들을 통해 엮어 나가는 수밖에 없었다. 그의 글속에서 짐작해 보면 다음과 같다.

어려서는 서당에서 유학을 배우고 서울의 수하동 소학교에서 신식교육을 받았으며 독립협회의 만민공동회에 참여하면서 근대의식이 싹텄고 양계초의『飮氷室文集』, 유길준의『西遊見聞』등을 읽고 크게 감명 받았다는 진술에서처럼 이러한 책의 영향을 강력하게 받았던 것 같다. 그래서 서양의 과학문명이나, 민족의식 등이 싹틔워졌다고 할 수 있다. 그는 소학교를 졸업한 후에는 광범위한 독서에 매진했던 것 같고 조금 성장해서는 서북지역에서 오산학교와 같은 사립학교를 세우고 가르치기도 했다고『朝鮮文學史』3에서 서술하고 있다.

1914년에는 중일본유학생기관지『學之光』에 최초로 글을 발표하였고이 때 일본대학 정치학과를 다녔던 것 같다. 한국에 돌아와서는 1921년엔『我聲』의 편집인이 되기도 했다. 자료를 구하기 위해 여러 나라를 주유했다고 했는데, 중국 상해나 일본 동경 등의 도서관에서 얻어낸 참고서적만해도 8천여권이라고 서술하고 있다.4 게다가 미국에까지 갔다는 말도 쓰여 있다.5 그의 유람은 눈으로 보고 자료를 수집하는 과정에서 그를 박학하게 만드는 주요한 요소가 되었다. 1926년에서 1930년까지는 이왕직 아악부 촉탁으로 있으면서 음악과 문학에 대한 많은 연구를 했다는 것도「朝鮮音樂史」서두에 써 놓은 글을 통해 알 수 있다.6

그의 저술을 통해서 보면 1914년부터 1941년까지로 한정되어 있다. 일제의 군국주의가 최고조를 달하여 식민지 조선인을 전시체제에 강제 동원하고 창씨개명을 강요하고 부녀자들을 정신대로 끌고 갔던 극단적인 시기였던 1940년대에 해방이 되기까지 무엇을 하였는지 알 수 없었던, 다

---

3 『朝鮮文學史』122쪽,『自山安廓國學論著集』2권, 여강출판사, 132쪽.
4 『朝鮮文明史』1쪽 逑例에서,『自山安廓國學論著集』2권, 여강출판사, 255쪽.
5 安 廓,「音樂의 縱橫談」(7회),『中外日報』, 1928.3.18.
6 安 廓,「朝鮮音樂史」,『朝鮮』170, 朝鮮總督府, 1931.12,「朝鮮音樂について」,『朝鮮』202호, 朝鮮總督府, 1932.3(日文), 118쪽.

만 그때만큼은 글을 발표하지 않았던 것으로 파악된다. 당시 자청해서든 강요에 의해서든 유행처럼 일제를 찬양하고 종군을 찬미하는 친일적 문필이 휘날릴 때였다는 것을 상기한다면 그의 절필은 무엇을 의미하는지 알 수 있다. 그리고 해방 직후에도 무엇을 하였는지 드러나 있지 않다. 바로 그 점 때문에 그가 월북하였다는 오해를 받기도 했다.

1980년대 안확에 대한 연구가 시작되었으나 안확의 생애를 엮는데 가장 기초적인 생몰연대조차 몰랐던 당시 권오성과 남상숙의 노력으로 먼저 족보와 그의 손자 안동호를 찾아 냄으로써 1886년에 태어나 1946년 급체로 생을 마감했다는 것을 알 수 있었다.[7] 또한 이태진은 노산 이은상의 학창시절의 회고인 「잊을 수 없는 스승」에서 안확이 마산의 창신학교에 근무했다는 것을 밝혀냈다.[8] 『창신60년사』 등에 의하면, 마산의 창신학교에서 1913년부터 10여년간 교원으로 있으면서 학생들에게 민족의식을 고취시켰고 마산지역에서 대중연설도 했다고 한다.

특히 그는 이 학교에서 이 학교의 기념가와 교가를 작곡하기도 했다는 것도 밝혀졌다. 이 때부터 자신의 뜻을 표하는 글을 발표하기 시작하였으며 『朝鮮文法』을 필두로 『朝鮮文學史』『自覺論』『朝鮮文明史』 등을 비롯한 저서를 출간했다. 최원식은 안확이 책상에만 앉아 있었던 것이 아니라 항일운동을 했다는 사실을 밝혔다.[9] '국권회복단' 마산지부장으로서 활동, 이회영이 주도하여 기도했지만 실패한 소위 '고종망명계획'에 참여, 1919년 3.1만세운동 때 마산 주재소 습격사건의 배후세력, 조선청년연합회에

7 권오성, 「安廓(自山)의 國樂硏究에 대한 考察」, 『韓國傳統音樂論究』, 서울:성동문화사, 1990, 260쪽.
8 이태진, 「安廓의 生涯와 國學世界」, 『역사와 인간의 대응 - 고병익 회갑기념 사학논총』, 한울, 1935, 237쪽.
9 최원식, 「安自山의 國學-『朝鮮文學史』를 중심으로」, 『심상』 8월호, 1981. 『민족문학의 논리』, 창비사, 1986, 66쪽.

서의 활동 등이 그것이다.[10] 이후 김창규는 지금까지 밝혀진 안확의 행적을 실제로 조사하기 위해 안확의 막내 딸과 손녀도 만나 보고 일본에서 조사하고 호적도 찾아내 이를 확인하고 추가해서 더 많은 행적을 찾아 냈다.[11] 그러나 아직도 안확의 행적이 확실치 않은 점이 많이 남아 있는 실정이다. 예를 들어 일본대학 정치학부에 안확이 다녔을 당시의 기록이 없어 실제로 다녔는지 알 수 없는 것이 그 예다.

여기에서는 김창규의 책에 의거하여 안확의 행적을 정리하고 더불어 주요한 저술을 목록화하여 소개한다.

〈표-1〉 안확의 행적 및 주요 저술 목록

날 짜	나이	행적과 중요 저술
1886.2.38		서울 우대마을 중인 집안에서 태어남
1895	10	수하동 소학교 입학
1897.11.21	12	독립문 낙성식 참석
1903	18	국학연구 시작
1904.7.17	19	장남 明哲 출생
1911.3	26	마산 昌新학교 교사로 부임
1911.12.15	26	차남 聖哲 출생
1913.5.17	28	창신학교 창립기념가 작사 작곡
1914.5.17	29	창신학교 교가 작곡 교표제정

....

10 『高等警察要史』에 의하면 대정4년(1915년)에 일어난 조선국권회복단 중앙총부 사건이란 항목에 안확이 경남 마산지역의 지부장을 맡고 있었다는 것을 알 수 있다.

11 김창규, 『안자산의 국문학연구』, 국학자료원, 2000. 김창규는 안확에 대해 오래 전부터 관심을 가지기 시작하여 안확의 행적을 직접 추적하였고 스스로 자료를 모으기 시작하여 현재 『자산안확국학논저집』에 실리지 못한 41종의 안확 논저를 이 책에 실어 놓았다. 안확의 글이 판독이 불능한 점을 감안하여 컴퓨터로 새로 입력한 것을 실었다는 점에서 보면 그의 안확에 대한 연구로서는 학계에서 가장 열정적이라고 할 수 있다.

날 짜	나이	행적과 중요 저술
1914	29	7인악대 조직, 시국강연, 『學之光』에 「偉人의 片影」 게재
1915	30	조선국권회복단 중앙총부결성에 참여 마산지부장이 됨
1917	32	『朝鮮文法』 출간
1918	33	이회영이 주도한 고종 망명계획에 참여
1919.3	34	마산 창원등지에서 3.1운동 배후세력으로 활동, 『朝鮮武士英雄傳』 출간
1919,	34	마산 주재소 습격 사건
1920.3	35	『自覺論』 출간
1920.6.	35	조선청년연합기성회 지방부집행위원
1920.12.2		조선청년회연합회 제1회 창립총회 교무부장
1921	36	3남 仁哲 출생 『我聲』 편집인 『改造論』 출간
1922	37	『新天地』 편집인 『朝鮮文學史』 출간 「朝鮮의 音樂」
1923	38	장녀 再眞 출생, 『朝鮮文明史』 출간
1925	40	중국 청나라에 갔다음
1926	41	이왕직아악부 촉탁으로 채용, 차녀 斗眞 출생
1927	42	미국에 다녀 옴
1930	45	이왕직아악부를 그만 둠. 「朝鮮音樂의 硏究」 「朝鮮音樂과 佛敎」
1931	46	「朝鮮音樂史」
1936	51	「于勒, 王山岳, 朴堧」, 『朝鮮名人傳』에 게재
1940	55	『時調詩學』 출간, 창씨개명 거부, 절필
1946	61	자택에서 생을 마침

이 표에서 확인할 수 있듯이 안확의 저술은 1914년 일본 유학생 학우회 기관지 『學之光』에 「偉人의 片影」을 발표한 것으로 시작된다. 그의 주요 저서로는 1917년 『朝鮮文法』, 1919년 『朝鮮武士英雄傳』, 1920년에 『改造論』, 『自覺論』, 1922년 『朝鮮文學史』, 1923년 『朝鮮文明史』 1938년 『時調詩學』 등이 있다. 그리고 『別乾坤』 『東光』 『藝文』 『佛敎』 『朝鮮』 『新生』 등의 잡지와 『朝鮮史學』 등의 학술지, '中外日報' '朝鮮日報' '東亞日報' 등의 신문에 게재한 논문으로 현재 발굴된 것만으로 보아도 174편의 논문에 달한다.[12]

안확이 가장 왕성하게 글을 발표한 시기는 1920년대 후반부터 1930년대 초반까지이다. 음악에 관한 저술도 거의 이 당시에 나온 것이다. 이 시기의 초반인 1926년부터는 4년동안 이왕직 아악부 촉탁으로 있었던 시기이다. 안확의 음악관계 저술은 40여편이고 몇 차례로 나누어 발표한 기록물이 많아서 발표 횟수로 치자면 80여회에 걸쳐 발표했다고 할 수 있다. 음악관계 글, 즉 음악론은 1922년「朝鮮의 音樂」으로 시작되었고 1936년『朝鮮名人傳』에 게재한 '우륵' '왕산악' '박연'이 마지막 글이다. 안확은 전 분야에서 국학연구를 했다고 볼 수 있다. 문학 역사 문화일반 문법 언문 음악 미술 무사 무용 등 대부분의 분야를 다루었다. 1940년「조선미술사요」를 발표한 이후로는 해방이 될 때까지의 그의 저술의 뚝 끊어져 발표되지 않았다. 그는 해방을 맞이하여 정치 일선에 나설 생각이 있었던 것 같으나 1946년 11월 8일 급체로 타계했다고 한다.

2. 안확의 역사관과 민족관

안확은 국학자이면서도 국수적이거나 개량적 민족주의로 흐르지 않았다는 평가를 받고 있다. 안확이 自由, 自主, 自治 사상에 대한 강한 의식을 가졌다는 것은 그의 자각론을 보면 알 수 있다. 같은 시기의 이광수의 민족개조론이 민족개량주의로 간 것과 비교하면 현격한 차이를 알 수 있다. 그렇다고 해서 그가 사회주의자는 아니었다고 한다. 그가 유물론이나 사회진화론에 동의하는 민족주의자였지만 그가 당시 유행했던 사회주의자와는 달랐다고 한다.[13]

안확은 신채호 박은식의 맥을 잇고 있는 민족주의자이면서도 우리나

12 권오성, 이태진, 최원식 편저, 『自山安廓國學論著集』, 여강출판사, 1994.
13 이태진, 「安廓선생의 생애와 역사학」, 『자산안확선생기념강연회』, 한국국학진흥원, 2003, 7-21쪽.

라의 역사관에 대해서 조금 다른 면이 있다. 신채호는 국토 중심으로 볼 때 고구려를 중시하여 삼국통일을 한 신라의 사대주의를 비판하고 이후 우리 국토가 축소되는 비운이 되었다고 주장한다. 그 반면 안확은 민족과 정치제도의 발달이란 관점에서 신라를 중심으로 보고 신라가 당의 힘을 빌렸지만 그만한 실력과 힘을 가지고 있었던 것이고 이후 고려 조선시대까지 점점 발달했다고 보았다.[14] 특히 조선시대의 당파는 여론정치와 민의를 수렴할 수 있는 정치제도의 발전과 역사발전으로 보았다.

당시 일본학자들이 우리나라의 역사를 서술하면서 조선의 당쟁이 조선을 망하게 했다는 관점과 완전히 상반된 견해이다. 일본 학자들은 조선의 당쟁은 싸우기를 좋아하는 민족자체의 특성이라고 하면서 그렇게 망한 나라를 자기들이 지배할 수밖에 없었다고 왜곡된 역사를 유포했었다. 어떤 일본학자는 조선 사람은 원래 더러운 피를 가지고 있어서 민족성이 그럴 수밖에 없다는 주장까지 할 정도로 우리의 민족성을 유린했었다. 이런 조선의 필연적 멸망이란 관점의 역사를 쓰기 위해 일제는 조선사편수회(朝鮮史編修會)를 만들어 조선사를 쓰고 경성제국대학에서 그것을 가르치게 했다.[15] 그렇게 왜곡된 관점을 역사서술에 학자들을 몰입시키고 국민을 호도하려고 하는 상황에서 안확은 당파는 민주정치, 여론정치였다는 탁견으로 우리의 민족의 우수성을 내세워 반박하였다. 그는 이처럼 우리 민족의 장처(長處)를 발견하여 우리민족의 우수성을 밝혀나가는 것을 주

---

14 한영우, 「한국근대 역사학과 조선시대사 이해 - 안확의 조선문명사」, 『인문과학의 새로운 방향』, 서울대인문과학연구소, 1984.

15 한국사사전편찬회편, 『한국근현대사사전』, 가람기획, 1990. 朝鮮史編修會는 일제가 식민통치에 활용할 목적으로 조선역사를 편찬하기 위해 설치한 한국사 연구기관이었는데 일제는 1922년 역사교육을 통해 일본민족의 우위성을 입증하고 한국인의 민족의식을 말살하고자 조선사편찬위원회를 설치했다가 보다 권위있는 기구로 만들기 위해 1925년 조선사편수위로 확대개편하였다.

된 목적으로 연구하고 저술했다고 할 수 있다. 그러나 그가 알려지지 않고 제대로 평가받지 못한 이유는 몇 가지 오해와 인간관계에서의 문제점 때문이다.

첫째 오해는 그를 친일파로 생각한 점인데, '조선사동고회(朝鮮史同攷會)'의 학술잡지『朝鮮史學』과 조선총독부 기관지『朝鮮』등에 게재한 일문(日文)으로 쓴 글 때문에 빚어진 오해이다. 그러나 그는 당시 그렇게 많은 글을 썼음에도 불구하고 일제를 찬양하거나 찬양의 뉘앙스를 풍기는 글을 하나도 남기지 않았다. 오히려 당시의 친일 학자들과 전혀 다른 모습이었다. 특히 1940년 이후 대부분의 지식인들이나 일제의 강요에 의해 어쩔 수 없이 한 두 편 이상 일본을 찬양하는 글을 적었던데 비해 안확은 친일적인 글이 아니면 글을 못 쓰는 상황에서 차라리 붓을 꺾어서 자신의 양심을 지켰고 피하기 어려웠던 창씨개명도 끝까지 거부했으며16 젊은 시절에는 직접적인 항일운동의 경력도 있다.

둘째는 해방이후 행적에 대한 오해이다. 그가 1946년 갑작스럽게 죽지 않았더라면 정치적 활동이 가시화되어서 그의 행적을 명확히 알 수 있었을 것이다. 그러나 그의 죽음이 밝혀지지 않아 월북인으로 오해되었던 것이다. 심지어 1988년 있었던 '월북작가 해금조치'의 명단에 안확이 오르는 어처구니없는 사실도 있었다. 그러나 그의 사망한 날과 그 이유는, 그의 손자를 찾아내고 족보 호적 등을 찾아냄으로써 해명되었다. 그는 유물론이나 사회진화론 등에 대한 관심과 동의를 표명했지만 사회주의 운동을 한 바도 없고 막스 레닌주의를 표방한 바도 없었다. 이런 오해는 그만큼 안확에 대한 상당한 몰이해의 증거이다.

셋째, 경성제국대학의 학문적 풍토에서 소외된 점이다. 안확의 학력은

....

16 김창규,『안자산의 국문학연구』, 국학자료원, 2000, 28쪽.

겨우 소학교 수학이었다. 그가 일본대학에 다녔다는 언급이 있긴 하지만 아직은 확실치 않다. 물론 그가 10년간의 사립학교 교사경력이 있고 출판 사에 편집인으로도 있었으며 외국의 여러 나라를 돌아 다녔고 이왕직에 촉탁으로 근무했던 경력 등으로 보았을 때, 지식계층으로는 인정받을 수 있었을 것이다. 그러나 당시는 경성제국대학 출신들이 지식층의 주도 세 력으로 자리 잡았던 때였다. 그들끼리의 학맥과 인맥이 후배들에게 이어 져 실증주의적 학문방법으로 학문적 풍토를 정립하였기 때문에 아무리 박학한 국학자들이어도 무시당하기 쉬웠다. 안확 역시 소외될 수밖에 없 었다고 할 수 있다.17 더구나 안확은 경성제대가 아니더라도 제자를 길러 낼 대학 강단에 서지 않았다. 따라서 후학이 없었던 것이 그가 사후에도 외톨이가 되게 한 원인이라고 할 수 있다.

넷째, 주시경 학파와의 갈등이나 이왕직아악부 악사들과의 갈등에서 보여진 인간관계의 문제이다. 그가 연구에서 가장 주력한 것은 언문이라 고 할 수 있는데 그 언문의 문제에서 주시경 학파와의 갈등이 상당한 영 향으로 미쳤다고 할 수 있다. 실제로 누가 옳았는지 연구가 필요한 것이 지만 안확 한 사람과 주시경 학파와의 대결은 안확에 대한 인식을 나쁘게 하는데 크게 기여했다고 할 수 있다. 안확이 국문학상 또는 국어학상 가 치가 있는 것을 발표했음에도 불구하고 국어학계에서는 언급조차 하지 않았던 것이 그 적절한 사례라고 할 수 있다. 또한 초창기 안확은 유림세 력에게 엄청난 비난을 받았던 적이 있었다. 그것은 안확이 초기 글에서

---

17 한국사사전편찬회편, 『한국근현대사사전』, 가람기획, 1990. 경성제국대학은 1924 년 일제가 서울에 설치한 관립 종합대학으로 일제는 식민지 조선에 고등교육기 관인 대학을 설치하는 것이 식민지 지배정책상 이롭지 못하다고 생각하여 철저 히 억압적인 식민지 교육정책을 폈다. 그러나 3.1운동 이후 조선인의 고등교육 열이 높아져 민립대학 설립운동으로 전개되자 경성제국대학을 세우고 24년 예 과를 개설했다.

유교에 대해 상당히 비판을 많이 했기 때문이다. 또한 음악분야에서도 이왕직 촉탁으로 있을 때 김영제, 함화진 등과 갈등으로 인해 그 자리를 나와야 했던 것 등에서도 그의 깐깐한 성격을 짐작할 수 있다. 이렇게 주류학계와의 갈등이 있었던 것이 그에 대한 배척 또는 무시로 나타난 것이 아닌가 한다.

3. 안확에 대한 음악학계의 연구

음악계에서 안확을 최초로 평가한 음악인으로는 당대의 음악인이며, 이왕직 아악부의 주요 인물인 오당 함화진과 괴정 김영제를 들 수 있겠다. 이 두 사람은 조선시대의 궁정 악사의 마지막 인물들이다. 당시 촉탁으로 아악부에 들어와 연구를 하던 안확에 대한 관심은 높았을 것이다. 함화진의 경우는 자신도 음악이론을 겸하고 있는 입장이어서 외부 인사로서 안확의 음악연구를 고대했던 것 같다. 그러나 성경린[18], 이주환의 회고[19]에 의하면 함화진과 김영제의 안확에 대한 평가가 혹독했다고 한다. 4년간 연구한 악서(樂書)에 대한 평가를 구체적으로 어떻게 했는지는 구체적으로 알 수는 없지만 감정의 상극이 심했고 안확이 촉탁의 자리를 나와야 하는 계기로도 작용했다고 한다. 자세한 내용은 이왕직아악부 명의의 '악서검열초'에 쓰여 있다고 하나 그 자료는 찾기 어려운 실정이다. 바

....

18 성경린 『조선의 아악』, 서울: 박문서관, 1947. 163-168쪽.
19 이주환, 「雅樂部回顧」, 『예술원보』 10집, 대한민국예술원, 1966. 122쪽. 안확에 대한 회고를 다음과 같이 기록하고 있다. "...안확씨를 고빙하여 악서를 연구하고 있었고 이 분은 지금 국악원 중앙 동남쪽에 자리하고 벽에는 조선음악분류표 등을 일람으로 보이고 있었다. 그러나 그는 오당, 괴정 선생들과 도저히 의기가 투입할 수 없는 인물이었다. 드디어 분열의 날은 와서 안확씨는 해고가 되고 그 후임으로 성낙서씨가 들어섰다...."

로 이러한 점이 함화진, 김영제의 음악적 영향아래 있는 제자들이나 후배
격의 사람들이 안확에 대해 부정적인 반응을 보이거나 거론하지 않게 하
는 주요한 요인이었다고 생각한다.

안확의 연구를 최초로 음악논문에서 직접 거론한 사람은 이혜구이다.
그의 「牧隱 先生의 驅儺行」이라는 논문[20]에는 안확의 「山臺戲と處容舞と儺」[21]
이란 글을 비판한 송석하의 논조에 동의하는 내용이 들어 있다. 이 논문
에서는 안확의 논문 하나만을 지칭하여 산대희와 처용무가 관계없음을
말하는데 그쳤지만 그 논문을 실은 『한국음악연구』의 참고문헌에 안확의
글 중 중요한 몇 개를 실어 놓았다.

장사훈은 대한민국예술원이 일제시대에 나온 잡지 등에 실린 음악관
계 기사를 모아놓은 자료집 『韓國藝術總集』에 안확의 글을 양적으로 비중
있게 게재하고 글의 끝에 약간의 설명과 자신의 의견과 맞지 않는 점들에
대해 언급했다.[22] 장사훈의 경우는 안확의 글 중 중요한 「朝鮮音樂硏究」,
「千年前の朝鮮軍樂」, 「朝鮮音樂史」 등의 자료를 그대로 소개하였지만 가끔
씩 붙여 넣은 해제는 대단히 비판적인 것들이 많다. 안확이 음악을 모르
고 했다고 하거나 비약이 많다거나 자가당착, 몰이해 등의 용어까지 써
가면서 비판을 했다. 장사훈은 이후 자신의 많은 저작과 논문에서 안확의
앞 선 이론이나 체계, 구분법, 역사적 사실, 인물 등 같은 부분을 수없이
게재하고 있다. 그러나 정작 각주나 참고문헌은 물론이요 안확이란 인물
자체를 주요하게 논하지 않았다. 이 점도 역시 장사훈의 후학들에게 안확
에 대한 접근을 꺼리게 한 요인으로 작용했을 것이다.

----

20 이혜구, 「牧隱先生의 驅儺行」, 『韓國音樂硏究』, 서울: 국민음악연구회, 1957.
21 安自山, 「山臺戲と處容舞と儺」, 『朝鮮』 201호, 1932.2.
22 『韓國藝術總集-音樂編Ⅰ』, 대한민국예술원, 『韓國藝術總集-音樂編Ⅱ』, 대한민국
　　예술원, 1988.

권오성은 1980년대 안확연구가 일반학계에서 조금씩 거론되기 시작하는 시점에서 안확의 생몰연대를 밝힘[23]과 동시에 음악연구가를 대표해서 안확의 자료를 집성하는데 큰 역할을 했다. 그리고 자신은 「안확의 국악연구에 대한 고찰」이란 글을 발표해 처음으로 안확에 대한 전반적인 소개와 음악연구를 개괄했다.[24] 논문에서 권오성은 안확이 일반 역사를 사회 발전적 측면에서 보면서도 음악역사는 조선조 음악을 몰락한 것이라고 보는 퇴보사관으로 썼다는데 대한 문제를 제기하고 그 이유가 안확이 몸담았던 총독부 소속의 아악부와 관련성이 있다고 주장했다. 이는 안확의 여러 저작을 한 맥락에서 이해한다면 달라질 수 있는 부분이라고 본다. 권오성의 본격적인 연구가 기대되었으나 그 이후 더 이상 안확에 대한 구체적이거나 세목적으로 한 연구는 없었고 15년이 넘어 발표한 글에서도 첫 논문을 요약하는데 그쳤다.[25]

국립국악원에서는 1991년 국립국악원 개원 마흔돌 기념으로 국립국악원의 전신인 이왕직을 다룬 『'이왕직아악부'와 음악인들』이란 책을 발간했다. 여기에서 아악부와 인연을 맺었던 바깥사람, 즉 촉탁이나 교사 중의 하나로 안확을 다루었다. 간략한 내용이지만 공식적으로 국립국악원에서 안확을 거론한 첫 번째 예이다. 그러나 그 글의 마지막 부분에는 국립국악원에 그의 연구 활동 업적의 흔적이 남아 있는 게 없다 했다. 4년 동안

....

23 권오성은 당시 대학원생이었던 남상숙을 통해 안확의 호적을 떼어 보고 안확의 손자 안동호를 직접 만나서 안확의 생몰 연대를 확실히 알 수 있었다고 한다. 그 동안 다른 분야의 안확연구자들도 안확의 생몰연대조차 몰랐던 실정이었다.
24 권오성, 「安廓(自山)의 國樂研究에 對한 考察」, 『韓國傳統音樂論究』, 서울:성동문화사, 1990.
25 권오성, 「自山 安廓의 국악연구에 대하여」, 『자산안확선생기념강연회』, 한국국학진흥원, 2003. 권오성은 이전의 장사훈 이혜구에 비해서 훨씬 긍정적인 시각을 가지고 있고, 자료 모으는데도 앞장 섰는데 정작 자신은 이후 본격적인 연구를 하지 않았는데 그 이유가 안확에 대한 평가의 보류로 생각된다.

이왕직에 재직하였고 그가 당시에 자료를 모은 것이 방대하며 그것을 글로 세상에 발표한 것도 이 시기에 대단히 많았음에도 불구하고 그 흔적조차 지워진 이유가 무엇인지 궁금하다.

신대철은 「20세기 국악사 연구의 성과와 전망」[26]에서 송방송처럼 한국음악학이나 한국음악사학의 성과에서 거론하지 않았던 안확을 다루었다. 광복 이전에 국악사 관련 연구로서 함화진·정노식·송석하·이혜구와 함께 안확을 거론하고 안확이 쓴 글 중에서 음악사와 관련된 글을 소개했다. 그는 안확에 의해서 한국인 최초로 국악사가 개관되었다고 하면서 "흥미롭게 비전문가에 의해 서술되면서 출발되었다"고 평가했다. 그의 평가에서 나타나듯이 비전문가가 썼다는 이유로를 들어 학술적 글로 인정하지 않는다는 뜻이 엿보인다.

노동은은 안확에 대해 상당히 긍정적으로 평가했다. 「한국음악사연구의 회고와 전망」이라는 글[27]에서 장사훈이 自山을 비판했던 것은 그가 그만큼 민악계를 고려하지 않는 음악연구에 치우쳤기 때문이라고 하였다. 또한 「음악사를 거꾸로 읽은 안확」[28]이라는 글에서는 안확이 민중악인 민악을 새로운 민족음악으로 해석했다고 평가하고 있다. 노동은은 구체적으로 안확연구에 대해 자료를 제시하지 않았지만 그동안 안확에 대한 비판적 시각을 정반대로 바꾸는 단초를 마련했다.

송영국의 「안확의 국악이론 연구」라는 논문은 안확만을 다룬 음악계의 유일한 석사논문이다.[29] 이 논문은 본격적으로 안확의 음악연구 주제

26 신대철, 「20세기 국악사 연구의 성과와 전망」, 『20세기 한국예술사연구의 성과와 전망』, 한국예술종합학교 전통예술원, 한국음악사학회, 2000.
27 노동은, 「韓國音樂史의 回顧와 展望」, 『국제음악학술심포지움 자료집』, 한국음악사학회, 1993.
28 노동은, 「음악사를 거꾸로 읽은 안확」, 『노동은의 음악상자』, 웅진출판, 1996.
29 송영국, 「안확의 국악이론 연구」, 석사학위논문, 중앙대학교 대학원, 1994.

만 가지고 다루었다는 점에서 본격적인 연구의 시작이라고 할 수 있다. 하지만 안확의 여러 글들을 참고해 보지 않고 쓴 점이나 무용편이나 배우편 등을 음악의 영역이 아니라고 배제한 점 등의 한계가 있다.

송지원은 「조선후기 중인음악의 사회사적 연구」[30]라는 석사논문에서 안확의 글「歌聖 張竹軒 逝去百二十年」을 토대로 장우벽의 이후 가곡계의 계보를 안확의 자료를 바탕으로 그릴 수 있었음을 밝혔다.

우에무라 유끼오는 「조선후기 세악수의 형성과 전개」[31]라는 글에서 안확의 글「千年前の朝鮮軍樂」을 근거로 세악수의 개념과 세악수도가, 세악수의 연주 레파토리 등을 밝혔다. 「千年前の朝鮮軍樂」이란 논문은 남상숙[32] 권도희[33]의 논문에서도 인용되었다.

김영운은 '한국음악사학의 성과와 과제'에서 고대음악사 부분을 발제했는데[34], 고대음악사 연구의 성과로 안확을 첫 번째로 다루었다. 이 글은 안확의 「朝鮮音樂史」에 관해서만 그 내용을 간략하게 소개하는 차원에서 다루었고 이 글이 후속 연구자에게 자극과 정보를 제공하였다는 논평이 달려 있다.

전인평은 『새로운 한국음악사』[35]에서 서역음악과 우리음악의 밀접한 연관성을 입증키 위해 안확의 글을 여러차례 논거로 제시하고 있다. 예를

30 송지원, 「조선후기 중인음악의 사회사적 연구」, 석사학위논문, 서울대학교, 1992.
31 植村幸生, 「조선후기 세악수의 형성과 전개」, 『한국음악사학보』 제 11집, 경산: 한국음악사학회, 1993.
32 남상숙, 「고려사악지의 用鼓吹樂節度 고찰」, 『음악학논총』, 권오성박사 화갑기념 논문집간행위원회, 2000.
33 권도희, 「20세기 전반기의 민속악계 형성에 관한 음악사회사적 연구」, 박사학위논문, 서울대학교, 2003.
34 김영운, 「고대음악사 연구의 성과와 과제」, 『심포지움 자료집 - 한국음악사학의 성과와 과제』, 한국예술종합학교 전통예술원, 2002.
35 전인평, 『새로운 한국음악사』, 서울: 현대음악출판사, 2000.

들어 거문고가 인도의 '부이나'에서 온 것이라는 안확의 글과 그림을 인용하였다.

박범훈은 안확이 「조선음악과 불교」라는 기획물 6회 결론 항에서 '사리영응기'를 거론했던 것을 단서로 논문을 썼다. 안확은 자신이 퇴경대사에게 얻는 '사리영응기'를 토대로 악곡명과 악기 등 구체적인 사항을 썼다. 이런 점을 토대로 박범훈은 박사논문에서 조선시대에 억불숭유정책으로 세종시대에는 불교음악은 억제되었을 것이라는 견해를 바꾸게 하는 주장을 할 수 있었다.[36]

이와 같이 그동안은 산발적으로 안확 음악론의 일부분을 거론하거나 논거로 했다. 최근 한국예술종합학교 전통예술원의 '한국음악이론연구의 성과와 전망'이란 심포지움에서, 고악보학·율학·국악기·장단·음고조직 형식 등의 주제별로 각각 그 연구성과와 전망을 토론하면서 대부분의 분야에서 안확을 거론해 안확에 대한 관심이 급격히 높아 가고 있음을 알 수 있다. 특히 율학을 맡은 남상숙[37]과 음고조직을 맡은 최헌의 토론[38]에서 가장 심도 있는 논의가 이루어졌다. 남상숙은 서론에서 어떤 분야에 대한 연구성과에서든 한국음악학 1세대를 이혜구 장사훈으로 한정시켜 자산(自山)의 연구업적까지도 제외되었다고 하였다.

....

36 박범훈, 「세종대왕이 창제한 불교음악연구」, 『한국음악사학보』, 서울: 한국음악사학회, 1999.

37 남상숙, 「율학의 연구성과와 연구방향」, 『제 5회 한국예술종합학교 전통예술원 학술심포지움 자료집 -한국음악이론연구의 성과와 전망』, 서울: 한국예술종합학교 전통예술원, 2003.11.6 남상숙은 그동안 자신의 논문에서 가끔 안확의 글을 각주로 단 적이 있고 안확의 생몰연대를 밝히는데 큰 역할을 한 바 있을 정도로 꾸준히 관심을 가졌던 것 같은데 이번처럼 본문의 내용에서 다룬 것은 처음이라고 할 수 있다. 안확이 밝힌 악률과 관련한 모든 계산을 수학식으로 보여준 최초의 자료라고 하면서도 안확이 착각하고 있는 점도 지적했다.

38 최 헌, 「한국 전통음악 음고조직 연구의 쟁점」, 위의 책 188-192쪽.

최헌은 안확을 한국전통음악의 악조와 관련한 기존 연구 검토에서 그를 포함할 것인지 고민한 흔적이 보인다. 많은 양을 할애하여 안확의 「조선음악연구-악률편」을 자세히 소개했다. 안확의 연구가 문헌에 의존하였기 때문에 생기는 한계를 지적하면서도 구자악 당악 향악과의 관련성에 대한 어급은 『악학궤범』의 7調와 당악 28調와의 연관에 관한 연구의 가능성을 제시하였다고 평가한다.

이 토론회에서는 그동안의 관행상과는 조금 다른 면이 있었다. 일단 한국음악학 1세대를 거론하기 전에 안확을 다루었다는 점이며 간단한 언급정도가 아니라 하나의 항목으로 설정하여 안확의 글을 그대로 서술하고 상당히 객관적으로 바라보았다는 점이다.

III. 안확의 조선음악연구의 특징

1. 안확의 조선음악연구 경위

박은식·신채호·정인보·최남선 등 일제시대 국학자들의 특징은 우리나라의 역사와 문화에 관하여 어떤 분야가 되었든 다양하게 연구하여 계몽적인 글을 발표하였다는 것이다. 안확의 경우도 마찬가지만 몇 몇 분야의 비중은 컸으며 음악의 비중은 그의 국학 연구 분야에서 세 번째이다. 특히 아악(雅樂), 즉 궁정음악(宮庭音樂)에 대한 관심이 많은 비중을 차지한다. 그렇다면 그가 왜 음악연구를 시작하게 되었으며 궁정음악에 대한 관심은 언제부터인지 조선음악연구 경위를 추론해보겠다.

1922년 음악론으로는 처음 「朝鮮의 音樂」을 발표한 시기의 우리 음악계 특히 궁정음악의 상황을 보자. 당시 궁중 음악의 최고 기관 '장악원'이 축소되어 '교방사'로 바뀌었다가 한일합방이 되자 이왕직 직제가 공포되고 그에 따라 이왕직 내의 제사음악 담당기관인 아악부가 명맥을 유지하던 때이다. 그나마 아악부마저 총독부에서 해체하려는 상황에 처해 있었다. 그런 상황에서 1921년 일본의 궁내부 소속의 다나베히사오(田邊尙雄)라는 사람이 '조선음악조사'를 위해 조선에 와서 아악에 대한 찬사를 하고 아악부의 음악을 조사하고 돌아갔다.[39]

그 뒤 다나베의 힘으로 아악부 청사도 새로 짓고 아악부의 음악인들의 처우가 개선되었다. 그러나 이후 아악부와 다나베와의 갈등이 있었는지 관계가 뚝 끊어졌다. 물론 아악부 몇 사람들과 개인적 관계는 계속 가졌으나 공식적인 관계는 없어졌다.[40] 안확은 이러한 상황을 잘 알았던 것 같고 당시 궁중음악은 세계적으로 가치가 있어 다른 나라 학자들은 부러워하고 있는 판에 정작 우리나라 사람들은 관심이 적다는 것을 안타까워했다.

지난 갑오년(1895년)에 미국인 알렌씨의 초청을 받아서 조선의 궁중악인 십여명이 미국 박람회에 출연한 일이 있었는데, 그것이 당시에 상당한 평판이 있었다. 즉 조선의 고악은 동양 고악 중에도 가장 우수한 것이라고까지 말했다.[41]

조선의 아악은 동양에 유명한 것이라 세계 각국에서 일부러 와서 보는 사람이 많은 중 몇 년 전에 북경대학 교수들도 방문하였는데 오직 조선인만은 아직까지도 방문하는 일이 없어서 섭섭히 여겼습니다. 내가 7년 전(1921년)에 중국 북경에 가서 악기를 조사하여 보았으나

....

39 田邊尙雄, 『中國·朝鮮音樂調査紀行』, 東京: 音樂之友史, 1970.
40 김수현, 「다나베히사오(田邊尙雄)의 '조선음악 조사(調査)'에 대한 비판적 검토」, 『韓國音樂史學報』 제22집, 한국음악사학회, 1999.
41 안확, 「千年前の朝鮮軍樂」, 『朝鮮』 177호, 朝鮮總督府, 1930.2. 원문의 뜻을 훼손치 않은 범위에서 현대문으로 고쳤다. 이하 인용문에서도 마찬가지임.

거기는 淸朝 때의 유품 밖에 없고 조선은 참으로 4천년 전 유물이 많이 있습니다. 이것이 얼마나 자랑할만한 것인지 나는 자다가 생각하여도 기절할 일이외다.[42]

그의 글을 종합해 보면 안확은 이미 이전에 미국 박람회에 우리 궁정 악사들이 찬사를 받았다는 것을 알았고 1921년 다나베 히사오의 조선 방문 이후 다나베의 극찬[43]처럼 실제 우리나라의 궁정 음악이 동양에 유일한 最古의 음악인지를 확인하기 위해 북경에 다녀오기도 했다. 안확은 외국인들이 관심을 가지고 있고 특히 다나베의 조선음악조사가 있었던 터라 스스로 그것을 확인하기 위해서 북경까지 갔다 왔던 것 같다.[44]

그러나 그는 일본 음악학자들이 우리 음악을 잘못 이해하고 평가하는 데 대해 못마땅해 하며 몇 번이나 그 음악학자들의 몰이해를 비판하고 있다. 「世界人이 欽歎하는 朝鮮의 雅樂」과 「朝鮮雅樂曲解題」에서 慢 中 數 三機에 대한 설명과 內藤虎太郎과 田邊尙雄의 잘못을 지적하였다. 그에게는 가치가 있는 것이라면 우리 문화의 자부심으로 삼아야 할 것이고 이를 위한 연구가 절실히 필요로 했던 것이다.

안확이 이왕직 촉탁으로 들어가기 바로 전이라고 추측되는 1926년 3월에 발표한 「朝鮮雅樂に就て」의 마지막 부분에 그의 생각이 잘 나타나

42 안 확, 「世界人이 欽歎하는 朝鮮의 雅樂」, 『別乾坤』 제3권 제2호, 1928.5.
43 「朝鮮雅樂に 就て」, 『朝鮮史學』 제1권 제3호, 京城:朝鮮史學同攷會, 1926.3, 14쪽에는 다나베 히사오는 우리의 아악을 듣고 "하늘을 오르는 기분이었다"라고 감동하고 자기나라 일본에는 이것이 없는 것이 안타깝다고 말하였다고 했다.
44 최근미, 「안확의 音樂硏究가 한국음악사학에 미친 영향」, 목원대학교 한국음악과 졸업논문, 2000. 이 논문에서 최근미는 『매일신보』 1921년 4월 3일자 기사에 의하면 조선 아악을 조사키 위해 다나베가 조선을 방문한다는 기사와 나란히 났던 '조선청년연합회'기사를 보고 당시 '조선청년연합회'기관지 『我聲』의 편집부장이었던 안확에겐 큰 관심거리가 되었을 것이라고 지적했다.

있다. 안확은 "지금 일본에서는 궁내성에서 아악을 확장키 위해 열심가들이 고전보존회를 조직하였다"고 하면서 "우리도 재야음악가들이 열심히 연구해서 조선악의 근본적 면모를 발양하는 것은 예술가의 책임이다"라고 하였다. 그는 조선악이 오히려 일본에서 더 연구가 되는데 대해 안타깝게 생각했다.

더구나 일본학자들이 잘못 이해하는 것을 비판해서 이해시키려면 조선악에 대한 정확한 연구와 인식이 필요한 것이다. 더구나 일본에서 우리아악을 탐내고 있었던 것을 알고 시급히 궁정음악에 대한 정리와 보존 등의 필요성을 느꼈을 것이다. 따라서 아악을 정리할 필요성을 제기하는 '아악정리지의견(雅樂整理之意見)'이라는 의견서를 이왕직에 제출하고 아악부 촉탁으로 자진해서 들어갔다고 볼 수 있다.

이 의견서에서 우리음악을 세계인에게 알리기 위해 서양악보로의 역보가 필요함을 제기하였고 또한 아악부가 다행히 존재하여 문화를 지킬수 있었지만 악인들에게 그 원리(음악에 대한 이론이나 역사 등)를 이해시킨다면 악기만 전수케 하는 것보다 음악인 스스로 자립하여 음악을 잘 보존하고 발전시키는데 큰 도움이 될 것이라고 역설하였다.[45]

그렇다면 1926년에 이왕직에 들어가게 된 경위와 촉탁으로 있으면서

---

45 안 확, 「雅樂整理之意見」, 권오성, 「安廓(自山)의 國樂硏究에 대한 考察」, 『韓國傳統音樂論究』, 서울:성동문화사, 1990. 이 글 뒷면에 부록처럼 참고자료로 그 원문을 실어 놓았는데, 본문에 의하면 이것이 『朝鮮樂槪要』라는 제목의 이왕직 아악부 당시의 각종서류를 잡철한 책에 삽입되어 있다고 하였다. 그러나 『朝鮮樂槪要』는 1917년 당시 악사 함화진 등이 아악이 없어질까 염려하여 땅에라도 묻는 심정으로 만들었다는 필사체의 악서로서 궁중음악의 종류나 곡목 정재 악기 악현 등을 시대별로 정리한 것이다. 1917년 편찬한 책으로 하나는 국립국악원 국악박물관에 진열되어 있고 하나는 장서각에 소장되어 있다. 상식적으로 생갈할 때 이 책은 서류철이 아님이 분명할 뿐 아니라 현재 장서각에 있는 『朝鮮樂槪要』에는 안확의 「雅樂整理之意見」이 삽입되어 있지 않다.

했던 음악연구와 그 결과물로써 악서(樂書)는 어떻게 되었는지 알아보자. 그는 '雅樂整理之意見'을 제출하여 이왕직에 설득을 얻어내고 이왕직에 들어가게 되었던 것 같다. 그의 1930년의 글「朝鮮音樂史」의 서두에는 자신이 언제 어떤 경위로 이왕직 아악부에 들어가게 되었으며, 어떤 목적으로 얼마나 많은 양의 자료를 모았는지 분명하게 밝히고 있다.

> 내가 을축년(1925년) 7월에 음악사 편집의 논의를 이왕직에 제출하였다. 그 당시에 예식과의 과장이하가 회의를 열고 나를 불러 참석케 하여 의견을 서로 문답하여 이내 내 뜻을 따라서 가결하더니 다음해 병인년(1926년) 4월이 되어 당직에서 나를 촉탁으로 임명하고 음악사 편집을 책임지게 했다.
> 그후로 만 4내년에 걸쳐서 편집에 종사하면서 재료를 모집한 것이 상당히 많으니 <u>악리로 2416매 악기로 1021매 歌로 1639매 악보로 1340매 무용으로 148매 잡고로 3101매</u> 모두 합쳐 팔천수백매를 조사하여 얻었는지라 거기에 더하여 아악부 악공들의 실주에 의하여 미침내 이백수십 項目의 원고를 작성한지라 나는 본래 음악과는 문외한인데 이 사무를 맡은 후로 악률에 대한 상식을 얻음에 이로써 얻은 바의 뜻과 생각을 일으켜 신문 또는 잡지상에 발표한 일이 있었는데 지금에 임하여서는 조선음악의 연혁을 소개하여 음악에 관한 설명은 이로써 마치고자 하노라.[46]

그런데 장서각 도서에 남아 있는 이왕직 아악부의 잡철류『朝鮮雅樂』에는 안확과 관계되는 것으로 보이는 필사체로 쓴 '재료의 수집'이란 제목으로 위와 같은 매수의 숫자가 두 번씩이나 발견된다.[47] 아래 그림에서

46 安 廓,「朝鮮音樂史」,『朝鮮』170호, 朝鮮總督府, 1931.12.
47 李王職編,『朝鮮雅樂』, 寫本, 1936년경, 이『朝鮮雅樂』은 장서각도서 잡철류로 분류되어 있으며 마이크로 필름으로 볼 수 있다. 이왕직아악부의 서류를 이것

볼 수 있듯이 재료의 수집의 숫자가 각 분야마다 정확하게 맞다. 흥미로운 것은 그 뒤에 연결된 '편집의 진행'이란 부분이 있는데 이를 보면 안확이 어떻게 樂書를 쓰려고 했는지를 알 수 있다. 이 편집의 진행와 목차 등에 의하면 樂書와 樂史 두 부분으로 나누어 쓰려 했으며 소화 3년(1928년) 4월 30일에 악서는 총 9장 중에 5장을 樂史는 고려시대까지 초고로 썼던 것 같다. 그 뒤에는 樂書를 다음과 같이 9장으로 나누었음을 볼 수 있다. 1. 총설 2. 음악의 원시적 경로 3. 발음법 4. 음향법 5. 음의 구성법 6. 작곡법(起調及 轉調) 7. 악기의 역사 8.무의 역사 및 舞法 9. 歌의 歷史 및 歌法으로 되어 있다.

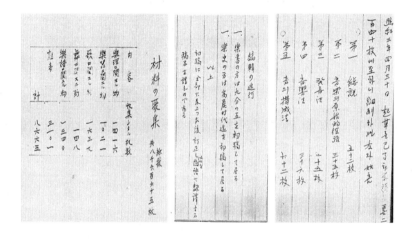

이를 통해 안확이 초고를 완성하고 출간을 하려했던 악서의 윤곽을 대략 알 수 있다. 특이한 것은 이후 원고들에서 볼 수 없었던 주제인 발음법, 음향법, 작곡법 등이 들어 있다는 점이다.[48] 안확은 이러한 계획을 세

저것 모아 놓은 것으로 보인다. 이것이 안확의 악서 계획과 관련이 있다고 보는 것은 「朝鮮音樂史」서문에 있는 재료 수집의 숫자가 똑 같은 점이나 년도가 안확이 촉탁으로 있었던 시기인 소화3년(1928)년이라는 점 때문이다.

워 초고를 쓰고서도 악서를 발간하지 못했다. 그것은 당시의 정황을 말해 주는 성경린 이주환의 글에서 확인할 수 있다. 그것이 당시 함화진 김영제 등 아악부의 중요 인물들과의 갈등 때문이었던 것 같다. 성경린의 『朝鮮의 雅樂』에는 '樂書·樂譜編纂事'라는 항목에 다음과 같은 내용이 있다.

조선음악사가 머지 않아 간행되리라는 소식이 세상에 전한 것도 벌써 몇 해전의 일이요 동양음악의 꽃 조선아악의 보존과 선양에 이바지하고자 예로부터 사용해 내려온 文字譜를 현대 서양의 오선보에 옮겨 놓은 것이 무려 1만페이지나 되는 방대한 音譜가 제작되었다는 뉴스 또한 항간에 유포되어 덧없이 몇 년이 지났습니다. …… 악서편찬이 걸어 온 우여곡절을 모두 챙길 수는 없지만 1930년 제 1차로 탈고된 모 촉탁의 악서를 아악부 당국이 "사람이 至願이 있으면 반드시 天佑있다는 古談은 안타깝게도 헛말이 되었습니까" 하고 탄식하고 실망하여 …… 정말 잘못된 아악서를 썼던 것인지 아악부측의 아악부원이 아닌 밖의 사람에 대한 부질없는 의구 질시도 당시로서는 있을 것으로 견해의 대립보다는 감정의 상극에서 오는 마찰 충돌이 더 큰 원이이던 것을 나는 여러 가지 점으로 느낍니다.

갈등이 가시화되었던 것은 당시 아악부의 아악생이었던 성경린이 말한 바처럼 1930년에 안확이 앞의 그 초고와 그 구도가 비슷했을 것 같은 그 어떤 완성된 원고를 검토케 한 이후에 그에 대한 함화진 김영제의 혹독한 비판과 그로 인해 빚어진 불화 때문인 것으로 보인다. 성경린과 같은 아악부 학생이었던 이주환도 그 당시의 상황을 말하면서 안확이 오당

---

48 이것이 樂書발간을 위한 것이라고 짐작할 수 있는 점은 안확이 쓴 음악관련 글에서 전혀 보이지 않는 목차이기 때문이다. 이 목차에서 '음악의 원시적 경로' 부분은 안확 이후에 촉탁으로 초빙된 성낙서의 '조선음악사'의 처음부분과 같은 목차명이다.

함화진과 괴정 김영제와는 도저히 의기 투합할 수 없는 사람이었다라고 회고하고 있다.[49] 그리고 그 악서를 비판한 일어로 쓰여진 '악서검열초'가 남아 있다고 하는데[50] 아악부에서 상부에 진정한 具申書를 성경린이 조금 윤필하여 소개한다고 했던 내용이 바로 日文으로 비판한 악서검열초의 내용으로 보인다.

조선의 악서는 이조 성종때의 악학궤범 정조조의 시악화성과 홍제 전서의 악통 그리고 정다산의 악서고존 등이 있는데 가장 내용과 조리가 완비하여 그 뒤 조선음악의 權輿가 되고 있는 유일한 악서는 악학궤범입니다. 그러나 악학궤범으로도 그 내용을 상세히 검토할진댄 현대의 악리에 비추어 결점이 또한 적지 않다고 생각하고 까닭에 이것에 연구보정에는 남 아닌 아악부원이 담당해야 할 것으로 믿습니다.

그렇지만 유감한 일은 아악부원은 실지 연주에 들어서는 그 기예를 표출한 능력을 갖고 있으나 자기의 포회하는 상념이나 무슨 이론을 기록할 능력은 부끄러운 일이로되 이를 갖지 못한 한낱 문맹에 불과 합니다. 그러므로 번연히 이일을 수행하여야 될 것을 알면서도 좋은 기회가 오기만 학수고대하였던 것입니다.

마침내 사업을 위해 당국은 거대한 예산을 세워 직원을 고빙하여 이 일을 맡겼습니다. 우리는 기쁨을 이기지 못하고 그저 이 일이 성공되기만 우금 3년 두 손을 모으고 하늘에 빌었든 것입니다. 탈고 되어 온 악서를 검토함에 먼저 붓과 묵이 자리가 바뀌었고 조리 착란 증거가 모호하니 기대가 컸든 것인지 실망이 이다지도 심하오리까 아아 사람에게 간절한 염원 있으면 반드시 하늘이 돕는다는 말은 오늘의 아악부원에게는 거짓말 같사옵니다.[51]

49 이주환, 「雅樂部回顧」, 『예술원보』 10집, 대한민국예술원, 1966. 122쪽.
50 권오성, 「安廓(自山)의 國樂硏究에 대한 考察」, 앞의 책, 258쪽.
51 성경린, 『조선의 아악』, 앞의 책, 1947.166-167쪽.

이 내용상에서 보았을 때 아악부원, 특히 함화진·김영제 등 상부에서 기대한 것은 악학궤범 같은 형식의 악서를 상정하였던 것 같다. 안확의 그동안의 글은 그런 형식과는 차이가 분명해 새로운 저술 형식을 인정할 수 없었던 것이 아닌가 한다.

또한 안확의 글에서도 자주 보이는 당시의 아악부에 대한 비판이 상당히 많았던 것도 요인이 되었을 것 같다. 안확은 여러 글에서 우리의 전통음악은 우수한 것이고 세계에 자랑할만한 것이지만 현재에는 제대로 연주하지 않는다거나 악보상의 문제도 제기하였고 조선음악이 망하게 된 이유에 대해 악사들의 책임을 묻기도 했다. 결국 1930년에 아악부원에게 검열 받은 악서는 결국 나올 수 없었을 뿐 아니라 안확은 촉탁의 자리도 물러나야 했다.

그 후임으로 성낙서가 왔다. 성낙서가 안확이 끝내지 못한 조선음악사를 썼던 것으로 보이나 그것도 출판되지 못했다.[52] 안확은 촉탁을 물러난 이후 1931년에도 계속 잡지와 신문지상에 「朝鮮音樂史」 등의 음악관련 글쓰기를 하였다 그러나 1932년까지만 유지되고 몇 년 뒤 1936년 마지막 글을 쓰고 이후 음악론은 발표하지 않았다. 그가 아악부를 그만두고서 대단한 포부로 시작한 상황과는 달리 상당한 허탈감에 빠졌을 것이라는 생각이 든다. 그래서 더 이상 음악론에 무게를 두지 않았던 것으로 본다.

2. 안확의 음악론 목록과 시기별 고찰

안확이 출간한 책은 지금까지 9권이 발굴되었으며 각종 잡지나 신문에 발표한 글은 170여편이다. 연재한 글들도 상당히 많아서 글을 게재한

---

52 성낙서가 1937년에 쓴 『朝鮮音樂史』는 청주대 민족음악자료관에 장사훈의 필사본으로 남아 있다.

횟수는 이 보다 훨씬 많다고 봐야 한다. 이 중에서 음악과 관련된 글은 1922년「朝鮮의 音樂」을 시작으로 40여편이 있다.

이것은 음악적 내용이 주요한 것만을 중심으로 가려낸 것으로 나머지 많은 글에서도 음악적 내용을 발견할 수 있다. 이는 안확이 섭렵했던 여러 분야 중에서 국어학 국문학 분야 다음으로 많은 양이라고 할 수 있다. 또한 그 내용에 있어서도 다양한 분야에 걸쳐 있다. 음악과 관련하여서도 한 부분만을 집요하게 파고 들었던 것이 아니면서도 주제마다 하나 하나 방대한 문헌을 참고하고 꼼꼼하게 서술한 인상을 받을 수 있다.

음악에 관한 저술은 1922년에 시작하지만 1928년부터 1932년까지의 사이에 집중되어 있다. 특히 1930년 한 해에만 발표한 음악관련 글이 12편에 달한다. 이왕직에서 촉탁으로 있던 4년간 연구의 결과물인 악서를 발간하지 못하고 말았지만 그가 촉탁을 그만 둔 직후인 1930년과 1931년의 글들은 악서로 만들고자 했던 것을 분장하여 발표한 것이라고 할 수 있다. 안확이 발표한 음악론의 대부분을 발표 시기 순서대로 정리하여 보면 <도표 2>와 같다.

<표-2> 안확이 발표한 음악론 목록

년 도	월 일	제 목	게 재 지	기 타
1922	12	「朝鮮의 音樂」	『新天地』 第8호	
1926	3	「朝鮮雅樂に 就て」	『朝鮮史學』 제1권3호	朝鮮史學同攷會
1927	1-2	「朝鮮歌謠史의 觀念」	『藝文』 811-812호	2회 연재
1927	5	「麗朝時代의 歌謠」	『現代評論』 제1권,4호	
1927	8	「時調의 作法」	『現代評論』 제1권,7호	
1928	1.20-28	「鄕歌의 解」	『中外日報』	9회 연재
1928	2.11-17	「東洋의 音論과 諺文」	『中外日報』	
1928	3.12-18	「音樂의 縱橫談」	『中外日報』	7회 연재
1928	3.27-29	「日本音樂의 月旦」	『中外日報』	3회 연재
1928	4.18-21	「言語와 音樂」	『中外日報』	4회 연재
1928	5	「世界人이 欽歎하는 朝鮮의 雅樂」	『別乾坤』 제3권,2호	

년 도	월 일	제 목	게 재 지	기 타
1928	5	「朝鮮古樂의 變遷과 歷代人物」	『別乾坤』 제3권,2호	필명 : 風流郎
1929	10-11	「朝鮮樂과 龜玆國樂」	『佛教』, 64-65호	佛教社
1929	12	「朝鮮詩歌의 苗脈」	『別乾坤』 4권7호	
1930	1.22-26	「朝鮮古來歌曲의 內脈과 그 歌法」	『朝鮮日報』	
1929	11	「歌聖 張竹軒 逝去百二十年」	『朝鮮』 145	
1930	1-6	「朝鮮音樂과 佛教」	『佛教』 67-72호	6회 연재
		「朝鮮古代의 舞樂」	『新生』 16호, 1930.1	
1930	1	「千年前 朝鮮軍樂」	『朝鮮』 147호	朝鮮總督府
1930	2	「千年前の朝鮮軍樂」,	『朝鮮』 177호	日文
1930	2	「朝鮮民謠의 詩數」	『別乾坤』 제5권, 2호	
1930	3-12	「朝鮮音樂의 研究」	『朝鮮』 149-158호	7회 연재
1930	3	「處容歌에 就하여」	『新生』 18호	
1930	3	「朝鮮現存樂器考」	『朝鮮』 178호	日文
1930	4-10.2	「朝鮮歌詩의 條理」	『東亞日報』	22회 연재
1930	5	「朝鮮雅樂曲解題」	『朝鮮』 180호	日文
1930	5	「朝鮮民謠의 詩數」	『朝鮮』 180호	
1930	5	「朝鮮民謠의 古今」	『朝鮮』 통권151호	필명 : 安之覃
1930	9.24-30	「時調의 淵源」	『東亞日報』	
1930	10.1-2	「歌時와 民族性」	『東亞日報』	
1931	3	「朝鮮歌詩의 研究」	『朝鮮』 161호	
1931	5	「高麗時代의 歌詩」	『朝鮮』 163호	
1931	5.8-10	「時調의 旋律과 語套」	『朝鮮日報』	
1931	6-8	「時調의 研究」(上 中 下)	『朝鮮』 164-166호	
1931	5	「高句麗曲」	『朝鮮日報』	
1931	5.28	「俗歌行」	『朝鮮日報』	
1931	7	「處容歌에 對하여」	『朝鮮日報』	
1931 1932	12-.1	「朝鮮音樂史」	『朝鮮』 170-171호	
1932	2	「處容考」	『朝鮮日報』	
1932	2	「李朝時代의 詩歌」	『朝鮮』 172호	自山生
1932	2	「山臺戲와 處容과 儺」	『朝鮮』 201호	日文
1932	3	「朝鮮音樂について」	『朝鮮』 202호	日文
1932	6	「漢文詞曲의 小考」	『朝鮮』 176호	
1936		「于勒, 王山岳, 朴堧」	『朝鮮名人傳』	東京:祖光社

안확의 글 중에서 비중이 큰 글이라면 「朝鮮音樂과 佛敎」(7편 연재, 1930년), 「朝鮮音樂의 研究」(7편 연재, 1930년), 「朝鮮音樂史」(2편 연재, 1930, 1931년)를 들 수 있다. 이 글들을 모아 책으로 엮는다면 안확이 쓰고자 했던 '악서'의 내용이 되지 않을까 할 정도로 음악연구의 내용이 집중되어 있다. 안확이 쓴 음악관련 글은 40여 편이지만 연재물로 게재한 것들이 많아서 그 연재물 한편 당 내용을 달리하는 것으로 계산하면 60여 회의 글이 넘는다고 할 수 있다.

여기에서는 안확의 글이 너무 방대하여서 시기별로 중요한 것만을 중심으로 그 내용을 개괄하여 보려고 한다. 그리고 歌詩, 詩歌, 歌謠, 時調 등을 주제로 다룬 글이 아주 많이 있는데 이는 국문학 분야와 음악 분야의 종합적 분석이고 상당히 많은 양이어서 다른 논문으로 다루기로 하고 음악적으로는 歌法 등의 직접적 음악 관련의 글만을 다루기로 한다. 또한 안확이 발표한 글 중에 日文으로 작성한 것이 몇 가지 있는데 이것들은 국문으로 쓴 것과 동일한 다른 논문이 있어 생략한다.

1) 1922년 12월 - 1926년 3월

이 시기에 발표된 것은 『新天地』에 발표한 「朝鮮의 音樂」과 『朝鮮史學』에 발표한 「朝鮮雅樂に 就て」이다. 「朝鮮의 音樂」은 안확의 음악에 대한 초기적 관심과 음악관을 엿볼 수 있고 1930년에 발표한 「朝鮮音樂史」의 축소판이라고 할 있다. 음악론으로는 첫 번째로 발표한 「朝鮮의 音樂」은 안확이 1914년에 글쓰기를 시작한 뒤로부터 7년이 지난 뒤이면서 『朝鮮文學』 『朝鮮文明史』 등의 중요한 저서들이 발간된 이후의 일이다.

이 글에서는 먼저 음악이란 무엇인지 어떤 예술인지에 대한 자신의 견해를 쓰고 우리나라 음악의 발생부터 역사적 검토를 하면서 2대 악성으로 우륵과 왕산악을 설명하고 다음에 박연의 음악개정에 관한 내용을 서술했다. 이 글의 역사에 관한 부분은 삼국사기 악지에 근거하는 등 기본적인 역사서를 참고로 하여 쓰여졌다. 그러나 緖言에서 "음악이란 순수한 감정을 직접으로 표현하는 것이라는" 예술의 성격규정 등 안확의 음악에 관한 생각을 잘 알 수 있다.「朝鮮雅樂に 就て」은『朝鮮史學』에 발표한 글이다.『朝鮮史學』는 1924년 일제의 식민지 교육정책의 일환으로 세운 관립종합대학인 경성제국대학 출신들을 중심으로 모였던 '朝鮮史同攷會'의 기관지이다. 하지만 조선사편수위원회와는 다른 조직이다. 조선사편수위원회는 일제가 식민지통치에 활용할 목적으로 1922년 역사교육을 통해 일본민족의 우위성을 입증하려는 조선역사를 편찬하기 위해 설치한 연구기관이다.

「朝鮮雅樂に 就て」는 조선아악의 세계적 중요성을 밝히고 악의 전래, 악기의 종류, 악리의 요점, 악곡 등을 자세하게 서술한 글이다. 뒤에도 살펴보겠지만 안확이 남긴 글 중에서 일문으로 쓴『朝鮮史學』의 글이나 총독부 발행의『朝鮮』과 같은 잡지에 발표한 것을 가지고 그의 친일성을 오해하기도 했으나 그 내용을 보면 친일적인 것은 전혀 보이지 않을뿐더러 일제가 조선의 역사와 민족성을 왜곡시키려는데 대항적인 측면이 크다.

안확은「朝鮮雅樂に 就て」이후에도 '雅樂'이란 표제를 가진 글을 몇 가지 발표하는데 첫머리는 대체적으로 비슷한 논조로 아악이 현재 가장 귀중한 문화유산을 우리가 가지고 있다는데 대한 자부심을 가져야 한다고 역설하고 있다. 그러나 그 나머지 부분은 전혀 다른 글이다. 그리고 향악, 당악, 아악으로 분류할 때의 아악의 개념으로 시작하나 전체적으로는 궁중음악 전반을 가리켜서 아악의 범주에 넣고서 설명한다.

2) 1927년 5월 - 1928년 4월

이 시기에는 언어와 음악에 관계되는 내용, 즉 音論과 諺文이나 가요

시조 등과 음악 관련된 내용의 「朝鮮歌謠史의 觀念」, 「麗朝時代의 歌謠」, 「時調의 作法」, 「鄕歌의 解」 등의 글이 있는가 하면 『중외일보』에 「音樂의 縱橫談」 「日本音樂의 月旦」, 「言語와 音樂」 등의 잡글 형식의 연재물이 있다. 「音樂의 縱橫談」에서는 이왕직 촉탁이 되기 이전에 그가 가졌던 동서양의 상식적인 음악에 대한 이러 저러한 이야기꺼리를 연재물로 내 놓고 있다. 여기서 그가 서양서적을 많이 탐독했고 미국에까지 갔다 왔다는 사실을 알 수 있다. 특히 「音樂의 縱橫談」은 그야말로 종횡으로 체계 없이 음악에 관련된 이야기를 잡스럽게 늘어놓았다.

그에 비하면 「日本音樂의 月旦」의 경우는 당시 연주가 되었던 일본음악을 평해 놓으면서 일본음악과 한국음악 서양음악의 차이점등을 피력하고 일본에서 현재 추구하고 있는 음악가들의 서양음악 받아들이기와 자기화 등에 대해서 우리도 배울 것은 배워야 한다고 주장하고 있다. 「言語와 音樂」에서는 언어와 음악이 각각 독립물로 조직된 것이 아니기 때문에 고대 가요를 연구하려면 언어와 음악의 관계를 탐구할 필요가 있다고 주장한다. 언어로써의 음과 음악에서의 음에는 장단, 강약, 고저, 음조 등이 있는 것이 같고 사람의 聲帶가 관악의 조직과 같다는 등 소리로 발하는 음악적인 면과 언어적인 면에 대한 설명을 하고 있다. 안확은 이 「言語와 音樂」이란 글에서 뿐만 아니라 훈민정음의 악리기원설을 주장하기도 하고 모든 詩歌 歌謠 등을 문학과 음악을 함께 고찰하는 일관성을 보여주고 있다.

3) 1928년 5월 - 1929년 12월

이 시기에는 몇 가지 중요한 논문이 발표된다. 『別乾坤』에 발표한 「世界人이 欽歎하는 朝鮮의 雅樂」, 「朝鮮詩歌의 苗脈」과 「朝鮮古樂의 變遷과 歷代人物」에 風流郎으로 발표한 글이 있으며 『佛敎』에 2회에 걸쳐 발표한 「朝鮮樂과 龜玆國樂」 「朝鮮古來歌曲의 內脈과 그 歌法」, 『朝鮮』에 발표한 「歌聖

張竹軒 逝去百二十年」이 있다. 이 글들은 상당히 중요한 글들로써 이왕직에 몸담은 지 얼마 안 되어서 발표했다. 「世界人이 欽歎하는 朝鮮의 雅樂」은 앞의 「朝鮮雅樂に 就て」와는 달리 간략하게 쓴 글인데 자신이 중국에 가서 직접 보고 온 결과 우리 아악이 동양에 유일하게 남아있는 귀중한 문화유산이라고 하면서 아악에 대한 일반사람들의 몰이해나 우리음악의 이론에 대한 일본 학자들의 몰이해를 비판하고 있다.

「朝鮮古樂의 變遷과 歷代人物」에서는 주로 고대에서 현재까지 음악인을 중심으로 서술한 글이다. 삼국시대의 왕산악, 옥보고, 백결선생, 우륵 등은 삼국사기 악지에 근거한 내용이다. 조선시대에는 세종, 세조, 성종 등의 음악업적과 관련하여 유명한 박연, 성현 등을 설명하였다. 이 글에서 주목되는 것은 조선시대에 유명한 악사나 악공들에 대한 소개가 구체적이어서 당시 신분이 낮았던 음악인들을 발견할 수 있다는 점과 글을 쓰는 시점인 당시의 아악부의 음악인과 민속악에 종사한 음악인들을 소개해 주어 많은 역사적 정보를 얻을 수 있는 점이다. 조선시대 비파의 송태평(宋太平), 송전수(宋田守), 도선길 등도 그렇지만 아악부의 유의석, 박덕인, 안덕수, 명호진 등도 어떤 악기에 능했는지 잘 알 수 있게 하며 박팔괘, 심정순, 지용구, 조동섭 등과 같은 민속악인이나 가곡의 대가 하규일까지 일일이 열거하였다.

「朝鮮樂과 龜玆國樂」에서는 한국음악의 기원부터 삼한시대 삼국시대까지 대체적인 흐름을 개괄하고 신라시대에 들어 온 당악을 거론하면서 당악의 유래에 대해서 소상하게 밝히고 있다. 당악이 중국에 있었던 正理的인 雅樂과 情趣的인 俗樂이 중에서 속악에 해당하는 것인데 구자국에서 들어온 龜玆樂이며 이는 서역계의 음악이라고 하고 구자국은 어떤 나라이고 어떤 경로를 통해 조선까지 들어왔는지 설명하였다. 「朝鮮樂과 龜玆國樂」續篇에서는 구자국 음악이면서 조선에 들어온 당악을 악기, 선법, 박자 세

부분으로 나누어 구체적으로 설명하고 있다. 「歌聖 張竹軒 逝去百二十年」에서 장죽헌이 장우벽이란 사람으로 영조시대 사람인데 그동안 시조(즉 가곡)를 부를 때 아무런 원칙이 없이 불렀으나 장우벽이 가법을 세우고 매화점 장단을 만들었으며 이후 후계자들의 계보를 형성케 한 태두가 되었다고 설명하였다.

4) 1930년 1월 - 1930년 12월

1930년에는 「朝鮮音樂과 佛敎」을 필두로 하여 아주 많은 양의 음악관계 글이 발표 되었다. 「朝鮮古代의 舞樂」, 「千年前 朝鮮軍樂」「千年前の朝鮮軍樂」, 「朝鮮民謠의 詩數」, 朝鮮音樂의 硏究」「處容歌에 就하여」, 「朝鮮現存樂器考」, 「朝鮮歌詩의 條理」, 「朝鮮雅樂曲解題」, 「朝鮮民謠의 詩數」, 「朝鮮民謠의 古今」 「時調의 淵源」, 「歌時와 民族性」 등이 그것이다. 이 중 「朝鮮音樂과 佛敎」와 「朝鮮音樂의 硏究」가 가장 비중있는 글인데 각각 6회, 7회씩 연재한 글이다.

그리고 각 각의 장 마다 다른 주제를 가지고 있어서 어떻게 보면 14편의 글이라고 볼 수 있다. 「朝鮮音樂과 佛敎」은 1. 사적고찰, 2. 악기, 3. 二大악곡(처용무곡과 고취곡), 4. 歌調와 歌詩, 6.결말의 차례를 가지고 6회에 걸쳐 연재한 글이다. 안확은 우리나라 음악사에서 불교음악이 끼친 영향을 높이 평가하고 있다. 그는 조선시대처럼 抑佛崇儒 정책을 썼던 시대에도 불교음악은 커다란 역할을 했다고 주장한다.

특히 결론에서 사리영응기의 기록을 소개하면서 세종이 창작한 불교음악에 대해 작곡의 경위와 악곡, 악기 편성, 악인들의 참여 등에 대해서 자세히 적고 있다. 「朝鮮古代의 舞樂」은 무용사를 썼다고 볼 수 있다. 이후 「朝鮮音樂의 硏究-舞踊篇」의 내용과도 같다. 「千年前 朝鮮軍樂」은 국문으로 「千年前の朝鮮軍樂」은 일문으로 조선총독부 기관지 『朝鮮』에 실린 같은 내용의 글이다. 일본 음악학자 우에무라 유끼오가 주목하였던 글로 조선후기 세악수의 실체를 밝히는 근거가 된 글이다. 고취악에 대한 연원과 역사 현재의 고취악의 레파토리 연주자 등이 자세히 설명되어 있다. 특히 조선후기의 '세악수도가제'에 대한 구체적 내용이나 선전관청 소속의 계라가 현재의 군악대장과 같은 역할을 한 점 등이 있다.

「朝鮮音樂의 研究」는 상당히 방대한 양의 7회 연재물인데 다음과 같이 나뉘어 있다. 「朝鮮音樂의 研究(1)(2)-樂器篇」, 「朝鮮音樂의 研究(3)-歌法篇」, 「朝鮮音樂의 研究(4)-舞踊篇」, 「朝鮮音樂의 研究(5)-樂律篇」, 「朝鮮音樂의 研究(6)-俳優篇」, 「朝鮮音樂의 研究(7)-雜考篇」 등이다.

이는 그동안의 안확의 음악연구를 총체적으로 모아 놓았다고 할 수 있다. 그 내용이 세밀하고 내부의 주제 역시 음악이론의 중요한 부분을 다루어서 한권의 책으로 가능한 분량의 기획물이다. '樂律篇'에서는 아주 구체적으로 삼분손익법, 균, 선법, 조 등의 개념과 12율관의 수치적 계산까지 제시하고 있다. 피타고라스 법이나 인도의 사타조 서양의 음정 계산 등을 함께 표로 비교해 가면서 비교적 정확하고 알기 쉽게 악율을 설명하고 있다. 신라의 음성서에서 고려의 대악서 관현방, 조선의 전악서, 아악서, 봉상시, 악학도감 등과 장악원, 그리고 당시의 이왕직아악부까지 음악기관의 성격이나 역할 등을 역사적으로 밝히고 있다. '俳優篇'에 아주 자세히 그려져 있다.

그리고 소속 음악인에 대한 언급도 있다. 우리나라의 여악은 고려 때부터 상당히 성행했다는 것, 그 앞서 신라 때 화랑과의 관련성까지 말하고 있다. 그리고 고려시대 문제가 되지 않고 성행했던 여악이 조선시대 태종때부터 '여악폐지론'이 제기되었으며 세종, 세조 이후 자주 거론되었으나 결국 여악은 폐지되지 않았다는 것을 밝히고 있다. '舞踊篇'에는 우리나라 춤 전통에 대한 일반적인 성격 규명, 역사, 춤곡, 정재 등이 서술되어 있다.

「朝鮮雅樂曲解題」는 앞의 아악이란 주제의 글과 맥을 같이 하는 글이지만 이 글의 특징은 궁중음악의 악곡을 하나씩 다룬데 있다. 그는 당시 연주되고 있는 궁정음악의 종류를 9종류로 구분하여 하나씩 구체적으로 서술하고 있다. 먼저 궁정음악의 종류를 두가지로 나누었는데, 하나는 성질상의 구별로 아악·당악·향악의 구별이고 또 다른 하나는 사용상의 구별로 제악·고취악·연악의 구별이다. 이렇게 구분하고 나서 文廟樂, 宗廟樂, 與民樂·慢·令, 步虛子·還入, 洛陽春, 吹打·路軍樂, 井邑, 歌曲, 靈山會相으로 구분하여 그 악곡들의 유래에서 현재 연주상태까지를 설명하였다.

5) 1931년 1월 - 1932년 6월

이 시기에 가장 중요한 글은 『朝鮮』에 두 번에 걸쳐 게재한 「朝鮮音樂史」라고 할 수 있는데 그 조선음악사의 부속편으로 다룬 '처용고'와 비슷한 내용의 글이 이 시기에 여러번 게재된다. 예를들어 「處容考」「處容歌에 對하여」, 「山臺戲と處容と儺」가 그것이다.

이 외에 시조를 다룬 것이 많은데 「朝鮮歌詩의 研究」, 「高麗時代의 歌詩」, 「時調의 旋律과 語套」, 「時調의 研究」(上 中 下), 「俗歌行」, 「李朝時代의 詩歌」등이 거의 같은 맥락의 글이라고 할 수 있다. 「朝鮮音樂史」는 日文으로 된 「朝鮮音樂について」와 같은 내용이다. 그동안의 여러 글에서 한국음악을 역사적으로 고찰하였는데 이 글에서는 그는 그동안 불연속적으로 다루었던 역사를 하나의 글을 통해 통사적으로 서술하였다. 2회 연속으로 쓴 글인데, 그동안의 역사서술의 종합 치고는 개괄적인 것이 많아서 아쉬움이 많은 글이다. 더구나 역사적 시대구분도 없이 쓰여 있어서 조금 힘이 모자라는 느낌이다. 「朝鮮音樂史」의 부속편으로 쓴 「處容考」는 이후 다른 글에서 「處容歌에 對하여」, 「山臺戲と處容と儺」란 제목으로 다룬 같은 내용의 글이다.

6) 1936년 - 1939년

1932년 이후 안확의 음악관계 글은 거의 찾아 보기 어렵다. 그러나 뚝 떨어진 시기인 4년 후에 祖光社에서 발간한 『朝鮮名人傳』이란 책에서 명인 중의 음악가 세 사람 , 즉 于勒, 王山岳, 朴堧을 맡아 상당히 자세하게 그들의 생애를 썼다.『朝鮮名人傳』-우륵, 왕산악, 박연편에서는 우륵 왕산악 박연을 대해 3대 악성으로 규정짓고, 그들을 따로 따로 문헌을 근거로 하여 그의 생애와 음악확동 음악사적인 역할 등에 대해서 서술하고 있다. 이후 또 몇 년이 지난 1939년 「井邑詞解得의 參考」라는 글을 발견할 수 있는데 이는 음악만을 단독적으로 다룬 것은 아니지만 음악적 연구가 함께 이루어진 중요한 논문이어서 여기에 포함을 시켰다.

3. 안확 음악론의 특징

1) 음악학적 학문방법과 내용의 특징

① 실학적 전통의 명맥과 근대 음악학의 시작점

그동안 전통적인 악서의 경우에는 가장 유명한 『삼국사기』 樂志의 경우나 고려사 樂志의 경우에도 음악의 변천사를 시대를 구분하기도 하고 통괄하기도 하였기 때문에 통시적으로 쓴 음악사 서술은 아니다. 어느 때에 어떤 일이 벌어졌는지, 어느 시대에 어떤 악곡이 있었는지를 모아 놓은 것이라고 할 수 있다. 또한 조선시대 발간되어 가장 중요한 악서로 취급받는 『악학궤범』 역시 음악에 관한 특히, 궁중음악에 관한 여러 가지 사항을 기록한 궤범으로서 성격을 가졌다.

이에 비해 조선후기 개인적인 차원에서 이루어진 실학자들의 악론은 그야말로 악을 논한 것으로 조선시대 유학자들의 사대주의적 관점이라든가 과학적이지 못한 관념적인 음악에 대한 비판을 해 왔다는 면에서 조금 다른 모습을 가진다. 특히 정약용의 경우는 악율을 가지고 론(論)하고 박(駁)하는 학문적 태도를 가짐으로 근대적인 맹아를 볼 수 있다. 그런 점에서 안확은 많이 닮아 있다고 볼 수 있다. 그래서 정약용의 악론과 같은 조선후기 실학의 명맥을 이었다고 할 수 있으나 실학자들과는 다른 근대적 학문으로 음악학을 시작한 사람으로 간주할 수 있다.

그러나 안확이 글쓰기를 할 때에 유행하던 경성제국대학 출신들의 실증주의적 방법과는 다르다고 유준필이 평가해 놓은 것처럼[53] 음악론의 경우도 그런 점을 극명하게 드러내 준다고 할 수 있다. 이는 실증주의적 방법으로 쓰여 진 경성제국대학 출신의 이혜구의 논문을 근대적 '한국국악학'의 시발점으로 삼고 있는 오늘날 국악학계의 평가와 대비된다.

② 주제의 다양성과 방대한 문헌연구

안확은 국학분야에서도 그 갈래를 다양하게 갖고 많은 분야를 다루었지만 그 갈래 중의 하나인 음악분야에서도 다양한 분야를 섭렵했다. 조선악과 불교와의 관계, 처용과 나례와의 관계, 구자악과 당악, 고려시대 음악기관과 음악인, 女樂 과 舞踊, 군악과 세악수의 문제, 歌法, 詩歌 등이 대표적이다. 이 중에서도 후대에 논란이 되고 있는 독특한 문제로는 동이족의 음악을 매(眛)라고 한 근거로 매굿과 연관시킨 점, 매화점 장단과 가법은 장우벽이 만든 것, 처용가와 산대도감이 같은 것이라는 주장, 훈민정음의 악리기원설, 慢·中·數 三機이론, 三代 樂聖으로 왕산악 우륵 박연을 지적한 것 등을 들 수 있다. 뿐만 아니라 안확은 각각의 글마다 다양한 참고문헌과 인용문을 제시해 놓았다. 예들 들어 2회로 연재한 잡지에 짧은 분량

---

53 유준필, 「자산 안확의 국학사상과 문학사관」, 『자산안확국학논저집6』, 여강출판사, 1994.

의 「朝鮮音樂史」의 경우만 하더라도 어림잡아 중국서와 한국서 60여종의 참고문헌을 제시하고 있다.

③ 음악학의 전문성 문제

안확의 음악론이 계몽적인 차원에서 시작되었지만 점점 전문적인 깊이를 가지고 연구해 놓았기 때문에 안확의 음악론을 모두 싸잡아 비전문적이라고 단정할 수는 없을 것이다. 물론 안확은 국학분야의 계몽성 짙은 여러 분야, 즉 역사·정치·국문·국어·음악·미술·무용·체육 심지어 화폐까지 다루었기 때문에 당시 국학자들이 가졌던 잡학성이 지적되고 있다. 음악학계에서는 그의 잡학성을 직접 비난하지 않지만 역으로 전문성 없음을 지적하는 경우가 많았다. 그러나 그의 글의 비중에서 보더라도 국문 국어계통과 함께 음악은 비전문, 또는 교양적 대중적 글을 표명했다고 볼 수는 없다. 그의 글 중에 몇 가지 오류가 있긴 하지만 이는 전문적으로 연구하는 경우에도 충분히 범할 수 있는 것들이다.

그는 음악에 대한 상당한 지식과 당시의 음악을 들을 수 있는 귀가 있었으며 이론적으로 설명할 수 있는 재능이 있었다. 또한 한국 음악에 대한 지식이외에도 서양음악의 이론을 충분히 알았으며 인도음악 일본음악에 대한 이해도 깊었다. 그는 간단한 노래지만 창신학교에서 교가와 기념가 정도를 작곡할 수 있었다. 또한 많은 고악보 해독 능력과 서양보로 역보가 가능한 사람이었다. 그럼에도 불구하고 안확 자신은 여러 글에서 "나는 門外漢이다" "내가 자세히 알지는 못하지만" "나의 私見으론" "주관적 고찰에 지나지 않지만" "實地상 經歷이 生疎하나"등의 말과 함께 이왕직에 근무하고 있는 악사들 특히 김영제 함화진 같은 악사들에게 물어보면 그 진면목을 잘 알 수 있을 것이라는 겸손함을 보였다.

④ 독특한 구분법

자신의 주관적 견해를 좀 더 쉽게 접근시키기 위해서 여러 가지 분야에서 독특한 구분법을 제시했다. 특히 악기구분법에서 그러한 점이 두드러진다.「朝鮮音樂硏究-樂器編」「朝鮮音樂과 佛敎 - 樂器」「朝鮮現存樂器考」등에서 주요하게 다루고 있는데, 먼저 악기를 분류하는 것부터 전통적인 팔음 구분법이 있음을 말하고서 자신은 항상 서양식 분류인 현악기·관악기·타악기로 분류하고 좀 더 세부적으로 선율부와 박자부로 나누기도 한다. 이러한 구분법은 그동안의 관례인 八音구분법이나『악학궤범』시의 아악기·당악기·향악기 분류법 등의 전통적 구분법을 깨고 최초로 서양악기의 구분법을 한국악기에 적용시킨 것이라고 할 수 있다. 이는 옛 삼국시대의 악기의 설명에서도 그렇고 조선시대까지도 그렇게 구분하여 설명했다.

장르구분법에서도 궁정음악의 종류를 설명할 때 크게 性質상의 구분법과 使用상의 구분법으로 나누고 성질상으로는 아악 당악 향악으로 사용상으로는 제례악·고취악·연악으로 설명하였다. 이 외에도 어떤 분류법이나 계통을 설명하는데 있어서 많은 구분법을 독자적으로 쓰고 있는데 이는 음악학에 체계성을 갖게 하는 것으로써 후에 음악학자들에게 영향을 미쳤다고 생각한다.

2) 음악사 서술의 특징

① 시대구분과 음악의 발달 관점

『朝鮮文明史』나『朝鮮文學史』의 시대구분을 보자면 상고·중고·근고·근세·현재의 다섯 시기로 나누고 있다. 그러나 음악사에 있어서는 그런 구분을 제시하고 있지 않다. 그렇다 하더라도 여러 가지 글을 종합하여 보면 다른 역사서술과 맥을 같이 하고 있다. 음악의 발달문제에 있어서도 역시 진보적인 발전에 대해 서술하고 있다.

권오성은 안확의 「朝鮮音樂史」를 설명하면서 안확이 다른 『朝鮮文明史』나 『朝鮮文學史』처럼 역사를 발전사관으로 본 것에 반해 음악사는 오히려 조선조에 퇴보했다는 관점에서 서술했다며 의문을 제기하였다. 안확이 오직 음악사에서만 그런 관점을 가진 것은 이왕직에 근무했던 직후여서 당시 총독부의 눈치를 봤던 것으로 1930년대 일본의 왜색조 연가풍으로 노래를 유행시켜 조선민족을 한탄조의 통속화로 가게끔 한 식민정책과 맥락과 무관하지 않았다고 추론 하고 있다.[54]

그러나 필자의 생각은 다르다. 안확은 「朝鮮音樂史」를 비롯한 역사 서술에서 가끔 조선조음악을 망한 것으로 말하지만 사실은 궁중음악에 한정해서 말할 때가 많다. 오히려 신라시대 고려시대 조선시대로 내려오면서 여러 차례의 부흥을 말하기도 했다. 그의 음악사적 관점은 주로 인간의 물질문명의 발달과 함께 심미적 발달이 음악적 진보를 가져왔다고 일관성을 가지고 있다.

② 외래음악과 한국음악과의 관계성

외래음악과 한국음악과의 관계성의 문제이다. 안확이 한국의 음악사적 특징으로 가장 강조하는 것은 우리나라는 서역이나 중국의 음악적 영향을 받았지만 자기화 하여 다른 주변국가, 즉 중국이나 일본 등에 고구려 시대에서 이조시대까지 영향을 미쳐왔던 것을 증거를 대면서 설명하고 있다. 특히 당악의 경우는 구자악에서 왔고 구자악은 서역계통의 음악이라는 것을 설명하고 우리음악이 강력한 영향을 가지고 오늘날에도 남아 있다고 하였고, 인도에서 시작되어 중국을 거쳐 우리나라에 들어온 불

---

54 권오성, 「安廓(自山)의 國樂研究에 對한 考察」, 앞의 책, 263-267쪽.

교음악의 영향도 강력하게 받았다고 입증·설명하고 있다. 그러나 그러한 영향을 받은 것은 확실하지만 우리음악은 나름대로 자기문화로 발전시켜 꽃을 피운 것이라고 하고 있다. 다시 말하면 외국의 음악을 잘 조화하여 외국으로 전한 것을 강조한 것이다. 「朝鮮雅樂曲解題」에서는 조선악은 동양음악의 정수라고까지 표현하고 있다.

③ 계급적 관점의 문제로 볼때 천민에 대한 관심

안확은 문헌을 연구하면서도 민간인들 특히 천민의 음악을 중요하게 생각하여 서술하였다. 그러나 그가 문헌을 중심으로 연구했고 궁중 악사들의 실제 연주 등을 보았다 하더라도 민간에 깊이 들어가 연구한 것 같지는 않다. 본격적 현장연구에 있어서도 송석하에 미치지 못한 것이 사실이다. 그러나 민간음악에 대한 관심과 애정에 있어서는 못지 않다고 본다.

안확은 '민요'를 잘 살펴 보아야 한다고 하거나 궁정과 민간사이 음악의 넘나듦에 대해서도 자주 피력하고 있다. 그는 궁정음악의 가치가 세계적으로 중요하지만 그것이 그동안 궁정의 담장 안에서만 행위 된 것을 비판하기도 했다. 안확은 음악연구에서 먼저 궁정음악에 손을 대기 시작했고 문헌연구에 치중했기 때문에 당연히 기록으로 많이 남아 있는 궁정음악에 비중을 크게 두었다고 할 수 있다.

④ 1930년대 음악상황에 대한 견해와 관점

안확은 「朝鮮雅樂について」, 「世界人이 欽歎하는 朝鮮의 雅樂」, 「朝鮮雅樂曲 解題」, 「雅樂整理之意見」 등의 글에서 아악을 설명하고 있다. 주로 아악은 세계적으로 자랑할 유산이며 구체적으로 어떤 것을 아악이라고 하는지 당시 남아 있는 아악곡명 악조 등을 자세히 소개하고 있으나 아악기의 보존상태가 나쁜 점을 지적하기도 하였다. 특히 「朝鮮雅樂について」에서는

"재래의 악인들이 악보를 보고 연주하는 것을 부끄러히 여겨 자연변화 될 수밖에 없기 때문에 옛날과 지금이 같지 않아서 악기도 일치하지 않고 음도 불협화에 빠졌다"고 지적하고 있다.

「朝鮮現存樂器考」에서는 당시 아악부에 잔존하고 있는 악기는 54종으로 세종 때의 것은 아니고 후세에 종종 개조해 보완한 것으로 50년 이전에 제작된 악기는 없는 것 같다고 했다. 그러나 형식은 모두 동양 2천년 전 악기의 모형을 잘 간직하고 있다고 했다.

「朝鮮音樂과 佛敎-鼓吹曲편」에는 여민락 등이 선율과 박절에서 원래의 악보와 딴판으로 誤奏하여 음악이 졸병신이 되었다고까지 말하고 있다. 「朝鮮音樂硏究-舞踊篇」에는 "현재 이왕직 아악부에서 연행 하는 것은 일무 정대업 보태평 등이 있으나 다 원법도 다 어떨런지는 모르겠고 또한 악사 등의 임의제작이 있고 처용무도 춘다하나 이는 더욱 모작이요 본태는 아닌듯하며 고대에는 무용에 따라서 악곡이 다 다르나 금일 수종의 造作舞는 악곡조차 멸망됨은 물론이오 오직 민요곡으로 임의 개조하여 창하는 것이니 그런 것도 혹시 참고가 됨이 있을까 없을까!?"라고 하였고 『시용무보』 대로 연주하고 있지 않은 종묘제례악의 일무를 지적하기도 했다.

IV. 맺는 글

오늘날 한국음악학계에서 안확을 중요하게 조명해야 하는 이유는 한국음악의 이론을 근대로 접어들어 처음으로 체계적이고 논리적으로 기술하였다는 점, 서양음악이론 중국음악이론 등에 견주어 설명하여 국수주의에 빠지지 않았다는 점, 1950년대 이후 한국음악학계의 소위 1세대와 계승적 연결고리를 갖고 있는 점 등이다. 현재의 음악학이 수량적으로나 내용적으로나 비대해졌지만 이론을 위한 이론으로 매몰되거나 통합적 사고를 막는 철저히 분과학적인 학문적 풍토가 조성되는데 대해 안확과 같은 연구 태도는 철학과 사상을 가지면서도 포괄적이면서 구체성을 함께 가지고 큰 그림을 그릴 수 있는 음악학으로 발전하는데 기여할 것이다.

아악 정리에 대한 의견

조선의 아악은 참으로 동양이 공유하는 가치를 지닌 것이다. 동서양 학자들은 이것을 흥미로운 예술품이라고 여겨서 그 본래의 면모를 연구하고 그 참모습을 보존하려고 한다. 이왕직에서도 그러한 뜻을 두었으니 악대를 설치하여 이를 보전하려고 힘쓰는 것이 어찌 문화(를 지닌 이)의 한 임무가 아니겠는가? 그러나 보전한 것이 공효가 있도록 하려면 좋은 방책을 써서 결함이 생기지 않도록 해야 한다. 만약 유지하고 보전하는 방법이 단지 형식적으로만 이루어지게 되면 혹은 악기를 보관해두기만 하거나 혹은 악사들에게 맡기어 변형되게 되어 마침내 모두 흩어져 버리고 말 것이요, 보전한 공효는 조금도 없게 될 것이다. 이 때문에 적절한 방법을 강구하여 유지한 효과가 있게끔 해야 하니 이것은 아악업무(樂政)의 당면한 과제이다. 이에 본인은 아악을 정돈하는 일에 대해 느낀 바 있었으니 재주가 보잘것 없음을 무릅쓰고 감히 몇가지의 방책을 서술하겠다.

1) 악곡의 정리

아악의 종류는 제전, 민악, 연례, 잡부 등 4종류에 백수십곡이다. 그

---

55 이 번역문의 원문은 권오성의 「安廓(自山)의 國樂研究에 대한 考察」의 논문 뒤에 첨부한 참고자료를 바탕으로 한다. 번역은 현재 성균관대 재임 중인 박소정 교수가 하였다. 그러나 일부가(한 행 정도) 찢겨 있어서 그 부분의 번역은 불가능하다.

가운데 어떤 곡조, 어떤 악곡이든 빼어난 작품이 아닌 것이 없으나 전해진 악보에 조금 흠이 없는 것은 아니고 연주법도 사람에 따라 서로 달라서 때로는 악보와 연주가 부합하지 않는 경우도 있으므로 이처럼 와전되고 어긋난 것을 신속하게 정리해야 할 것이다. 또 악보는 있으나 연주되지 않는 경우가 많게는 수십종에 이르는데 이것을 해석하여 실제로 연주해냄으로써 원래 곡을 잃어버리고나서 한탄하는 일이 없게 해야 할 것이다. 와전되게 되는 것은 악보에 불완전한 곳이 있기 때문이다. 이제 악곡을 정리하여 완성되었다고 할만하게 되려면 반드시 새로운 음부(音符)를 사용하여 해석/풀이함으로써 그 본래 모습을 온전하게 기록해두어야 한다. 이렇게 되면 또한 세계의 음악가들이 아악의 근본을 이해하게 될 수 있을 것이다.

　　새로운 해석/풀이의 사례

　　우조의 한 대목 (악보)

　2) 학생들의 교육

　　지금 이왕직에서 아악을 위해 특별히 정재를 선발하여 교습하도록 하는 것은 고마운 일이다. 그러나 가르치는 방법에서 악기의 사용법만을 가르칠 것이 아니라 반드시 원리를 가르쳐서 스스로 익히고 스스로 바로잡을 수 있도록 해야할 것이다. 내가 악리(樂理)라고 하는 것은 고대에 있었던 설을 일컫는 것이 아니라 음악의 기본재료를 두고 하는 말이다. 즉 음향학에 근본하여 물리로써 깨달을 수 있는 것을 말한다. 만약 악리를 가르치지 않아 단지 악기를 사용할 줄만 알게 되면 익히는 것이 한정될 뿐아니라 암송하여 전해지는 사이에 와전되고 말 것이다. (찢겨져서 번역할 수 없는 부분)

　　지금 남아있는 자료는 『악고』, 『악서고존』 등 5-6종 뿐이다. 그 밖에

도 참고할 만한 서적이 있었을 것이나 쇠락해져 이처럼 다 흩어져버렸으
니 온전한 모습을 엿볼 수는 없게 되어 그 원류를 알 수 없음을 한탄하지
않을 수 없게 한다. 이제 아악을 유지할 방책으로는 먼저 역사 기록을 정
리하여 이것의 가치를 온전하게 하는 일이 실로 시급한 일이다. 내가 이
에 뜻을 두고 일찍이 여러 기록들을 두루 살펴 자료를 모으고 엮어 놓은
것이 오천장 가까이 된다. 그러나 이것은 개인적인 노력에 맡겨둘 일이
아니라 악대(樂隊)에서 근본적으로 책임을 맡아야 할 일이다. 만약 관청에
서 미리 준비를 하지 않아 개인이 먼저 그 기록을 엮어낸다면 어찌 당국
자의 수치가 아니겠는가? 그러므로 책임을 맡은 사람은 시급히 이 일을
해내어 본래의 임무를 저버려서는 안될 것이다.

악사(樂史)를 편집할 때에 아울러 악서(樂書)를 만들어서 학생들의 교
과서로 제공하게 되면 내용을 전수하고 익히는 데에 크게 보탬이 될 것이
다. 위에서 아악을 유지할 방책으로 내놓은 몇 가지 사항은 당장 필요한
것들이다. 이 밖에도 좋은 방법이 많겠으나 긴급하게 해결해야 할 것들은
여기에서 벗어나지 않는다. 지금 일본 내지에서는 열정을 가진 이들이 모
여 고곡보전회(古曲保全會)를 조직하여 동양의 음악을 세계의 예술로 삼으
려고 하고 있다. 이왕직은 이미 이 일을 맡아 해마다 많은 경비를 들여
악대를 보전하고 있다. 이 때에 나의 식견을 믿어준다면 더욱 만전을 기
할 수 있을 것이며 수고에 비해 공은 배가 될 것이오, 그 일에 결실이 있
게 될 것이다.

雅樂整理之意見   安廓

朝鮮雅樂, 誠爲東洋共有之價値者也. 東西學者, 以此爲興味之藝術品, 研究其本色,
保維其眞狀. 李王職亦有此意, 設置樂隊, 務以全之, 豈非文化之一業哉! 然旣爲保全,
欲使有功, 倘加良策, 俾無缺点之致, 若其支保之方, 惟付形式, 或藏置器物, 或放任令

人而作變態, 竟歸流散, 小無保全之功效矣. 是以究其適法, 使得維持之效, 此實樂政之當務也. 玆者, 本人對其整頓, 便有所感, 不顧菲才, 敢陳數條之方策.

(一) 樂曲之整理: 樂之種類, 祭典‧民樂‧宴禮‧雜部等, 四類百數十曲也. 諸調諸曲, 無非絶品, 然所傳樂譜, 非無小欠, 彈法隨人相遠, 或有名實不符者, 爲此訛舛者, 迅速整理, 又有譜未奏者, 多至於數十種, 此可解釋, 旣以實演, 無至失眞之歎. 自來訛傳, 以其有樂譜之不完全, 今若樂曲之整理, 告得畢業, 必用新音符而解, 以全其眞. 若此則亦使世界之樂家, 領悟雅樂之本, 可得矣.

新解之例

羽調之一節

(二) 精敎學生: 今於李王職, 爲其樂而特拔呈才, 使之敎習, 實所感謝也. 然而就其敎授之方, 非徒樂器使用, 必敎原理, 以使自習自正. 予以爲樂理者, 非古代說之謂, 措其音樂之基本材料而言. 卽本於音響學, 以物理覺之可也. 若不敎樂理, 徒能用器, 其習系於限局之不啻, 暗誦次傳乃至訛傳矣.

(찢겨진 부분) 今餘存者, 樂考, 樂書孤存等, 五六種而已. 其他諸書, 或有參考之籍, 其衰如此散漫, 不能窺其全貌, 使人不勝歎其原流之未知. 今於維持之策, 先修史記, 使本物全其價值, 此實時急之爲也. 予有希於此, 曾閱諸書, 袞輯材料者, 近於五千頁也. 然此非任置於個人之私力, 實樂隊之根本責任也. 今若官廳, 無有豫備, 私人先構其記, 豈非當局者之恥乎! 故執事者, 急作此爲, 不負本務之任可也. 編輯樂史之時, 兼構樂書, 以貢學生之敎科, 大有補於傳習之課耳. 以上維持之條, 目下必要者也. 此外更多良針, 而緊急之歎不外於此. 時方, 日本內地, 熱心家輩出, 組織古曲保全會, 以東洋樂使爲世界之藝術, 李王職, 已囑此事, 年需多大之經費, 以保樂隊. 此際, 若允我議, 更加完全, 事半功倍, 其業有實矣.

4장 함화진(咸和鎭)의 저술서 연구*
- 『朝鮮音樂通論』을 중심으로 -

I. 들어가는 말

함화진은 조선시대 말기부터 일제강점기를 거쳐 해방직후까지 살았던 궁중음악인의 한 사람이었다. 일제강점기에는 이왕직아악부의 아악사장으로 해방직후에는 국악원대표로서 근대시기 전통음악계의 중요한 인물이라고 할 수 있다. 또한 가야금 연주가이기도 했고 많은 저술활동을 한 음악이론가이기도 했다. 당시 전통음악을 전문가의 입장에서 이론적으로 연구한 경우가 희박했기 때문에 그의 저술활동 자체도 역사적인 의미가 있거니와 그가 남긴 저술서들 역시 국악학에서 중요한 위치를 차지하고 있다.

함화진(咸和鎭, 1884.8.19~1949.6.22)의 호는 오당(梧堂)이고 세습적인 악사집안에서 태어났다. 증조부 함윤옥, 할아버지 함제홍, 큰아버지 함재홍, 아버지 함재운이 모두 악사였다. 아버지 함재운은 제2대 국악사장을 역임했고 그가 5대 아악사장을 이어받았다. 그는 조선정악전습소에서 가야금 교사로, 1919년 이왕직아악부의 아악생 양성생을 모집하여 궁중음악의 후진 양성을 도모하였다. 1930년 악서편찬위원으로 활동했고 이화여전 음악과에서도 학생들에게 거문고 가야금 양금 등의 실기를 가르쳤

---

* 『동방학』 30, 2014.02.

다. 또한 아악사장으로 재임 중인 1935년 편경과 편종을 제작하였고 1936
년에는 일본음악계를, 1937년에는 중국 고악을 시찰했던 것 등은 국악 연
구의 발판이 되었다. 그의 연구 활동의 결과물은 1930년대 중반이후에 나
타나 주로 1940년을 전후로 가장 활발하게 진행되었다.[1]

　이 논문에서는 함화진의 저작물 중에 1948년[2] 출판된 음악이론서『朝
鮮音樂通論』을 주목해 보려고 한다. 이 책은 1946년부터 1949년까지 을유
문화사(乙酉文化社)에서 기획한 총서시리즈로서『조선문화총서(朝鮮文化叢
書)』제10집에 해당한다. 함화진의 저작물이 여러 권 있지만 단행본으로
정식 출판된 몇 권의 책 중의 하나이며 생애 마지막 저작물이고 가장 분
량이 많은 책이다.

　함화진에 대한 연구는 성경린·장사훈·이주환 등의 이왕직 아악생 출
신의 사람들[3]에 의하여 보이고 있으나 대체적으로는 그의 생애나 그와 관
련된 경험담이나 해방공간에서 있었던 갈등을 다룬 회고적인 글들에 속
한다. 함화진을 학술적으로 조명한 연구는 송혜진과 정수진에 의해서 이
루어졌는데, 심층적인 연구이고 시대적 배경과 함께 함화진의 행적이나
연구 활동이 가지는 의미를 다루었다.[4] 그러나 이들의 연구 역시 개인의

1　김수현,「일제강점기 국악 관련 학술적 연구 경향 고찰」,『한국음악사학보 48
　　집, 한국음악사학회』, 2012, 105쪽.
2　『朝鮮音樂通論』의 머리말 끝에는 단기 4280년(1947) 오당 함화진 자서라고 되어
　　있지만 맨 뒤의 서지정보의 기록에 의하면 출판일은 단기 4281년(1948) 12월
　　20일로 되어 있다.
3　성경린,「國樂隨想數題」,『예술원보』12, 대한민국예술원, 1968.11 ; 성경린,「오당
　　함화진선생」,『成慶麟隨想集 雅樂』, 京元閣, 1975. ; 장사훈,「함화진님의 업적」·「국
　　악 15년 발자취」,『國樂槪要』, 精研社, 1961, 287~290쪽·344~351쪽 ; 장사훈,「함화
　　진」,『화전태 화류태』, 수서원, 1982, 252~255쪽 ; 이주환,「雅樂部回顧」,『예술원보』
　　10, 1966.
4　송혜진,「咸和鎭論-생애와 民俗音樂論을 중심으로」,『한국민속학』28호, 한국민

삶에 대한 관심에서 출발하는 것으로 함화진의 저술서에 보이는 학문적 내용과 성격 그리고 그 의미에 대한 연구는 아직 본격적으로 이루어지지 않았다고 할 수 있다.

『朝鮮音樂通論』이 나오기 이전까지의 함화진의 저술들을 연구사적으로 살펴보면, 이전의 저술들, 특히 음악사적 저술인 「朝鮮音樂論」, 「半島音樂小史」, 『朝鮮音樂小史』, 『朝鮮音樂小考』, 「國樂小考」 등과 일치하는 내용이 있는가 하면 해방 전후로 하여 차이점이 보이는 부분이 있다. 이 차이점은 궁중음악인으로 50년간을 살았던 그가 그의 생애 마지막 10년간 민속음악인들과 활동하였던 행적과 관련성이 있다.

또한 『朝鮮音樂通論』은 함화진 이전의 음악사 저서와 비교하여 볼 때에도 훨씬 체계화된 통사적 서술로 근대적 의미의 한국음악사 서술의 기초가 되었던 저서라는 의미에서 그 학문적 가치가 높다.

이 논문은 근대 시대에 비중 있는 위치에서 활동한 음악가이면서 음악 이론가였던 함화진의 저서 『朝鮮音樂通論』을 통해 국악 연구사에 어떤 위치를 점하고 있는지를 보고자 한다.

II. 함화진의 국악 연구와 저술

1. 언론지상에 발표한 단편적인 글

함화진의 이론적 연구는 신문·잡지 등에 게재 상으로만 보면 1935년

. . . .

속학회, 1996. 299~320쪽 ; 정수진, 「조선음악, 조선음악가의 困難 - 梧堂 咸和鎭을 중심으로」, 『한국민속학』 41호, 한국민속학회, 2005, 387~417쪽.

「世界에 자랑할 朝鮮雅樂」에서 출발한다. 전통음악가로서 일제강점기 다작의 글을 발표한 사람은 함화진이 유일하다. 함화진이 언론지상에 발표한 글을 목록화하면 다음과 같다.

〈표-1〉 신문·잡지에 게재한 함화진의 글 목록

날짜	기사제목	게재지
1935.7.6	世界에 자랑할 朝鮮雅樂	朝鮮日報
1936.12	朝鮮音樂論	朝光14호(2권12호)
1937.1.1	優長, 靈秀·古雅 雅樂의 妙味	朝鮮日報
1937.7	唯一 古歌의 權威 河圭一翁의 長逝	朝光21호(3권7호)
1937.10	朝鮮の祭樂	朝鮮(日文)279호
1938.1.11~14	律管의 解說」(1~4)	朝鮮日報
1938.2.26.	樂聖 朴堧先生	每日申報
1938.10.8	演奏會를 마치고	朝鮮日報
	雅樂의 妙味	朝鮮日報
1939.3	伯牙의 碎琴	朝光 41호(5권3호)
1939.5	李朝樂制原流	朝光 41호(5권5호)
1941.4	三百萬圓만있으면朝鮮音樂도살려갈수있다	春秋 2권3호
1941.5	朝鮮樂器 이야기(1)	春秋 2권4호
1941.6	朝鮮樂器 이야기(2)	春秋 2권5호
1941.7	朝鮮樂器 이야기(3)	春秋 2권6호
1941.11	朝鮮樂器 이야기(4)	春秋 2권11호
1944.	半島音樂小史	半島史話와 樂土滿洲
1946.7.1	國樂小考	新天地 1권6호
1965.12~66.5	國樂回顧 五十年史(1호~7호)	音樂生活

가장 먼저 신문에 발표한 「世界에 자랑할 朝鮮雅樂」(1935)은 아악을 소개하는 것으로 보이지만 실제 내용은 간략한 음악사이다. 이 글에서 음악에 대한 생각이나 음악사 구분과 심지어는 문투·문장·단어 등의 기조가 1948년의 『朝鮮音樂通論』까지 이어지는데, 예를 들면 글의 첫 부분에는 대개 다음과 같은 문장이 있다.

音樂과 舞蹈는 文學이나 詩的想像 보다도 그 기원이 훨씬 悠久한 것은 말할 것도 없으며 人間이 있는 곳에는 반드시 음악이 있고 무도가 있습니다. 그것은 원래부터 인간에게는 喜怒哀樂의 감정이 天賦되어 있어서 이 감정이 발로될 때에 聲音口嘯와 手舞足蹈가 거의 본능적으로 행하여지는 까닭입니다.[5]

대부분 이러한 기조로 시작하여 음악사 서술을 하며, 고구려의 왕산악·가야의 우륵·조선의 박연을 '三代 樂聖'으로 삼아 서술하고 있는 것도 이 글에서부터 시작된 일관된 내용 중의 하나이다. 내용은 주로 『삼국지』와 『삼국사기』·『고려사』 및 조선왕조실록에 근거한 것들이다.

잡지에 처음 기고한 글인 「朝鮮音樂論」(1936) 역시 제목은 음악론이지만 음악사를 개괄한 것으로 위의 내용과 크게 다르지 않다.

다음으로 잡지에 게재한 「李朝樂制原流」(1939)는 1년 전에 나온 단행본 『李朝樂制原流』(1938)와 내용이 같다. 이 글은 처음부터 태종조악까지 있다. 단행본이 먼저 나온 것이기 때문에 많은 분량의 단행본 내용을 지면의 제한이 있는 잡지에 연재하여 싣는 것이 상식적이나 '다음호에 계속' 등의 말이 없었던 것으로 보아 애초에 연재할 생각은 아니었던 것 같다. 그에 비해 1941년 『춘추』에 연재한 「조선악기 이야기」(1)~(4)는 1933년 발간된 『조선악기편』의 내용을 그대로 연재했을 뿐 아니라 악기 그림 대신 악기 사진으로 대체하여 학술적 가치를 높인 글이다.

「半島音樂小史」가 실려 있는 『半島史話와 樂土滿洲』는 滿鮮學海社에서 1944년 발간한 책이다. 이 책은 이능화·조윤제·송석하 등 여러 명의 필자로 구성되어 있으며 매우 큰 분량의 책이다. 이 책에 게재한 「半島音樂小史」

---

5 咸和鎭, 「朝鮮音樂論」, 『朝光』, 1936. 12 (김수현·이수정, 『한국근대음악기사자료집-잡지편』 권6, 민속원, 2008, 566쪽.)

의 필자 프로필에 '음악협회 조선음악부장 함화진'이라고 적혀있다. 1944
년인 이때까지 함화진이 조선음악협회의 조선음악부장을 역임하고 있었
던 것을 말해준다. 해방 직후 1946년 7월 『新天地』라는 잡지 2권 6호에
쓴 「國樂小考」[6]는 간단한 음악사로 『朝鮮音樂通論』의 머리말의 논조가 가
장 유사한 글이다. 「國樂回顧 五十年史」(1호~6호)는 함화진의 유고를 성경
린이 가지고 있다가 1965년부터 『음악생활』에 연재한 것인데[7], 그나마 4
회에 걸쳐 제 8장까지 밖에 연재하지 못했다.[8]

2. 단행본 형식의 장편 저작물

민학사에서 영인 출판한 『朝鮮音樂小史』의 머리글에는 '朝鮮音樂小史를
펴내며'라는 제목으로 이 책의 저자 함화진에 대해서 소개하는 글이 있고
마지막에 그의 연구물 중에서 단행본의 저작물을 출판연도와 함께 다음
과 같이 적었다.

> 『朝鮮音樂槪要』(1915年 謄寫本)・『增補 歌曲源流』(1938, 謄寫本)・『朝鮮樂器
> 編』(1933年, 謄寫本)・『朝鮮音樂通論』(1948. 乙酉文化史)・『李朝樂制原流』(1933
> 년, 謄寫本)

----

6 「國樂小考」는 함화진의 해방 이후 행적과 관련하여 중요한 자료이다. 그런데 국
  학자료원에서 영인한 『신천지』 47년에는 「국악소고」가 누락되어 있다.
7 성경린, 「오당함화진선생」, 『成慶麟隨想集 雅樂』, 京元閣, 1975.157~191쪽.(『예술
  원보』14호, 1970.12)에 의하면, 자신이 함화진의 유고를 가지고 있게 된 경위와
  소중히 보관했던 이야기, 함화진의 아들 함연모씨와의 원고 분실 시비에 대해
  서까지 서술하고 있지만 그 나머지 원고에 대한 행방은 아직도 묘연하다.
8 『音樂生活』 창간호(1965.12)에 1회(1장), 2호(1966.1)에 2회(2장~4장), 3호(1966.
  2)에 3회(5장~6장), 6호(1966.5)에 4회(7장~8장)로 마감.

이 중에서 지금까지의 연구 결과로 보면 『朝鮮樂槪要』는 1915년이 아니라 대정 6년인 1917년이고 『李朝樂制原流』도 1933년이 아니라 1938년이다. 함화진의 저술 중 가장 최초의 것은 1917년 『朝鮮樂槪要』이다.[9] 이 책은 궁중음악에 대한 의궤처럼 기록한 것이라서 함화진이 엮었다고 하는 것이 정확하다. 따라서 함화진의 연구 저서로 가장 연대가 가장 이른 것은 1933년 『朝鮮樂器篇』이다. 함화진이 편찬 또는 저술한 단행본류 8종을 목록화해서 보면 다음과 같다.

〈표-2〉 함화진의 저서 목록

년도	책명	비고
1917년	『朝鮮樂槪要』	필사본, 궁내성에 헌납하기 위해 만들었다고 하며 현재 두 가지 형태의 필사본이 있음.
1933년	『朝鮮樂器篇』	필사 등사본, 아악생들의 교재로 쓰기 위해 만든 책자. 현재 필사본으로 남아 있음.
1938년	『李朝樂制原流』	등사 단행본.
1943년	『增補歌曲源流』	鍾路印文社(1943)편과 朝鮮文化館(1946)편 출판.
1943년	『朝鮮音樂小考』	빅타레코드에서 발간한 이왕직아악부 음악의 SP 〈朝鮮雅樂精粹〉부록의 음반 해설 소책자.
1946년(?)	『朝鮮音樂小史』	원본 출판사와 년도 불명 단행본.
1948년	『朝鮮音樂通論』	초판은 乙酉文化史에서 1948년 발행.

『朝鮮樂器篇』과 『李朝樂制原流』는 학생들의 수업 교재로 사용할 목적으로 만든 것으로 정식 출판된 것은 아니다. 『增補歌曲源流』는 소화 18년 (1943) 종로인문사(鍾路印文社)에서 출판하고 대동인쇄소(大東印刷所)에서

---

9 이 필사본은 국악원에 보관되어 있는 것과 한국학중앙연구원 장서각에 있는 것 두 종류가 있다. 그 차이는 뒷부분의 악기의 도해 부분이 있고 없고의 차이가 있다.

인쇄한 저서로 함화진이 아악사장으로 있을 때 하규일이 소장하고 있던 안민영의 저서 『歌曲源流』의 오자를 바로잡고 증보하여 발간한 것이다.[10] 이것을 다시 1946년 조선문화관(朝鮮文化館)에서 출판하였는데, 표지에는 '舊王宮雅樂師長 咸和鎭編'이라고 쓰여 있다.[11] 『朝鮮音樂小考』 이하에 대해서는 다음 장에서 자세히 살펴보겠다.

III. 『朝鮮音樂通論』의 출판 배경과 체제

1. 『朝鮮音樂通論』의 출판 배경

1) 시대 배경과 함화진의 활동

해방직후 함화진이 『朝鮮音樂通論』을 실질적으로 저술한 1947년 이전까지 그의 행적을 알 수 있는 내용을 당시의 신문기사를 통해 보면 다음과 같다.

세계뉴스 1945년 09월 29일 / 朝鮮國樂會 창립
세계에 자랑할만한 우리나라의 국악은 다시 부흥하게 되었다. 즉 금번 우아유려한 朝鮮古樂, 俗樂, 俗曲, 唱樂, 舞踊을 보전 발전시키고 新樂을 창립하며 널리 일반에 보급시키기 위하여 國樂會가 창립되었다. 委員長 咸和鎭

---

10 이 책은 2002년에 민속원에서 영인한 바 있다.
11 함화진은 해방 후 아악부의 조직에 다시 들어간 바 없으나 옛 왕궁, 즉 이왕직 전 아악사장이라는 의미에서 이런 직함을 달았던 것이 아닌가 한다.

자유신문 1945년 11월 09일 / 國樂院 창설

조선 국악의 건전한 발전을 기하는 동시에 이들 특권계급의 손으로부터 조선민중에게 개방하고자 수 십 년간 이왕직 雅樂을 지도하여 오던 咸和鎭을 중심으로 이번에 국악원이 창설되어 동원의 활동이 크게 기대되는 바인데 그 진용은 다음과 같다. 委員長 咸和鎭 副委員長 朴憲鳳 總務局長 劉起龍 文化局長 咸和鎭 事業局長 任曙昉

동아일보 1945년 12월 2일 / 大春香傳公演 國樂院創立紀念으로

창설 이래 실천 내용과 진용을 강화 중에 있는 國樂院에서는 아악 창악 무용 민요 속곡을 종합한 대춘향전을 구안 드디어 오는 12월 중순에 공개코저 방금 전원 300여명이 맹연습 중이라고 하는 바 호화스런 춘향전을 보게 된 것을 일반은 크게 기대하며 그 사람을 소개하면 아래와 같다. 원안: 국악원문화국 각색: 김무하 연출: 안종화 이서향 고증: 국악원 연구부 장치: 원우전 김운선 아악지도: 장인식 창악지도: 이동백 박동실 무용지도: 이주환 조상선

조선일보 1946년 12월 11일/ 朝鮮正樂會 결성

해방 전 수 년동안 패쇄하여 오던 朝鮮正樂傳習所는 해방후 사계 유지의 노력으로 1일 서울 수송동에서 朝鮮正樂會를 결성하고 다음과 같이 부서를 정비한 후 앞으로 동전습소의 유지 발전을 계획 중이라 한다. 고문 金容鎭 咸和鎭 李秉岐 李惠求 張寅湜 이사장 崔永載 부이사장 洪憲裕 金榮燾 外 23명

자유신문 1947년 2월 14일 / 문화를 옹호하자 예술가 총 궐기대회

남조선문화옹호예술가총궐기대회는 13일 시내 견지동 천교당에서 입추의 여지가 없이 수천명의 문화예술가들이 ...임시집행부 선거에 들어가 0장으로 咸和鎭 朴駿泳 鄭鎭石 尹行衆 尹喜淳 金起林 제씨를 만장 일치로 가결한 후 洪南杓, 李基錫 劉英俊, 尹澄宇씨의 축사가 있은 다음 일반보고로 남조선의 현정세와 문화예술의 위기... 대회는 5시 지나 대

성황리에 폐회하였다.

자유신문 1947 5월 14 / 전국농악제 개최

문교부와 국악원에서는 오는 23일 창경원에서 제2회 전국 농악제를 개최한다고 한다. 그런데 심판관은 趙澤元 金順男 咸和鎭씨외 20명이라 한다.

자유신문 1947년 5월 23일 / 소식

국악계의 거장 咸和鎭씨는 국악원장을 사임하였다고 한다.

위의 내용에서 알 수 있듯이 함화진의 활약은 국악원과 국악원 소속의 국극사의 공연, 전국농악경연대회 주최 등과 밀접한 관련이 있다.

함화진을 비롯한 '국악원' 조직의 활동과 '아악부' 등 전통음악계의 해방공간의 활동 상황에 대해서는 이수정의 논문[12]을 토대로 위의 기사와 관련지어서 함화진이 『朝鮮音樂通論』을 저술하기까지의 역사적 흐름을 구성해 보면 다음과 같다.

함화진은 해방 전인 1939년 그동안 몸담아 왔던 이왕직아악부의 아악사장직을 그만두고 일제 강점기 중 '총동원 체제기'였던 1940년 그 일환으로 탄생한 최대의 음악계 어용조직인 '조선음악협회'의 조선음악부장직을 맡고나서 판소리와 산조 등의 민속음악을 담당했던 '조선성악연구회' 출신들로 구성된 창악인들과 활약하기 시작했다. 해방직후에는 조선음악건설 본부로부터 독립한 '국악건설본부'에서 활약하다가 1945년 9월에 '국악회'를 설립하고 그 명칭을 다시 '국악원'으로 바꾸어 그 위원장직을 맡게 된다. '국악원' 소속의 음악인들은 창악인들이 대부분이었지만

----

12 이수정, 「해방공간 전통음악계의 흐름」, 『민족음악의 이해』4집, 민족음악연구회, 1995, 101~131쪽.

일부 아악부 출신의 인물들도 가담하여 전통음악계를 아우르는 조직체가 되었다. '국악원' 산하 직속 기관으로는 '국극사'를 두어 1901년 협률사에서 시작한 창극을 계승 발전시키는데 주력하였으며 '전국 농악대회'를 3회에 걸쳐 개최하는 등 활발한 활동을 하였다. 국악원에 반발하는 '구왕국아악부'의 인사들과의 갈등을 일으켰으나 아악부 출신의 수장이었던 함화진은 이러한 활동의 정당성을 자신 있게 표출하였다. 그러나 '국악원'이 좌익단체였던 '조선음악동맹'과 행동을 같이하기도 하였던 문제로 1947년 함화진을 비롯하여 국악원 소속의 창악인들이 검거되었고 그런 일환으로 함화진은 국악원장직을 사퇴해야만 하는 상황이 되었다. 그는 국악원장직을 사퇴하고 나서 연구 활동에만 전념하면서 『朝鮮音樂通論』을 저술하였던 것으로 보인다. 이런 일련의 상황에 대해 장사훈은 함화진이 '국악원'을 조직하고 활동한 것에 대해 '본의 아닌 한 때의 과오를 저지른 것'이라고 평가[13]하고 있지만 이는 장사훈의 시각일 뿐이다. 『朝鮮音樂通論』의 '唱樂'항목에 다음과 같은 내용을 보면, 함화진의 국악원 조직과 활동이 '본의 아닌' 한 때의 실수가 아닌 신념을 읽을 수 있다.

> 國樂院은 민족음악을 수립하는 기치 아래서 발족한 것이라. 경향 각지에 산재한 일류 명창의 창극인들을 招集하여 國劇社를 조직하고 歌道의 이론을 수립하고 가사를 정리하여 일정한 규율 하에 須急한 기초 工作을 세우고 현대적인 시대상을 배경으로 新品을 作出하여 진실로 조선적인 유일한 가극으로 세계적으로 약진할 신인을 양성하되, 한편으로 인격교육을 훈육하여 가장 훌륭한 가극단이 탄생되기까지 노력하는 것이 즉 국악원의 사명이요 또 목적이 되는 것이다.[14]

---

13 장사훈, 「咸和鎭님의 業績」, 『國樂槪要』, 精硏社, 287쪽.
14 咸和鎭, 『朝鮮音樂通論』, 乙酉文化社, 211쪽.

위와 같이 함화진은 국악원장직을 사직하고도 국악원의 조직과 활동에 후회가 없을 뿐 아니라 국악원의 발전을 기대했음을 알 수 있다.

2) 출판 경위와 저술 동기

그럼 『朝鮮音樂通論』은 어떻게 기획되었는지 그 서지사항을 기초로 살펴보자. 『朝鮮音樂通論』은 '조선문화총서(朝鮮文化叢書)' 시리즈 제10집으로 발행되었으며 발행일은 단기 4281년(1948) 12월 20일, 대동인쇄소에서 인쇄, 발행소는 을유문화사(乙酉文化社), 발행인은 따로 없고 임시 정가 1000원으로 되어 있다. 뒷면에는 영문으로 된 제목, 저자, 목차, 출판사, 인쇄소 등이 영어로 소개되어 있다.[15]

'조선문화총서' 시리즈는 을유문화사에서 1946년 6월 이전부터 준비에 착수한 총서로서 실제 첫 간행은 1947년 3월에서야 되었다.

자유신문, 1946. 6. 11. / 朝鮮文化叢書刊行
조선문화연구에 대한 열이 자못 높은 이때 학자들의 좋은 저술을 총서로 출판하고자 을유문화사에서는 조선학술계를 총망라한 조선문화총서와 월간학술잡지 「학풍」을 발간키로 되었는데 편집위원은 다음과 같다. 孫晉泰 李丙燾 李秉岐 趙潤濟 李熙昇 李崇寧 李相佰[16]

위의 기사를 보면 편집위원들은 일제강점기에 신문 잡지 등에 수많은 글을 남긴 학자들로 구성되어 있다. 1946년부터 착수한 작업인데, 총서 1권은 1947년에 이루어졌으니 1년이나 넘게 걸린 것이다. 총서 각권마다

----

15 영문제목은 Korean Culture Series. Vol. 10 *INTRODUCTION TO KOREAN MUSIC*이다.
16 자유신문, 1946. 6. 11. 2/8와 동아일보. 1946.6.17. 2/7에도 역시 같은 내용의 기사가 있다.

1947년 작성한 '조선문화 총서 간행에 즈음하여'라고 하는 글이 실려 있는데 여기에서 이 총서 간행의 기획 의도를 알 수 있다.

> 이와 같은 우리 문화의 유구한 연원과 독자적인 가치는 혹은 내부의 固陋 無自覺에 의하여 혹은 외구의 抑壓 强暴으로 말미암아 한동안 멸시 왜곡의 비운에 침륜하였으나, 이제 우리는 암흑의 대도를 돌파하고 胸量껏 세계 문화를 흡수함으로써 새로운 조선 문화의 진가를 세계에 선전하여 새 인류 문화의 질적 향상에 기여하여야 되겠다. 우리는 하루 바삐 우리 고유문화의 진정한 가치를 발휘 천명하여 새로운 민족문화 창조의 터전을 장만하고...이번에 斯界 權威 諸氏의 결심의 협조를 얻어 우리 문화 각 방면의 진지한 학문적 연구를 망라하여 「조선 문화 총서」를 간행하는 뜻은 실로 여기에 있다.[17]

위와 같이 해방직후 학자들은 일제강점기 멸시 왜곡되었던 민족문화의 가치를 발굴하여 새롭게 수립하려는 기획의도로 연구서를 내기로 한 것 같다. '조선문화총서' 총 열권의 제목과 필자를 보면 다음과 같다.

〈표-3〉『朝鮮文化叢書』 1권~10권 목록

권호	제목	저자	년도
叢書1	朝鮮民族說話의 硏究 : 民族說話의 文化使的 硏究	孫晋泰	1947
叢書2	朝鮮文化史硏究論攷	李相佰	1947
叢書3	朝鮮 塔婆의 硏究	高裕燮	1948
叢書4	高麗時代의 硏究	李丙燾	1948
叢書5	朝鮮民族文化의 硏究 : 朝鮮及中國의 民俗 硏究 論集	孫晋泰	1948
叢書6	朝鮮 詩歌의 硏究	趙潤濟	1948
叢書7	朝鮮語 音韻論 硏究	李崇寧	1949

. . . .

17 함화진, 『朝鮮音樂通論』, 乙酉文化社, 1948의 뒷 표지 앞 장.

叢書8	東方文化交流史論攷	金庠基	1948
叢書9	李朝建國의 硏究 : 李朝建國과 田制改革問題	李相佰	1949
叢書10	朝鮮音樂通論	咸和鎭	1948

위의 목록에서 알 수 있듯이 총서발간은 1947년에서 1949년 사이에 발간되었고 차례대로 발간된 것이 아니고 순서가 조금 뒤바뀌어져 발간된 것을 알 수 있다. 당시 권위 있는 학자들의 대열에 함화진이 함께 할 수 있었다는 것을 알 수 있다. 그리고 이 총서의 기획대로 조선 문화의 진가를 세계에 선전하여 새 인류 문화의 질적 향상에 기여하려는 방향이 『朝鮮音樂通論』에도 반영되었음을 말해준다.

그럼 함화진이 『朝鮮音樂通論』을 쓰게 된 이유는 무엇인지 살펴보자. 『朝鮮音樂通論』의 발행은 1948년 12월이지만 머리말, 즉 함화진 自序는 단기 4280년(1947)에 쓴 것으로 되어 있으니 실질적으로 글을 쓴 것은 1947년 이전이다. 원고를 낸 시점으로부터 인쇄되어 나오기까지 1년도 넘게 걸렸던 것이다. 출판이 늦어진 이유는 1947년 8월 민족좌파를 비합법화하여 좌익계인사가 대량으로 검거되면서 국악원에서 활동하던 인사들이 검거되었고 이때 함화진이 피검되었기 때문으로 보인다. 그는 1947년 5월 국악원장직을 그만두고 자신이 하고자 했던 음악적 실천의 이론적 토대를 갖추고자 했을 것이다.

『朝鮮音樂通論』은 이전의 저술들과는 달리 머리말이 있고 서문이 있다.[18] 필자 자신의 서문을 두 개씩이나 머리말과 서문으로 나누어서 실었던 이유는 무엇인지 생각해 볼 필요가 있다. 서문은 「朝鮮音樂論」(1936)에서 시작하여 「半島音樂小史」(1944), 『朝鮮音樂小史』(1945?) 등에서 보이는

---

18 보고사에서 1998년 한국학연구총서로 영인 간행한 『朝鮮音樂通論』은 을유문화사의 초판 발행의 서지정보까지 싣고 있지만 머리말이 빠져 있다.

서론과 거의 비슷한 내용이다. 그러나 머리말은 이전의 저작물에서도 보이지 않는 내용을 담고 있다. 다만 「國樂小考」(1946.5.31)에서 보이는 몇 단락 부분이 일치한다.

> 요컨대 과거 봉건주의와 팟쇼적 잔재 음악을 그대로 무조건하고 복구할 것도 아니요, 또 가장 소극적 문화형식만을 가진 음악과 가무를 그대로 찾고 싶지 않다는 것을 나는 여기서 확실히 약속하는 바이다. 대개 우리 조선음악은 현대에 있어서 상식적으로 구별한다면 궁중음악과 민속음악 두 가지로 볼 수 있으나 소위 궁중음악은 왕공 귀족인 특수 계급의 전유물로서 다만 궁중 의식이나 일종 연악에 오락의 도구로 삼아 있던 까닭에 일반 대중과는 크나큰 장벽을 가리어서 인민들은 그 존재까지도 몰랐고 또 민속음악은 역시 유산계급의 완롱물로 되어 음악인 층에는 다시 특수계급을 형성하고 저속 야비한 인간으로 하대 천시하였으니 그 억울한 명칭을 그대로 남겨 둘 수는 없는 것이다.[19]

이와 같이 함화진이 이 책을 낸 것은 기존 저작물처럼 아악에 대한 이해를 높이기 위한 소개가 목적이 아니었다. 물론 본문의 내용에 있어서는 기존의 자신의 연구 저작물을 그대로 쓴 것도 많이 있으나 그동안 빠졌던 항목을 넣거나 기존에 서술에 비해 강조하는 부분이 달라졌다. 그가 이 머리말에서 강하게 주장하는 것처럼 음악이 특수계급의 전유물로서가 아니라 대중 일반에게 널리 보급되고 그동안 천시 받았던 음악인들의 지위를 높이고 싶었던 것으로 보인다.

....

19 咸和鎭, 『朝鮮音樂通論』, 乙酉文化社, 1948, 3~5쪽.

2. 『朝鮮音樂通論』의 체제와 다른 저술과의 관계

함화진의 저작물의 대부분은 음악사적인 글들이다. 함화진이 처음 언론지상에 발표한 「世界에 자랑할 朝鮮雅樂」에서부터 시작하여 「朝鮮音樂論」·「唯一 古歌의 權威 河圭一翁의 長逝」·「朝鮮の祭樂」·「李朝樂制原流」·「半島音樂小史」·「國樂小考」·「國樂回顧 五十年史」등이 역사적 서술이고 단행본의 경우는 『增補歌曲源流』나 『朝鮮樂器篇』을 제외하고 부분사든 통사든 대부분 음악사를 서술한 책이다. 이 중에서 「朝鮮音樂論」(1935)·『朝鮮音樂小考』(1943)·「半島音樂小史」(1944)·『朝鮮音樂小史』(1945?)·「國樂小考」(1946)·『朝鮮音樂通論』(1948)은 통사로 서술한 음악사 저작물이다. 이들 저작물들은 서술한 문장이 같은 경우가 많을 정도로 비슷한 것이다.[20] 여기서 연도가 불분명한 『朝鮮音樂小史』는 1943년 발간된 『朝鮮音樂小考』와도 비슷하고 1948년 발간된 『朝鮮音樂通論』과 유사점과 차이점이 있어서 그 관계를 밝혀 보고자 한다.

1) 『朝鮮音樂小考』와 『朝鮮音樂小史』

먼저 『朝鮮音樂小史』에 대해서 자세히 알아보면 다음과 같이 여러 출판사에서 발행되었으며 각각의 년도를 달리하며 영인 출판된 것을 알 수 있다.[21]

『梁琴新譜 韓國音樂小史』 通文館, 檀紀 4292(1959), 發行者 李謙魯

----

20 지금의 경우로 보면 자기표절을 해왔던 것이지만 당시의 연구 풍토에서는 자연스러운 현상으로 보인다.
21 함화진의 저술서는 사후에 여러 출판사에서 여러 가지 버전으로 출판해서 연구자들에게 혼란을 주는 점이 많았기 때문에 정리하여 상세하게 밝힌다.

『民學叢書5-朝鮮音樂小史』, 民學社, 1975. 발행인 朴辰柱

『韓國音樂小史·小考』, 民俗苑, 1999. 발행자 洪起元

『朝鮮音樂小史』, 大光文化社, 1992. 發行人 金俊植

이를 자세히 보면 통문관(通文館) 출판의『梁琴新譜 韓國音樂小史』와 민속원(民俗苑) 출판의『韓國音樂小史·小考』가 같은 인쇄 상태이다. 글자가 하나도 변한 게 없고 쪽 수도 124쪽으로 같을 뿐 아니라 인쇄할 때 얼룩조차 같은 부분에서 나타난다. 이것은 같은 판본을 가지고 만든 책이다. 민학사(民學社)에서 출판한 것과 대광문화사(大光文化史)에서 출판한 것은 인쇄 상태가 같은 것이다. 그리고 대광문화사 출판『朝鮮音樂小史』의 앞 장에는 '朝鮮音樂小史를 펴내며'라는 글이 민학사와 똑같이 들어가 있는데 1975년 9월 민학총서 편집실이라고 쓴 것을 보면 민학사의 판본을 그대로 인쇄만 한 것으로 보인다. 이 두 종류의 책은 통문관 출판의 판본을 다시 편집 인쇄한 것으로 보인다. 한자를 한글로 고치고 행이 적어서 124쪽을 172쪽으로 편집하니 쪽수가 많아졌다. 그런데 위의 모든 출판물이 초간 서지정보가 없고 출판 경위에 대한 언급도 없다. 이에 반해 비슷한 내용으로 서술되어 있는『朝鮮音樂小考』의 출판사항을 보면 다음과 같다.

『朝鮮音樂小考』, 소화18년(1943). 1월 30일 발행, 발행소 일본 ビクター—蓄音機株式會社, 편집겸 발행인 狩野太郎

『韓國學研究叢書 朝鮮音樂小考 民謠와 鄉土樂器』, 보고사, 1998. (『民謠와 鄉土樂器』(1948년, 尙文堂)와『朝鮮音樂小考』(1943)를 합본한 것)

『韓國音樂小史·小考』, 民俗苑, 1999. (1943. 1. 30. 初版. 편저자 咸和鎭)

『朝鮮音樂小考』는 표지 안 쪽 첫 페이지에 '빅타-레코-드「朝鮮雅樂精粹」

解說書 朝鮮音樂小考 咸和鎭'이라고 적혀 있고 마지막 서지정보도 상세하기 때문에 명칭·저자·년도 등이 분명하다.[22]『朝鮮音樂小考』는 음반 해설서이기 때문에 음반에 실린 악곡을 설명하는 것을 위주로 되어 있을 것이라고 생각되지만 실제는 음악사를 위주로 서술하고 맨 뒤에 부록처럼 악곡해설과 악기해설이 첨부되어 있는 체제이다.

『朝鮮音樂小考』(이하『小考』)와『朝鮮音樂小史』(이하『小史』)를 비교해 보면 그 내용은 비슷하지만『小史』가 훨씬 많은 항목을 가지고 있고 그 분량도 더 많다. 중요한 차이점은『小史』에서는 민요나 창악을 다루고 있다 점인데, 이는 그의 관심이 궁중음악에 머물러 있지 않은 것을 말해준다. 그러니까 항목만으로 보더라도『小史』는 1943년의 저서『小考』보다는 1947년의 저서『朝鮮音樂通論』과 비슷한 시기에 저술된 것임을 알 수 있다. 더구나『小史』의 <17.樂院制度>의 끝에는 "해방 이후로 아악도 따라서 혼란 상태에 빠져 있어"라는 문장이 들어 있고 <13.唱樂>의 항목 끝부분에는 '國樂院' '國劇社' 등을 언급한 것을 볼 때 해방이후에 쓴 것이 분명하다.[23] 그런데 국악원이나 국극사의 나아갈 방향을 설명하는 것으로 볼 때 아직 실천이 이루어지지 않은 1945년 말이나 1946년 초에 썼을 가능성이

----

22 송혜진,「咸和鎭論-생애와 民俗音樂論을 중심으로」, 앞의 논문, 313쪽 각주 34에서『朝鮮音樂小考』의 발간 년대는 실질적으로 ≪아악정수≫의 복각년대인 1943년이 아니라 처음 발매된 1927년으로 봐야 한다고 했다. 그러나 1927년에는 음반만 만들었고 책자가 없었다. 1943년 책자를 다시 만들어서 첨부했던 것이다. 그러니까 책자의 발간 년대는 1943년이다.

23 송혜진,「咸和鎭論-생애와 民俗音樂論을 중심으로」, 앞의 논문, 315쪽에서『小考』와『小史』에는 궁중음악을 중심으로 한 서술로 일관되어 있는데 비해『朝鮮音樂通論』에는 농악 창악 등 민속음악론이 들어 있다고 하여『小史』의 서술 년도를『朝鮮音樂通論』이전으로 추측하고 있다. 그런데『小史』에도 창악이 들어 있다는 점을 간과하였다. 다만 추측의 이유는 필자와 생각이 다르지만『조선음악통론』이전의 저술인 것은 분명해 보인다.

크다. 이 두 책의 목차를 비교해 보면 다음과 같다.[24]

〈표-4〉『朝鮮音樂小考』와『朝鮮音樂小史』의 목차 비교

『朝鮮音樂小考』			『朝鮮音樂小史』
序說		序說	
上古時代 音樂		1	上古時代 音樂
三韓時代 音樂		2	三韓時代 音樂
三國時代 音樂	高句麗/ 新羅/ 百濟	3	三國時代 音樂
高麗朝 音樂		4	高麗朝 音樂
李朝 音樂		5	李朝 音樂
		6	律管
		7	尺度
		8	相生法
		9	樂調
		10	雅樂 唐樂 鄕樂
		11	樂器
		12	樂章 詩歌 民謠
		13	唱樂
		14	女樂
		15	樂譜
		16	長短法
音樂의 交流		17	樂院制度
樂曲種類		18	樂曲種類
樂器種目		19	樂器種目
歌曲種類		20	歌曲種類
樂曲解說		21	樂曲略解
樂器解說		22	樂器略解
		23	音樂의 交流
		24	世宗大王의 偉蹟
		25	樂聖 朴堧先生의 略傳

----

24 비교의 쉬운 이해를 위해서 같은 항목이나 비슷한 항목을 같은 위치에 배열하
였다.

이 두 저서를 비교해보면 확실히 해방 전후의 저술 양상을 분명하게 볼 수 있다. 물론 『小考』는 음반의 부록인 소책자로 만들어져 있어 내용을 간단하게 쓰기 위해 생략한 것이 많다고 할 수 있다. 그러나 음반해설서인데도 역사서술을 위주로 쓴 것을 감안하여 볼 때 이조음악부분을 세부적으로 나누어 보지 않았다 하더라도 내용 속에도 민속악의 내용을 언급한 부분이 없다. 이는 거의 같은 시기에 게재한 「半島音樂小史」(1944)와 같은 점이다. 이에 비해 『小史』는 내용이 풍부해졌을 뿐 아니라 민속악을 항목으로 넣고 있다는 점이 다르다. 이렇게 볼 때 해방이전의 글과 해방 이후 글의 관심분야가 달라졌다고 볼 수 있다.

2) 『朝鮮音樂小史』와 『朝鮮音樂通論』

이제 『朝鮮音樂通論』(이하 『通論』)과 『小史』를 비교해 보겠다. 이 두 책은 목차로 보면 거의 비슷한 것으로 보이나 그 세부 항목에서 보면 『通論』이 훨씬 구체화 되어 있는 것을 알 수 있다. 『小史』의 序說과 『通論』의 序論 내용은 완전히 같다. 『通論』의 서론 앞에는 머리말이 따로 있다. 『小史』는 조선시대 이하를 항목을 동등 항목으로 열거해 놓았는데 비해 『通論』은 전체적으로 크게 상고시대, 중조선시대, 삼한시대, 삼국시대, 고려시대, 조선시대로 나누고 시대마다 항목을 다시 나누었다. 『通論』의 조선시대 하위 항목에서 『小史』에는 없는 '農樂'·'舞踊' 부분이 추가되어 있다. 이미 『小史』에서도 唱樂과 民謠 항목이 있는 것을 볼 때 결코 『通論』에서 이전에 없던 민속악 부분이 새로 크게 추가된 양상은 아니다. 반대로 『通論』에 없는 부분은 長短法, 樂曲, 樂制, 樂器 부분이다. 악제 항목은 제목과 달리 내용은 樂譜에 관한 서술이다. 樂譜 항목에서는 세종실록악보 등을 제시하여 비교적 상세하게 서술했다.

악기 항목은 "서술내용은 『조선악기요람』에 상술한 바 있으니 생략한다고" 하고 간략하게 60종의 악기 명칭만 관악기 현악기 타악기로 구분해서 열거해 놓았다. 『小史』와 마찬가지로 '音樂의 交流'와 '樂聖 朴堧先生의 略傳'의 경우는 부록처럼 달려 있다. 통사의 맥락과 관계없이 뒷부분에 따로 서술하고 있는 점이 그렇다. 다만 『小史』의 '世宗大王의 偉蹟'항목은 『通論』에서 이조음악에 그 내용을 넣어서 서술하였다. 마지막에는 부록으로 단군에서부터 당시까지의 '國樂 系統圖'를 도표로 그려 놓았다. 『小史』와 『通論』의 목차를 비교하면 다음과 같다.[25]

〈표-5〉『朝鮮音樂小史』와 『朝鮮音樂通論』의 목차 비교

『朝鮮音樂小史』	『朝鮮音樂通論』		
	머리말		
序說	序論		
1.上古時代音樂	上古時代	夫餘/ 穢(滄海)	
2.三韓時代音樂			
	中朝鮮		
	三韓時代	辰韓/ 馬韓 (강강수월레)/ 弁韓	
3.三國時代音樂	三國時代	高句麗	王山岳의 玄鶴琴/ 樂曲/ 黃鳥歌/ 吹角圖/ 樂器/ 舞踊 及 伴奏圖
		百濟	音樂의 轉出/ 井邑詞/ 樂器
		新羅	花郎徒의 音樂/ 于勒의 伽倻琴/ 玉寶高의 玄琴/ 百結先生의 碓樂/ 萬波息笛/ 會蘇曲/ 處容舞/ 霜髯舞/ 地栢舞/ 黃昌郎舞/ 鄕歌
4.高麗朝 音樂	高麗朝 音樂	音樂輸入/ 樂章/ 八關會의 儀註/ 詩歌/ 樂器	
5.李朝 音樂	李朝 朝鮮 音樂	1.建國作歌	
24.世宗大王의 偉蹟		2.世宗 大王의 音樂 整理	
7.尺度		3.尺度法 4.歷代十二律對照表	
6.律管		5.律管法 6.十二律圍長圖說 7.候氣法	
8.相生法		8.損益相生圖 9.律呂隔八相生圖 10.損益乘算法 11.京氏六十律相生法 12.班志相生圖 13.五音圖說 14.五音配屬表	
9.樂調		15.音階 16.音階圖說	

....

25 『通論』 항목과 비교하여 이해 할 수 있게 『小史』의 차례를 조금 바꾸었다.

『朝鮮音樂小史』		『朝鮮音樂通論』
16.長短法		
18.樂曲種類 20.歌曲種類		
21.樂曲略解		
10.雅樂 唐樂 鄕樂		17. 雅樂 唐樂 鄕樂
12.樂章 詩歌 民謠		18.樂章 19.詩歌 20.舞踊
14.女樂		21.女樂
13.唱樂		22.農樂 23.唱樂
15.樂譜 17.樂院制度		24.樂制(실제내용은 樂譜)
11.樂器 19.樂器種目 22.樂器略解		25.樂器이름(생략한다고)
23.音樂의 交流		26. 音樂의 交流
25.樂聖朴堧先生의略傳		樂聖朴堧先生의略傳

IV. 『朝鮮音樂通論』의 내용과 의의

1. 『朝鮮音樂通論』의 내용 분석

1) 삼국시대 이전

삼국시대 이전의 음악사를 상고시대 중조선 삼한시대로 구분했는데, 이전에 저술에서 언급만 하였던 중조선 부분을 따로 떼어 내어 항목으로 추가한 것이다. 중조선에 대해서 『小史』에서는 '기자동래설'이 아직 사학사 연구에서 확실히 밝혀지지 않았다고 하는 점을 보았을 때, 그 때까지는 확신이 서지 않아서 간단히 썼던 것으로 보인다. 『通論』에서는 중조선시대를 서기전 1122년이라는 년대까지 밝히며 자세히 서술하고 있다. 또한 상고시대는 아래 항목으로 부여와 예(穢; 滄海)를 따로 만들어 서술하였다. 그리고 삼한시대 역시 진한 마한 변한으로 구분하여 서술하였는데, 특이한 것은 마한에서 강강술래 항목을 넣은 것이다.

『삼국지』「위서 동이전」에는 마한에 '탁무(鐸舞)'라는 춤을 설명하기를 '其舞數十人 俱起相隨 踏地低仰 手足相應'이라고 되어 있다. 함화진은 이것이 '강강술래'로 추상(推想)된다고 하고 전라남도 지방에서 유전되는 '강강술래' 노래가사를 적어 놓았다. 민중의 노래나 음악으로 전래되는 형태를 찾아 본 시도가 아닌가 생각된다.[26] 공후인을 다룬 부분에서는 이 전에는 설명만 하였던데 비해 수공후 와공후의 사진까지 싣고 있다.[27] 위와 같이 시각적 효과까지 고려한 보다 전진된 서술로 삼국 이전의 내용이 이전의 서술보다 풍부해졌다고 할 수 있다.

2) 삼국시대

삼국시대 음악도 고구려 백제 신라 항목을 따로 두어 설명하고 있다. 신라는 후기신라(통일신라) 부분을 함께 서술하고 있다. 고구려 음악에서 '王山岳의 玄鶴琴' 부분은 이미 이전부터 『三國史記』「樂志」의 내용을 근거로 해서 밝혀왔던 것이지만 이전처럼 왕산악에 대한 평가를 단순히 거문고를 만들고 곡조를 지었던 제1악성으로서 훌륭한 점만을 내세우지 않고 왕산악의 악기개량이 우리음악에 적합하게 개량한 통찰력을 칭찬하면서 『樂學軌範』의 '淸中淸濁中濁의 三倍三減之法'을 썼다고 연결시키고 있다. 또한 거문고가 우리 민속음악에 호흡이 맞는 특색이 있고 조선인에게 가장 조화가 잘되며 탄주에 지극히 편리하게 된 것이라고 호평하고 있다. 악곡 항목에서는 작곡법에 대해서 자신의 견해를 피력하고 있는데 작곡이 기

---

26 송방송도 『한국음악통사』(일조각, 1983), 38쪽과 『증보 한국음악통사』(민속원, 2007), 31쪽에서 강강술래와 관련성을 언급하였다.

27 이는 그가 이왕직 아악사장으로 있을 때인 1937년 중국 고악을 시찰하고 북경에서 사들였던 세 종류의 공후(수공후 와공후 소공후)를 직접 사진으로 보여준 것으로 보인다.

교를 위주로 하면 오락에 지나지 않게 된다고 하고 있다.

<黃鳥歌>의 경우는 이전에 간단하게 언급만 했던 부분을 따로 항목을 만들어 자세하게 서술하고 있다. '吹角圖' 경우 전에 없었던 것인데, 이는 1936년 이론 동경제국대 교수 池內 宏 등의 연구로 무용총 고분이 발굴되었음을 소개하고 벽화 속의 무용도와 취주도를 사진으로 제시하여 그에 따른 다음 항목과 연관지어 무용 및 반주도 부분에서 연결하여 설명하고 있다. 이 부분 역시 전에 볼 수 없었던 내용이다. 이는 이미 송석하를 비롯하여 음악적 연구가[28] 있었던 결과 이 부분을 넣을 수 있었던 것으로 보인다. 백제의 음악 역시 따로 '音樂의 轉出', '井邑詞', '樂器' 항목 셋을 넣어 서술하고 이전보다 훨씬 많은 내용을 담았다. 이전의 서술에서는 『삼국사기』「악지」에 기록된 악기 몇 가지와 『고려사』「악지」에 기록된 백제의 노래를 열거하는데 그친 반면 상당히 많은 부분을 할애한 것이라고 할 수 있다. 특히 백제의 악사 미마지가 일본에 음악을 전하였던 내용을 담고 있고 정읍사에 대해서는 『악학궤범』에 실린 가사까지 소개하고 있다.[29]

신라의 음악은 그 항목이 상당히 많은데 그 이유는 삼국통일 이후의 신라 시대까지 다 다루고 있기 때문이다. '花郎徒의 音樂'에서 화랑의 역사며 현재의 무당을 '화랭이'라고 부르는 것과 관련하여 무당의 기원이 화랑이라고 했다. 이 내용은 이전의 글에서도 몇 차례 다루어진 바 있다. 또 이전의 글에서와 마찬가지로 우륵을 제2악성으로 추앙하는 내용이나 『삼국사기』악조의 가야금 관련 내용은 그대로이지만 가야금에 대해서 적극적으로 해석한 부분은 첨가한 내용이다. 가야금이란 악기가 음역이

....

28 宋錫夏, 「집안고구려고분과 악기」, 『春秋』, 1941. 12월호.
29 이는 안확의 연구결과를 수용한 것으로 보인다. 安廓, 「朝鮮音樂史(附處容)」, 『朝鮮』, 1931. 12월호(김수현·이수정, 『한국근대음악기사자료집』, 533쪽.)

넓고 공명반이 완전하여 발음이 명랑하고 악상이 정확하며 12줄이나 있어 농현도 자유자재로 되고 탄주하기에도 좋은 장점들을 말하면서 조선의 정서적인 악기로 민족성을 충분히 발휘할 수 있는 악기로 칭찬하고 있다.

옥보고의 현금이나 백결선생의 대악도 이전의 서술과 비슷하지만 좀 더 자세하게 설명하고 있다. 또한 '萬波息笛'에 대한 항목에서는 대금 사진을 실었고 '處容舞' 항목에서는 『악학궤범』에 있는 오방처용무, 처용가면, 회무도 등의 그림을 실어 보다 시각적 효과를 주고 있다. '會蘇曲', '霜髮舞', '地栢舞', '黃昌郎舞' 등은 이전에 곡목만 설명한 것을 항목을 따로 두어 설명할 정도로 자세히 다루고 있다. 또한 이전에 다루지 않았던 '鄕歌' 항목을 비중 있게 다루었다. 이 부분에서 자신의 견해를 따로 피력하지 않은 채 향가 몇 수를 소개하는 차원에서 다루고 있긴 하지만 향가를 비중 있게 다룬 것은 민간전승의 가요류에 대한 관심의 증대에서 나온 것이 아닌가 생각한다.

3) 高麗시대 음악

고려시대 음악에 있어서도 상당히 내용이 많아졌으며 먼저 고려시대를 개괄하는 내용을 쓰고 나서 다시 音樂輸入, 樂章, 八關會 儀註, 詩歌, 樂器로 나누어 자세하게 서술하고 있다. 고려 시대의 음악을 아악 당악 향악 부분으로 나누어서 보자면, 그 중에서 당악과 관련된 내용은 전체적인 개괄 부분에 간략하게 소개하고 아악과 관련된 내용은 '음악의 수입'과 '악장' 항목에서 자세히 다루고 향악에 관련된 내용은 '시가' 부분에서 자세히 다루었으며 고려시대 악기는 '악기' 항목에서 아악기 당악기 향악기를 모두 한꺼번에 다루었다. 여기에 팔관회의주 부분을 항목으로 삼아 백희가무가 행해진 고려의 음악문화를 자세히 설명하고 있다.

먼저 아악부분을 다룬 '음악의 수입'에서는 대성아악의 수입과 고려의 제례의식에 사용과 관련된 내용을 자세히 싣고 있는데, 이는『고려사』「악지」의 내용을 거의 옮겨 놓다시피 한 것이다. 예종 9년(1114)년 송나라 휘종이 하사하고 안직숭이 들어온 철방향 석방향 등의 악기의 면모를 자세히 소개하였고 예종11년(1116)에 왕자지가 가지고 온 대성악기에 대해서 등가악기 헌가악기, 그리고 제사의 종류와 그에 따른 의식과 절차, 당상과 당하에 배치하는 악기 배치법 등을 역시 자세히 적어놓았다. 덧붙여 대성 아악이 무엇인지에 대해서 그 유래를 설명하고 있는데, 송의 휘종이 만든 대성아악이 정강의 난후에 원나라, 명나라로 나라가 바뀌면서 대성악(大晟樂)이 대성악(大成樂)으로 변질된 역사를 설명하였다.

그런데 고려에서 수입한 것은 정강의 난 이전의 휘종이 만든 大晟樂이 라는 것을 분명히 밝히고 고려가 이를 잘 계승하였음을 자부하면서도 이 것이 고려에서 처음엔 잘 시행되다가 점점 쇠퇴해 공민왕 때는 악공들이 흩어지고 음률이 폐절되게 되었다고 안타까운 심정을 드러내고 있다. '팔 관회의주' 항목에서는 먼저 의주란 제례나 연례를 물론하고 일반 예식의 진행 순서를 말한다고 하고 고려 때 가장 유명한 팔관회 의주를 소개하였 다. 이는 팔관회와 연등회가 고려 500년을 통하여 관민 상하 간에 그 이 름이 높았던 까닭에 그 일부를 참고로 써본다고 하면서 3쪽 이상을 할애 해 그 원문을 적어 놓았다. 덧붙여 고려 태조에 팔관회의 풍경을 설명하 였는데, 등을 달고 채붕을 설치하고 백희 가무를 연출한 사선악부가 신라 에서 전해져 고려에 성행한 예를 들어 설명하였다.

'詩歌'항목은『小考』나『小史』에서 歌名 목록에만 적어 놓은 것에 불과 하였는데,『通論』에서 새로 추가한 내용이면서 비중 있게 다루고 있다. 또 『小史』에서는 이조음악 이후에 다룬 항목인데『통론』에서는 고려시대에 서 다루었다는 점도 다르다. 함화진이 지칭하는 '시가'를 보면,『고려사』

「악지」에 의하면 '속악'으로 분류하는 음악이고 오늘날에는 소위 '고려가요'라고 지칭되는 고려시대 향악곡을 말하는 것이다. 또한 시가와 민요를 각각 노래와 소리라고 구별하는 내용이나 양악의 성악 가창방식을 도입하여 독창 병창30 합창이라는 개념을 구별해주는 것은 『通論』에서 처음 설명한 부분이다. 그런데 이하 민요에 대한 설명은 이미 『小史』에서 조선시대 이후 '악장·시가·민요' 항목에서 다룬 내용이다. 『小史』의 내용보다는 간략한 내용을 썼는데, 『通論』에서 이 부분은 조선시대 이후 부분에 따로 다루고 있지 않다. 뿐만 아니라 조선시대 시가의 항목이 있긴 하지만 내용은 민간의 시가, 즉 가곡 가사 시조 음악을 싣고 있지 않는데 다른 가집이나 민요집을 참조하라면 된다는 게 그 이유이다. 고려시대 시가 항목에서 본격적으로 그 가사와 함께 유래 등을 자세하게 다룬 곡은 動動·鄭瓜亭·翰林別曲·關東別曲·竹溪別曲·寒松亭 등이다.

고려조 음악의 마지막 부분에는 고려시대의 악곡명과 시가명과 무용명을 추가하였다. 이는 『高麗史』「樂志」에 기록된 내용을 적은 것에 불과한데, 악곡명은 당악곡을, 시가명은 향악곡을, 무용명은 당악정재와 향악정재의 곡목을 적어 놓은 것이다. 『小考』나 『小考』에서 曲, 歌, 舞로 분류한 것을 악곡·시가·무용이라는 용어로 구체화시킨 것으로 함화진의 분류개념을 드러낸 것이다.

4) 조선시대 음악

조선시대 음악은 명칭을 '李朝 朝鮮 音樂'으로 달았는데, 이 시대의 음악은 『小考』나 『小史』에서 보이지 않았던 많은 항목들이 첨가되어 있다.

---

30 중창 대신 병창을 쓴 것은 서양성악의 중창 개념과는 다른 특성을 잘 표현한 것이다.

조선시대는 그 아래 많은 항목으로 넣었지만 대체적으로 보면 조선초기의 악가제정, 세종 세조시대의 음악정비와 관련하여 전개한 악률론, 조선중기의 악장과 시가 조선후기의 농악 창악 등으로 시기적 흐름을 따라 대체적으로 서술했다.

세부 항목은 19개로 구성된 『小史』의 항목보다 8개가 더 많은 27개 항목인 이유는 『小史』에서 서술만 한 부분을 새로 항목으로 만들거나 항목하나인 것을 따로 분리하거나 해서이다. 그러나 사실상 『通論』에서 새로운 내용이 온전히 추가된 것은 '農樂' 정도라고 할 수 있다.

조선시대 음악사에서는 가장 먼저 '建國 作歌'를 다루었는데, 조선초기 태조의 건국을 찬양하는 노래인 몽금척·수보록·납씨가·궁수분곡·정동방곡·천감·수명명·근천정 등의 곡을 작가인 정도전 권근 하륜의 작품을 따로 따로 나누어서 자세히 설명하고 있다. 이는 『小史』에서도 항목을 따로두진 않았지만 비교적 자세히 다루었던 것이다.

다음 '世宗 大王의 音樂 整理' 항목은 『小史』에서는 '樂聖朴堧先生의 略傳'과 함께 뒤에 있었던 '世宗大王의 偉蹟' 항목을 앞으로 가져 온 것이다. 여기서부터는 세종 때 음악정비와 관련하여 율관제작·편경제작 등의 내용을 『왕조실록』에 근거하여 역사적으로 서술하고 있다.

다음은 尺度法·歷代十二律對照表·律管法·十二律圍長圖說·候氣·損益相生圖·律呂隔八相生法·損益乘算法·京氏六十律相生法·班志相生圖·五音圖說·五音配屬表·音階·音階圖說 등 악률론을 포함한 음악이론이 많은 분량을 차지한다. 이 중에서 十二律圍長圖說·損益相生圖·律呂隔八相生圖·損益乘算法·京氏六十律相生法·班志相生圖·五音圖說·五音配屬表 등은 『악학궤범』의 내용을 쓴 것이다. 『通論』에서 음악이론, 즉 악률론에 해당하는 부분의 비중이 상당히 커졌음을 알 수 있다.

물론 『小史』에서도 律管·尺度·相生法·樂調의 4가지 항목으로 다루었던 부분인데 『通論』에서는 무려 14항목으로 나누어 설명하고 있다. 이는 1938년 1월 11일에서 14일에 조선일보(朝鮮日報)에 4회에 걸쳐 연재한 「律管의 解說」의 내용에서 이미 연구 발표된 것을 보다 더 확대하고 구체화한 것이다. 악률론에서 주대에서부터 명대까지 그리고 서양 일본까지의 12율의 음계를 대조하여 설명한 것이나 손익 상생법에서 9분척의 계산에 의한 율산법을 보여준 것·음계를 도표나 그림으로 제시한 방식·음계론에서 5조 음계를 전통방식으로 보여주는 법 등이 특징이라고 할 수 있다.[31]

'雅樂 唐樂 鄕樂' 항목은 조선의 궁중음악을 크게 이렇게 3종류로 있다고 하고 각각의 개념과 유래를 자세하게 다루고 있다. 부가해서 세조의 작곡이라고 하는 영산회상을 향악에 포함시켜 설명하고 있는데, 세종이 작곡한 여민락이나 영산회상은 향악 중에서 가장 큰 작품이지만 궁중 전유물이 되어 인민대중과는 큰 장벽이 가리어진 것은 불행이라 아니할 수 없다고 하였다.

다음 '악장'과 '시가' 항목은 『小史』에서 '악장 시가 민요'로 묶어 항목을 두었던 것을 분리하고 민요부분은 뺐는데, 이 부분은 앞 서 말한 바와 같이 앞에 고려시대 음악사의 '시가' 항목에서 다루는데 그쳤다. 조선시대 악장 역시 제사 음악에 소용되는 악장인 종묘악장 중 보태평 악장을 다루고 있다. 시가는 고려시대의 시가와는 달리 국가적으로 제정한 창사만을 소개하고 대중적 시가는 자신의 저서 『增補歌曲源流』를 참조하라하고 민요는 각계 인사의 민요집이 다수하니 그것을 참조하라고 하며 생략하였다.

이어서 『小史』에서 다루지 않은 '舞踊' 항목 부분을 추가하고 있다. 여기서 말하는 무용은 민속무용이 아니고 궁중무용 중의 정재를 말하는 것

31 김수현, 『朝鮮時代 樂律論과 詩樂和聲』, 민속원, 1912, 61쪽.

이다. 이 부분은 거의 『악학궤범』의 「당악정재도설」과 「향악정재도설」의 원문을 그대로 실어 놓았다. 또한 '女樂' 항목에서는 고려 때부터 궁중 진연 의식에 여자로서 가요와 무용을 분장하여 거행하는 것을 여악이라고 정의하고 역대의 여악의 제도와 여악폐지론과 관련된 역사를 서술하였다.

다음으로 '農樂' 항목을 보면, 농업국인 조선에서 약 8할을 점거하고 있는 농민의 위안물로서의 農樂·農歌·農舞의 중요성을 역설하고 있다. 이 농악은 중고조선 때 농촌마다 제천의식에서 농악을 위주로 하여 가무음곡을 연주함으로써 명절을 삼았던 유구한 역사를 가졌다고 중국문헌을 근거하여 설명하였다. 농악의 소용 악기가 비록 징 꽹가리 피리 젓대 북 장구 호적 등 간단한 악기로 구성, 이를 풍물이라고 칭하는데 그 변화가 무쌍하고 각종의 미묘한 멜로디가 신금을 도취시키게 한다고 서술하고 있다. 일본 제국주의 하에서 문화예술이 전면적으로 짓밟히면서 농민의 독특한 향토예술도 완전히 그 그림자를 감추지 않을 수 없게 되었다고 하면서 그러므로 국악원 주최로 1946년에 제1회 전국농민 경연대회, 1947년에는 제2회 농악대회를 개최하였다고 하고 연중행사로 개최할 것이라 하며 농악의 이론을 수립하고 이것을 발전 향상시켜 체계적인 조직체를 구성할 의도를 가지고 있다고 하였다.

'唱樂' 항목은 『小史』의 항목을 『通論』에서 더 자세히 서술한 것으로 『小史』에서 처음 신설한 내용으로 보이지만 실제로는 신라의 화랑제도와 관련하여 이미 서술한 바 있다. 다만 1900년 협률사에서 시작된 창극과 그 창극인들이 조직한 '조선성악연구회'에 대한 서술이 추가된 것이다. 이 항목 내용 중에는 "김창조는 心方曲을 변작하여 산조를 변작할 새 우조와 계면조로 분류하여 각종 악기에 탄주하기 시작하였고"라는 부분이 있다. 함화진은 산조항목을 따로 두고 설명할 만큼 이 장르에 대한 지식은 없었을 것이다. 그러나 민속음악인들과 활동했던 그가 당시 유행하기 시작했던 기악독주곡 산조와 심방곡, 즉 시나위라고도 하는 무속음악과 관계를 언급하였던 것은 나름의 의미가 있다고 하겠다.

2. 『朝鮮音樂通論』의 학문적 의의

지금까지 『通論』의 내용을 분석한 것을 가지고 근대 음악학의 한 계통인 음악사학에서 어떤 위치를 가지고 있는지 그 학문적 의의는 무엇인지 살펴보겠다.

1) 통사적 체제로 한국음악사 서술 기초 마련

『通論』은 체계적 역사 서술을 통해 근대학문의 단초를 마련했다고 할 수 있다. 한국음악사라고 하는 통사적 저술서는 1970년대를 기다려야 했던 점에서 보자면, 상당히 이른 시기에 나온 한국음악사이다.[32] 『통론』이 출판되었을 때까지만 하여도 아직 국악에 대한 연구가 활발하지 않았고 음악이론만을 전문적으로 연구하는 풍토가 조성되지 못한 상황이었다. 문학이나 역사학, 민속학 등을 연구하거나 그것을 총체적으로 연구하는 국학의 발달로 연구된 국악연구는 있었으나 국악분야만을 통사적으로 서술한 저서는 이전에 나오지 못했다.

물론 함화진 보다 이전에 국악사 저술을 했던 안확이 있다. 안확은 『조선』이란 잡지에 「조선음악사」라는 제목의 2회의 연재물로 1930년과 1931년에 음악사를 게재한 바 있다.[33] 그러나 근대적 음악사 서술에서

----

32 이성천의 『국악사』와 장사훈의 『한국음악사』는 1976년에 출판되었고, 송방송의 『한국음악통사』는 1983년에 출판되었다.
33 安廓, 「朝鮮音樂史(附虛容)」, 『朝鮮』, 1931. 12월호와 1932년 1월호.(김수현·이수정, 『한국근대음악기사자료집』, 앞의 책, 530~540쪽과 562~568쪽.)

안확의 선구적 업적은 인정되더라도 저서의 형태로 된 것이 아니기 때문에 본격적인 음악사 저서는『朝鮮音樂通論』이라고 봐야 한다.[34] 그렇다면 안확이나 함화진의 음악사의 통사적 서술이 있기 이전의 전통적 음악사 서술은 어떤 식으로 이루어졌는지 살펴보자.

전통적으로 음악사는 일반 역사서에 '악지'의 형태로『삼국사기』「악지」,『고려사』「악지」 등이 있고『동국문헌비고』와『증보문헌비고』[35]에 「악고」가 있다.『삼국사기』「악지」는 신라악·고구려악·백제악으로 크게 구분하여 신라악 안에 삼현삼죽·신라가요와 춤·향악잡영오수 등으로 나누어 기술하였다. 삼현삼죽의 각 악기와 관련된 유래나 제작자, 음악가 등에 대하여 서술을 하였다. 삼국의 어떤 음악이 행해졌는지 알 수 있는 기술이지만 시대적 흐름으로 음악의 변천이나 악기의 변천을 알 수 있는 기술은 아니다.『고려사』「악지」는 아악·당악·속악(향악)으로 나누어 기술하였는데, 아악은 대성아악 수입과 관련된 내용을 중심으로, 당악과 속악은 악곡명을 중심으로 기술하였다. 역사적인 내용을 다루기는 하였지만『삼국사기』「악지」와 마찬가지로 역시 고려시대 음악을 시대적 흐름으로 이해하기 어렵다.

또 조선시대 편찬된『증보문헌비고』의「악고」중의 '역대악제'는「고려사」「악지」의 대성아악에 관련된 내용을 앞에 서술하고 조선시대 태조 4년부터 고종 광무 원년까지의 궁중에서 행해진 음악과 관련한 내용을 왕조실록을 근거로 서술하였다. 이는 조선시대에 관한한 시대적 흐름 순서로 기록한 것이긴 하지만 각 왕의 재위기간에 있었던 단편적인 음악 관련

---

34 1930년대에 저술된 성낙서(成樂緒)의『조선음악사』(1930~1937, 1948년 장사훈 필사)가 있으나 이 책은 정식으로 출판되어 있지 않아서 논외로 한다.
35 『증보문헌비고』는『동국문헌비고』를 정조시대에 증보하고 이후 1903년에 다시 증보한 책이다.『동국문헌비고』의「악고」는 서명응이 지었다.

사건을 기록한 것이어서 음악사적 변천이나 흐름을 읽어 내기는 어렵다.

한편, 조선시대 학자들의 개인 저작물 중에서 음악역사 관련된 항목이 더러 있다. 예를 들어 한치윤의『해동역사(海東繹史)』[36]의「악지」, 이긍익의『연려실기술(燃藜室記述)』[37]의 별집 12권의「정교전고(政敎典故)」중의 '音樂', 이유원의『임하필기(林下筆記)』[38] 중의「해동악부(海東樂府)」등 또는『성호사설』·『오주연문장전산고』등과 같이 백과사전적 저작물의 항목 중 단편적 음악역사가 있다. 이런 저작물에서 음악사 서술의 특징은 통사적 서술이 아니라 음악가, 악곡, 악기 등과 관련된 개별적 역사서술로 되어 있어 있다는 점이다. 예를 들어『임하필기』의「해동악부」의 경우를 보면, 고구려악(高句麗樂)·백제악(百濟樂)·발해악(渤海樂) 등의 항목이 있는가 하면 동경곡(東京曲)·회소곡(會蘇曲)·도솔가(兜率歌) 등『삼국사기』「악지」의 악곡명이나 만년환(萬年懽)·월화청(月華淸)·동동(動動)·무애(無㝵) 등『고려사』「악지」의 악곡명, 몽금척(夢金尺)·수보록(受寶錄)·근천정(覲天庭) 등『악학궤범』에 수록된 정재명을 항목으로 하여 기술하는 사전적 항목 나열과 설명으로 되어 있다.

이렇게 볼 때『通論』이 기존의 전통적 음악사 저술과는 차별화된 저술이라는 것을 알 수 있다.『通論』은 고대에서부터 현대에 이르기까지의 역사를 왕조별로 체계적으로 시기를 나누고 시기마다 음악사적 특징을 개괄적 서술을 하고 그 안에 그 시기에 유입되거나 발생한 음악에 대한 내용을 하위항목으로 분류해 넣어서 서술하였다. 거기에 더해 그 시기에 발생한 주요 장르 용어에 대해 개념적으로 구분을 시켜 시대적 음악의 성격

---

36 한치윤(韓致奫)이 찬술한 기전체(紀傳體)의 한국통사로 본편(本篇) 70권과 조카 진서(鎭書)가 보충한 속편(續篇) 15권을 합쳐 모두 85권이다.

37 이긍익(李肯翊 : 1736~1806)이 지은 필사본 사서(史書)로 59권 42책이다.

38 이유원(李裕元, 1814~1888)이 1871년 엮은 문집으로 필사본 39권 33책이다.

들 잘 드러내 주었다고 할 수 있다.

뿐만 아니라 함화진 고증이라고 하여 부록으로 국악계통도를 도표로 제시한 것은 음악사의 흐름을 한눈으로 볼 수 있게 하였다는 의미가 있다. 또한 이 도표에서 '국악 창시시대'·'국악 작곡시대'·'국악 번영시대'·'국악 이론시대'·'창악 부흥시대'·'창악 전성시대'·'민족음악 수립시대' 등으로 시대적 성격을 개념화 한 것도 타당성을 떠나 저자의 뚜렷한 역사인식을 체계화시킨 예라고 할 수 있다. 또한 표지에 영문을 넣어 책을 국제적으로 읽게 하려고 한 점은 근대적 출판형태의 모습으로 볼 수 있다. 이러한 서술체계의 틀은 이후 장사훈·성경린·송방송 등의 한국음악사 저술에 기초가 되었다는 점에서 그 학문적 의의는 충분하다고 할 수 있다.

2) 인식의 지평을 넓힌 서술로 연구의 발판 마련

『通論』이 이전시기에 저술된 음악사와 구별되는 점은 서술 분야의 확대와 음악사의 적극적 해석을 들 수 있다. 이것은 연구자의 인식의 확대이기도 하고 이 책을 통해 독자들과 후학들에게 인식의 지평을 넓혀준 학문적 성과라고 할 수 있다. 이전에는 실록이나 의궤에 기록된 내용을 바탕으로 서술하기 때문에 궁중에서 행해진 음악에 대한 서술에 국한되어 있었다. 그러다보니 전 계층이 향유하는 음악으로 확대하기 어려웠다. 그러나 『通論』의 서술은 우선 항목에서 민속음악을 비중 있게 다루었다. 뿐만 아니라 그것을 서술하는 입장에서도 단순한 역사적 사실의 기록이 아니라 사료를 토대로 하되 당대의 국학자, 민속학자들의 연구 성과를 활용하여 민속음악인의 시각에서 적극적인 해석을 하고 있다.

예를 들어 '창악'의 항목에서 "창악 자체는 참으로 대중적인 민족음악이다. 창악은 능히 대중을 울리고 웃기고 사람의 심금을 잘 흔들어 우리의 혈통적인 순수한 정서를 잘 표현하고 찬연한 광채를 훌륭히 발휘할 수 있는 것이다"라고 서술한 것이나 "창악의 조에서 우조성과 계면성이 갈려 있으나 이것은 예인들의 천재적 성대 운용으로 동편제와 서편제의 구별이 생겼다"고 하는 등의 서술을 통해 알 수 있다. 그러면서 민속음악이 궁중과 유산계급에 의해 천시되었던 음악이지만 훌륭한 문화유산이며 발전시켜 나가야 함을 강조했다.

그렇다고 하여『통론』의 서술이 궁중전통으로 내려오는 음악을 완전히 부정하는 것은 아니었다. 궁중전통음악이 봉건적 음악으로 궁중 전유물이 되어 인민 대중과는 큰 장애가 있었던 계급적 한계가 있음을 언급하면서도 고유의 음악과 외래 음악을 주체적으로 수용하여 발전시킨 민족음악으로서 그 우수성을 드러내 보이는 서술을 했다.

함화진의 이러한 인식의 확대를 가져 온 것은 그의 행적과도 관계가 있다. 앞에서 언급하였듯이 그는 1939년까지 이왕직아악부를 나오기 전까지 궁중음악인으로 살아왔다. 해방직전에는 '조선음악협회'에서 민속음악인들과 함께 행동했고 해방직후에는 창악인들이 중심이 된 국악원을 창설하고 모든 음악인들과 함께 가기를 원했지만 뜻대로 되지 않는 정치적 상황으로 인해 좌절을 겪게 되었다. 이렇게 함화진은 민속음악과 민속음악인에 대한 관심이 증대되었고 이러한 점이『通論』에 반영했다고 할 수 있다. 따라서 그는 '창악'항목에서 "진정한 대중적인 민족음악의 훌륭한 존재를 가지고 있으니, 즉 농악·창악·향토민요·민속무용 등이 지방의 특색을 자랑하고 있으나 이것을 국가로나 사회로서 장려하고 추진하는 기관도 아무 것도 없고 도리어 천시 멸시하여 온 지 범 500년이라. 이러하므로 국악원은 이 민족음악을 수립하는 기치 하에 출발한 것이다."라고 국악원 수립의 정당성을 피력하기도 했다.

또한『通論』이 기존 저술과 다른 인식확대를 보여준 면은 보다 주체적인 관점에서 적극적으로 역사를 보려는 시각을 일관되게 보여주고 있다는 점이다. 『通論』에서 저자는 "조선인은 발달된 문명과 문화를 가진 우수한 민족이고 조선음악은 유구한 역사를 통해 발전해 온 우수한 음악"이라는 시각을 견지하고 있다. 이는 음악역사의 시작을 단군조선에서부터 기술하는 것에서부터 드러난다. 이후 삼국시대의 거문고 가야금의 우수성에 대해 다루는 문제에서도 드러나고 중국의 음악을 일방적으로 수용만한 것이 아니라는 점을 내세우거나 일본에 적극적으로 전파한 점을 크게 강조하여 서술했다.

당악과 아악의 수용에 있어서는 수용 당시의 풍습에 대한 관점을 비판하면서도 그것을 어떻게 주체적으로 수용한 사실을 강조했다. 예를 들어 당악은 중국의 속악이 유입된 것은 사실이고 명칭을 그대로 썼지만 그것은 당시 고려시대에 송나라를 숭배하던 관계가 있고 악곡 무의 창사 등은 많이 개조하였다고 본다. 또한 대성아악에 대하여서도 "대성아악은 자체는 어찌 되었든지 사대사상으로부터 이것을 무조건 숭배하고 또 외국음악이니만큼 덮어놓고 받아들여 각종 예식에 사용해 왔던 것이다."라고 하여 비판하면서도 조선시대에 순 조선식 아악을 창제하였다고 하는 주체적 역사를 서술하고 있다.

V. 나오는 말

지금까지 함화진의 『朝鮮音樂通論』이 탄생하게 된 시대적 배경과 다른 함화진의 연구저작물들과의 관계, 그리고 그 내용 분석을 통해 그 특징에 대해서 살펴보았다. 자신의 이전의 저술과 비교해 내용이 상당히 풍부해졌고 서술도 체계적으로 이루어져 훨씬 더 설득력 있는 저술이 되었다고 할 수 있다. 그러나 무엇보다도 기존의 전통적인 음악사 서술, 즉 관찬 역사서의 '악지(樂志)'·'악고(樂考)'류나 조선시대 지식인의 문집류에 포함된 음악사 항목의 서술과는 다른 근대적 저술서로서 다음과 같이 그 학문적 의의를 찾을 수 있었다.

첫째, 통사적 서술 체계의 기초를 마련했다는 점이다. 개별적인 사료의 나열이나 기록적인 방식으로 서술된 전통적인 음악사 서술과 달리 전체 역사를 체계적으로 구분하고 통사적으로 써서 역사적 전개가 고대에서 현대까지 어떻게 흘러갔는지를 알 수 있게 서술하였다는 점이다. 또한 시대 분류상의 항목 아래 그 시대의 음악의 갈래로 분류하여 체계적으로 서술하였다. 이러한 틀은 후대 국악사 서술의 기초가 되었다.

둘째, 인식의 지평을 넓혀준 음악사 서술이라는 점이다. 기존의 음악사가 특정한 계층, 즉 궁중음악을 중심으로 서술되었다면 이 책은 궁중 밖의 음악과 음악인으로 확대하였으며 민속음악의 전통과 그 가치를 높이 평가하는 서술을 하였고 대외관계에서도 수동적인 음악사 서술이 아닌 우리음악의 우수성을 드러내려는 주체적인 관점을 보였다.

『朝鮮音樂通論』은 함화진의 연구 성과가 총집결되어 있으면서 동시에 자신의 변화된 음악관을 보여주는 저서이다. 이 책은 국악학 성립 시기에 첫 한국음악통사로서 서술체제나 서술방식, 분야의 확대 등은 이후 국악학계의 후학들에게 디딤돌이 되었다고 평가 할 수 있다.

5장 선교장 소장 악보 『玄琴譜 抄』에 대한 연구*

I. 들어가는 글

강릉에 있는 선교장은 300년의 역사를 가지고 있는 고택이다. 그 역사만큼이나 많은 양의 유물을 소장하고 있다. 이 중에서는 문헌 유물로 분류되는 고악보 두 권이 있다.[1] 그 하나는 『協律大成』이고 다른 하나는 『玄琴譜 抄』이다.[2]

선교장의 역사 속에서 풍류의 상징이 된 활래정은 13세 오은(鰲隱) 이후(李后, 1773~1832)가 짓고 16세 경농(鏡農) 이근우(李根宇, 1877~1938)가 중건해서 많은 풍류객들이 드나들게 된 장소라고 한다.[3] 선교장에는 시를 짓고 글씨를 쓰고 그림을 그렸던 풍류문화를 짐작할 수 있는 흔적이 매우 많은 유물로 남아 있다. 그러나 풍류에서 빠질 수 없는 음악적 유물인 악기나 악보 등은 상대적으로 희소하다.[4] 다행히 남은 두 개의 악보는 매우

....
* 『장서각』 39, 2018.04.

1 차장섭, 『선교장 아름다운 사람, 아름다운 집 이야기』, 열화당, 2011, 222쪽. 이 책 말미에 부록으로 실어 놓은 「선교장장서목록」 469건이 있는데 이 목록에 의하면 음악 관련 문헌은 악보 2개뿐이다.

2 선교장 장서 목록에 '玄琴譜'라고 소개되어 있으나 실제 악보 표지에는 '玄琴譜 抄'로 되어 있다. 필자가 이 악본를 『현금보』라고 하지 않고 '抄'를 넣어 지칭하는 이유는 이 악보의 성격을 드러내 주게 함과 동시에 지금까지 발견된 다른 현금보와 구별될 수 있게 함이다.

3 李起墅, 『江陵 船橋莊』, 열화당, 1980, 89쪽 ; 차장섭, 『선교장 아름다운 사람, 아름다운 집 이야기』, 앞의 책, 168쪽.

소중한 풍류문화의 음악적 흔적이라고 할 수 있다. 더구나 이 악보 둘 다 풍류음악, 즉 줄풍류5 음악을 담고 있는 악보라는 점에서 더욱더 의미가 크다고 하겠다.

1800년대 악보이자 가집인『협률대성』과 1926년 거문고 악보인『현금 보 초』는 선교장의 역사 속의 음악문화의 전통의 단면을 보여주는 매우 흥미로운 유물 증거이다. 그 이유는 이 유물이 가지는 시기적 의미, 장르 적 의미에서 상징성을 띠기 때문이다. 시기적으로 보면,『협률대성』은 이 후(李后)의 시대에 나온 악보이고『현금보 초』는 이근우(李根宇)의 시대에 나온 악보이다.6 이는 공교롭게도 활래정의 풍류객들이 가장 많이 드나들 었던 시대와 맞물려 있다는 점에서 시기적 상징성이 있다. 장르적으로 보 면,『협률대성』은 줄풍류의 대표적 성악 계통인 가곡류 곡이 실려 있는 악보이자 가집이고『현금보 초』는 줄풍류의 대표적인 기악 계통인 영산 회상류 곡이 실려 있는 거문고 악보라는 면에서 이 두 악보가 풍류음악을 대표하는 장르적 상징성을 띠고 있다.

『협률대성』은 1728년 김천택이 편찬한『靑丘永言』과 1876년 박효관

----

4 김상헌,『江陵船橋蔣에 관한 연구-특히 觀光資源性을 중심으로」,『관대논문집』9, 관동대학교, 1981. 300쪽. 악기 유물로는 (34)거문고와 (35)장고가 각각 하나씩 남아 있는 것으로 기록되어 있으나 2017년 10월 필자가 방문할 당시 유물전시 관에는 전시되어 있지 않았다.
5 풍류가 시, 서예, 그림, 음악, 바둑, 장기 등까지를 포함하는 것이라면 줄풍류는 풍류 중의 음악적 장르를 말한다. 줄풍류는 특정한 성격을 가지고 있는 음악 장 르의 하나이기도 하다. 즉 거문고 가야금 양금 등의 현악기가 주요한 악기로 역 할을 하고 가곡 가사 시조 등을 반주하거나 기악합주로 영산회상류를 연주하는 장르이다.
6 이는『협률대성』이 나온 연대를 말하는 것이지 소장하게 된 시기를 말하는 것 은 아니다. 왜냐하면 최근 연구에 의하면『협률대성』은 이근우가 중추원 참의 로 있을 때 구입한 것이고『현금보초』역시 이근우가 활동하던 시대에 나온 것 이어서 동시대에 구입된 것을 짐작할 수 있다.

안민영에 의해 편찬되었다고 알려진 『歌曲源流』 사이에 나온 악보이자 가집으로 추정하고 있다.7 『협률대성』의 존재에 대해서는 이미 알려져 있고 연구도 이루어졌다.8 이에 반해 『玄琴譜 抄』는 아직 세상에 알려지지 않은 악보이다.

『玄琴譜 抄』는 1926년 송천(松泉)이란 호를 가진 사람이 필사한 거문고 악보이다. 정간보로 그려진 이왕직아악부 용지에 선율은 율명으로 기보하였으며 악곡은 영산회상을 비롯한 줄풍류 계통의 음악 14곡을 싣고 있다. 이 『玄琴譜 抄』에 실린 곡의 명칭이나 곡이 실린 순서, 기보체계 등 전반적인 면에서 볼 때 현행 정간보와 크게 다르지 않다. 그러나 이 악보를 좀 더 자세히 들여다보면 여러 가지 면에서 현행과는 다른 점이 있다는 것을 알 수 있다. 또 이 악보가 만들어진 1926년은 이 악보에 실린 악곡과 기보가 비슷한 이왕직아악부 악보인 『아악부 현금보』(1930년대 추정)9보다 시기가 빠르다. 따라서 『아악부 정간악보』10 이전의 기보체계가 어떠

---

7 황중기 주석, 『협률대성』, 푸른사상, 2013.

8 『한국음악학자료총서』14권에 『협률대성』 영인본을 싣고 (이동복)해제도 해 놓았다. 다만 이 『한국음악학자료총서』14권에 실려 있는 『협률대성』은 선교장본을 영인한 것이 아니고 가람 이병기가 선교장의 『협률대성』을 베껴 놓은 것이다. 김영운, 「洋琴 古樂譜의 記譜法에 關한 研究 : 『協律大成』 洋琴譜의 時價記譜法을 中心으로」, 『한국음악연구』16권, 한국국악학회, 1986; 강동훈, 「<協律大成>의 편찬 특징 및 사설 실현과 악곡의 관계」, 『반교어문학회학술대회 자료집』, 반교어문학회, 2007; 강경호, 「가집 『협률대성』의 편찬 특성과 전승·향유의 문화적 의미」, 『시조학논총』40호, 한국시조학회, 2014.

9 『韓國音樂學資料叢書 26- 朝鮮音律譜 觱律譜 大笒譜 唐笛譜 玄琴譜』, 국립국악원, 1989.

10 이왕직아악부에서 1930년대에 만들었다고 하는 정간 악보 전체를 말하는 것으로 현금보, 대금보, 필율보, 해금보, 양금보, 당적보, 단소보, 종경보 등이 있다. 현재 국립국악원에 소장되어 있고 『한국음악학자료총서』 25~27로 영인한 바 있다. 악보의 명칭에 혼동이 있을 수 있어서 이왕직 아악부에서 발행한 정간보 전체를 지칭할 때는 『아악부 정간악보』라고 하고 그 중에 악기별 악보를 따로

했는지를 알 수 있고 현대의 기보법의 변천과정과 그 시점을 알 수 있다. 게다가 이 악보는 필사본이지만 이왕직아악부의 용지를 사용하고 있다는 점에서 이왕직아악부와의 관련성도 추정할 수 있다. 또한 기보체계에서 보면 『아악부정간악보』에서 부터 현재까지 써오는 현행 청성과 탁성 표기 체계와는 조금 다른 체계로 되어 있다. 그리고 선율적인 측면에서 보자면 <미환입> 일부 선율 부분과 <군악>곡에서 현재와는 다른 음고의 율명으로 기보되어 있어 이 악보가 가지는 음악사적 의미가 규명될 필요가 있다.

위와 같은 점에 의미를 두고 선교장 소장본 『현금보초』를 분석하여 현행 정간보 기보체제의 정착과정을 밝히고 근대 시기 줄풍류 계통의 음악 변화를 고찰하고자 한다.

이 연구를 위해 1926년을 전후로 나온 고악보 중에 율명으로 음고를 표시한 정간보 악보나 <영산회상>을 기보한 오선악보 등을 대조해 보았으며 당시에 영산회상을 실제 연주한 곡을 실은 SP음반을 비교하여 살펴보았다. 먼저 악보로는 김인식이 역보한 『朝鮮舊樂 靈山會像』(1914, 오선보), 『朝鮮音律譜 第一篇』(1916, 정간보), 『雅樂部 玄琴譜』(1930년대, 정간보), 『雅樂部五線樂譜 重光之曲』(1938, 오선보) 등을 살펴보았다. 현대의 정간보는 여러 번 발간이 되었으나 최근에 국립국악원에서 나온 『거문고정악보 玄琴正樂譜』(2015)를 대표적인 악보로 해서 비교하였다. 그리고 음반으로는 1930년대 줄풍류 음악이 담긴 SP음반을 복각한 《불멸의 명음반(7) 국창송만갑/정악줄풍류》(1996)과 《빅터유성기원반시리즈8-30년대 기악합주선집》(1993) 등[11]을 참고하였다.

지칭할 때에는 『아악부 현금보』 『아악부 양금보』 등으로 한다.
11 각각 Columbia40128-B, 1930, 朝鮮正樂團과 Victor KJ-1084, 1936, 朝鮮樂團의

II. 『玄琴譜 抄』의 체제와 구성

1. 체제의 특징과 유사 악보

『玄琴譜 抄』는 2011년 차장섭의 『선교장 아름다운 사람 아름다운 집』의 선교장 장서목록 중 "玄琴譜 李王職雅樂部 編, 草稿本, 1926年 寫. 1冊."으로 처음으로 소개되었다.[12] 『玄琴譜 抄』의 표지에는 大正 十五年 九月 이라는 표시와 松泉이라는 표시가 있다. 1926년 9월에 송천(松泉)이라는 호를 쓰는 사람이 필사 제작한 것이라고 할 수 있다. 이 악보의 표지에 표시된 저자 송천(松泉)이 누구인지 알 수 없다. 유명인으로는 이 시대에 활동할 만한 사람으로 이런 호를 가진 사람은 없다. 다만 이왕직아악부 용지를 사용할 수 있었던 사람이면서 악보를 정확히 그릴 수 있었던 사람이라면 이왕직아악부의 악사이며 거문고 연주자일 가능성이 크다.

이 악보가 만들어진 1926년은 선교장의 이근우가 중추원 참의로 있었던 시절이다. 서울에서 활동을 했으며 이왕직아악부에 드나들었을 가능성이 적지 않다. 풍류에 관심이 있었던 이근우와 교유했던 아악부 거문고 연주자가 강릉을 다녀갔거나 이근우가 아악부의 거문고 연주자나 악보제작자가 필사한 거문고보를 구입해서 가져갔을 가능성이 있다. 또한 이근우의 유고 시문집인 『經農遺稿』 卷之三에는 「조선정악전습소」라는 제목의 짧은 시가 있어 조선정악전습소와도 관계가 있었을 것으로 생각된다.

이 악보는 일반 종이로 된 이왕직아악부 용지를 사용하고 있으며 가로 20센티에 세로 27센티의 노트만한 크기이며 내지 68쪽에 빨간색 만년필

복각판이다.

12 차장섭, 『선교장 아름다운 사람 아름다운 집 이야기』, 앞의 책, 222쪽.

같은 펜으로 필사되어 있고 간혹 검정색 펜으로 잘못된 부분을 수정한 흔적이 몇 군데 보인다.[13] 제목에서 보이듯이 거문고 악보를 베낀 필사본이지만 모본이 되는 악보가 무엇인지 밝히지는 않았다.[14] 이 악보에 실린 악곡은 현악영산회상 전 바탕인 9곡과 뒷풍류 3곡, 도드리 2곡으로 모두 14곡이다. 기보는 정간보에 율명으로 되어 있다. 악곡명이나 첨언한 글들도 모두 한문이며 한글로는 한 자도 적혀 있지 않다.

앞서 언급하였듯이 『玄琴譜 抄』는 이왕직아악부 용지를 사용하였다. '李王職雅樂部'라는 글자가 가장자리에 새겨져 있고 칸이 그어져 있으며 장구 연주형(채편 궁편 등)의 기호가 첫 행에 그려져 있는 인쇄된 용지다. 이러한 용례는 이왕직아악부의 아악생의 등사본 교재인 『第四回雅樂生教果綴』(1931)[15]에서도 찾을 수 있다.(<그림-2>의 ⓐ 부분) 이 용지 사용만으로도 『현금보 초』가 이왕직아악부 당시 이곳에 몸을 담고 있었거나 이곳을 드나들었던 연주자나 그 밖의 사람들과 관계가 있음을 짐작할 수 있다. 또한 『아악부 정간악보』나 또 다른 이왕직아악부의 궁중음악의 오선보화 사업 결과인 『아악부 오선악보』[16]와의 관련성도 추정할 수 있다.

---

13 검정색으로 수정한 필체는 빨간색의 원 글씨체와 좀 다르기 때문에 다른 사람이 수정했을 가능성이 있다. 그 당시의 수정일 수도 있고 뒷날 누군가가 수정했을 가능성도 있다.

14 실제로 이 악보의 모본은 현재까지 발견된 바 없다. 이 악보와 기보체계 수록악곡, 악곡의 순서 등이 유사한 거문고 악보는 이 시대보다 뒤에 나온 것은 있지만 전 시대에 나온 악보가 발견된 바 없기 때문이다.

15 김천흥 소장, 『第四回雅樂生教果綴』, 1931.

16 김수현, 「石川義一의 1920년대 조선에서의 활동에 대한 연구-궁중음악채보와 민요조사를 중심으로」, 『2007 문화관광부 선정 전통예술 우수논문집』, 문화관광부, 한국국악학회, 2007, 104쪽~11쪽.

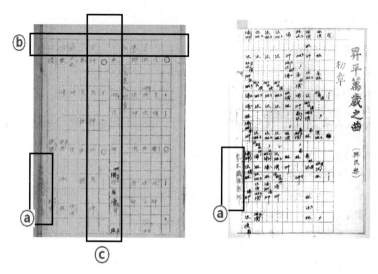

〈그림 1〉 李王職雅樂部가 새겨진 『玄琴譜 抄』와 『第四回雅樂生敎果綴』

　　더구나 이왕직아악부 용지 사용 외에도 여러 악기를 기보할 수 있는 총보로 만들려는 용지였다는 점에서도 시사하는 바가 크다. 이 악보는 실제 거문고 선율만 기보한 것이지만 용지의 바탕에는 흐릿한 글씨로 한 행마다 머리에 玄 琵 觱 伽 洋의 글씨가 있다. (<그림-2>의 ⓑ 부분)즉 거문고(玄), 비파(琵), 피리(觱), 가야금(伽), 양금(洋) 악기를 함께 그려 넣기 위한 정간보로 된 빈 악보에 거문고만을 그려 넣었다고 할 수 있다. 또 어느 한 쪽에는 琵(비파) 대신 笒(대금)이 적혀 있는 쪽도 있다. 이 여섯 가지는 줄풍류 편성에서 쓰이는 악기들이다.

　　이로 보면 이왕직아악부에서도 줄풍류 연주를 위한 악보를 만들고 있었거나 만들 계획이 있었다는 점을 알 수 있다. 게다가 영산회상의 장단 수를 맞춰 놓은 양 <加樂除只> 10박의 20정간 정간에서 <三絃還入> 6박의 12정간으로 넘어가는 1장단은 돌장으로 10박장단을 유지하여 현행과 같이 20정간(10박)에 맞춰 그려져 있는 점(<그림-2>의 ⓒ 부분) 에서도 이미 계획된 악보라는 점을 알 수 있다. 또한 현재 계승되고 있지 않은 비파가 이때 줄풍류 악기로 쓰였던 점도 엿볼 수 있다. 당시 정간보로 된 총보 형식의 악보를 만들려는 계획을 가지고 인쇄한 종이를 사용하였거나 악보를 이미 만들고 나서 남은 종이를 사용하였을 가능성이 있다.

그러나 이 때 당시에 이왕직아악부에서 제작 또는 발간되었다는 악보는 현재까지 발굴되고 있지 않다. 다만 아악생 교재로 쓰인 『아악생교과철』 안에 악보가 포함된 경우가 있지만 1930년대 이후이고 대부분은 양금보이다. 그리고 『조선아악』이라는 장서각 소장의 이왕직아악부 문서철에도 <수연장지곡> <송구여지곡> 두 곡의 양금악보가 있긴 하지만 역시 연대를 알 수 없다.17

그렇다면 『玄琴譜 抄』가 탄생한 1926년 전후로 하여 정간보에 율명으로 기보한 악보로서 줄풍류 음악 전 바탕을 담고 있는 악보가 있었는지 살펴 볼 필요가 있다. 『현금보 초』는 그 제목에서 보면 무엇인가를 모본으로 하여 베낀 악보라고 생각되지만 무엇이 모본인지는 악보 안에 밝혀 놓고 있지 않았을 뿐더러 그 모본이 될 만한 악보가 아직 발견된 바 없다. 그 이전 시기에 나온 거문고 악보는 수없이 많지만 대부분 합자보나 육보로 기보되어 있지 율명으로 기보된 악보는 찾을 수 없다.

양금악보로 『현금보 초』와 가장 유사한 형태의 악보가 있다. 그것은 1916년 영산회상 전 바탕과 도드리 악곡을 실어 놓은 『朝鮮音律譜』이다.18

....

17 『朝鮮雅樂』은 장서각에 소장되어 있으며 마이크로필름(MF16-332)으로 확인할 수 있다. 서지정보는 크기: 26.5x18.3 / 판본: 필사본(筆寫本) / 장정: 선장(線裝) / 수량: 1책(冊)(242장(張)) / 인장정보: 茶洞吏生組合所取締役之章, 李王職禮式課長之印, 藏書閣印, 其他私印多數 이며 청구기호는 K3-590M/F번호이다.
18 정확한 명칭은 『朝鮮音律譜第一篇』이다. 표지에는 大正五年(1916) 八月 二十日 朝鮮音律譜第一篇 太學書館 光東書局 발행으로 적혀 있다. 편집자는 김학규(金

정간보에 율명으로 기보되어 있는 이 악보는 『현금보 초』와 비교해 보면, 악보의 체계, 기보방법, 정간의 형태, 시김새 표시 등이 매우 유사하다. 다만 악기가 달라서 골격 선율 이외의 선율이 차이가 있을 뿐이다. 따라서 양금악보지만 1926년 이전의 악보로는 『조선음률보』가 가장 유사하다고 하겠다.

한편 1926년 이후의 악보로서 『현금보 초』와 유사한 악보는 1930년대에 이왕직아악부에서 발행했다고 하는 정간보 악보 『아악부 현금보』가 그것이다. 이 악보는 한 권으로 된 악보가 아니라 대부분의 관악기와 현악기뿐만 아니라 종경 악보까지 포함하고 있는 한 질의 악보 『아악부 정간악보』 중의 하나를 말하는 것이다. 이들 악보는 오늘날 정악계통의 음악을 연주하는데 쓰이고 있는 정간보 악보의 토대가 된 악보이다.[19]

學圭)이며 발행자는 이종정(李鍾楨)이다. 인쇄된 활자 악보로 조선정악전습소와 같은 정규 교육기관에서 쓰였던 것으로 추정되나 김학규나 이종정이 조선정악전습소와 어떤 관계가 있는지 밝혀지지 않았다. 다만 이종정은 광동서국을 운영했던 사람으로, 1913년에 「증보 자전대해(增補 字典大海)」(광동서국)을 펴낸 적이 있고 『藥山東臺』라는 고전소설을 쓴 사람으로 알려져 있다. 아래에 제시한 표지 사진은 노동은 소장 실제 악보를 스캔한 것이다.

19 김영운, 「古樂譜解題-國立國樂院所藏 雅樂部 樂譜」, 『韓國音樂學資料叢書』 25, 1989, 5~34쪽에서 김영운은 이 악보가 1949년 구입한 것이지만 이는 해방되기 5~6년 전 전형필의 동생 전형철이 음악박물관을 만들기 위해 이왕직아악부의 함화진 선생이 제공한 아악부 악보를 필생으로 하여금 사보케 하여 보관해 왔던 것이라고 한다. 그런데 이 악보 역시 그 원본이 되는 악보가 무엇인지, 지금까지 그 실체가 밝혀진 바는 없다.

〈그림-2〉『朝鮮音律譜』(1916)·『玄琴譜 抄』(1926)·『雅樂部 玄琴譜』(1930년대) 표지

　　위의 세 악보 이전까지의 악보는 대부분 기보법에 있어서나 악곡이 오
늘날과 크게 차이를 보인다. 특히 합자보나 육보에 정간 없이 써 왔던 조
선후기 고악보의 경향을 훌쩍 뛰어넘어 1930년대 정간보에 율명으로 기
보된 기보방식이 『아악부 정간악보』의 모든 악기별 악보에서 나타나기
때문에 과도기적 악보로서 『조선음률보』와 이 논문의 연구대상인 『현금
보 초』를 비교 검토하지 않을 수 없다.

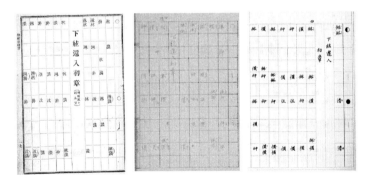

〈그림-3〉『朝鮮音律譜』(1916)·『玄琴譜 抄』(1926)·『雅樂部
玄琴譜』(1930년대) 〈하현환입〉 부분

위 그림은 정간보에 음고 표기가 율명으로 되어 있는 세 악보의 같은 악곡 여기에 제시한 악보의 악곡 <하현환입>은 영산회상의 세 가지 스타일 중에서 줄풍류 영산회상, 즉 거문고회상이자 중광지곡이라고 하는 영산회상에만 있는 곡명을 비교해 본 것이다.

이렇게 정간보에 율명으로 표기한 악보는 1916년『조선음률보』는 1926년『현금보 초』를 거쳐 1930년대『아악부 현금보』로 이어나간다는 점을 알 수 있다. 따라서『현금보 초』는 유사한 형태의 악보인 1916년『조선음률보』가 나온 이후의 악보이면서 1930년대『아악부 정간악보』가 나오기 이전인 1926에 필사된 악보라는 점에서 그 시기적 중요성을 알 수 있다.

2. 악곡과 장 및 정간 구성

『玄琴譜 抄』에 실려 있는 14곡의 악곡은 전형적인 줄풍류 음악이다. 그 악곡을 차례대로 보자면 영산회상 <上灵山>, <中灵山>, <細灵山>, <加樂除只>, <三絃還入>, <下絃還入>, <念佛還入>, <打鈴>, <軍樂> 등 9곡, 천년만세 <界面加樂除只>, <兩淸還入>, <羽調加樂除只> 등 3곡, 도드리 <尾還入>, <細還入> 등 2곡이다. 현행 거문고보의 제목과 대체적으로 일치하지만 현행의 곡목명과 다른 점을 보면, 악보의 곡명인 <加樂除只>는 현재는 <가락덜이>, <三絃還入>을 <上絃도드리>, <尾還入> <細還入>을 <밑도드리>, <웃도드리>로 쓰고 있다. 또 각 곡마다 나누고 있는 장의 수와 장단의 수가 현행과 일치한다. 이 점을 확인하기 위해『현금보 초』앞뒤에 발행된『조선음률보』,『아악부 현금보』및 현행 악보를 비교해 보면 다음과 같다.[20]

---

20 여기서 없음 표시는 장구분이 안되었음을 표기한 것이다. 곡을 실은 순서를 보기 쉽게 하기 위하여 이탤릭체 굵은 글씨로 표기한 것은 미환입 세환입, 즉 밑

<表-1> 악보별 수록 악곡의 순서와 명칭 및 분장의 수

『朝鮮音律譜』		『玄琴譜 抄』		『雅樂部 玄琴譜』		현행 악보	
上靈山	4장	上灵山	4장	壽延長之曲	7장	밑도드리	7장
中靈山	5장	中灵山	5장	上靈山	4장	웃도드리	7장
細靈山	4장	細灵山	4장	中靈山	5장	상령산	4장
加樂除只	3장	加樂除只	3장	細靈山	4장	중령산	5장
三絃還入	4장	三絃還入	4장	加樂除只	3장	세령산	4장
下絃還入	4장	下絃還入	4장	三絃還入	4장	가락덜이	3장
念佛還入	4장	念佛還入	4장	下絃還入	4장	삼현도드리	4장
打令	4장	打鈴	4장	念佛還入	4장	하현도드리	4장
軍樂	4장	軍樂	4장	打令	4장	염불도드리	4장
尾還入	7장	界面加樂除只	없음	軍樂	4장	타령	4장
細還入	7장	兩淸還入	없음	界面加樂除只	없음	군악	4장
界面加樂除只	없음	羽調加樂除只	없음	兩淸還入	없음	계면가락도드리	없음
兩淸還入	없음	尾還入	7장	羽調加樂除只	없음	양청도드리	7장
羽調加樂除只	없음	細還入	7장	頌九如之曲	7장	우조가락도드리	7장

위의 표에서 알 수 있듯이 이 곡이 실린 순서는 약간의 차이를 가지고 있다. 대체로 악보에 실린 곡의 순서는 연주의 순서이기 때문에 당시 연주의 순서라고 생각해도 크게 다르지 않다. <밑도드리> <웃도드리>의 순서만 악보마다 다를 뿐 큰 차이가 없다. 또 영산회상이 끝나면 <계면가락도드리> <양청도드리> <우조가락도드리>를 이어 놓은 것도 거의 일치한다.21 이 세 곡과 이어 연주하는 <굿거리>를 일반적으로 향제줄풍류 집단에서 '뒷풍류'라고도 하는데, 위의 악보들에 공통적으로 <굿거리>가 없는 것을 보면 위의 악보들은 모두 경제줄풍류 악곡들이라고 할 수 있다.22

....

도드리 웃도드리 (수연장지곡 송구여지곡)를 표시한 것이고, 빗금친 부분은 뒷풍류, 즉 오늘날 천년만세로 부르는 계면, 양청, 우조가락도드리 부분을 표시한 것이다.

21 현재 이 세 곡을 묶어서 '천년만세'라는 명칭을 붙이는데, 이러한 전통은 『아악부 정간악보』에서부터 보인다.

22 국립문화재연구소, 『구례향제줄풍류』, 민속원, 2007, 79쪽. 이 점에서 보아도

『현금보 초』에서 특이한 점은 따로 떼어 내서 새로 시작하는 악곡으로 싣지 않고 아예 <군악>의 뒤에 바로 붙여서 적어 놓았다는 점이다. 이는 영산회상 안에 이 세 악곡도 포함되는 곡인 셈이다.

이에 비해 <미환입> <세환입>은 별도의 악곡으로 적어 놓았다는 점에서 구별된다. 이 도드리 부분은 따로 연주하거나 영상회상 안에 넣어서 연주하기도 하는데, 두 악곡을 함께 연주하지는 않는다.[23] 그리고 '가즌회상'이라고 하여 도드리를 영산회상에 넣어서 연주할 경우에는 <삼현환입>과 <하현환입> 사이에 넣어서 한다. 이러한 관행을 뒷받침하는 다음과 같은 글귀가 적혀 있다. 『현금보 초』 <細還入> 7장 16각 다음에 "始細還入変出於灵山會相條也"(처음 세환입은 영산회상조에서 변해 나온 것이다.) '自七章第十四刻始'라고 적혀 있고 맨 뒷부분에는 "以下倣此上絃還入四章"(이하 마찬가지로 상현환입 4장)이라고 되어 있다. 이렇게 도드리가 영산회상에서 나왔다는 것은 보허자와 영산회상의 환입 부분이 깊은 관련성을 가지고 있음을 시사한다.

또한 장 구분에서 현행 연주에서나 악보에서나 <양청도드리>는 4박으로 빠른 속도로 진행하다가 7장, 즉 곡의 끝에서 10번째 각 이전에서 갑자기 느려지면서 12박으로 바뀌는 부분이 있다. 이 부분을 『아악부 현금보』에서는 우조가락제지의 시작부분으로 놓고 있다. 이에 반해 보다 이전 악보인 『현금보 초』와 『조선음률보』의 <兩淸還入>은 현행과 같다.

다음으로 각 곡마다의 장 구분을 어떻게 했는지, 각 장마다 각(장단)의

『현금보 초』가 강릉 선교장이라고 하는 지방에서 소장하고 있는 악보이지만 실제 강릉에서 내려오는 전통적 향제줄풍류를 기록한 악보가 아니라는 점을 알 수 있다.
23 일반적으로 도드리를 연주할 때에는 악기별로 저음악기는 <미환입>을 고음악기는 <세환입>을 연주하여서 합주상의 고음과 저음이 적절하게 안배되게 하는 경우가 많다.

수가 같은지, 반각 부분은 어떠한지, 정간의 정간수가 어떻게 그려져 있는지 붙임새에 관련된 내용을 포함해서 살펴보자. 이러한 점을 이해하기 위해『현금보 초』의 악곡 순서를 기준으로 나열하여『조선음률보』『아악부 현금보』현행악보를 가지고 비교해 보면 다음과 같다.

〈표-2〉 각 악보의 악곡별 정간의 수

악곡		박의 수	『朝鮮音律譜』	『玄琴譜 抄』	『雅樂部 玄琴譜』	현행 악보
上灵山		20박	20정간	20정간	20정간	20정간
中灵山		20박	20정간	20정간	20정간	20정간
細灵山		10박	20정간	20정간	20정간	10정간
加樂除只		10박	20정간	20정간	20정간	10정간
三絃還入	1각	10박	20정간	20정간	20정간	10정간
		6박	12정간	12정간	12정간	6정간
下絃還入		6박	12정간	12정간	12정간	6정간
念佛還入		6박	12정간	12정간	12정간	6정간
打鈴		12박	20정간	12정간	12정간	12정간
軍樂		12박	20정간	12정간	12정간	12정간
界面加樂除只		12박	12정간	12정간	12정간	12정간
兩淸還入		4박	12정간	12정간	12정간	4정간
	7장	12박	12정간	12정간	12정간	12정간
羽調加樂除只		12박	12정간	12정간	12정간	12정간
尾還入		6박	12정간	12정간	12정간	6정간
細還入		6박	12정간	12정간	12정간	6정간

『현금보 초』의 악곡별 한 행 정간 수는 20정간과 12정간 두 종류 밖에 없다. 이는 10박계통의 음악에는 20정간을 12박이나 6박계통의 악곡에는 12정간을 그린 것으로 보인다. 예외적으로 <양청환입>은 4박인데도 12정간에 그렸다. 이러한 정간 그리기 방법은『아악부 현금보』와 일치한다.[24]

10박인 <세령산>과 <가락제지>를 20정간에 그린 것이나 6박계통의 還入
(도드리)류를 12정간에 그린 것도 역시 2칸을 한 박으로 상정한 것이다.
12박 계통의 <타령> <군악> <계면가락제지>, <양청환입>의 일부, <우조
가락제지> 등은 그대로 12정간에 그렸다. 그리고 대강의 구분을 보면 굵
은 선을 그어 넣어 대강 표시를 하고 있지는 않지만 오늘날 대강의 구분
과 같다.

예를 들어 <상령산> <중령산> <세령산> <가락제지>는 20칸 정간을
썼으므로 모두 6 4 4 6으로 간주되지만 <세령산>과 <가락제지>는 두 칸
을 한 칸으로 여기게 되면 3 2 2 3의 현행과 맞다. 장고점 역시 현행과
같다. <삼현도드리>에서 <염불도드리>까지는 12정간으로 그렸기 때문에
역시 장고점도 같은 위치에 있다. <타령>과 <군악> <계면> <양청> <우
조>는 현행 기보와 완전히 같은 형태이며 대강도 3 3 3 3으로 같다. 다만
<양청>은 12칸으로 4박을 그렸기 때문에 3정간을 한 박으로 간주 할 수
있게 그려져 있다.

한편 『현금보 초』의 붙임새와 관련하여 두 음을 이어서 표시해 놓은)
와 같은 표기는 『조선음률보』와 같다. 이혜구는 『조선음률보』 해제에서
정간보에서의 이러한 기보는 『조선음률보』가 처음이고 이 이전에는 정간
보가 아닌 『一蓑琴譜』와 『西琴譜』에서 사용된 예가 있으므로 이를 따른 것
같다고 했다.[25] 『현금보 초』에서도 역시 그 경향을 따른 것으로 보인다.

....

24 이렇게 20정간과 12정간 두 가지 유형으로만 그려 넣은 것은 이왕직아악부 용
   지 사용과 관련이 있어 보인다. 『第四回雅樂生教果綴』(1931)에 있는 정간보에도
   이왕직아악부 용지를 사용하였는데 이 두 가지 유형밖에 없다. 이렇게 두 가지
   유형만으로 정간보 원고용지를 만들었기 때문에 이러한 유형이 정착해서 『아악
   부 정간악보』도 역시 이렇게 제작했을 가능성이 크다.
25 이혜구, 「古樂譜解題 朝鮮音律譜」, 『韓國音樂學資料叢書』25, 국립국악원, 1989.

III. 『현금보 초』 기보의 특징

1. 옥타브(淸濁) 표기의 특징

『현금보 초』는 현행 대부분의 거문고 정간보의 음고 기보와 같이 정간에 율명의 머릿글자를 넣고 연주법이나 시김새와 관련한 부호를 덧붙여 놓는 형태라는 점에서는 매우 유사하다. 다만 탁성 청성 등의 옥타브 표기는 오늘날과 다르다. 시김새나 연주법 표기를 보면 싸랭의 기호는 현행과 같고 퇴성과 자출의 경우도 현재 사용하고 있는 한자로 퇴성은 (艮) 자출은 (自)로 표기되어 있다. 청줄의 표시, 즉 괘상청과 괘하청을 현재 中과 下로 표기하는데 반해 靑上 과 靑中으로 표기했다. 쌀갱 표기는 오늘날과 같이 ㅣ 이고 뜰 표기도 ∨로 같다.

『현금보 초』와 같이 정간 안에 율명으로만 음고를 표기하는 전통은 『세종실록악보에』서부터 찾을 수 있으나 이러한 전통이 몇 백 년 동안 단절되어 있다가 근대에 들어서서 보이기 시작한다. 관찬악보는 『세조실록악보』에서부터 오음약보로 기보하는 전통이 『시용향악보』, 『시용무보』으로 바뀌었으며 1759년 『대악후보』에는 총 7권의 대부분이 오음약보로 기보되어 있고 권2에서만 율명 표기가 병기되었으며 1892년 중수했다고 하는 『속악원보』에 오음약보와 율명 표기가 병행되었고 『아악부 정간악보』에서 오늘날과 거의 비슷한 형태로 정착했다고 할 수 있다.

이에 비해 민간음악을 담고 있는 사찬악보는 가장 이른 시기의 악보들이 대부분 율명으로 기보한 경우가 거의 없고 합자보로 기보되어 있으며 거기에 궁상자보나 한자육보 한글 육보 등으로 표기해왔다. 그러다가 조이순의 『양금여민락보』(1906)와 『현금가곡보』, 『조선음률보』(1916) 등에서부터 정간보에 율명악보가 나오기 시작하였으니 고악보 역사상 『세종실록악보』를 제외하면 정간보에 율명으로만 표기된 전통은 그리 오래되지 않았다고 할 수 있다.

이렇게 정간보에 율명으로만 음고를 표기한 악보 중에서 옥타브 위아래의 음고 표기인 청성 탁성 기보를 살펴보자. 『세종실록악보』에서는 청성의 표기는 현행과 같이 율명의 왼편에 삼수변(氵)을 붙이지만 탁성의 경우에는 빨간색으로 글자로 표시하였다. 현행 기보법을 살펴보면, 청성은 율명의 왼편에 삼수변(氵)을, 중청성에 두 개의 삼수변 (氵氵), 탁성에 인변(亻), 배탁성에 두인변(彳)을 붙이는 것이 일반적이다.26 그러나 『현금보 초』의 청성과 탁성 표시는 현재 사용하고 있는 기보와는 다르게 되어 있다. 물론 거문고의 음역대는 매우 낮아서 다른 악기들과 비교할 때 탁성은 배탁성까지 있지만 청성이 나타나지 않는다. 그렇다 하더라도 세 옥타브의 차이를 『현금보 초』는 어떻게 표기했는지 살펴보면 다음과 같다.

첫째, 배탁의 경우에는 현행에서 두인변(彳)을 사용하는 것과 달리 『현금보 초』에서는 아무 것도 붙이지 않는다. 아무것도 붙이지 않은 율명의 머릿글자가 배탁성에 해당하는 것이다. 둘째, 탁성을 표시하는 기보는 현행에서 인변(亻)대신에 말씀언(言)변의 초서 형에 가까운 (丨)를 사용한다. 그런데 어떤 곡에서는 초서형 삼수변 (氵)를 붙인 경우도 있다. 후자의 경우(氵) 보다 전자(丨)의 경우(丨)가 훨씬 많다. 셋째, 거문고보에서 가장 높은 옥타브인 정성의 경우 현행에서 아무것도 붙이지 않는 것에 비해 『현금보 초』에서는 丨를 두 개 붙이거나(‖) 丨와 氵 두 가지 기호를 합쳐서 붙인 경우(丨氵)도 있다. 전체적으로 보면 배탁성에서 일관성을 보이는 반면 탁성과 정성에는 두 가지로 썼다고 할 수 있다. 이러한 『현금보 초』의 청성 탁성 표기가 가지는 의미를 이해하기 위해 『현금보 초』를 포함하여

---

26 김영운, 『국악개론』, 음악세계, 2016, 30쪽에서 인(亻)을 붙여 적는 것은 배성(倍聲)의 倍자의 변을 따른 것이라고 했으나 그 근거가 무엇인지는 밝히고 있지 않다.

전후 시대 율명 악보의 청성 탁성 표기를 대조해 보면 다음과 같다.

<표-3> 율자 음고 악보에서 청성 탁성의 기보 변화

고악보	倍濁聲			濁聲			中聲			淸聲			重淸聲		
『世宗實錄樂譜』(1400년대)				黃	仲	林	黃	仲	林	潢					
『俗樂源譜』(1892년 중수)				黃	仲	林	潢	㳞	淋						
				下五	下三	下二	宮	上二	上三						
『朝鮮音律譜』(양금, 1916년)				黃	仲	林	潢	㳞	淋	㶂	㴰	㵉			
『玄琴譜 抄』(거문고, 1926년)	黃	仲	林	|黃	|仲	|林	||黃	||仲	||林						
				|潢	ᅵ潢	ᅵ淋	||潢	||㳞	||淋						
『이왕직 정간악보』(거문고,1930년대)	㣴	㑲	㣡	黃	仲	林	黃	仲	林	潢	㳞	淋	㶂	㴰	㵉
현행 정간악보	㣴	㑲	㣡	黃	仲	林	黃	仲	林	潢	㳞	淋	㶂	㴰	㵉

위 표에서 알 수 있듯이 오늘날처럼 중청성에 삼수변을 두 개 붙이는 (氵氵) 형태가 1916년의 『조선음률보』에서 처음 보이고 탁성에 인변(亻), 배탁성에 두인변(彳)을 붙이는 전통은 사실상 1930년대 『아악부 정간악보』에서 정착된 형태라고 할 수 있다. 여기에서 과도기적인 형태가 바로 『현금보 초』에서 보이는 것이다. 물론 1916년 『조선음률보』는 양금악보이기 때문에 양금의 특성상 음역대가 높아서 탁성표시를 고려하지 않았다고 하지만 『조선음률보』 시대까지만 하더라도 탁성 표기를 고안하지 못했던 것으로 보인다. 다만 음역대가 낮은 거문고 악보에서는 탁성 표기에 대한 고민이 있었을 것으로 짐작한다. 그래서 최초로 『현금보 초』에서 탁성표시를 고안해 낸 것으로 보인다.

그렇지만 그 때까지는 배탁성까지 표시하는 방법을 고안하지 못했던 것이고 가장 높은 음역대인 정성의 표기를 이중 기호를 써서 표시했던 것 같다. 관찬악보에서나 오늘날 청성으로 표기하는 삼수변(氵) 표기는 거문고라서 쓸 수 없었을 것이다. 대신 청성표기에 가까운 초서형 삼수변 (ⅰ)을 탁성이나 정성에 썼던 과도기적 현상이 같이 나타나는 것이다. 만약 거문고 악보가 아니었더라면 청성은 어떻게 표기했을지 자못 궁금해진다. 종합해 보면 오늘날 탁성에 인변(ⅰ)을 붙이게 된 출발점은 1926년의 『현금보 초』에서 표기한 (ⅰ)와 또는 (ⅰ)의 표기에서 찾을 수 있다고 하겠다.

2. 〈밑도드리〉와 〈군악〉의 특정 음고

『현금보 초』에 있는 악곡의 음고를 현행 악보와 일일이 비교해 보면 다른 부분이 몇 군데 있다. 그러니까 이 악보의 율명이 현행 율명과 다른 점이 간혹 보이는 것인데, 예를 들어 임종 대신 남려 등으로 장2도 또는 완전4도의 다른 음이 기록되어 있는 경우가 있다.[27] 이는 합주 시에 다른 악기의 음과 불협한 음이 되지 않기 때문에 별로 어색함이 없다. 그런데 어떤 특정한 부분에서 반음 차이의 다른 음이 일관되게 기보된 경우가 있다. 이것은 단순한 오기일 수 없으며 악곡 자체의 음고가 달랐으며 그렇게 다르게 연주했다는 것을 의미한다. 그런데 여기에도 두 가지 유형이 있다. 하나는 현행에서도 거문고만 다른 음으로 연주하는 것이고 다른 하나는 모든 악기에 적용되는 부분이다. 전자의 예는 〈미환입〉의 특정 부분이고 후자의 예는 〈군악〉곡 전체이다. 둘 다 공통점은 현행 악보나 연주와 비교했을 때 반음 차이의 다른 음을 기보했다는 점이다.

먼저 〈밑도드리〉에서 無射 대신 南呂로 기보된 것을 보자. 현행 〈밑도드리〉 합주에서 도드리 6장의 9번째 각은 모든 악기가 남려로 되어 있지

. . . .

27 임종 대신 중려, 중려 대신 황종으로 기보된 경우이며 지속성이 없이 간헐적이다.

만 거문고만은 무역으로 되어 있다. 오직 거문고만 무역으로 되어 있어서
반음차이가 나기 때문에 합주 시에 약간의 불편함을 느낀다. 연주뿐만 아
니라 거문고 악보에서도 이렇게 특이한 음이 출현하는 것을 보면 마치 거
문고보만 기보가 잘못된 것 아닌가 하는 느낌이 나는 부분이다. 이렇게
<밑도드리> 6장 9각 부분에서 무역으로 된 경우는『아악부 현금보』에서
또 찾을 수 있다.

  이에 대해서는 이 문제만을 주제로 연구한 석사논문이 있다.[28] 이 논
문에 의하면 <미환입>의 6장 9각에서 다른 모든 악기가 남려로 기보된
점에 비해 거문고만 무역으로 된 점을 가지고 무엇이 원형인지 밝혀보고
그 원인이 무엇인지 규명하였다. <미환입>이 <보허자>에서 왔다는 기존
연구에 근거하여 대비한 결과 남려음 보다 무역음이 원음임을 먼저 밝히
고 후대로 내려오는 과정에서 음계의 구성이 축소되면서 무역음이 자연
스럽게 소멸되었다고 보았다.『금합자보』『속악원보』의 <보허자>와『삼
죽금보』의 <미환입>에서도 무역음은 살아 있지만 현대에는 무역음이 감
소하여 현재 거문고악보의 일부에서만 남게 되었다는 것이다. 그리고 다
른 악기들은 무역 대신 남려로 대치했기 때문에 원형을 그대로 가진 거문
고와 음정상 부딪히게 되었다는 주장이다.[29] 그런데『현금보 초』의 <尾還
入>은 이 부분이 다른 악기 음처럼 남려로 되어 있어 이러한 연구를 재고
할만한 여지를 던져주고 있다.[30]

....

28 이종미,「미환입(尾還入)의 거문고선율 변화 연구」, 단국대 석사논문, 2005. 이
   논문의 주제는 <미환입> 6장 9각에서 다른 모든 악기와 달리 거문고에서만 무
   역으로 기보된 이유와 원형음이 무엇인지 찾는 것이다.
29 이종미,「미환입(尾還入)의 거문고선율 변화 연구」, 앞의 논문, 29쪽.
30 『조선음률보』에서도 남려로 되어 있지만 이것은 거문고만 무역을 내기 때문에
   양금보인『조선음률보』로는 비교하기 어렵다.

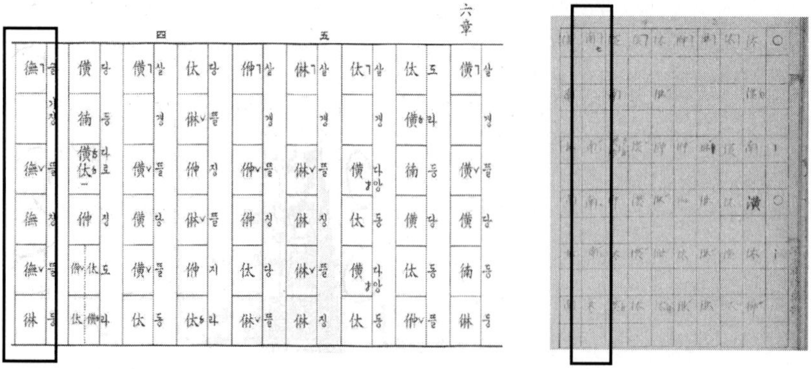

〈그림-4〉『거문고 정간보』(2015)의 밑도드리 6장 9각 부분과 『玄琴譜抄』의 같은 부분

　　그렇다면 『현금보 초』에서 증명하듯이 남려로 부딪힘 없이 냈던 음을 『아악부 현금보』에서부터 이렇게 부자연스러운 음으로 다시 바꾸어 기록함으로 인해 이후 관행이 되었을 가능성을 제기해 볼 수 있다. 그렇지 않다면 다른 악기들과 마찬가지로 거문고도 남려로 연주하였던 경향이 따로 있었다는 것으로 생각할 수 있다. 아니면 이 부분에 한하여 거문고는 무역으로 연주해 왔는데 『현금보 초』 필사자가 양금보를 토대로 만들다 보니 남려로 잘못 기보한 것이라는 추정도 가능하다.

　　이제 『현금보초』 악곡 중에 <군악>의 음고가 현행과 다른 점에 대해서 살펴보자. 현악영산회상(중광지곡), 관악영산회상(표정만방지곡), 평조회상(유초신지곡) 세 가지 종류의 영산회상에서 <군악>은 유일하게 선율이 같은 악곡이다. 그리고 <상령산>에서 <타령>까지의 음악과 분위기가 다른 악곡이다. 가야금의 경우에는 몇 개의 괘(안족)을 이동시켜서 새롭게 줄을 고르면서 연주를 해야 할 만큼 구성음이 많이 달라진다. 현악영산회상을 기준으로 보면 <상령산>에서 <타령>까지의 곡의 구성음은 '황 태 중 임 무'로 되어 있지만 <군악>은 '太 姑 林 南 潢'으로 구성되어 있다.

특히 고선음의 등장은 매우 다른 분위기를 낸다. 그러나 이것이 다른 분위기를 내는 이유를 악곡의 음계만으로는 설명하기 어렵다.

이 <군악>에 대한 분석은 두 가지가 있는데, 하나는 <군악>을 태주평조라고 하는 분석과 또 다른 하나는 레음계(선법)으로 보는 분석이 있다. 태주 평조라 보는 견해는 <타령>까지의 현악영산회상의 선법을 황종계면조로 하여 <군악>이 대조적으로 태주평조라고 하는 것이다.[31] 문제는 태주평조라고 한다면 '太 姑 林 南 應'으로 되어야 하지만 應 대신 潢이 나오는 점 때문에 분석에 미흡함이 따른다. 다른 하나는 <군악>이 '太 姑 林 南 黃'으로 구성된, 즉 're mi sol la do'로 된 레음계(선법)라고 하는 분석이다. 이 분석은 <타령>까지의 음계도 '黃 太 仲 林 無'로 구성된, 즉 're mi sol la do'로 된 레음계(선법)이기 때문에 key만 바뀐 것으로 분석한다.[32] 어떻게 분석을 하든지 현행의 <군악>은 연주에 있어서나 악보에 있어서나 '太 姑 林 南 潢'의 음이 출현하는 것이 사실이다. 그럼 이왕직 아악부의 음은 어떠한가. 역시 『아악부 현금보』에는 오늘날처럼 고선으로 기보되어 있다.

그런데 『현금보 초』에는 姑洗 음 대신 夾鍾 음으로 바꿔서 기보해 놓았다. 한 두 개가 아니라 고선음 자리에 모두 협종음으로 기보한 것이기 때문에 기보상의 오류가 아닌 것이다. 이렇게 되면 출현음은 '太 夾 林 南 潢'이 되는데, 이런 음계는 태주와 협종의 반음 음정 차이 때문에 완전히 다른 음악이 되어 버린다. re mi sol la do 무반음 5음계가 mi fa la si re의 유반음 5음계가 되어 완전히 다른 음악으로 들리게 되는 것이다. 고선 대신 협종으로 조율하고 연주를 하게 되면 일본의 고토음악과 샤미센 음악에서 많이 쓰이는 인(陰)음계와 같아서 일본음악처럼 들리게 된다.

31 서한범, 『國樂通論』, 태림출판사, 2001, 73쪽.
32 김해숙 백대웅 최태현, 『전통음악개론』, 도서출판 어울림, 1995, 122쪽.

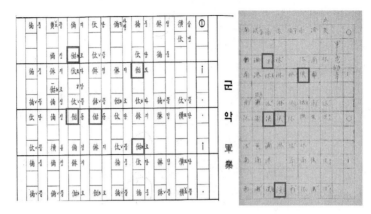

〈그림-5〉『거문고 정간보』(2015)의 〈군악〉 㑀 와 『玄琴譜 抄』의 〈군악〉 俠

그러면『현금보 초』이전의 악보인『조선음률보』는 어떠한가 살펴볼
필요가 있다. 물론『조선음률보』가 양금악보라는 것을 감안해야 하지만
『현금보 초』와 마찬가지로 〈군악〉의 고선 대신 협종으로 기보되어 있음
을 확인할 수 있다. 그런데 양금보의 경우에는 약간의 주의할 점이 있다.
양금이라는 악기는 구조상 왼쪽의 괘를 사이에 두고 한 쪽의 음과 다른
한 쪽의 음의 음정 차이는 5도의 차이가 나게 되어 있다. 그렇기 때문에
무역이 많이 나오는 우리 음악에서 왼쪽을 무역으로 조율하면 오른쪽은
5도 아래 음인 협종이 되는 원리이다. 그 때문에 무역을 그대로 놓아두고
고선을 연주하고자 하면 협종 줄에 임시괘를 넣어서 음을 높여서 고선으
로 만들어 연주하는 것이 일반적이다.

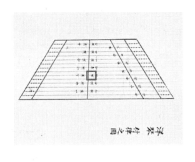
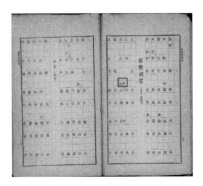

〈그림-6〉『朝鮮音律譜』의 양금산형에서 협종 줄과 〈軍樂〉의 夾

　　그러나 위의 양금 산형에서 볼 수 있듯이 줄의 이름은 협종 줄이기 때문에 고선을 연주하고도 협종이라 표시할 수도 있다. 그리고『조선음률보』의 악보 시작부분 靈山會相 (上靈山初章) 제목 아래 '界面調'라고 적혀 있고 <군악> 아래에는 따로 조에 대한 표시가 없다. 언급이 없다는 것은 앞에서부터 적용된 계면조라는 것이다. 따라서 연주 시에도 고선음이 아니라 협종음을 내라고 한 것이 더 설득력이 있다. 게다가 요즘 쓰고 있는 가야금 정간악보에서도 보면 고선을 퇴성하라는 표시가 되어 있는 것[33]을 보면 고선음 보다 낮게 연주하라는 것이니 1930년대 이전의 연주법은 협종이었던 것으로 추정하는 게 합리적이다.

　　이 협종음을 분명히 오선보의 음고로 정확하게 표시한 악보가 있다. 『조선음률보』 보다 2년 전에 발행된『朝鮮舊樂靈山會像』(1914)가 그것이다. 이 악보는 서양음악가 김인식(金仁湜, 1885~1963)이 채보한 양금악보이다. 이 악보의 범례(凡例)에는 조선악에 오랫동안 연구 종사한 조선정악전습소 구악 편집위원 조이순(趙彝淳)[34]의 검열을 받아 오류가 없다는 점

---

33 최충웅,『가야금 정악보』, 은하출판사, 2001, 71~73쪽.
34 조이순은 거문고 전공자로서 조선정악전습소에서 활동하였고 1920~30년대 줄

을 강조하는 '正實無誤'라는 문구가 있다. 그리고 여기에는 양금 산형도 있는데『조선음률보』의 산형과 마찬가지로 중앙 괘의 오른편 셋째 줄에 芝라는 구음이 표시되어 있고 그 설명에는 芝가 夾鍾이라고 분명하게 적혀 있다.

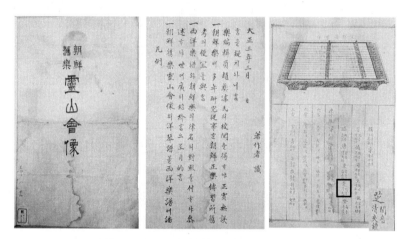

〈그림-7〉『朝鮮舊樂 靈山會像』(1914)의 표지·범례·양금산형

위의 〈그림-6〉의 맨 오른쪽 그림에 보이듯이 줄의 명칭으로서 협종이 아니라 구음인 '芝'라는 줄이름의 음고가 협종이라는 뜻이다. 그리고 이 악보의 〈군악〉에는 태주를 E로 협종을 F로 기보해 놓은 것을 알 수 있다. 이 악보 전체를 보면, 상영산에서 타령까지는 're mi sol la do'(黃 太 仲 林 無)로, 군악은 'mi fa la si re'(太 夾 林 南 黃)으로 채보하였다. 아래 악보의 네모칸에서 보이듯이 현행 연주라면 F#(姑洗)이어야 할 곳이 모두 F(夾 鍾)로 역보되어 있다. 서양음악 전공자인 김인식의 귀에는 분명히 고선음

....

풍류 음악을 연주하는 방송이나 음반 취입을 활발하게 한 사람이다.

이 아니라 협종음으로 들렸던 것이 분명하다. 김인식은 범례에서 "조선악 영산회상의 양금보를 서양악보에 謠述하여 세상에 널리 소개함을 목적으로 한다"고 했다. 『조선음율률보』는 이 악보 보다 늦게 나왔으므로 여기에서 말하는 조선악 영산회상 양금보라고 하면 어떤 것인지 알 수 없지만 『조선음률보』와 비슷한 악보가 아니었을까 싶다.[35]

〈그림-8〉『朝鮮舊樂 靈山會像』(1914)의 〈군악〉

그렇다면 실제 음악은 어떠했을지 유성기 음반(SP)을 살펴보았다. 1929~1931년, 1930년, 1936년 등 조선정악단이나 조선악단, 조선여자정악단 등이 연주한 음반을 들어 보니 전반적으로 지금 연주처럼 고선보다는 낮은 음으로 들린다. 특히 양금은 낮게 연주한 것이 분명하다.[36] 그러

---

35 『조선음률보』와 유사한 악보가 이전에 어떤 형태로든 있었을 것으로 보인다. 아마도 정식으로 출판된 해가 늦었을 수도 있다. 이러한 점에서 볼 때 1910년대 양금 정간보인 『조선음률보』와 양금 오선보인 『조선구악영산회상』은 조선정악전습소와 밀접한 관계가 있었을 가능성도 있다.

36 《Columbia40128-B》(朝鮮正樂團, 1930.) → 《불멸의 명음반(7) 국창송만갑/정악줄풍류》(서울음반, 1996.) ; 〈軍樂〉 Victor KJ-1084(朝鮮樂團, 1936.)→《빅터유성기원반

나 이 SP 음반에서 들리는 음악은 완전히 일본음계처럼 들리지는 않는다. 그 이유는 무엇인가? 아마도 평균율로 조율한 음이 아니기 때문이 아닐까 한다. 정악에서 황종과 태주사이는 가까웠다고 하니 태주를 조금 낮추고 협종을 조금 높이면 반음보다는 약간 높고 장음보다는 약간 낮은 음정이 되어서 그렇게 어색하지 않은 음정차이로 어느 정도 어울릴 수 있을 것이라는 추정이다.

아마도 연주자들은 협종과 고선 언저리의 음높이로 생각하고 연주를 해 왔는데 악보를 율명으로 정확하게 표시하려고 하니까 처음에 들리는 대로 적은 사람은 협종으로 적었을 것이고 이론에 밝은 사람은 협종으로 적으면 안 된다고 인식했을 것이다. 다시 말하면 뚜렷한 반음이 거의 등장하지 않는 조선의 일반적인 전통음계에 대한 인식의 결과라고 할 수 있다. 이것을 뒷받침하는 것이 『아악부 오선악보』이다.

서양음악학자인 이시가와 기이찌(石川義一)에 의해 채보된 악보인 이 악보에는 김인식과 달리 오선보에 고선으로 채보해 놓았다.[37] 이 『아악부 오선악보』를 토대로 『아악부 정간악보』가 만들어졌을 가능성까지도 생각할 수 있다. 고선으로 악보가 그려진 뒤로는 고선음으로 전통이 바뀌어버린 것으로 보인다. 게다가 현대에는 평균율로 조율 하다 보니 보다 더 고정음이 된 것이 아닐까 싶다.

더욱이 이러한 추정을 가능하게 하는 것이 현재에도 협종으로 연주하는 향제줄풍류의 사례이다. 구례향제줄풍류에서나 이리향제줄풍류에서도

시리즈8-30년대 기악합주선집》(서울음반 1993) 등에 포함된 <軍樂> 곡 참조.
37 김우진, 「아악부 오선악보 중광지곡」, 『韓國音樂學資料叢書 四十六』, 국립국악원, 2012, 7쪽에서 김우진은 이시가와 율명으로 된 악보를 본 것이 아니라 악사의 연주를 듣고 채보했을 것이라 추정되는 정황을 첫째, 장단의 강세를 고려하지 않고 기보한 점, 상현환입 1장부터 연불환입까지 3/4으로 기보한 점 등을 들 수 있다고 하였다.

역시 '太 夾 林 南 黃'으로 연주한다. 전통의 보존에 힘쓰는 향제 줄풍류 집단이기 때문에 경제줄풍류 처럼 악보에 의존하지 않고 여전히 옛날 방식으로 연주하는 듯하다. 그런데 협종으로 연주함에도 불구하고 실제 연주에 있어서 전혀 일본음계로 인식되지 않는다. 다른 음들을 조금씩 움직이고 시김새를 넣었기 때문이다. 게다가 그것을 연주하는 자신들도 반음이 나온다는 것을 알면서도 일본음계로 인식하기는커녕 불협화음이 가지는 긴장감으로 해석한다.[38]

이렇게 『현금보 초』의 <군악>에서 고선 대신 기보된 협종 표기만을 가지고도 이 악보가 가지는 오늘날의 음악과 전통시대의 음악의 변화 과정을 엿볼 수 있다는 점에서도 의미가 있다고 하겠다.

IV. 나오는 글

강릉 선교장 소장본 『玄琴譜 抄』는 1926년 松泉이란 사람이 육필로 만든 거문고 율명을 음고로 기보한 정간보로서 영산회상 등의 줄풍류 음악을 담고 있는 악보이다.

이 악보는 영산회상 <上灵山>, <中灵山>, <細灵山>, <加樂除只>, <三絃還入>, <下絃還入>, <念佛還入>, <打鈴>, <軍樂> 등 9곡, 천년만세 <界面加樂除只>, <兩淸還入>, <羽調加樂除只> 등 3곡, 도드리 <尾還入>, <細還入> 등 모두 14곡을 담고 있다. 곡의 순서에 있어서나 분장의 형태, 장단 수, 정간

---

38 이보형 외, 『구례향제줄풍류』, 민속원, 2007, 75쪽; 임미선 외, 『이리향제 줄풍류』, 민속원, 2006, 65쪽. 선교장 소장의 『玄琴譜 抄』는 지방에 소장되어 있는 악보이지만 향제줄풍류가 아니라 경제 줄풍류이다. 그럼에도 불구하고 향제줄풍류와 같은 경향을 가지고 있다.

의 형태, 장구 점 표시와 기호 등이 현행 경제줄풍류 음악을 담은 거문고
보와 크게 다르지 않다. 또한『현금보 초』는 현행 대부분의 거문고 정간
보의 음고 기보와 같이 정간에 율명의 머릿 글자를 넣고 연주법이나 시김
새와 관련한 부호를 덧붙여 놓는 형태라는 점이나 시김새나 연주법 표기
에서도 현행 거문고보와 매우 유사하다.

그럼에도 불구하고 좀 더 자세히 살펴 본 결과 악보가 현행과는 몇
가지 다른 점을 가지고 있는 악보라는 것을 알 수 있었다. 이러한 점은
이 악보가 나온 시기인 1926년 전후에 나온 악보인『조선음률보』(1916)
『아악부 정간악보』(1930년대)와 비교하여 살펴보았을 때 더욱 더 드러났
다. 이와 동시에 이 특이하게 다른 점이 가지는 의미가 매우 크다는 것을
알 수 있었다. 이것을 정리해 보면 다음과 같다.

첫째,『현금보 초』의 옥타브 음고 표기 중 탁성 표기에 있어서 보이는
(|) 또는 (î)는 현행 인변 표기(î)의 이전 단계라는 것을 알 수 있었고
이에 따라『아악부 현금보』와 현재의 탁성의 표기가 이 악보로부터 시작
되었음을 알 수 있었다.

둘째, 악곡의 명칭과 순서, 장 구분 등이 현행 연주순서나 악보의 차례
와는 크게 다르지 않다는 점과『조선음률보』『현금보 초』『아악부 정간
악보』를 거치면서 정형화되어 감을 알 수 있다.

셋째,『현금보 초』는『아악부 정간악보』와 더불어 한 행 정간의 숫자
가 20정간과 12정간 두 종류밖에 없었음을 알 수 있었다. 이는 오늘날 한
행 한 장단 박의 수만큼 정간을 그리는 것과 다른 현상이라고 할 수 있다.
그러나 그것이 정간 종류만 두 종류로 국한 되어 있을 뿐 장단의 형태나
박의 수에는 오늘날과 다르지 않게 그렸다는 점을 알 수 있었다. 다시 말
하면 20박이든 10박이든 6박이든 4박이든 모두 두 종류의 정간 안에 그려
넣을 수 있었다는 것을 말한다.

넷째, 『현금보 초』 <미환입> 6장 9각의 음은 현행 거문고 악보와 달리 무역이 아닌 남려로 기보되어 있다. 이 점은 현행 모든 악기가 이 부분이 남려로 기보되어 있는데 비해 거문고 악보만 무역으로 기보되어 있어 합주 할 때 불편함을 느끼게 하는 데 비해 『현금보 초』와 같이 연주할 때에는 불편함이 없게 된다는 점을 보여준다. 그러나 기존 연구에서 원형의 음이 무역이고 시대가 내려오면서 남려로 변형된 것인데 거문고만 이 부분이 살아남아 있다는 연구결과에 약간의 의문이 제기되는 점이다. 따라서 『현금보 초』에서 남려로 표기했던 것이 『아악부 정간악보』에서 다시 무역으로 표기했다는 결과가 된다.

다섯째, 『현금보 초』 <군악>에 현행의 姑 대신 夾으로 기보된 점은 이전의 여러 악보와 당시 녹음 연주된 음악, 그리고 향제줄풍류에서도 공통적이라는 것을 확인할 수 있었다. 이것이 의미하는 바는 오늘날 악보 의존도와 평균율화가 전통음악의 본래의 미적 감각과 달라져 가게 된다는 교훈을 보여준다고 할 수 있다.

6장 다나베히사오(田辺尚雄)의 '조선음악조사'에 대한 비판적 검토*

I. 들어가는 말

'국악원'(國樂院)은 1948년 국회에서 통과된 국영안으로 1951년 개원하여 50여년을 유지해 온 우리나라 국립음악기관이다. 해방 직후에는 옛 왕국의 음악기관이라는 의미의 '구왕궁아악부(舊王宮雅樂部)'가 있었다. '구왕궁아악부'의 전신은 일제 강점기에 이씨(李氏)왕 직제의 음악 담당 부서인 '이왕직아악부(李王職雅樂部)'이다.

'이왕직아악부'는 500여년의 유구한 역사를 가진 조선시대 '장악원'을 일제가 조선 침략 이후에 개편한 음악기관이었다. 조선시대에 그 화려한 전통과 권위를 자랑하던 국가 음악기관 '장악원'이 일제 강점기에는 명칭조차 초라해진 '왕직아악부'라는 한 부서로 전락했다. 그러나 그것마저도 존폐의 위기가 닥쳤으나, 위기를 넘겨 명맥을 유지하면서 식민지 시대를 버텼다. 다행히 1948년 국립기관으로 승인되어 현재는 명실상부한 '국립국악원'으로 이어지게 되었다.

'이왕직아악부'가 존재했던 30여년은 장악원이 존재했던 500여년의 기간에 비하면 조족지혈과 같은 시기라고 무시될 수도 있다. 그러나 그 의미는 역사적으로나 음악사적으로 상당히 크다. '이왕직아악부'는 식민

----

* 『한국음악사학보』 22, 1999.06

지시대에 겪었던 음악수난사의 단적인 예라는 음악사적 연구대상으로만이 아니라, 오늘날 '국립국악원'이 존재할 수 있었던 근거이기 때문에 중요하다고 하겠다.

그동안 '이왕직아악부'의 존폐 문제와 관련해서는 일본인 음악학자 다나베 히사오(田辺尙雄)의 역할이 주목을 받아왔다. 다나베 히사오는 당시에 존폐(存廢)의 갈림길에 있었던 이왕직아악부의 음악, 즉 고악(古樂)을 조사(調査)하고 그 귀중함을 알고서 총독부에 건의하여 폐지되는 것을 막았을 뿐 아니라, 악원의 처우를 개선해 주기까지 한 인물로, 오늘날 국립국악원을 있게 한 공로자로 평가받고 있다. 특히 근대음악사 서술에서 성경린과 같은 원로 국악인들의 글에서 자주 언급되었기 때문에 그 이름만으로도 상당히 알려져 있다.

송방송·한명희·서한범 등은 각각 『한국음악통사』·『한국예술사총서-한국음악사』·『국악통론』 등에서 양심적인 일본인 음악학자 다나베 히사오에 의해 구사일생으로 아악부가 존속된 것은 음악사적으로 중요시되어야 한다고 서술하였다. 최근에는 아악부양성소 출신의 고 김성진의 번역으로 다나베의 『中國·朝鮮音樂調査紀行』의 '조선편'이 『한국음악사학보』에 연재돼 다나베에 대한 관심이 높아지고 있음을 알 수 있다.[1] 이 글은 해제가 없는 단순한 번역문이긴 하지만, 다나베가 직접 상세하게 쓴 조선음악조사기행이라서 다나베의 조사기행의 실체를 알 수 있는 귀중한 정보를 제공해 준다.

그러나 다나베의 조선 음악조사에 대한 본격적인 연구는 아직 없었다고 할 수 있다. 다나베의 공적을 크게 칭찬한데 비하면 그가 실시한 '조선음악조사'(調査)에 대해서 단편적인 설명에 그치고 있다. 사실상 이에 대

---

1 김성진역, 다나베 히사오, 「『中國·朝鮮音樂調査紀行』의 '조선편'」, 『한국음악사학보』, 한국음악사학회, 1997, 97~118쪽.

한 본격적인 연구는 전무한 상태라고 해도 과언이 아니다. 그래서 그의 행적이 우리 근대음악사에서 어떤 의미를 가졌는지가 불분명하고, 그에 대한 정당한 평가 역시 어렵다고 할 수 있다. 따라서 다나베가 한국근대 음악사에서 차지하는 위치는 여전히 논쟁의 여지가 많다.

이 논문에서는 다나베의 '조선음악조사'에 대해 구체적으로 살펴보면서 그 동안 해 왔던 긍정적인 평가가 과연 옳았는지에 대해 밝혀보려고 한다. 다나베와 그의 조선음악조사를 기초로 하고 당시의 시대적 상황과 이왕직아악부의 상황을 결부해서 다나베의 조선음악조사가 가지는 진정한 의미를 파악하고 현재까지 다나베의 조선음악조사를 바라보는 시각과 평가에 대해 비판적으로 검토해 보려고 한다.

II. 기존평가와 다나베 히사오

1. 조선음악조사에 대한 기존평가

다나베에 대해 가장 많이 언급한 사람은 성경린이다. 그는 아악부를 회상할 때 거의 빠짐없이 다나베와 다나베의 공적에 대해 언급하였다. 그는 아주 오래전인 1947년에 이미 "고전음악한담"이라는 글에서 다나베와 관련된 일제 때 아악의 운명과 당시 아악의 처지에 대해 글을 쓴 적이 있다.[2] 그리고 이후 『예술총감』 안의 「국악개관」과 「아악」에서, 『한국음악논고』[3]와 『노을에 띄운 가락』[4] 등에서 다나베에 대해 언급하고 있으며,

....

2 성경린, 「고전음악한담」, 『예술조선』 2호, 선문사, 1947.
3 성경린, 「국악 50년사」, 『韓國音樂論考』, 동화출판사, 1976, 178쪽.
4 성경린, 『노을에 띄운 가락』, 휘문출판사, 1978, 311~314쪽.

『예술원보』에 실은 「田邊尚雄翁」는 제목의 글도 있다.[5]

> "참으로 다행인 일은 우리는 놀랄만한 知音을 그에게서 발견 …(중략)… 아악부를 존치하느냐 폐쇄하느냐의 택일은 오로지 田邊의 복명 …(중략)… 1922년 드디어 관제의 개정으로 악원의 처우가 개선되니."[6]

> "일본 궁내성 악부 촉탁 다나베 히사오(田邊尚雄)가 우리나라의 아악을 연구 조사할 목적으로 1920년 봄 내한하여 아악대를 시찰하였다. 그 시찰은 단순한 조사 연구에 머무르지 않고 아악대를 그대로 존속시키느냐 아니면 폐쇄하느냐의 판단을 오로지 다나베의 복명으로 결정코자 한 것인데...(이하는 윗글과 거의 같음)"[7]

아악부양성소 출신이며 국립국악원장을 역임한 성경린은 이왕직아악부에 적을 두고 살아 일제강점기 아악부 시절을 생생하게 회고할 수 있는 산 증언자이기도 하다. 그는 다나베의 음악적 능력(知音이라고 표현)이 감탄할만한 수준이었을 뿐만 아니라, 더 중요하게는 아악부를 유지시키는데 결정적 역할을 했다고 평가하였다. 아악부 존폐의 결정권을 쥐고 있었던 다나베가 아악부 건물도 짓게 해주고 아악부원들의 처지도 개선시키는데 중요한 역할을 한 음악사의 은인이라는 것이다. 성경린의 위와 같은 글은 연대와 다나베의 직위 등을 비롯해서 여러 가지 틀린 점이 많이 있음에도 불구하고 후학들이 계속해서 참고로 하면서 오류를 반복하게 되었다.[8] 성

---

5 성경린, 「田邊尚雄翁」, 『藝術院報』 23집, 대한민국예술원, 1979, 26~30쪽.
6 성경린, 「국악개관」, 『文藝總攬』, 한국문화예술진흥원, 1976, 259쪽.
7 성경린, 「아악」, 『文藝總攬』, 한국문화예술진흥원, 1976, 263쪽.
8 다나베와 관련된 대부분의 글에서 다나베의 1921년 조사를 1920년으로 써 놓고 궁내성 아악료 강사였던 다나베의 직위를 궁내성 촉탁이라고 서술하였다. 이러한 오류는 성경린의 글에서 조금 씩 연대나 내용이 틀린 것을 원사료 확인 없이 그대

경린의 위의 글들은 다나베의 글을 읽고 정확히 각주를 달 듯이 논문식으로 기술했다기 보다는 자신의 선배들로부터 들은 이야기나 경험한 것을 토대로 편하게 술회하는 글이다. 한명희는 『한국음악사』의 「현대국악」[9]에서 서한범은 『국악통론』[10]에서 성경린이 내린 평가를 반복하고 있다.

송방송은 『한국음악통사』에서 "1921년 봄 궁내성악부(宮內省樂部)의 촉탁으로 재직하고 있었던 다나베 히사오가 아악부를 시찰한 후 아악부 청사의 신축과 아악수의 우대, 그리고 아악의 보존을 건의하는 보고서를 제출했고 이로 인하여 아악부의 사정은 호전되었다"고 서술하였다.[11] 그리고 다른 장에서도 다나베가 『조선음악조사기행』에 쓴 조사의 발단 부분을 인용하고 "총독부의 관료들에 의해서 일개의 동물원[12] 운영보다 못한 것으로 취급되었던 아악부의 존폐문제가 다행히 양심적인 일본 음악학자 다나베 히사오(田邊尙雄)에 의해서 새로운 전기를 맞게 된 사실은 음악사적 관점에서 중요시되어야 한다"고 평가하였다. 송방송도 비운에 처한 아악부를 다행히 다나베가 살려낸 것으로 해석하고 있음을 알 수 있다.

1991년 국립국악원 개원 40돌 기념으로 준비한 『이왕직 아악부와 음악인들』에는 다나베 히사오에 대한 간단한 소개와 조선음악을 조사한 기행문을 요약해 놓았는데, 이전에 비해 비교적 자세하게 서술하고 있다. 그리고 기존의 평가와는 조금 다른 면에서 바라보고 있는 점이 흥미롭다.

....

로 참고했기 때문으로 보인다. 『이왕직아악부와 음악인들』에서는 몇 군데 바로 잡혀졌으나 120쪽에서는 1921년이라고 썼으면서 (대정 11년)이라고 하고 있으니 대정 11년은 1922년이 되니 이도 또한 오류이다. 또한 어디에는 다나베를 강사라고 하면서 142쪽에는 일본 궁내성 아악료 촉탁이라고 하는 등 불분명한 점이 많다.

9 한명희, 「현대국악」, 『韓國音樂史』, 대한민국예술원, 1985, 427~428쪽.
10 서한범, 『국악통론』, 태림출판사, 1981, 269~270쪽.
11 송방송, 『한국음악통사』, 일조각, 1984, 527쪽.
12 정운현, 「동물원으로 전락했던 창경궁」, 『서울시내 일제유산답사기』, 한울, 1995, 295~298쪽.

이 책에 실린 「이왕직아악부와 인연을 맺었던 바깥사람들」[13]이란 글에서 송혜진은 "단절 위기가 일본의 조선강점과 조선왕조의 몰락에서 연유했다는 점을 간과하지 말아야 한다."고 전제하고 "식민지 제도권 안에서나마 그 맥을 이을 수 있었던 점은 긍정적으로 평가하더라도 그 이면을 냉정히 검토해야 한다"고 주장하였다.[14] 송혜진의 주장은 '병 주고 약 주고'한 상황을 생각해서 '병을 준' 쪽이 바로 일제라는 것을 잊지 말고 표면적인 면에서만 섣불리 평가하면 안 된다는 것이다. 그러나 송혜진 역시 다나베가 아악부의 맥을 잇게 한 점은 긍정적으로 평가하고 있다. 그래서 송혜진은 이런 다나베를 야나기 무네요시(柳宗悅)[15]와 유사하다고 평가하였다. 이 점에 대해서는 뒷장에서 비교해 보려고 한다.

위와 같은 국내 국악학계에서 평가에 비해서 일본에서는 조선과 관련된 부분만을 따로 중시하고 있지는 않다. 이왕직아악부를 존속케 한 공적은 그의 생에서 차지하는 비중이 크지 않은 것이 당연한 지도 모른다. 일본에서 다나베에 대한 연구는 그가 가진 영향력만큼이나 지대하다. 그리고 조선음악조사에 대한 것도 다나베의 경력에서 빼놓지 않고 있다. 그의 경력에 서술된 데에 의하면 그를 "조선이조의 아악을 오늘날까지 존속시킨 공적이 큰 사람"으로 평가하고 있다. 그가 조선 아악의 존속을 위해 활동하는 등 행동파 평론가였다고 서술하기도 한다.[16] 이런 평가는 다나

---

13 송혜진, 「이왕직아악부와 인연을 맺었던 바깥 사람들」, 『이왕직아악부와 음악인들』, 국립국악원, 1991, 137~147쪽.

14 송혜진, 「온실 속의 화초처럼 면면히 이어져 오는 궁중음악의 유산」, 『객석』 5월호, 예음사, 1991, 115쪽. 이 글에서 송혜진은 비판적 내용이 없이 기존 평가와 거의 같은 평가를 내리고 있다.

15 강재언, 『일제하 40년사』, 풀빛, 1984, 66~74쪽. 이 책에서 강재언은 야나기가 일본인이면서도 조선의 미를 극찬한 내용을 소개하고 있다.

16 『音樂大事典』2권, 東京: 平凡社, 1981, 1432面.

베 자신의 저술에 근거를 둔 것이며, 다나베가 동양음악을 실지조사 한 행선지 중 하나였던 조선음악조사에 대해 평가한 것이다.

일본연구로 다나베의 조선음악조사를 구체적으로 다룬 글 있는데, 야마모토 하나꼬(山本華子)[17]가 쓴 「다나베 히사오와 조선 이왕가의 아악」이란 논문이 주목된다.[18] 야마모토는 이 논문에서 한국 국악계가 몇몇 다나베의 조선음악조사에 대한 연구가 있음에도 불구하고 대부분 다나베에 대해 너무 소홀히 취급하고 있다고 문제제기를 하고 있다. 야마모토 역시 다나베의 조선음악조사가 아악부의 처우를 개선하는데 큰 역할을 했다는 긍정적인 평가를 내리고 있다.

이처럼 다나베의 조선음악조사에 대해 대체적으로 긍정적으로 평가하고 있는데 비해서 가장 최근 다나베의 조선음악조사에 대해 가장 심도 있게 다루면서도 가장 날카로운 문제제기를 한 사람은 우에무라 유키오(植村幸生)[19]라고 할 수 있다. 우에무라는 "식민지기 조선에 있어서 궁정음악조사를 둘러싼 다나베 히사오의 조선아악조사의 정치적 문맥"[20]이란 논문을 일본에 있는 학술연구회 '조선역사연구회'에서 1996년 발표하였다. 이

....

17 야마모토 하나꼬(山本華子)의 동경예술대학 음악학부 악리과 졸업논문은 국립
   국악원 자료실에 보관되어 잇다. 형태는 학위논문처럼 정식으로 인쇄 제본한
   것이 아니라 노트식으로 쓴 것이긴 하지만 다나베의 조선음악 연구에 대해 꽤
   자세하게 다루었다.
18 山本華子, 「田辺尙雄と朝鮮李王家の雅樂」, 東京藝術大學音樂學部 樂理科 卒業論
   文, 1989.
19 우에무라 유키오(植村幸生)는 일본에서 동양음악을 연구하는 교수(上越敎育大
   學)이다. 필자는 1996년 동경에서 우에무라와 만나 다나베의 조선음악조사에
   대한 국악계의 평가가 재검토되어야 한다는 점에서 의견의 일치를 보았으며,
   그 수 각각 이에 대한 연구를 진행하였다.
20 植村幸生, 「植民地期 朝鮮における宮廷音樂の調査をめぐて田辺尙雄 '朝鮮雅樂調
   査'の政治的文脈」, 『朝鮮史硏究會論文集』 35集, 朝鮮史硏究會, 1997, 117~143面.

것은 다나베의 조사에 대해 상당히 세밀하게 관찰했고, 다나베라는 인물을 객관적으로 바라보려는 시각이 돋보이는 논문이다. 우에무라는 이 논문을 쓴 목적에 대해 다음과 같이 적고 있다.

> … 다나베의 조사는 3·1운동에 연이은 사이또 총독 치하의 일련의 식민지 통치 정책, 소위 '문화정치' 시대가 한창일 때 실시되었다. 그러한 까닭에 다나베의 조사활동, 그리고 궁정음악 존속에 이른 경위도 문화통치의 정치적 문맥에서 재검토·재평가되어야 할 문제라고 할 수 있다. 본고는 여기에 초점을 맞추어 식민지 기간에 조선에 있어서 전통문화의 연구와 정치와의 관계를 이해하기 위해 한 사례로서 다나베의 '조선아악조사'를 재평가하는 것을 목적으로 한다.[21]

우에무라는 다나베의 조선음악조사 자체에 매몰되지 않고 그것을 정치적 문맥 안에서 파악하려 하고 있다. 더불어 이 논문에서 다나베가 조사 이전에 이미 조선음악의 실태를 보고한 바 있는 가네즈네 키요스케(兼常清佐)에 대해 언급하지 않은 것, 다나베 조사 이전인 1919년에 이미 실시된 '아악생모집'에 대한 언급이 없는 것, 아악부의 뛰어난 이론가이며 『조선악개요』의 실질적 저자인 함화진을 만나지 않았다는 것, 이왕세자를 알현했고 왕세자 사무관 고의경의 소개장을 받았으면서도 조사기행에서 의도적으로 기록을 뺀 것 등에 의문점을 제시하고 있다.

우에무라의 결론은 다나베의 조사 성과 자체를 부정적으로 평가하거나 과소평가하려는 것은 아니지만, 다나베의 개인적인 성과만으로 돌릴 수 없다는 것이다. 결정적으로는 3·1운동 직후는 총독부의 이왕가 정책, 특히 궁중의례의 온존 및 회유정책이 존재해 있었기에 그 조사도 가능했

---

21 植村幸生, 앞의 논문 118面.

고, 아악부의 온존도 가능했다고 하고 있다. 우에무라는 일본인으로서 위와 같이 정치적 문맥에서 바라보는 획기적인 글을 썼음에도 불구하고, 그는 다나베가 실제로 가지고 있었던 생각, 즉 다나베가 일제의 '동화정책'에 부응하는 수많은 글이나 강연을 언급하지 않고 있다. 그래서 일제의 소위 문화정치의 구체적 내용과 그 일환으로서 행해진 다나베의 조사사업이라는 면을 잘 드러내지 못한 한계를 가지고 있다.

이상에서 살펴본 것처럼 우에무라의 논문을 제외하고 다나베의 조선음악조사에 대한 기존 평가는 대체적으로 긍정적이다. 다나베를 '양심적인 일본인', '아악의 귀중함을 알았던 음악학자', '아악부의 운명에 결정적 역할을 한 한국음악사의 은인' 등으로 평가하고 있는 점이 공통점이다.

2. 다나베 히사오의 생애와 음악활동[22]

다나베 히사오(田辺尙雄)는 1883년(명치 16)에 동경에서 태어났다. 아버지 本岡龍雄과 어머니 후미 사이에 5형제 중에 차남으로 태어났다. 어머니는 소학교에서 창가를 가르치는 등 양악(洋樂)에 밝았을 뿐만 아니라, 각종 방악(邦樂)에서 명청악(明淸樂)[23]까지 능숙하게 다루었다. 다나베는 그런 어머니의 음악적 영향을 상당히 받았다고 할 수 있다. 기본적인 음악적 소양뿐만이 아니라 중국음악을 비롯한 동양음악에 대한 관심을 가지게 된 계기는 이렇게 어렸을 때부터 시작한다.

....

22 다나베의 생애에 대해서는 田辺尙雄, 『田辺尙雄自敍傳』, 동경: 邦樂社, 1981; 田辺尙雄, 『續田辺尙雄自敍傳』, 동경: 邦樂社, 1982; 『音樂大事典』 平凡社, 1981; 山本華子, 「田辺尙雄と朝鮮李王家の雅樂」, 東京藝術大學音樂學部 樂理科 卒業論文, 1989.를 참조 하였다.
23 邦樂은 일본의 전통음악을 가리키고 明淸樂은 중국음악을 가리킨다.

어린 시절 함께 살았던 외삼촌이 철학과 과학을 전공했던 영향으로 자신이 후에 음향학자가 될 수 있었던 것 같다. 1892년 어머니가 돌아가시자 아버지는 장남과 장녀만을 남기고 세 명의 형제들을 친척에게 맡겼다. 그래서 히사오는 고베(神戶)에 사는 고모의 양자가 되었고, 고모부이자 양아버지인 다나베(田辺貞吉)의 성을 따라서 그의 이름은 다나베 히사오(田辺尙雄)가 된 것이다. 그는 이 고베에서 소학교를 졸업하고 고베의 지점장이었던 양아버지의 일 때문에 오사카(大阪)로 이사해서 그곳 오사카 부립제일심상(府立第一尋常)중학교에 입학했다. 그는 이 중학교에서 바이올린을 가지고 창가 수업을 했던 오노 우메와까(多梅稚)라는 음악교사의 영향으로 바이올린을 배우게 되었다. 이를 계기로 후에 동경음악학교의 바이올린 선과(選科)에 들어갔다. 1896년 가족이 다시 이사를 했기 때문에, 오사카의 제5심상 중학교로 전교해서 1900년에 졸업하고 동경의 제1고등학교에 시험을 치기 위해 상경했다. 그러나 전부터 바이올린을 본격적으로 배우고 싶다는 생각을 했기 때문에 궁내성 악사 다다시게(多忠基)에게 사사 받았다. 그런 바람에 그 해에는 시험에 불합격되었고, 다음해인 1901년에 합격하여 이공과에 입학했다.

고등학교를 다니면서는 음악부에 들어가서 바이올린을 연주하거나 작곡을 하는 등 양악에 열중했다. 그리고 1903년에는 관립 동경음악학교의 바이올린 선과에 입학하여 오전에는 고등학교(一高)에서 저녁에는 음악학교에서 수업을 받는 이중생활을 했다. 1904년에는 고등학교를 졸업하고 무시험으로 동경제국대학 이과대학 이론 물리학과에 입학했다. 이때에도 동경음악학교에 다니면서 음악학교의 관현악단의 멤버로 발탁되었다. 1907년 관현악단을 그만 둘 때까지 적극적으로 연주활동을 하였다. 1907년 「관악기의 음향학적 연구」라는 제목의 졸업논문을 내고 수석으로 대학을 졸업하였다. 그해 9월부터 동경제국대학원에 적을 두면서 문학부에서 음향심리학을 배웠다.

또한 그의 은사인 나가오까 겐타로오(長岡半太郎)의 권유로 다나카 쇼
우헤이(田中正平)[24]의 방악연구소에서 일본음악과 무용을 익혔다. 이와 함
께 동경음악학교와 와세다중학교에서 음악과 물리 등을 가르쳤다. 이후
그는 그의 몸이 부자유스러워지기 전까지 교단을 떠 난 적이 없었다.
1909년 村井八重子와 결혼해서 1913년에 장남 히데오(秀雄)[25]과 1914년에
장녀 美津子를 낳았다.

그는 학업을 마친 후부터 음악교육에 힘을 쓰면서 자신은 여러 가지
실기를 익히면서 동양음악을 연구했다. 1919년 궁내성악부 아악연습소의
강사로서 음악이론 및 음악사를 강의했다. 동시에 재단법인 계명회에서
「동양음악의 과학적연구」라는 제목으로 연구비를 받게 되었다. 그 연구
비는 바로 그 후 1921년 조선 궁정음악조사에 사용되었다.

1920년부터 정창원(正倉院) 어물악기(御物樂器)의 음률조사를 시작으로
동양음악의 실지조사에 힘을 쏟기 시작했는데, 大正시대에서 昭和시대에
걸친 긴 시간동안 조선을 비롯하여 대만 오키나와 중국 등과 일본 각지의
음악을 폭넓게 조사했다. '조선음악조사'라는 것도 이러한 맥락에서 가장
첫 번째 이루어진 동양음악 실지조사였다. 이를 통해 그는 동양음악연구
의 개척자가 되었다.

다나베는 1929년 동양음악의 연구자로서 중요한 존재로 되면서 제국
학사원상을 받았다. 1936년에는 기시베 시게오(岸邊成雄)와 함께 '동양음
악학회'를 설립하고 회장으로 선출되었다. 2차 대전 후에는 동양음악연구

....

24 『音樂大事典』 권3, 동경: 平凡社, 1981, 1431面; 『音樂事典 人名篇』, 동경: 音樂之
友社, 1955, 309面. 다나카 쇼우헤이(田中正平, 1862~1945)는 물리학자이며 음악
학자, 이학박사로 소개되어 있다.
25 아들 다나베 히데오(田辺秀雄) 역시 음악학을 전공했다. 음악평론가이며 문화재
보호심의회 전문위원, 義太夫협회 회장과 일본 민속음악협회 회장이다.

와 음악교육에 힘을 쏟았다. 문화재보호위원회 문화재 전문심의위원 등을 겸임했다. 그는 80세가 넘은 1965년경부터 건강이 좋지 않아 입원하게 되었다. 그런 와중에서도 병상에서 집필활동을 계속했다. 1981년 문화공로자로 선정되었다. 1984년 100세를 일기로 인생을 마감하게 되었다.

일본에서 다나베에 대한 평가는 상당히 긍정적이다. 그는 동양음악의 권위자로 칭송받고 있다. 기카와 에이시(吉川英史)는 다나베를 "서양의 합리주의 정신에 근거한 과학적 연구의 지도적 지위를 갖는 사람'이라고 평가하였다.[26] 또한 비교음악학 연구를 위해 동양 각지를 돌며 실지조사를 하고 축음기를 사용하거나, 일본음악을 5선보로 채보하는 등 당시로는 획기적인 연구방법으로 공적을 쌓았다고 칭송하고 있다.

다나베는 일생동안 단 한 번도 전임교수를 역임한 적도 없으며, 박사학위를 취득한 적도 없다. 그러나 그는 수없이 많은 저술활동을 했다. 그의 1982년에 쓴 자서전에 수록된 책만 해도 100여 종류이다.[27] 그의 저작들을 보면 그의 연구 방향이 어떤 것이었나를 짐작할 수 있다. 그가 남긴 대표적인 저서를 소개하자면 다음과 같다.

『西洋音樂史大要』(1913), 『西洋音樂講話』(1915), 『日本音樂講話』(1919), 『日本音樂の研究』(1926), 『日本音樂史』(1927), 『東洋音樂論』(1929), 『西洋音樂史』(1930), 『音樂原論』(1936), 『東洋音樂の印象』(1941), 『大東亞の音樂』(1943), 『日本の音樂』(1947), 『音樂音響學』(1951), 『音樂通論』(1959), 『音樂藝術史』(1960), 『日本の樂器』(1963), 『中國·朝鮮音樂調査研究紀行』(1970), 『邦樂用語辭典』(1975), 『田辺尙雄自敍傳』(1981)

그는 평생동안 그의 저술만을 놓고도 책을 만들 수 있을 만큼 방대한

26 吉川英史, 『日本音樂の歷史』, 大阪: 創元社, 1965, 432~433面.
27 田辺尙雄, 『續田辺尙雄自敍傳』, 동경: 邦樂社, 1982, 701~705面.

양의 저술활동을 했다. 그는 그의 몸이 부자유스러워질 때까지 병상에서도 집필활동을 할 정도로 연구 의욕이 뛰어난 사람이었다. 이러한 동양음악과 일본음악의 이론화 업적은 지금의 일본 후학들에게도 많은 영향력을 미치고 있다.

Ⅲ. '조선음악조사'의 목적과 전개과정

다나베가 한 '조선음악조사'의 내용을 구체적으로 알 수 있는 글로는 다나베가 직접 쓴 일기식 기행문 세 편이 있다. 하나는 1921년 조사가 실시된 직후에『音樂과 蓄音機』[28]라는 잡지에 '조선음악호'로 게재된「朝鮮音樂硏究日記」이다.[29] 다른 하나는 1970년 저작인『中國·朝鮮音樂調査紀行』의 "조선"편 안에 1부「李王職雅樂調査日記」에 수록돼 있다.[30] 또 다른 하나는 1982년에 출간된『續田辺尙雄自敍傳』의「朝鮮雅樂調査紀行」이라는 글이다.[31] 각각「조선음악연구일기」,「이왕직아악조사일기」,「조선아악조사여행」이라고[32] 조금씩 다른 제목이 붙어 있다. 내용은 거의 같은 것으로 보름 남짓한 조사기간에 하루하루 있었던 일들을 세세하게 기록한 일기식 글들이다. 1921년의 첫 번째 글에 비해 1970년의 두 번째 글은 자신이 수정

....

28 1920년대 동경의 축음기세계사가 발행한『音樂と蓄音器』는 다나베 자신이 편집 장으로 활약한 잡지이다. 나중에는『音樂と蓄音機』로 잡지명의 한자가 바뀌었다.
29 田辺尙雄,「朝鮮音樂硏究日記」,『音樂と蓄音器』8권 5호, 동경: 蓄音機世界社, 1921, 61~86面
30 田辺尙雄,『中國·朝鮮音樂調査紀行』, 동경: 音樂之友社, 1970, 28~97面
31 田辺尙雄,『續田辺尙雄自敍傳』, 동경: 邦樂社, 1982, 102~121面.
32 이 다음부터는 여러 가지 조사기행이나 여행을 모두 '조사기행'으로 통일하여 쓰겠다.

없이 그대로 소개한다고 했지만, 우에무라가 언급했듯이 몇 가지 의도적
으로 빼거나 수정한 부분이 있다. 세 번째 글은 앞에서 언급한 두 편의
글을 축소해 실은 것이다.

1. 조사의 동기와 목적

다나베 히사오의 조선음악조사의 동기에 대해 서한범은『국악통론』에
서 "일본 궁내성에서 어떤 음모를 가지고 파견한 것"이라고 서술하였
다.33 그러나 이 말은 맞지 않는 내용이다. 다나베의 출발은 궁내성 아악
료원 우에노 마사유키(上眞行) 악장이 다나베에게 조선의 이왕직아악대의
사정을 꺼내면서부터이다. 우에노는 "현재 이왕직에는 수천년전부터 전
해 내려온 古樂이 있으나 이왕직이 재정곤란으로 아악대를 폐지해야할 기
로에 서 있다."고 했다. 폐기될 위기에서 이왕직의 악원들은 조선의 고악
을 기록으로라도 남기고자『조선악개요』(朝鮮樂槪要)34를 만들어 하나는
이왕직에 남기고 하나는 궁내성에 헌납했다고 한다.35『조선악개요』편찬

....

33 이와 같이 '음모'로 표현하거나 다른 여러 글에서도 다나베의 조선음악조사에 대
해 '궁내성에서 파견한 다나베'라고 하고 있는데 궁내성에서 일부러 파견했다기
보다는 다나베가 궁내성에 자원했고 궁내성 강사라는 자격으로 갔을 뿐이다.
34 함화진이 썼다고 하는『朝鮮樂槪要』는 두 권으로 만들었는데, 하나는 이왕직아
악부에 남기고, 하나는 일본의 궁내성에 헌납했다고 되어 있다. 지금 국립국악
원 박물관 '근현대음악사실'에 전시되어 있는 것이 그 당시 아악부에 남긴 원본
인 것 같다. 성경린의「田辺尙雄翁」에 다나베의 아들 다나베 히데오(田辺秀雄)
가 한국을 방문했을 때 기증했다는『조선악개요』는 다나베가 조선음악조사 직
전에 직접 필사한『조선악개요』로 추정된다. 그런데 한국정신문화연구원에 소
장된『조선악개요』는 내용은 원본과 같으나, 필사한 사람이 누구인지 몰라서
어떤 것인지 밝힐 수 없다.
35 성경린,『노을에 띄운 가락』, 311쪽에서 성경린은『조선악개요』는 함화진이 자
신의 자필 이력서에 저술로 여러권 제작된 것 같다고 하였으니 다른 필사본이

은 아악부가 위기를 극복하려는 노력의 일환이었다.

　그에 비해 궁내성은 1917년에 아악부가 존폐위기를 호소한 이후에도 전혀 반응을 보이지 않았다. 우에노 악장만이 아악부를 위해서 "무엇이라도 하고 싶다"는 말까지 할 정도의 관심을 보였을 뿐이다. 그는 아악부의 어려운 사정을 헤아린 궁내성의 유일한 사람이었다.[36]

　우에노는 다나베에게 "이왕직에서는 재정이 곤란한 상태여서 모든 부서를 운영할 수 없어 총독부에 동물원과 아악부 둘 중에 하나를 폐지해야 하는 상황이 되었다고 상의하였다"는 사실을 알려주었다. 또한 총독부가 민중에게 이익이 되는 동물원을 남기고 아악부를 폐지해야 한다고 대답했다는 이야기도 전해주었다. 우에노는 동양음악을 연구하고 있었던 다나베가 가장 깊은 관심을 가질 것이라는 예상으로 다나베에게 그런 조선아악부의 사정을 이야기했고, 다나베는 이 말을 듣자마자 조선에 갈 것을 결심했던 것이다.

　이렇게 볼 때 다나베는 조선음악을 먼저 듣고 나서 그 귀중함을 알았다기 보다는 이제 막 동양음악연구를 시작한 그에게 있어 조선궁중음악에 대해 상세하게 쓰여진 『조선악개요』와 이미 1912년 악기와 음률조사를 위해 아악부를 다녀간 가네쯔네 키요스케(兼常淸佐)에게 얻었던 정보만을 통해서도 자신의 관심을 끌만큼 숙지되어 있어서 그 중요성을 이미 알았던 것 같다. 그가 금방 결심을 굳힌 이유도 그가 동양음악연구를 시작하였던 때에 시기적절하게 조사기회가 왔기 때문인 것 같다.

　우에노의 말을 듣고 다나베는 총독부의 무지에 대해 상당히 흥분하여 급히 조선으로 갈 것을 단행하였다. 그는 궁내성에서 출장비를 받고서 출

　어딘가에 또 있을 것으로 보인다.
36　田辺尚雄, 『中國·朝鮮音樂調査紀行』, 29面에 우에노는 단지 궁내성의 아악료원이었기 때문에 자신의 힘으로는 어떻게 할 수 없는 상황이었다고 본다.

장하기를 원했으나, 여러 가지 사정으로 이루어지지 않았다. 대신 궁내성 직원의 자격만으로 재단법인 계명회(啓明會)에서 받은 비용[37]을 가지고 조선으로 출발했다. 이 말은 그가 궁내성에서 파견을 했거나 허락을 받았거나 했다는 것이 아니며, 조사비용도 자비를 털어서 했다는 기존의 서술이 잘못되었음을 증명하는 것이다. 단지 이는 궁내성의 이왕직아악부에 대한 무관심일 뿐 고의적인 것이 아니라는 것은 다나베가 조사를 마치고 귀국한 이후에서야 관심을 보인 것에서 드러난다.

여기까지는 자신이 쓴 일기식의 조선음악기행에서 밝힌 직접적인 동기이지만, 다른 저술에서는 자신이 조선을 방문한 목적을 열거하며 뚜렷하게 밝히고 있다. 그는 1921년 조사 이후 계명회에서 한 귀국보고회에서 조선방문 이유를 크게 세 가지로 나누어 설명했다. 첫째는 자신이 연구하고 있는 동양음악에서 古樂을 조사 연구하고 싶었다는 것, 둘째는 1920년에 했던 정창원 어물악기의 음률조사에서 측정한 고악기의 음률과 조선의 고악기의 음률을 비교할 필요를 느꼈다는 것,[38] 셋째는 조선아악을 위기에서 구해야 하는 절박한 심정에서였다고 했다. 중요한 음악문화를 조선에서 잃는 것은 조선을 통치하고 있는 일본에 책임이 있기 때문에, 자신이 즉시 조선에 가서 이왕가 아악을 조사하고 그 보존을 강구하고 싶었다는 것이다.[39]

....

37 다나베는 이 일이 있기 전에 자신의 스승인 나가오까 겐타로오(長岡半太郎)의 소개로 이미 계명회로부터 '동양음악 연구'를 목적으로 하는 다액의 비용을 받았었는데 이 때 그 돈을 쓰게 된 것이다.

38 그는 마침 조선음악조사 직전에 정창원의 고악기 음률 측정을 하고서 원형이 보존되어 있다는 조선의 고악기와 비교해 보고 싶었다고 했다.

39 山本華子,「田辺尚雄と朝鮮李王家の雅樂」, 8~10面, 조사를 위해 출발 전 상황, 즉 발단에 대해서는 「음악과 축음기」에는 빠져 있다. 그리고 이 조사의 목적을 가장 뚜렷하게 밝힌 것은 1921년 7월 9일 자신에게 연구비를 지급한 '계명회'에서 한 귀국보고 강연회이다.

여기서 보여지는 그의 조선음악조사 목적은 자신의 연구에 대한 욕구가 가장 크다는 것을 알 수 있다. 뿐만 아니라 이는 조선음악 전체에 대한 관심이라기보다는 중국음악의 맥을 이은 조선의 궁정음악, 즉 아악에 대해 특별한 관심을 보였던 것이다. 그는 자신이 쓴 『中國·朝鮮音樂調査紀行』의 서문에서도 조선음악조사의 목적을 밝히고 있다. 여기에서 그는 자신이 조사한 동양음악 중에서 남양이나 대만 오키나와 등의 음악은 동양음악의 지류에 지나지 않고, 본류는 중국인데 조선 이왕가음악은 중국음악의 하나의 연장이라고 보고 있다. 그래서 조선에서의 조사는 민속음악이 아니라 이왕가음악이었다고 한다.[40] 그가 동양음악을 두루 연구하려 했지만, 궁극적으로는 자신이 어렸을 적부터 관심을 가졌던 중국음악의 연구에 집중되어 있었다. 그래서 그는 1921년 조선방문 2년 뒤에 중국을 방문한 뒤 몇 차례나 중국을 방문하여 조사연구에 몰두했다.

2. 조사의 전개과정과 그 내용

다나베가 조선에 머물러 있던 시기는 1921년 4월 1일 부산에 입성하면서부터 4월 14일 부산에서 일본으로 출항하기 전까진 약 보름간이다. 이틀간(9일 10일) 평양에서 지낸 일을 제외하고는 계속 경성에 머물러 있었다. 이 보름간의 체류동안 요시다 이치오(吉田義雄)와 닛다 이치로(新田一郞)라는 두 사람과 동반했다.[41] 조사기행을 토대로 그가 만난 사람·아악조사·민속악관람·강연회 등의 순으로 대체적으로 살펴보자.

....

40 田辺尙雄, 『中國·朝鮮音樂調査紀行』, 3~4面
41 이들 두 사람은 각각 게이오와 와세다 대학 학생으로 '日鮮融和會' 회원이어서 그 일로 조선에 몇 번 다녀간 경험이 있었던 인물들이다. 田辺尙雄, 『中國·朝鮮音樂調査紀行』, 32面.

그는 도착 다음날부터 총독부와 이왕직의 고관들 그리고 아악부 관계자들을 차례로 만났다. 먼저 창덕궁에 있는 이왕가를 방문하여 이왕직차관(國分)에게 우에노 악장의 소개장을 내면서 조사의 목적을 밝혔다. 이에 차관은 다음날부터 조사하도록 허가해 주었다. 그리고 저녁에는 총독부에서 미즈노(水野) 정무 총감 관저를 방문하고 나카무라(中村淸二)의 소개장을 내밀고 면회했다. 미즈노 역시 다나베의 조사에 대해 될 수 있으면 원조할 것을 승낙하고 이왕가아악의 영화촬영을 할 수 있게 허락했다.

4일에는 이왕직 사무관 이원승(李源昇)과 통역관 김영철(金瀯喆)이 이왕직아악대로 안내해 주었다. 아악대에서는 아악대 사무장 유해종(劉海鐘)으로부터 이왕직의 조직과 현상 등의 설명을 듣고 주악소로 갔다. 주악소에서는 당시 악사장이었던 명완벽(明完璧)과 악원 20여명을 만났다. 4월 7일에는 총독부 문서과장 半井淸과 이왕직 사무관 今村을 만나서 이왕직 도서관을 참관했다. 여기에서 몇 종류의 음악서를 받았다.

11일에 조선음악 도서자료를 조사했다. 이를 토대로 그는 후에 조선의 악서를 정리할 수 있었던 것 같다.[42] 7일에는 조선정악전습소를 방문하여 하규일(河圭一)과 면회하기도 했다. 그는 총독부 정무차관과 송병준(宋秉畯) 이왕직차관 등의 관저나 별저에서 자신을 위해 열었던 만찬회에 참석했다. 송병준 별저에서는 박영효(朴泳孝)도 만났다. 송병준과 박영효는 다나베가 조선을 떠나는 날 자필 글씨의 액자를 선물하기도 했다.

이 외에도 아악부와는 관련은 없지만, 그의 체류기간에 많은 사람을 만났다. 그가 일부러 찾아 만난 사람이 아니라 그가 왔다는 소식을 듣고 찾아 온 손님들이 많았다. 우선 부산역에 도착하자마자 경성일보·부산일보·평남매일신보 기자를 비롯하여 각 신문기자들이 찾아와 인터뷰·강연

---

42 田辺尚雄,「朝鮮の音樂書類」,『音樂と蓄音器』8권 5호, 동경: 蓄音機世界社, 1921, 43~47面.

등을 부탁했다. 또한 경성상업회의소장 釘本, 일본축음기회사지점의 佐度 지배인, 연희전문 교수였던 김영환(金永煥)을 만났다. 평양에서는 평양상 업회의소장 松井을 방문했고, 고등학교 동창이었던 총독부의 경찰부장 丸 山鶴吉의 안내로 평양기생학교를 방문하여 수업을 참관했다. 평안남도 지 사, 법학박사 篠田治策 등과 참관하였다. 마지막 날에는 이시가와 기이찌 (石川義一)가 취직을 부탁하러 찾아 왔다. 다나베는 아악부에서 아악채보 의 일을 하도록 권유하도록 했다고 한다.[43]

조사동기나 목적으로 보면 다나베가 한 조선음악조사의 대상은 이왕 직에 전해 내려오는 古樂, 즉 궁중음악이며 구체적으로는 제례악인 아악 이다. 그러나 그는 아악만을 조사하는데 그치지 않았다. 그는 공식, 비공 식 일정을 모두 동원해서 제례악·연례악·정악(영산회상·가곡 등)·민속악 까지 두루 조사하였다. 또한 음악만이 아니라 제례절차·악기·악서[44]·음 악인의 현황·제도·기생학교 제도까지 망라한 포괄적인 조사였다. 보름도 안되는 기간에 잇었던 조사가 이렇게 광범위하게 될 수 있었던 것은 여러 기관과 사람들의 적극적인 협조가 뒷받침되었기 때문이다.[45] 그래서 그는 조선에 있는 여러 장르의 음악적 경험을 할 수 있었다.

다나베의 조사 형태는 대체로 악기를 조사하고 음률을 측정한 것, 연

---

43 그런 이유에서인지 이후 이시가와 기이찌(石川義一)는 아악부 촉탁으로 취직되 어서 아악채보의 일을 하게 된다.

44 다나베가 조사한 악서는 『樂學軌範』·『樂通』·『詩樂和聲』·『樂書孤存』·『樂章謄錄』· 『樂院故事』·『蘭溪遺稿』·『東國文獻備考』·『增補文獻備考』·『羹墻錄』·『海東驛史』· 『春官通考』·『世祖實錄』·『宗廟儀軌』·『社稷署儀軌』·『樂器造成廳儀軌』·『進宴儀 軌』·『進爵儀軌』·『新篇王叢』·『經史某說』·『經書類抄』·『龍飛御天歌』·『國朝樂 章』·『觀刈樂章』·『惹宮樂章』·『歌曲源流』 등이다.

45 예를 들면 정무차관이나 송병준이 연회를 베풀어 주면서 연례악 공연을 마련한 것, 평양에서 경찰서의 준비로 기생학교 참관을 할 수 있게 된 것, 김영환이 단 성사에 데려간 것 등을 들 수 있다.

주를 감상하고 악기 주법이나 곡목 해설을 듣고 사진을 찍고 영화를 촬영한 것이다. 다나베의 다른 나라의 조사에 비해 조선조사에서 가장 특이한 것은 영화촬영이라고 할 수 있다. 그 당시 활동사진이라고 하는 영화촬영은 총독부가 조선의 사정을 일본에, 일본의 사정을 조선에 상호 소개하기 위한 선전의 한 책략으로 활동사진반을 만들어 운영한 것이다. 이 활동사진반이 생긴 것은 바로 1년 전인 1920년이었기 때문에 당시로서는 상당히 생소한 시도였다.[46]

첫 조사라 할 수 있는 3일엔 대체로 악기에 대한 설명을 듣고 악사들을 소개 받았으며 약 20여명의 악사들이 문묘와 종묘의 일부를 연주하는 것을 듣는 정도였다. 5일에는 악기를 하나씩 사진 촬영했고 자신의 진동수 측정기를 사용해서 방향·편종·편경 등의 음률을 하나씩 측정했다. 그는 1920년에 정창원의 고악기를 측정한 바 있었기 때문에 이미 그 때부터 조선의 이왕가 악기를 측정하여 비교하고 싶었던 차에 그것을 실현시키게 되어서 행복하다는 표현을 할 정도로 아주 만족했다. 6일 오전에는 아악대에서 <영산회상>·<보허자> 등의 합주를 듣고 오후에는 조선정악전습소를 참과하면서 정악류의 곡을 들었다. 7일에는 이왕가도서관에 가서 음악관계 도서를 조사했고 이왕가 박물관도 참관했으며 총독부 영화 촬영계 사람들과 함께 영화 촬영을 준비했다.

12일에 있었던 영화 촬영은 오전에는 이왕직아악대에서 종묘 및 문묘의 악무를 촬영하고 오후에는 요정 명월루에서 기앳에 의한 궁중연례무를 촬영했다. 아악대에서 촬영한 것은 36명(6佾舞에 해당)에 의해 연주된

---

46 津村生, 「總督府の活動寫眞」, 『朝鮮』6월호, 조선총독부, 1926, 86面. 우에무라의 앞의 논문 132쪽에도 이와 같은 점에 대해서 밝히고 있다. 우에무라는 총독부가 이런 정도의 제공을 하였다면 단순한 협조가 아니라 적극적 지원이라고 서술하고 있다.

종묘의 문무(文舞)와 무무(武舞), 문묘의 문무와 무무, 그리고 헌가와 등가, 여러 가지 특수한 악기 주법 등이다. 기생들의 춤인 춘앵전(春鶯囀)·무산향(舞山香)·승무(僧舞)[47]·검무(劍舞)·사고무(四鼓舞)이다. 반주는 이왕직의 악인들이 했다던가 악기상점에서 악기를 구입한 것이나 평양에서 기생학교 수업을 참관한 것, 단성사에서 기생춤을 본 것, 유곽에 나가서 기생이 부르는 노래를 들었던 것 등도 조사의 일부가 되었다.

다나베는 짧은 조사 기간에도 불구하고 여섯 번의 강연회를 가졌다. 이것을 차례로 열거하면, 4월 6일 남산고등여학교 강당에서 경서일보 추최로 「음악으로 본 일본과 조선의 관계」(音樂より見たる日鮮の融和), 4월 7일 총독부 정무차관 관저에서 만찬회와 연회 중에 「일본고악과 조선아악과의 관계」(日本古樂と朝鮮樂との關係), 4월 10일 평양고등여학교에서 평남 매일신보 주최로 「방악의 과거와 미래」(邦樂の過去と未來), 4월 11일 송병준 별저에서 「일본아악과 이왕직아악과의 관계」(日本雅樂と李王職雅樂との關係), 4월 12일 용산의 철도학교에서 철도관리국 가족에게 음악에 관한 계몽적인 내용의 강영이 있었고 4월 13일 애국부인회를 위해 「일본의 가정과 음악」(日本の家庭と音樂) 등이다. 강연회에서는 주로 레코드를 사용했고 강연회장에 청중은 가득 차 있었으며 많은 감동을 주었다고 한다.

강연 내용은 제목에서 보이듯이 주로 일본음악과 조선음악의 연관성을 찾으려는 방향이다. 이런 강연회를 통해서 파악할 수 있는 것은 다나베 자신이 계획적으로 추진한 것이었는지 알 수 없지만 일제의 정책, 즉 일본과 조선의 정서적 동화를 가능하게 하여 식민지 지배를 원활하게 하

---

47 田辺尚雄, 『中國·朝鮮音樂調査紀行』, 57面의 사진으로 보면, 승무(僧舞)인데, 쓰기는 일무(佾舞)로 잘 못 쓰여져 있다.

겠다는 소위 '일선융화'정책의 동조적 내용임에는 분명하다. 이러한 정책을 실편시키기 위한 준비 단계의 사업이 조선의 '사회문화 조사사업'이었는데 다나베의 조사사업이 이것과 맞닿아 있다고 할 수 있다.

다나베는 조사 이후에도 이왕직아악부의 처지를 개선하기 위해 노력했다고 한다. 그는 우선 귀국 후 7월 계명회에서 주최하는 귀국보고 강연회를 가졌다. 여기에서 그는 총독부에서 보내온 영화 필름을 사용하여「조선이왕가의 고악무 우리 궁중의 무악과의 관계」라는 제목으로 강연회를 가졌다. 이 강연회에서 많은 사람들이 경청했는데, 이로써 감화 받은 궁내성 사람들로부터 재정적 원조를 하겠다는 약속을 받게 되었고 한다.[48] 그는 그 조선음악 조사 때 촬영한 영화필름[49]을 가지고 일본의 각지에서 강연을 했고 그 강연에서 많은 사람들이 감화 받았다고 한다. 그는 여러 글에서 자신의 이런 노력이 이왕직아악부의 처우개선으로 나타났다고 자찬하고 있다. 그 후 거의 1년에 한 번씩 조선을 방문했다고 하는데, 그 때마다 무엇을 했는지 밝혀진 것이 없다.

---

48 田辺尙雄, 『續田辺尙雄自敍傳』, 동경: 邦樂社, 1982, 120面.
49 이 영화필름은 두 개인데 하나는 이왕직에 두고 하나는 자신이 강연회에서 쓰다가 와세다 대학의 연극박물관에 기증했는데, 한국전쟁 시기에 다시 집으로 가져와서 자연발화의 위험 때문에 연례악은 없애고 반공호에 넣어 두었다고 했다. 그런데 그것을 조선인민공화국(북한) 사람에게 빌려주었다가 돌려받지 못했다고 했다. 그런데다가 이왕직에 남겨 둔 것도 없어져서 현재 영화필름은 둘 다 찾지 못하고 있는 상태이다.

IV. '조선음악조사'의 결과와 의미

1. 아악부의 상황과 조사결과와의 관계

1910년대의 이왕직아악부의 상황을 다나베 뿐만 아니라 다른 사람들의 글에서도 '폐멸의 위기'였다고 판단하였다. 이왕직앙구부가 당시 어떠한 상황이었기에 위기에 처했다고 한 입으로 말하고 있는지 알아보자. 우선 다나베 조사 이전 상황과 이후의 상황을 객관적으로 파악해 보고 이에 대해 다나베의 조사 이후에 어떤 변화가 생겼는지 살펴보겠다.

국악사 관련 서적이나 글에는 장악원에서 아악부[50]로 이어지는 궁중음악기관의 변화에 대해 많은 서술이 있지만 글마다 조금씩 차이가 있고 부정확한 것이 많이 있어서 아직 확실하게 정립되지 못했다고 할 수 있다.[51] 더구나 아악부의 전통을 이어 받았다는 국립국악원에서 발행한 『국악연혁』에서조차 전혀 앞뒤가 맞지 않고[52] 통일성 없이 복잡하게 기술되어 있어서 분간이 어렵다. 이것은 국립국악원으로 내려오는 어떤 공식적인 문서나 정확한 자료가 없기 때문으로 보인다. 대부분 함화진이 쓴 『조선음악소사』의 일부를 인용하거나 성경린이 『문예총감』, 『국악연혁』에 쓴 글에 의존하는 경우가 대부분이다.

필자는 당시의 악원제도를 다룬 몇 가지 자료를 하나씩 검토해 보면서 장악원에서 이왕직아악부로 이어지면서 어떤 변화가 있었는지 정리해 보

---

50 여기에서 아악부는 1925년 아악부라는 명칭을 쓰기 전 아악대를 포함한다.
51 국립국악원의 『국악연혁』을 각주로 달고 있는 송방송의 『한국음악통사』, 525~527쪽에는 아악대로의 개칭년도를 1911년인데 1910년으로, 아악부로 개칭한 연도를 1925년인데 1913년으로 틀리게 기술했다.
52 단적인 예로 1회 아악생 모집은 1919년에 있었는데 모집 이전인 1915년 아악대 상황에 아악생 18인을 포함시킨 것을 들 수 있다.

았다. 그 자료는 다음과 같다.

첫번째는 다나베 히사오가 썼다고 알려진 『조선아악요람』이다. 이 『조선아악요람』끝에는 「아악부 연혁」과 「아악원 현재표」라는 제목으로 조선 태조부터의 장악원과 아악부 부서의 직제나 직위 악원소를 세세하게 기록하고 있다. 이것이 정확한 것이라고 단정하긴 어렵지만 1926년경에 쓴 것[53]이면서 가장 세세하게 쓰여 있으며 많은 시대를 다루면서도 일목요연하게 잘 정리되어 있다. 이 『조선아악요람』은 국립국악원에서도 다나베가 정부에 낸 보고서라고 소개하고 있으며 다나베도 「樂曲略歷一覽表」에서 이 책이 이왕직아악부가 편찬한 것으로 설명한 것[54]을 보면 신빙성이 가장 높다고 하겠다. 『조선아악요람』의 서문을 읽으면 보면 이 책의 저자가 다나베가 아니라는 사실을 쉽게 알 수 있다. 그런데도 국립국악원에서 자료실 목록카드에는 이 저자를 다나베로 기록해 놓고 있고 송방송의 『한국음악학논저해제』(1981) 199쪽에도 다나베로 저자로 썼고 윤명원이 『이왕직아악부와 음악인들』의 「아악부시대의 업적」 중의 하나로 해제한 121쪽의 『조선아악요람』에도 저자를 다나베라고 써서 오해의 소지가 있다.

두 번째는 다나까(田中德太郎)라는 조선총독부 통역관에 의해 쓰여진 「朝鮮の音樂」이다.[55] 이것은 일본사람의 글이긴 하지만 총독부에 근무했던 사람이고 다나베가 나녀간 시기인 1921년의 글이라는데서 몇 가지 시사점을 던져 주고 있다. 다나베는 '조사기행'에서 영화촬영 건으로 이 글

---

53 국립국악원 자료실에 보관되어 있는 『조선아악요람』을 보면 아악부 연혁 끝 연도가 대정 15년(1926)으로 되어 있고 마지막에 현 아악부원표가 나와 있다. 그래서 이 책은 최소한 1926년 이후의 것으로 봐야 한다.

54 田辺尙雄, 「樂曲略歷一覽表」, 『中國·朝鮮音樂調査紀行』, 180面. 이 글의 서두에 이 악곡 일람표는 이왕직아악부에서 편찬한 『조선아악요람』에 근거한다고 되어 있다.

55 田中德太郎, 「朝鮮の音樂」, 『朝鮮』 8월, 조선총독부, 1921.

을 필자인 다나까(田中)을 만났다고 되어 있는데, 이 글에서는 이 점에 대해 아무런 언급이 없다. 그렇다면 8월에 게재한 다나까의 글은 다나베의 조사와 별개로 본인이 별도로 조사한 내용이라고 봐야 할 것이다.

세 번째는 함화진의『한국음악소사』중「악원제도」이다.『한국음악소사』는 1959년 통문관에서 양덕수의『梁琴新譜』와 함께 영인한 바 있는데 실제는 1949년에 작고한 함화진이 1948년에『조선음악통론』을 쓸 때 즘에 함께 쓴『조선음악소사』라고 봐야 한다.

네 번째는 성경린이『문예총감 : 개화기-1975』에 쓴「국악개관」과「아악」을 정리한 글이다. 이 글은 고종 때부터 이왕직아악부를 중심으로 썼다. 성경린은『국악연혁』이나『이왕직아악부와 음악인들』의「이왕직아악부와 음악인들」등을 통해서 이왕직아악부의 악인들에 대해 가장 많은 글을 썼다.

〈표-1〉 문헌별 역대 악원제도와 인원수

자료	이왕직아악부, 1926년경, 『朝鮮雅樂要覽』			田中德太郎, 1921년, 「朝鮮の音樂」			함화진, 1948년경, 『朝鮮音樂小史』			성경린, 1976년, 「국악개관」		
시대	부서명	長의 직급	악원수	부서명	長의 직급	악원수	부서명	長의 직급	악원수	부서명	長의 직급	악원수
세조4년	장악서	提調	766명	장악서		776명	장악서		776년			
중종6년	장악원	提調		장악원								
인조21년	장악원	提調	564명	장악원		564명		提調	564명			
정조5년	장악원	提調	266명					提調	767명			
고종32~광무3년(1895~1899)	장악원(광무1)	提調	772명	장악과	國樂師長	305명	장악원	提調	266명	교방사	提調	772명
							교방사	提調	772명			
융희원년(1907)	장악원	國樂師長	305명				장악과	國樂師長	305명	장악과	國樂師長	305명
융희2년(1908)	장악원	國樂師長	270명	장악과	國樂師長		장악과	國樂師長	270명	아악대(융희4=1910)	雅樂師長	189명

명치44년(1911)	아악대	雅樂師長	189명	아악대	雅樂師長		아악대(융희4)	雅樂師長	189명		
대정2년(1913)	아악대	雅樂師長	105명								
대정4년(1915)	아악대	雅樂師長	57명						아악대	雅樂師長	57명
대정8년(1919)	아악대	雅樂師長							아악대	雅樂師長	
대정11(1922)	아악대	雅樂師長							아악부	雅樂師長	
대정14(1925)	아악부	雅樂師長							아악부	雅樂師長	
현재(1926~)	아악부	雅樂師長	64명								

위와 같이 네 개의 자료에서 얻은 악원제도와 악원수의 내용을 종합하여 분석하면, 몇 가지 공통점을 발견할 수 있다. 연대가 약간씩 다른 것이 있지만 악원의 숫자가 일치하는 경우가 많다. 예를 들어 조선시대 전성을 누릴 때의 악원 숫자는 766명이었다는 점, 통감부의 관제개정으로 장이 국악사장으로 바뀐 시점인 융희 원년(1907)부터 305명에서 270명, 189명, 105명으로 점점 줄다가 이왕직 직제가 공포된 후인 1915년 57명으로 줄어들었다는 사실이다.[56]

이렇게 볼 때 궁중음악 기관이었던 장악원의 악원 수는 조선초기 융성기에 비해 조선말기에 점점 줄어들긴 하였지만 고종의 광무개혁으로 다시 부활했다가 경술국치(1910)로 이왕직 관제 공포(1911) 이후 급격하게 감소하여 거의 사라질 위기에 처해졌음을 눈으로 확인할 수 있다. 그리고

---

56 이는 현재도 국립국악원 박물관에 진열되어 있는 대정 4년(1915) 『장악원이력서』에 뚜렷이 기록되어 있기 때문에 정확한 숫자라고 생각된다. 세세하게 악원의 이력이 쓰여 있는 신뢰할만한 자료로서 이에 근거한 것으로 보인다.

자료들에 의하면 수장의 직급이 융성기에는 친임관, 판임 등이었지만 통감부 통치 때인 1907년 국악사(國樂司) 제도가 되면서 직급이 급격히 낮아졌고 1911년 이후에는 '용원(傭員)'이라는 최하의 직급으로 취급되게 되었다는 것이다. 이러던 1921년에 '고원(雇員)'이라는 임시직원으로 조금 올려지긴 했으나 워낙 봉급이 작았다고 한다.

이러한 상황에서 다나베가 다녀갔고 다음해인 1922년 아악사장이 주임대우를, 아악사가 판임 대우로 승격되었다는 것이다. 하지만 인원수가 그렇게 증가한 것은 아니다. 다만 아악생 모집으로 그 숫자가 증가하긴 하였으나 아악생 모집은 1919년에 시작된 것으로 다나베가 오기 전에 시작된 것이다. 이러한 점을 잘 표현한 것이 앞의 다나까(田中德太郎)의 글인데, 다나베가 오기 전에 이미 악사장의 지위를 조금 올려주긴 했지만 급료가 너무 낮아 세습으로 이어오던 아악부에 들어오려는 사람도 없고 악인의 자손까지도 들어오려 하지 않아 노인 악사만 남아 있어 전멸될 상황이었다는 것이다.[57] 그래서 다나베가 오기 전에 이미 공개모집의 형태로 아악생 모집을 서두르고 아악 계승자를 양성하는 노력을 보였던 것이다.

이렇게 보면 아악부는 독자적으로 축소된 것이 아니라는 것과 아악으로 생계수단(직업)을 삼을 수 없는 상황이 된 점을 알 수 있다. 한일합방 이후로 궁정이 이왕직으로 축소되었고, 그에 따라 제례의식이 축소되는 과정에서 자연스럽게 감원되어 간 것을 알 수 있다. 다시 말하면 궁정에 소속된 사람들의 숫자가 전체적으로 축소된 것이지, 아악부만 그런 운명에 처해진 것은 아니라는 뜻이다. 그리고 제례의식이 축소되어 아악담당자가 할 일이 없어진 것은 당연한 것이다.

어쨌든 다나베가 조선을 다녀간 이후에 아악부의 처지가 개선된 흔적

----

57 田中德太郎, 「朝鮮の音樂」, 『朝鮮』 8월, 조선총독부, 1921.

이 확실히 보이는 것은 사실이다. 다나베의 역할 때문인지는 확실하지 않지만, 앞의 표에서도 확인되는 바이고, 당시의 신문기사에도 그와 관련된 내용이 있다. 아악부의 처우개선에 관한 기사는 1922년부터 나타나고 있다. 그 예로 『동아일보』 기사를 보자.[58]

李王職雅樂保護

　　朝鮮李王職의 雅樂은 東洋에서 有名한 者로 者로 自古로 傳來한 것임으로 官制를 改正하야 正式으로 雅樂司長을 置하고 優過策을 講하기로 되야 2일 雅樂司長으로 左와 如히 任命되았더라(東京電)

　　明完璧 雅樂司長被仰付 年俸1280圓

위의 기사는 많은 점을 시사한다. 師(스승)자를 썼던 雅樂師長이 司(벼슬)자를 씀으로 해서 직위를 올려준 것도 그렇고, 고액의 연봉을 받은 것도 그렇다. 다른 여러 가지 글들을 통해서도 알 수 있는 확실한 처지개선은 이루어진 것 같다. 일단 아악부의 폐지가 의도되었던 것이 확실한지는 모르지만 폐지되지 않고 존속되었다는 점, 위와 같이 악원의 지위와 대우를 승격시킨 점, 새 청사를 지어 준 점 등을 들 수 있다. 그런데 아악생 모집으로 불어난 숫자를 제외하고는 악원의 수는 거의 증가하지 않았다. 그것은 아악부의 대우를 조금 높여 주었다 하더라도 이미 그만큼 오래 전부터 그 권위나 기능이 축소되어 사람들의 인식을 바꿔 놓지 못한 상태가 되었다는 것을 뜻한다.

　여기에서 중요한 사실은 57명까지 축소된 이후에 총독부에서나 이왕직에서 아악부를 폐지하려했다는 말[59]은 다나베의 조사기행말고는 나타

---

58 『동아일보』, 1922년 5월 4일자.
59 田辺尚雄, 『中國·朝鮮音樂調査紀行』, 28~29面.에서 이왕직은 동물원이나 아악부 둘 중에 하나를 폐지해야 될 운명에서잔류 악사만 남겨 악보를 정리케 하였다

나지 않는다는 것이다. 함화진의 글에서도 이러한 점이 나타난다.

> 大正 11년[60] 음악가 田邊尙雄氏가 조선악을 조사연구키 위해 雅樂部를 찾은 일이 있었습니다. 그는 조선악을 비로소 듣고 말하되 "이왕가의 음악을 들었을 때에는 거의 하늘을 날아오르는 듯한 감동을 받았다…" 지금 朝鮮樂의 現狀을 살펴보면 田邊씨의 말과 같이 世界의 珍寶라 하는 그 음악은 다만 궁중에서만 보존되어 온 것인데 前日에는 그 같이 융성하든 음악이 이조 중엽이후로 쇠퇴하기 시작하야 민간 측으로는 더 말할 것도 없거니와 궁중에서 광무시대까지도 700여인의 악원을 양성하든 것이 점차로 감원과 사망으로 인하여 45인에 불과하여 幾乎永絶 지경에 빠졌더니 다행히 당국의 深大한 양해로 대정 8년(1919년)부터 아악생을 양성하야 현금 제 5회에 이르렀고...[61]

이 글에서 이왕직아악부에서는 이미 자신들의 어려운 처지를 극복하고 살길을 모색하기 위해 노력했다는 것이 요지이다. 바로 대정 8년(1919년)에 아악생을 모집해서 아악 전승을 시작했다는 것이다. 그런데 여기서 다행히 당국의 양해로 1919년(다나베가 오기전에) 아악생 모집을 했다는 것은 총독부 역시 아악부에 대해 전혀 외면하고 있지는 않았다는 것이다. 그렇다면 동물원을 남기고 아악부를 폐지하자는 제안과는 모순이 되는 점이다. 이 글에서는 무엇보다도 직접 다나베를 겪었던 함화진이 다나베가 조선 아악을 칭찬했다는 부분만을 언급했을 뿐 아악부의 운명이 다나베에 의해 결정되었다는 이야기는 없다.[62] 정말로 아악부의 폐지가 의도

는 부분이다.

60 대정 11년은 1922년인데 이것이 다나베의 궁중음악 조사 때를 가리킨다면 오기일 것이고 그렇지 않으면 일년 후에 가져갔을 때를 말한다.

61 咸和鎭, 「朝鮮音樂論」, 『朝光』 14호, 조광사, 1936년 12월

62 함화진은 일본 궁내성에 헌납해서 다나베가 보고 왔다는 『朝鮮音樂槪要』의 저

되었다 하더라도, 이것은 아악부만의 문제가 아니라 이왕직 전체의 문제와 결부된 것이라고 할 수 있다. 이 말은 총독부에서 이왕직을 죽이고 살리는 일에 전권을 휘두르면서 자기들이 편한대로 부서를 존폐 시켰을 것이다. 이 점은 동물원보다 못한 운명이라는 관점보다는 이왕직을 마음대로 휘둘렀던 총독부가 조선의 자부심을 무참히 잘랐다는 점이 더 부각되어야 한다는 것이다.

이 존폐의 의도문제가 아니더라도 다나베의 행동에 뭔가 이상한 점이 있는 것은 사실인 것 같다. 다나베를 극찬해 마지않는 성경린조차도『노을에 띄운가락』에서 몇 가지 이상한 점을 제시하기도 했다. 그것은 다나베의 기술과 사실 사이에 차이가 있는 점을 말하고 있다. 이것은 이왕직에서 다나베가 조선에 오기 1920년(1921년의 착오) 전에 이미『조선악개요』를 헌납하면서 보고한 사실이나 아악생모집을 했는데 다나베가 자신의 의지에 따라 결정된 것처럼 기술한 것에 대한 것이다.[63]

2. 일제의 동화정책과 조사의 의미

다나베의 조선음악조사와 당시의 시대적 상황을 결부시켜 보면 몇 가지 점에서 기존의 평가는 문제가 있다는 사실을 알 수 있다. 정확한 평가를 위해서는 양면적으로 나타나는 두 가지 점에서 바라보아야 한다. 하나는 우리의 입장에서 보면 조선음악조사에 의해 결정된 아악부의 처지 개선이 우리에게 어떤 이익을 준 것인가 하는 것이고, 또 하나는 일본의 입장에서 조선음악조사로 인해 다나베에게는(일본에게는) 어떤 이익을 가

자이다. 함화진의 직위는 1921년 당시에 아악사였고 이 글을 쓸 당시는 아악사장으로 있을 때이다. 당시 함화진은 아악부의 핵심적인 인물이었다.
63 성경린,『노을에 띄운 가락』, 311쪽.

지게 되는지의 문제이다.

우선 첫 번째 우리의 입장에서 보자.

1910년 한일합방 이후 총독부의 지배 아래 놓이게 된 상황에서 궁정의 의미는 없어질 수밖에 없다. 그렇다고 조선왕조의 핏줄이 이왕이 살아 있고, 그에 부속된 수많은 제도와 조선인 관계자들을 완전히 없앨 수는 있었다. 그래서 이왕직 제도를 공포하고 그 동안 나라의 중요사를 담당했던 일체의 일을 정리하기 시작했던 것이다.[64] 앞서도 살펴보았듯이 아악부가 폐멸의 위기에 처한 것은 아악부만의 문제는 아니었다. 결국 궁중에서 이어왔던 모든 전통이 한꺼번에 위기에 처해진 것이라고 할 수 있다. 그런 상황에서 아악부 사람들이 할 수 있었던 것은 최악의 길, 아주 없어져버리게 되는 것을 막는 것이었다. 곧 존멸할지 모르는 아악을 그릇에 담아 땅 속에라도 묻어두어야겠다는 심정으로 『조선악개요』와 같은 책을 썼던 점, 아악생을 양성했다는 점은 아악부원들이 할 수 있는 최선의 길이었다고 생각한다. 특히 그 동안의 세습적 아악부원 계승의 틀을 과감히 벗어 던지고 공개 모집[65]하여 근대식 교육으로 아악생을 양성한 점은 기존의 봉건적 틀에 대한 획기적인 변화이며 당시의 현실을 올바르게 직시한 태도라고 볼 수 있다.

이렇게 아악부의 존폐문제는 단순히 음악분야에 한정된 문제는 아니었다. 더구나 아악은 궁정에서 치러지는 의례의 존폐문제와 관련되어 있는 것이다. 음악이 사라질 위기에 처할뻔 한 상황이라는 면에서가 아니라, 조선이 나라의 권위를 세워왔던 제사 의식 등을 비롯한 의례자체를 폐지

---

64 조선총독부, 『朝鮮總督府施政年報』, 대정 7년~9년(1918~1920)
65 아악생 모집 관련 기사로는 『조선신문』, 1926년 3월 26일자; 『동아일보』, 1931년 3월 25일자; 『조선중앙일보』, 1936년 2월 26일자, 『매일신보』, 1941년 3월 23일자 등이 있다.

하려했던 총독부의 처사에 대해서 먼저 생각해 볼 필요가 있는 것이다. 조선의 궁중음악은 음악만으로 중요한 것이 아니었기 때문에 총독부가 다나베에게 설복당해서 후에 처우를 개선해 주었다 하더라도 이것은 단지 음악자체만을 계승할 여건을 마련해준 것이다. 자신들이 했던 행위를 뉘우치고 다시 조선의 권위를 살려주었다고는 볼 수 없다.

다시 말하면 다나베의 '조선음악조사'로 인한 결과에 대해 과장된 감화를 받을 것은 없다는 말이다. 이미 이왕직 아악부라는 것으로 축소되어 그 본래의 기능을 다 잃어버리고 음악만 남아버린 아악을 오늘날 전승케 한 의미를 너무나 높게 평가하는 것은 본질을 흐릴 염려가 있다. 더구나 당시의 아악부라는 운명이 곧 국악(현재적 의미) 전체의 운명처럼 여겨서 지금 국악이 존재하느냐 마느냐의 문제로 확대되서는 안된다. 현재 국립국악원이 아악만을 자기음악으로 가지고 있는 기관이 아니라는 사실을 염두해 둔다면 그 전통을 이왕직아악부에서만 찾으면 안된다고 생각한다.

이러한 생각에 공감할 수 있는 글이 있다. 거의 같은 시기에 조선에 왔던 같은 일본인이며서도 다나베와는 전혀 다른 시간을 가지고 아악부를 대했던 이시가와 기이치(石川義一)가 다나베와 같은 지면에 쓴 글이다.

> … 이왕직 내에 아악연습소라고 하는 곳이 있어서 연습은 하고 있지만 아악따위는 말하자면 박물관에 진열하고 있는 골동품으로 귀하기는 귀하지만 우리들 20세기에 활동하고 사는 사람들에게는 필요하지 않은 것 같습니다. 마치 아악을 후세에 전파한다는 것은 새가 보금자리를 만드는 것과 같다고 생각합니다. 묘하기는 묘하지만 항상 같은 묘함이다. 게다가 옛날의 아악이라는 것은 이왕직에서도 할 수 없습니다. 어쨌든 중요한 고악기는 모두 파손되어 있다고 합니다.[66]

---

66 石川義一,「朝鮮俗曲に就いて」,『音樂と蓄音器』8권 5호, 48~50面.

이 글에서 보면 이시가와는 당시의 아악부의 처지를 대변해 주면서도 그 유지를 위한 노력이 별로 달갑지 않게 느껴진다. 그리고 아무리 진귀하다고 하는 것이라도 지금 살아 움직이는 것이 아니라 박물관의 진열품과 같은 것인데다가, 그것도 원형을 그대로 연주하고 있는 것도 아니라는 비판이다. 이렇게 이시가와는 다나베가 이왕직아악에 내려오는 음악을 극찬한데 비해서 상당히 부정적으로 보고 있는 점을 알 수 있다. 그래서 그는 생생하게 변해 가는 조선 속곡(俗曲)이 진정한 조선의 소리이기 때문에, 이 조선 속곡을 연구하고 싶다고 했다. 이시가와 역시 다나베만큼이나 조선음악과 밀접한 관계를 맺고 있었던 사람이기 때문에, 그 대조적인 시각은 상당히 흥미로운 연구 대상이 될 수 있다. 그의 포기한 듯한 이왕직아악에 대한 이러한 생각을 완전히 찬동할 수는 없다. 하지만 당시의 아악이 존재해야하는 이유에 대한 생각은 공감되는 바이다.

다음은 식민지배자였던 일본의 입장에서 보자.

다나베가 조선음악조사를 한 1921년이라는 시기는 1919년 3·1운동으로 인해 총독부가 무단정치에서 문화정치로 전략을 바꾸고 그 실천을 이행하기 시작한 때였다. 데라우치(寺內正毅)의 엄격한 군사독재는 사이토 마코토(齋藤實)의 유화정책으로 대치된 것이다.[67] 그 유화정책이라는 것은 겉으로는 헌병이 옷을 벗은 것이지만, 실제로는 경찰의 수를 격증시키는 것이었다. 다시 말하면 표면상으로는 공포 분위기를 없애고 많은 자유를 주는 듯 하면서도, 안으로는 엄청나게 감시와 통제를 심화시켰다는 것이다. 문화정치라는 것은 '문화의 발달, 민력의 충실'이라는 슬로건을 내걸어 동화정책(同化政策) 지배를 한층 강력히 추진하고 조선민족의 상층 인사의 일부를 매수하고 조선지배에 큰 지장이 없을 범위 안에서 출판물·

──────────────

67 이정식, 『한국민족주의 운동사』, 한밭출판사, 1982, 297쪽.

집회·결사의 활동을 허용한 것으로 보다 교묘하고 분열정책의 위장에 불과했다.[68]

이 동화정책은 민족적 주체성을 말살시키는 것이었기 때문에, 식민지 시기에 끊임없이 주창되고 실천해 간 일제의 기본정책이었다. 동화정책을 효과적으로 수행하기 위해서 일제는 조선 조사사업을 벌여왔다. 일제가 수행한 조사·연구 활동은 초기에는 군과 상인배들의 조사가 두드러졌다. 군사적·상업적 침투를 위한 정탐에 치중하였다. 그리고 통감부 시절과 한일합방 이후인 무단정치 시기에는 토지조사사업과 함께 진행된 새로운 법제를 위한 조선의 각종 관제 등의 조사였다. 그런데 1920년대 문화정치 시기에 조사연구는 학구적인 양상을 보이기 시작했으며, 직접 관이 나선 조사보다는 학자들에 의해 본격적으로 연구되게 되었다.[69]

바로 이러한 시기에 다나베의 조사가 이루어졌다는 사실을 상기한다면 다나베의 조사가 어떤 차원에서 이루어진 것인지, 총독부가 다나베를 왜 그렇게 적극적으로 지원했는지 분명해진다. 다나베 이전에도 조선의 궁정음악이 1910년대에 이미 가네츠네 키요스케(兼常清佐)에 의해 조사되었다는 사실이 있다.[70] 그는 조선 궁중음악의 음악의 종류와 악기의 조사 및 음률측정 등의 조사활동을 했다고 한다. 그 결과는『일본의 음악』의 3장 "조선의 음악"에 들어 있다고 한다.

다나베가 다녀간 이후인 1926년에도 일본 궁내성 아악부장 武井守成이란 사람이 이왕직의 조선음악을 조사한 일이 있다.[71] 일본인들에 의한 이

---

68 송건호,『한국현대사론』, 한국신학연구소, 1979, 66~68쪽.

69 박현수,「일제의 침략을 위한 사회·문화 조사활동」,『한국사연구』, 한국사연구회, 1980, 445~461쪽.

70 植村幸生,「植民地期 朝鮮における宮廷音樂の調査をめぐて田辺尙雄 ‘朝鮮雅樂調査’の政治的文脈」, 121面

71 『조선일보』, 1926년 2월 18일자.

러한 음악조사는 궁정뿐만 아니라 민간의 음악에도 끊임없이 이어지고 있었다는 것을 의미한다.[72] 그렇다면 다나베의 조사라는 것은 갑자기 이루어진 것도 아닐 뿐 아니라, 이왕가의 아악을 구하기 위한 절박한 심정이란 것은 단순히 자신의 연구대상으로서 중요했던 조선의 아악을 구하기 위해서였다고 할 수 있다.

3. 다나베의 조선음악에 대한 속마음

다나베가 조선음악을 조사한 것이 일제의 문화정치로의 이행 시기에서 이루어진 학습조사라는 것은 두 가지 의미인데, 하나는 일본에서 이 시기에 많은 학술적인 조사단체가 생겨나고 개인적으로도 조사활동이 활발했던 분위기에서 이루어졌다는 것이다. 또 하나는 일제의 동화정책에 부응하는 '내선일체'(內鮮一體)나 '일선융화'(日鮮融和)를 학술적으로 뒷받침하는데 기여한 것이라고 할 수 있다. 그러한 뚜렷한 증거는 다나베 자신이 쓴 글 중에서 잘 나타난다.

앞서도 말했듯이 다나베는 이 조사의 첫 보고서나 다름없는 글을 『음악과 축음기』라는 잡지에 두꺼운 분량으로 '조선음악호'라는 이름으로 따로 마련했다. 조선음악조사와 관련된 10여 편의 글[73] 중에서 가장 처음 게재한 것은 "일선융화와 음악"이다.[74] 이것은 조선음악조사의 목적과 방

---

72 앞 서 본 이시가와 기이찌(石川義一)는 그 대표적인 사람이다.
73 『音樂と蓄音器』, 8권 5호, '朝鮮音樂號'에 다룬 10여 편의 글은 「日鮮融和と音樂」, 「啓明會 李王職及び總督府の方方に感謝す」, 「朝鮮の音樂-日本音樂との關係について」, 「朝鮮李王家に傳はる古樂」, 「孔子祭典の儀式及び奏樂の次第」, 「朝鮮の音樂書類」, 「平壤の妓生學校參觀記」, 「朝鮮音樂研究日記」, 「李王家雅樂隊狀況」, 「朝鮮に於ける日本音樂」, 「大同江の一日」이다.
74 「日鮮融和と音樂」, 『音樂と蓄音器』, 8권 5호, 1~3쪽.

향을 가늠하게 하는 글로서 충분하다고 생각한다.[75] 그가 조선의 아악을 보존하려는 입장이 무엇이었는지 알 수 있는 글이다.

> … 음악이 일선융화에 어떠한 힘을 가지고 있을까에 대해 연구해 보고 싶다 원래 일본어와 조선어와는 표면상은 크게 다르지만 그 근본에는 상당히 유사한 것이다 이와 마찬가지로 일본음악과 조선음악은 속요에 있어서는 크게 다르지만 그 계통은 동일한 것이다. 양국의 음악이 동일계통에 속한다고 하는 것은 결국 양국인의 감정이 일견 상당히 다른 것 같지만 실제는 밀접한 관계를 가지고 있고 또 이것을 (밀접한 관계-역주) 만들지 않으면 세계적 문명에 큰 손실일 것이다. 요컨대 양자의 음악 사이에 크게 유사한 것은 결국 양국민의 사상을 연결하는 이유이다.… 그러므로 위에 선 위정자가 음악의 근본에 있는 유사점을 발견해 이것을 짜 맞춰 크게 장려한다면 극히 유효할 것이라고 생각한다.

그가 출발하기 전에 이왕직 아악부를 폐멸케 한다면, 그 식민통치자인 우리들에게 책임이 있다는 것은 조선인의 입장에 선 말이 아니라 통치자인 일본인으로서의 책임을 말하는 것이라고 했다. 이것은 바로 식민지 지배자의 편에 있는 다나베의 입장이라는 것이 분명해진다. '일선융화'·'내선일체'는 그가 자연스럽게 내뱉었던 단어라고 할 수 있다. 더구나 그와 동행한 吉田이나 新田이라는 사람이 '일선융화회' 간사였다는 사실이나 평양에서 기생학교 참관을 알선해준 경찰서장이며 동창생 마루야마(丸山)와 나눈 대화에서 다나베의 "조선음악조사가 일선융화 상에서도 상당히 효과적"이라고 했던 것을 볼 때, 그러한 점을 잘 알 수 있다.[76] 또한 그에게

75 노동은, 『한국근대음악사Ⅰ』, 한길사, 1994, 588쪽.
76 田辺尙雄, 『中國·朝鮮音樂調査紀行』, 51面.

연회까지 배풀어 주면서 강연회를 개최해 주고 음악을 부여주는 적극적 배려를 했던 사람 중에 송병준과 같이 친일파들이 많았다는 사실도 간과할 수 없다. 다나베의 이와 같은 생각이 담겨있는 부분을 "조선에서 일본음악"이라는 글에서 보자.

"어쨌든 조선에서 정통의 길비악(吉備樂)을 장려하는 것은 대단히 좋은 것이다. 그리고 길비악은 조선음악과도 접근할 수 있는 가능성이 있기 때문에 장래의 음악도 될 수 있고 또 日鮮融合이라는 점에서라고 해도 지극히 의의가 있을 것이다."[77]

이 글에서 보면 다나베는 조선의 아악이 일본의 길비악(아악)과 같은 계통의 음악이고 일선융화에 있어서는 중요한 음악이기 때문에, 조선의 아악을 보존하려 했던 것이 아닌가라는 생각이 들게 한다. 그가 개인적으로 아악에 대해 높이 평가를 했다는 것은 객관적인 사실을 받아들인 것이고, 이를 장려하려는 목적은 이러한 생각이 담겨 있을 수밖에 없다. 더구나 그가 총독부에 건의했을 때 그것이 잘 받아들여진 것도 바로 이러한 점으로 설득했지 않았나 하는 점이 간과될 수 없는 부분이다. 그는 물론 그의 '일선융화'·'내선일체'의 생각을 이 글에서 끝내지 않았다. 일제의 황국신민화 정책시기인 1940년대 이후에도 이러한 글들, 즉 "음악에서 본 동아공영권"[78], "정치와 음악"[79]을 적극적으로 썼음을 그의 자서전을 통해 잘 알 수 있다.[80]

....

77 田辺尙雄, 『中國·朝鮮音樂調査紀行』, 93面.
78 田辺尙雄, 「音樂から見た東亞公營圈」, 『東洋音樂の印象』, 동경; 人文書院, 1941, 85~93面.
79 田辺尙雄, 「政治と音樂」, 『東洋音樂の印象』, 240~253面.
80 대동아공영권은 태평양 전쟁 당시 일본이 내세운 대중조작 슬로건이다. 1942년

다나베는『조사기행』을 쓰기 전에 서문에서 "거의 고치지 않고 그대로 쓰겠다. 다만 그 시대에는 內地라고 했던 것을 일본으로 바꾸겠다."고 했다. 그러나 이것은 용어 몇 가지만을 바꾸는 단순한 의미가 아니다. 다나베가 조선음악조사를 하고 돌아온 직후에 쓴『음악과 축음기』의 글에는 '일선융화'니 '내선일체'니 하는 글이 제목에서부터 나타나는데, 뒤에 1970년에 쓴『조사기행』에는 그런 말은 전혀 없을 뿐만 아니라 말을 바꾸는 예가 허다하다. 예를 들어 "음악에 있어서 내선(內鮮)의 관계"를 "일본음악과 조선음악과의 관계" 등으로 바꾸는 것 등이다. 이런 것이 아니더라도 글의 내용 상 식민지 상태에서 상당히 자극적으로 썼던 글들을 의도적으로 바구어서 어감을 달리하게 하는 식으로 고쳐 쓴 것이 많다. 구체적으로 몇 가지의 예를 들어보면,『음악과 축음기』에 쓴 그의 "조선에서 일본음악"이란 글에서는 다음과 같은 구절이 나온다. "조선은 식민지 상태를 벗어날 수 없기 때문에...결국 일본음악의 장려가 가장 중요하다"라는 구절이다.[81] 이 구절은 다나베가 당시 조선에 대한 생각을 가장 잘 대변해 주는 구절이라고 생각한다.

그렇게 보면 다나베가 조선의 궁정음악을 가져가 자기네 나라에서 보존시키려 했을 만 했고, 그 이유가 분명해지는 것이 아닌가 한다. 그렇게 생각하면 다나베에게는 너무나 아까운 조선의 궁정음악이 식민지에서 연명하고 있는 것이 안타깝기 그지없었을 것이다. 그런데 이것과 똑같은 제목의 글과 내용을『조사기행』에서는 "조선이 일본의 총독부 통치하에 있던 시대는...결국 일본음악의 장려가 가장 중요하다"[82]라고 바꿔 놓고 있

도조히데키(東條英機) 내각이 표방한 것으로서 아시아 지역에서 공존공영의 신질서를 세운다는 기치 아래 전쟁을 정당화 했다. 다나베는『續田辺尙雄自敍傳』에도「音樂から見た東亞共營圈」을 다시 실어 놓았다.
81 田辺尙雄,「朝鮮に於ける日本音樂」,『音樂と蓄音器』, 88面.
82 田辺尙雄,『中國·朝鮮音樂調査紀行』, 88面.

다. 그만큼 그는 식민지가 끝난 지금의 당시의 상황에서 과거의 자신의 생각을 그대로 표현하긴 민망했던 것 같다.

이런 생각이 담겨있는 글이 아니더라도 조사 이후에 그가 아악을 진정으로 보호하고자 했는지 의심스러운 점을 1928년과 1929년에 『동아일보』에 난 기사를 통해서 발견할 수 있다.

> …이왕직 아악대는 현재 팔십 여명의 악사가 이백여 종을 연주하게 만들어 놓고 매년 사만원의 경비로 유지하여 오는데 '전 일본 궁내성에 근무하던 田邊보와 久保보는 아악대가 세계에 진귀한 것임을 알고 이것을 어떻게 하여서든지 자기들이 관리하여 어떤 목적을 채우려고 아악대를 이왕직에 맡겨두면 마침내 멸종되고 말 터이므로 자기들이 궁내성에 교섭하여 재단을 만들어 놓고 영구히 보존하여야 되겠다고 일부 일본 신문을 이용하여 선전하고 있음으로 이왕직에서는 분개하여 그 내막을 조사중이라는데… 아악을 영구히 보존하려면 완전한 악보가 있어야 될 터이니 속히 서양식 악보를 창정하라는… 이왕직에서는 방금 전 이왕직 양악대장 백우용씨를 불러 악보를 만들게 하였다더라.[83]

여기서 다나베가 얼마나 조선아악에 욕심을 냈는지, 아악부 처우개선을 왜 했는지를 잘 알 수 있게 한다. 다나베에 대해 긍정적으로 평가한 기존의 연구들에서는 이런 갈등에 대해서는 말한 사람도 없거니와 소개조차 하지 않고 있다. 그 다나베의 말처럼 아악부를 폐지하려는 총독부를 자신이 설득해서 마침내 처우가 개선된 것이 아니라, 총독부의 기본 정책에 맞아 떨어지는 행위였다고 볼 수밖에 없다. 총독부는 오히려 총독부의

---

83 『동아일보』, 1928년 4월 26일자. 이후 1929년 1월 30일자에도 일본인이 아악보존을 내걸고 부정한 목적으로 가지고 있다는 기사가 나 있다.

지향을 학술적으로 뒷받침해 준 다나베에게 감사할 따름이었을 것이다. 더구나 다나베가 아악부에게 심어준 인상은 좋은 것이었기 때문에, 그가 의도하지 않은 행동이긴 하다. 그렇지만 결과적으로 아악부는 총독부를 비롯한 일제의 정책을 거부나 항거할 수 없는 처지가 되었다.

앞서 2장에서 언급한 바 있지만 송혜진은 다나베에 대한 극찬에 주의를 요하는 평가를 하면서도 그를 야나기와 비교하면서 또다시 긍정적으로 평가하고 있다. 야나기 무네요시(柳宗悅)는 일본문예운동의 선구자로서 총독부 당국의 경복궁 훼손정책을 정면으로 맞서서 비난하기도 하는 등 조선의 미(美)에 대해 감탄하고 조선인을 위해서 싸웠던 용기 있는 일본인 지식인이었다.[84] 야나기가 우리의 전통미에 찬사를 보내고 그것을 파괴하려는 행위를 반대하고 나선 것처럼, 다나베도 아악을 극찬하고 그 보존을 위해 노력했다는 점에서 비유하고 있는 것 같다.

하지만 야나기의 조선에 대한 태도는 다나베와 다르다고 생각한다. 그는 조선인을 돕기 위해 자기 부인과 함께 음악회와 강연회를 준비하면서 자금을 모으기 위해 일본을 돌아다니면서 음악회를 열었는데, 그 때 언론지상에서 이것을 '예술을 통한 교화나 동화'라고 한데에 대해 대단한 분노를 느꼈다고 한다. 그는 일선(日鮮)의 사전에서 이런 동화니 교화니 하는 단어를 없애고 싶다고까지 할 정도였다.[85] 그는 최소한 일제의 정책에 동조하지는 않았다고 할 수 있다. 다시 말하면 예술의 동화를 내세워서 일본인 내지와 조선인의 정서적 결합을 하여 궁극적으로 조선인을 황국신민화하려는 일본당국의 기본정책에 동조하는 사람이 아니었다는 뜻이다. 더구나 그는 자신이 조선인을 위해서 하려는 진정한 목적이 훼손 될

---

84 정운현, 『서울시내 일제유산답사기』, 한울아카데미, 1995, 49~56쪽.

85 柳宗悅, 「朝鮮の友に贈る書」, 『改造』 6월호, 1920. 鶴見俊輔, 『柳宗悅』, 동경: 平凡社, 1976, 165~166面.

까봐서 일부러 정부의 도움을 청하지 않고 어렵게 일을 추진했다고 한다. '일선융화'와 '내선일체'를 음악에서 찾아보려고 한 다나베를 야나기 무네요시(柳宗悅)와 비교할 수 없는 점이 바로 이러한 점이다.

V. 나오는 말

지금까지 다나베의 조선음악조사에 대한 기존의 시각과 평가에 대한 것, 조사에 대한 구체적인 내용, 조사 이후의 결과와의 관계, 당시의 시대 상황과의 관계, 다나베의 조선음악에 대한 생각 등을 살펴보았다.

여기에서 우리는 몇 가지 사실을 알아 낼 수 있었다. 다나베가 조사에 적극적으로 참여한 이유는 개인적 연구목적이 컸다는 것, 그의 관심사는 중국음악이었고 그 연장성으로서 조선 아악에 관심이 컸다는 것, 그의 조사는 총독부나 정부관계자들의 적극적인 배려로 이루어졌다는 것, 다나베의 말대로 존폐가 의도되었는지가 불확실하며, 존폐의 위기는 아악부만의 문제가 아니라 이왕직의 문제이고 나아가서 식민지 조선의 문제였기에 그렇게 집중적으로 중요성을 따질 수 있는 문제는 아니라는 것, 그의 조사 이후 아악부의 처지가 개선되었긴 하지만, 그것은 다나베 단독적으로 해결했다기 보다는 아악부의 노력 때문으로 보인다는 것 등이다. 그리고 다나베가 조선아악에 욕심을 내고 일본에 가져가려 했다는 사실과 그가 일본음악과 조선음악을 연관시켜 일선융화 정책에 동조하는 논조의 글을 많이 발표했다는 사실 등이다.

위 본 바와 같이 다나베의 조선음악조사의 목적과 관련하여 다음과 같이 정리해 볼 수 있다.

첫째로 단순한 개인적인 목적으로 보면, 다나베의 학문적 연구 대상이 동양음악이었고 한참 학문적 연구에 열을 올리고 있었던 중이었다. 일본에서도 정창원 같은데서나 악기로만 진열되어 있는 동양의 고대음악과 악기가 이왕가에 가장 원형이 잘 보존된 상태로 있었기 때문에, 그것을 실제로 들었을 땐 엄청난 환회를 느꼈을 것이다. 그가 일본에 그런 음악이 없는 것을 이렇게 애석해했기 때문에, 그것을 살려내려고 애썼다고 볼 수 있다. 그래서 조사 몇 년 후에 그것을 일본으로 가져가려고 했던 것 같다. 다나베는 도저히 식민지 상태에서 헤어날 수 없는 조선에서 그 아까운 아악이 훼손될까 걱정스러웠을 것이라는 짐작을 할 수 있다.

둘째로 일제의 정치적 목적에 부응이란 면에서 보면, 일제의 식민지정책의 일환으로서 동화정책을 수행하는데 복무한 행위가 되었다고 볼 수 있다. 그것은 그가 총독부의 적극적인 배려를 받았다는 것 이외에도 그가 의도했던 하지 않았던 간에 자신이 쓴 글들을 통해서 이에 동조하였다고 할 수 있다. 그의 이러한 생각이 표현되지 않았다면, 총독부에서의 배려는 물론이요, 이후 일본 궁내성의 지원까지도 불가능했을 것이다.

그래서 필자는 지금까지 다나베의 조선음악조사에 대한 사실과 다나베를 바라보는 관점을 수정해야 한다고 생각한다. 물론 모든 면에서 수정이 필요한 것은 아니다. 다만 그 동안 연구가 부족하여 생겼던 여러 가지 잘못된 사실과 몰랐던 사실 등 그 사실의 정확성과 관련된 여러 가지 문제점 등을 헤아려야 한다. 근현대음악사에서도 어떤 역사적 사실에 대한 주관적이고 감상적인 관점이 수정되어야 하며 보다 객관적인 시각으로 연구되어야 한다.

7장 이시카와(石川義一)의 1920년대 조선에서의 활동*
- 궁중음악 채보와 민요조사를 중심으로 -

I. 들어가는 말

石川義一(이시카와 기이찌 또는 이시카와 요시카즈, 1887~1962)[1]는 일본인 피아니스트 겸 작곡가로 1921년에 한국(朝鮮[2])에 들어와 총독부에 근무하면서 전국적으로 민요 조사를 하고 글을 발표하다가 1925년 귀국하였으며 1930년대 말까지 민요조사와 궁중음악의 채보 및 연구를 목적으로 조선을 빈번하게 왕래한 사람이다.

한국에서 이시카와에 대해 알려진 바는 주로 1930년대 전후 이왕직 아악부의 위촉을 받아 궁중음악을 채보한 사람이라는 정도이다.[3] 이왕직 아악부 출신의 음악가들은 그를 단편적으로 기억할 뿐이고[4] 국립국악원

---

* 『2007 문화관광부 선정 전통예술 우수 논문집』, 2007. 12.
1 石川義一을 일본에서 통상적으로 이시카와 요시카즈(いしかわ よしかず)로 읽고 있으나 우리에게는 이시카와 기이찌 라는 이름으로 알려져 있다. 어느 것이 맞는지 확실치 않다. 그래서 본문에서는 성만을 발음해서 읽는 방법으로 '이시카와'라고 하겠다.
2 의미 전달 상 한국이라고 표현했으나 당시의 명칭은 '조선'이었고 한반도 전체적인 민요 연구가 있었기 때문에 이하부터는 이시카와 관련된 부분에서 명칭을 '조선'이라고 하겠다.
3 국립국악원, 『이왕직아악부와 음악인들』, 국립국악원, 1991. 145~146쪽.
4 장사훈, 「국악채보의 一言」, 『화전태 화류태』, 수서원, 1982. 68~71쪽.

40주년 기념 책자인 『이왕직아악부와 음악인들』에서 조금 구체적으로 소개가 되었으나 앞의 원로들의 회고와 채보와 관련된 당시의 신문기사를 첨가하여 소개한 것일 뿐이며[5] 이 외에 그의 채보 악보와 관련한 내용이 몇몇 논문에서 다루어진 정도에 그친다.[6]

그러나 이시카와의 조선에서의 활동은 1921년부터 시작되었고 그 활동의 내용이나 크기 또한 다양해서 이시카와를 1930년대 이왕직에서 아악 몇 곡을 채보한 사람이라거나 잠시 한국에 머물다 간 일본 음악인 정도로 가볍게 볼 수 없다. 그의 조선에서의 음악활동의 흔적은 여기저기에서 발견되는데, 그가 조선에 오자마자 총독부 어용신문 『京城日報』, 『每日申報』에 「음악과 시대사상」을 필두로 하여 총독부 기관지류였던 『朝鮮』, 『朝鮮及滿洲』와 일본 잡지 『音樂と蓄音機』, 『レコード文化』 등에 민요와 관련된 글을 게재하였다. 그리고 이시카와와 관련된 여러 가지 기사가 남아 있는데, 그의 피아노 연주활동과 작곡, 전국을 망라한 민요 조사와 민요 채보, 아악부의 아악 채보와 관련한 기사가 1920년대와 1930년대에 걸쳐서 보인다. 특히 아악부의 위촉을 받아 궁중음악 283곡의 8천페이지 분량의 곡을 오선보로 채보했다는 기록은 여러 신문에 대서특필되어 있다.

이러한 큰 규모의 오선보채보 사업이나 전국적인 민요조사에 비해 현재는 이시카와의 조선에서의 음악활동의 결과물, 즉 민요나 아악의 채보

성경린, 「雅樂 洋樂譜 採譜」, 1976년 9월, 『월간FM』 9월호; 「雅樂 洋樂譜 採譜」 『관제성경린선생구순기념 국악의 뒤안길』, 2000. 재수록: 「國樂의 過去와 將來」, 『成慶麟隨想集 雅樂』, 京元閣, 1975. 132~133쪽; 「雅樂 洋樂譜 採譜」, 『나의 인생관 - 노을에 띄운 가락』, 철문출판사, 1978. 328~334.

5 국립국악원, 「이왕직아악부와 바깥인연」, 『국립국악원 개원 마흔돌기념 근대음악사 사진 자료집 이왕직아악부와 음악인들』, 국립국악원, 1991. 145~146쪽.
6 정설주, 「현악영산회상의 가야금선율고찰-1910년대이후와 현행가야금악보에 基하여」, 서울대석사논문, 1990. 이지선, 「1930년대 이왕직아악부의 오선악보 이본비교-수연장지곡을 중심으로」, 『한국음악연구』 제37집, 2005. 6. 273~306쪽.

악보는 그 행방이 묘연하다. 또한 그가 쓴 음악에 대한 견해 민요조사 기행 등에 대한 해석이나 평가는 물론이고 어떠한 글이 게재되었는지조차 알려져 있지 않았다. 그의 글은 대부분 1920년대 일제의 문화정치의 정책의 핵심은 일선융화 정책과 그 맥락을 같이하는 견해에 대한 피력이었다. 또한 그가 전국적으로 조사한 민요조사도 이러한 정책을 충실히 실천한 일환으로써, 항상 총독부의 배려 속에서 전국을 망라한 대규모 조사가 시행되었다는 점에서 면밀한 검토를 필요로 한다.

필자는 1920년대와 1930년대 당시의 신문·잡지 등에 실린 이시카와 관련 기사, 자신이 기고한 글, 총독부 직원록 및 음악연감, 아악부 출신 원로들의 회상기록, 다나베 히사오의 조선방문일기 등을 다각도로 살펴 이시카와의 조선에서의 음악행적을 추적해 보려고 한다.

이에 앞서 한국과 일본에서 이시카와의 조선에서의 음악활동과 관련된 지금까지의 연구를 일본과 한국으로 나누어서 살펴 잘 알려져 있지 않은 이시카와가 현재 어디까지 연구가 이루어졌는지 소개하고 잘 못 연구된 부분에 대해 필자의 견해를 피력해 보겠다. 그리고 민요조사와 궁중음악 채보와 관련된 내용을 살펴보겠다. 특히 채보악보에 대한 검토는 현재 국립국악원 소장의 오선보 악보에 대한 여러 가지 오해와 그 정리의 필요성에 초점을 맞춰 진행하고자 하다.

II. 이시카와(石川義一)에 대한 기존연구

1. 일본에서의 연구

앞서도 말했지만 이시카와에 대해서는 한국에서의 연구도 거의 없다시피 하지만 일본에서도 그리 많은 연구가 이루어지지 않았다. 일본에서 이시카와가 음악가로서의 활동이나 연구, 교육적 활동 등이 미약했던 것은 아니나 별로 잘 알려져 있지 않은 음악가이다.

일본에서 최근 2004년에 이시카와에 대해 연구한 후쿠이코조(藤井浩基)의 연구[7] 이전에 이시카와에 대한 연구는 1975년의 아키야마(秋山邦晴)가 『音樂藝術』이란 잡지에 연재한 연구가 유일하다고 할 수 있다.[8]

물론 아키야마가 이시카와를 연구한 내용은 조선에서의 활동과 깊이 관련된 것은 아니다. 그가 이시카와를 주목한 것은 일본 작곡계의 반세기를 돌아보며 현대음악의 하나인 일본의 '미래파음악'[9]을 주창한 이시카와의 작품 경향이다. 이 연구에서 기초가 되는 이력을 밝히기 위해 조선에서의 이력을 간략하게 써놓았을 뿐이다. 당시 그에 대한 기록인 음악가 인물 사전에도 기록되어 있지 않을뿐더러 기초적인 생몰년대의 파악조차 이루어지지 않은 상황에서 그의 이력에 대해서부터 추적하는 연구가 있었다. 이시카와에 대해 이렇게 알려지지 않은 이유는 일본에서 뚜렷한 계보를 이루거나 어떤 집단에서 활동하지 않았던 것으로 보인다. 아키야마

---

7 藤井浩基, 「朝鮮における石川義一の音樂活動 : 1920年代前半を中心に」, 『北東アジア文化研究』第19輯, 2004.

8 秋山邦晴, 「日本の未來派音樂 その(1) 石川義一」, 『音樂藝術』, 1月号, 音樂之友社, 1975. 58~65쪽.
  秋山邦晴, 「日本の未來派音樂 その(1) 石川義一の場合」, 『音樂藝術』, 2月号, 音樂之友社, 1975. 70~77쪽.

9 미래파음악이란 미래파 주의와 관련이 있는데 미라파 주의(futurismo)는 1910년경 이탈리아에서 일어나 전위예술 운동이다. 폭력, 스피드 기계화 따위를 강조하고 전통적인 양식에 반기를 든 예술운동이다. 이러한 미래파 주의 경향을 음악에 반영한 예이다. 이시카와는 자신을 미래파 음악가라고 자칭하고 미국의 아방가르드 작곡자이며 피아니스트인 레오 오른스타인(Leo Ornstein) 1892-2002)의 영향을 강력하게 받았다고 주장한다. 秋山邦晴, 「日本の未來派音樂 その(1) 石川義一」, 앞의 잡지 61쪽.

는 자신이 어렵게 찾아냈다고 하는 이시카와의 아들을 통해 알아낸 이시
카와의 이력에 대해 다음과 같이 쓰고 있다.

> 石川義一(이시카와 요시카즈) 1887년 (명치20년) 4월 13일 후쿠시
> 마현 相馬郡 長塚村에서 태어났다. 1906년(명치39)에 相馬중학을 졸업
> 한 후 반년 정도 代用敎員으로 근무했고 그 해 9월에 단신으로 미국에
> 건너갔다. 19세 때였다. 캘리포니아 주 사쿠라멘토의 배링그스 女史라
> 는 음악가에게 개인적으로 피아노와 영어를 배웠다. 그리고 8년 후에
> 캘리포니아주 퍼시픽대학(College of the Pacific)의 음악부에 입학해
> 피아노와 작곡을 공부했으며 4년 후인 1919년(대정7)에 동교를 졸업
> 했다. 성적을 보니 작곡이론 등은 꽤 성적이 좋았다. 1920년(대정9)
> 에 귀국. 다음 해에는 조선 평안남도의 조선총독부 사회과장이 되었
> 고 1928년(소화3)까지 근무했다. 이 사이 당시 이왕직에서 조선악 연
> 구를 의뢰해 그 일은 1943년(소화18) 5월까지 15년간을 소비해서 오
> 선 기보화 했다. 그 수는 283곡, 5천 페이지에 달한다. 이렇게 해서
> 그는 소화 3년에 귀국해서 작곡활동을 시작했는데 이왕가의 촉탁이
> 었기 때문에 그 후 종종 조선에 건너갔다.[10]

이렇게 써 놓은 것이 그의 이력에 대해 알 수 있는 대강의 것인데, 이
중에서도 조선에서의 이력과 관련하여서 필자가 연구한 것과 다른 점이
많이 발견된다. 이 점에 대해서는 다음 장에서 자세히 살펴보겠다.

또 여기에서 아키야마가 石川義一을 읽은 방법을 'いしかわ よしかず
(이시카와 요시카즈)'라고 썼다. 하지만 이시카와 활동 당시의 음악연
감[11]이나 국립국악원에서 '이시가와 기이찌이'로,[12] 1920년대 조선의 신

----

10 秋山邦晴, 「日本の未來派音樂 その(1) 石川義一」, 앞의 잡지, 60쪽. 이 글은 다시
   秋山邦晴, 『昭和の作曲家たち太平洋戰爭と音樂』, みすず書房, 2003. 134~135쪽
   에 그래도 실려 있다.

문 잡지 등에 기록된 '이시카와 기이찌이'로 읽은 점[13]과는 다르기 때문에 무엇이 맞는지는 확실하지 않다. 출신대학에 있어서도 후쿠이 코죠(藤井浩基)는 『음악연감 소화13년(1938)도판』에 시카고대학 음악부 출신이라고 되어 있는 점을 들어서 아끼야마(秋山邦晴)가 밝힌 캘리포니아 퍼시픽 대학과는 다른 기록이 있다고 지적하고 있다.[14] 실제로 당시 일본에서 발행한 『음악연감』에 이시카와를 소개한 내용에는 퍼시픽 대학에 대한 언급이 없고 전부 시카고대학으로 기재해 놓고 있다.

아키야마는 처음으로 이시카와에 대한 연구를 했으며 이후의 글에도 거의 같은 내용으로 이시카와에 대해 쓰고 있다.[15] 그가 쓴 내용의 대부분은 이시카와의 작품에 대한 것인데 대부분은 그가 어떤 작곡 경향을 가지고 있는지에 대해서 썼다. 아키야마에 의하면 이시카와는 대단히 이색적인 작곡경향을 가지고 있다고 하면서 그러나 그의 작품이나 자작곡의 연주는 일본음악계에 무시를 당했고 거의 주목해 주지 않았다고 한다. 아키야마는 그 이유가 그 때까지만 해도 이시카와의 작품 경향에 대해 이해하기 어려운 수준과 풍토의 문제였다고 한다. 아키야마는 1918년 졸업 작품으로 보이는 곡 이시카와의 <天の岩戶>을 비롯해서 1927년부터 1949년 <別れ>까지 23곡의 작품을 목록화 해 놓고 있다. 이 작품의 열거와 함께 우리의 주목을 끄는 내용이 있는데 그것은 다음과 같다.

....

11 『음악연감 소화13년』, 共益商社書店版
12 국립국악원, 「이왕직아악부와 바깥인연」, 『이왕직아악부와 음악인들』, 국립국악원, 1991. 145쪽에 2) 이시카와 기이찌(石川義一) 이라고 쓰여 있다. 또한 장사훈의 「국악채보의 일언」에는 이시까와(石川義一)이라고 성만 읽었고 성경린의 「雅樂 洋樂譜 採譜」, 1976년 9월에도 이시카와(석천의일)이라고 성만 읽었다.
13 『京城日報』 1924년 4월 1일자. 『時事』, 1933년 3월 6일자.
14 藤井浩基, 「朝鮮における石川義一の音樂活動 : 1920年代前半を中心に」, 앞의 논문, 76쪽.
15 秋山邦晴, 「昭和の作曲家だち 太平洋戰爭と音樂」, みすず書房, 2003.

이 외에도 수다한 작품이 있지만 거의 피아노 작품이다. 이것 말고 이들 작품 외에 전술한 것처럼 15년간을 소비해서 <u>오선 기보화 했던 조선아악 283곡, 5천 페이지에 달하는 연구가 있고</u> 전후 1954년(소화29)에는 그 안의 〈重光の曲〉을 관현악화 했다.16

아키야마는 위와 같이 〈重光の曲〉에 대해서는 더 이상의 언급도 없고 뒤에 이시카와가 채보했다는 곡 〈景籙無彊之曲—名 慢〉의 악보 한 장을 실어 놓았지만 이 악보에 대해 전혀 설명을 하지 않았다.17 따라서 필자에게는 이 점에 대해서도 많은 궁금증이 생긴다. 이 악보의 입수 경로나 출처 등을 밝히고 있지 않아서 이시카와가 채보했다는 5천페이지18의 악보가 과연 어디에 어떤 규모로 있는지 알 수 없는 상황에서 많은 시사점을 던져준다. 현재 국립국악원에 소장되어 있는 악보와의 관련성에 대해서는 다음 장에서 살펴보겠다.

아키야마는 이시카와가 미래파 음악운동가 이며 특색 있는 작품을 썼음에는 틀림없으나 이탈리아 정통의 미래파 음악으로 보이는 작품은 없다고 평가했다. 이시카와가 수없이 많은 특이한 작품을 냈음에도 불구하고 주목받지 못한 이유는 당시 독일 이탈리아 등에 유학했던 음악가들이 미국유학생 출신의 이시카와를 무시했기 때문이며 이시카와도 결국 자신

----

16 秋山邦晴, 「日本の未來派音樂 その(1) 石川義一の場合」, 앞의 잡지, 73쪽. <景籙無彊之曲>의 악보는 76쪽.

17 그 출처에 대해서는 직접적 언급을 하지 않았으나 일본의 악보자료가 공공기관에 보관되어 있지 않음을 개탄하면서 일본의 [근대음악관]의 전신인 사설기관 [원산음악도서관]에 몇 몇 오래된 악보가 있음을 시사했다. 필자는 이것을 단서로 근대음악관에서 이시카와 필체의 악보 중에서 이시카와가 채보한 것으로 보이는 조선음악관련 악보 세 가지를 발견했다. 그것은 경록무강지곡 보태평지곡 만파정식지곡이었다.

18 秋山은 이를 5천페이지라고 표현했으나 1935년 채보가 완성될 것이라는 기사가 실린 당시의 신문에는 어느 곳이나 8천페이지라고 적혀 있다.

이 하고자 한 미래파 음악운동을 이끌지 못하고 스스로 좌절해 가는 모습을 보였다고 평가했다. 여기에서 아키야마 이시카와가 작품 활동과 연주 활동을 개시했던 조선체류기간의 작품 활동과 연주에 대해서는 전혀 언급이 없다. 이것은 이시카와의 초기 활동은 전혀 주목할 만한 것이 못되기 때문인지 아니면 그 때의 작품이 남아 있지 않아서인지 알 수 없다.

아키야마의 이시카와 연구는 한정된 부분에서만 다룬 것이지만 일본인의 기억 속에 사라져 버렸을지도 모르는 음악가를 발굴해 내고 일본의 근대음악사의 흐름 속에서 그를 조명해 보았다는데 의의가 있다고 본다. 아키야마가 조선에서의 활동을 생략한 것에 비해 조선에서의 활동만을 가지고 이시카와를 연구한 최근의 사람은 후쿠이 코조(藤井浩基)이다.

후쿠이는「朝鮮における石川義一の音樂活動 : 1920年代前半を中心に」라는 논문에서 먼저 아키야마의 연구에서 이시카와의 이력에 문제가 되는 점을 지적하고 이시카와의 조선에서의 활동을 집중적으로 논하고 있다.[19] 후쿠이는 이 논문에서 이시카와의 조선에서의 활동을 작곡·연주활동과 문필활동 교육활동 등 세 가지로 나누어서 살펴보고 있다. 후쿠이는 결론에서 이시카와는 조선에 건너갈 때부터 작곡가, 연주가, 문필가, 음악교육가로서 눈부시게 활약해 단기간에 급속도로 조선에서 음악의 전문가로서 지위를 확립했다고 하면서 그가 그런 지위를 단기간에 확립한 것의 배후에는 스스로 총독부 직원이 되었던 것과 관련하여 총독부와의 관계 특히 문화정치에 있어서 음악 장려 정책을 전문가의 견지에서 이론으로 밀어붙여서 급성장한 것이 틀림없다고 보고 있다. 그리고 이시카와가 쓴 글들을 일일이 분석한 것은 아니지만 전반적으로 이시카와의 글이 일관되게 '일선융화(日鮮融和)'를 주창하는 것이라고 했다.

----

19 藤井浩基,「朝鮮における石川義一の音樂活動 : 1920年代前半を中心に」, 앞의 논문.

그런데 후쿠이는 이시카와의 조선민요 연구, 이왕직 아악부에서 아악
연구와 아악의 오선보화가 총독부의 조선인 교화를 위한 정책을 담당한
것이 이시카와 본의였는지 아닌지는 반드시 전부라고는 생각되지 않는
면도 있다는 문제제기를 했다. 그에 대한 이유는 1940년 10월 『음악세계』
에 실린 「동아민족음악의 탐구」라는 제목의 좌담회[20]에 참여한 이시카와
의 증언이 주목할 만한 그 증거라고 하고 있다. 여기에는 다음과 같은 내
용이 있다.

　　　　여기에서 이시카와는 "나는 몇 년 전인가 곤란했던 적이 있습니다.
　　조선총독부에서 일선융화를 위해 여행을 해서 조선의 민요와 내지의
　　민요를 어떻게 해서든지 비슷하다고 쓰라고 했습니다. 그래서 내가
　　쓴 것은 그렇게 해서 완전히 고쳐 썼던 것입니다. 이것은 지금으로부
　　터 20년 전부터 발표하거나 구상한 것은 아닙니다."라고 말하고 게다
　　가 "내가 최초로 갔던 때는 어디에 가든지 경찰 몇 사람이 함께 따라
　　와서 무대 위에 앉았던 것입니다. 어디에 가든지 순사가 10인정도 됩
　　니다." 라고 당시의 필드워크의 모습을 비판적으로 술회하고 있다.[21]

　　이러한 면까지 살펴 본 후쿠이는 이시카와를 좀 더 객관적으로 보려는
입장을 엿볼 수 있다. 그러나 위와 같이 1940년에 이시카와가 총독부와
불편했던 관계에 대해 증언한 것을 음악가로서의 양심이라고 보는 점에
대해서는 너무 단순한 평가라는 생각이다. 또한 후쿠이의 논문은 아직 해
명되지 못한 이시카와의 이력에서 많은 한계점을 가지고 있다. 예를 들면
이시카와가 미국에서 일본으로 귀국해서 1921년 조선에 들어오기 직전까
지의 행적을 전혀 알 수 없다고 했으나 당장 음악연감 대정9년, 대정 10

----

20 「東亞民族音樂の探究」, 『音樂世界 10月號』, 音樂世界社, 1940. 10. 8-28쪽.
21 藤井浩基, 「朝鮮における石川義一の音樂活動 : 1920年代前半を中心に」, 앞의 논문.

년도 판에 의하면 그가 三田영어학교 교사라는 것이 나와 있고, 필자가 발견한 바 1920년 6월에 이시카와의 작품발표회가 있었다는 것을 놓치고 있다. 그리고 이시카와가 다나베에게 이미 경성여자보통학교 교사로 있었으면서 왜 다나베에게 취직을 부탁했는지 의아해 하면서 이시카와가 자신의 직업에 만족하지 않았는가 하는 언급을 했는데, 이것은 이시카와 자신의 글을 자세히 보면 해명될 수 있는 바인에, 이시카와가 다나베에게 취직을 부탁 한 직후 경성여자고등 보통학교에 교원이 된다는 점을 간과하고 있다. 또 후쿠이는 이시카와의 민요조사에 관한 내용이나 채보관련 문제 이시카와가 쓴 조선음악관련 글들을 전면적으로 파헤치지 못한 점이 아쉽다

이 외에 후쿠이 이전에 이시카와만을 연구한 것은 아니지만 다른 연구 속에 이시카와를 비중 있게 다룬 연구가 있었는데 그것은 우에무라 유키오(植村幸生)의 다나베 히사오(田邊尚雄) 연구와 관련된 글에서이다.[22] 다나베는 1921년 약 보름간 조선을 공식적으로 방문하여 궁정음악을 조사했던 사람이다.[23] 우에무라의 이 글에서도 조선음악 조사에 대해서 다루고 있는데, 여기에서 그는 다나베 조선 방문 이후 이왕직 아악부의 변화와 관련하여 이시카와를 언급하고 있다. 다나베의 조선 방문 기간에 이시카와와의 만남과 이후 조선에서 발표한 몇 개의 글이 있다는 것에 대해 썼다. 우에무라는 다나베가 늘 자신이 조사한 지역의 음악을 더욱 깊이 연구할 수 있는 인물을 구하고 있었는데 조선에서는 이시카와에게 그 역할을 기대했다고 보고 있다. 그러나 이시카와는 궁정음악에 대해 별로 관

---

22 植村幸生, 「植民地期朝鮮における宮庭音樂の調査をめぐて-田邊尚雄 '朝鮮雅樂調査'の政治的文脈」, 『朝鮮史研究會論文集』 35집, 조선사연구회, 1997. 117~144쪽.

23 김수현, 「다나베히사오의 조선음악조사에 대한 비판적고찰」, 『한국음악사학보』 제 22집, 한국음악사학회, 1999. 필자도 다나베의 조선음악 조사와 그 결과에 대해 기존의 긍정적인 평가를 비판적으로 검토한 바 있다.

심이 없었고 채보도 겨우 1927년에서야 착수되었으며 장사훈의 말을 빌어 보자면, 채보도 완성을 보지 못해서 결국 그 초고만이 국립국악원에 남아 있다고 했다. 또한 우에무라는 「田邊尙雄と東洋音樂の槪念」에서도 이시카와를 다루고 있는데 여기서도 다나베가 당시 한국의 전통음악 이론가들에게 관심을 보이지 않고 전통음악연구를 이시카와에게 맡긴 것은 일본인의 특권과 관련이 있다고 피력하고 있다.

3. 한국에서의 연구

앞서 언급한 바와 같이 이시카와에 대한 한국의 연구는 전무하다고 해도 과언이 아니다. 그러나 이시카와에 대한 지명도는 오히려 일본보다 낫다는 생각도 든다. 왜냐하면 그가 어떤 사람이고 조선에서 어떤 음악활동과 연구를 했는지 어떤 글을 남겼는지 등에 대해서는 거의 알려져 있지는 않아도 그가 이왕직 아악부의 촉탁으로 있으면서 궁중음악을 채보한 사람이라는 정도에 대해서는 잘 알려져 있기 때문이다. 이시카와라는 인물보다는 그가 남긴 채보 악보에 대한 관심이 크다고 하겠다. 더구나 1996년 중국의 유명한 한국인 작곡가 정률성[24]의 부인 정설송이 한국을 방문해 이시카와의 채보 악보로 추정되는 궁중음악 악보를 여러 부 기증하면서 더욱 관심이 증대되었다.[25]

....

24 정률성(1918~1976)은 중국의 <중국인민해방가>를 작곡한 작곡가로서 중국에서 대단히 추앙받는 사람 중의 하나이다. 최근 광주에서는 정률성을 기리는 국제음악제가 매해 열리고 있다. 정률성이 6.25전쟁 때 서울에 왔을 때 궁중음악 악보 등을 수집해 보관해 오다가 그의 작고 이후 중국인 부인인 정설송이 한국에 그 악보를 기증한 것이다.
25 '중앙일보' 1996년 10월 09일자에는 궁중음악 악보 기증으로 '조선일보' 에는 민요기증으로 기사가 실렸다.

이시카와보다 이시카와의 채보 악보에 대한 관심이 높으면서 동시에 이시카와를 경험했던 원로 음악가들에게는 별로 좋지 못한 평가를 받았다. 특히 장사훈은 「국악채보의 일언」이라는 글에 다음과 같이 언급하고 있다.

여기서 분명히 밝혀 둘 것은 이시까와(石川)이라는 자가 수년 전까지 "한국의 아악 채보는 내 손으로써 완성된 것이다. 이것을 한국 정부에 나의 명의로서 기증할 용의가 있다" 이와 같은 허무맹랑한 소리로 자기의 공을 내세움으로써 세인의 이목을 현혹케 한 일이 있다. 그래서 이시까와(石川)는 그 때 이왕직 장관으로 있던 시노다(篠田治策)의 특혜를 얻어 매년 여름철이면 3개월 동안 한국에 나와서 아악 채보를 촉탁 받을 바 있다. 그리고 그 명목으로서 당시 7백원이라는 어마어마한 월수당을 받고 있었으니 저들끼리의 동정이었다고 할 것이다.[26]

이렇게 말하면서 당시 장사훈은 이시카와의 채보가 그릇된 채 공간(公刊)될 것을 염려하여 당시의 동료들과 함께 각각 역할을 나누어서 채보하고 이시카와에게는 총보의 청서(淸書)만 부탁해서 완성한 것이 1939년의 일이었다고 한다. 그런데 이시카와의 채보 완성에 대한 기사는 1935년 대대적으로 이루어지는 점으로 볼 때 이미 완성된 채보와 4년 후인 1939년의 악보의 관계를 해명할 필요가 있다.[27] 따라서 이미 이시카와가 완성한 많은 분량의 사보 악보는 어떻게 처리하였는지에 대해서도 언급하고 있지 않아서 장사훈의 말대로 보면 결국 고액의 채보 비용을 들여가며 채보한 이시카와의 본래 악보는 사장시켜 버린 것으로 여겨지게 한다.

<hr>

26 '한국일보' 1958년 7월 24일자, 장사훈, 『화전태 화류태』, 앞의 책, 68~72쪽에서 다시 인용
27 필자가 확인해 본 바로는 현재 국립국악원에서 보관하고 있다는 이시카와 악보는 1939년 악보이다.

성경린의 이시카와에 대한 회고를 보면 장사훈 만큼의 분노는 없으나 마찬가지로 이시카와가 많은 돈을 받으면서 채보 일을 했다고 술회하고 있다. 성경린의 이시카와에 관한 글은 여러 책에서 보이고 있으나 거의 같은 내용을 다음과 같이 반복하고 있다.

　　그가 처음 이왕직차관 시노다(篠田治策)의 소개로 아악부에 왔고 시노다와는 자별한 사이기도 하였다. 그것은 일본 동경 시노다의 본제(本第)에 피아노 강사로 출입한 것이 인연이 되어 조선에까지 나오게 된 것이다. 시노다의 딸에게 피아노를 가르쳤다. 반연이 좋았기도 하지만 고작 여름방학 기간 한 두달에 왕복 여비와 체재 숙식비 포함 그의 내왕에 드는 돈이 칠백원이니 천원이니 하고 떠들었으니 놀라웁다. 당시 아악사장 연봉을 쪼갠 월 급여가 백원에서 얼마 귀가 달린 액수로 알고 있다.

성경린은 또 그의 채보 태도에 대해서 다음과 같이 언급하고 있다.

　　먼저 아악부에 전하는 율자보(律字譜)를 원본으로 해서 양악 오선보에 옮겨 놓고 거문고면 거문고 가야금이면 가야금의 주자(奏者)를 데려다 실제의 연주와 자기의 채보가 맞는가를 확인한 뒤 크게 틀리지 않으면 일단 된 것으로 여겨 다음 일에 착수하였다... 그러니까 이시카와의 작업은 무척 사무적 기계적이랄 수가 있고 너무 안이한 태도라는 시비를 받게는 되었다.

이어서 성경린은 이시카와가 채보를 끝나고 아악부원 앞에서 피아노로 시연회를 했는데 양악기 특히 피아노로 연주해서 안 될 곡을 연주를 해 보인 결과가 뻔 한 과오를 왜 저질렀는지 이해가 되지 않는다고 했다. 이러한 이왕직 아악부 출신의 음악가의 평가 이후 이시카와를 좀 더

구체적으로 설명한 한 것은 국립국악원 개원 마흔돌 기념의 근대음악사 사진 자료집인『이왕직아악부와 음악인들』에서이다. 이 책에서 송혜진은 「이왕직 아악부와 인연을 맺었던 바깥사람들」에서 다룬 외국인 중 이시카와를 다루었고 윤명원은 「이왕직 아악부 시대의 업적」에서 문헌자료 중 이시카와 채보의『중광지곡』을 소개했으며 뒷쪽에는 이시카와의 사진과 관련기사 원본, 중광지곡 악보책이 사진으로 제시되어 있다.[28]

이시카와와 관련된 논문은 두 편을 들 수 있는데 하나는 1990년 정설주의 석사학위논문이고 하나는 2005년의 이지선의 논문이다. 정설주는 1910년대 이후 가야금 악보를 통해 선율 비교를 하기 위해 1930년대의 이시카와 악보를 그 대상으로 포함시키고 있다.[29] 그러나 이 악보는 이시카와의 사보악보가 맞는지 아니면 당시 아악생이며 장사훈이 말한[30] 이창규 사보 악보인지 규명이 필요하다.[31]

비교적 최근에 연구한 이지선의 논문은 1930년대 이왕직 아악부의 오선 악보의 이본을 비교 하는 논문인데 여기서 현재 동경대에 소장되어 있는 악보를 이시카와의 것으로 추정하고 있다.[32] 여기에서 주목할 것은 1939년의 악보를 기존에 인식하듯이 이시카와 채보 악보라고 단정하지 않고 1933년 악보와 다른 점을 밝힌 점은 진전된 연구라 할 수 있다.[33]

----

28 국립국악원,『이왕직아악부와 음악인들』, 앞의 책, 123쪽과 145~147쪽, 사진은 161쪽.
29 정설주,「현악영산회상의 가야금선율고찰-1910년대이후와 현행가야금악보에 基하여」, 앞의 논문, 4쪽.
30 장사훈,「국악채보의 일언」,『화전태 화류태』, 앞의 책, 69쪽.
31 만약 이시카와 사보 악보라 하더라도 1935년인지 1939년 악보인지에 따라서 악보의 기보체계는 다르게 봐야 한다. 왜냐하면 국립국악원 소장의 이 악보는 장사훈의 회고에서처럼 1939년에 아악부원이 분담해서 만든 악보이고 이시카와는 총보의 청서만 관여했기 때문이다.
32 이지선,「1930년대 이왕직아악부의 오선악보 이본 비교-수연장지곡을 중심으로」, 276쪽.
33 이지선은 더구나 핫도리 류타로오(腹部龍太郎)가 마이크로 필름으로 소장하고

그러나 이 동경예술대 소장 채보 악보는 1933년 이왕직아악부 편찬의 기증악보라는 점이 있다고 하지만 이시카와의 필체가 아니라 활자화 된 악보여서 더 많은 고증이 필요하다.[34]

이와 같이 한국에서 이시카와에 대한 연구는 앞 서 말했듯이 이시카와의 아악 채보와 관련된 정도에 그치는 것이며 그것조차도 해명되어야 할 것이 아직 많이 남아 있다.

III. 이시카와(石川義一)의 조선음악 연구

1. 조선 체류 중의 활동

이시카와가 1921년 4월 1일 조선에 들어 온 날짜는 공교롭게 다나베 히사오(田邊尙雄)가 조선에 들어온 날과 같은 날이라고 자신의 글에 남겼다.[35] 그는 떠들썩하게 환영을 받았던 다나베와는 전혀 다른 모습으로 조선에 들어왔다. 그는 다나베가 일본으로 귀국하기 전날인 4월 13일 다나베를 방문하게 되는데 이 방문에 대해서 다나베와 이시카와는 서로 조금 다른 뉘앙스를 풍기는 내용으로 회고하고 있다.

다나베는 1921년 방문 직후에 쓴 글에 이시카와가 민악을 연구하고 싶으니 총독부에 소개해 달라는 부탁에 대해서 총독부와 이왕직에 소개

....

있다는 악보를 비교해야 함을 언급하는 점에서 이시카와 악보에 대한 실체에 더욱 접근하려는 노력이 엿보인다.

34 일단 년대가 1933년이라면 1935년 기사 등에서 말하는 완성악보 이전의 시기라는 점에서 해명이 필요하다.

35 石川義一, 「朝鮮民謠硏究の旅」, 『朝鮮及滿洲』 214호, 1925년 9월. 57쪽.

장을 써 주었다고 하고.[36] 1970년에 다시 펴낸 책에는 이시카와가 취직을 부탁해서 아악부에서 채보 일을 하면 어떻겠느냐 권하고 총독부에 소개장을 써 주었다는 것이다.[37] 반면에 이시카와는 자신의 취직부탁에 대한 언급은 하지 않고 민요를 연구해 보고 싶다고 하니 다나베도 크게 찬성했다고 한다. 그래서 먼저 경성을 중심으로 민요를 개인적으로 연구해서 그 결과를 당시 다나베가 주필로 있었던 『음악과 축음기』라는 잡지에 실을 목적이었다고 한다.[38]

이시카와는 다나베가 힘써 준 바에 의해서인지 정확하진 않지만 다나베를 만난 이후 바로 경성여자고등 보통학교 敎諭(교사)가 된다. 이 사실은 그의 글 「朝鮮民謠研究の旅」(1925)에서 당시 정무총감 한 "당신같이 유능한 사람을 교사로 두게 해서 미안하다"는 말에서 엿볼 수 있다. 같은 달인 4월 30일의 이시키와의 글 「조선인 음악교육」에는 2,3주간의 경험이라는 말이 있었던 것을 보면 이시카와는 다나베의 소개장으로 총독부에 알려지고 총독부의 힘으로 교사로 취직이 되었던 것으로 보인다.

그의 조선에서의 최초의 직업은 1921년 4월 22일 『매일신보』에 기고한 글에 필자 소개에 쓰여 있는 것에서 확인되는데[39] 1921년 6월과 9월에 조선총독부 기관지 『조선』에 기고한 글[40]에도 경성여자고등보통학교 교유라고 되어 있으며 11월 매일신보 기사[41]에도 경성고등학교 교유라고 되어 있는 것을 보면 1921년까지 그의 직업은 경성고등여학교 교사였던 것

---

36 田邊尙雄, 「朝鮮音樂硏究日記」, 『音樂과 蓄音機』8권 5호, 東京: 蓄音機世界社, 1921. 84쪽.
37 田邊尙雄,, 『中國 朝鮮音樂調査紀行』, 東京: 音樂之友社, 1970. 60쪽.
38 石川義一, 「朝鮮民謠研究の旅」, 앞의 글. 57쪽.
39 「音樂과 時代思想」, 『每日申報』, 1921년 4월 22일자 (1면)
40 石川義一, 「社會敎化は先づ音樂から」, 『朝鮮』76호, 1921년 6월 石川義一, 「朝鮮俗曲」, 『朝鮮』79호, 1921년 9월.
41 『每日申報』, 1921년 11월 30일자 (3면)

같다. 그러나 1910년 총독부 직원록[42]에 의하면 그 기록이 없고 대신 경성사범학교의 청탁강사로 기록되어 있지만 대정 10년(1921) 『구식민지인명총람-조선편4』[43]에 의하면 경성여자고등보통학교의 교사라고 되어 있다. 이는 경성여자고등보통학교가 경성사범학교로 바뀌는 과정에서 생긴 혼동으로 보인다. 단지 그가 경성사범에 소속될 때는 정식 교사가 아니라 청탁강사였다는 사실이다. 조선에서 교사로서의 생활은 상당히 짧은 1년 이내의 기간이었던 것 같다.

그 다음 해인 1922년 1월 『조선』에 기고한 글[44]에는 평안남도 통역관으로 1923년 7월 『조선』[45]에 기고한 글에는 '조선총독부 촉탁'으로 소개되어 있다. 그러나 좀 더 정확하게 총독부직원록을 보면 1922년에는 평안남도의 통역생[46]으로 1923년과 1924년에는 평안남도 내무부 사회과[47] 소속으로 있다. 총독부 직원록과 『구식민지인사총람』에 기록된 이시카와 관련 사항을 정리해 보면 다음과 같다.

---

42 『朝鮮總督府及所屬官署 職員錄 大正10年』, 朝鮮總督府..

43 『舊植民地人事總覽 -朝鮮編4』, 1997. 일본도서센타 561쪽.

44 石川義一, 「社會敎化と民謠」, 『朝鮮』83호, 1922년 1월.

45 石川義一, 「朝鮮音樂と山脈の曲線との關係」, 『朝鮮』 100호, 1923년 7월.

46 石川義一, 「社會敎化と民謠」, 『朝鮮』 83호, 1922년 1월호. 81쪽에는 평안남도 통역관으로 되어 있다.

47 앞 서 기존연구에서 살펴 본 秋山邦晴이 이시카와가 평안남도 사회과장이었다고 했으나 사회과장은 다른 사람이고 단지 사회과 屬(촉탁)이라고 되어었다. 1928년까지 사회과 근무도 틀린 내용이다.

<표-1> 石川義一의 조선에서의 직업 관련 목록

수록년	수록문서	이름	관직	소속
1921년	조선총독부및소속관 서직원록	石川義一	教諭	조선총독부직속기관 : 제학교 : 경성여자고등보통학교
1922년	구식민지인사총람- 조선편 45	石川義一	請託講師	조선총독부직속기관 : 제학교(諸學校) : 사범학교
1922년	조선총독부및소속관 서직원록	石川義一	通譯生	조선총독부지방관서 : 평안남도 : 부군도(府郡島) : 평양부
1922년	조선총독부및소속관 서직원록	石川義一	屬	조선총독부지방관서 : 평안남도 : 지사관방 : 비서과
1923년	조선총독부및소속관 서직원록	石川義一	屬	조선총독부지방관서 : 평안남도 : 내무부 : 사회과
1924년	조선총독부및소속관 서직원록	石川義一	屬	조선총독부지방관서 : 평안남도: 내무부 : 사회과

　이시카와의 조선에서의 직업을 종합해 보면 그가 사전에 기약한 바도 없었으나 도착한지 불과 20일도 못되어서 취직이 되었고 조선에 체류하는 4년 내내 총독부에 소속된 직업을 가지고 있었다는 것을 알 수 있다.

　그리고 그가 온 그 달에 벌써 맹활약을 시작하는데 4월 20일부터 『경성일보』와 『매일신보』에 「음악과 시대사상」을 연재했고 이어서 「조선인의 음악교육」을 연재하는 문필활동을 했다. 이 내용의 대강은 '음악의 사회적 역할'과 '일선융화(日鮮融和)'에 관한 것이다. 동시에 연주회 준비로 분주해 있었다. 이 연주회는 5월 1일에 있었던 경성일보와 매일신보 주최의 '가정음악대회'였는데 신문에서는 4월 23일부터 대대적으로 선전하고 있었다. 연주회 당일 날의 연주회 광경까지 기사가 연일 계속되었다. 같은 기사가 반복되는 경성일보는 기사는 생략하고 표로 정리해 보면 다음과 같다.48

....

48 일본어판 경성일보와 한국어판 매일신보는 조선총독부의 어용신문으로 기사의 대부분이 겹쳐 있다. 따라서 매일신보로 정리하되 겹치지 않은 경성일보 기사 하나만 추가했다.

<표-2> 1921년 5월 1일 '가정음악대회' 관련 기사

날짜	게재지	큰제목	작은제목
1921.04.23.	每日申報	本社主催 家庭音樂大會	누구든지 이 음악대회에 오셔서 들으시면 참 유쾌
1921.04.29.	每日申報	天才的 聲樂家 本社主催 家庭音樂大會	오월일일 정 오후 두 시부터 경성여자고등보통학교로
1921.04.30.	每日申報	來聽隨意-家庭音樂大會	매일신보사와 경성일보사 주최의 가정음악대회 광고
1921.05.01.	每日申報	家庭音樂大會는 今日	누구든지 이 음악대회에 오셔서 들으시면 참 유쾌
1921.05.03.	每日申報	本社主催 家庭音樂大會 一千五百의 聽衆	세시간전부터 물밀 듯 하야 당장 입추의 여지가 없어
		印象 깊은 名手의 名曲	聽衆의 拍手 喝采는 不絶
1921.04.30.	京城日報	音樂大會に出演の石川氏の半生(음악대회에 출연한 석천씨의 반생)	苦しみ惱みか生んだ滯米實に十有四星霜(고통과 번뇌로 살았던 미국체류 실로 14년)

　　이렇게 떠들썩하게 진행된 연주회 이후 같은 해 11월의 기사49 외에 조선에서 그의 연주 관련 기사는 별로 보이지 않는다. 그만큼 한국에서의 연주활동은 활발하지 못했던 것으로 보인다. 한국에 들어 온 지 얼마 안 되어 가졌던 '가정음악회'는 신문사 주최였던 까닭인지 대대적인 선전과 반응을 기사화했지만 어찌된 것인지 더 이상의 기사가 나오지 않는다.

　　여기에서 두 가지를 생각해 볼 수 있는데 하나는 이 연주의 평가가 관중이든 음악계이든지 별로 좋지 않아서 한국에서의 활동을 미약하게 한 것을 생각해 볼 수 있고 다른 하나는 그가 총독부 직원이었던 점 때문에 음악가로서 자유스런 연주활동이 어려웠던 것은 아닌가 한다. 그런데 1924년 경성일보의 기사에서 보면 그는 한국에 체제하면서도 동경과 경도에서의 긴 연주회를 기획하고 있는 기사가 있다.50 이렇게 한국에 체재

---

49 「조선의 재래음악을 세계예술의 일부로 만들어서 널리 소개코져 열심 조선소리를 피아노로 합한다」, 『每日申報』, 1921년 11월 30일자 3면.

하면서 일본에서는 상당히 정력적인 작곡과 연주활동을 했다고 하는 것을 보면 한국에서의 제약과 관련성이 있다고 생각한다.

1922년 평양으로 근무지를 옮기는 이시카와가 주로 한 일은 민요연구였다. 총독부 지방관서의 사회과의 역할이라는 것은 사회사업에 관한 일을 하는 곳이라고 애매하게 되어 있어 뚜렷한 분야가 정해져 있는 것이 아니다. 이시카와의 민요연구라는 것은 민요의 조사가 먼저 있고 그 민요조사 관련한 글을 쓰고 채집한 민요를 채보하여 출판하는 일로 진행되었다. 그는 민요연구를 위해 교사생활을 그만 두고 평양관서로 직장을 옮겼던 것으로 보인다. 이 계획은 이미 몇 달 전부터 계획된 것인데 이시카와는 1921년 5월, 그러니까 온지 한 달여 만에 다나베가 써 준 소개장으로 당시 총독부 정무총감으로 있었던 水野錬太郎을 만나서 자신이 조선의 민요를 철저히 연구하고 싶으니 힘이 되어 달라고 부탁했다는 내용을 「조선민요연구의 여정」이란 글에 적고 있다.[51] 水野錬太郎정무총감이 대단히 호의적으로 반응했고 정보위원회 간사의 도움으로 그의 민요 연구는 총독부의 적극적인 협조 속에서 탄탄대로로 진행되었다.

그해 8월에는 평양에 출장을 다녀와서 9월에 「조선속곡」이라는 글을 발표했다.[52] 이때는 본격적인 민요조사가 목적이 아니었던 것 같고 먼저 평양의 기생학교를 방문했던 것 같다. 이 글은 자신의 경성에서 몇 달 살면서 경험했던 것과 평양의 출장의 경험을 합쳐 미숙하게 '조선속곡'에 대해 그려 본 것이다. 그는 이 글에서 평양출장에서 역시 평안남도청의 학무과 직원 경찰서장 및 매일신보 평양지국장 등이 힘써줘서 감사하다

---

50 『京城日報』, 1924년 4월 1일자에는 「조선의 자장가를 내지에서 연주하는 평남의 석천의일씨가 內鮮融和에 일조」라는 제목 하에 그의 연주 일정과 프로그램을 기사화 하고 있다.
51 石川義一, 「朝鮮民謠研究の旅」, 앞의 잡지, 57쪽.
52 石川義一, 「朝鮮俗曲」 79호, 1921년 9월호, 146~153쪽.

는 글을 서두에 쓰고 있다.

이렇게 이시카와의 모든 민요조사는 총독부 직원 경찰서 관계자들의 적극적 협조 속에서 이루어졌다. 이는 다른 민속조사에서도 마찬가지의 현상이이며 당시 일본인 민속학자들의 민속조사와 같은 맥락을 가지고 있다. 이마무라 도모(今村鞆) 무라야먀 지준(村山智順) 아키바 다카시(秋葉 隆) 등이 그들인데[53] 이시카와는 그런 맥락에 있으면서도 이들 민속학자들과 전혀 관계를 맺고 있지 않고 독자적으로 활동한 것은 음악분야의 특수성 때문인지 그의 개인적 성격인지 아니면 다른 의미를 가지는지 좀 더 확실히 규명해 볼 필요가 있다. 하지만 그는 일본에서 활약하고 있던 민요연구가들과 관계를 맺고 있었던 것으로 보인다. 그는 1920년대 일본의 민요창작운동을 이끌었던 야마다 코우사쿠(山田耕作 1886~1965)와 함께 '일본작곡가협회'를 결성한 인물이라고 한다.[54]

이시카와의 민요조사는 1921년 10월부터 시작되었고 지역적으로는 전국적으로 망라되고 있다. 그가 기고한 잡지의 글에서만 조사 지역을 보더라도 평양과 진남포 등의 평남일대, 영변을 비롯한 평북, 진주 김해 마산 등의 경남일대, 원산[55] 등지의 함경도, 제주도, 울릉도, 추자도까지 상당히 광범위하게 조사를 다녔다고 할 수 있다. 그의 초기 민요조사 때에는 가는 곳마다 민요조사를 위한 편의를 제공해 주는 대신 그 지역의 관립·공립학교에서 원하지 않는 피아노 연주를 해야만 했다고 한다. 그는 3년여에 걸쳐 민요를 조사하고 그 조사와 관련한 내용을 조선과 일본의 잡지 등에 기고했다. 일본 잡지로는 다나베가 주필로 있었던 『음악과 축음기』에 주로 실었다.[56]

53 주영하·임격택·남근우, 『제국일본이 그린 조선민속』, 한국학중앙연구원, 2006.
54 임경화편, 『근대한국과 일본의 민요의 창출』, 소명출판, 2005. 168쪽.
55 『조선일보』, 1923년 2월 26일자. 4면.

이시카와는 1925년 일본으로 돌아가지만 그의 음악활동이나 연구활동이 주춤한 것은 아니었다. 일본의 이시카와 연구에서 이시카와의 1925년 이후 일본에서의 행적 별로 다루지 않았지만 앞서 아끼야마(秋山邦晴)가 이시카와의 작곡과 연주 활동에 대해서 1950년대 이전까지만 다루는 것에서나 다나베가 언급한 바, 그가 뇌연화증으로 쓰러졌다고 하는 내용으로 추론해 보면 1962년 타계할 때까지 활발한 활동을 하지 못할 만큼 병상에 있었을 것으로 보인다. 바꾸어 말하면 1950년대 이전까지는 활발한 음악활동과 연구활동을 벌였다는 것이다. 특히 연구활동이 활발했다는 것은 일본의 잡지 『음악과 축음기』 『레코드음악』 등에 실은 이시카와의 수십 편의 글을 통해서 알 수 있다. 연재했던 「라디오와 축음기」(1925), 「대정15년을 맞이함에 대하여」(1926), 「대중음악」(1926), 「다시 음악의 대중화에 대하여」(1926), 「악계의 투쟁에서 음악의 대중화로」(1926), 「음악을 좋아하는 제군」(1926), 「작곡한다는 것은」(1926) 등 음악에 대한 견해를 피력하면서 동시에 조선의 민요 연구와 조선의 궁중음악의 채보를 위해 조선을 빈번히 왕래했다. 조선의 왕래는 연구도 목적이 있었겠지만 수회의 연주회를 감당하려는 비용 마련도 하나의 목적이었을 수 있다고 추측할 수 있다.

2. 조선 궁중음악 오선보 채보

이시카와는 1925년에 일본으로 귀국하지만 이후 경성에 한 두 달씩 와 있었기 때문에 조선과의 관계는 여전히 강했다고 할 수 있다. 그러나 일단 주 거주지가 일본이었기 때문에 조선에서의 음악 활동이나 연구 활

56 石川義一, 「朝鮮俗曲に就て」, 『音樂と蓄音機』, 8권 5호, 대정 10년(1921). 48~50쪽.

동은 궁중음악 채보 이외에는 없었다고 본다. 그가 1925년부터 이왕직에 정식으로 관계를 맺었던 것은 아니며 그의 공식적 관계가 언제부터 언제까지였는지에 대해서는 정확히 잘 알 수 없다. 신문기사에 의하면 1935년 까지는 이왕직 아악부에 관여했을 것으로 보인다. 그가 이왕직의 촉탁으로 있었다고 하는 것은 공식적인 자료에서는 찾을 수 없지만 음악연감에는 총독부 촉탁이라고 되어 있다. 또 1928년 기사에는 '고문', 1935년 기사에는 '위촉' '초빙'등이라는 용어만 쓰고 있지 이왕직 아악부의 촉탁이었다는 언급은 찾을 수 없다.

어쨌거나 이시카와의 채보에 관련 내용은 신문지상에 자주 등장하는데 특히 30년대 전후의 신문기사에서 나오고 1935년 10월 24일 날짜에 동시에 채보완성에 관한 기사가 가장 많이 나온다. 당시의 신문기사화 된 내용을 날짜별로 정리해 보면 다음과 같다.[57]

〈표-3〉 石川義一과 관계 있는 이왕직아악부 음악 채보 관련 기사

날짜		큰제목	작은제목
1928-07-09	每日申報	李王職雅樂은 東洋의 最古典樂	음보에 기록하야 영원히 보존
1928-07-20	每日申報	雅樂音譜作成	삼년간계획으로 진행
1934-03-06	時事	音樂-石川義一氏 朝鮮雅樂研究へ李王職家の招待	
1935-00-00	朝日新聞	朝鮮雅樂の採譜-苦心十年漸漸完成	石川氏,李王家に完納
1935-00-00	朝日新聞	朝鮮雅樂の保存 千年の古樂三百曲 五線紙に捕ふ	九ケ年寢食を忘れて沒頭-石川氏の採譜完成

....

57 朝日新聞(아사히 신문) 기사는 『이왕직 아악부와 음악인들』(161쪽)에 실린 야마모토 하나코 제공의 신문 기사 사진에 근거한 것인데, 이 책에 년도와 날짜를 기입하지 않아서 언제라고 단정할 수는 없다. 다만 여러 가지 정황으로 미루어 1935년도인 것만은 확실하기 때문에 년도만 적어둔 것이다.

1935-10-24	每日申報	朝鮮雅樂은 世界 太古의 交響樂	八九百年前 西洋에도 이런 音樂은 없었다 萬年長歡之曲 等 三百餘曲의 採譜偉業完成在邇
1935-10-24	京城日報	朝鮮雅樂を樂譜化 東洋太古の交響樂 世界に紹介	石川義一氏苦心の作
1935-10-28	東亞日報	朝鮮雅樂譜出版에 對하여	愼重에 愼重을 期하라

위의 신문지상의 기록을 종합해 보면 1928년 이왕직에서 오선보 채보를 위해 백우용을 촉탁으로 임명하고 공식적인 사업을 진행했는데 여기에 이시카와를 고문으로 했다는 점과 1935년에 곧 완성될 채보악보에 대한 선전과 동시에 이 악보가 어마어마한 규모이고 이시카와의 노력 고심 등을 통해 탄생된다는 점을 강조하는 내용이다. 위의 목록에 있는 기사의 내용 몇 개를 보자.

『매일신보』 1928년 7월 9일

이왕가아악은 동양의 최고전악

음보에 기록하야 영원히 보존

조선의 아악은 고전악으로서 세계에 자랑할 만한 것으로 영구히 보존하고자 이를 음보로 기입하랴 하여 오래전부터 이왕직에서는 동양의 작곡가 石川義一씨에게 위탁하야 연구해 오든바 石川씨 자신으로도 아악의 가치를 충분히 이해하며 고전악으로는 참으로 놀날만 한 예술적 가치가 있다 하야 그 연구에 몰입하든 바 이번에 이왕직에서는 석천씨를 초빙하여 지난 6일 밤에 입성하였는데 석천씨는 조선의 아악에 대하여 다음과 같이 말하더라(생략)

『매일신보』 1928년 7월 20일

아악음보작성 / 산년간 계획으로 진행

이왕직의 아악은 동양의 가장 오랜 음악인 동시에 세계에 그 比類를 보지 못할 고상한 것이다. 해가 가고 달이 갈수록 이 고상한 아악은 거칠어가기만 할 뿐임으로 요즈음 이왕직 예식과에서는 전일 이왕직악대장으로 있던 백우용씨에 촉탁하야 아악의 음보를 3년계획으로 작성키로 되었다. 이 음보만 작성되면 아악은 세계적으로 개방되어 어떤 관현악으로든지 아뢰올 수 있을 것이니 동경에서는 특히 음악가 石川義一씨가 와서 백씨고문이 되어 요사이 매일 아악을 들어가며 양악음보를 옮겨 싣기로 날을 보내는 터이다. (사진은 19일 아악대에서 박은 것)

『時事』1934년 3월 6일

석천의일씨 조선아악연구로 이왕직가의 초대

조선아악이 쇠미해 흔들리는 것을 우수한 궁내성 악부의 영인을 비롯해 민간에서는 문학사 田邊尙雄과 작곡가 石川義一씨가 각자 그것을 연구했는데 경성 이왕직가에서도 이것을 보존과 영구히 전하게 하기 위해 石川義一씨를 초빙해서 연구를 달성케 하여 石川씨는 약 1개년의 예정으로 이왕직가에 체재해서 아악의 사보에 종사를 위해 곧 조선으로 건너간다고 한다.

『매일신보』 1935년 10월 24일

조선아악은 세계 태고의 교향악/ 8, 9백년전 서양에도 이런 음악은 없었다.

만년장환지곡 등 300여곡의 채보위업완성재이

조선아악의 진가가 세계적으로 앙양하게 되었다는 명랑 뉴-스(동경전화) 이색 있는 작곡가 石川義一씨가 이왕가의 위촉을 받아서 고곡 조선아악의 채보에 착수한지는 소화 2년부터인데 이제 그 노력의 결과가 차차 나타나서 최근 <만년장환지곡> <승평만세지곡>을 비롯하야 283곡 전부의 譜錄을 마치고 앞으로는 이것을 총보로 작성하면 되게 되었는데 이것이 완성되면 동양 태고부터의 교향악을 세계음악계에 소개하게 되는 것을 극히 기대되고 있다. 이왕가에서는 오나성되는 때에는 출판의향이 있다고 전하는데 악부 8천 페이지의 출판은 세계에 없던 일이라 한다고 석천씨는 조선 아악은 천 년 전 수 백회 연주하여서 완성된 것임으로 간단하게 작곡할 수 없는 것이다. 8, 9백 년 전까지도 서양에는 이같이 완성된 오케스트라는 없었다. 그런데 동양에 이같이 훌륭한 음악이 있었다 함은 전 세계 음악계의 큰 驚異이다.(사진은 천고의 신비를 전하는 조선아악의 연주광경)

『동아일보』 1935년 10월 28일
조선아악보출판에 대하야
신중에 신중을 기하라

　...금번에 石川義一씨에 의하여 전부 채보가 되어서 明秋에 그 완성을 보게 되었는데 총수가 283곡이고 譜量이 8천頁(쪽)이라 한다. 세계에 그 유례가 없는 대악보이고 벌써 천년 래의 음악으로서 당시의 서양음악은 도저히 비할 바가 아니라고 하는 바이다. 우리는 石川씨의 노고를 많다고 하는 바이며 또 이왕직에서 그것을 출판하야 조선음악 아니 전 아세아 음악의 집대성을 세계에 전할 계획이 있다는 것을 기뻐하는 바이다. 그러나 우리로서는 그 사업에 遺漏가 없기를 衷心으로 바래는 고로 당국자들이 출판에 제하여 신중에 신중을 가하라고 부탁하지 아니할 수 없다. 석천씨의 역량을 의아하는 것은 아니지만 이왕직 당국자로서는 사계의 대가를 망라한 일대 위원회를 조직하야 그것을 출판하기 전 엄밀히 심사하는 노력 쯤은 취하는 것이 당연할 것이고...

　1928년 백우용을 돕는 것으로 시작했던 이시카와는 1930년 백우용 타계 이후 본격적으로 채보 일을 했던 것 같고 그의 채보 곡 수도 280여곡이고 분량도 8천페이지(또는 5천페이지)라고 하니 엄청난 양이다. 궁중에서 전해오는 음악, 즉 정악 또는 아악의 범주에 드는 곡목이 283곡이나 될까 하는 생각이 들지만 종묘제례악 곡에서만 해도 보태평 11곡 정대업 11곡으로 하고 이 외에 경모궁악 관왕묘악 등 모든 제사음악을 합치면 50여곡이 될 것이며 영산회상 곡의 경우도 중광지곡 9곡, 평조회상 8곡, 표정만방지곡 8곡 등 25곡이고 가곡의 경우에도 남창 26곡 여창 15곡이 있고 여민락계 4곡 취타계도 여러 곡이다. 그 외에 보허자 낙양춘 정동방 곡 유황곡 수연장지곡 등 곡목 수는 상당하다고 할 수 있다. 그렇다 하더라도 283곡이라고 하면 지금 전해오는 모든 정악곡을 망라했을 것이다.

그런 방대한 분량의 곡을 9년에 걸쳐 완성했고 그것이 현재 남아 있다면 채보의 상태나 질은 논외로 하더라도 그 의미가 상당하다고 할 수 있다. 그러나 정작 이왕직아악부 출신의 음악가들은 큰 의미를 두기는커녕 상당히 부정적으로 보고 있다는 것이다. 아악부 출신의 음악가들은 이 채보가 원래 있는 전통악보를 보고 오선보로 역보 해 놓고 나서 음악을 듣고 수정하는 정도의 작업이며 그렇게 한 수준의 작업인데도 채보를 한다는 명목으로 이왕직에 받아간 돈의 액수가 엄청났다는 점 때문인 것 같다.[58]

여기에서 의문이 가는 것은 이시카와가 채보에 기울인 시간은 9년이라고 하는데 기사화 된 시점이 1935년이고 채보에 노력한 시간이 9년이라면 적어도 1927년은 되어야 한다. 역시 앞의 기사에서 보이듯이 이시카와가 소화 2년(1927년)부터 채보에 착수했다는 점과 꼭 맞아 떨어진다. 그런데 문제는 1928년 공식적으로 백우용을 임명해서 채보의 일을 맡겼는데 이미 비공식적으로 이시카와의 채보가 진행되었다는 사실이다. 그리고 1930년 백우용 타계 이후 공식적인 촉탁은 이가라시(五十嵐第三郎)인데,

----

58 장사훈, 『화전태 화류태』, 앞의 책, 69쪽.

이가라시에 대한 언급의 기사도 전혀 없고 실제로 이가라시 채보의 흔적
도 전혀 남아 있지 않다.

이 점을 이해하는 데는 이시카와가 어떻게 이왕직과 인연을 맺었는지
에 대한 규명에서 실마리를 풀어야 할 듯하다. 성경린과 장사훈은 이시카
와가 채보 일을 맡게 된 것은 당시 이왕직 차관으로 있었던 시노다(篠田
策)를 동시에 언급하고 있다. 총독부 직원록에 의하면 시노다는 이시카와
가 평안남도 사회과에 근무할 당시 평안남도 지사로 있었다.[59] 일본의 내
각인쇄국에서 발행한 『직원록』에는 '궁내성'이란 항목 안에 '이왕직'이
들어 있는데 1925년 『직원록』에 이왕직 차관이 시노다(篠田治策)로 되어
있다. 이후의 상황을 『직원록』을 통해 보면 1925년부터 1932년까지 이왕
직 차관이었고 1933년 이왕직 장관으로 승격한다. 이왕직 장관은 1939년
까지 맡는데 1940년에는 시노다가 장관으로 있을 때 차관으로 있었던 이
항구가 장관이 된다. 이렇게 시노다는 이시카와의 평안남도 근무시절부터
이왕직에 채보 일을 할 시기에 항상 같은 관청에 최고 수장이었다. 그렇
다면 그가 정식 촉탁이 아니었다 할지라도 오랫동안 이왕직 아악부의 일
에 관여하고 이에 대한 경제적 보수를 받았던 것은 든든한 배경이 있었기
때문이라는 것을 짐작할 수 있다.

그러나 이시카와의 채보 작업이나 이왕직 아악부와의 인연은 1927년
부터 발단 된 것이 아니다. 이시카와의 이왕직 아악부와의 최초의 인연에
대해서 알아보기 위해 이시카와가 조선의 아악을 조사하기 위해 같은 날
조선에 들어왔다가 이제 막 일정을 마치고 돌아가려는 다나베를 만나서
나눈 이야기로 다시 돌아가 보자.

....

59 『구식민지인사총람-조선편4』의 대정11년(1922년)

귀국준비를 하고 있는데 아침에 돌연 아무런 예고나 소개도 없이
한 사람이 찾아 왔다. 만나보니 일본인 같지 않고 왜소하며...石川義一
이라는 하와이 태생의 2세이며 피아니스트이자 작곡가인데 일본에
와서 할일도 없고 해서 조선에 왔는데 당신 이름을 신문에서 봤다.
어떻게라도 취직자리를 부탁한다 고 해서 마침 이왕직아악의 5선보
작성을 도와주었으면 하는데 그것을 하겠다면 말해주겠다고 하니 그
것은 꼭 하고 싶다고 했다. 그래서 石川군을 총독부와 이왕직 사람에
게 소개장을 써 주었다."[60]

　　이 글이 일기식으로 쓴 것이긴 하지만 이 책은 1970년에 발행된 책이
기 때문에 귀국 직후 『음악과 축음기』라는 잡지에 쓴 내용보다는 훨씬
많은 내용이 가필되어 있다. 『음악과 축음기』에는 "조선음악가 石川義一
씨가 여관에 방문해 와서 민악을 연구해 보고 싶으니 소개해 달라는 부탁
에 정무총감을 비롯해 총독부의 몇 분을 소개해 주었다"[61]는 간단한 내용
인데 비해서 위의 글에서처럼 이왕직아악부의 채보와 관련한 내용이 있
다. 다나베가 1970년에 없는 사실을 부풀려서 썼는지 다시 회상해서 그
때 못했던 얘기를 썼는지 알 수 없다. 그러나 이 내용과 여기에 실린 각주
를 통해 써 놓은 다나베의 술회가 많은 문제를 야기 시키고 있다는 사실
을 발견할 수 있다. 이 각주의 내용을 보면 다음과 같다.

　　주) 石川군은 그 후 경성(다음에 평양)의 여학교 음악교사를 하면서
10여년에 걸쳐 열심히 이왕가 아악의 악보 전곡을 완성하고 이왕직
에 제출하였다. 이일은 실로 중대한 사업이었으나 종전후 이왕직은
없어졌고 특히 조선은 남북으로 갈라져 경성에서 전쟁을 되풀이했기

60　田邊尙雄,, 『中國 朝鮮音樂調査紀行』, 東京: 音樂之友社, 1970. 60쪽.
61　田邊尙雄,, 「朝鮮音樂硏究日記」, 『音樂과 蓄音機』8권 5호, 東京: 蓄音機世界社,
　　1921. 84쪽.

때문에 조선에서는 그 악보를 전부 잃었다.(내 손에 수곡 남았다) 石
川군에게 초고만 남아 있다고 하기에 동경에 계시는 구李王전하를 만
나 이 석천군의 초고정리 사업을 원조 해주십사 했으나 이왕도 지금
상태로 불가능하다고 대답했고 그 후 石川군도 뇌연화증으로 쓰러지
고 말아 결국 악보가 부활되지 못한 것이 유감스럽다.[62]

앞에 인용 된 두 가지 인용문이 사실이라면 두 가지 면에서 해명할
문제가 생긴다. 먼저 다나베는 여기에서 이왕직 아악부에서 오선보 채보
의 일을 하려고 한다는 말을 했는데 이 말이 맞다면 성경린이 언급한 이
왕전하 내외분이 유럽여행의 계기로 1926년에 아악 채보의 착수했다는
내용과 시기가 맞지 않는 사실이 된다.[63] 또 한 가지는 다나베가 이시카와
의 채보 악보는 6.25 전쟁 시기에 전부 잃게 되었다고 한다는 사실이 맞
다면 국립국악원이 소장하고 있다고 한 언급한 사실과 어긋나고 일본에
서 소장하고 있다는 악보들에 대한 것을 해명하지 않고는 해결되지 못하
는 사실이다.

필자는 이시카와의 채보 악보에 대한 행방과 국립국악원 소장 악보의
채보자나 발행일 정률성 기증 악보 등에 대해 대단히 혼란스러운 상태를
이해하기 위해 직접 국립국악원에 자료 열람 요청을 했다. 열람 요청은
국립국악원에 소장되었다는 이시카와 채보 악보이고 1996년 정률성 기증
악보이다. 열람은 이루어졌고 목록은 볼 수 있었으나 필자가 본 악보는
여러 사람의 필체가 보이는 기묘년(1939년) 악보이고 실제로는 이시카와
채보 악보라고 확신할 만한 『중광지곡』과 이시카와 채보 악보로 추정되
는 정률성 기증 악보는 보지 못했다.[64] 다만 세 개 정도의 총보 악보만이

---

62 田邊尙雄,, 『中國 朝鮮音樂調査紀行』, 앞의 책. 60쪽.
63 성경린, 「악보(樂譜) 편찬사업」, 『관제성경린선생구순기념 국악의 뒤안길』, 2000. 22쪽.
64 열람은 2007년 8월 24일에 이루어졌다. 국립국악원 관계자 분들에게 감사드린다.

이시카와 필체로 짐작할 수 있을 정도였다.[65] 그것은 다름 아니라 국립국악원에서 보여 준 악보는 장사훈의 서술대로 1939년 이시카와의 그릇 채보를 좌시할 수 없어서 아악부원이 각각 나누어 채보하고 총보의 청서만을 부탁했다는 그 악보인 것이다.[66] 그러니까 이시카와가 1935년에 거의 완성되어 간다는 283곡의 8천 페이지 악보는 현재 국립국악원에 소장되어 있지 않다고 봐야 한다.[67] 한 가닥의 기대는 정률성·기증 악보에서 찾아 봐야 할 뿐이다. 그렇다면 1935년 이시카와 채보 악보는 당시 이시카와가 이왕직에 제출하지 않았으면 전쟁 때 분실했다고 봐야 한다.[68]

　1935년 완성 이시카와 악보는 일본에 남아 있는 것으로 여겨진다. 모두 남아 있는지는 알 수 없지만 일본에 남아 있는 것은 적어도 1939년 악보는 아니다. 그런 점을 잘 알 수 있게 하는 것이 성경린의 글에서 찾아 볼 수 있다. 1971년에 국립국악원을 방문한 일본의 민요연구가 핫도리 류

---

65 열람해 보니 秋山邦晴이『音樂藝術』에 쓴 글 중에 실려 있는 <경록무강지곡>의 필체와 세 곡 정도의 악보가 같은 필체였는데 흥미로운 사실은 백우용 채보 악보라고 하는 <승평만세지곡> (1929) 악보의 필체도 같다는 것이다. 이 악보에는 "이것은 白氏의 寫本이다"라고 한 점을 볼 때 이시카와가 백우용의 악보를 배꼈을지도 모른다는 추정을 가능하게 한다.

66 다만 보지 못한『중광지곡』이 이시카와 채보의 악보일 가능성은 있다.

67 여기에 대해서 우에무라 유키오는 1935년 10월 28일자『東亞日報』에 난 "조선 아악보 출판에 신중에 신중을 기하라"라는 제목의 기사를 증거로 1935년 이시카와 채보 작업은 중단되었다고 본다. 그래서 장사훈이 서술한대로 1939년에서야 아악부원 들의 악보를 이시카와가 청서만 했다고 생각하고 있다. 그러나 아무리 채보 작업이 중단되어 출판을 보지 못했다 하더라도 그 방대한 양의 채보 악보를 사장시켰을 리는 만무하다. 그렇지 않으면 이 악보는 이시카와가 이왕직에 제출하지 않고 자신이 가지고 갔을 가능성이 있다.

68 여러 가지 정황이나 다나베의 언급과 장사훈의 1939년 아악부원의 채보 언급 등을 보더라도 국립국악원에 소장 악보는 1935년 완성된 채보 악보가 아님은 분명한데 왜 성경린은 국립국악원에 이시카와 채보 악보가 국립국악원에 소장되어 있다고 강력하게 주장해 왔는지 의문스럽다.

타로오(腹部龍太郎)라는 사람이 자신이 이시카와의 천 쪽이 넘는 대량의 악보를 마이크로 필름으로 수록해서 소장하고 있다고 했다는 것이다.[69]

아이러니한 사실은 腹部龍太郎이 이 소장 악보를 국립국악원에서 필요하다면 얼마든지 제공하겠다고 했으나 성경린은 이시카와의 악보는 전부 국립국악원에 전부 보관되어 있다고 하며 사양하고 대신 이시카와 자필 악보채보 목록만을 받았다고 한다. 성경린의 눈에 쉽게 알아볼 수 있는 이시카와의 필체가 맞다고 했다. 성경린은 이 목록을 열거해 놓았고 이 목록 끝에는 전 3천 43면이라고 적고 밑에 악기 이름의 전부와 이왕직아악부원의 연주자 이름을 부기 했다고 한다. 이를 보기 쉽게 정리하면 다음과 같다.

> 1권 중광지곡(별명 영산회상)
> 2권 만년장환지곡 : 1부 우조 8곡
> 3권 만년장환지곡 : 2부 계면조 15곡, 장춘불로지곡 경록무강지곡 정대업지곡 수룡음
> 4권 종묘제악 보태평지악 융은지악 희운지악 숙악지악
> 5권 금전악 군악 경풍년 절화 염양춘 우림령 요천순일지곡 기수영 창지곡(낙양춘)
> 6권 만파정식지곡(일명 취타) 수연장지곡 옥련환지곡 (일명 염불) 일승월항지곡(일명 염불타령) 함령지곡(일명 상현환입) 취태평지곡 평조영산회상

이는 현재 국립국악원에 보관되어 있으며 이시카와 채보라고 알려져 있는 1939년 악보 목록과 비슷하지만 꼭 같은 것은 아니다.

어쨌거나 이시카와는 어떤 목적으로 채보하였는지 자못 궁금하지 않

---

69 성경린, 「雅樂 洋樂譜 採譜」, 『나의 인생관 - 노을에 띄운 가락』, 앞의 책, 332~334쪽.

을 수 없다. 당시의 신문에 의하면 이시카와는 음악은 흘러 없어지기 마련이지만 기록을 해두면 영원히 보존할 수 있다는 생각을 피력했다.[70] 그러나 그의 생각에 의문이 드는 것은 궁정음악은 당시 대부분 한국의 전통 악보에 기록되어 전해 왔는데 굳이 서양 오선보로 채보해야 기록으로 영원히 보존될 것이라고 본 것은 무엇 때문일까? 그것은 두 가지로 생각할 수 있는데 기존 전통음악이 정확하지 못하다는 생각이 있었거나[71] 한국의 전통악보를 이해하지 못하는 사람들에게 이해가 될 수 있는 보편적인 악보가 서양 오선보라고 생각했던 것은 아닌가 한다. 그의 말대로 오선보로 작성해야 피아노나 바이올린으로도 탈 수 있다는 생각으로 오선보 채보에 대한 정당성을 부여한 것으로 보인다. 그런데 당시 그가 기존 악보를 역보하는 차원에서 먼저 하고 연주자들을 하나씩 불러서 대조해 보고 틀린 것만 고치는 안일한 태도로 한 채보 작업을 한 것이라 한다면 '9년여 역작'이니 '고심작'이니 '심혈을' 기울였느니 하는 신문 기사는 과장성이 깊은 것이다.

3. 민요조사

한편 그가 아악을 채보하는데 심혈을 기울일 정도라고 하지만 그의 민요조사와 채보사업은 먼저 착수된 것이며 그야 말로 조선 체류 내내 조사해 온 민요 채보는 왜 방대한 규모로 하지 않았는가 하는 점을 의심하지 않을 수 있다. 이시카와가 10년 동안 민요를 聚集했고 그것을 악보로 보존한다는 다음과 같은 기사가 있다.[72]

....

70 『매일신보』, 1928년 7월 9일자 (3면)
71 『매일신보』, 위의 기사. 이 기사에서 실제로 이시카와는 아악에는 음보가 일정
   치 않다는 말을 했다.

『매일신보』 1929년 12월 22일

朝鮮民謠를 樂譜로 保存

十年동안 聚集에 努力한 音樂家 石川氏

음악가 석천의일씨는 咸北방면의 민요를 조사하고서 가는 길에 18일 아침 입성하였다가 동일 밤 다시 회령 방면으로 출발하였는데 석천씨의 조선민요연구는 대정9년(1920)이래 10개년 동안이나 계속하여 온 것으로 자비 또는 총독부의 촉탁으로 조선각지를 실지로 답사하여 그 족적이 제주도 울릉도의 궁벽한 곳까지 이르렀으며 오직 남은 것은 회령방면뿐으로 거의 전부를 조사하였는데 이번 조사만 마치면 全鮮의 조사가 완성케 된다 한다. 그리하여 종래 부분적으로 발표하여 온 것을 한데 모아 가사에 악보를 붙이어 총독부에 보고하는 동시에 내외에 발표하리라는데 이에 대하여 석천씨는 아래와 같이 말하더라 "나의 조사는 장차 없어지게 될 경우(지경)에 있는 조선 민요를 조사하는 것이 목적인 고로 오십세 전후 노인의 기억을 누다려 이를 聚集한 것입니다. 지금 이 조사를 완성하여 놓지 않으면 순전한 조선 민요는 시대의 변천에 따라 후세에 전할 수 없게 되겠으므로 이 점으로 보아 매우 유의의한 일로 생각하오 종류는 대략 70종 가량인데 인쇄하여 발표하면 300頁(쪽) 가량은 될 듯합니다. 이번 조사하는 경북 회령 방면은 여진족의 후예가 남아 있어서 특수함 민요가 있을 듯 한 고로 의외에 재미있는 조사가 될 줄로 지금부터 기대하고 있소"

위에서처럼 이시카와가 회령지방을 제외하고 전국의 민요를 다 조사했다고 하며 조사한 민요 70종을 인쇄하여 발표하면 300쪽 가량이 될 듯하다고 했다. 이 기사만으로 보면 전국의 거의 망라한 민요의 분량치고는 너무 적은 분량이다. 민요의 한 곡 한곡의 길이가 짧으니 300곡 정도라는 계산을 해보아도 궁중음악 8천 페이지와는 대조를 보이고 있다. 그리고

....

72 『매일신보』, 1929년 12월 22일(2면)

민요 채보가 실제로 되었는지도 불분명하고 인쇄가 될 예정이라는 내용만 있기 때문에 뒷날 어떻게 되었는지 알 수 없다.

"이 악보를 만들어 총독부에 보고할 예정"이라는 위의 기사를 봐도 그렇지만 민요의 연구도 철저히 총독부의 지원 아래서 행해진 것인데도 사정이 이렇다면 이시카와가 이왕직에서 받은 특혜는 상당히 컸다고 할 수 있다. 그 규모가 적었다 하더라도 이시카와의 민요조사의 결과물, 즉 민요 채보 악보는 어딘가에 남아 있을 것이다. 꼭 인쇄 출판의 형태가 아니더라도 보고서 형태라도 남아 있어야 하지만 그 흔적을 찾기 어렵다. 일본의 연구자들도 이시카와가 민요를 연구했다는 사실을 언급하지만 이 민요 채보 악보에 대해서는 언급이 없다.

이시카와는 1921년 4월 교사직을 얻음과 동시에 언론지상에 문필활동을 하기 시작했는데 그 첫 번째가 『경성일보』에 3회에 걸쳐 연재한 「음악과 시대사상」이었다. 이는 다시 『매일신보』에 22일부터 똑 같은 내용으로 다시 실리고 이어 4월 30일부터는 「조선인 교육과 음악」을 연재했다.

〈표-4〉 石川義一이 일간지에 기고 글 목록

날짜	게재지	제목
1921년 4월 20일	『京城日報』	「音樂と時代思想(上)」
1921년 4월 21일	『京城日報』	「音樂と時代思想(中)」
1921년 4월 22일	『京城日報』	「音樂と時代思想(下)」
1921년 4월 22일	『每日申報』	「音樂과 時代思想(上)」
1921년 4월 23일	『每日申報』	「音樂과 時代思想(中)」
1921년 4월 24일	『每日申報』	「音樂과 時代思想(下)」
1921년 4월 30일	『京城日報』	「鮮人敎育と音樂(上)」
1921년 5월 1일	『京城日報』	「鮮人敎育と音樂(中)」
1921년 5월 3일	『京城日報』	「鮮人敎育と音樂(下)」
1921년 4월 30일	『每日申報』	「朝鮮人敎育과 音樂(上)」
1921년 5월 01일	『每日申報』	「朝鮮人敎育과 音樂(下)」
1924년 10월 13일	『東亞日譜』	「朝鮮民謠」
1924년 11월 1일	『東亞日譜』	「朝鮮民謠(前續)」

조선에 온지 불과 20일도 못되어 조선 일간지에 3회에 걸쳐 연재한 「음악과 시대사상」에 그는 다나베가 조선에 온 이야기로 첫 머리말을 시작하여 사람들이 점점 근대화 되어 가는 시대 상황에서 물질적 지위아래 저하되어 영감으로서의 음악의 지위를 높여야 한다는 기조의 내용인데 음악은 인간의 영감과 직접적으로 교섭하는 것으로서 내선인의 화합을 가장 유효하게 하는 것이며 또 가장 완전히 하는 것은 무형의 음악이 아니고는 안 될 것이라고 강력하게 주장하고 있다.

며칠 뒤에 또 다시 연재한 「조선인의 음악교육」에서는 더욱 노골적으로 일선융화를 주창하는 내용으로 채워져 있다. "근래 內鮮融和 문화운동이라는 것이 일어난 것은 실로 기뻐할 바이나 內鮮의 融和를 計함에는 此에 음악에 한할지니" 라고 하며 음악을 좋아하는 조선인에 있어서 이 음악 교육이야말로 내선융화에 큰 역할을 할 수 있다는 논조이다. 그의 이러한 생각은 당시 총독부의 정책을 고스란히 대변하고 있는 대표적인 언설이다.

또한 두 달 뒤인 1921년 6월에는 조선총독부 기관지 『조선』에 「사회교화는 우선 음악에서」라는 글[73] 역시 앞의 일간지에서 말하고자 하는 내용을 더욱 구체적으로 적어 놓고 있다. 그리고 다음해에 기고한 「사회교화와 민요」에서는 더욱 정갈한 모양새를 갖추고 일선융화에서 음악 중에서도 민요의 중요성에 대해서 역설하였다. 이 글 이후로 민요에 대한 글이 계속해서 쏟아지는데 이것은 주로 그가 직접 민요조사한 내용의 보고서와 같은 내용이다.

이시가와는 1925년까지 주로 『조선』과 『조선급만주』 등 조선총독부

---

[73] 이 보다 먼저 기고한 글은 『음악과축음기』의 「조선속곡에 대하여」이다. 『음악과 축음기』는 조선에서 발행된 잡지가 아니라 일본에서 발행된 잡지로 이 글은 1921년 5월호에 실린 글이다.

기관지에 글을 싣고 있는데 민요에 관한 글이 가장 많다. 그가 잡지에 기고한 글을 정리해 보면 다음과 같다.

〈표-5〉 石川義一이 잡지에 기고한 글 목록

년 월	게재지	호수	제목
1921년 6월	朝鮮	76호	社會敎化は先づ音樂から(사회교화는 우선 음악에서)
1921년 9월	朝鮮	79호	朝鮮俗曲(조선속곡)
1922년 1월	朝鮮	83호	社會敎化 と民謠(사회교화와 민요)
1922년 1월	朝鮮公論		朝鮮の冬と音樂(조선의 겨울과 음악)
1923년 7월	朝鮮	100호	朝鮮音樂と山脈の曲線との關係(조선음악과 산맥의 곡선과의 관계)
1923년 9월	朝鮮	101호	濟州島及鬱陵島民謠調査に就て(제주도 및 울릉도 민요자사에 대하여)
1924년 3월	朝鮮	107호	寧邊歌に就て (영변가에 대하여)
1924년 4월	朝鮮	108호	鎭南浦の民謠(진남포의 민요)
1924년 6월	朝鮮及滿洲	199호	綜合藝術へ(종합예술로)
1924년 7월	朝鮮及滿洲	200호	音樂演奏者の態度(음악연주자의 태도)
1924년 11월	朝鮮及滿洲	204호	朝鮮古來の建築-音響學上より見たる (조선의 옛 건축-음향학상으로 볼 때)
1925년 9월	朝鮮及滿洲	214호	朝鮮民謠硏究の旅 (조선민요연구 여행)
1927년 5월	音樂と蓄音機	14권5호	朝鮮の民謠を尋ねて(一)(조선민요을 찾아서1)
1927년 9월	音樂と蓄音機	14권9호	朝鮮の民謠を尋ねて(二)(조선민요을 찾아서2)

이시카와가 일간지에 발표한 글은 초기에는 매일신보에 기고한 글이 가장 많고 잡지는 총독부 기관지나 관계 언론인 『朝鮮』 또는 『朝鮮及滿洲』・『朝鮮の敎育硏究』・『朝鮮公論』 등 일본어로 된 잡지이다.

이시카와가 신문 잡지에 게재한 글을 내용적으로 분류해 보면 크게 두 가지로 나눌 수 있는데 하나는 음악의 사회 또는 사회 교화에 있어서 중요성을 강조하는 내용이고 또 하나는 민요조사에 관한 것이다. 주로 한국 체류 초창기인 1921년과 1922년 사이에 쓴 글이 전자의 경우이고 1923년 이후의 글에서는 대부분 민요를 다루고 있다.

전자는 사회에서 '음악'이 할 수 있는 역할은 크다는 것인데 이렇기 때문에 조선인 사회교화에서 음악을 이용하면 좋은 효과를 누릴 수 있다는 것이다. 후자는 전국을 돌아다니면서 조사한 민요 기행을 쓰면서 그 지역의 민요가 일본 민요와 어떻게 같고 다른지에 대한 점을 쓴 것이다. 그래서 전자든 후자든 내용과 관계없이 그의 글에서 일관된 성격이나 관점은 '일선융화'와 관련되어 있다.

이렇게 그는 '일선융화'와 관련된 글을 쓰게 된 데에는 이 시대의 배경과 관련이 있다. 1919년 3·1운동으로 위기를 느낀 일제는 이전의 무단정치 대신 문화정치를 표방, 민족분열정책을 전개하는 한편, 경제적으로는 한국경제를 완전히 일본경제에 종속시키려 하였던 시기이다. 1919년 총독으로 부임한 사이토 마코토(齋藤實)는 일선융화(日鮮融和)·일시동인(一視同仁)이라는 구호 아래 문화정책을 내세워 정책의 변화를 선언하였다.

1920년대부터 시작된 구호인 '日鮮融和'나 '內鮮融和'는 1930년대 후반부터 '內鮮一體'로 나아가는데, '日鮮融和'는 '內鮮一體'와 본질적으로 다르지 않다. 이미 일제가 한국을 식민지화했을 때 표방한 것이 동화정책이었고 끊임없이 실천해 갔다. 일제의 한국 식민지지배정책의 기본을 이루는 동화정책은 일본의 고대국가 이래로 형성된 왜곡된 한국사관에 기초한 것으로 일한동조론(日韓同祖論), 주체적 발전 결여론, 정한론(征韓論) 및 대동합방론을 들 수 있다.[74]

이러한 동화론은 단순히 한국인과 일본인이 대등하게 공존하는 것을 의미하는 것이 아니다. '내선일체'가 마치 일본제국주의가 한국민족에게 베풀어 주는 은혜라는 시혜의식과 한국민족이 동화되어야 할 우수한 민족이라는 우월감이 있지만 실제로 '내선일체'는 한국인이 완전히 일본인

----

74 김운태, 「일본의 대한식민지배의 기조로서의 동화정책 이데올로기」, 『행정논총』, 23권 1호, 서울대행정대학원 한국행정연구소, 1985.

화 되어서 한국인이라는 민족이 지구상에서 사라지는 것을 의미했다.[75]

이러한 동화정책을 실천하기 위해 가장 기초로 했던 것이 한국의 실정을 조사하는 대대적 조사사업이었다. 초기의 조사사업은 경제적 지리적 조사사업으로 제국주의의 식민지 침탈에서 가지는 기본적 조사사업이었지만 1920년대부터 시작된 문화조사사업, 특히 민속조사 사업은 총독부가 일본의 학자들을 지원하고 동원해서 이루어진 것으로 '일선융화'의 기초를 마련하는 사업이었다.[76]

이러한 예로 일본인 민속학자 이마무라 도모(今村鞆) 무라야먀 지준(村山智順) 아키바 다카시(秋葉隆) 등의 조사와 연구 민속지 발간 등을 들 수 있다. 이것은 조선의 민속을 조사 연구하여 식민주의에 복무한 동화정책의 일환이라고 할 수 있다.[77]

이러한 시대적 상황과 맞물려 있던 시기에 한국에 왔던 이시카와가 총독부의 주선으로 교사직을 얻었고 다음해에는 바로 총독부 지방관원의 사회과에 근무했다는 사실을 보면 너무나 선명한 그림이 그려진다. 그는 직업을 얻자마자 신문지상에 일선융화와 관련된 글을 올렸고 그 다음 해부터는 총독부 직원으로서 민요조사 사업을 주 업무로 했던 것 같다. 그러니 그 조사사업의 목적과 그 조사 결과를 발표하는 글에서 당연히 일선융화를 노출할 수밖에 없었던 것이다.

. . . .

75 정창석, 「'내선일체' 논리의 양상」, 『일본학보』,42집, 한국일본학회, 1999, 371쪽.
76 박현수, 「일제의 침략을 위한 사회·문화 조사활동」, 『한국사연구』, 30집, 한국사연구회, 1980.
77 남근우, 「조선 민속학과 식민주의 ; 송석하의 문화민족주의를 중심으로」, 『한국문화인류학』 35권 2호, 한국문화인류학회, 2002.

IV. 나오는 말

지금까지 이시카와에 대한 기존연구와 이시카와의 조선에서의 행적을 궁중음악채보와 민요조사를 중심으로 살펴보았다. 2장 기존연구에서는 일본에서의 연구와 한국에서의 연구로 나누어 살펴보았고 3장 이시카와의 조선관계 행적에서는 '조선 체류 중의 전반적 활동'과 '조선 궁중음악 오선보 채보' 및 '민요조사와 관련저술활동' 등 세 가지로 나누어 살펴보았다.

본 연구를 통해 石川義一(1887~1962)의 행적을 요약해 보면 다음과 같다. 1921년 조선에 들어와서 음악교사가 되고 음악에 관한 글을 썼으며 연주활동을 했다. 그 다음해부터는 총독부의 지방관청인 평안남도 사회과에 근무하면서 민요조사 사업을 진행했다. 그리고 5년여 만인 1925년 일본으로 돌아가지만 1930년대 중반 이후까지 이왕직 아악부로부터 오선보 채보에 관한 위촉을 받았기 때문에 조선에 몇 달씩 머물다 갔다. 아악 채보에 관한 일이 아니더라도 민요 조사를 위해서도 조선과 일본을 오고 가면서 활동했다.

이시카와의 행적 중에서 민요조사의 경우, 자신이 총독부 직원이기도 했지만 전국을 돌아다니면서 조사를 하는 경우 각 지방의 총독부 관계자들의 배려와 편의 제공 등에 의해서 순조롭게 진행되었고 그는 그 결과를 잡지 등에 기고했다. 또한 10여 년 간 채집한 민요를 악보로 만들어 간행하려는 계획이 기사화 되었으나 그 출판은 확인 할 수 없는 상태이다. 이 민요조사는 당시 총독부의 일선융화 정책의 일환으로 벌어졌던 민속조사와 맥락을 같이 하고 있다. 그러나 당시의 민속학 연구자들과의 교섭보다는 일본의 민요연구자들과 관계를 갖는 정도였다고 할 수 있다.

이시카와의 연구를 통해 그의 행적 이외 이시카와가 채보한 악보와 현존 국립국악원 소장 악보와의 관계도 규명해 보았다. 그 결과 1935년 일간지에 크게 보도 되었던 283곡 8천 페이지의 이시카와 채보 악보는 현재 국립국악원에서 확인 할 수 없는 악보이고 국립국악원에 남아 있는 악보는 1939년 아악부원들이 분담하여 채보한 악보이다.

이시카와가 淸書했다고 보여지는 몇 곡의 총보 이외에 한국에서 이시카와 채보의 흔적을 찾아야 하는 일과 동경에 있는 근대음악관에서 <경록무강지곡>·<보태평지곡>·<만파정식지곡>의 악보 이외의 악보, 핫도리 류타로오(腹部龍太郞) 소장의 천페이지 분량의 이시카와 채보 악보를 찾는 일이 남아 있다. 그리고 민요 채보 악보 역시 어디에도 아직 발견되지 않은 악보도 찾아야 할 일이다.

이시카와는 짧은 조선 체류 기간에 비해 상당량의 글을 신문 잡지 등에 기고하는데 그 내용과 논조는 대부분 '일선융화'를 주창하는 내용으로 되어 있었다. 물론 순수한 의미의 민요 연구도 있었지만 민요조사 자체가 가지는 의미가 일선융화에 충실한 실천이었던 것이고 그것의 조사 보고서일 뿐이다.

이번 연구는 사실상 그의 행적을 뒤쫓는 쪽에 더 많은 무게를 싣다 보니 이시카와의 글과 관련하여 보다 면밀한 분석과 냉철한 비판이 이루어지지 못했다. 따라서 앞으로 아직 찾지 못한 이시카와의 글을 더 찾아내어 보다 객관적이고 종합적인 비판이 필요하며 이시카와가 당시 활약한 다른 일본인 음악연구가나 한국인 음악가와 어떤 차이가 있는지 밝히는 연구가 필요하다고 하겠다.

참고문헌

1부 조선시대 악률론 연구

〈원전 자료와 중국서〉

「樂記」, 『禮記』 卷之 十八, 學民文化史.

檀國大學校 東洋學研究院 編, 『淵民文庫 所藏 燕巖 朴趾源作品筆寫本叢書- 熱河
　　　日記(五·六·七·八)』, 文藝苑.

金謹行, 「律呂新書箚疑」, 『庸齋文集』 → 『標點影印 韓國文集叢刊 續』81, 韓國古
　　　典飜譯院, 2009.

柳　僖, 『樂律管見辨』, 『方便子遺稿』, 필사본, 연세대학교 중앙도서관 소장.

柳　僖, 『律呂新書摘解』, 『方便子遺稿』, 필사본, 연세대학교 중앙도서관 소장.

中國藝術研究員音樂研究所編輯部 篇, 『中國音樂詞典』, 人民洢樂出版社, 1985.

陳　暘, 『樂書』 → 國立國樂院, 『韓國音樂學資料叢書8~10-樂書』 1989.

蔡元定, 『律呂新書』 → 『性理大典』, 學民文化史 영인본(1994)

『樂學軌範』, 임진왜란 이전판(일본 名古屋 蓬左文庫 소장본) 영인본, 국립국악원, 2011.

『禮記』, 『漢書』, 『史記』, 『周禮』, 『宋史』 → 『中國音樂史料1』, 鼎文書局印行

『律呂新書』, 『性理大全』, 卷之二十二~ 卷之二十三

『韓國音樂學資料叢書8-樂書 總目 卷第一~五十』, 1982.

『韓國音樂學資料叢書9-樂書 卷第五十一~一百三十』, 1982.

『韓國音樂學資料叢書10-樂書 卷第一百三十一~二百』, 1982.

『韓國學資料叢書 三 頤齋亂藁索引輯』, 한국정신문화연구원, 1994~2004.

『韓國學資料叢書 三 頤齋亂藁』, 第一冊 ~ 第九冊』, 한국정신문화연구원, 1994~2004.

王光祈 編, 『中華文史精刊-中國音樂史』, 中華書局 上海書店, 1941.

〈단행본〉

김기수, 『國樂入門』, 세광음악출판사, 1983.

김문식 외, 『영·정조대 문예중흥기의 학술과 사상』, 한국학중앙연구원출판부, 2014.

김수현, 『朝鮮時代 樂律論과 詩樂和聲』, 민속원, 2012.

김용진, 『國樂器解說』, 三護出版社, 1993.

김윤조 역주, 박종채, 『역주 과정록』, 태학사, 1997.

김종수 역, 『譯註 增補文獻備考-樂考-上』, 국립국악원, 1994.

김종수·이숙희, 『역주 시악화성』, 국립국악원, 1996.

김혈조 역, 박지원, 『열하일기』, 돌베개, 2009.

남상숙, 『악학궤범 악론 연구』, 민속원, 2009.

리상호 역, 박지원, 『열하일기』, 북한판(1955~1957) 재출간, 보리, 2004.

박순철·노평규·김영 옮김, 『국역 이재만록』(상)~(중), 신성출판사, 2012.

김윤조 역주, 박종채, 『역주 과정록』, 태학사, 1997.

성백효 역주, 『懸吐完譯 論語集註 개정증보관』, 傳統文化研究會, 1990.

손태룡, 『한국의 전통악기』, 영남대학교 출판부, 2003.

송방송·박정련 외, 『國譯 律呂新書』, 민속원, 2005.

송지원, 『정조의 음악정책』, 태학사, 2007.

송혜진, 『韓國 樂器 = Korean musical instruments』, 열화당, 2000.

신익철 외, 『18세기 연행록 기사 집성-서적 서화편』, 한국학중앙연구원, 2014.

이가원 역, 박지원, 『열하일기』, 민족문화추진회, 1968.

이창숙 역, 양인리우 저, 『중국고대음악사』, 솔출판사, 1999.

이혜구 역, 『신역 악학궤범』, 국립국악원, 2000.

이혜구, 『韓國國樂器圖說-韓國國樂學會 編』, 東新文化出版社, 1966.

이후영, 『國譯 律呂新書』, 도서출판 문진, 2011.

장사훈, 『빛깔있는 책들-우리 옛 악기』, 대원사, 1990.

장사훈, 『韓國樂器大觀』, 서울대학교 출판부, 1986.

조남권·김종수, 『역주 악기』, 민속원, 2000.

진양 저, 조남권·김종수 역, 『역주 악서1』, 소명출판사, 2012.

진양 저, 조남권·김종수 역, 『역주 악서2』, 소명출판사, 2012.

진양 저, 이후영 역, 『역주 악서3』, 소명출판사, 2012.

진양 저, 이후영·김종수, 역, 『역주 악서4』, 소명출판사, 2014.

홍정수·조선우, 『음악은이』, 세광음악출판사, 1994.

〈논문〉

권오성, 「유희와 『방편자유고』 중 「악률관견변」에 관하여」, 『제1회동아시아악률
　　　　학학술대회자료집』, 2005.

김근태, 「西陂 柳僖의 생애와 學詩 門路」, 『온지논총』, 14, 온지학회, 2006.

김근태, 「西陂 柳僖의 樂府詩 연구」, 『정신문화연구』, 115, 2009.

김남형, 「조선후기 악률론의 일국면」, 『한국음악사학보』 2, 한국음악사학보, 1989.

김명호, 「『熱河日記』와 淸朝 學藝」, 『한국학보』 14-4, 1988.

김문식, 「조선후기 모기령 경학의 수용 양상」, 『사학지』 38, 단국대사학회, 2006.

김민수, 「柳僖 선생의 생애와 학문」, 『어문연구』 통권 108, 2000.

김병애, 「『율려신서』의 번역·교감·주석 고찰」, 『동양철학연구』 72, 동양철학연구회, 2012.

김수현, 「律呂新書摘解를 통해 본 柳僖의 악률론 연구」, 『동방학』 22, 한서대동양고전연구소, 2012.

김수현, 「『詩樂和聲』의 樂律論 연구」, 한국학중앙연구원 박사논문, 2011.

김수현, 「『樂學軌範』 권1에 나타난 중국음악이론의 주체적 수용」, 『유교사상연구』 47, 한국유교학회, 2012.

김수현, 「김근행의「律呂新書箚疑」에 대한 연구」, 『한국음악사학보』 54, 한국음악사학회, 2015.

김은자, 「朝鮮時代 使行을 통해 본 韓·中·日 음악문화」, 한국학중앙연구원 박사논문, 2011.

김종수, 「세종대 아악 정비와 진양의 『악서』」, 『온지논총』 15, 온지학회, 2006.

김종수, 「정조가 편찬한 악서『악통』」, 『정조대의 예술과 과학』, 문헌과해석사, 2000.

김종수, 「조선시대 전·후기의 여악 비교연구」, 서울대학교 박사논문, 1999.

김학당, 「필담을 통해 본 『열하일기』의 예술적 묘사성」, 『한문학보』 18, 2008.

김형동, 「『악학궤범』 육십조이론 검토」, 『한국음악사학보』 3, 한국음악사학회, 1989.

남상숙 역, K.Robinson, 「중국음악의 평균율에 공헌한 주재육 연구(Ⅰ)」, 『한국음악사학보』 3, 1991.

남상숙, 「율학의 연구 성과와 연구 방향」, 『한국음악사학보』 32, 한국음악사학회, 2004.

남상숙, 「『악학궤범』 소재의 율장 및 율산에 관한 연구」, 한양대 석사논문, 1986.

남상숙, 「『율려신서』의 60조와 6변율 연구」, 『한국음악사학보』 40, 한국음악사학회, 2008.

노혜경, 「황윤석의 문헌자료 검사-문집을 중심으로-」, 『장서각』 9, 한국학중앙연구원 2003.

박미경 역, 「멘틀후드 악기학」, 『탈서양중심의 음악학』, 동아시아, 2000.

박미경, 「악기학의 이해」, 『음악과 민족』 23, 민족음악학회, 2000.

박향란, 「『열하일기』 필담에 포착된 청조 지식인의 형상과 의미」, 『동방한문학』 39, 2009.

서인화, 「한국의 악기연구 현황」, 『음악과 문화』 20, 세계음악학회, 2009.

성영애, 「황윤석의 음악관」, 한국학중앙연구원 박사논문, 2012.

손태룡, 『한국의 전통악기』, 영남대학교 출판부, 2003.

송방송, 「陳暘의 『樂書』 解題」, 『민족문화논총』 6, 영남대학교 민족문화연구소, 1984.

송방송, 「채원정의 『律呂新書』 해제」, 『온지논총』 10, 온지학회, 2004.

송방송, 「『樂學軌範』의 문헌적 연구-인용기사를 중심으로」, 『민족문화연구』 16, 고려대학교 민족문화연구원, 1982.

송지원, 「담헌의 음악지식과 유통」, 『담헌 홍대용연구』, 성균관대출판부, 2012.

송혜진, 「국악기 연구 현황과 전망을 중심으로」, 『한국음악사학보』 32, 한국음악사학회, 2004.

심경호, 「유희(柳僖)의 한문문학에 나타난 통속성」, 『고전문학연구』 35, 한국고전문학회, 2009, 425~452쪽.

여미순, 「아쟁의 악기학과 그 발달사」, 중앙대 석사논문, 2001.

윤승준, 「조선후기 지식인의 대청 인식 – 담헌과 연암을 중심으로」, 『한국학보』 24, 한국학회, 2011.

이보형, 「악학궤범 60조도의 구성원리와 오음약보의 의미」, 『한국음악사학보』 29, 한국음악사학회, 2002.

이숙희, 「『악학궤범』 사상체계의 형성 배경과 성격」, 『한국음악사학보』 33, 한국음악사학회, 2004.

이지양, 「연암 박지원의 생활 특징과 문화예술사상」, 『한국한문학연구』 3, 한국한문학회, 2005.

이창숙, 「연행의 문화사 연행록에 실린 중국 연희와 그에 대한 조선인의 인식」, 『한국실학연구』 20, 한국실학학회, 2010.

임미선, 「음악학적 측면에서 본 『이재난고』의 사료적 가치」, 『한국음악연구』 44, 국악학회, 2008.

임유경, 「서호수의 연행기 연구」, 『고전문학연구』 28, 한국고전문학학회, 2005.

장혜원, 「산학입문, 산학본원을 통해 본 이재의 수학 연구」, 『頤齋 黃胤錫의 학문과 사상』, 경인문화사, 2009.

정 민, 「18세기 지식인의 완물취미와 지적 경향」, 『고전문학연구』 23, 한국고전문학회, 2003.

정윤희 「조선전기 『율려신서』의 수용문제 고찰」, 『한국음악사학보』 23, 한국음악사학회, 1999.

정화순, 「律呂산출법의 두 가지 견해」, 『仙華金靜子教授華甲紀念 音樂學論文集』, 2002.

정화자, 「공자와 음악」, 『한국음악사학보』 28, 한국음악사학회, 2002.

정화자, 「陳暘 『樂書』의 樂論硏究-孟子訓義(一)」, 『한국음악연구』 24, 국악학회, 1996.

최영성, 「황윤석 실학의 특성과 상수학적 기반」, 『이재 황윤석의 학문과 사상』, 경인문화사, 2009.

최 헌, 「한국 전통음악의 음고조직 연구의 쟁점」, 『한국음악사학보』 32, 한국음악사학회, 2004.

하우봉, 「이재 황윤석의 사회사상」, 『이재 황윤석』, 민음사, 1994.

한영숙, 「악기연구의 재조명」, 『한국음악연구』 30, 한국국악학회, 2001.

한태동, 「악학궤범의 (樂學軌範) 악리소고 (樂理小考)」, 『동방학지』 45, 연세대학교 국학연구원, 1984.

허남진, 「이재 황윤석의 서양과학 수용과 전통학문의 변용」, 『철학사상』 16, 서울대철학사상연구소, 2003.

2부 근대시기 음악론 연구

〈1차 사료와 일본어 문헌〉

『大正四年(1915) 十二月 現在 掌樂院樂員履歷書』

『雅樂部 玄琴譜』→ 『韓國音樂學資料叢書 二十五』, 국립국악원

『雅樂部五線樂譜 重光之曲』(1938)→『韓國音樂學資料叢書 四十六』, 국립국악원, 2012.

『音樂大事典』, 동경: 平凡社, 1981.

『田邊先生還曆紀念 東亞音樂論叢』 東京 : 1943.

『第四回雅樂生敎果綴』, 1931.

『朝鮮舊樂 靈山會像』, 金仁湜(著作 및 發行), 趙彝淳(校閱), 1914.

『朝鮮音律譜 第一篇』, 태학서관 광동서국 발행, 1916.

『玄琴譜 抄』, 강릉선교장소장본(장서각에 위탁보관 중), 1926.

吉川英史, 『日本音樂の歷史』, 大阪: 創元社

藤井浩基, 「朝鮮における石川義一の音樂活動 : 1920年代前半を中心に」, 『北東

アジア文化研究』19輯, 2004.

山本華子,「田辺尙雄と朝鮮李王家の雅樂」, 東京藝術大學音樂學部 樂理科 卒業論
文, 1989.

石川義一,「朝鮮俗曲に就いて」,『音樂と蓄音器』, 8권 5호, 1921.

植村幸生,「植民地期 朝鮮における宮廷音樂の調査をめぐて田辺尙雄'朝鮮雅樂
調査'の政治的文脈」,『朝鮮史研究會論文集』35集, 朝鮮史研究會, 1997.

田辺尙雄,「音樂から見た東亞共營圈」,『東洋音樂の印象』, 동경;人文書院, 1941.

田辺尙雄,「日鮮融和と音樂」,『音樂と蓄音器』8권 5호, 동경: 蓄音機世界社, 1921.

田辺尙雄,「朝鮮音樂研究日記」,『音樂と蓄音器』8권 5호, 동경: 蓄音機世界社, 1921

田辺尙雄,『續田辺尙雄自敍傳』, 동경: 邦樂社, 1982.

田辺尙雄,『田辺尙雄自敍傳』, 동경: 邦樂社, 1981.

田辺尙雄,『中國·朝鮮音樂調査紀行』, 동경: 音樂之友社, 1970.

田中德太郎,「朝鮮の音樂」,『朝鮮』8월, 조선총독부, 1921.

秋山邦晴,「日本の未來派音樂 その(1) 石川義一の場合」,『音樂藝術』, 2月号, 音樂
之友社, 1975.

鶴見俊輔,『柳宗悅』, 동경: 平凡社, 1976

《불멸의 명음반(7) 국창송만갑/정악줄풍류》, 서울음반, 1996.

《빅터유성기원반시리즈8-30년대 기악합주선집》, 서울음반 1993.

《콜롬비아 유성기 원반(7) 정악의 원류를 찾아서》, 서울음반 1993.

〈단행본〉

강재언,『일제하 40년사』, 도서출판 풀빛, 1984.

국립국악원,『거문고정악보 玄琴正樂譜』, 국립국악원, 2015.

국립국악원,『국립국악원개원마흔돌기념 근대음악사전집-이왕직아악부와 음악인
들』, 국립국악원, 1991.

국립민속박물관 편,『한국민속학, 일본민속학Ⅱ』, 국립민속박물관, 2006.

권오성·이태진·최원식 편,『自山安廓國學論著集』(1~6), 여강출판사, 1994.

김선풍 외,『한국민속학인물사』, 도서출판 보고사, 2004.2004.

김세종 역, 안확,『조선음악 연구』, 보고사, 2008

김수현·이수정,『한국근대음악기사자료집-잡지편』(1권)~(10권), 민속원, 2008.

김창규,『안자산의 국문학연구』, 국학자료원, 2000.

노동은,『한국근대음악사Ⅰ』, 한길사, 1994.

단국대 공연예술연구소 편, 『근대한국공연예술사 자료집 1 개화기~1910), 단대출
　　　판부, 1984.
대한민국예술원, 『한국예술총집 - 음악편Ⅱ』, 대한민국예술원, 1988.
이기서, 『江陵 船橋莊』, 열화당, 1980.
서한범, 『국악통론』, 태림출판사, 1981.
성경린, 『노을에 띄운 가락』, 휘문출판사, 1978.
송건호, 『한국현대사론』, 한국신학연구소, 1979.
송방송, 『증보 한국음악통사』, 민속원, 2007.
송방송, 『한국음악통사』, 일조각, 1984.
이성천, 『國樂史』, 국민음악연구회, 1976.
이정식, 『한국민족주의 운동사』, 한밭출판사, 1982.
이혜구, 『한국음악연구』, 국민음악연구회, 1957.
임경화 편저, 『근대 한국과 일본의 민요 창출』, 소명출판, 2005.
장사훈, 『국악명인전』, 세광음악출판사, 1989.
장사훈, 『여명의 동서음악』, 보진제, 1974.
장사훈, 『增補韓國音樂史』, 세광음악출판사, 1986.
장사훈, 『화전태 화류태』, 수서원, 1982.
정운현, 『서울시내 일제유산답사기』, 한울아카데미, 1995.
주영하·임격택·남근우, 『제국일본이 그린 조선민속』, 한국학중앙연구원, 2006.
차장섭, 『선교장 아름다운 사람 아름다운 집 이야기』, 열화당, 2011.
최원식, 정혜렴 편역, 『安自山 國學論選集』, 현대실학사, 1996.
한국정신문화연구원편, 『일제강점기 국악활동자료집 1- 경성방송국국악방송곡목
　　　목록』, 민속원, 2000.
한국정신문화연구원편, 『일제강점기 국악활동자료집 2- 한국유성기음반총목록』,
　　　민속원, 1998.
황충기 주석, 『협률대성』, 푸른사상, 2013.

〈논문〉

강경호, 「가집 『협률대성』의 편찬 특성과 전승·향유의 문화적 의미」, 『시조학논총』
　　　40, 한국시조학회, 2014.
강혜인, 「한국개화기 음악교육활동의 역사적 의의-조선정악전습소를 중심으로」,
　　　경북대 석사논문, 1989.
권오성, 「安廓(自山)의 國樂研究에 대한 考察」, 『韓國傳統音樂論究』, 성동문화사,

1990.

권오성, 「自山 安廓의 국악연구에 대하여」, 『자산안확선생기념강연회』, 한국국학
　　　진흥원, 2003.

김성진 역, 다나베 히사오,「번역 조선음악의 기행(1)], 『한국음악사학보』 18, 한국
　　　음악사학회, 1997.

김성혜, 「朝鮮聲樂研究會의 음악사적 고찰」, 『한국음악학논집』 1, 한국음악학연구
　　　회, 1990/

김수현, 「다나베히사오의 조선음악조사에 대한 비판적 고찰」, 『한국음악사학보』
　　　22, 한국음악사학회, 1999.

김수현, 「石川義一의 1920년대 조선에서의 활동에 대한 연구-궁중음악채보와 민
　　　요조사를 중심으로」, 『2007 문화관광부 선정 전통예술 우수논문집』, 문
　　　화관광부, 2007.

김수현, 「일본의 國樂創成論과 한국의 '國樂'이란 신조용어의 관계성 고찰」, 중앙
　　　대 석사논문, 1997.

김수현, 「일제강점기 국악 관련 학술적 연구 경향 고찰-신문·잡지 게재 글에 기하
　　　여」, 『한국음악사학보』 48, 한국음악사학회, 2012.

김수현, 「자산 안확의 음악론에 대한 고찰」, 『온지논총』 9, 온지학회, 2003.

김영운, 「고악보해제-국립국악원소장 아악부 악보」, 『韓國音樂學資料叢書25』, 1989.

김우진, 「아악부 오선악보 중광지곡」, 『韓國音樂學資料叢書46』, 국립국악원, 2012.

김운태, 「일본의 대한식민지배의 기조로서의 동화정책 이데올로기」, 『행정논총』
　　　23-1, 서울대한국행정연구소, 1985.

김창규, 「안자산의 국문학연구 성과에 대한 고찰」, 『자산안확 국학논저집』 6, 1994.

남근우, 「조선 민속학과 식민주의 ; 송석하의 문화민주의」, 『한국문화인류학』
　　　35-2, 한국문화인류학회, 2002.

노동은, 「'음악', 한반도에서 그 갈등의 언어성Ⅲ」, 『한국음악사학보』 10, 한국음
　　　악사학회, 1990.

노동은, 「음악사를 거꾸로 읽은 안확」, 『노동은의 음악상자』, 웅진출판, 1996.

노동은, 「한국음악사회고와 전망」, 『제1회 국제학술심포지움발표회요지』, 한국음
　　　악사학회, 1997.

노동은, 「한국음악의 제3전환기 선언Ⅰ- 한국음악사에서 新의 해석」, 『월간 객석』
　　　11월호, 1987.

박기동, 「안자산의 체육사 연구」, 『한국체육학회지』 37-4, 한국체육학회, 1998.

박현수, 「일제의 침략을 위한 사회·문화 조사활동」, 『한국사연구』 30, 한국사연구

회, 1980.

박홍식, 「안확의 애국 계몽사상」, 『제147회 학술대회 자료집』, 한국어문교육연구회, 2003.

서준섭, 「안자산의 '조선문학사'에 대하여」, 『국어교육』 35, 1979.

성경린, 「고전음악한담」, 『예술조선』 2, 선문사, 1947.

성경린, 「국악 50년사」, 『韓國音樂論考』, 동화출판사, 1976.

성경린, 「국악개관」, 「아악」, 『文藝總覽』, 한국문화예술진흥원, 1976.

성경린, 「國樂隨想數題」, 『예술원보』 12, 대한민국예술원, 1968.11.

성경린, 「오당 함화진 선생」, 『成慶麟隨想集 雅樂』, 京元閣, 1975.

성경린, 「田邊尙雄翁」, 『藝術院報』 23, 대한민국예술원, 1979.

송방송, 「한국음악 이론 분야의 갈래별 점검」, 『한국음악 이론연구의 성과와 전망』, 한예종, 2003.

송방송, 「한국음악사 50년의 회고와 전망」, 『한국학보』 22, 일지사, 1996.

송방송, 「한국음악학의 개념정립을 위한 시론」, 『한국음악학서설』, 세광음악출판사, 1989.

송방송, 「한국의 민속음악 그 용어와 연구현황」, 『비교민속학』 12, 비교민속학회, 1995.

송상혁, 「판소리 명칭의 문헌적검토」, 『한국음악사학보』 25, 한국음악사학회, 2000.

송영국, 「안확의 국악이론 연구」, 중앙대석사논문, 1994.

송혜진, 「온실 속의 화초처럼 면면히 이어져 오는 궁중음악의 유산」, 『객석』 5월, 예음사, 1991.

송혜진, 「이왕직아악부와 인연을 맺었던 바깥 사람들」, 『이왕직아악부와 음악인들』, 국립국악원, 1991.

송혜진, 「함화진론-생애와 민속음악론을 중심으로」, 『한국민속학』 28, 민속학회, 1996.

신대철, 「20세기 국악사 연구의 성과와 전망」, 『한국음악사학보』 26, 한국음악사학회, 2001.

우에무라 유끼오, 「조선후기 세악수의 형성과 전개」, 『한국음악사학보』 11, 한국음악사학회, 1993.

유준필, 「안확의 국학사상과 문학사관」, 서울대 석사논문, 1994.

유준필, 「자산 안확의 국학사상과 문학사관」, 『자산안확국학논저집』 6, 여강출판사, 1994.

이강숙, 「한국음악, 그 眞과 準」, 『열린음악의 세계』, 현암사, 1980.

이동영, 「안자산 연구」, 『청구공전논문집』 2, 1965.

이동영, 「安自山(廓)硏究」, 『어문교육논집』 11, 부산대 사범대학 국어교육과, 1991.

이미순, 「安廓의 『朝鮮文學史』에 나타난 大倧敎의 영향」, 『서울관악어연구』 16, 1991.

이보형, 「판소리 학술용어」, 『한국음악연구』 25, 한국국악학회, 1997.

이수정, 「이왕직아악부의 조직과 활동」, 한국학중앙연구원 박사논문, 2016.

이수정, 「일제시대 창극활동의 연구」, 『낭만음악』 가을, 낭만음악사, 1993.

이수정, 「해방공간 전통음악계의 흐름」, 『민족음악의 이해』 4, 민족음악연구회, 1995.

이종미, 「미환입(尾還入)의 거문고선율 변화 연구」, 단국대 석사논문, 2005.

이주환, 「雅樂部回顧」, 『예술원보』 10, 대한민국예술원, 1966.

이지선, 「1930년대 이왕직아악부의 오선악보 이본 비교-수연장지곡을 중심으로」, 『한국음악연구』 37, 2005.

이지원, 「1920~30년대 日帝의 朝鮮文化 支配政策」, 『역사교육』 75, 역사교육연구회, 2001.

이진원, 「한국전통공연예술에 있어서의 미적 판단 관련 용어」, 『미학·예술학』 20, 한국미학예술학회, 2004.

이태진, 「安廓선생의 생애와 역사학」, 『자산안확선생기념강연회』, 한국국학진흥원, 2003.

이태진, 「조선문명사 해설」, 『조선문명사』(번역본), 중앙일보사, 1983.

이혜구, 「正樂의 槪念」, 『韓國音樂史學報』 11, 한국음악사학회, 1993.

임미선, 「한국음악사 연구의 회고와 전망」, 『한국음악연구』 43, 한국국악학회, 2008.

장사훈, 「명금 이수경의 여운」, 『국악 명인전』, 세광음악출판사, 1989.

장사훈, 「함화진」, 『화전태 화류태』, 수서원, 1982.

장사훈, 「함화진님의 업적」, 『國樂槪要』, 精硏社, 1961.

전지영, 「현행 정악의 개념과 그 형성배경에 대한 재조명」, 『음악과 문화』 10, 세계음악학회, 2004.

정수진, 「조선음악, 조선음악가의 困難-梧堂 咸和鎭을 중심으로」, 『한국민속학』 41, 한국민속학회, 2005.

정창석, 「내선일체」 논리의 양상(「內鮮一體」 理論の 樣相)」, 『일본학보』 42, 한국일본학회, 1999.

최원식, 「安自山의 國學-『朝鮮文學史』를 중심으로」, 『민족문학의 논리』, 창비사, 1986.

최원식, 「주체의 근대적 재건」, 『자산안확선생기념강연회』, 한국국학진흥원, 2003.

한명희, 「현대국악」, 『韓國音樂史』, 대한민국예술원, 1985.
한영우, 「한국근대 역사학과 조선시대사의 이해 - 안확의 조선문명사」, 『인문과학
    의 새로운 방향』, 서울대 인문과학연구소, 1984.
황미연, 「송석하의 생애와 음악관」, 『음악학논총』, 권오성박사화갑기념논문집간
    행위원회, 2000.

조선의 악률론과 근대 음악론

초판 1쇄 발행   2022년 5월   7일
초판 2쇄 발행   2022년 10월 11일

지 은 이 김수현
발 행 인 한정희
발 행 처 경인문화사
편 집 부 김지선 유지혜 한주연 이다빈 김윤진
마 케 팅 전병관 하재일 유인순
출판번호 제406-1973-000003호
주   소 파주시 회동길 445-1 경인빌딩 B동 4층
전   화 031-955-9300 **팩 스**   031-955-9310
홈페이지 www.kyunginp.co.kr
이 메 일 kyungin@kyunginp.co.kr

ISBN 978-89-499-4969-7 93910
값 35,000원